Oldenbourgs Lehr- und Handbücher der Wirtschafts- und Sozialwissenschaften

Einführung in die Mikroökonomie

Von
Univ.-Prof. Dr. Edwin von Böventer
Univ.-Prof. Dr. Gerhard Illing
Dr. Antonie Bauer
Diplom-Volkswirt Helge Berger
Prof. Dr. Jörg Beutel
Dr. Heimo Jürgen John
Dr. Robert Koll

8., vollständig neu bearbeitete und erweiterte Auflage

R. Oldenbourg Verlag München Wien

Die Deutsche Bibliothek – CIP-Einheitsaufnahme

Einführung in die Mikroökonomie / von Edwin von Böventer
und Gerhard Illing
... – 8., vollst. neu bearb. und erw. Aufl. – München ; Wien :
Oldenbourg, 1995
(Oldenbourgs Lehr- und Handbücher der Wirtschafts- und
Sozialwissenschaften)
ISBN 3-486-23070-0
NE: Böventer, Edwin von, und Illing, Gerhard

Gesamtherstellung: Passavia, Passau

ISBN 3-486-23070-0

Inhaltsverzeichnis

Vorwort (zur 8. Auflage)

Die Neuauflage war Anlaß für eine umfassende Erweiterung des Buches, mit dem Ziel, die Relevanz der Mikroökonomie für wirtschaftspolitische Fragestellungen aufzuzeigen. Anhand von Beispielen wird illustriert, daß sich aus der Theorie des allgemeinen Marktgleichgewichts konkrete wirtschaftspolitische Schlußfolgerungen ableiten lassen.

Das neue Kapitel V behandelt detailliert die wohlfahrtstheoretischen Eigenschaften eines perfekt funktionierenden Marktsystems. Kap. VI analysiert dann die Auswirkungen von **Marktversagen** am Beispiel von Marktmacht, öffentlichen Gütern und externen Effekten. Die Konsequenzen unvollkommener Konkurrenz werden für die verschiedenen **Marktformen** dargestellt; dabei erfolgt auch eine Einführung in Grundkonzepte der **Spieltheorie**. Dann wird gezeigt, warum die **private Bereitstellung öffentlicher Güter** ineffizient ist. Schließlich wird die Wirkung **externer Effekte** untersucht. Am Beispiel der **Umweltpolitik** erfolgt ein ausführlicher Vergleich wirtschaftspolitischer Instrumente. Die Erweiterung erforderte auch eine starke Überarbeitung der Kapitel II und III.

Edwin von Böventer hat die Erweiterung des Buches maßgeblich angeregt. Nach seinem plötzlichen Tod habe ich die Herausgeberschaft übernommen. In das Autorenteam neu aufgenommen wurden Antonie Bauer (sie hat die Abschnitte VI. A und VI. C geschrieben) und Helge Berger (er hat Kapitel V und Abschnitt VI. B verfaßt).

Bamberg, im November 1994 *Gerhard Illing*

Vorwort (zur 5. Auflage)

Die anhaltende Nachfrage macht erfreulicherweise eine weitere Auflage erforderlich. Dies war uns Anlaß, das Lehrbuch durchzusehen und in einigen Abschnitten zu überarbeiten. Wir haben insbesondere innerhalb der Theorie des Haushalts die Ausführungen über die Präferenzordnung sowie die Analyse des Arbeitsangebots neugefaßt und ergänzt, ebenso in der Theorie der Unternehmung das „Ertragsgesetz" ausführlicher dargestellt.

In der Zwischenzeit ist ein Studien- und Arbeitsbuch (von Böventer, E., Illing, G., Koll, R., Mikroökonomie. Studien- und Arbeitsbuch, München 1986) erschienen, das in engem Zusammenspiel mit diesem Lehrbuch zu jedem Kapitel **Wiederholungsfragen, Übungsaufgaben** und **Weiterführende Fragen** (und deren Lösungen) enthält. Wir möchten damit das selbständige, intensive Studium der Mikroökonomie weiter fördern.

München, im Dezember 1987 *Edwin von Böventer*

Vorwort (zur 4. Auflage)

Dank des weiter beschleunigten Absatzes des Buches, bietet sich reichlich ein Jahr nach Erscheinen der 3. Auflage die Gelegenheit, eine neue Auflage herauszubringen. Darin ist Kapitel IV völlig neu – konzipiert von Dr. Gerhard Illing –, und Kapitel I und V sind verbessert und erweitert worden: neue aktuelle Fragen, Erfahrungen in der Lehre und Anregungen von Studenten sind dabei berücksichtigt worden, wofür ganz herzlichen Dank auszusprechen ist.

Dabei ist die erfolgreiche Grundkonzeption des Buches beibehalten worden: einen Zugang zu der von manchem scheel angesehenen Mikroökonomie von verschiedenen Seiten her zu bieten und damit unterschiedlichen Präferenzen entgegenzukommen, das Verständnis grundlegender **ökonomischer Prinzipien** in den Mittelpunkt zu stellen und besonderen Wert auf **wechselseitige Zusammenhänge** zwischen verschiedenen Entscheidungen und Einflüssen zu legen, bei welchen es so gut wie nie lediglich eine einseitige Kausalität gibt: ökonomisches Denken sollte als kritisches Denken in wechselseitigen Abhängigkeiten verstanden werden.

In diesem Sinne bringt Kapitel I einen allgemeinen, stark inhaltlich betonten Überblick über Fragestellungen, Methoden und damit allgemeine Prinzipien in der Mikroökonomie. Dort ist die Rede von Angebots- und Nachfragekurven und dem Verfügen über Güter: wie gewinnt man überhaupt solche Kurven aus vorliegenden Daten, und wie sollte über Umweltgüter verfügt werden? Diese Fragen werden einführend neu behandelt unter dem Konzept der **Identifikation** und unter der Frage nach besten institutionellen Regelungen ökonomischer Probleme.

Kapitel II enthält eine vertiefte breite Einführung in Methoden ökonomischer Analyse an Hand der Haushaltsentscheidungen und Kapitel III (auch wie bisher) eine stärker formalisierte Darstellung von Grundlagen der Produktionstheorie unter Rückgriff auf analoge Probleme in der Haushaltstheorie.

Kapitel IV ist neu: Die Behandlung der Probleme der **Koordinierung von Entscheidungen** ist wieder stärker verbal und um das Verständnis fundamentaler Zusammenhänge bemüht; das Kapitel enthält erstmals eine Einführung in die **Ungleichgewichtstheorie,** in dynamische Anpassungen in der Realität und dabei auch in zyklische Bewegungen, wie sie unter dem Begriff **Spinnweb-Theorien** bekannt geworden sind. Auch Kapitel V ist verbessert worden: es enthält eine in den Grundlagen leicht verständliche und sodann formalisierte Behandlung der Beurteilungsmöglichkeiten ökonomischer Prozesse und geht in dieser Auflage verstärkt auf die Problematik externer Effekte ein.

Vorwort (zur 2. Auflage)

Die erste Auflage hat sich einer so regen Nachfrage erfreut, daß nach zwei Jahren eine Neuauflage nötig wurde. Bei dieser Gelegenheit haben wir in Kapitel 2 und 4 kleinere Mängel beseitigt und Kapitel 3 im wesentlichen neu gefaßt. Aufgrund seiner langjährigen Erfahrungen mit dem Stoff des Buches haben die bisherigen Autoren Herrn Dr. R. Koll in ihr Autoren-Team aufgenommen: er hat den größten Beitrag bei der Überarbeitung des Buches geleistet. Wir danken allen, nicht zuletzt den Studenten, die Vorschläge für mögliche Verbesserungen gemacht haben, recht herzlich.

Vorwort (zur 1. Auflage)

Das vorliegende Lehrbuch entstand aus den mehrjährigen Erfahrungen mit Vorlesungen und Kursen an der Ludwig-Maximilian-Universität in München. Es wendet sich an Studenten der Wirtschaftswissenschaften in den ersten Semestern. Besonderer Wert wurde darauf gelegt, die Funktionsweise von totalen Gleichgewichtsmodellen einsichtig zu machen, ohne den Leser mit übertriebenem Formalismus zu belasten. Die Erstellung des Manuskripts war innerhalb des Autorenteams so geregelt, daß jedem der fünf Autoren die Konzeption und Formulierung eines der fünf Kapitel zukam:

Edwin von Böventer	(Kapitel I)
Jürgen John	(Kapitel II)
Jörg Beutel	(Kapitel III)
Manfred Betz	(Kapitel IV)
Rudolf F. Matzka	(Kapitel V und mathematischer Anhang)

Die Autoren bedanken sich für die geduldige Betreuung durch Herrn Weigert vom Oldenbourg Verlag, sowie für die unzähligen Fragen und Diskussionsbeiträge ihrer Studenten, ohne welche dieses Buch nicht hätte entstehen können.

Kapitel I

Einführung in Grundfragen und Methoden der Mikroökonomie

A. Volkswirtschaftliche Probleme

Bedeutende ökonomische Probleme kennt jeder aus der Zeitung, aus Büchern oder aus eigener Erfahrung: Überwindung der Armut, Verbesserung der Versorgung mit Konsumgütern, Sicherung der Beschäftigung, Verhinderung oder Eindämmung einer Inflation, Erreichen einer als annehmbar angesehenen Einkommensverteilung, Entwicklung von Energiequellen, Schutz der Umwelt vor den Folgen ungebändigter Güterproduktion, Wiederaufbau einer Wirtschaft nach Kriegszerstörungen, Überwindung einer großen Krise. Solche Probleme sind in verschiedenen Ländern mit unterschiedlichen Gewichten aufgetreten, sie verändern ihr Aussehen mit der wirtschaftlichen Entwicklungen im Laufe der Zeit, sie wechseln häufig im Laufe der Jahrzehnte und erscheinen manchmal sogar alle paar Jahre in einem anderen Licht.

Die Volkswirtschaftslehre beschäftigt sich mit solchen Problemen. Dabei kann man sich entweder für die Entwicklungen des (aggregierten) Ganzen interessieren oder für das Geschehen im einzelnen – für die „großen Zusammenhänge“ zwischen aggregierten Größen oder für das Funktionieren der Wirtschaft „im Kleinen“. Das Einzelne betrifft das Handeln einzelner Menschen in einem bestimmten institutionellen Rahmen: ihre – *einzelwirtschaftlichen* – Entscheidungen in Haushalten, Unternehmungen oder in staatlichen Organisationen. Sie *entscheiden* (direkt oder indirekt) über die Verwendung von Gütern und Dienstleistungen sowie finanzieller Mittel, und diese Entscheidungen schlagen sich in *gesamtwirtschaftlichen* Größen nieder wie etwa der Gesamtversorgung mit Gütern, dem Niveau der Beschäftigung und der Arbeitslosigkeit, der Wachstumsrate und dem Preisniveau und in anderen aggregierten oder durchschnittlichen Größen für die Gesamtwirtschaft.

Bei der ersten Art des Ansatzes – bei einzelnen Wirtschaftseinheiten und ihren Entscheidungen über einzelne Güter – hat man eine **mikroökonomische Betrachtung,** bei dem zweiten – aggregierten – Ansatz eine **makroökonomische Betrachtung.**

Wenn die Volkswirtschaftslehre zur Lösung der anfangs erwähnten Probleme einen Beitrag leisten soll, muß man sich mit den grundlegenden Fragen und Zusammenhängen beschäftigen. Man muß versuchen zu verstehen, wie das System, das wir Wirtschaft nennen, im Kleinen wie im Großen funktioniert oder warum es in einer bestimmten Weise nicht funktioniert und auf welchen Arten von Entscheidungen und Entscheidungsmechanismen dies beruht. Dazu gehören Kenntnisse über Tatbestände wie die Güterproduktion, die Tauschprozesse und die Verteilung der Güter in dem betreffenden Lande, die dabei eingesetzten Produktionsfaktoren und die verwendeten Produktionsprozesse – die tatsächliche Produktion wie das vorhandene Produktionspotential, die Zahl der Beschäftigten in einzelnen Industriezweigen und in einzelnen Regionen wie auch die jeweiligen Arbeitslosenzahlen.

Grundlegende und für die Volkswirtschaftslehre zentrale Fragen sind: Wie wird erreicht, daß in einer hochentwickelten, arbeitsteiligen Wirtschaft die Güter jeweils zum richtigen Zeitpunkt dorthin gelangen, wo sie gebraucht werden? Was heißt dabei „sie werden gebraucht“? Wer bestimmt und wie wird bestimmt, ob sie woanders nicht noch dringender gebraucht werden und ob nicht andere Güter hätten produziert werden sollen? Wer entscheidet im einzelnen? Und wer koordiniert die einzelnen Entscheidungen?

Wie eine Wirtschaft funktioniert, das hängt nicht nur vom Verhalten der Unternehmer und der Haushalte, sondern in entscheidendem Maße von der Wirtschaftsordnung des betrachteten Landes sowie dem Einfluß des Staates ab, insbesondere von den wirtschaftlichen Rahmenbedingungen, die von der Wirtschaftspolitik gesetzt werden. Wichtig sind die Rolle der staatlichen Instanzen bei der Produktion und der Bereitstellung der genutzten Güter: welche Güter privat und welche durch den Staat bereitgestellt werden und wie das Steuersystem zur Finanzierung der staatlichen Aufgaben gestaltet sein sollte. Schließlich sind für das Funktionieren der Wirtschaft auch die Entscheidungsstrukturen innerhalb des Staates sowie die individuellen Entscheidungsmöglichkeiten in Unternehmungen und in Haushalten von Bedeutung, die oft durch Gesetze und Verordnungen des Staates, aber auch durch Sitte und Tradition eingeschränkt sind.

Die Volkswirtschaftslehre beschränkt sich nicht auf die Beschreibung und den Versuch einer Erklärung wirtschaftlicher Zusammenhänge, sondern sie versucht auch Aussagen darüber abzuleiten, was in einer bestimmten Situation, die durch Ziele und durch die wirtschaftlichen Möglichkeiten definiert ist, geschehen *sollte,* damit diese Ziele möglichst weitgehend erreicht werden, und was in bestimmten Situationen *hätte geschehen sollen:* Sie versucht auch zu *Urteilen* zu über das Geschehene zu gelangen, indem sie die Ereignisse entweder an bestimmten von unserer Wissenschaft erarbeiteten Maßstäben mißt oder an Kriterien, die von der Gesellschaft beziehungsweise den Regierenden gesetzt werden. Diese Kriterien sind auch dem Wandel unterworfen, ebenso wie sich die Wirtschaft und die Gesellschaft entwickeln und dabei auch die genannten großen Probleme sich ändern.

Analysiert man beobachtete Ereignisse und die Funktionsweise des Systems, so spricht man in den Wirtschaftswissenschaften von **positiver Ökonomie.** Davon zu unterscheiden ist die **normative Ökonomie,** in der es darum geht, für wohl definierte Probleme mit vorgegebenen Zielsetzungen – also bei *Zugrundelegung bestimmter Normen* der Beurteilung – die *beste* Lösung zu ermitteln. Diese beste Lösung hat gleichzeitig die Interessen der einzelnen Wirtschaftseinheiten und das langfristige Wohlergehen der Gesellschaft zu berücksichtigen. Die Resultate einzelwirtschaftlichen Handelns und Optimierens und die für die Gesamtgesellschaft gesetzten Rahmenbedingungen des Wirtschaftens sollten möglichst weitgehend übereinstimmen. Die gesamtwirtschaftliche Verantwortung eines jeden volkswirtschaftlichen Beraters liegt darin, beides zu berücksichtigen.

Die Volkswirtschaftslehre will somit Wirtschaftsprozesse **beschreiben** und **erklären,** sodann **Prognosen** über Entwicklungen in der Zukunft ableiten, diese **beurteilen** und schließlich **Empfehlungen** geben. Sie sieht sich als Teil der Gesellschaftswissenschaften.

Beziehungen zu anderen Fragestellungen

Der von der Volkswirtschaftslehre betrachtete Ausschnitt aus der gesamten gesellschaftlichen Wirklichkeit ist nicht nur durch die Probleme selbst, sondern durch die *Art der Betrachtung* definiert – durch den in diesem Buch näher zu besprechenden ökonomischen Ansatz. Denn fast ausnahmslos haben wir es in der Volkswirtschaftslehre mit Fragen zu tun, die nicht nur den Wirtschaftswissenschaftler interessieren: die Wirtschaftswissenschaft ist keineswegs allein für sie zuständig. Fragen nach der

Produktion und den dabei angewandten Methoden und den eingesetzten Maschinen beschäftigen die Techniker, die Agrarwissenschaftler bis hin zu den Umweltforschern; mit dem Konsum und den Konsumgewohnheiten beschäftigen sich Psychologen, Soziologen, Verhaltensforscher, Ernährungswissenschaftler, Erziehungswissenschaftler; die Rolle des Staates in der Wirtschaft gehört auch zu den Studienobjekten der Juristen, der Politologen und der Soziologen; die Fragen der Einkommensverteilung oder des wirtschaftlichen Wachstums fallen auch in die Gebiete der Ethik oder der Kulturphilosophie – kurz, der Wirtschaftswissenschaftler teilt sein Interesse an seinen Erkenntnisobjekten mit sehr vielen anderen Disziplinen.

Was den Wirtschaftswissenschaftler interessiert, ist jeweils ein **bestimmter Gesichtspunkt,** der mit den **Entscheidungen** und **Funktionsmechanismen bei Alternativen,** der Frage nach der **günstigsten Art der Verwendung von knappen Gütern** und den besten Möglichkeiten der Verminderung der Knappheit der Güter zusammenhängt. Wir gehen davon aus, daß in unserer beschränkten Welt – insbesondere an bestimmten Orten – die vorhandenen Güter insgesamt knapp sind, daß es von den Wünschen und Zielen der Gesellschaft beziehungsweise der einzelnen abhängt, welche der jeweils vorhandenen Güter knapp sind und wie knapp sie sind, und daß deshalb Entscheidungen darüber zu treffen sind, wer die vorhandenen Güter bekommt und welche Güter in welchen Mengen in der Gegenwart und in der Zukunft produziert werden sollen. Das Problem der *Knappheit* der Güter ist also immer im Zusammenhang mit dem ihrer *Verteilung* zu sehen.

In jeder arbeitsteiligen Wirtschaft entscheiden **viele** gleichzeitig über die Verwendung von knappen Gütern – und dazu gehört auch die Arbeitskraft. Sie treten dabei in Beziehung zueinander, indem sie **Güter tauschen** und ihre Entscheidungen und Pläne miteinander abstimmen. Für das wechselseitige Abstimmen der Entscheidungen ist eine **Koordinierung** notwendig, und dafür braucht man in entwickelten Volkswirtschaften mehr oder weniger komplexe **Institutionen.** Auch diese Institutionen und die in ihnen verwirklichten Koordinierungsmechanismen sind für die Wirtschaftswissenschaften von großem Interesse. Es wird später noch weiter ausgeführt werden, daß als zwei mögliche Formen der Koordination wirtschaftlichen Handelns „Märkte" und „Bürokratien" gegenüberzustellen sind, die neben- und miteinander funktionieren und in verschiedenen Ländern wie auch Bereichen einer Wirtschaft unterschiedliche Gewichte besitzen. Auch die Zweckmäßigkeit solcher Institutionen und Koordinierungsmechanismen kann bei Zugrundelegung bestimmter gesellschaftlicher Zielsetzungen ökonomisch untersucht werden.

Die Wirtschaftswissenschaft beschäftigt sich mit der Wirtschaft – und das sind nicht Häuser, Fabriken, Maschinen, Autos; sondern es geht um **ökonomische Beziehungen** zwischen verschiedenen Menschen sowie zwischen Menschen und Dingen; und damit geht es um die Organisation bestimmter Tätigkeiten sowie die Art, Entscheidungen zu treffen.

Wer „wirtschaftet", der arbeitet innerhalb eines wohl definierten organisatorischen und institutionellen Rahmens: Dieser Rahmen bietet ihm *Möglichkeiten,* seine vorhandenen Güter einschließlich seiner finanziellen Mittel einzusetzen und aufgrund seiner geographischen Lage, seiner Lieferbeziehungen, seiner Fähigkeiten, seines Rufs und seines Kredits Waren und Dienstleistungen einzukaufen, zu verarbeiten und abzusetzen und damit Einkommen zu erzielen.

Zentrale Probleme unserer Wissenschaft sind somit die oben erwähnte **Bewältigung der Knappheit der Güter,** das **Zustandekommen der Entscheidungen** über die Verwendung knapper Güter sowie die **Institutionen und Koordinationsmechanismen** für die

Abstimmung der Entscheidungen. Solche Entscheidungen können sich auch auf unentgeltliche Zuwendungen (Transfers) beziehen, wie zum Beispiel Renten und Arbeitslosengeld. „Die Wirtschaft" kann man ziemlich allgemein umschreiben als *den Bereich des menschlichen Lebens, der hauptsächlich zu tun hat mit der* **Produktion** *und dem* **Tausch** *und der* **Übertragung** *(dem Transfer) von* **Waren und Dienstleistungen,** *mit den* **Institutionen** *dieser Tausch- und Transferbeziehungen und mit den* **Gütern,** *die dabei getauscht (oder transferiert) werden:* die Wirtschaftswissenschaften beschäftigen sich im wesentlichen mit dem **Funktionieren** dieser „Wirtschaft". Diese Definition ist in vielem unbestimmt, sie spiegelt wider, daß wirtschaftswissenschaftliche Analyse eine **Methode** mit vielfältigen Anwendungsmöglichkeiten ist und damit die Grenzen der Wirtschaftswissenschaften zumindest zu einem Teil durch die Interessen dieser Disziplin selbst bestimmt werden und durch die Wünsche, die von der Gesellschaft an sie herangetragen werden. Neuere Beispiele für die Erweiterung des Gebietes sind die zunehmend immer wichtigeren Bereiche Bildungsökonomik, Gesundheitsökonomik und vor allem die **Umweltökonomik.** Dabei werden mit Methoden der ökonomischen Analyse jeweils Probleme der Bildung und Ausbildung der Menschen, der Krankenbehandlung sowie der Beziehungen zwischen der Umwelt und der Entwicklung von Wirtschaft und Gesellschaft analysiert.

Diese Erläuterungen mögen ausreichen, um klarzumachen, daß sich das Erkenntnisinteresse der Volkswirtschaftslehre *nicht* als ein bestimmtes *physisches* **Untersuchungsobjekt** beschreiben oder auch durch einen wohl bestimmbaren **Problemkreis** abgrenzen läßt.

Innerhalb der Wirtschaftswissenschaften beschäftigen sich die Volkswirtschaftslehre und die Betriebswirtschaftslehre mit dem gleichen Objekt Wirtschaft. Innerhalb der Volkswirtschaftslehre wiederum unterscheidet man, wie schon erwähnt, zwischen der mikroökonomischen und der makroökonomischen Betrachtungsweise. Die **Makroökonomie** hat es mit **gesamtwirtschaftlichen, aggregierten Größen** zu tun wie dem (gesamten) Volkseinkommen, der Gesamtproduktion, dem Konsum und den Investitionen in einer Volkswirtschaft, der Beschäftigung, der Arbeitslosigkeit, dem Preisniveau, der Ausfuhr und der Einfuhr, dem Wachstum der Volkswirtschaft und ähnlichen Konzepten. Das Objekt der **Mikroökonomie** sind dagegen **einzelne** Wirtschaftseinheiten oder Wirtschaftssubjekte, die **Märkte einzelner Güter** und die Beziehungen **zwischen einzelnen Wirtschaftseinheiten** und **zwischen einzelnen Gütern.** Gleitende Übergänge zwischen der Mikro- und der Makroökonomie hat man bei der Analyse der Sektoren oder einzelnen Branchen einer Volkswirtschaft.

Unternehmungen als einzelne Wirtschaftssubjekte stehen im Mittelpunkt des Faches **Betriebswirtschaftslehre.** Zwischen der Mikroökonomie und der Betriebswirtschaftslehre gibt es deshalb eine Menge gemeinsamer Interessen und damit auch viele Überschneidungen. Dies gilt vor allem für die Theorie der Produktion. Eine strikte Abgrenzung zwischen der Betriebswirtschaftslehre und der (volkswirtschaftlichen) Mikroökonomie ist deshalb nicht möglich, man kann nur Schwerpunkte der Untersuchung gegenüberstellen. Die Volkswirtschaftslehre beschäftigt sich *mehr* mit allgemeinen Prinzipien und mit Wechselbeziehungen auf vielen Märkten und intensiver mit Problemen einzelner Haushalte als die Betriebswirtschaftslehre. Die Betriebswirtschaftslehre untersucht, über die Beschäftigung mit allgemeinen Prinzipien weit hinausgehend, die innere Struktur der Betriebe, die Organisation der Produktion und des Absatzes, die im einzelnen festzulegende Preispolitik eines Betriebes, vor allem aber auch Finanzierungsfragen auf betrieblicher Ebene. Es spielen zum Beispiel in der Volkswirtschaftslehre die Wirkungen von Steueränderungen auf die Dispositionen von Betrieben und Haushalten eine Rolle, aber mehr praxisorientierte Analysen der Wirkungen solcher Änderungen innerhalb einzelner Betriebe werden in der betrieblichen Steuerlehre vorgenommen, während der Staatshaushalt wieder zum Untersuchungsgebiet der Volkswirtschaftslehre gehört.

Die Betriebswirtschaftslehre ist mehr an optimalen Entscheidungen aufgrund konkreter Ziele in einer Unternehmung interessiert; dagegen konzentriert sich die Mikroökonomie mehr auf die Wechselbeziehungen zwischen verschiedenen Unternehmungen und verschiedenen Märkten sowie auf die gesamtwirtschaftlichen Wirkungen solcher Abhängigkeiten. Eine Unterscheidung der beiden Disziplinen anders als durch solche relativ stärkeren oder relativ schwächeren Gewichte könnte in vielen Einzelfällen einen Widerspruch herausfordern, deshalb belassen wir es bei diesen allgemeinen Charakterisierungen und betonen noch einmal, daß eine exakte Abgrenzung des Gebietes der Mikroökonomie weder möglich noch sinnvoll ist. Genauso undeutlich muß, wie schon aus den anfangs aufgezählten Fragestellungen und den daran interessierten Disziplinen zu entnehmen, die Abgrenzung zu anderen Sozialwissenschaften bleiben.

Auch durch die Art der volkswirtschaftlichen Betrachtungsweise ist eine genaue Abgrenzung zu anderen Disziplinen schon deshalb nicht möglich, weil in manchen Disziplinen, zum Beispiel der Agrarwissenschaft, der Geographie oder den Geschichtswissenschaften, häufig mit ähnlichen Methoden gearbeitet wird. Über die in der Volkswirtschaftslehre angewandten Methoden und die erkenntnistheoretischen Probleme sowie die Probleme der *Beurteilung* von Entwicklungen in der Wirtschaft und der Gesellschaft bestehen viele gemeinsame Interessen mit der Mathematik, der Statistik und der Philosophie, insbesondere der Erkenntnistheorie bis hin zur Moralphilosophie, ja sogar zur Theologie. Die Verschränkungen mit so vielen anderen Disziplinen machen unser Fach schwierig und interessant zugleich.

B. Wirtschaftliche Güter und Prinzipien der Verteilung

1. In der Volkswirtschaftslehre betrachtete Güter

Betrachten wir zunächst die Güter, *welche in die Produktion eingehen:* hier unterscheidet man zwischen

- **natürlichen Ressourcen** oder natürlichen Hilfsquellen eines Landes, welche man unterteilen kann in Boden- und Wasserflächen und Rohstoffvorkommen,
- **produzierten Gütern:**
  Maschinen, Bauten, Verkehrswege, (geförderte) Rohstoffe und halbfertige Güter sowie Hilfsstoffe und schließlich
- **Arbeitsleistungen.**

Die natürlichen Ressourcen und die Arbeitsleistungen faßt man auch zusammen zu den **Primärfaktoren.**

Unter den produzierten Gütern ist eine volkswirtschaftlich wichtige Unterscheidung die zwischen **Investitionsgütern** – welche für die Produktion anderer Güter eingesetzt werden – und **Konsumgütern** – welche von Haushalten verbraucht werden. Manche Güter können Investitionsgüter und Konsumgüter zugleich sein (zum Beispiel Autos, die als Privat- oder Geschäftswagen benutzt werden können).

Man unterscheidet auf einer weiteren Ebene zwischen

- **Gebrauchsgütern** und
- **Verbrauchsgütern.**

Gebrauchsgüter können über einen mehr oder weniger langen Zeitraum Nutzungen abgeben, während Verbrauchsgüter (wie Nahrungsmittel oder Rohstoffe) mit dem Verbrauch in einmaligem Nutzungsprozeß untergehen. Daher ist zwischen **Waren** und ihren Leistungsabgaben oder **Nutzungen** zu unterscheiden. Unter dem Begriff **Güter** werden **Waren** und **Dienstleistungen** zusammengefaßt: Dienstleistungen sind sowohl Nutzungen von Gütern als auch in Anspruch genommene **Arbeitsleistungen.** Ein typisches Beispiel für eine Dienstleistung ist der Transport von Personen und Waren.

Stellt man **Güterbestände** und **Leistungsabgaben** (Nutzungen) gegenüber, so hat man zwischen dem Kauf und der Bezahlung von Häusern, Bodenflächen oder Maschinen einerseits und dem Erwerb von Nutzungen und der Zahlung von Mieten und Pachten andererseits zu unterscheiden.

Private und öffentliche Güter

Wenn man der Koordinierung von Entscheidungen über die Bereitstellung und Verwendung von Gütern besondere Bedeutung beimißt, dann ist eine weitere Unterscheidung wichtig: die zwischen

- **privaten Gütern** und
- **öffentlichen Gütern.**

Dieser Unterscheidung liegt die Frage zugrunde, ob und welche **Eigentumsrechte** (oder *Nutzungsmöglichkeiten*) definiert sind.

Private Güter sind etwa Äpfel und Autos, öffentliche Güter etwa Rundfunkwellen und öffentliche Sicherheit. Hierbei gibt es in der Realität komplizierte gleitende Übergänge. Im einen *reinen* Fall des *privaten Gutes* kauft der einzelne ein Gut, erwirbt damit ein Eigentumsrecht, kann das Gut für sich allein nutzen und schließt insoweit andere von der Nutzung aus. Der Zweck ist entweder der (private) *Verbrauch* (etwa eines Apfels oder eines Kuchens) oder der (private) *Gebrauch* (etwa die Nutzung der [Dienst-]Leistungen eines Autos oder Kühlschranks). Bei öffentlichen Gütern in ihrer *reinen Form* sind solche Eigentumsrechte nicht definierbar. Es konkurriert erstens der Konsum des einen Haushalts nicht mit dem eines anderen und zweitens können andere Haushalte auch nicht vom Konsum ausgeschlossen werden: es besteht 1) **Nicht-Rivalität** der Nutzungen und 2) gilt **nicht das Ausschlußprinzip** – etwa beim Radioempfang oder beim Genuß der Sicherheit in einem Lande. Private Güter können einzeln auf Märkten erworben werden, während bei öffentlichen Gütern viele Nutzer gleichzeitig bedient werden: deshalb ist es nicht sinnvoll, daß jeder Nutzer für sich allein das Gut herstellt. Aus Gründen der Kostenminderung bietet sich die Bereitstellung durch staatliche Instanzen und die Bezahlung über Steuern und Gebühren an.

Weil bei öffentlichen Gütern *keine Eigentumsrechte* definierbar sind, können sie *von allen* frei genutzt werden: Dies ist gerechtfertigt, denn es entstehen keine zusätzlichen Kosten, wenn ein weiterer Nutzer hinzukommt; die Qualität der Güter und die Nutzungsmöglichkeiten für alle anderen werden dadurch nicht beeinträchtigt.

Dies gilt für den reinen Fall eines öffentlichen Gutes. In der Realität gibt es viele Fälle, in denen die Nicht-Rivalität mit zunehmender Intensität der Nutzung gemindert wird. Dies gilt etwa für die Nutzung des Straßennetzes oder eines Parks.

Eine vieldiskutierte Anwendung dieser Überlegungen ist die Nutzung der Umwelt-Ressourcen, vor allem der Luft als *Abfallmedium.* Auch für sie sind üblicherweise keine Eigentumsrechte definiert: in diesem Fall kann sie jeder frei nutzen. Dies ist nicht gerechtfertigt, denn soweit etwa die Luft sich nicht vollständig regeneriert, hat die *zusätzliche Nutzung* als Abfallmedium für Emissionen eine Verschlechterung ihrer Qualität zur Folge: In diesem Fall – wie auch in dem vorher erwähnten Fall der wechselseitigen Behinderung – treten zusätzliche *volkswirtschaftliche Kosten* auf. Eine volkswirtschaftliche Betrachtung führt hier zu der Schlußfolgerung, daß ein Ausgleich für solche Schäden angezeigt ist. Wir kommen darauf mehrfach zurück.

Die klassischen Produktionsfaktoren

Häufig faßt man die in der Produktion eingesetzten Güter zu drei Typen von Produktionsfaktoren zusammen:

- **Boden** als die Gesamtheit der natürlichen Ressourcen,
- **Kapital** als produzierte Güter und
- **Arbeit.**

Das Kapital als Aggregat von Kapitalgütern *(Real-Kapital)* ist so zu unterscheiden von dem monetären (in dieser Einführung nicht weiter behandelten) Begriff des *Finanzkapitals.*

Die Einteilung der Produktionsfaktoren in Boden, Kapital und Arbeit liegt nahe, wenn man die Unterschiede zwischen naturgegebenen nicht vermehrbaren Gütern, produzierten beziehungsweise produzierbaren (und damit auch vermehrbaren) Gütern und der Arbeit als nicht den gleichen Kategorien zugehöriges Gut betonen will, und man folgt ihr in vielen empirischen Untersuchungen zur Vereinfachung – zur Verkleinerung der Zahl der zu betrachtenden Produktionsfaktoren.

Bei dieser Dreiteilung ist jedoch zu beachten: auch der Boden läßt sich längerfristig sowohl vernichten (zum Beispiel durch Raubbau) als auch produzieren (durch Eindeichung) und verbessern (und in diesem Sinne auch produzieren), während ganz kurzfristig die Maschinen und Bauten in ihrer Menge auch vorgegeben sind; was innerhalb eines bestimmten Zeitraums hinzugefügt werden kann, ist ebenfalls beschränkt. Und Arbeit kann nicht nur durch eine erfolgreiche Bevölkerungspolitik „produziert“, sondern durch eine Steigerung des Bildungs- und Ausbildungsniveaus in ihrer Qualität verbessert werden, was volkswirtschaftlich gesehen auch einer „produzierten Vermehrung“ gleichkommt.

Eine Zusammenfassung zu wenigen Güterkategorien ist immer problematisch, weil man es innerhalb dieser Kategorien jeweils mit unterschiedlichen Qualitäten zu tun hat. Diese kann man nur dann im Zuge einer Aggregation zusammenfassen, wenn man verschiedene Qualitäten so gewichtet, daß sie die gleiche Dimension bekommen. Dies geschieht, indem man jeder *einzelnen Qualität* einen bestimmten Preis zuordnet. Trotz dieser Probleme operiert man in der Makroökonomie häufig mit diesen drei Produktionsfaktoren.

Andere volkswirtschaftliche Güter

Volkswirtschaftliche Güter werden als *knappe Güter* definiert – im Gegensatz zu den *freien* Gütern (vgl. Abschnitt D dieses Kapitels). Deshalb werden auch die **Freizeit,** die **Gesundheit** und die **Umwelt** in unserer Volkswirtschaftslehre als Güter betrachtet. Die Freizeit als Alternative zur Arbeit ist in mikroökonomischen wie auch in makroökonomischen Überlegungen eine wichtige Variable. Die anderen genannten Güter spielen ebenfalls in ökonomischen und insbesondere auch in wirtschaftspolitischen Erörterungen eine große Rolle, sie sind jedoch wegen der größeren Schwierigkeit bei der genauen Erfassung quantitativen Analysen schwerer zugänglich.

Bei allen Gütern kommt es nicht nur auf die physische Verfügbarkeit an, sondern auch auf die *erlaubten Nutzungsmöglichkeiten,* welche in jüngster Zeit im Zusammenhang mit den schon erwähnten **Eigentumsrechten** oder **Property Rights** diskutiert werden: werden diese eingegrenzt oder erweitert, ändert sich die Bewertung der entsprechenden Güter.

2. Prinzipien der Bereitstellung, Verteilung und Verwendung von Gütern

Die Bereitstellung von Gütern

Woher kommen die betrachteten Güter: wer stellt sie her oder wer stellt sie bereit? Und wer verteilt sie oder teilt sie denjenigen zu, die sie haben möchten? Diese einander entgegenstehenden Fragen zielen auf die institutionellen Bedingungen des Güterangebots und der Güternachfrage, mit ihnen wollen wir uns hier einführend beschäftigen.

Für die Erfüllung der Wünsche ist es natürlich am erfreulichsten, wenn die Güter

- als *Gaben der Natur* oder
- aus *Spaß und Altruismus*

von anderen Menschen bereitgestellt oder hergestellt werden. Dies allein reicht aber in den meisten Gesellschaften nicht aus. Selbst die ‚Gaben der Natur‘ in der Form etwa von Südfrüchten oder Rohstoffen müssen gepflückt oder gefördert und an die gewünschten Orte der Verwendung gebracht werden.

Und auch eine weitere Möglichkeit,

- *autoritärer Zwang*

auf die potentiellen Bereitsteller von Gütern, auf der Grundlage bestimmter Kriterien, kann in einer modernen Industriegesellschaft keine zufriedenstellende Güterversorgung sicherstellen. Man braucht darüber hinaus *Anreize.* Diese können zwar teilweise auch die Form von Lob, Orden, gesellschaftlichem Rang oder Prestige annehmen.

Es müssen *finanzielle Anreize* dazukommen in der Form

- erzielbaren Einkommens oder
- der möglichen Einsparung von Ausgaben.

Die Verteilung und Verwendung von Gütern

Bei der Verteilung und Verwendung von Gütern finden sich ähnlich unterschiedliche Methoden.

In einer arbeitsteiligen Wirtschaft werden Güter getauscht, da nicht nur niemand alles, sondern kaum jemand überhaupt irgendein Gut *allein* produziert – nicht einmal den Kohl im Gemüsegarten, denn auch dabei verwendet man im allgemeinen Geräte, die man nicht selbst hergestellt hat. In jedem Falle ist laufend ein Tausch der verschiedenen knappen Güter notwendig und dieser muß in irgendeiner Weise organisiert werden. Von *knappen Gütern* spricht man in der ökonomischen Theorie dann, wenn ein Gut in kleinerer Menge vorhanden ist als bei *kostenloser Verteilung* des Gutes insgesamt gewünscht würde. Wenn aber weniger vorhanden ist, als von allen Interessenten gewünscht wird, dann muß die geringe Menge in irgendeiner Form den Interessenten zugeteilt, das heißt sie muß in irgendeiner Form „rationiert“ werden.

Sieht man von Fällen ab, in denen knappe Güter durch „Zufall" oder an die ersten in einer Warteschlange verteilt oder aber mit roher Gewalt von den physisch Stärkeren genommen werden, dann kann der *Tausch* nach vier Prinzipien organisiert werden: (1) Märkte, (2) Autorität, (3) Verhandlung, (4) Wahlen. Dies sei kurz erläutert.

(1) **Märkte.** Dieses Prinzip beinhaltet, daß die Zuteilung der Güter nach der Zahlungswilligkeit erfolgt: nur wer den Marktpreis bezahlt, bekommt das Gut, die anderen gehen leer aus.

(2) **Autorität.** Dieses Prinzip bedeutet Zwang: eine Autorität verteilt nach bestimmten, von ihr selbst gewählten oder in demokratischen Entscheidungsprozessen festgelegten Kriterien die Güter und erläßt zum Beispiel Gesetze, die die Verteilung der knappen Güter festlegen. Offen bleibt, ob die Entscheidungsträger vordringlich Eigeninteressen verfolgen oder sich für alle beteiligten Personen verantwortlich fühlen und die Bedürfnisse aller von der Entscheidung Betroffenen, so wie sie von den Entscheidungsträgern gesehen werden, berücksichtigen.

(3) **Verhandlung.** Die Verhandlungslösung ist ein im Disput aller von der Entscheidung Betroffenen (oder ihrer Repräsentanten) herbeigeführter Einigungsprozeß. Dabei mögen ihre Bedürfnisse, ihre wirtschaftlichen und politischen Machtpositionen, ihre Bereitschaft zur Erbringung von Gegenleistungen und nicht zuletzt das Verhandlungsgeschick eine Rolle spielen, und dabei mag auch die Tradition ins Spiel kommen. Die Tradition kann (zumindest zeitweise) auch ein eigenständiges Prinzip der Zuteilung sein.

(4) **Wahlen:** Hierbei werden den Betroffenen bestimmte Alternativen vorgelegt und es wird in allgemeinen Wahlen etwa über (Partei-)Programme oder in Volks- oder Kantonal- oder Familienabstimmungen direkt über spezielle Fragen entschieden.

Anwendung dieser Prinzipien

Die vier genannten Prinzipien lassen sich auf die Bereitstellung der Güter und auf deren Verteilung und Nutzung anwenden. Verschiedene Gesellschaften wählen unter diesen Möglichkeiten jeweils jenes Prinzip oder jene Kombination von Prinzipien aus, die sie in ihrer gegebenen gesellschaftlichen Situation für die beste halten. In ihren Erscheinungsformen in der Realität sind die genannten Prinzipien häufig nicht exakt voneinander zu trennen.

Das zweite Prinzip wird vom Staat angewandt, zum Beispiel wenn er öffentliche Güter zur Verfügung stellt und dafür Steuern einzieht. Mischungen von autoritären Festlegungen und Verhandlungslösungen findet man auf ganz verschiedenen Ebenen realisiert: in Weltorganisationen, wenn diese Mittel an einzelne Länder verteilen; ähnlich auch innerhalb der Europäischen Gemeinschaft oder innerhalb einzelner Länder bei Finanzzuweisungen und allgemein bei der Hilfe für weniger leistungsfähige Gebiete; zwischen Gemeinden eines Landkreises genauso wie innerhalb einer Familie, wie auch im Rahmen der gesamten Sozialpolitik eines Landes.

Durch das Ausmaß, in dem jeweils Entscheidungen über die Verwendung knapper Mittel nach den ersten beiden der oben genannten Prinzipien herbeigeführt werden, können unterschiedliche Typen von Wirtschaftssystemen klassifiziert werden. Am einen Extrem steht der *Typ* einer privat organisierten Wirtschaft ohne jeden Staat, am anderen Ende eine Zentralverwaltungswirtschaft als Befehlswirtschaft ohne Privateigentum und ohne Wahlmöglichkeiten der Haushalte in bezug auf ihren Konsum und ihren Arbeitseinsatz. Von diesen Extremen nähert man sich der Realität moderner Industriestaaten, wenn man auf der einen Seite einen Staat mit einer zunächst stark begrenzten, dann wachsenden Rolle im Wirtschaftsleben, auf der anderen Seite eine Planwirtschaft mit einer mehr oder weniger großen Dezentralisierung von Entscheidungsprozessen betrachtet. Eine solche Planwirtschaft mag Märkte für gewisse Konsumgüter und damit auch Privateigentum – zwar nicht an Produktionsmitteln (außer Klein-Gemüsegärten) –, aber doch an vielen Konsumgütern zulassen.

Zwischen den Extremen liegen viele mögliche Abstufungen. Eine Skala solcher Abstufungen in bezug auf Preise und Märkte kann so beschrieben werden (ohne daß hier auf wichtige Details eingegangen werden kann):

(1) **Befehlswirtschaft** ohne Preise: die Zuweisungen aller Arbeitsplätze wie auch die Zuteilungen aller Güter werden innerhalb staatlicher Instanzen festgelegt.

(2) **Planwirtschaft** mit zentral festgelegten Produktionsplänen: die staatlichen Instanzen operieren bei ihren Entscheidungen mit Verrechnungspreisen, aber ohne Geld und auch ohne Märkte.

(3) **Planung mit Preisen,** die aber noch eine sehr untergeordnete Rolle spielen.

(4) **Planungssystem** mit vom Staat kontrollierten Märkten; diese werden am ehesten für Konsumgüter zugelassen.

(5) **Beschränktes Marktsystem:** Märkte und Preise bei der Wahl der Güter durch die Konsumenten („Konsumentensouveränität"); staatliche Planung auf dem Investitionsgütersektor und umfangreiche staatliche Eingriffe in den gesamten Wirtschaftsablauf im Rahmen einer Stabilitäts- und Sozialpolitik.

(6) **Marktsystem** gekennzeichnet durch Wettbewerb, freie Preisbildung und Konsumentensouveränität; der Staat setzt Rahmenbedingungen (wie z.B. die Rechtsordnung) und treibt eine beschränkte Stabilitäts- und Sozialpolitik.

(7) **Marktsystem** ohne staatliche Eingriffe („Nachtwächterstaat").

Dies ist eine gewissermaßen *eindimensionale Darstellung* und betrifft auch nur rein ökonomische Unterschiede.

Jedes Marktsystem zeichnet sich dadurch aus, daß eine einzige Orientierungsgröße als wesentliche Entscheidungsgrundlage dient: der Preis. Wer zu dem Preis anzubieten bereit ist, kann verkaufen; wer kaufen möchte, bekommt auch die gewünschte Ware. Das Entgelt für dargebrachte Waren oder Leistungen wird einzig und allein nach der Leistung für den *Markt* festgelegt. Das Prinzip hat mit dem Ziel der (Verteilungs-) Gerechtigkeit in irgendeinem anderen Sinne nichts zu tun. Deshalb ist in vielen Ländern eine Ergänzung durch Maßnahmen eingeführt worden, die auf andere Prinzipien – wie Solidarität und Gerechtigkeit – gegründet sind, zum Beispiel im Rahmen der Sozialpolitik oder des sozialen Ausgleichs zwischen Regionen.

Im Marktsystem brauchen die einzelnen Marktteilnehmer für ihre Dispositionen grundsätzlich nur die *Preise*, nicht aber auch die insgesamt angebotenen und nachgefragten *Mengen* der verschiedenen Güter zu kennen. Über die Preise allein werden die Pläne der einzelnen Marktteilnehmer miteinander koordiniert. Früher hat man gegen die Einführung einer staatlichen Planung von Angebot und Nachfrage argumentiert, daß der Staat gar nicht die Funktion der vielen verschiedenen Märkte übernehmen könnte, weil das Sammeln und Verarbeiten der hierfür notwendigen Daten über die vorhandenen und gewünschten Mengen einer so großen Zahl von Gütern unüberwindbare Probleme aufwerfen würde. Nach der Entwicklung großer Computer spielt dies Argument eine geringere Rolle. Inzwischen hat sich aber mehr und mehr gezeigt, daß die **gesellschaftlichen** Probleme der Planung größer sind als erwartet. Diese Probleme sind den möglicherweise gar nicht vorhandenen Vorzügen staatlicher Aktivität in bezug auf eine weitergehende Berücksichtigung der Zukunft und des Wohles der Gesamtgesellschaft gegenüberzustellen. Zudem ist zu berücksichtigen, daß die Freiheit der Wahl ein Wert – oder ein Gut – an sich ist.

Bei der Betrachtung verschiedener Systeme sind alle ihre ökonomischen und soziopolitischen Aspekte gleichzeitig zu sehen. Bei der Organisation des Wirtschaftslebens insgesamt sind einige wichtige Gegensätze zu nennen; außer der genannten Gegenüberstellung von

- Entscheidungen auf **Märkten** oder durch **Bürokratien** sind dies:
- **Wettbewerb** oder **Zusammenarbeit,**
- mehr **Zentralisierung** von Entscheidungen oder ein größerer Grad an **Dezentralisierung,**
- **Privateigentum** oder **Gemeineigentum** insbesondere an Produktionsmitteln,
- mehr oder weniger große **materielle Anreize** für das Angebot an Arbeitsleistungen und anderen Produktionsfaktoren durch die einzelnen Haushalte.

In einer komplexen arbeitsteiligen Wirtschaft gibt es in keinem dieser Punkte klare Entweder-oder-Entscheidungen. Da in allen Ländern staatliche Instanzen in mehr oder weniger großem Umfang vielfältige Aufgaben zu lösen haben, sind neben Märkten auch immer regulierende Bürokratien nötig: Die Frage ist nur, wo sinnvollerweise (unter Zugrundelegung bestimmter gesellschaftlicher Zielsetzungen) die Grenze zwischen dem staatlichen und dem privaten Sektor zu ziehen ist und welche Güter besser vom Staat als von Privaten angeboten werden sollten (wie schon bei der Erörterung der öffentlichen Güter angedeutet). Bei all dem spielen natürlich die Tradition wie auch die *Qualität* der privaten Unternehmer gegenüber der des Beamtenapparates eine Rolle. Mit dem optimalen Grad der Zentralisierung von Entscheidungen schlagen sich sowohl Planwirtschaften als auch Ministerien in westlichen Industriewirtschaften und auch die Organisatoren in Groß- und Mittelunternehmen und – in Form der Frage der Delegierung von Verantwortung – sogar kleine organisatorische Einheiten herum. Daß materielle Anreize in Form von Einkommensdifferenzierung unumgänglich sind, hat sich in allen Ländern gezeigt: die Frage ist jeweils, wie *weit* diese Differenzierung gehen sollte.

Hiermit sollte keine erschöpfende Liste von Alternativen gegeben werden, sondern das Augenmerk auf die Tatsache gelenkt werden, daß (erstens) solche verschiedenen Möglichkeiten der Organisation des Wirtschaftslebens bestehen und diese verschiedenen Möglichkeiten unter ökonomischen Gesichtspunkten analysiert werden können und dies in noch viel stärkerem Umfang möglich und sinnvoll wäre als im allgemeinen geschehen und (zweitens) die relativen Vorzüge bestimmter Typen von Lösungen häufig immer kleiner werden, je mehr man sich den jeweiligen Extremen nähert. Sodann kann (drittens) nicht genug betont werden, daß alle „Lösungen" nicht als abstrakte Prinzipien zu sehen sind, sondern selbst wesentliche Bestandteile des Lebens einer Gesellschaft darstellen und damit auch das Wohlbefinden der einzelnen beeinflussen. Nicht nur auf das **Ergebnis** von Entscheidungen, sondern auf die Entscheidungs**prozesse** selbst kommt es an. Es ist deshalb erstaunlich, daß manche, die zu Recht das Gesellschaftliche des Wirtschaftens betonen, diesen Gesichtspunkt bei der Diskussion der günstigsten Organisation des Wirtschaftslebens stark vernachlässigen.

Das Instrumentarium der mikroökonomischen Theorie, wie es in diesem Buch entwickelt wird, kann nicht nur auf die Produktion und den Konsum von wirtschaftlichen Gütern angewandt werden, sondern auch auf die Betrachtung ökonomischer Alternativen unter Einschluß ihrer Umweltwirkungen und – noch weitergehend – ihrer gesellschaftlichen Konsequenzen, was allerdings viel schwieriger ist.

C. Wirtschaftssubjekte, deren Ziele und Entscheidungsalternativen

1. Typen von Wirtschaftssubjekten in einer Marktwirtschaft

In der Volkswirtschaftslehre betrachtet man drei **Typen** von handelnden Wirtschaftssubjekten: Haushalte, Unternehmungen und Staat (Bund beziehungsweise bundesweite Organe, Länder und Kommunen hier zu einem Begriff zusammengefaßt). Im Rahmen dieser Einführung kann man die „eigentlichen Funktionen" dieser drei Arten von Wirtschaftssubjekten so typisieren (vgl. Abbildung 1, in der die folgende Aufzählung allerdings nur teilweise wiedergegeben wird):

Haushalte stellen den **Unternehmungen** und dem **Staat Produktionsfaktoren** (Arbeitsleistungen und Unternehmerleistungen, Finanzierungsmittel, Häuser, Land) zur Verfügung und beziehen dafür entsprechende Zahlungen als **Einkommen** (Löhne und Gehälter, Gewinne, Zinsen und Dividenden, Mieten und Pachten). Dazu kommen noch **Leistungen an andere Haushalte:** häusliche Dienste, Vermietungen, Pachten (vgl. die Schleife in der Abbildung).

Unternehmungen produzieren mit diesen Produktionsfaktoren Güter – Waren und Dienstleistungen – und verkaufen sie an Haushalte und an den Staat, aber auch an andere Unternehmungen als Zwischenprodukte und Investitionsgüter, und sie erzielen damit Verkaufserlöse: damit können Kosten gedeckt und Gewinne gemacht (ausgeschüttet oder einbehalten) werden.

Bei den Leistungen der Haushalte und Unternehmungen werden die Güter gegen **direkte (gleichwertige) Bezahlung** (eventuell auf Kredit) abgegeben, deshalb beobachten wir dabei jeweils in entgegengesetzten Richtungen laufende Güterströme und Geldströme, während beim Staat eine solche Zuordnung für die *öffentlichen Güter* und die von den Haushalten und den Unternehmungen geleisteten Steuerzahlungen nicht möglich bzw. bei den *Gebühren* nur teilweise möglich ist.

Wie bereits erörtert, ist die Rolle des **Staates** in einer Volkswirtschaft und damit natürlich auch seine Einflußnahme auf diese in erster Linie von dem betrachteten Wirtschaftssystem abhängig (bzw. dadurch erst definiert). Dabei sind in der Realität

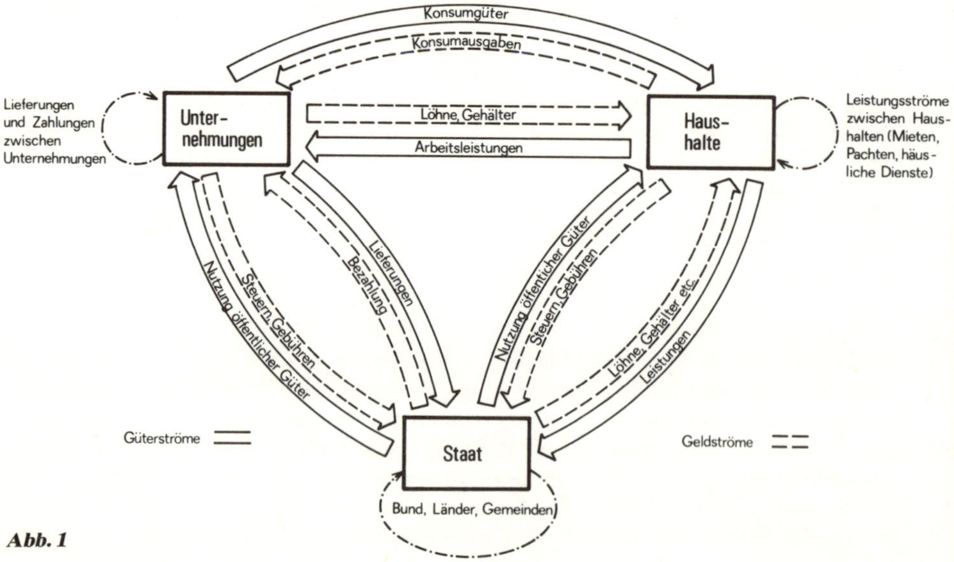

Abb. 1

die theoretischen Konstruktionsmerkmale – in unserem Beispiel die Skala der Abstufungen in bezug auf Märkte und Preise – nicht modellgetreu wiederzufinden. Die Art und Weise, in welcher der Staat in den modernen Marktwirtschaftstypen der westlichen Industriestaaten am Wirtschaftsgeschehen teilnimmt, durch Wirtschaftspolitik lenkend und korrigierend eingreift, differiert selbst innerhalb der Länder der Europäischen Gemeinschaft. Das exakte Maß und die spezifische Form der Einflußnahme des Staates auf den Wirtschaftsprozeß wird – natürlich nach einer Grundentscheidung für ein bestimmtes System – durch die historische Entwicklung *und* die jeweils aktuelle Willensbildung in einer Gesellschaft bestimmt. Die konkrete Ausgestaltung der Wirtschaft durch Rechts- und Verhaltensnormen und Institutionen (Wirtschaftsordnung) ist demnach als Ergebnis komplexer Entscheidungsprozesse zu sehen.

In der Bundesrepublik werden heute dem „Wirtschaftssubjekt Staat" folgende zentrale Aufgabengebiete zugeordnet:

– Bereitstellung **öffentlicher Güter,**
– Sorge für wirtschaftliche **Stabilität** (Vollbeschäftigung, Preisstabilität, stetiges Wachstum, außenwirtschaftliches Gleichgewicht) und für die **Sicherung der Zukunft** (z. B. Umweltbedingungen, Alterssicherung),
– **Gerechtigkeit bei der Einkommensverteilung.**

Öffentliche Güter werden, wie in Abschnitt B erwähnt, vom Staat angeboten, wenn z. B. bei Wirtschaftssubjekten ein Interesse an bestimmten Gütern besteht, deren privatwirtschaftliche Bereitstellung über den Markt – weil das erwähnte Ausschlußprinzip nicht gilt – aber nicht gewährleistet ist bzw. wenn eine Verteilung derartiger Güter nach den Gesetzen des Marktes eine Unterversorgung zur Folge hätte: der Staat stellt dann den Haushalten und Unternehmungen im Rahmen eines durch die Institutionen und Gesetze geordneten Gemeinwesens derartige öffentliche Güter wie innere und äußere Sicherheit, soziale Dienste und Bildungsgüter, die Nutzung der Straßen und des Kommunikationsnetzes zur Verfügung.

Der Staat garantiert die Durchsetzbarkeit *privater Eigentumsrechte;* indem er rechtliche Rahmenbedingungen setzt, ermöglicht er erst den Tausch privater Güter. Für eine ganze Reihe von knappen Gütern – wie etwa für gute Luft, reines Wasser, saubere Umwelt – sind jedoch, wie erläutert, keine Eigentumsrechte definiert. Es existieren deshalb auch keine Märkte für diese Güter, so daß für ihre Nutzung (etwa durch Lärm, Wasser- und Luftverschmutzung, Verkehrsbehinderungen) kein Preis gezahlt wird. Man bezeichnet die Wirkungen von Produktion und Konsum auf solche Güter als (negative) **externe Effekte** (Effekte, die nicht über einen Markt wirken). Externe Effekte sind (nicht kosten- beziehungsweise ausgabenwirksame) **Nebenwirkungen** der Produktion oder des Konsums **auf Unbeteiligte.** Diesen Unbeteiligten und damit der Gesamtgesellschaft entstehen durch die Nutzung dieser Güter Belastungen, für welche keine Marktpreise bezahlt werden – sie werden, volkswirtschaftlich gesehen, verschwendet.

Bei einem Betrieb, dessen Produktion Luftverschmutzung verursacht, sind die volkswirtschaftlichen **(sozialen)** Kosten höher als die **privaten Kosten,** die in seine Kostenrechnungen eingehen. Ohne die Einwirkung des Staates oder der Gemeinschaft würden die externen Effekte bei der Produktionsentscheidung nicht berücksichtigt, die Entscheidungsgrundlagen des Betriebes somit verzerrt. Deshalb muß die Gemeinschaft aufgrund ihrer Werturteile in politischen Prozessen für diese Güter **Nutzungsrechte definieren beziehungsweise selbst Preise festlegen** oder aber **Märkte schaffen,** auf denen sich Preise herausbilden.

Dies kann entweder (1) mit **Verordnungen** (Normen, Geboten und Verboten) erfolgen oder (2) mit **marktwirtschaftlichen Anreizen.** Dazu zählen **Steuern** und Gebühren (etwa für Luftverschmutzung), finanzielle Unterstützung **(Subventionen)** etwa für die Einführung umweltfreundlicher Technologien. (3) Schließlich kann man beides kombinieren.

Die privaten (von den Betrieben getragenen) Kosten und die (der Gesellschaft insgesamt entstehenden) sozialen Kosten würden zum Beispiel genau dann übereinstimmen, wenn der Betrieb **Steuern** in einer Höhe zahlen würde, die genau seiner Nutzung dieser Umweltgüter, also den von ihm **netto** verursachten **externen Effekten** entsprächen. Wegen der Schwierigkeiten der Ermittlung und Bewertung der externen Effekte ist eine exakte Übereinstimmung allerdings kaum möglich. In manchen Ländern wird (wie schon oben angedeutet) die Planung der Investitionen durch den Staat damit begründet, daß diese die *gesamte gesellschaftliche Entwicklung langfristig beeinflussen,* damit eine Bedeutung über die in private Investitionskalküle eingehenden Überlegungen hinaus erlangen, daß somit möglicherweise private und soziale Kosten und Nutzen auseinanderfallen und man deshalb langfristig Investitionsprojekte nicht der Entscheidung durch Private nach dem Gewinnprinzip allein überlassen sollte.

2. Ziele der Wirtschaftssubjekte

Die von den betrachteten Wirtschaftssubjekten in der Realität verfolgten Ziele sind nur schwer zu fassen und nicht eindeutig formulierbar. Immerhin sind sie für die Unternehmungen noch leichter faßbar als für die Haushalte und die staatlichen Instanzen: Daß der Staat das Wohlergehen seiner Bürger und der Haushalt das Wohlergehen seiner einzelnen Mitglieder im Auge habe, ist eine ziemlich leere Aussage, während das für die Unternehmungen im allgemeinen unterstellte Ziel der **Gewinnmaximierung** leichter faßbar scheint, weil Gewinne doch in Geldeinheiten gemessen werden können. Viele Unternehmungen verfolgen aber auch andere Ziele. Zunächst ist die Sicherung eines bestimmten Marktanteils wichtig, damit überhaupt längerfristig Produkte abgesetzt und Gewinne gemacht werden können, und bei alledem spielen der „Goodwill" und das „Image" der Unternehmung auch eine gewichtige Rolle. Der Ruf eines Unternehmers als schätzenswertes, verantwortungsvoll handelndes Mitglied der Gesellschaft kann ein wichtiger motivierender Faktor sein. Auch das Ziel der Gewinnmaximierung ist nicht eindeutig: Langfristige Gewinnmaximierung über Jahrzehnte oder Generationen hinweg bedeutet etwas anderes als kurzfristige (und kurzsichtige) Gewinnmaximierung und hängt (bei gegebenen Fähigkeiten) vom Einsatz der Unternehmungsleitung ab – ob sie vier oder acht oder zwölf Stunden am Tage für die Unternehmung da ist. Viele der neben der Gewinnmaximierung zu nennenden Ziele können in dem Begriff der *langfristigen* Gewinnmaximierung erfaßt werden; und die Sicherung eines bestimmten Marktanteils kann man leicht als eine *Nebenbedingung* einführen, unter deren Einhaltung der Gewinn zu maximieren ist. Für die Zwecke dieses einführenden Textes genügt es, durchweg vom Ziel der Gewinnmaximierung auszugehen; die Unterscheidung zwischen kurz- und langfristiger Gewinnmaximierung wird *hier* keine Bedeutung haben.

Für die **Haushalte** muß (und wird im folgenden) unterstellt werden, daß eine Einigung unter den Mitgliedern erzielt worden ist in dem Sinne, daß einer für alle (oder für einen klar abgegrenzten Teilbereich) spricht bzw. entscheidet. Man kann allgemein von der Sorge um das Wohlergehen der Familienmitglieder und somit davon ausgehen, daß der Haushalt jeweils das ihm am günstigsten erscheinende Gütersortiment auswählen wird, welches er mit dem ihm zur Verfügung stehenden Budget kaufen kann: die Budgetsumme und die zu zahlenden Preise legen jeweils eindeutig die insgesamt vorhandenen *Möglichkeiten* fest. In der älteren Literatur wurde statt der Annahme der Wahl des bestmöglichen Gütersortiments das Ziel der **Maximierung** des **Nutzens** – im Sinne eines Maximums an erreichter Bedürfnisbefriedigung –

formuliert: Theoretiker wie Gossen (1810–1858), Jevons (1835–1882) und Menger (1840–1921) strebten an, den Nutzen der Haushalte in bestimmten **Nutzeneinheiten** zu messen. Man hätte damit eine Theorie der Haushalte aufbauen können, die ganz in Analogie zur Theorie der Unternehmung gestanden hätte; die eine operierte mit dem Nutzen in Nutzeneinheiten, die andere mit dem Gewinn in Geldeinheiten – beide also mit *absoluten* Größen. Deshalb spricht man bei diesem Ansatz von einer **kardinalen** Nutzengröße. Diese Bestrebungen haben nicht den erhofften Erfolg gezeitigt; man hat allgemein in der Haushaltstheorie zurückgesteckt und beschränkt sich darauf, **Nutzenvergleiche** anzustellen. Man nimmt an, daß ein Haushalt in einer bestimmten Situation für jeweils zwei betrachtete Güterbündel angeben kann, ob eines der beiden Güterbündel einen größeren oder kleineren Nutzen hat als das andere oder ob ihm beide Güterbündel den gleichen Nutzen bringen, und fragt nicht mehr danach, wie groß die Nutzen*differenz* ist: Man hat sich auf ein **ordinales** Nutzenkonzept zurückgezogen, behält jedoch weiterhin das Ziel der Maximierung des Nutzens bei, wiewohl dieser nicht in absoluten Größen gemessen wird. Noch allgemeiner ist der in Kapitel II gewählte Ansatz, in dem auf die Annahme eines Maximierungsstrebens gänzlich verzichtet wird. Man geht einfach davon aus, daß der Haushalt unter verschiedenen Gütersortimenten Prioritäten setzen, d.h. eine **Präferenzordnung** aufstellen kann und so dasjenige Güterbündel wählt, das ihm *am besten* erscheint. Damit wird darauf verzichtet, irgendeine inhaltlich konkretisierende Aussage über *Ziele* und *Motive* des Haushalts zu machen. Am *Ergebnis* der Analyse ändert sich dadurch gegenüber den traditionellen Ansätzen nichts.

Die **wirtschaftlichen Ziele des Staates** sind – über die Formulierung der Aufgaben des Staates in einem allgemeinen Sinne hinaus – noch viel schwieriger zu formulieren als die eines einzelnen Haushalts, geht es doch um Tausende oder gar viele Millionen von Haushalten, deren Interessen gleichzeitig berücksichtigt werden sollten. Man spricht – in Analogie zur Nutzenfunktion der Einzelhaushalte – ziemlich abstrakt von der **gesamtwirtschaftlichen Wohlfahrtsfunktion,** welche die Interessen aller und damit das Gesamtinteresse widerspiegeln soll, und weiß dabei, daß die Art der Gewichtung der Einzelinteressen (die Berücksichtigung der Wünsche verschiedener Gruppen) und deren wirtschaftliche und politische Macht wichtig ist, daß dabei die Vermögensverteilung und die Einkommensverteilung eine große Rolle spielen und daß die Regierenden schließlich auch eigene Interessen haben und ihre Macht sichern oder in Demokratien wiedergewählt werden möchten.

Diese Fragen werden zum Teil in der ökonomischen Theorie der Politik behandelt; wir werden uns in diesem Buch nicht weiter mit ihnen beschäftigen und beschränken uns daher auf diese Andeutung von Problemen. Bei der Diskussion von Alternativen des staatlichen Handelns werden wir auf einige Wahlmöglichkeiten hinweisen, zwischen denen sich eine Gesellschaft – wie auch immer – entscheiden muß.

3. Wirtschaftliche Alternativen

Bevor auf in der Mikroökonomie angewendete Methoden eingegangen und der Typ eines ökonomischen Entscheidungsproblems vorgestellt wird, sollen zunächst typische Alternativen aufgezeigt werden, denen sich eine jede Gesellschaft gegenübersieht und zwischen denen vom einzelnen oder vom Staat Entscheidungen getroffen werden müssen. Wichtige wirtschaftliche Alternativen kann man wie folgt gegenüberstellen – wir zählen sie zunächst auf und betonen, daß sie fast alle miteinander zusammenhängen und häufig Entscheidungen über mehrere dieser Alternativen gleichzeitig getroffen werden:

(1) Auswahl unter verschiedenen Gütern oder Güterkombinationen,

(2) Auswahl unter verschiedenen Einsatzfaktoren bei der Produktion, beziehungsweise unter verschiedenen Produktionsprozessen,

(3) verbesserte Güterversorgung oder mehr Freizeit,

(4) verbesserte Güterversorgung oder mehr Umweltschonung,

(5) Konsum oder Sparen – mehr Gegenwartskonsum oder mehr die zukünftige Güterversorgung fördernde Investitionen,

(6) Investitionen in Prozesse mit herkömmlicher, bekannter Technologie oder Investitionen in Forschung und Entwicklung,

(7) Wahl eines sicheren Projektes gegenüber einem riskanten, aber möglicherweise ertragreicheren Projektes,

und da alle Überlegungen sich in der Zeit *und* im Raum abspielen, hat man schließlich jeweils auch

(8) die Wahl unter verschiedenen möglichen Standorten.

Sehen wir diese verschiedenen Alternativen nunmehr ein wenig genauer an.

(1) Die erste Alternative – **verschiedene Gütermengen** – besteht sowohl für Produzenten als auch für Konsumenten. Zur Einführung in später verwendete Darstellungen betrachten wir in Abbildung 2a in den Punkten P^1 und P^2 zwei verschiedene Mengenkombinationen zweier Güter, die mit *gleichem Aufwand* wahlweise hergestellt werden können. In der Landwirtschaft mögen dies die Mengen an Weizen und Hafer, in einem Industriebetrieb der Ausstoß an Pkw's eines bestimmten Typs und Lkw's sein. Die Abbildung bringt zum Ausdruck, daß entweder die Mengen x_1^1 und x_2^1 an Weizen und Hafer (bzw. an Pkw und Lkw) *oder* die *kleinere* Menge x_1^2 an Weizen (Pkw) und die *größere* Menge x_2^2 an Hafer (Lkw) produziert werden können. Die Punkte P^1 und P^2 können wir als zwei Punkte einer **Produktionsmöglichkeiten-Kurve** betrachten: Solch eine Kurve gibt für die beiden Güter sämtliche möglichen Mengenkombinationen an, die mit der gegebenen Produktionsmittelausstattung hergestellt werden können. Man bezeichnet sie auch als **Transformationskurve.** Anstelle der Mengenkombination P^1 kann man sich – beim Vergleich mit dem Punkt P^2 – die Mengendifferenz $x_1^1 - x_1^2$ des *ersten* Gutes gedanklich in die um $x_2^2 - x_2^1$ vergrößerte Menge des *anderen* Gutes „transformiert" vorstellen. Die Mengenrelation $\Delta x_2/\Delta x_1$ ist dann die *Rate der Transformation* der beiden Güter im Bereich der Punkte P^1 und P^2. Bei gleichem Aufwand kommt es nun darauf an zu ermitteln, welche der beiden Güterkombinationen am Markt den höheren Erlös erbringt. Für den Haushalt legen wir in Abbildung 2b in den Punkten C^1 und C^2 Alternativen zugrunde, die gleich hohe Ausgaben, eine gleich hohe *Budgetsumme* erfordern: ganz in Analogie zum Produzenten entscheidet sich der Haushalt für diejenige Kombination, die er höher schätzt – in der anderen Terminologie jene, die ihm den höheren Nutzen erbringt.

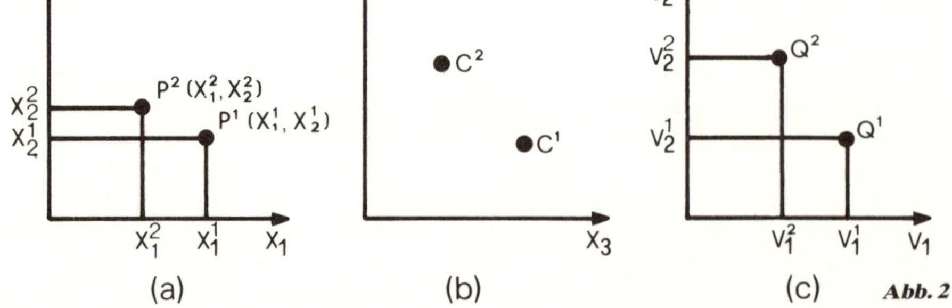

Abb. 2

(2) Die zweite Alternative kann man auf unterschiedliche **Faktormengenkombinationen** beziehen, mit denen eine **vorgegebene Produktmenge** erstellt werden kann – vereinfacht entweder (Punkt Q^1 in Abbildung 2c) mit v_1^1 Arbeitsstunden und v_2^1 Maschinenstunden oder (Punkt Q^2) mit v_1^2 Arbeitsstunden und v_2^2 Maschinenstunden. Hier ist die Frage, ob (in dem hier betrachteten begrenzten Rahmen) der teilweise Ersatz von Arbeit durch Maschinen (oder umgekehrt) zu einer Kostenerhöhung oder einer -senkung führt – ob, wie man es in unserem Fach ausdrückt, die **Substitution** von Arbeit durch Maschinen sich lohnt oder nicht. Inwieweit solche Substitutionsmöglichkeiten bestehen, das wird durch die verschiedenen zur Verfügung stehenden Produktionsprozesse bestimmt. Ob der Substitutionsprozeß (von Q^1 nach Q^2) zu einer Erhöhung oder Verminderung des Gewinns führt, hängt von den (relativen) Preisen der Produktionsfaktoren, hier den Kosten der Arbeits- und der Maschinenstunden ab.

In allen bisher betrachteten Fällen besteht ein negativer Zusammenhang – die Vergrößerung der einen Menge geht zu Lasten der anderen Menge. Häufig erhält man deshalb – soweit die betrachteten Güter beliebig teilbar sind – einen negativen Funktionalzusammenhang, wie auch in den Abbildungen festgehalten.

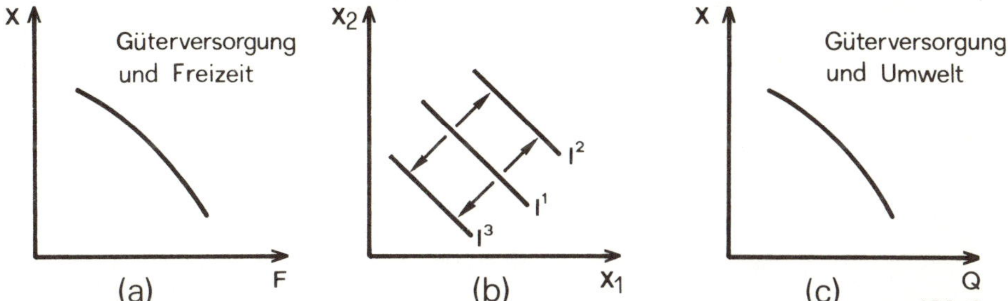

Abb. 3

(3) **Freizeit und Güterversorgung.** Auch bei dieser Alternative besteht bei gegebener Kapitalausstattung und gegebener Produktionstechnik ein negativer Zusammenhang zwischen den betrachteten Größen, denn bei mehr Freizeit (F) und damit geringerem Arbeitseinsatz nimmt die mögliche Produktionsmenge (x) ab (Abb. 3a).

Wenn *insgesamt* mehr Produktivkräfte eingesetzt werden, kann man von *beiden* betrachteten Gütern größere Mengen herstellen: in Abbildung 3b bedeutet dies eine Verschiebung der Linie l nach rechts oben (vgl. in Abbildung 3b die Pfeile von l^1 in Richtung auf die Linie l^2). Bei Inanspruchnahme von mehr Freizeit schrumpfen die Möglichkeiten der Güterproduktion *unter sonst gleichen Bedingungen:* man bewegt sich nach links unten (Linie l^3 in der Abbildung 3b).

(4) **Güterversorgung und Umweltschonung:** Dies ist eine weitere Alternative, denn die Güterproduktion geht in manchen Bereichen zu Lasten der Aufrechterhaltung der Umwelt beziehungsweise ihrer Qualität; auch können Produktionsfaktoren entweder für die Produktion von Gütern oder für die Verbesserung oder Aufrechterhaltung der Umwelt eingesetzt werden. Die Qualität der Umwelt läßt sich nicht durch *eine* Zahl angeben, sondern bestenfalls durch bestimmte Indikatoren messen. Beschränkt man sich auf einen Indikator oder faßt man (durch Gewichtung) verschiedene zusammen, dann erscheint die Wahl zwischen Gütermengen (x) und Umweltqualität (Q) in einem Diagramm ebenfalls als eine fallende Funktion (vgl. Abb.3c).

(5) **Gegenwart und Zukunft:** Man kann Güter entweder *sofort* oder zu einem *späteren* Zeitpunkt kaufen. Im zweiten Fall *spart* man und kann den Geldbetrag zinsbringend anlegen. Insoweit die erhaltenen Zinsen über eventuelle Preissteigerungen hinausgehen, kann man ein Jahr später eine größere Menge dieses Gutes kaufen.

Für den Haushalt besteht somit die Alternative darin, entweder die Menge C_t (vgl. Punkt A^1 in Abbildung 4a) oder die Menge C_{t+1} ein Jahr *später* zu verbrauchen (oder durch die Gerade g angedeutete Kombinationen zu wählen). Hierbei werden die Alternativen durch den Zinssatz unter Berücksichtigung der Preissteigerungen festgelegt: wieder kommt es auf die Wünsche oder Beurteilungen des Haushalts im Vergleich zu den Möglichkeiten (A^1, A^2 etc.) an.

Diese Überlegungen gelten für produzierte konsumreife Güter wie auch für natürliche Hilfsquellen (etwa Öl oder Metalle, wie auch zum Beispiel für Maschinen, die man schneller oder langsamer abnutzen kann). Die erwähnte Alternative (4) kann in bezug auf die Umwelt teilweise auch in diesem Sinne – als schnellerer oder langsamerer „Verbrauch" der Umwelt beziehungsweise größere Schonung für die Zukunft – interpretiert werden.

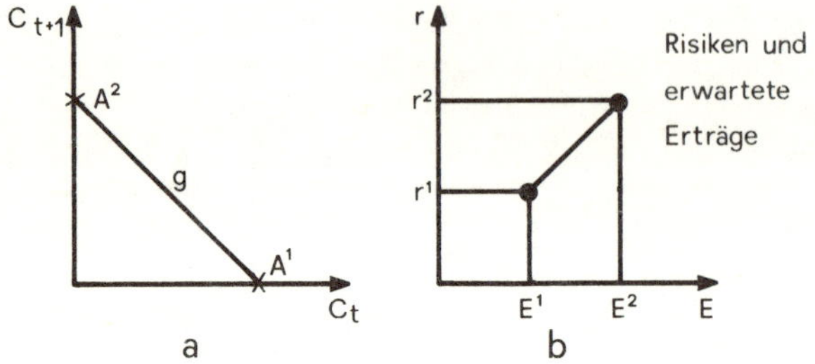

Abb. 4

(6) Viele Entscheidungen in der Wirklichkeit geschehen nicht unter vollkommener Information über die gegenwärtigen Möglichkeiten geschweige denn die zukünftige Entwicklung der Dinge. In dieser Situation muß in mindestens zwei weiteren Beziehungen eine Wahl getroffen werden: (i) Ein Wirtschaftssubjekt kann vor einer Disposition versuchen, sich weitere Informationen über auf dem Markt befindliche Konsum- oder Investitionsgüter zu verschaffen; ein Produzent kann mit gegebenem eigenen Wissen arbeiten *oder* zunächst einmal Mittel einsetzen, um zu lernen und um bessere Produktionsmethoden zu erfinden oder zu erproben; und schließlich kann man (ii) bei gegebenem Wissen über die Zukunft eine *mehr oder weniger* risikobehaftete Alternative wählen.

Die entsprechenden Alternativen sind beim Problem der Informationsbeschaffung über Konsumgüter **Ausgaben für Güter oder für die Informationsbeschaffung,** und bei der Produktion entsprechend **Ausgaben für die Güterproduktion** oder **Ausgaben für Forschung und Entwicklung.**

(7) Bei **Unsicherheit** über die Zukunft insbesondere in bezug auf die Absatzchancen bei unterschiedlichen Gütern oder in bezug auf die Erträge verschiedener Wertpapiere stellt sich die Alternative häufig als die Wahl zwischen einem gegebenen **Ertrag** (E^1) unter bestimmter (mehr oder weniger großer) **Sicherheit** (oder einem – wie immer definierten – **Risikofaktor** r^1) und einem erwarteten *höheren* Ertrag E^2 bei *größerer* Unsicherheit beziehungsweise einem größeren Risikofaktor r^2. Diese Wahlmöglichkeit ist in Abbildung 4b angedeutet. Der skizzierte Kurvenverlauf spiegelt das Sprichwort wider: „Wer nicht wagt, der nicht gewinnt."

Alle diese Entscheidungen betreffen jeweils Güterqualitäten und -mengen, und sie beziehen sich auf bestimmte Zeitpunkte und auf Alternativen im geographischen Raum (der erwähnte Punkt (8) auf S. 14).

Vereinfacht und sehr verkürzt formuliert: Die Einzelnen wie auch staatliche Instanzen beziehungsweise die Gesellschaft haben Wahlentscheidungen zu treffen bezüglich der **Arten von Gütern** (produzierten Gütern wie auch Produktionsfaktoren, Umweltqualitäten etc.), des **Ortes** ihrer Aktivitäten und des **Zeitpunktes;** sie tun dies bei im allgemeinen unvollständiger **Information** und unter mehr oder weniger großem **Risiko;** und sie treffen ihre Entscheidungen aufgrund ihrer **Wünsche oder Ziele** unter Beachtung ihrer **Beschränkungen,** nämlich ihrer Fähigkeiten beziehungsweise ihres Wissensstandes über verwertbare *Technologien* und ihrer Verfügungsgewalt über *knappe Ressourcen* dieser Welt beziehungsweise über *Finanzierungsmittel.* Diese Überlegungen kann man in einem einfachen Diagramm festhalten (Abb. 5), in dem insbesondere die *drei Dimensionen* der Güter ausdrücklich aufgeführt sind. Dabei ist die besondere Vereinfachung zu beachten, die darin besteht, daß zwar die Zeit selbst nur *eine* Dimension hat, der Raum selbst aber drei Dimensionen besitzt und Güterqualitäten möglicherweise nur durch eine sehr große Zahl von Charakteristika hinlänglich genau beschrieben werden können; auch geben die Begriffe „Informationsstand" und „Risikosituation" sehr komplexe Tatbestände wieder.

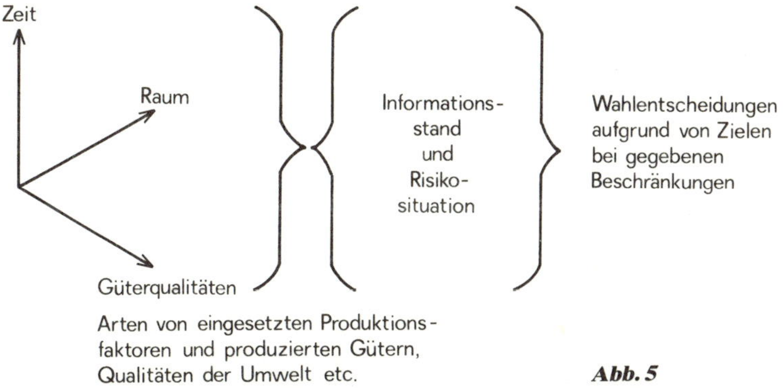

Abb. 5

Wichtige Grundlage für die Entscheidungen ist es, die angesprochenen Alternativen inhaltlich genau kennenzulernen, um welche es bei den verschiedenen Gütern und Produktionsfaktoren, den natürlichen Ressourcen und Umweltqualitäten, bei den Vergleichen zwischen den *Möglichkeiten* zu verschiedenen Zeitpunkten und an verschiedenen Standorten im einzelnen geht. Begründete Entscheidungen angesichts verschiedener Möglichkeiten erfordern, daß die Alternativen im einzelnen mehr oder weniger genau bekannt sind. Zur Beurteilung oder um Konsequenzen aus solchen Gegenüberstellungen (wie in den Abbildungen 2 bis 4) zu ziehen, braucht man eine möglichst genaue Kenntnis der Relationen, in denen die *Weiterverfolgung* eines Zieles die *Mindererreichung* eines anderen Zieles nach sich zieht (wenn jeweils gleich viel Mittel eingesetzt werden) – inwieweit zum Beispiel die Mehrproduktion an Lkw's (oder Weizen) eine Minderproduktion an Pkw's (oder Hafer) erfordert, der Kauf zusätzlicher Koteletts die Minderung der Einkäufe an Hackfleisch zur Folge hat.

Die Mengen an *anderen* Gütern, auf die man in einer Volkswirtschaft verzichten oder die man *mehr* einsetzen muß, wenn von einem betrachteten Gut *eine Einheit mehr* zur Verfügung gestellt werden soll, bezeichnet man als die **Opportunitätskosten dieses Gutes:** diese können in bestimmten *Mengen* eines anderen Gutes (Abb. 2a), in Einsatzmengen an Produktionsfaktoren oder auch Freizeit (Abb. 3a) oder aber auch in einer bestimmten Verschlechterung der Umweltqualität (3c) bestehen. Die Entscheidung, *eines* zu tun, beschränkt in gewisser Weise die *Möglichkeiten,* etwas *anderes* zu tun, daher der englische Ausdruck **opportunity costs,** der ins Deutsche übernommen worden ist. Beim Vergleich zweier Güter, die man alternativ produzieren, oder bei zwei Zielen, die man alternativ verfolgen kann, spricht man von einem **Trade-off** zwischen diesen

Gütern oder Zielen. Damit wird zum Ausdruck gebracht, daß die Ziele im Konflikt miteinander stehen. Bei der Produktion von Gütern läßt sich dieser Trade-off, wie wir gesehen haben, zahlenmäßig erfassen durch die **Transformationsrate:** sie gibt an, auf wie viele Einheiten eines zweiten Gutes man verzichten muß, wenn man eine Einheit des betrachteten Gutes zusätzlich herstellen will. Dieses Konzept wird auch auf wirtschaftspolitische Ziele angewendet, deren Erreichungsgrade einander wechselseitig beeinflussen. Opportunity costs, Trade-offs und Transformationsraten spielen in der ökonomischen Theorie eine zentrale Rolle. Dabei geht es insbesondere immer darum, daß solche Trade-offs beziehungsweise Transformationsraten in ihren numerischen Werten häufig stark davon abhängen, wieviel von verschiedenen Gütern schon produziert worden ist, beziehungsweise wie weit man sich verschiedenen Zielen schon genähert hat. Technisch formuliert: es ist wichtig, die Funktionsverläufe an verschiedenen Punkten in den Abbildungen 2 und 3 genau zu kennen, insbesondere auch die *Änderungen* in den Steigungen, die bei einer Erhöhung des Wertes einer Variablen und der gleichzeitigen Verminderung (oder Erhöhung) bei einer anderen Variablen resultieren, wenn man etwa über die in der Abbildung 2 bezeichneten Punkte hinausgeht.

Die verschiedenen möglichen Alternativen in der Produktion spiegeln den **Stand des Wissens,** die in einzelnen Betrieben und im Wirtschaftsleben allgemein realisierten **Produktionsverfahren** und insbesondere den angesammelten **Kapitalstock** in Form von Bauten, Maschinen, Verkehrswegen und anderen langlebigen Gütern wider.

Den **möglichen Alternativen** sind die **Wünsche** oder **Ziele** gegenüberzustellen. Die Wünsche sind natürlich nicht unabhängig von der Vergangenheit, sondern hängen stark vom erreichten Lebensstandard und von den Lebensgewohnheiten ab, wie sie sich in der Vergangenheit aufgrund nicht nur der wirtschaftlichen, sondern der gesamten gesellschaftlichen und kulturellen Entwicklung herausgebildet haben. In der ökonomischen Analyse interessieren uns nicht *primär* die Wünsche oder Präferenzen oder Zielvorstellungen, sondern wie sie sich in *konkretem Verhalten* niederschlagen – etwa in der Nachfrage nach bestimmten Gütern oder in dem Einsatz von Produktionsfaktoren innerhalb eines Betriebes.

In diesem Buch werden immer wieder Möglichkeiten (wie sie in den Abbildungen 2 bis 4 angedeutet sind) den Wünschen oder Präferenzen gegenübergestellt: es wird jeweils gefragt, welche der jeweiligen Alternativen höher geschätzt oder in irgendeiner Weise (etwa aufgrund der Absatzmöglichkeiten) **höher bewertet** wird. Wenn unter allen möglichen Alternativen die am **höchsten geschätzte ausgewählt** wird, so spricht man in unserer Theorie von **rationalem Verhalten.**

Auch wenn in den Kapiteln II und III nur die ersten drei Alternativen – (1), (2) und (3) zu Beginn dieses Abschnitts – ausdrücklich behandelt werden: in diesem Buch wird das theoretische Instrumentarium für die Analyse auch der folgenden Fälle bereitgestellt.

Die angesprochenen Entscheidungen können insbesondere unter zwei Gesichtspunkten gesehen werden: auf der einen Seite beeinflußt die Gesamtheit der Entscheidungen die *Zukunft der gesamten Gesellschaft* in einem wichtigen Punkte (zum Beispiel Entscheidungen über große Investionsvorhaben – Fabriken, Kraftwerke –, aber auch Entscheidungen über die Benutzung von Automobilen sind wichtig), auf der anderen Seite sind die *Entscheidungsprozesse selbst ein wesentlicher Teil des* (gegenwärtigen) *Lebens einer Gesellschaft*: *wie* Leute zu bestimmten Gütern oder Konsummöglichkeiten kommen, ist für den Ablauf des täglichen Lebens und für das Wohlbefinden der Menschen im allgemeinen ziemlich wichtig. Mit dem Begriff *Verfügungsgewalt* über knappe Ressourcen werden das Eigentum und die Eigentumsrechte angesprochen, im weitesten Sinne damit wieder die Wirtschaftsordnung des betrachteten Landes.

Wir können die Überlegungen dieses Abschnittes in der folgenden Weise zusammenfassen. Innerhalb einer jeden Gesellschaft erfordert das systematische Disponieren über knappe Güter *laufende Entscheidungen,* eine *laufende Koordination* der einzelnen Entscheidungen und eine längerfristig wirksame Festlegung *institutioneller Regeln* über die Koordinierungsmechanismen und den Entscheidungsrahmen der einzelnen handelnden Menschen.

Neben

(a) den **Entscheidungen** der Einzelnen und des Staates über die alternativen **Güterverwendungen** haben wir somit

(b) die **gesellschaftlichen Entscheidungen** über die **Organisation der Wirtschaft** im weitesten Sinne des Wortes und

(c) die **wirtschaftspolitischen Entscheidungen** über die Möglichkeiten der **Beeinflussung der inhaltlichen Entscheidungen.**

Unter Punkt (a) haben wir auch für *staatliche Instanzen* die Entscheidungsprobleme, wie sie gerade unter den Ziffern (1) bis (8) behandelt wurden: sie betreffen hier vor allem die Versorgung mit öffentlichen Gütern und die Investitionsentscheidungen. Die in Punkt (b) enthaltene Alternative zwischen Marktgeschehen und der Planung durch Bürokratien könnte, auf die gesamte Wirtschaftsordnung bezogen, auch als ein gesellschaftliches Optimierungsproblem angesehen werden, bei dem es darum geht, Vorteile und Nachteile der verschiedenen Möglichkeiten gegeneinander abzuwägen und dann eine Wahl zu treffen. In der Realität kann man jedoch meist nur in einem sehr abstrakten Sinne von einer Wahl sprechen; denn die Wahl der Wirtschaftsordnung ist in der Geschichte häufig durch Machtkämpfe, den Ausgang von Kriegen oder Revolutionen bestimmt worden und nicht durch Abstimmungen im Parlament oder durch das Volk. Ein solches Abwägen von Möglichkeiten geschieht eher bei einzelnen Projekten, deren Ausführung einer Privatinitiative oder einem Planungsstab des Staates überlassen werden kann; dies geschieht in starkem Maße bei der unter (c) erwähnten laufenden Politik des Staates zur Beeinflussung des wirtschaftlichen Geschehens. Unter Punkt (c) fällt aber vor allem, daß in Abwägung der verschiedenen – und von verschiedenen Parteien und gesellschaftlichen Gruppen natürlich keineswegs gleich beurteilten – Vorteile und Nachteile bestimmter Maßnahmen staatliche Instanzen laufend Entscheidungen im Sinne der Stabilisierung, der Sicherung des Wettbewerbs, der Aufrechterhaltung von Umweltqualitäten und anderer Ziele zu treffen haben.

Die mikroökonomische Analyse kann zeigen, welche Maßnahmen zum Beispiel zur Verbesserung der Umweltqualität vom volkswirtschaftlichen Standpunkt aus als *effizienter* zu beurteilen sind. Im allgemeinen sind Maßnahmen, die sich *marktwirtschaftlicher Instrumente* bedienen und dabei den betroffenen Menschen einen *Entscheidungsspielraum* lassen, sowohl vom ökonomischen wie auch vom sozialpsychologischen und politischen Standpunkt aus wirksamer als ‚gleich harte' Verordnungen, welche mit allgemeinen Normen sowie mit Geboten und Verboten arbeiten. – All diese mit der Aktivität des Staates zusammenhängenden Probleme werden uns indes im folgenden nicht primär beschäftigen.

Hier sollte lediglich aufgezeigt werden, daß auch weitergehende Alternativen, die sich nicht auf die Wahl bestimmter Güter im oben (Abschnitt B) definierten Sinne beziehen, mit Instrumenten der ökonomischen Theorie behandelt werden können. Als ein weitverbreitetes Anwendungsgebiet der mikroökonomischen Theorie im öffentlichen Bereich sei zum Schluß die **Kosten-Nutzen-Analyse** erwähnt; damit versucht man, die **Vorteile** („Nutzen") bestimmter öffentlicher Ausgaben – insbesondere von Investitionsprojekten – möglichst genau zu ermitteln, sie zu **bewerten** und sie sodann den jeweiligen **Kosten** und anderen Nachteilen, auch wieder bewertet, gegenüberzustellen und somit in bestimmtem Rahmen Anhaltspunkte für die günstigste Aufteilung eines Budgets oder Teilbudgets zu bekommen. – Mit diesen Hinweisen kehren wir zu den ökonomischen Entscheidungsproblemen in einem engeren Sinne zurück.

D. Modelle und Märkte

1. Modelle

Die Volkswirtschaftslehre beschäftigt sich, wie wir gesehen haben, mit gewissen Aspekten eines kleinen Ausschnitts aus der Wirklichkeit. Will man Teile dieser für die Volkswirtschaftslehre interessanten Welt beschreiben und dabei Folgen von Ereignissen erfassen und Beziehungen und Abhängigkeiten zwischen einzelnen Beobachtungen ermitteln, dann muß man – entsprechend dem Untersuchungsziel – vereinfachen; man muß notwendigerweise auch viele vielleicht von anderen Studieninteressen her gesehen wichtige Tatbestände vernachlässigen. Man arbeitet durchweg, auch wenn man dies nicht ausdrücklich sagt, mit ökonomischen **Modellen.** So liegt schon der Aussage, daß *wegen* einer Ölkrise ein bestimmter Preis gestiegen sei, eine bestimmte Modellvorstellung über ökonomische Zusammenhänge und eine Anschauung über das Funktionieren einer Wirtschaft zugrunde.

Ein Modell ist entweder eine vereinfachte Darstellung eines vom „Darsteller" – hier dem Theoretiker – für wichtig gehaltenen Ausschnitts aus der Wirklichkeit oder ein System gedachter Zusammenhänge, mit denen die Konsequenzen bestimmter hypothetischer Handlungen oder Veränderungen untersucht werden für den Fall, daß die Betroffenen in ganz bestimmter, genau definierter Weise auf diese Ereignisse reagieren. Der Theoretiker möchte wissen, was geschieht, wenn unter bestimmten Bedingungen gewisse Ereignisse eintreten. Wenn er das weiß, kann er auch Vorhersagen machen, ähnlich wie er vorher vielleicht zu der Aussage über die Wirkungen von Ölpreissteigerungen gelangt ist. In vielen Situationen weiß man aber gar nicht genau, wie die betroffenen Menschen reagieren und wie das komplexe System Wirtschaft funktioniert. Deshalb arbeitet man in Modellen, ganz gleich, ob sie Wirklichkeit beschreiben sollen oder dem Durchdenken bestimmter Konsequenzen dienen sollen, immer mit **Annahmen.** Die Annahmen sollen im Falle der beabsichtigten Beschreibung der Wirklichkeit möglichst genau die Ausgangslage wiedergeben und das Verhalten von einzelnen oder Gruppen beziehungsweise die Reaktionen von Institutionen abbilden; im anderen Fall – bei der Herausarbeitung der Wirkung *hypothetischer* Veränderungen oder der *Erklärung von Prinzipien* – mag eine solche Übereinstimmung gar nicht wichtig und daher auch nicht einmal beabsichtigt sein.

Die Wirklichkeit – auch irgendein kleiner Ausschnitt – kann durch ein Modell nie „vollständig" oder „richtig" abgebildet werden, und damit gibt es logischerweise kein vollständig richtiges Modell: Es kann mit der Realität ja nicht *identisch* sein; dies würde einen Maßstab 1:1 erfordern. Ein Modell kann bestenfalls von einem Beobachter *akzeptiert* werden, wenn es bestimmte mehr oder weniger subjektiv gesetzte Kriterien erfüllt. Dies gilt zum Beispiel, wenn man Preisveränderungen näher untersuchen und dazu als eine sehr begrenzte Abbildung eines kleinen Ausschnitts aus der wirtschaftlichen Wirklichkeit eine Nachfragefunktion ermitteln, das heißt Beziehungen zwischen Preisen und nachgefragten Mengen eines Gutes beschreiben will. In unserer Wissenschaft haben sich allerdings gewisse Konventionen dafür, ob ein empirisch ermittelter Funktionalzusammenhang als eine für den betrachteten Zeitraum *gültige* Nachfragefunktion akzeptiert werden sollte, herausgebildet, aber keine *wissenschaftlich* begründeten Maßstäbe – genauso wie dies für die Betrachtung des Modells eines Hauses gilt. Deshalb gibt es in unserer Wissenschaft niemals *absolut* richtige Beschreibungen der wirtschaftlichen Wirklichkeit. Auch hängt es von den Interessen des einzelnen Wissenschaftlers ab, was überhaupt untersucht werden soll: was wesentlich und damit untersuchungswürdig ist, läßt sich nicht objektiv festlegen, man kann nur einen Konsens zu erzielen versuchen.

Die in diesem Buche behandelten Modelle

In diesem Buch wollen wir Entscheidungen von Wirtschaftssubjekten analysieren und das Funktionieren eines Tauschsystems beschreiben. Wir arbeiten und leben zu diesem Zweck in einer von Theoretikern aufgebauten Modellwelt. Die Wirklichkeit ist viel zu verwickelt, als daß das Funktionieren einer Wirtschaft durch *ein Modell* realitätsnah abgebildet werden könnte: in einer Tauschwirtschaft gibt es so viele mögliche Verhaltensweisen von Unternehmungen und Haushalten in so vielen unterschiedlichen Situationen, daß jeder andere Versuch zum Scheitern verurteilt wäre. Tatsächlich gibt es aber einen Typ von Modell, der die Gesamtzusammenhänge zwischen den Aktionen vieler einzelner Wirtschaftseinheiten – Haushalten und Unternehmungen – *in einigen wichtigen Prinzipien* zufriedenstellend erfaßt und als Modell noch zu handhaben ist, und dies ist das **gesamtwirtschaftliche Konkurrenzmodell.** Dieses Modell soll gar nicht die Wirklichkeit beschreiben oder abbilden, sondern Grundlagen liefern, mit deren Hilfe der Leser bestimmte Prinzipien einer Tauschwirtschaft kennenlernen kann: Wir wollen dies innerhalb eines Systems tun, mit dem das *Zusammenspiel der Entscheidungen* vieler Wirtschaftssubjekte prinzipiell erfaßt werden kann und das gleichzeitig bestimmten wichtigen Kriterien *optimaler Lösungen* für die Bewältigung der Knappheit genügt. Es soll in gewissen Situationen als Maßstab dienen, mit dem Ereignisse in der Wirklichkeit *beurteilt* werden können. Das Modell einer Konkurrenzwirtschaft – wir werden es gleich wenigstens einführend etwas genauer kennzeichnen – erfüllt zwei wichtige Bedingungen: es ist überschaubar und es ist nicht nur für jemanden verständlich, der sich schon jahrelang mit volkswirtschaftlicher Theorie beschäftigt hat. Dies Modell hat deshalb eine nicht zu überschätzende didaktische Funktion. Wenn man ein solches System einmal begriffen hat, dann ist man besser dafür gerüstet, später Teilbereiche der Wirklichkeit anhand viel detaillierterer und realitätsnäherer Modelle zum Beispiel einzelner Märkte empirisch zu untersuchen, gesamtwirtschaftliche Ausgaben- und Einnahmeströme zu analysieren, die Wirkung von Steueränderungen und andere wirtschaftliche Eingriffe zu verstehen oder die Konsequenzen bestimmter außenwirtschaftlicher Entscheidungen vorherzusagen, als wenn man gleich von vornherein damit beginnen würde, an die Realität mit getrennten, mehr konkreten Fragestellungen heranzugehen. Für die Anwendung auf die Wirklichkeit liefert das Denken in diesem Modell nur eine *Grundlage,* auf der durch Ergänzungen, Modifikationen wie auch insbesondere durch die Einführung ganz anderer Verhaltensannahmen weitergehende Fragen untersucht werden können. Dies alles besagt nicht, daß es nicht Menschen gibt, die aus ihrer Erfahrung und ihrer Intuition und ihrem Fingerspitzengefühl viel mehr Wissen um diese Zusammenhänge ziehen, als ihnen je ein theoretisches Studium zu geben vermag – um so besser. Für diejenigen aber, die sich wissenschaftlich, theoretisch mit diesen Dingen beschäftigen wollen, ist die mikroökonomische Analyse anhand eines solchen Modells ein hervorragendes Instrument zur Einführung in das *Denken in Gesamtzusammenhängen.*

Wir legen ein Modell zugrunde, in dem prinzipiell alle Zusammenhänge zwischen den Unternehmungen und den Haushalten *gleichzeitig* erfaßt und dabei die Preise sowie produzierte, angebotene und nachgefragte Mengen *aller* Güter bestimmt werden. Zunächst aber arbeiten wir mit kleinen Ausschnitten aus dieser Modellwelt, nämlich den Entscheidungen einzelner Wirtschaftseinheiten in einer Welt, in der die allermeisten dieser wechselseitig abhängigen Größen als *konstant* angenommen werden. Wir nennen diese Ausschnitte aus unserer Modellwelt jeweils **Partialmodelle** im Gegensatz zu dem **mikroökonomischen Totalmodell,** das alles gleichzeitig erfaßt. In einem Partialmodell werden *Rückwirkungen* auf den betrachteten Markt *über andere Märkte* vernachlässigt (die Frage ist jeweils, inwieweit dies gerechtfertigt ist). Entsprechend ist ein **makroökonomisches Totalmodell** ein solches, in dem alle wechselseitig abhängigen aggregierten – makroökonomischen – Größen *gleichzeitig als Variable* auftreten. In diesem Buch werden wir für die Haushalte und die Unternehmungen zunächst mit Partialmodellen arbeiten, diese werden später zu einem mikroökonomischen Totalmodell zusammengefügt. Dieses gesamtwirtschaftliche Konkurrenzmodell ist im folgenden durch einige der wichtigsten Annahmen zu charakterisieren; damit sollen Aussagen über die hier angewendeten Methoden gemacht werden.

Unsere Modellwelt zeichnet sich durch **vollständige Konkurrenz** aus: Preise werden auf **vollkommenen Märkten** gebildet, auf denen *viele* Konkurrenten als Anbieter aufeinandertreffen, *viele* Nachfrager auftreten und *alle einzelnen* jeweils im Vergleich zu der auf dem Markt gehandelten Gesamtmenge so *geringe Teilmengen* anbieten oder nachfragen, daß sie durch ihre Handlungen den Preis nicht beeinflussen können – der Anteil der einzelnen ist vernachlässigbar gering. Der Begriff Markt beinhaltet nur, daß Angebot und Nachfrage aufeinandertreffen und Informationen ausgetauscht werden, nicht aber notwendigerweise, daß die einzelnen sich – wie etwa beim Wochenmarkt – persönlich an einem Ort treffen. Jeder *einzelne* betrachtet die Preise als gegeben – als durch *seine* Dispositionen nicht beeinflußbar – und paßt seine angebotenen und nachgefragten Mengen diesen Preisen an. Man sagt: er verhält sich als **Mengenanpasser.** So trachtet ein jeder, durch den Kauf oder Verkauf von Gütern aus seiner individuellen Situation das Beste zu machen; die Produzenten versuchen ihr mögliches Gewinnmaximum zu realisieren und erreichen dies auch; die Haushalte suchen das jeweils für sie bestmögliche Güterbündel aus.

Für jedes Gut gibt es nur einen Markt: von geographischen Entfernungen wird vollkommen abgesehen, alles Geschehen spielt sich an einem gedachten Punkte ab. Damit ist unser Modell das einer **Ein-Punkt-Wirtschaft.** Man kann das auch so interpretieren, als seien alle Transportkosten gleich Null. Trotzdem lassen sich wichtige Zusammenhänge unseres Modells leicht auf eine räumliche Wirtschaft anwenden; mit der Betrachtung jeweils vieler, räumlich durch Transportkosten getrennter Märkte wird das System allerdings viel komplizierter als in unserer einfachen Modellwelt.

Wir betrachten weiterhin nur **eine Zeitperiode,** in der nur einmal getauscht wird und in der deshalb auf diesem Markt für jedes Gut auch nur *ein* Preis zustande kommt. Über die Schwächen aller Modelle in bezug auf die Erklärung dessen, wie sich Preise in der Wirklichkeit bilden und wie sich Preise ändern, wenn jeder einzelne ihn doch als gegeben betrachtet, wird im Kapitel Koordination noch einiges zu sagen sein (weiter unten finden Sie einige Bemerkungen über andere als vollkommene Märkte). Während der einen betrachteten Zeitperiode sind das Wissen und die Wünsche der einzelnen Wirtschaftssubjekte in bezug auf die Produktionsmöglichkeiten (die Technologien) und den Konsum *vorgegebene* unveränderliche

Daten, welche aus der Vorperiode übernommen werden. Ebenso wird das Resultat des Wirtschaftens in dieser Periode der „Nachwelt" – der nächsten Zeitperiode – überlassen, ohne daß wir uns dann weiter darum kümmern. *Alle* Wirkungen von Ereignissen treten in der betrachteten Periode zutage. Alles, was in der Periode geschieht, ist von in dieser Periode beobachteten Größen abhängig – zeitliche Verzögerungen in den Reaktionen über die betrachtete Periode hinaus gibt es nicht. Beziehungen zwischen den Ereignissen **verschiedener Zeitperioden** oder auch **Geschwindigkeiten** von Bewegungen in der Zeit brauchen deshalb nirgendwo beachtet oder betrachtet zu werden. Eine solche Art der Analyse nennt man eine **statische Analyse,** während die Betrachtung von Anpassungsprozessen durch die Zeit eine **dynamische Analyse** darstellt. Unsere Modellwelt läßt sich daher kennzeichnen als ein **statisches mikroökonomisches Totalmodell einer Ein-Punkt-Konkurrenz-Wirtschaft.**

Das Modell ist ein **Gleichgewichtsmodell,** und die Gleichgewichtszustände erweisen sich als **Optimalzustände.** Gleichgewicht bedeutet hier, daß die Marktkräfte einen Zustand – genauer eine Konstellation sämtlicher Preise – herbeigeführt haben, in dem jeder Verkäufer und jeder Käufer genau das verkaufen beziehungsweise kaufen kann, was er zu diesen Preisen ins Auge gefaßt hat, und daß keine Tendenz zu einer Veränderung mehr besteht. Bewegungen von diesem Zustand weg würden jeweils Kräfte in Bewegung setzen, welche wiederum zum Ausgangspunkt zurückführen würden: es wird im folgenden gesagt, *warum* das geschieht, nicht aber *in welchen Schritten* sich dies vollzieht. Ein solches Gleichgewicht bezeichnet man als ein **stabiles Gleichgewicht.** Bei der einführenden Erörterung eines Marktes werden wir dies kurz erläutern, ausführlicher wird dieser Begriff im Kapitel „Koordination" behandelt. Zum Begriff „optimal" mag hier zunächst auch ein kurzer Hinweis genügen, der im Kapitel „Wohlfahrt" wieder aufgenommen wird: das hier verwendete Konzept eines Optimalzustandes zeichnet sich dadurch aus, daß für keinen Marktteilnehmer eine Verbesserung seiner Situation – Erhöhung seiner Konsummenge, des Einkommens oder des Gewinns – möglich ist, ohne daß nicht wenigstens ein anderes Wirtschaftssubjekt schlechter gestellt wird: eine Verbesserung der Lage *aller* ist unmöglich, jede Verbesserung bei einem geht zu Lasten von jemand anders. Dies Kriterium ist plausibel und in dieser allgemeinen Formulierung ganz akzeptabel, aber es hat auch, wie später zu zeigen ist, seine Grenzen.

2. Märkte

a) Vollkommene und nicht vollkommene Märkte

Wir haben oben von Märkten geredet, auf denen Anbieter und Nachfrager – wenn auch nicht notwendigerweise physisch – zusammentreffen. Bezüglich der Zahl der Verkäufer auf einem Markt unterscheiden wir die beiden Extreme: im einen Falle nur ein einziger Anbieter des Gutes, ein **Monopolist,** im anderen Falle *sehr viele* Anbieter, die sich in vollkommener Konkurrenz befinden, wenn gewisse – zum Teil oben aufgezählte – Bedingungen erfüllt sind, vor allem jene, daß die Nachfrager die angebotenen Güter aller Anbieter als in jeder Beziehung identisch – als **homogen** – ansehen. Das ist in der Wirklichkeit natürlich durchweg bestenfalls näherungsweise erfüllt. Eine weitere Extremsituation hat man, wenn jeder einzelne Anbieter eine eigene Variante des Gutes anbietet: dann ist in einem sehr engen technischen Sinne ein jeder ein Monopolist, er muß aber mit sehr vielen sehr *ähnlichen* Produkten anderer Anbieter konkurrieren. Man spricht in diesem Falle von **monopolistischer Konkurrenz.** Im Gegensatz zur **homogenen Konkurrenz** spricht man hierbei auch von **heterogener Konkurrenz.** Dieser Typ von Konkurrenz herrscht auf Bodenmärkten, wo sich jedes Stück Land von jedem anderen zumindest in der Lage unterscheidet, wie auch auf vielen Märkten, auf denen sehr ähnliche Waren angeboten werden (zum Beispiel Textilien, Fahrräder, Automobile). Die drei Extremfälle sind durch Abbildung 6 veranschaulicht worden. Zwischen ihnen liegen Fälle, in denen wenige Anbieter auftreten – *zwei* wie beim **Duopol,** *einige* wie beim **Oligopol.** Diese Marktform kann sowohl bei homogenen wie auch bei heterogenen Gütern auftreten. Sodann kann man dem Bild eine dritte Dimension hinzufügen, indem man gleichzeitig auch die Zahl der Käufer variiert. Bei *einem* Käufer gegenüber vielen Anbietern spricht man von einem **Monopsonisten.**

Wir wollen es mit diesem Bild und diesen wenigen Bemerkungen bewenden lassen und die Frage stellen: in welchen dieser verschiedenen Fälle kann man das Verhalten der Marktteilnehmer genauer charakterisieren (vorausgesetzt man kennt deren Situation hinlänglich genau)?

(1) Der eine Fall ist der, daß jeder einzelne sich lediglich *passiv* auf das Marktgeschehen einstellen und selbst keinen merklichen Einfluß darauf ausüben kann: dies gilt, wenn der Preis als Datum betrachtet werden muß und der einzelne lediglich seine eigene Angebotsmenge variieren kann – beim **Mengenanpasser** unter den Bedingungen **vollkommener Konkurrenz.**

(2) Der zweite Fall ist folgender: der Anbieter kann aktiv das Marktgeschehen steuern, weil er für jede seiner Handlungen die (passiven) Reaktionen der anderen kennt. Diese Bedingung ist exakt dann erfüllt, wenn der Anbieter den Preis beliebig variieren und für jeden dieser Preise die Kaufwünsche vorhersagen kann und somit in der Lage ist, die für ihn günstigste Preis-Mengen-Konstellation auszuwählen und auch zu realisieren: dies gilt für den **Monopolisten.**

(3) Eine Kombination von Elementen dieser beiden ersten Fälle hat man bei **monopolistischer Konkurrenz:** in *gewissem Rahmen* kann jeder seinen Angebotspreis in sinnvoller Weise variieren und hat damit auch einen Einfluß auf die abgesetzte Menge. Dieser Rahmen wird durch die von seinen Konkurrenten geforderten Preise festgelegt: erhöht er seinen Preis zu weit über diejenigen seiner Konkurrenten, laufen ihm die Kunden weg, bei einem zu niedrigen Preis kann er nicht alle befriedigen und schmälert seinen Gewinn in unnötiger Weise.

(4) Schwerer zu charakterisieren ist das Verhalten bei nur *wenigen* Marktteilnehmern: in diesem Fall kann der einzelne durch eine kluge Taktik, durch Überraschungen seiner Konkurrenten, durch Bluff, durch Geschick und mit Fingerspitzengefühl

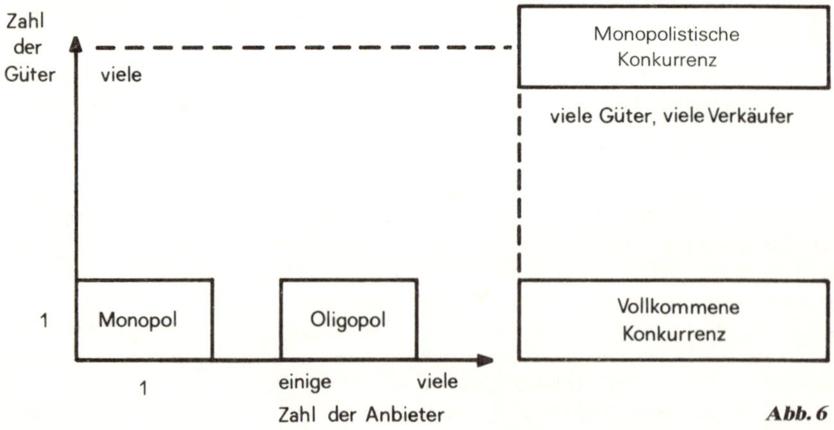

Abb. 6

häufig *viel* erreichen – es kommt viel mehr als in den anderen Fällen darauf an, *wie* er sein Produkt verkauft. Er kann nie mit einer konstanten Umwelt rechnen, sondern muß in seine Überlegungen mit einbeziehen, daß die anderen durch kluge Schachzüge seine eigenen Handlungen wieder neutralisieren. Bei nur sehr wenigen Marktteilnehmern kann man nun sehr wohl eindeutige Resultate ableiten, vorausgesetzt, man legt ganz *bestimmte Verhaltensreaktionen* auf jede einzelne Aktion zugrunde. Auch dann können sich bestimmte Gleichgewichtssituationen ergeben, aber nur, solange alle bei der zugrunde gelegten Taktik bleiben. Somit kann man für einzelne Fälle zwar interessante und vielleicht auch wesentliche Aspekte des Geschehens in der Wirklichkeit erfassen, aber man bewegt sich immer auf schwankendem Boden; Verallgemeinerungen oder auch nur Übertragungen der Ergebnisse auf andere Fälle sind sehr schwierig. Auf jeden Fall ist es unmöglich, ein lösbares gesamtwirtschaftliches Modell auf dieser Basis zu konstruieren – solche Ansätze gibt es nur für Teilbereiche.

Als Schlußfolgerungen aus diesen Überlegungen ergibt sich: *einfache allgemeine Prinzipien* des Marktgeschehens lassen sich außer für die vollkommene Konkurrenz nur für das Monopol und die monopolistische Konkurrenz formulieren. Als Beispiele für die Partialmodelle werden wir deshalb neben der vollkommenen Konkurrenz auch das Monopol behandeln.

b) Angebot und Nachfrage

Zur Einführung in einige der später zu erörternden Probleme und zur Illustration des Gleichgewichtsbegriffes wollen wir hier einen einfachen hypothetischen Markt mit „normalem" Angebots- und Nachfrageverhalten betrachten:

(1) Je höher der Preis, desto weniger fragen die Käufer nach – unter sonst gleichen Umständen, wobei diese „Umstände" durch die Einkommen, die Preise anderer Güter und viele andere ökonomisch wichtige Variablen bestimmt sind, welche hier aber als konstant angenommen werden. Bilden wir nun für diese gegebene Situation die Beziehung zwischen Preisen und Mengen in einem Diagramm ab, so erhalten wir eine fallende **Nachfragefunktion** N (Abbildung 7), die für ganz *bestimmte Werte* der *anderen Variablen* gilt. (Beachten Sie, daß der Preis p auf der Ordinate und die Mengen x auf der Abszisse abgetragen sind – Näheres dazu später.)

(2) Eine normale **Angebotsfunktion** hat einen entgegengesetzten Verlauf: je höher der Preis, desto mehr wird angeboten, wir haben also eine *steigende* Angebotsfunktion (Linie A in Abbildung 7), wieder unter konstanten Bedingungen (Faktorpreise etc.) für die Anbieter. Mögliche Wechselbeziehungen zwischen dem Angebotsverhalten und dem Nachfrageverhalten werden vernachlässigt, ebenso wie alle Rückwirkungen auf andere Variablen (zum Beispiel andere Preise), welche ja wiederum die Kaufbereitschaft für dieses Gut wie auch das Angebot beeinflussen könnten.

Das Modell ist somit als ein Partialmodell zu kennzeichnen. Vergleichen wir nun kurz, was bei verschiedenen hypothetischen Preisen geschehen würde. Setzen wir zunächst willkürlich den Preis in Höhe von p^0 an. In dieser Konstellation beträgt die angebotene Menge ${}^{A}x^{0}$, die nachgefragte Menge ist gleich ${}^{N}x^{0}$ – viel größer als die Menge, die die Anbieter zu liefern bereit sind: wir haben bei p^0 eine Übernachfrage oder einen **Nachfrageüberschuß.** Wird in der wirklichen Welt ein solcher Fall beobachtet, dann geraten normalerweise die Preise nach oben in Bewegung. Man müßte nun genauer wissen, *wie* solche **Preisanpassungen** vonstatten gehen, und für das Modell müßte man die Reaktionen genau spezifizieren. Daß wir dies nicht tun und somit nicht einzelne Preisanpassungsschritte hier untersuchen, kennzeichnet unser Modell als

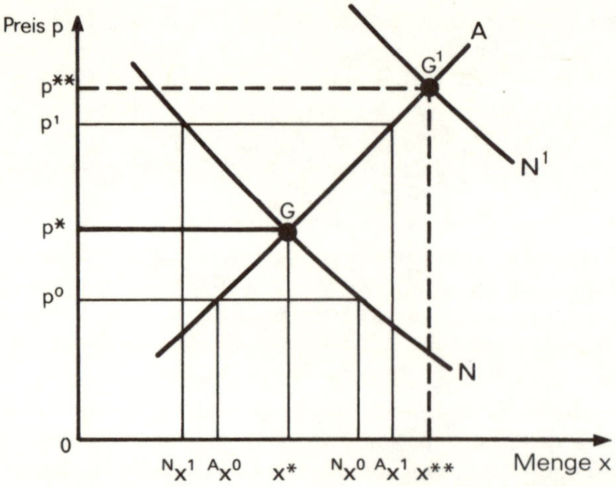

Abb. 7

ein statisches Modell: Wir wollen hier nur wissen, welcher Preis sich *am Ende* herausbildet. Zunächst noch ein anderer willkürlich herausgegriffener Preis p^1: dieser Preis ist zu hoch, denn die nachgefragte Menge $^Nx^1$ ist viel kleiner als die angebotene Menge $^Ax^1$. Wir haben es bei p^1 mit einem **Angebotsüberschuß** oder einem Nachfragedefizit zu tun. Nur *ein* Preis garantiert, daß die Nachfrager genau die Menge bekommen können, die sie zu diesem Preise wünschen, und die Anbieter die zu diesem Preis auf den Markt gebrachte Ware auch loswerden: dies ist der **Gleichgewichtspreis** p* mit der Menge x*, die zugleich die angebotene und die nachgefragte Menge kennzeichnet. Der **Markt** wird **geräumt.** Jetzt besteht – solange wie angenommen alle anderen ökonomischen Größen konstant sind und sich weder das Angebotsverhalten noch das Nachfrageverhalten ändert – keine Tendenz zu weiteren Anpassungen des Preises oder der angestrebten Mengen. Der Punkt G in Abb. 7 beschreibt einen **Gleichgewichtszustand,** weil in diesem Zustand angebotene und nachgefragte Mengen ausgeglichen sind, dabei die Erwartungen aller Marktteilnehmer erfüllt werden und daher keine Tendenz zu irgendeiner (weiteren) Veränderung besteht – im Gegenteil: alle Tendenzen führen zu diesem Punkt hin.

Betrachten wir zum Abschluß dieser Überlegungen noch eine weitere Marktkonstellation. Die Nachfragekurve habe sich aus irgendwelchen Gründen – etwa aufgrund von Einkommenssteigerungen – von N nach N^1 nach rechts verschoben. Bleibt die Angebotskurve unverändert, dann ergibt sich im Punkte G^1 ein neuer, höherer Gleichgewichtspreis p** mit der größeren Austauschmenge x**. Verzichtet man auf die Analyse des von G nach G^1 führenden Anpassungsprozesses und beschränkt sich auf den Vergleich der durch G und G^1 gekennzeichneten Gleichgewichtszustände, dann spricht man von einer **komparativ-statischen Analyse.** Eine dynamische Analyse würde die Betrachtung des von G nach G^1 führenden *Weges* beinhalten und damit Anpassungsreaktionen erfassen müssen.

Es gibt auch andere Verläufe der behandelten Funktionen. Ziel der ökonomischen Analyse muß es sein, die Verläufe der Angebots- und Nachfragefunktionen im einzelnen zu untersuchen. Zunächst beschäftigen wir uns mit zwei speziellen Typen von Angebotsfunktionen.

c) Knappe und freie Güter

1. Ein besonderer Fall einer Angebotsfunktion liegt vor, wenn die vorhandene und angebotene Menge unveränderbar konstant ist. Man hat dann ein **starres Angebot:** die Menge ist vom Preise unabhängig, also für alle Preise gleich ($\bar{x}$ in Abbildung 8). Betrachten wir zunächst den Fall, das Gut werde für alle Haushalte anfangs frei zur Verfügung gestellt, ohne daß diese irgendeinen Preis zu zahlen oder irgendeine Mühe auf sich zu nehmen haben. Dann gibt es zwei Möglichkeiten. (1) Bei Gültigkeit der Nachfragefunktion N^1 sind die von allen Haushalten insgesamt gewünschten Mengen kleiner als die vorhandene Menge $\bar{x}$: dann ist das Gut ein *freies Gut* – wie etwa Sand am Meer. Schreiben wir die nachgefragte Menge in Abhängigkeit vom Preis als Funktion ${}^{N}x(p)$, dann haben wir für $p = 0$ den Ausdruck ${}^{N}x(0) = x^F$, wobei $x^F < \bar{x}$. Für eine gegenüber $\bar{x}$ vergrößerte Menge würde niemand etwas zu zahlen bereit sein, weil ja jeder ohnehin genug hat; selbst eine Verringerung gegenüber $\bar{x}$, ein Verschwinden gewisser Teilmengen würde niemandem auffallen und deshalb auch nicht stören. (2) Haben wir dagegen die Nachfragekurve N^2, dann ist die gewünschte Menge größer als die vorhandene Menge: Bezeichnen wir jetzt die als Funktion des Preises $p = 0$ nachgefrage Menge als x^K, dann gilt: $x^K > \bar{x}$. Es handelt sich jetzt um ein *knappes Gut*. Das Gut muß auf irgendeine Weise den Interessenten zugeteilt beziehungsweise rationiert werden. Nachdem wir in Teil A dieses Kapitels verschiedene Möglichkeiten der „Lösung" dieses Problems kennengelernt haben, wollen wir uns hier auf eine kurze Betrachtung der Rolle der *Preise* beschränken. Mit der Einführung eines positiven für dieses Gut zu zahlenden Preises in Höhe von p^1 geht die gewünschte, nachgefragte Menge von x^K auf x^1 zurück, aber es herrscht noch immer Übernachfrage nach diesem Gut. Bei p^2 hätte man ein Nachfragedefizit beziehungsweise ein Überschußangebot. Nur bei $p = p^*$ sind die Angebots- und Nachfragemengen gleich: wir haben hier den Gleichgewichtspreis, der genau den *Markt räumt*, wie schon erwähnt. Bei der Nachfragefunktion N^1 würde durch eine Preiserhöhung der Angebotsüberschuß noch erhöht.

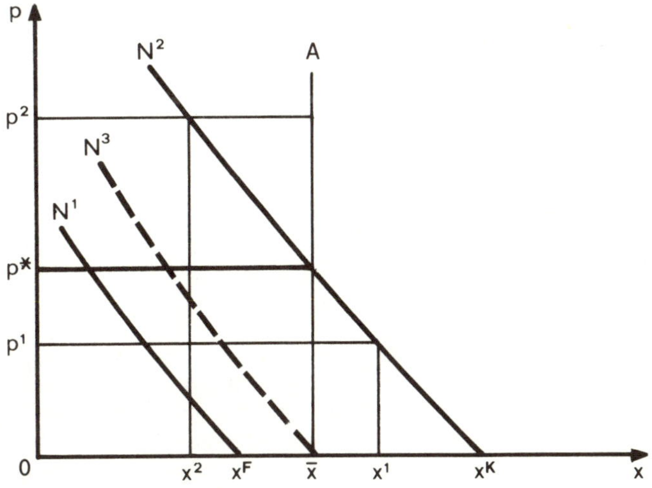

Abb. 8

(3) Auch bei dem zwischen (1) und (2) liegenden Spezialfall (N^3), in dem beim Preis gleich Null die gewünschte Menge gleich der vorhandenen Menge $\bar{x}$ ist, ergibt sich kein positiver Preis – ein Gleichgewicht beim Preis Null.

Man kann diese Überlegungen in der folgenden Formel zusammenfassen, in der der Gleichgewichtspreis p* mit dem (möglicherweise auftretenden) Nachfrageüberschuß $({}^{N}x(p^*) - \bar{x})$ multipliziert ist:

$$p^* ({}^{N}x(p^*) - \bar{x}) = 0$$

Dies ist eine Variante der *Kuhn-Tucker-Bedingung,* die in etwas veränderter Formulierung in *Lagrange-Ansätzen* für den optimalen Einsatz von Produktionsfaktoren wieder erscheinen wird: Preis mal Nachfrageüberschuß ist gleich Null.

(1) Entweder handelt es sich um ein freies Gut $({}^{N}x(p) < \bar{x}$ auch bei $p = 0)$, dann ist $p^* = 0$ und damit auch das (mathematische) Produkt aus dem Gleichgewichtspreis und dem Überschußangebot gleich Null, oder (2) es ist – bei einem knappen Gut – die *Überschußnachfrage* durch einen positiven Preis p* auf Null zu reduzieren.

2. Ein anderer Spezialfall ist darin zu sehen, daß die Anbieter zu konstantem Preis $\bar{p}$ jede beliebige gewünschte Menge auf den Markt bringen können. Diesem Fall kann zugrunde liegen, daß die Anbieter bei $\bar{p}$ genau auf ihre Kosten kommen und mit Ausdehnung der Produktion (entweder in zusätzlichen Betrieben oder in den vorhandenen Betrieben) weitere Einheiten zu den *gleichen* Kosten und damit zum gleichen Preis auf den Markt gebracht werden können. In diesem Falle können die Nachfrager zu dem Preis $\bar{p}$ jede beliebige Menge haben. Man spricht dann, wie später weiter ausgeführt, von einem völlig elastischen Angebot, die Angebotsfunktion ist eine waagerechte Linie (Abbildung 9). Bei diesem **völlig elastischen Angebot** bestimmt die Nachfragefunktion allein die Menge. Hierzu ist allerdings zu bedenken, daß dies nur für einen relativ engen Bereich gilt, welcher durch die üblicherweise *begrenzten Möglichkeiten* der Anbieter eingeschränkt ist.

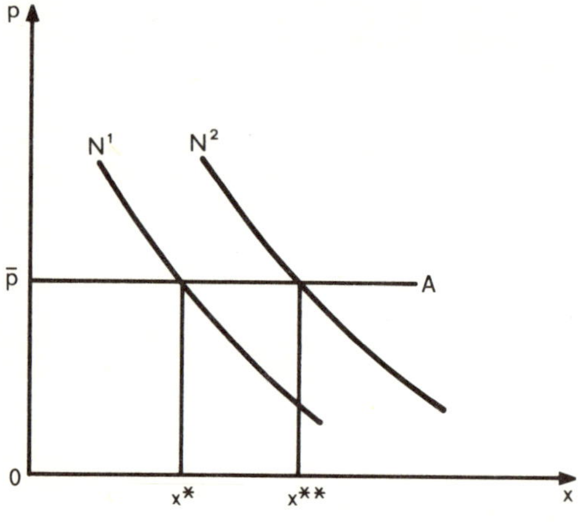

Abb. 9

Wir können vorläufig zusammenfassend festhalten: Bei völlig starrem, unelastischem Angebot bestimmt die vorhandene Menge über die Nachfragefunktion den Preis; bei völlig elastischem Angebot bestimmt die Nachfragefunktion die Menge, während in dem in Abbildung 7 dargestellten Fall alle diese Größen sich wechselseitig determinieren. Man hat früher häufig die Preise in Abhängigkeit von den angebotenen und den nachgefragten Mengen untersucht: dies ist der historische Grund dafür, daß es sich eingebürgert hat, die Preise auf der Ordinate abzutragen.

d) Das ökonomische Identifikationsproblem

Nachfrage- und Angebotsfunktionen mit einem schönen Schnittpunkt, wie sie in Abb. 7 gezeigt werden, gehören seit jeher zu den fundamentalen Konzepten der ökonomischen Theorie. Es gibt sie aber nicht in der wirklichen Welt, und das Sammeln von Daten über Preise und Mengen bringt uns nur einen Teil des Weges zu ihnen. Sie bleiben **theoretische Konstrukte,** bei deren Ermittlung man immer mit – mehr oder weniger plausiblen – Hypothesen arbeiten muß. Nehmen wir als Beispiel die beiden in Abb. 10 wiedergegebenen Preis-Mengen-Beobachtungen über den Absatz eines Gutes. Eine korrekte Beschreibung des Sachverhaltes lautet: „Der Preis ist (von p^1 auf p^2) um einiges (sagen wir um ein Viertel) gefallen und die Menge ist auf mehr als das Doppelte gestiegen.“ Haben wir damit eine relativ starke Reaktion der Menge auf eine Preissenkung, eine hohe Preiselastizität der nachgefragten Menge? Die Antwort darauf lautet: „Kann sein – man weiß es nicht.“

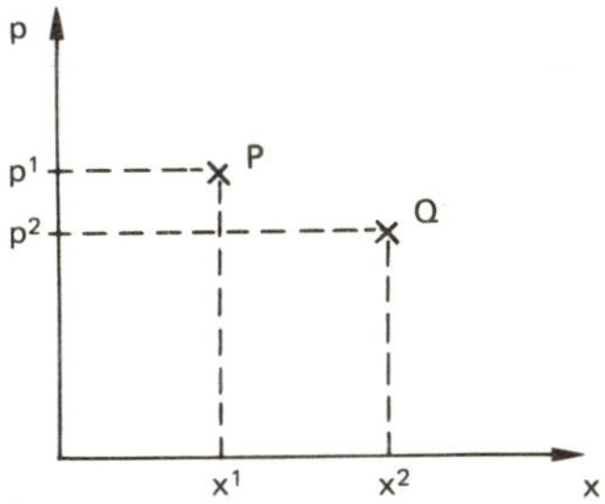

Abb. 10

Wieso? Dazu muß man sich klar machen, daß die Beobachtung zweier Punkte oder Wertepaare nur möglich ist, wenn sich mindestens eine der beiden Funktionen (Angebot oder Nachfrage) **verschoben** hat. Die beiden beobachteten Punkte können auf der Nachfragefunktion liegen (dann hat sich nur die Angebotsfunktion verschoben), oder sie liegen auf der Angebotsfunktion (und die Nachfragefunktion hat sich verschoben). Am wahrscheinlichsten ist es freilich, daß sich beide Funktionen verschoben haben.

In Abb. 11 a) haben wir den einfachen Fall, daß die Nachfragefunktion N unverändert geblieben ist und die beiden Punkte P und Q durch Verschiebungen der Angebotsfunktion realisiert worden sind: die (konstante) **Nachfragefunktion** läßt sich daher durch die (alleinige) **Verschiebung der Angebotsfunktion identifizieren,** wie man sagt. Im Fall b) dagegen hat sich – bei unveränderter Angebotsfunktion – die Nachfrage von N nach N′ verschoben: die Nachfrageverschiebung **identifiziert** hier die Angebotsfunktion, die hier einen nicht „normalen“ Verlauf aufweist.

Im allgemeinen werden sich aber **beide** Funktionen gleichzeitig verschieben; die Identifikation wird dann weit schwieriger: In Abb. 11 c) verschob sich bei der Bewegung von P nach Q die ziemlich **starre** Nachfragefunktion um den Betrag d (das mag etwa auf eine Einkommenserhöhung zurückzuführen sein). Gleichzeitig aber sind für die Angebotsfunktionen ganz unterschiedliche Verläufe mit entsprechenden Verschiebungen möglich (angedeutet durch die beiden gestrichelten bzw. punktierten Kurvenpaare). Die Punkte P und Q könnten sich aber auch ergeben haben auf Grund einer sehr **flachen** Nachfragefunktion, welche sich von N nach N′ verschoben hat, wenn gleichzeitig das Angebot von A nach A′ gestiegen ist (Abb. 11 d).

Eine Identifikation der Nachfragefunktion ist jedoch auch dann möglich, wenn man wie in Abb. 11c) auf Grund **anderer Informationen** die **Einkommenswirkung** auf die

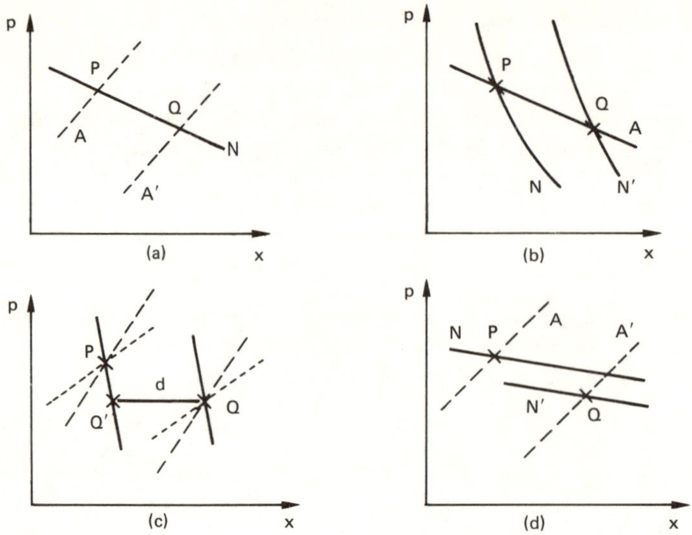

Abb. 11

Nachfrage – die Verschiebung um den Betrag d – **kennt** und gedanklich wieder rückgängig machen kann. Dadurch konstruiert man den Punkt Q′ und hat mit der Bewegung von P nach Q′ den **Preiseffekt** identifiziert.

Zur Ermittlung von Nachfrage- oder Angebotsfunktionen benötigt man also immer *mehr* Informationen über ökonomische Zusammenhänge, als man mit der Beobachtung von Preisen und Mengen alleine bekommt. Ähnliche Probleme – meist noch viel komplizierterer Art – hat man bei der Auswertung aller empirischer Beobachtungen. Das Identifikationsproblem ist deshalb ein zentrales Problem empirischer Wirtschaftsforschung. Dies macht deutlich, daß bei der Interpretation aller empirischen Daten, sei es über Bewegungen auf Gütermärkten oder auf Arbeitsmärkten, immer große Vorsicht geboten ist.

Bisher ist nichts darüber gesagt worden, was an ökonomischen Tatbeständen, an Zusammenhängen und an Überlegungen oder Entscheidungen hinter den aufgezeichneten Funktionen steckt. Jeder weiß, daß die Wahrnehmung der Vorteile der Arbeitsteilung den wichtigsten Anlaß für den Tausch liefert. Mit diesem Prinzip der Arbeitsteilung wollen wir uns jetzt einführend beschäftigen.

E. Arbeitsteilung und Marginalprinzip

1. Arbeitsteilung: absolute und komparative Vorteile

a) Absolute Überlegenheit

Die Vorteile von Arbeitsteilung und anschließendem Tausch leuchten unmittelbar ein, wenn (1) in verschiedenen Ländern oder Regionen die natürlichen Produktionsbedingungen stark unterschiedlich sind – Klima und Bodenqualitäten in einer Region den Weinbau, in einer anderen den Getreidebau begünstigen, während in einer anderen Region am besten Fische gefangen werden – oder (2) verschiedene Menschen unterschiedliche Begabungsrichtungen besitzen. Dies sind Anlässe für eine Spezialisierung, daraus folgt aber noch nicht, daß eine solche Spezialisierung tatsächlich stattfindet. Denn nicht überall, wo Wein oder Weizen gut angebaut werden könnten, geschieht dies auch tatsächlich: das hängt von der Nachfrage und wirtschaftlichen Wechselbeziehungen ab, die in der Volkswirtschaftslehre genauer untersucht werden.

In modernen Industriegesellschaften treten neben diese naturgegebenen Unterschiede die Möglichkeiten der Arbeitsteilung durch Spezialisierung in den *erlernten Fähigkeiten* der Menschen und die *Anschaffung spezialisierter Maschinen.* Man glaubt leicht verstehen zu können, daß eine für alle vorteilhafte Arbeitsteilung dadurch charakterisiert ist, daß alle Güter von denjenigen produziert und angeboten werden, die sie jeweils – aufgrund ihrer Fähigkeiten und mit den angeschafften Maschinen – am billigsten auf den Markt bringen können. Um bei den eher überschaubaren Handwerksberufen zu bleiben: wenn – selbst bei gleichen ursprünglichen Begabungen – sich zehn Leute in zehn *verschiedenen* Handwerksbetrieben spezialisieren und hohe Investitionen in Geräten (etwa hochwertigen Präzisionsmaschinen) tätigen, dann können sie offensichtlich mehr und besser produzieren, als wenn jeder der zehn Handwerker zwischen zehn verschiedenen Maschinen hin und her pendelt und dabei in jeder Arbeitsrichtung mit einem Zehntel der Investitionen auskommen muß.

b) Das Prinzip des komparativen Vorteils

Besonders interessant ist der Fall, in dem eine Wirtschaftseinheit – ein Produzent, eine Region oder ein Land – einer anderen Wirtschaftseinheit bei der Herstellung *aller* Güter *überlegen* ist. Kann es auch dann zu einer sinnvollen Arbeitsteilung und einem Tausch kommen, der sich für beide lohnt? Unsere Theorie sagt: ja, und die Praxis bestätigt dies – vorausgesetzt, die Überlegenheit des einen über den anderen ist bei verschiedenen Gütern *unterschiedlich* groß, und vorausgesetzt, die Wirtschaftseinheiten liegen nicht so *weit auseinander,* daß die entstehenden Transportkosten die möglichen Vorteile aufzehren. Die Arbeitsteilung zeichnet sich dann dadurch aus, daß der überlegene Produzent jeweils Güter herstellt, bei deren Produktion er *am meisten überlegen* ist, und der andere Produzent sich auf Güter spezialisiert, bei denen er *am wenigsten unterlegen* ist. Geringere Unterlegenheit gegenüber einem anderen Gut beinhaltet einen vergleichsweisen *(relativen)* Vorteil: man spricht von einem **komparativen Vorteil,** obwohl dieser Produzent absolut gesehen im Nachteil ist.

Erläutern wir das Prinzip des komparativen Vorteils an einem Beispiel, in dem wir zwei Wirtschaftseinheiten betrachten und diese als „Land A“ und „Land B“ bezeichnen; wir können uns dabei auf insgesamt zwei produzierte Güter, Nr. 1 und Nr. 2, beschränken und vernachlässigen alle Transportkosten. Zur leichteren Einführung in die weiteren Ableitungen wählen wir *zunächst* einen Fall, in dem jedes der beiden Länder bei der Produktion eines der beiden Güter überlegen (und jeweils beim anderen unterlegen) ist. In Tabelle 1 gibt Block (1) die Mengen (x_1 und x_2) der beiden

Tabelle 1

	(1) Ausgangslage		(2) Spezialisierung		(3) Tausch (9:9)		(4) = (2) + (3) Konsummengen		(5) = (4) − (1) Mehrkonsum	
	x_1	x_2	x_1	x_2	x_1	x_2	x_1	x_2	x_1	x_2
A	8	12	$0 \cdot 8 = 0$	$2 \cdot 12 = 24$	+9	−9	9	15	1	3
B	12	6	$2 \cdot 12 = 24$	$0 \cdot 6 = 0$	−9	+9	15	9	3	3
Σ	20	18	24	24	0	0	24	24	4	6

Güter an, welche jeweils mit dem *(Mehr-)Einsatz* von 100 Arbeitstagen in Land A und von 100 Arbeitstagen in Land B zusätzlich produziert werden können (beziehungsweise beim Mindereinsatz von 100 Arbeitstagen weniger hergestellt werden), wenn bei Gut 1 und Gut 2 je die Hälfte der hier betrachteten Arbeitstage eingesetzt wird. Wir betrachten für jedes Land ausdrücklich nur diese 100 Arbeitstage, vernachlässigen dabei alle anderen Produktionsfaktoren und fragen, wo sie am günstigsten eingesetzt werden könnten, wenn ein Tausch zwischen den beiden Ländern ins Auge gefaßt werden soll. In der *Ausgangslage* werden mit 100 Arbeitstagen in Land A 8 Einheiten des ersten *und* 12 Einheiten des zweiten Gutes, in Land B dagegen 12 beziehungsweise 6 Einheiten – insgesamt also 20 Einheiten des ersten und 18 Einheiten des zweiten Gutes erstellt.

Land A ist bei Gut 2, Land B bei Gut 1 überlegen: werden nun jeweils *alle* 100 Arbeitstage dort eingesetzt, so kann die Produktion auf 24 Einheiten des ersten und auch 24 Einheiten des zweiten Gutes gesteigert werden – vgl. Block (2) in der Tabelle 1.

Da nun von beiden Gütern größere Mengen zur Verfügung stehen, muß folglich ein Tausch zu bewerkstelligen sein, auf Grund dessen beide Länder besser gestellt werden: Dieses Kriterium liefert uns die Grenzen der **Tauschbereitschaft.** Land A würde für die mehr produzierten 12 Einheiten des zweiten Gutes mindestens jene 8 Einheiten des Gutes 1 haben wollen, die es auch selbst hätte produzieren können: die **Austauschmengenrelation** r von Gut 1 zu Gut 2 sollte also mindestens gleich der **Produktivitätsrelation** $\pi^A = 8:12$ dieses Landes sein, also mindestens $8:12 = 2/3$ betragen. Entsprechend sollte Land B für die nicht produzierten 6 Einheiten des Gutes 2 *höchstens* die 12 zusätzlich hergestellten Einheiten von Gut 1 hergeben müssen: dies beinhaltet wegen der Produktivitätsrelation π^B von $12:6$ eine Austauschmengenrelation von höchstens $12:6 = 2$. Für r gibt es deshalb diese beiden Schranken:

$$\pi^A = 2/3 \leq r \leq 2 = \pi^B$$

Eine Austauschmengenrelation von z. B. 2:1 von Gut 1 für Gut 2 bedeutet, daß Gut 2 doppelt so teuer ist wie Gut 1, allgemein: das **Preisverhältnis** zweier Güter ist gleich dem **reziproken Austauschmengenverhältnis.** Deshalb kann man auch schreiben:

$$\pi^A = 2/3 \leq p_2/p_1 \leq 2 = \pi^B.$$

Wir können hier nicht ableiten, *welcher* Preis sich bei einem solchen Tausch einstellen würde, denn dafür brauchte man weitere Informationen über die Tauschbereitschaft der beiden Modell-Länder. Wir setzen als ein Beispiel für eine mögliche Preisrelation $p_2/p_1 = 1$. Wenn jetzt je 8 Einheiten der beiden Güter ausgetauscht werden, haben beide Länder von beiden Gütern mindestens so viel wie in der Ausgangssituation. Betrachten wir den für beide noch günstigeren Fall, daß jeweils 9 Gütereinheiten getauscht werden: A erhält 9 Einheiten von Gut 1 gegen 9 Einheiten von Gut 2. In Block (3) sind die entsprechenden Mengenänderungen eingetragen: Importe des Gutes 1 erhöhen, Exporte des Gutes 2 vermindern den möglichen Konsum im Vergleich zu den produzierten Mengen; deshalb erhalten Importe ein positives, Exporte ein negatives Vorzeichen. So ergeben sich die in Block (4) = (2) + (3) angegebenen Konsummengen und schließlich der gegenüber der Ausgangssituation mögliche Mehrkonsum (in (5) als (4) minus (1) aufgetragen).

Bei *diesem* Tausch hat offensichtlich Land B mehr gewonnen als Land A. Kann man dies leicht erklären? In der Tat: das liegt darin begründet, daß die Mengenrelation $r = 1$ mehr von $\pi^B = 2$ als von $\pi^A = 2/3$ abweicht – und bei $r = \pi^A$ hätte A ja durch einen Tausch gar nichts mehr zu gewinnen, wie umgekehrt bei $r = \pi^B = 2$ Land B nicht mehr besser gestellt wäre und sich deshalb indifferent verhalten würde. Die beiden Produktivitätsrelationen π^A und π^B kennzeichnen je eine Situation, in der für *ein* Land **Tausch-Indifferenz** vorliegt.

Zum Prinzip des **komparativen Vorteils** bei vollständiger **absoluter Unterlegenheit** gelangt man von dem bisher behandelten Fall durch eine einfache Veränderung nur einer einzigen Annahme: die für Land B in Tabelle 1 betrachteten Mengen werden nicht in jeweils 100 Arbeitstagen hergestellt, sondern es werden jeweils 300 Arbeitstage benötigt. Deren Produktivität sei also ein Drittel so groß, für 100 Arbeitstage sind die Mengen 4 und 2 Einheiten statt 12 und 6 Einheiten – vgl. Tabelle 2. Land B ist in beiden Produktionsrichtungen weit unterlegen. Hat sich damit an den *grundsätzlichen* Möglichkeiten eines lohnenden Tauschs etwas geändert? Offensichtlich nicht:

Tabelle 2

	(1)		(2)		(3)	(4)	
	x_1	x_2	x_1	x_2	π	π_1	π_2
A	8	12	8	12	2/3	1/2	1/6
B	4	2	3·4	3·2	2		

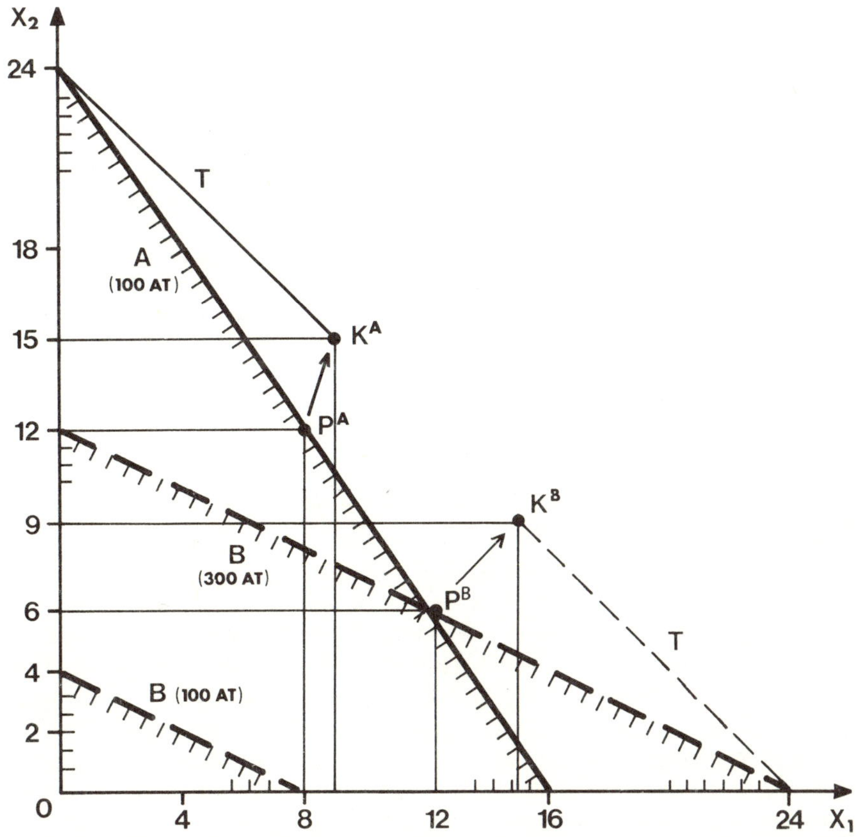

Abb. 12: *Arbeitstage (A^T) und Gütermengen (x_1 und x_2) Produktionsmöglichkeiten für A (——) und B (– – –) sowie Tauschmöglichkeiten für A (——) und B (– – –) bei $p_2/p_1 = 1$.*

die Produktivitätsrelation π^B für die beiden Produkte ist weiterhin gleich 2. Der komparative Vorteil liegt – da π^A weiterhin gleich 2/3 ist – auch weiterhin in B bei Gut 1. Nur: wo in B bisher 100 Arbeitstage bei Gut 1 mehr und bei Gut 2 weniger eingesetzt wurden, ist jetzt eine Zahl von 300 Arbeitstagen notwendig (Block (2) in Tabelle 2). Am Prinzip des komparativen Vorteils hat sich für diese 100 beziehungsweise 3 mal 100 Arbeitstage nichts geändert. Sofern man für B nur mit jeweils 300 Arbeitstagen operiert, kann man genau dieselben Fälle wie in Tabelle 1 durchspielen und erhält dieselben Resultate. Die wirtschaftliche Lage in B muß jetzt allerdings eine andere sein als im obigen Beispiel und damit sehen auch die Tauschmöglichkeiten *insgesamt* anders aus: die *Grenzen* der Tauschbereitschaft (dargestellt durch r) sind dennoch die gleichen – wir kommen darauf gleich zurück.

Anhand von Abbildung 12 werden diese Zusammenhänge noch einmal erläutert. Die in Tabelle 1 Block (1) und in Tabelle 2 Block (2) angegebenen **Produktionsmöglichkeiten** (schraffiert und durch die Linien A und B beschränkt) sind ohne Handel identisch mit den jeweiligen *Konsummöglichkeiten.* Bei Tauschrelationen *zwischen* $r^A = 2/3$ und $r^B = 2$ können beide Länder ihre Konsummöglichkeiten auf Punkte *außerhalb* ihrer Produktionsmöglichkeiten erweitern, wie hier für $r = 1$ mit 9 getauschten Mengeneinheiten durch die beiden Linien T, insbesondere durch die möglichen Konsumpunkte K^A und K^B angezeigt. Beide Länder haben von beiden Gütern mehr als in der Ausgangssituation – in der Terminologie des 2. Kapitels: sie können nunmehr beide jeweils höhere Nutzenniveaus als in der Ausgangssituation erreichen.

Für die **Entlohnung der Produktionsfaktoren** hat der Fall absoluter Unterlegenheit des Landes B bei beiden Gütern gegenüber dem in Tabelle 1 dargestellten Fall eine wichtige Konsequenz. In beiden Fällen bringt der Tausch eine beachtliche Verbesserung der Konsummöglichkeiten. Wenn die Produktivitäten in B aber nur ein Drittel so hoch sind, können auch die Faktorentlohnungen nur ein Drittel so hoch sein. An den Vorteilen des Tausches ändert sich dadurch nichts. Für den Fall, daß vorher (mit dem Austausch von je 9 Gütereinheiten) bei einer Preisrelation und Austauschmengenrelation von 1:1 etwa das Lohnniveau in B genau so hoch war wie in A, so beträgt es jetzt nur noch ein Drittel; denn für 300 Arbeitstage, mit denen in B die 12 Einheiten des ersten Gutes erstellt werden, wird genau so viel gezahlt wie für die 100 Arbeitstage, die in A für die Produktion der 12 Einheiten des zweiten Gutes benötigt werden.

Dies ist eine Illustration dafür, daß die **Entlohnung der Produktionsfaktoren** von den **Faktorproduktivitäten** und (wie später noch gezeigt wird) von den **Güterpreisen abhängig** ist. Über die *Nachfrage* der Haushalte hängen *die Güterpreise von den Faktorpreisen ab.* Beides ist *interdependent.*

Wir können diese Überlegungen kurz weiterführen: wenn das Lohnniveau in B mehr als halb so hoch wäre wie in A, dann wäre *auch* Gut 1 in B *teurer* als in A, weil B ja nur halb so produktiv ist; und andererseits wäre *auch* das Gut 2, bei dem B nur ein Sechstel so produktiv ist wie A, in B *billiger* als in A, wenn die Löhne in B nicht *wenigstens* ein Sechstel so hoch wären wie in A.

Durch die **internen Produktivitätsrelationen** π der beiden Länder, π^A und π^B (abgeleitet aus den Zeilen der Tabelle 2), ergeben sich somit die **Grenzen der Tauschbereitschaft** und damit **der Preisrelationen** der Güter, während durch die **internationalen Produktivitätsrelationen** der beiden Güter, $\pi_1 \equiv \pi_1^B/\pi_1^A = 4/8$ und $\pi_2 \equiv \pi_2^B/\pi_2^A = 2/12$ (abgeleitet aus den Spalten der Tabelle 2), die **Grenzen für die relativen Lohnniveaus** – hier B im Vergleich zu A – als 1/2 und 1/6 festgelegt werden.

Notwendige und hinreichende Bedingung für erfolgreiche Konkurrenz einer weniger produktiven Wirtschaftseinheit mit einer anderen ist es in dieser Situation, daß die (Faktor-)Einkommen entsprechend niedriger sind als in der anderen Wirtschaftseinheit.

c) Zusammenfassung und Schlußfolgerungen

1. Wir haben das Prinzip des komparativen Vorteils aus theoriegeschichtlichen Gründen anhand eines Beispiels zweier *Länder* erörtert. D. Ricardo (1772–1823) hat es in die volkswirtschaftliche Theorie eingeführt, indem er die Produktionsmöglichkeiten in „England" und „Portugal" bewußt an Hand von nicht mit der Wirklichkeit übereinstimmenden Zahlenrelationen beschrieb (deshalb hier die Anführungszeichen) und dabei die *Kosten* betrachtete und *komparative Kostenvorteile* ermittelte. Wenn man Prinzipien der Produktion und des Tausches erarbeiten will, muß man nicht unbedingt in den Beispielen „realitätsnah" sein – man kann sich mit geeigneten Annahmen eine für die eigenen Absichten zweckmäßige Modell-Welt schaffen.

(a) Das Prinzip des komparativen Vorteils ist auf *jede* Art von Wirtschaftseinheiten oder Produktionsfaktoren anwendbar – auf den Vergleich von Personen genau so wie auf verschiedene Regionen oder Länder. So haben auch verschiedene Regionen innerhalb eines Landes unterschiedliche komparative Vorteile, die es auszunutzen gilt. Für den interpersonellen Vergleich kann man hier das Beispiel eines Mannes erwähnen, der doppelt so gut mauern kann wie sein Polier, aber als Unternehmer hundertmal so tüchtig ist, und der deshalb die Maurerarbeiten anderen überläßt und als Unternehmensleiter ein Vielfaches verdient.

(b) Die Entlohnungs-Relationen der Produktionsfaktoren stehen in Beziehung zu den Produktivitätsrelationen; dabei ist allerdings auch der Einsatz anderer – in unserem Beispiel vernachlässigter – Produktionsfaktoren zu berücksichtigen; eine wichtige Rolle spielt die – hier auch nur erwähnte – Nachfrage nach den Gütern, die mit Hilfe dieser Produktionsfaktoren erstellt werden.

(c) Als wichtige Gleichgewichtsbedingung müssen jeweils die angebotenen Mengen des einen Landes gleich den nachgefragten Mengen des anderen Landes sein. Auch hier ist die Räumung des Marktes wieder eine wichtige Bedingung.

Es ist offensichtlich, daß diese Hinweise nur Anhaltspunkte für die Grenzen geben, innerhalb derer sich im Beispiel die Preisrelationen und die Entlohnungsrelationen bewegen können.

Hiermit sind einige wichtige Zusammenhänge aufgezählt, die uns in der mikroökonomischen Theorie immer wieder beschäftigen – wie eine Arbeitsteilung funktioniert und nach welchen Gesichtspunkten sich Preise der Güter und der Produktionsfaktoren herausbilden.

2. Es ist noch einmal zu betonen, daß Produktionsfaktoren *unterschiedlicher* Qualität und damit unterschiedlicher Produktivität auch als *unterschiedliche* Produktionsfaktoren zu behandeln sind. Man kann sie nur vergleichbar machen über die Preise, die sich im Wirtschaftsprozeß allerdings erst herausbilden. Wollte man verschieden qualifizierte Produktionsfaktormengen in verschiedenen Ländern einfach *zählen,* also in physischen Einheiten erfassen, so würde man im internationalen Vergleich Unvergleichbares gegenüberstellen. Und wollte man – wie dies gelegentlich geschehen ist, wenn der Ruf nach der Drosselung der Importe aus sogenannten Niedriglohnländern erschallt – zum Beispiel verlangen, daß in Entwicklungsländern durchweg gleiche Löhne gezahlt werden wie in hochentwickelten Industrieländern, dann würde der Handel zum Erliegen kommen, denn mit dem Rückgang dieser

Importe würden in gleicher Weise – wegen der schwindenden Zahlungsfähigkeit der Entwicklungsländer – auch die Exporte leiden.

Wir halten weiterhin fest: *Wo produktivere* Produktionsfaktoren höhere Entlohnungen erhalten als andere, kommen wir im Endeffekt doch wieder zu der Aussage zurück: Güter werden dort produziert, wo sie am billigsten hergestellt werden können. Diese Aussage muß aber auch gleich wieder modifiziert werden durch die Einschränkung, daß es in der Wirklichkeit viele Wettbewerbsverzerrungen, Handelshemmnisse, Zölle, Transportkosten und Informationskosten und vieles mehr gibt, was bei einer Anwendung dieses Prinzips auf die Realität gleichzeitig berücksichtigt werden muß.

3. Kehren wir zu dem behandelten Problem der komparativen Kosten zurück. Wir haben dabei zwei Fragen ausgeklammert, auf die wir noch kurz eingehen wollen.

(a) Die eine Frage bezieht sich auf das Verhalten von Produktionsfaktoren, wenn vergleichbare Faktoren in verschiedenen Ländern oder Regionen stark unterschiedliche Einkommen erzielen. Es kommt zu Bevölkerungsbewegungen, wie zu den großen Wanderungsströmen nach den Vereinigten Staaten besonders im letzten Jahrhundert und zu den Binnenwanderungen in der Bundesrepublik oder auch innerhalb der Europäischen Gemeinschaft und ihrer assoziierten Länder. Das behandelte Beispiel sieht von solchen Bewegungen ab, die Zahlen würden dadurch beeinflußt, das Prinzip aber nicht tangiert.

(b) Eine zweite Frage ist diese: Wenn durch den Mehreinsatz von 100 Arbeitstagen in Land A bei Gut 2 und von 100 oder 300 Arbeitstagen in Land B bei Gut 1 die Güterversorgung beider Länder verbessert werden kann, sollte dann nicht noch eine *weitere* Umorientierung in der Produktion dieser beiden Länder erfolgen? Wodurch wird dabei eine Grenze gesetzt? Die eine Grenze wäre die **vollständige Spezialisierung** eines oder gar beider Länder – das heißt, wenn *alle* Arbeitskräfte in A aus der Produktion des ersten Gutes oder in B aus der des zweiten Gutes abgezogen wären. (Daß sich *beide* Länder spezialisieren, ist zum Beispiel dann unwahrscheinlich, wenn das Land B ein sehr kleines Land im Vergleich zu A ist und es die Gesamtnachfrage beider Länder nach Gut 1 nicht befriedigen kann – oder umgekehrt für Land A und Gut 2.) Eine andere, theoretisch interessante Grenze wird dann erreicht, wenn mit *zusätzlichen,* weiteren Arbeitstagen immer *geringere* zusätzliche Produktmengen erzeugt werden können. Gilt das zum Beispiel für Gut 1 in Land B, dann wird mit dem Mehreinsatz von Arbeitstagen bei Gut 1 zu Lasten von Gut 2 das Produktivitätsverhältnis π^B immer kleiner, es bewegt sich von dem Wert 2 (etwa) auf die Größe 1 zu.

Es kommt dazu, daß sich die Produktivitätsrelationen für zusätzliche Arbeitstage in beiden Ländern immer mehr annähern, insbesondere wenn ein ähnlicher (umgekehrter) Prozeß in Land A in Gang gesetzt wird. Sind diese Relationen für beide Länder gleich, dann sind die Grenzen einer sinnvollen Arbeitsteilung und Spezialisierung erreicht – eine *weitergehende* Umorientierung der Arbeitskräfte lohnte sich nicht mehr. Diese Zusammenhänge lassen sich noch besser erläutern, wenn wir das Marginalprinzip kennengelernt haben.

4. Zuvor verallgemeinern wir: Man *bietet* an, wovon man *relativ viel* hat, und man *frägt nach,* woran man relativ *knapp* ist. Bisher haben wir dies nur von den *Produktionsmöglichkeiten* abhängig gemacht. Daneben spielen die *Wünsche* oder *Präferenzen* eine gleichberechtigte Rolle: auf sie kommt es genauso an.

Dies erläutern wir zum Schluß dieses Abschnitts an Hand eines kleinen Beispiels für die Vorteile des Tausches. Die Person A schätzt eine weitere Einheit von Gut 1 relativ wenig im Vergleich zu Gut 2 und wäre bereit, zugunsten einer weiteren Einheit von Gut 2 auf zwei Einheiten des ersten Gutes zu verzichten. Person B dagegen mag Gut 1 relativ zu Gut 2 sehr gern und verzichtet auf 2 Einheiten des zweiten Gutes, wenn sie dafür eine Einheit des ersten Gutes bekommt.

Bei einem **Tauschverhältnis** zwischen den beiden Gütern mit $2:1 > r > 1:2$ **gewinnen beide** gegenüber der Ausgangssituation. Wie im Produktionsbeispiel auf die relativen (komparativen) Vorteile, so kommt es hier auf die **relative** *(komparative)* **Wertschätzung** durch die beiden Personen an. Die Wertschätzung zweier Güter wird als Substitutionsrate in der Theorie des Haushalts eine wichtige Rolle spielen.

2. Das Marginalprinzip

Das **Marginalprinzip** beinhaltet, daß es *nicht* auf durchschnittliche Größen – durchschnittliche Produktivitäten, durchschnittliche Kosten etc. – ankommt, sondern das richtige Kriterium für Entscheidungen in dem Vergleich der Produktivitäten (z.B.) *zusätzlicher* Faktoreinheiten, der Kosten *zusätzlicher* Gütereinheiten liegt. Man nennt diese Werte **marginale Größen.** Zur Einführung in die Marginalanalyse wollen wir einige der verwendeten Begriffe anhand eines extrem einfachen Modells der Produktion erläutern und dabei die Arbeitsweise dieses Prinzips anhand einfacher **ökonomischer Entscheidungsprobleme** aufzeigen.

a) Anwendung des Marginalprinzips auf zwei einfache Fragen

Wir nehmen an, daß die Zahl x der produzierten Mengeneinheiten eines Gutes mit der Zahl v der eingesetzten Mengeneinheiten eines Produktionsfaktors in der folgenden Weise variiert (vgl. Tabelle 3):

Tabelle 3

(1)	v	1	2	3	4	5	6
(2)	x	5	8	10	11	11,5	11,8
(3)	Δx	5	3	2	1	0,5	0,3
(4)	x/v	5	4	3,33	2,75	2,3	1,97

Der Grenzertrag oder das Grenzprodukt einer Faktoreinheit ist nun definiert als $\Delta x/\Delta v$: die **Erhöhung der Gütermenge,** welche sich aus einer **Erhöhung der Faktormenge** um **eine Einheit** ergibt; später werden wir den Begriff der **Grenzproduktivität** als den **Anstieg** dx/dv der Ertragsfunktion kennenlernen, die x als Funktion von v angibt. Der Grenzertrag ist offensichtlich von der eingesetzten Menge v abhängig: die erste Faktoreinheit erbringt 5 Gütereinheiten, die zweite 3, die dritte 2, usw., und schließlich die sechste nur noch 0,3 Gütereinheiten. Man spricht in diesem Falle von **abnehmenden Ertragszuwächsen** oder **abnehmenden Grenzerträgen.** Bei solchen Formulierungen meint man *nie,* daß die einzelnen Faktoreneinheiten *nacheinander* eingesetzt werden oder gar die Ertragserhöhung dem Einsatz (etwa) der *fünften* Faktoreinheit zuzuschreiben ist, sondern es ist immer die Ertragserhöhung gemeint, die sich ergibt, wenn – *von vornherein* – statt vier (homogenen) Faktoreinheiten fünf eingesetzt werden.

Das Marginalprinzip können wir hierbei in zweifacher Weise anwenden:

(1) Eine erste Frage betrifft das Kriterium, nach dem man über die Höhe des Faktoreinsatzes entscheidet, wenn man die Größe v frei wählen kann. Dafür muß

man zunächst wissen, wieviel eine Gütereinheit erbringt und wieviel eine Faktoreinheit kostet, mit wie hohen **Güterpreisen** p und **Faktorpreisen** q man zu rechnen hat. Nehmen wir an, p und q seien **vorgegebene,** von den produzierten (und verkauften) Gütermengen und ebenso von den eingesetzten Faktormengen unabhängige **Größen.**

Unterstellen wir sodann für p den Wert 10 DM und für q 5 DM. Wenn der Gewinn – als Differenz aus dem Erlös px und den Kosten qv – maximiert werden soll, dann – so sieht man sofort – braucht man weder die jeweiligen Gesamtwerte px noch etwa die Durchschnittswerte zu betrachten, sondern man muß sich in unserem Beispiel nur die *marginalen Werte* $p\Delta x$ und $q\Delta v$ ansehen (vgl. Tabelle 4):

Tabelle 4

(1)	v	1	2	3	4	5	6
(5)	px	50	80	100	110	115	118
(6)	$p\Delta x$	50	30	20	10	5	3
(7)	qv	5	10	15	20	25	30
(8)	$q\Delta v$	5	5	5	5	5	5

Das Zahlenbeispiel zeigt einerseits in Zeile (6) mit $p\Delta x$ den Anstieg des Erlöses – **das Wertgrenzprodukt;** es ergibt sich als die mit dem Güterpreis bewertete Vermehrung der Produktmenge, welche durch die Erhöhung der Faktormenge um eine Einheit bewirkt wird. Zum Vergleich sieht man in Zeile (8) den damit verbundenen Aufwands- oder Kostenanstieg: dieser beträgt bei einer Erhöhung der Faktormenge um *eine* Einheit als $q\Delta v$ jeweils 5 DM. Mit steigender Faktormenge kann der Gewinn erhöht werden, solange das *Wertgrenzprodukt mindestens so groß ist wie der Faktorpreis,* also für $\Delta v = 1$ jeweils $p\Delta x \geqq q$ gilt: Diese Bedingung ist strikt erfüllt für die ersten vier Faktoreinheiten, und für die fünfte Faktoreinheit gilt das Gleichheitszeichen. Sowohl für $v = 4$ und $v = 5$ ist der – maximale – Gewinn gleich 90 DM. – Zu demselben Resultat gelangt man, wenn man die *Gütermengen als Bezugsgröße* wählt: hierbei ist der *Güterpreis* mit den jeweiligen *Grenzkosten* zu vergleichen. Für $\Delta x = 1$ muß $p \geqq q\Delta v$ sein: die Grenzkosten $q\Delta v$ ergeben sich nach *Multiplikation mit dem Faktorpreis* aus der *Erhöhung der Faktormenge,* welche notwendig ist, wenn die produzierte Gütermenge um eine Einheit erhöht werden soll. Als Entscheidungskriterien haben wir somit

entweder: für $\Delta v = 1$ die Bedingung $p\Delta x \geqq q$.
oder: für $\Delta x = 1$ die Bedingung $p \geqq q\Delta v$.

Diese Bedingungen werden in Kapitel 3 ausführlich behandelt, dort werden wir sie im Zusammenhang mit der Output- und der Inputregel näher kennenlernen.

(2) Eine zweite Fragestellung geht von einer **vorgegebenen Faktormenge** aus: die Frage ist, *wieviel DM* in einer gegebenen Situation für eine *zusätzliche Faktoreinheit* gezahlt werden könnten, wenn der Güterpreis vorgegeben ist und *der Gewinn aufrechterhalten* werden soll, beziehungsweise: wieviel DM geboten werden müßten, damit auf den Einsatz der letzten Faktoreinheit *verzichtet* wird. Die zentrale *Variable* ist hier der *Faktorpreis.* Setzt man im eben behandelten Beispiel die (vorgegebene) Faktormenge v gleich 3, dann würde man auf den Einsatz der dritten Einheit nur dann verzichten, wenn man dafür mindestens 20 DM – als deren Wertgrenzprodukt $p\Delta x$ – erhielte bzw. wenn der Faktorpreis gleich 20 DM wäre; und für eine weitere (vierte) Faktoreinheit könnte höchstens deren Wertgrenzprodukt in Höhe von 10 DM gezahlt werden.

b) Allokation einer Faktormenge auf zwei Prozesse

1. Bei der Behandlung der Frage nach den Prinzipien des Einsatzes von Produktionsfaktoren in verschiedenen Produktionsprozessen (Allokation) arbeiten wir zur Einführung wieder mit einer einfachen Erweiterung des Modells und geben gleichzeitig eine Einführung in die Struktur eines einfachen **Entscheidungsproblems.** In zwei verschiedenen Produktionsprozessen kann das *gleiche Gut* hergestellt werden, und die in diesen beiden Prozessen einsetzbaren Produktionsfaktormengen sind *insgesamt* beschränkt. Ein Unternehmer hat volle Information und Sicherheit über die in den beiden Produktionsprozessen zu erwartenden Gütermengen: diese sind von den jeweils eingesetzten Faktormengen abhängig. Das Ziel sei die Maximierung der insgesamt in den beiden Prozessen erstellten *Gütermengen.* Die Gütermengen aus den beiden Prozessen bezeichnen wir mit x^1 und x^2 (hier oberer Index, weil es sich um das gleiche Gut handelt), die dort eingesetzten Faktormengen mit v^1 und v^2; deren Summe ist vorgegeben als (höchstens) $\bar{v}$. Der Unternehmer weiß, daß x^1 von v^1 und x^2 von v^2 abhängt, und er kennt diese beiden Funktionen numerisch genau: $x^1 = F^1(v^1)$ und $x^2 = F^2(v^2)$. Alle anderen Produktionsfaktoren sind in ihren Mengen konstant und brauchen deshalb nicht ausdrücklich behandelt zu werden.

Das **Entscheidungsproblem** sieht nun so aus:

(1) Der Unternehmer hat eine **Zielfunktion**:

zu maximieren ist $x = x^1 + x^2$

(2) Er hat die **Beschränkung** oder **Nebenbedingung**

zu beachten: $v^1 + v^2 \leqq \bar{v}$,

und er weiß, wieviel mit dem Einsatz unterschiedlicher Faktormengen v^1 und v^2 maximal an x^1 und x^2 zu erzielen ist, er kennt also

(3) die **Produktionsfunktionen** 1.) $x^1 = F^1(v^1)$ und 2.) $x^2 = F^2(v^2)$.

Die Produktionsfunktionen sind Beschränkungen, welche eine *logische Verknüpfung* zwischen der *Faktormengenbeschränkung* und der *Zielfunktion* herstellen.

Würden in den beiden Produktionsprozessen verschiedene Güter mit verschiedenen Preisen gewonnen, so wäre der Erlös E zu maximieren und man hätte eine allgemeinere Zielfunktion

$$E = p_1 x_1 + p_2 x_2$$

anstelle von (1) zu verwenden.

2. Als einfaches Beispiel legen wir die in Tabelle 3 wiedergegebenen Werte zweier Produktionsfunktionen mit ganzzahligen Faktormengen zugrunde.

Das Zahlenbeispiel ist wieder fast trivial, wir verwenden es lediglich zur *Erläuterung eines Prinzips* und betonen, daß in der Praxis wie auch in den eigentlichen Problemen der mikroökonomischen Theorie solcher Werte auf manchmal recht ver-

Tabelle 5

Produktionsfunktionen

(1.1)	(1.2)	(1.3)	(1.4)	(2.1)	(2.2)	(2.3)	(2.4)
v^1	x^1	$\bar{x}^1$	Δx^1	v^2	x^2	$\bar{x}^2$	Δx^2
1	5	5	5	1	3	3	3
2	8	4	3	2	5.5	2.75	2.5
3	10	3.33	2	3	7.5	2.5	2.0
4	11	2.75	1	4	9	2.25	1.5
5	11.5	2.30	0.5	5	10	2.0	1.0
6	11.8	1.97	0.3	6	10.5	1.75	0.5

wickelte Art und Weise ermittelt werden müssen. Obwohl die Lösung dieses Zahlenbeispiels äußerst einfach ist, sollte darauf hingewiesen werden, daß häufig die Antwort zu hören ist: „Die Faktormengen sollten dort eingesetzt werden, wo der Ertrag (die Produktivität) am größten ist", und damit ist dann der *Durchschnittsertrag* gemeint. Dieser Durchschnittsertrag $\bar{x}$ (wobei $\bar{x}^1 \equiv x^1/v^1$ und $\bar{x}^2 \equiv x^2/v^2$) ist für die angegebenen Faktormengen im *ersten* Produktionsprozeß größer als im zweiten. Ein wenig Überlegung führt jedoch zu dem Ergebnis, daß *beide* Produktionsprozesse genutzt werden sollten, solange $\bar{v}$ mindestens gleich 3 ist. Eine *systematische Lösung* des Problems operiert wieder mit den *Grenzerträgen* oder *marginalen Erträgen*. Die beiden in Tabelle 5 angegebenen Produktionsfunktionen haben die wichtige Eigenschaft, daß durchweg *abnehmbare Grenzerträge* vorliegen: mit dem Mehreinsatz von v wird Δx immer kleiner – vgl. die Spalten (1.4) und (2.4) in Tabelle 5.

Zu der **Optimallösung** dieses Problems kann man bei abnehmenden Grenzerträgen dadurch gelangen, daß man jeweils die Grenzerträge zunehmender Faktormengen in beiden Prozessen abliest und miteinander vergleicht. So würde die erste Faktoreinheit im Prozeß Nr. 1 (mit $\Delta x^1 = 5$), die zweite und die dritte Faktoreinheit in Nr. 1 und Nr. 2 (da dann $\Delta x^1 = \Delta x^2 = 3$), die vierte Einheit in Nr. 2 (mit $\Delta x^2 = 2.5$) usw. eingesetzt. Würde man mit $\bar{v} = 6$ bei einer beliebigen Aufteilung, etwa $v^1 = 6, v^2 = 0$ mit x = 11,8 beginnen, hätte man – analog zu der Umverteilung der Arbeitsstunden zwischen den beiden (in E 1 b) betrachteten Gütern – zu fragen, ob eine gleichzeitige Verminderung von v^1 und Erhöhung von v^2 um eine Einheit eine Netto-Verbesserung erbringen kann. Da für die erste Faktoreinheit im zweiten Prozeß $\Delta x^2 = 3$ und für die sechste Faktoreinheit $\Delta x^1 = 0.3$ gilt, beträgt die Nettoerhöhung von x hier 2.7, und zwar von 11.8 auf 14.5. Im nächsten Schritt (bei $v^2 = 2$, $v^1 = 4$) würde man $2.5 - 0.5 = 2.0$ hinzugewinnen und im letzten hier sinnvollen Schritt noch einmal $2.0 - 1 = 1.0$. Ein weiterer Schritt würde netto $1.5 - 2 = -0.5$, also eine Verminderung der Produktmenge, ergeben. – Ein Ausgleich der *Durchschnittserträge* führt nicht zum Maximum. So sind bei $v^1 = 4$ und $v^2 = 2$ die Durchschnittserträge gleich hoch (nämlich 2.75), der Gesamtertrag (16.5) bleibt unter dem maximal möglichen Wert.

3. Probleme dieses Typs lassen sich in der folgenden Weise graphisch darstellen (vgl. Abb. 13). In Abbildung 13a haben wir die Beschränkung (2) hinsichtlich der Faktormenge $\bar{v}$: sie gibt für $\bar{v} = 6$ die jeweils maximal mögliche Aufteilung auf die beiden Produktionsprozesse an: $v^1 + v^2 \leqq 6$, wobei negative Faktormengen ausgeschlossen sind. Für Punkte auf der eingezeichneten Geraden gilt das Gleichheitszeichen. Wenn nicht die gesamte Menge eingesetzt würde, befänden wir uns links unterhalb der Geraden. Sie hat einen Anstieg von 45° (ihr Tangens ist gleich minus eins), weil jede Erhöhung von v^1 zu einer *gleich*hohen Verminderung von v^2 führen muß.

Die Produktionsfunktionen (3) $x^1 = F^1(v^1)$ und $x^2 = F^2(v^2)$ sind in Abbildung 13b) und 13c) wiedergegeben, unter Andeutung der jeweiligen maximalen Einsatzmengen in Höhe von 6. Es sei hier – als eine Vorübung für später – angedeutet, daß die Beschränkung und die Produktionsfunktionen leicht in einem Diagramm zusammengefaßt werden können (Abb. 13d), indem die Faktormengen aus Abbildung 13a nach unten und links aufgetragen und die dazugehörigen Produktionsfunktionen aus den Abbildungen 13b und c im vierten und zweiten Quadranten abgebildet werden (Abb. 13b gedreht und Abb. 13c gespiegelt). Die Bewegungen auf der Geraden im 3. Quadranten führen über entsprechende (einander entgegengesetzte) Veränderungen im 2. und 4. Quadranten: Die bei verschiedenen Aufteilungen der Faktormenge auf die beiden Prozesse jeweils maximal möglichen Ausbringungsmengen liest man sodann im ersten Quadranten ab. Sie liegen auf der **Transformationsfunktion** TF als dem **geometrischen Ort aller möglichen Mengenkombinationen der beiden Güter**

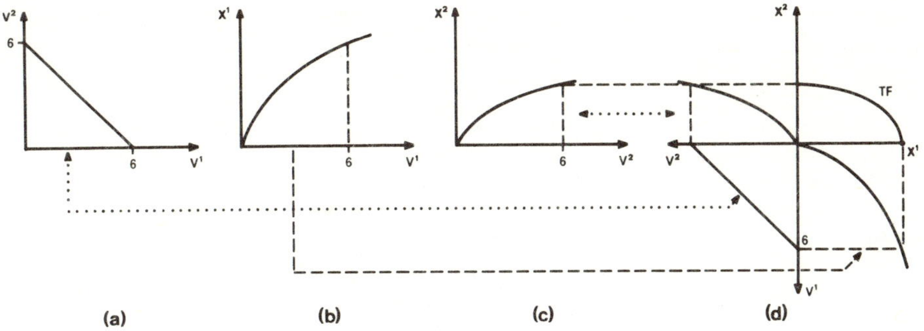

Abb. 13

bzw. hier der in den beiden Prozessen hergestellten Mengen dieses Gutes aufgrund unterschiedlicher Aufteilungen von $\bar{v}$ auf v^1 und v^2 (vgl. auch Kapitel 3 und 5).

Man kann diese Zusammenhänge auch so aufschreiben, wenn man die (paarweisen) Aufteilungen der Faktormenge (in der folgenden oberen Zeile) den möglichen Gütermengen-Kombinationen aus Tabelle 5 gegenüberstellt (untere Zeile) und dabei $\bar{v} = 6$ zugrunde gelegt:

$$(v^1; v^2) = \{(6; 0), \quad (5; 1), \quad (4; 2), \quad (3; 3), \quad (2; 4), (1; 5), \quad (0; 6)\}$$
$$(x^1; x^2) = \{(11.8; 0), (11.5; 3), (11; 5.5), (10; 7.5), (8; 9), (5; 10), (0; 10.5)\}$$

Die Werte auf der rechten Seite der zweiten Gleichung kennzeichnen die Punkte der erwähnten Transformationsfunktion.

Die maximale Summe liest sich hier leicht ab als $10 + 7.5$, mit $v^1 = 3$ und $v^2 = 3$. In Abbildung 13 (d) findet man die maximale Ausbringungsmenge, indem man im ersten Quadranten auf eine möglichst weit rechts außen liegende Gerade mit einem Anstieg von minus eins zu gelangen sucht, die die Transformationskurve TF (gerade noch) berührt. Dies wird in den Kapiteln III und V weiter ausgeführt.

4. Die Optimallösung zeichnet sich durch den **Ausgleich der Grenzerträge** oder – allgemeiner bei Unteilbarkeit – durch einen *möglichst weitgehenden* Ausgleich der Grenzerträge aus: Bei vollständiger Teilbarkeit der Faktoren sollten die Ableitungen der beiden Funktionen, also deren **Grenzproduktivitäten,** gleich sein:

$$\frac{dx^1}{dv^1} = \frac{dx^2}{dv^2}$$

Verschiedene Varianten der mit diesem Beispiel angedeuteten **Marginalanalyse** spielen in diesem Buch die entscheidende Rolle bei der Bestimmung der in verschiedenen Produktionsprozessen eingesetzten Faktoren und produzierten Güter wie auch bei der Analyse des Verhaltens der Konsumenten. Immer wieder geht es um den Ausgleich marginaler Größen und damit die Anwendung des **Äqui-Marginalprinzips**.

c) Komparativer Vorteil: eine Erweiterung des Beispiels

Bei der Behandlung der komparativen Vorteile hatten wir schon Marginalbetrachtungen angestellt, als wir erwähnten, daß eine zusätzliche Umorientierung des Arbeitskräfteeinsatzes möglicherweise immer kleiner werdende zusätzliche (marginale) Vorteile bringt. Wir wollen jene Überlegungen nun in folgender Weise weiterführen. Wenn dem Beispiel der Tabelle 2 durchweg abnehmende Grenzerträge zugrundeliegen, dann treten bei der Mehrproduktion des Gutes 2 in A und des Gutes 1 in B abnehmende Grenzerträge auf, und dies geht – bei *geringerer* Produktion der jeweiligen anderen Güter – mit einer *Erhöhung* der Grenzerträge dieser anderen Güter einher.

1. Wir hatten in Land A mit Grenzerträgen (der jeweils 100 Arbeitstage) von 8 und 12 Gütereinheiten begonnen: In Anwendung dieser Überlegungen würden wir mit *steigenden* Werten x_2^A und *fallenden* x_1^A *möglicherweise* bald Grenzerträge von 9 und 11, dann 10 und 10 und schließlich 11 und 9 Gütereinheiten erhalten, und für Land B würden sich die Grenzerträge von 4 und 2 Gütereinheiten *möglicherweise* über die Größen 3.7 und 2.2, 3.4 und 2.4 nach 3.1 und 2.6 hin bewegen. Die *marginalen Produktivitätsrelationen* könnten sich damit etwa so entwickeln:

$$\pi^A: \quad 8/12 \;\rightarrow\; 9/11 \;\rightarrow\; 10/10 \;\rightarrow\; 11/9 \;\approx 1.2$$

$$\pi^B \quad 4/2 \;\rightarrow\; 3.7/2.2 \;\rightarrow\; 3.4/2.4 \;\rightarrow\; 3.1/2.6 \approx 1.2$$

Nach einer solchen Verschiebung der Produktion zu den Gütern mit den komparativen Vorteilen hin wären die marginalen Produktivitätsrelationen wieder ausgeglichen und damit wäre eine *weitergehende* Spezialisierung nicht mehr lohnend. Auch die zu Anfang weniger produktiven Branchen würden – wie auch in der Realität beobachtbar – nicht völlig eingehen. In diesem numerischen Beispiel wäre zum Schluß $\pi^A = \pi^B$ und damit wäre auch die Preisrelation $p_2/p_1 = 1.2$. Das Lohnniveau wäre in B weiter beträchtlich niedriger als in A, und es würden beide Güter jeweils in beiden Ländern gleich teuer sein. Das Ganze setzt – wie schon mehrfach erwähnt – wieder eine Markträumung voraus, bei der jeweils Exportangebot und Importnachfrage gleich sind.

2. Zum Schluß dieser Betrachtungen kehren wir zu den oben (in Abschnitt C.3) erwähnten Alternativen zurück (vgl. auch Abbildung 2a). Wir hatten schon die Rate der Transformation und die Transformationsfunktion definiert, durch welche jeweils Produktionsalternativen beschrieben wurden. Bei der Behandlung des komparativen Vorteils hatten wir solche Alternativen dadurch angegeben, daß durch den alternativen Einsatz von 50 Arbeitstagen in A entweder 8 Einheiten des ersten oder 12 Einheiten des zweiten Gutes erstellt werden können. Somit bewegen wir uns bei diesem Vergleich zwischen zwei Punkten einer Transformationsfunktion (wie P^1 und P^2 in Abbildung 2a), und die Relation 8:12 gibt die *Grenzrate der Transformation* zwischen den beiden Gütern *für die Ausgangssituation* dieses Landes an. Wir haben gesehen, daß sich diese Grenzrate der Transformation zumindest bei abnehmenden Grenzerträgen laufend ändert: mit den oben angegebenen Werten für π^A und π^B haben wir gleichzeitig Grenzraten der Transformation gemessen. Die gesamte Transformationsfunktion erhält man, wenn man die dazugehörigen (absoluten) Mengen der beiden Güter erfaßt und so sämtliche möglichen Gütermengenkombinationen der Güter ermittelt – von der vollständigen Spezialisierung auf die Produktion des einen bis hin zur Spezialisierung auf die Produktion des anderen Gutes. Die günstigste Art der Arbeitsteilung ist dadurch charakterisiert, daß – bei diesem Typ der Produktionsfunktion – die Grenzraten der Transformation bei den beiden Wirtschaftseinheiten gleich sind.

Anhand zweier etwas ausführlicher behandelter Beispiele für die Produktion und den Tausch haben wir somit einige wichtige Fragestellungen, Modellansätze, mögliche Bewegungen zu besseren Lösungen hin sowie Eigenschaften der jeweiligen günstigsten Lösung kennengelernt, welche alle in immer wieder modifizierter Form in diesem Buch häufig wiederkehren.

F. Zum weiteren Aufbau des Buches

Ein zentrales Anliegen dieses Buches besteht darin, die Wirkungsweise von mikroökonomischen Totalmodellen verständlich zu machen, mit denen sozusagen aus der Vogelperspektive das Verhalten der vielen einzelnen Wirtschaftssubjekte und ihr über Märkte vermitteltes Zusammenwirken dargestellt wird. In unseren Totalmodellen unterscheiden wir, je nach Verwendung der dort gehandelten Ware, zwei Arten von Märkten: Gütermärkte und Faktormärkte; Märkte für Zwischenprodukte kommen also nicht vor. Die Haushalte bieten auf den Faktormärkten Produktionsfaktoren an, vor allem Arbeit, und sie beziehen aus dem Verkauf dieser Faktoren ihr Einkommen, oder wenigstens einen Teil ihres Einkommens. Zugleich fragen die Haushalte auf den Gütermärkten Konsumgüter nach, die sie aus ihrem Einkommen bezahlen. Die Unternehmungen ihrerseits produzieren Konsumgüter und bieten sie auf den Gütermärkten an, die Einnahmen aus den Güterverkäufen sind ihr Erlös. Damit sie überhaupt produzieren können, benötigen sic Produktionsfaktoren, welche sie auf den Faktormärkten nachfragen und aus dem Erlös bezahlen; in der Regel bleibt ihnen nach diesen Transaktionen ein Gewinn. In unseren Modellen schütten sie diesen Gewinn vollständig an die Haushalte aus, er wird zu einem weiteren Bestandteil von deren Einkommen.

Damit sind in groben Zügen die Warenströme und die Geldströme beschrieben, die in unseren Modellen fließen. Es fließt darin aber noch eine andere Art von Strömen, die für das Verständnis ihrer Funktionsweise wichtig ist: Informationsströme. Es fließen nämlich *Preis*-Informationen von den Märkten zu den Wirtschaftssubjekten und *Mengen*-Informationen von den Wirtschaftssubjekten zu den Märkten. Auf jedem Gütermarkt wird eine Güterart gehandelt, auf jedem Faktormarkt eine Faktorart, und jede Art von Gütern und Faktoren hat einen Preis. Die Information über dieses System von Preisen steht nun allen Haushalten und Unternehmungen zur Verfügung und bildet für sie die Grundlage ihrer Entscheidung über die Mengen von Gütern und Faktoren, die sie auf den jeweiligen Märkten anbieten bzw. nachfragen wollen. Die Informationen über diese Nachfrage- und Angebots-Mengen treffen dann auf den Märkten zusammen, und dort entscheidet sich, ob der jeweilige Markt im Gleichgewicht ist, d.h. ob die insgesamt angebotene Menge und die insgesamt nachgefragte Menge dieser Ware übereinstimmen.

Die Modelle in diesem Buch sind durchwegs statisch und nicht dynamisch. In einem dynamischen Modell würde der Wirtschaftsprozeß als eine zeitliche Abfolge von untereinander zusammenhängenden Ereignissen dargestellt, ähnlich wie in einem Kino-Film: ein statisches Modell gleicht demgegenüber eher einer (Moment-)Aufnahme einer besonderen Art von Ruhezustand des Wirtschaftsprozesses, in dem zwar alles fließt, aber alle Ströme konstante Wassermengen transportieren. Man kann sich etwa vorstellen, daß ein statisches Modell sich auf eine einzige „Wirtschaftsperiode" bezieht, wobei allerdings offen bleibt, wie lang eine solche Periode konkret sein soll. Diese Beschränkung auf die „Gegenwart" drückt sich auch in den Verhaltens-Annahmen aus, die wir über die Wirtschaftssubjekte treffen. Zum Beispiel haben wir für unsere Modell-Haushalte nicht die Möglichkeit der Zukunfts-Vorsorge vorgesehen, was zur Folge hat, das unsere Haushalte nicht sparen, sondern ihr ganzes Einkommen für Konsumgüter ausgeben. Ebenso geht der Planungs-Horizont unserer Modell-Unternehmungen über die eine Wirtschaftsperiode nicht hinaus, so daß sie keine Veranlassung haben, ihre produktiven Anlagen durch den Kauf von Investitionsgütern zu erweitern.

In den zwei folgenden Kapiteln stellen wir zunächst die beiden Typen von Wirtschaftssubjekten vor, die in unseren Totalmodellen vorkommen: Haushalte (Kapitel

II) und Unternehmungen (Kapitel III). Zum Teil gehen wir dabei weit über das hinaus, was zum Verständnis des totalen Gleichgewichts nötig wäre; insbesondere in Kapitel III führen wir in eine Fülle von Problemstellungen (und deren Lösungen) ein, mit denen eine Unternehmung konfrontiert sein kann. In Kapitel IV wird dann der Markt als Institution zur Vermittlung von Wirtschaftsbeziehungen zwischen Wirtschaftssubjekten eingeführt, und es werden Probleme einer konsistenten Aggregation von Angebots- und Nachfrageplänen besprochen und an Hand von Totalmodellen Fragen eines allgemeinen mikroökonomischen Gleichgewichts untersucht; das Kapitel enthält auch eine Einführung in die Ungleichgewichtstheorie und bringt Beispiele einer dynamischen Analyse. In Kapitel V schließlich wird der Markt-Mechanismus der vollständigen Konkurrenz daraufhin untersucht, ob das durch ihn herbeigeführte Ergebnis des Wirtschaftsprozesses „gut" ist, oder ob – im Rahmen der gegebenen Modellstruktur – objektiv bessere Ergebnisse denkbar sind.

Zur Erklärung und Erläuterung der Modelle wenden wir auch in den folgenden Kapiteln, um den persönlichen Begabungen und Neigungen der Leser entgegenzukommen, mit den verbalen Beschreibungen nebeneinander graphische Darstellungen und mathematische Ableitungen an.

Kapitel II
Theorie des Haushalts

A. Einleitung

In diesem Kapitel beschäftigen wir uns mit den wirtschaftlichen Entscheidungen, oder genauer: mit einem Teil der wirtschaftlichen Entscheidungen des Haushalts. Wir betrachten den Haushalt ganz unabhängig davon, aus wie vielen Personen er bestehen mag, als eine Einheit, d.h. als ein mit einem einheitlichen Willen ausgestattetes und zu einheitlichem Handeln befähigtes Wirtschaftssubjekt; um dies nachdrücklich zu betonen, werden wir den Haushalt auch als Konsumenten bezeichnen.

Der Haushalt ist ein Wirtschaftssubjekt, das Bedürfnisse hat, die es durch den **Konsum** von Gütern befriedigen kann. Die Güter muß er auf den Gütermärkten nachfragen und dafür einen Preis entrichten. Der Erwerb von Konsumgütern setzt also voraus, daß der Haushalt über finanzielle Mittel verfügt; da diese nicht unbegrenzt sind, ist der Haushalt auch in Hinblick auf seine Möglichkeiten, Güter zu erwerben und zu konsumieren, Beschränkungen unterworfen. Das zentrale Entscheidungsproblem des Haushalts besteht somit darin, zu bestimmen, welche Güter er in welchen Mengen zu Konsumzwecken nachfragen will. Die Entscheidung darüber hängt bei gegebenen finanziellen Mitteln zum einen von seinen Bedürfnissen ab, zum anderen aber auch davon, welches Urteil der Haushalt sich darüber gebildet hat, ob und wie gut die einzelnen Konsumgüter dazu geeignet sind, seine Bedürfnisse zu befriedigen. Wir werden nicht untersuchen, worin diese Bedürfnisse bestehen und wie sie zustande kommen; wir werden auch nicht der Frage nachgehen, wie der Haushalt die Informationen gewinnt und verarbeitet, auf die er sich bei der Beurteilung der Güter stützt. Wir gehen vielmehr einfach davon aus, daß der Haushalt auf der Grundlage bestimmter Bedürfnisse und einer bestimmten Beurteilung der Güter in Hinblick auf ihre Eignung zur Befriedigung seiner Bedürfnisse Konsumwünsche entwickelt, die er sich im Rahmen der ihm zur Verfügung stehenden Mittel so weit wie möglich zu erfüllen sucht.

Die Mittel zum Erwerb von Konsumgütern beschafft sich der Haushalt in der Regel dadurch, daß er als Besitzer von Produktionsfaktoren **Faktorleistungen** an Unternehmungen verkauft und dafür ein Einkommen bezieht. Dabei handelt es sich vor allem um die Arbeitsleistungen des Haushalts. Als Besitzer seiner Arbeitskraft oder seines Arbeitsvermögens überläßt der Haushalt die Nutzung dieses Produktionsfaktors einer Unternehmung; als Entgelt für den Verkauf seiner Arbeitsleistung bezieht er von der Unternehmung ein Arbeitseinkommen.

Der Verkauf von Arbeitsleistungen ist für den Haushalt zwar häufig die wichtigste, aber nicht immer die einzige Einkommensquelle: Viele Haushalte sind auch Eigentümer der Produktionsfaktoren Boden und Kapital – unter Kapital verstehen wir hier alle langlebigen produzierten Produktionsmittel –, und als Entgelt für den Verkauf der Leistungen dieser Produktionsfaktoren beziehen die Haushalte ein Besitzeinkommen in Form von Pacht- und Zinseinnahmen. Betrachten Sie z.B. einen Haushalt, der Eigentümer eines Grundstücks ist; verpachtet er das Grundstück an eine Unternehmung, so erhält er als Entgelt für die Leistung des Produktionsfaktors Boden von der Unternehmung den vereinbarten Pachtbetrag. Bei den Produktionsfaktoren Boden und Kapital ist zu beachten, daß diese sich juristisch gesehen häufig nicht im Besitz von Haushalten, sondern von Unternehmungen befinden; in wirtschaftstheoretischer

Betrachtungsweise sind jedoch alle diese Produktionsfaktoren Eigentum von Haushalten.

Neben dem Arbeits- und dem Besitzeinkommen bildet die dritte Einkommensquelle der Haushalte schließlich der sog. Unternehmergewinn; diesen kann ein Haushalt erzielen, wenn er selbst unternehmerisch aktiv wird. Der **Unternehmergewinn** wird manchmal als Entgelt für einen weiteren speziellen Produktionsfaktor, nämlich die „Unternehmerleistung", interpretiert. Ganz in Analogie dazu, daß die Erzielung von Arbeitseinkommen ein Arbeitsvermögen und die Erzielung von Besitzeinkommen ein Eigentum an sachlichem Produktivvermögen voraussetzen, ist in dieser Interpretation für die Erzielung eines Unternehmergewinns Voraussetzung, daß der Haushalt ein bestimmtes Vermögen hat, das man als „unternehmerische Fähigkeit" oder „unternehmerisches Talent" bezeichnen könnte. Freilich besteht zwischen Arbeits- und Besitzeinkommen einerseits und Einkommen in Form von Unternehmergewinn andererseits ein wesentlicher Unterschied. Die Leistungen der Produktionsfaktoren Arbeit, Boden und Kapital, die auf den Faktormärkten angeboten und nachgefragt werden, haben einen Preis, und das Arbeits- und Besitzeinkommen, das ein Haushalt bezieht, hängt von den geltenden Preisen und den Faktormengen ab, die er an Unternehmungen verkauft. Da die Abgabe dieser Faktorleistungen im allgemeinen auf der Grundlage eines Vertrages zwischen Käufer und Verkäufer abgewickelt wird, bezeichnet man Arbeits- und Besitzeinkommen als **Kontrakteinkommen.** Für die Unternehmerleistung gibt es dagegen weder einen Markt noch einen Preis – der Unternehmergewinn ist eine Residualgröße, nämlich die Differenz zwischen dem Erlös aus dem Verkauf der von der Unternehmung produzierten Güter und den Kosten der bei der Produktion dieser Güter verbrauchten Faktormengen. Der Unternehmergewinn wird daher auch als **Residualeinkommen** bezeichnet.

Der Haushalt muß nun wirtschaftliche Dispositionen darüber treffen, in welcher Weise und in welchem Umfang er sich das zum Erwerb von Konsumgütern notwendige Einkommen beschaffen will. Die Höhe des Arbeitseinkommens, das ein Haushalt für eine bestimmte Arbeitsleistung in der Güterproduktion bezieht, hängt bei gegebenem Lohnsatz von der Menge der erbrachten Arbeitsleistungen ab; dabei wird die Menge an Arbeitsleistungen für gewöhnlich in Zeiteinheiten gemessen. Kann der Haushalt zwischen verschiedenen Arbeitszeiten wählen (z. B. Teilzeit- oder Vollzeitbeschäftigung), so muß er eine Entscheidung über die Menge der von ihm angebotenen Arbeitsleistungen, oder kürzer: über die Höhe seines Arbeitsangebots, treffen. Verfügt der Haushalt über mehrere von den Unternehmungen nachgefragte Arbeitsqualifikationen, so muß er auch entscheiden, welche spezielle Arbeitsleistung er erbringen will. Sofern unterschiedliche Arbeitsleistungen unterschiedlich entlohnt werden, beeinflußt auch diese Entscheidung die Höhe des Arbeitseinkommens.

Die ökonomischen Dispositionen, die auf die Erzielung von Arbeitseinkommen gerichtet sind, beschränken sich keineswegs auf Entscheidungen darüber, welche Arbeitsleistungen in welchem Umfang der Haushalt bei gegebenen Arbeitsvermögen anbieten will. Das Arbeitsvermögen des Haushalts ist vielmehr selbst keine naturgegebene, unveränderliche Größe; niemand kommt als Schlosser oder Bankkaufmann auf die Welt. Die wirtschaftlichen Entscheidungen des Haushalts in Hinblick auf sein Arbeitsvermögen sind im wesentlichen Entscheidungen über die Art der schulischen und beruflichen Ausbildung, aber auch z. B. Dispositionen, die die Gesundheitsvorsorge betreffen, denn der Gesundheitszustand des Haushalts bestimmt sein Arbeitsvermögen und damit die Möglichkeiten der Erzielung von Arbeitseinkommen mit. Solche Entscheidungen lassen sich auch als Investitionen in das **Humankapital** des Haushalts interpretieren.

In bezug auf die Erzielung von Besitzeinkommen muß der Haushalt entscheiden, welchen Vermögensbestand er zu halten wünscht; bei gegebenen Preisen für die Nutzung der Produktionsfaktoren Boden und Kapital kann der Haushalt ein um so höheres Besitzeinkommen erzielen, je größer der in seinem Eigentum befindliche Bestand an sachlichem Produktivvermögen ist. Darüber hinaus muß der Haushalt auch entscheiden, in welcher Form er sein **Vermögen** zu halten wünscht, denn der Haushalt ist mit einer Reihe alternativer Anlagemöglichkeiten konfrontiert – denken Sie etwa an Immobilien oder an die große Anzahl von Wertpapieren, deren Besitz wirtschaftliches Eigentum an sachlichem Produktivvermögen darstellt. Die Dispositionen in Hinblick auf die Erzielung von Besitzeinkommen beziehen sich also sowohl auf die Bildung von Vermögen wie auf die Vermögensanlage. Schließlich muß der Haushalt auch entscheiden, ob und wie er sein „unternehmerisches Talent" einsetzen soll, um eventuell ein Einkommen in Form eines residualen Unternehmergewinns zu erzielen.

Die wirtschaftlichen Dispositionen des Haushalts richten sich also zum einen auf den Erwerb von Konsumgütern, zum anderen auf die Einkommenserzielung, und diese Dispositionen sind nicht unabhängig voneinander, denn die Höhe des Haushaltseinkommens bestimmt im wesentlichen den Entscheidungsspielraum, den der Haushalt in Hinblick auf die Nachfrage nach Konsumgütern hat. Die wirtschaftlichen Entscheidungsprobleme des Haushalts sind aber nur sehr unzureichend beschrieben, wenn wir sagen, der Haushalt habe festzulegen, welche Faktorleistungen und Güter er in welchen Mengen zum Zwecke der Einkommenserzielung anbieten und zu Konsumzwecken nachfragen will. Alle ökonomischen Dispositionen haben auch einen zeitlichen Aspekt, und dadurch werden die Entscheidungsprobleme selbst und die Interdependenzen zwischen den einzelnen Entscheidungen sehr viel komplizierter.

Betrachten wir z. B. einen Haushalt, der innerhalb eines gewissen Zeitraums ein Einkommen in bestimmter Höhe erzielt. Der Haushalt steht nun vor der Wahl, ob er das ganze Einkommen während dieses Zeitraums wieder für den Kauf von Konsumgütern ausgeben oder einen Teil seines Einkommens sparen und diese **Ersparnisse** zur Bildung von Eigentum an sachlichem Produktivvermögen verwenden soll. Dieser Prozeß der Vermögensbildung schränkt seinen Konsumspielraum im Moment zwar ein, erweitert ihn aber in späteren Perioden, und zwar in der Regel nicht erst dann, wenn er das erworbene Vermögen wieder veräußert, sondern auch schon während der Zeit des Vermögensbesitzes, denn sein Eigentum verschafft ihm ein Besitzeinkommen. Umgekehrt steht der Haushalt auch vor der Frage, ob er während eines bestimmten Zeitraums für den Erwerb von Konsumgütern mehr Mittel ausgeben soll, als er während dieses Zeitraums an Einkommen erzielt, indem er einen Teil seines Vermögens veräußert oder einen Kredit aufnimmt. Dies erweitert seinen Konsumspielraum im Moment, schränkt ihn aber in der Zukunft ein, denn ein geringeres Vermögen wirft ein geringeres Besitzeinkommen ab, und ein aufgenommener Kredit muß auch wieder zurückgezahlt werden.

Die Schwierigkeit, die mit der Berücksichtigung des zeitlichen Aspekts ökonomischer Dispositionen auftritt, besteht nun nicht einfach darin, daß der Haushalt zusätzlich zu der Entscheidung, welche Güter er in welchen Mengen nachfragen und anbieten will, auch noch entscheiden muß, wann er diese Mengen nachfragen und anbieten will. Vielmehr ergibt sich als weiteres Problem, daß die zeitlichen Dispositionen die Restriktionen beeinflussen, denen der Haushalt bei seiner Mengenplanung unterworfen ist. Dies können Sie sich leicht am Beispiel der Ersparnisbildung oder der Kreditaufnahme klarmachen: Wenn Sie einen Teil Ihres laufenden Einkommens sparen und Ihre Ersparnisse zu einem späteren Zeitpunkt wieder auflösen, so haben Sie – über den ganzen Zeitraum hinweg betrachtet – mehr finanzielle Mittel für Konsumzwecke zur Verfügung, als wenn Sie Ihr laufendes Einkommen fortwährend verausgaben; wenn Sie dagegen einen Kredit aufnehmen, so sind – wieder über den gesamten Zeitraum hinweg gesehen – die finanziellen Mittel, über die Sie für Konsumzwecke disponieren können, geringer als Ihr Einkommen während des betrachteten Zeitraums. In beiden Fällen entspricht die Differenz natürlich genau den **Zinsen,** die Sie für Ihre Spareinlagen erhalten bzw. für den Kredit bezahlen. Somit sind Mengen- und Zeitdispositionen interdependente Entscheidungsprobleme des Haushalts.

Wir wollen hier nicht die ganze Fülle der ökonomischen Entscheidungen des Haushalts modelltheoretisch analysieren, sondern uns auf jene Entscheidungen beschränken, die die Konsumgüternachfrage und das Arbeitsangebot des Haushalts betreffen. Dagegen klammern wir sämtliche Vermögensentscheidungen (und damit auch Entscheidungen über das Angebot an Leistungen anderer Produktionsfaktoren, die im Besitz der Haushalte sind) aus unserer Untersuchung aus. Um den zeitlichen Aspekt ökonomischer Dispositionen ausblenden zu können, konstruieren wir ein ganz einfaches **Modell,** dessen wichtigste Merkmale wie folgt beschrieben werden können:

Wir nehmen an, daß der Haushalt seinen **Güterkonsum** und sein **Arbeitsangebot** für eine bestimmte Periode – sagen wir, für eine Woche oder für einen Monat – plant; alles, was in der Zukunft, also nach Ablauf dieser Periode, geschehen mag, interessiert den Haushalt nicht im geringsten. Wir nehmen weiter an, daß der Haushalt zu Beginn dieser Periode über keinerlei Konsumgüterbestände verfügt. Zusammen mit der Annahme, daß der Planungshorizont des Haushalts auf die betrachtete Periode beschränkt ist, bedeutet dies, daß der für diese Periode geplante Verbrauch an Konsumgütern identisch mit der für diese Periode geplanten Nachfrage nach Konsumgütern ist.

Der Haushalt verfügt über ein exogen vorgegebenes Arbeitsvermögen; der Einfachheit halber wird angenommen, daß er nur eine spezifische Arbeitsqualifikation besitzt, die er den Unternehmungen anbieten kann. Neben dem Arbeitseinkommen, das der Haushalt aus dem Verkauf seiner Arbeitsleistungen erzielt, bezieht der Haushalt weiterhin ein Einkommen aus den Gewinnausschüttungen der Unternehmungen. Die Höhe des Gewinneinkommens, das der Haushalt erhält, hängt einerseits von den Gewinnen der Unternehmungen, andererseits von den Gewinnanteilsrechten ab, mit denen der Haushalt ausgestattet ist. Das Eigentum an diesen Anteilsrechten ist ebenfalls modellexogen vorgegeben.

Bei der Planung seiner Güternachfrage und seines Arbeitsangebots verhält sich der Haushalt als **Mengenanpasser,** d.h. er betrachtet die geltenden Güterpreise und den geltenden Lohnsatz als durch seine Nachfrage- und Angebotsentscheidungen nicht beeinflußbar, und er nimmt an, daß er zu diesem Lohnsatz und zu diesen Güterpreisen jede beliebige Menge an Gütern kaufen und jede beliebige Menge an Arbeitsleistungen verkaufen kann.

Wir werden die Entscheidungen des Haushalts innerhalb dieses extrem einfachen Modells in zwei Schritten analysieren. Zunächst nehmen wir an, daß der Haushalt über die ihm für Konsumzwecke zur Verfügung stehende Geldsumme bereits eine Entscheidung getroffen hat, d.h. wir untersuchen zuerst, welche Güter der Haushalt in welchen Mengen nachfragt, nachdem er schon festgelegt hat, welchen Geldbetrag er maximal für Konsumgüter ausgeben will. Die Höhe dieses Geldbetrags entspricht in unserem Modell dem Haushaltseinkommen; da es für diesen Schritt der Analyse aber gleichgültig ist, ob die Höhe dieses Budgets gleich dem Einkommen des Haushalts ist oder nicht, sprechen wir statt von der Güternachfrage des Haushalts bei gegebenem Einkommen auch etwas neutraler von der Konsumgüternachfrage des Haushalts bei gegebener Budgetsumme.

Im zweiten Schritt der Analyse werden wir die Annahme einer gegebenen Budgetsumme wieder rückgängig machen; die Konsummöglichkeiten des Haushalts hängen in unserem Modell ja von der Höhe seines Einkommens ab; und das Arbeitseinkommen als Bestandteil des Haushaltseinkommens ist bei gegebenem Lohnsatz vom Arbeitsangebot des Haushalts (also von der Länge der Arbeitszeit, die der Haushalt zu arbeiten bereit ist) abhängig. In diesem zweiten Untersuchungsschritt werden wir analysieren, wie der Haushalt seine Konsumgüternachfrage und sein Arbeitsangebot simultan bestimmt.

B. Konsumpläne, Güterbündel und Vektoren

Nehmen wir an, es gebe in der Volkswirtschaft n verschiedene Konsumgüter, die der Haushalt in seine Konsumüberlegungen einbezieht. Der Haushalt stellt zu Beginn der betrachteten Periode einen **Konsumplan** auf; in einem solchen Konsumplan legt der Haushalt fest, welche der n Güter er in welchen Mengen während dieser Periode verbrauchen will. Ein nach Art und Menge genau spezifiziertes Sortiment an Gütern nennen wir ein **Güterbündel;** mit der Aufstellung eines Konsumplans bestimmt der Haushalt also, welches Güterbündel er während der Konsumperiode verbrauchen will. Da der Haushalt annahmegemäß zu Beginn der Konsumperiode über keinerlei Vorräte an Konsumgütern verfügt und auch keine Vorräte für spätere Perioden anlegen will, sind die für die betrachtete Konsumperiode geplanten Verbrauchsmengen genau gleich den Gütermengen, die der Haushalt auf den Konsumgütermärkten nachfragt.

Die Nachfragemöglichkeiten des Haushalts sind bei gegebenen Konsumgüterpreisen durch die Höhe seines Einkommens (oder allgemeiner: durch die dem Haushalt für Konsumzwecke zur Disposition stehende **Budgetsumme**) begrenzt. Diese Einkommensgrenze zwingt den Haushalt nicht, ein ganz bestimmtes Güterbündel nachzufragen; er muß vielmehr nur darauf achten, daß die Ausgaben, die der Kauf eines Güterbündels erfordert, sein Einkommen nicht überschreiten. Die durch das Einkommen begrenzten Nachfragemöglichkeiten bestimmen ihrerseits den Entscheidungsspielraum, den der Haushalt bei seiner Konsumplanung hat. Da der Haushalt mit einer gegebenen Einkommenssumme verschiedene Güterbündel nachfragen kann, ist er auch nicht von vornherein auf einen ganz bestimmten Konsumplan festgelegt; er hat vielmehr die Wahl zwischen einer Menge verschiedener Konsumpläne. Bevor wir das Modell entwickeln, mit Hilfe dessen wir die Entscheidung des Haushalts für einen bestimmten Konsumplan und damit gleichzeitig die Konsumgüternachfrage des Haushalts erklären können, müssen wir uns zunächst mit der Frage befassen, wie wir Konsumpläne in einer möglichst einfachen und zweckmäßigen Form beschreiben können.

Es ist naheliegend, einen Konsumplan in Form einer Liste zu beschreiben, auf der genau verzeichnet ist, welches der n Güter in welcher Menge während der Konsumperiode verbraucht werden soll. Eine besonders einfache Gestalt können solche Listen dann annehmen, wenn wir zunächst eine Vereinbarung darüber treffen, in welchen Mengeneinheiten die Güter gemessen und in welcher Reihenfolge sie auf der Liste aufgeführt werden sollen. Sind nämlich diese Konventionen einmal festgelegt worden, dann kann jeder Konsumplan durch eine geordnete Menge von Zahlen – durch einen Vektor – dargestellt werden.

Unterstellen wir zur Illustration des Verfahrens, es gebe nur drei Konsumgüter: Eier, Brot und Wein. Ein Konsumplan könnte dann z. B. den Verbrauch von drei Eiern, einem Kilogramm Brot und zwei Litern Wein vorsehen; ein anderer Konsumplan könnte darin bestehen, daß der Haushalt vier Kilogramm Brot und einen halben Liter Wein verbrauchen will. Treffen wir nun folgende Vereinbarung: Eier seien Gut 1, gemessen in Stück, Brot sei Gut 2, gemessen in Kilogramm, und Wein sei Gut 3, gemessen in Litern. Dann können die beiden Konsumpläne einfach durch die Vektoren

$$\left\{3, 1, 2\right\} \text{ und } \left\{0, 4, \frac{1}{2}\right\}$$

beschrieben werden. Beachten Sie, daß man bei Verwendung der Vektorschreibweise für Güter, die nicht in einem Konsumplan enthalten sind, die Mengenangabe „0" einsetzen muß, da man sonst nicht feststellen könnte, welche Güter in dem betreffenden Konsumplan überhaupt enthalten sind.

Wir werden die Vektorschreibweise nicht nur für Konsumpläne verwenden; es ist offensichtlich, daß man in der gleichen Weise auch einen Gütervorrat, den ein Haushalt besitzt, oder die Konsumgüternachfrage eines Haushalts oder einfach ein bestimmtes Güterbündel selbst beschreiben kann. Kehren wir noch einmal zu unserem obigen Beispiel zurück und interpretieren den Vektor $\{3, 1, 2\}$ nicht als einen Konsumplan, sondern als den Gütervorrat eines Haushalts; dann beschreibt dieser Vektor einen Gütervorrat, der sich aus drei Eiern, einem Kilo Brot und zwei Litern Wein zusammensetzt. Interpretieren wir den Vektor $\{0, 4, 1/2\}$ nicht als Konsumplan, sondern als Güternachfrage des Haushalts, dann beschreibt dieser Vektor die Nachfrage des Haushalts nach vier Kilogramm Brot und einem halben Liter Wein.

Verallgemeinern wir unsere bisherigen Überlegungen für den Fall von n Gütern. Jeder Konsumplan kann nach Festlegung der Reihenfolge und der Mengeneinheiten der Güter durch einen Vektor

$$x = \{x_1, x_2, \ldots, x_n\}$$

dargestellt werden, wobei x die Bezeichnung für den Konsumplan ist und die Vektorelemente $x_1, x_2, \ldots, x_n$ Variablen sind, deren Werte angeben, wie groß die geplanten Verbrauchsmengen der Güter 1, 2, ..., n sind. Interpretieren Sie nun selbst die Bedeutung dieser Symbole für den Fall, daß mit dem Vektor $x = \{x_1, x_2, \ldots, x_n\}$ der Gütervorrat eines Haushalts, die Konsumgüternachfrage eines Haushalts oder einfach ein Güterbündel beschrieben wird.

In formaler Hinsicht müssen Sie beachten, daß wir in diesem Kapitel den Buchstaben x ohne einen rechten unteren Index nie zur Bezeichnung einer Variablen, sondern immer nur zur Bezeichnung eines Vektors verwenden. Wenn wir gleichzeitig mehrere Konsumpläne oder Güterbündel betrachten müssen, so erhalten die Symbole zur Unterscheidung einen oberen Index; zwei verschiedene Konsumpläne werden dann z. B. als $x^1 = \{x_1^1, x_2^1, \ldots, x_n^1\}$ und $x^2 = \{x_1^2, x_2^2, \ldots, x_n^2\}$ geschrieben.

Vektoren lassen sich auch geometrisch interpretieren, und solange wir es nicht mit mehr als drei Vektorelementen zu tun haben, führt uns die geometrische Deutung von Vektoren als Punkte in Räumen wieder zu einer graphischen Darstellungsweise zurück, wie wir sie im ersten Kapitel ja schon häufig zur Illustration bestimmter Fragestellungen der mikroökonomischen Theorie verwendet haben. Nehmen wir an, es gebe nur zwei Konsumgüter: Gut 1 und Gut 2. Ein Güterbündel möge aus vier

Mengeneinheiten von Gut 1 und drei Mengeneinheiten von Gut 2 bestehen. Dieses Güterbündel können wir, unseren obigen Überlegungen folgend, durch den Vektor x = {4, 3} beschreiben. Betrachten Sie nun Abbildung 1. In dieser Abbildung ist jedem der beiden Güter eine Achse eines rechtwinkligen Koordinatensystems zugeordnet. Dieses Koordinatensystem bildet einen zweidimensionalen Raum, den wir **Güterraum** nennen wollen. Der Punkt x mit den Koordinatenwerten $x_1 = 4$ und $x_2 = 3$ ist das geometrische Gegenstück des Vektors x = {4, 3} und damit die geometrische Darstellung eines Güterbündels, das vier Mengeneinheiten von Gut 1 und drei Mengeneinheiten von Gut 2 enthält. Ebenso können wir den Punkt x als geometrische Darstellung eines Konsumplans, eines Gütervorrats oder der Güternachfrage eines Haushalts betrachten. Diese Möglichkeit einer ganz unterschiedlichen inhaltlichen Interpretation wird uns die formale Beschreibung vieler Probleme, mit denen wir uns im folgenden beschäftigen werden, sehr erleichtern.

Die Anschaulichkeit der geometrischen Interpretation von Vektoren geht natürlich verloren, wenn man von mehr als drei Gütern ausgeht. Da wir aber auf den großen Vorteil der Anschaulichkeit von Graphiken nicht verzichten wollen und graphische Darstellungen besonders einfach sind, wenn man sich nur in zwei Dimensionen bewegt, werden wir zur Illustration des Modells der Konsumgüternachfrage sehr häufig auf den Fall von nur zwei Konsumgütern zurückgreifen.

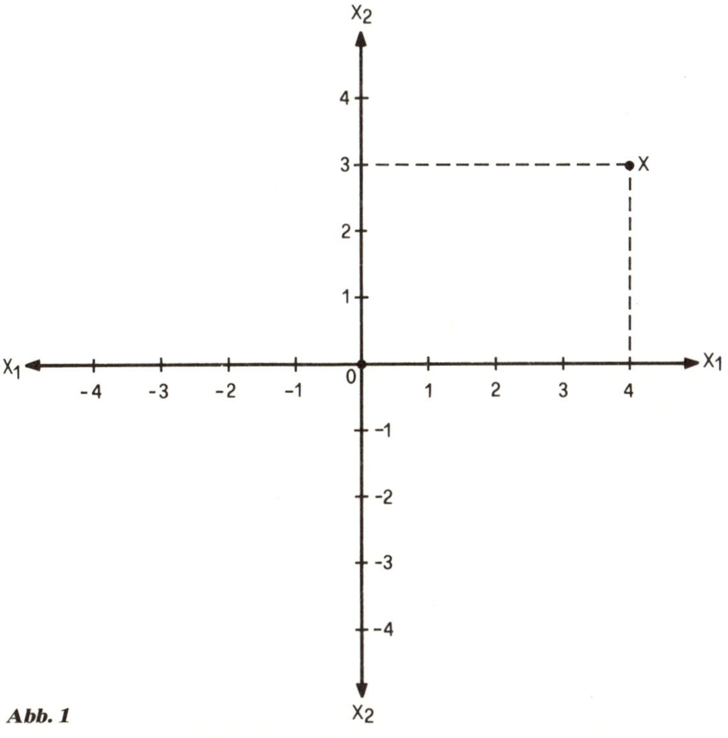

Abb. 1

C. Die Wahlmöglichkeiten des Haushalts

1. Die Konsummenge

Die Theorie der Konsumgüternachfrage soll eine Erklärung dafür bieten, welche Güter der Haushalt in welchen Mengen auf den Gütermärkten nachfragt. Der erste Schritt beim Aufbau des Modells ist es daher zweckmäßigerweise, zu präzisieren, welche Wahlmöglichkeiten dem Haushalt überhaupt offenstehen. Im vorigen Abschnitt haben wir gezeigt, daß jeder Konsumplan durch einen Vektor $x = \{x_1, x_2, \ldots, x_n\}$ beschrieben werden kann. In Umkehrung der Betrachtungsweise ist nun zu fragen, welche der Vektoren oder Punkte im Güterraum zu den Alternativen gezählt werden sollen, zwischen denen der Haushalt bei seiner Konsumplanung wählen kann. Nun ist klar, daß der Haushalt allein schon deshalb nicht jeden beliebigen Konsumplan wählen kann, weil er die Güter, die er verbrauchen will, zuerst auf den Gütermärkten kaufen muß und seine Nachfragemöglichkeiten durch die Höhe seines Einkommens beschränkt sind. Wir wollen diesen Aspekt aber zunächst beiseite lassen und uns fragen, welche Grenzen den Wahlmöglichkeiten des Haushalts ganz unabhängig von der Frage der Finanzierbarkeit eines Konsumplans gesetzt sind.

Betrachten wir also für einen Moment einen Haushalt, der bei seiner Konsumplanung keiner Einkommens- oder Budgetrestriktion unterworfen ist. Die einzige Einschränkung, die wir diesem Haushalt auferlegen wollen, ist die, daß er keinen Konsumplan wählt, der für irgendeines der n Konsumgüter eine negative Verbrauchsmenge vorsieht, oder anders formuliert, der Haushalt soll jeden Konsumplan wählen können, der sich dadurch auszeichnet, daß die geplanten Verbrauchsmengen aller Güter **nicht negativ** sind. Jeden Konsumplan, der diese Eigenschaft erfüllt, nennen wir einen **möglichen Konsumplan;** die Menge aller möglichen Konsumpläne wird als die Konsummenge X (oder in geometrischer Interpretation: als **Konsumraum** X) bezeichnet.

Für den Fall von zwei Konsumgütern kann man sich die Konsummenge leicht anhand einer graphischen Darstellung veranschaulichen. Betrachten Sie nochmals die Abbildung 1: Im Falle zweier Güter stellt jeder Punkt innerhalb des positiven Quadranten und auf den Achsenabschnitten dieses Quadranten einen möglichen Konsumplan dar; nicht möglich sind entsprechend Konsumpläne, die durch Punkte außerhalb dieses Quadranten abgebildet werden.

Es bedarf sicher keiner Diskussion darüber, daß wir Konsumpläne mit negativen Verbrauchsmengen aus der Konsummenge ausgeschlossen haben; denn man kann Güter nicht in negativen Mengen konsumieren. Mit Blick auf die Realität problematisch ist freilich die Annahme, daß wir alle Konsumpläne x, soweit die geplanten Verbrauchsmengen $x_1, x_2, \ldots, x_n$ nur nichtnegative reelle Werte annehmen, als mögliche Konsumpläne betrachten. Damit wird unterstellt, daß jedes Gut **stetig teilbar,** also unendlich fein teilbar ist. Nun sind z.B. Eier keine teilbaren Güter, und selbst Güter, die sehr fein teilbar sind, wie z.B. Butter oder Mehl, kann man häufig nur in bestimmten Verpackungsmengen und damit ebenfalls nicht in jeder beliebigen Menge erwerben. Bei realistischer Betrachtungsweise müßte man also die Menge der möglichen Konsumpläne sehr viel enger eingrenzen. Die Annahme stetiger Teilbarkeit von Gütern erleichtert aber die formale Behandlung vieler Probleme der ökonomischen Theorie ganz beträchtlich; und so werden wir diese die Wirklichkeit nur näherungsweise charakterisierende Annahme auch der Analyse der Konsumgüternachfrage des Haushalts zugrunde legen.

2. Die Budgetmenge

Wenden wir uns der zweiten Beschränkung zu, unter der der Haushalt seine Konsumwahl zu treffen hat: der **Budgetbeschränkung.** Dieser Aspekt ist für uns ungleich wichtiger, denn erst die Restriktionen, denen der Konsument unterworfen ist, machen das Problem der Konsumwahl zu einem ökonomischen Problem. Jeder mögliche Konsumplan ist mit einer bestimmten Ausgabensumme A verbunden; die Ausgaben für einen Konsumplan lassen sich leicht errechnen, indem man zunächst die einzelnen Verbrauchsmengen mit den jeweils zugehörigen Güterpreisen multipliziert und dann die einzelnen Ausgabenposten für alle Güter aufaddiert. Bezeichnet man die Preise für n Güter mit $p_1, p_2, \ldots p_n$ und den Vektor der Güterpreise mit p, so gilt definitionsgemäß:

(1) $A = p_1 x_1 + p_2 x_2 + \cdots + p_n x_n = \sum_{i=1}^{n} p_i x_i,$ oder einfacher:

(2) $A = px.$

Der Haushalt kann unter den möglichen Konsumplänen nur jene realisieren, für die die Gesamtausgaben die dem Haushalt zur Verfügung stehende Budgetsumme M – in unserem Falle also das Einkommen des Haushalts – nicht übersteigen, d.h. für die die Ungleichung

(3) $px \leqq M$

erfüllt ist. Ungleichung (3) wird **Bilanz-** oder **Budget-Ungleichung** genannt. Ein möglicher Konsumplan, der bei gegebenen Preisen p und bei gegebener Budgetsumme M die Budgetungleichung erfüllt, soll als **möglicher Konsumplan,** die Menge aller möglichen Konsumpläne als die **Budgetmenge** C (oder in geometrischer Interpretation: als **Budgetraum** C) bezeichnet werden. Die Budgetmenge umfaßt damit die tatsächlichen Wahlmöglichkeiten des Haushalts: Sie enthält alle Konsumpläne, die einen Verbrauch an Gütern in solchen Mengen vorsehen, daß sie der Konsument bei gegebenen Einkommen und den geltenden Preisen auf den Gütermärkten auch nachfragen kann.

Wir wollen uns anhand des Zwei-Güter-Falls das Konzept der Budgetmenge graphisch veranschaulichen. Zu diesem Zweck betrachten wir zunächst nur jene Konsumpläne, für die die Gesamtausgabensumme genauso groß ist wie die Budgetsumme. Für diese Konsumpläne wird die Budgetungleichung zur **Budget-** oder **Bilanzgleichung:**

(4) $px = M$, oder für den Zwei-Güter-Fall ausgeschrieben:

(5) $p_1 x_1 + p_2 x_2 = M.$

Löst man Gleichung (5) nach x_2 auf, so erhält man:

(6) $x_2 = M/p_2 - (p_1/p_2) \cdot x_1.$

Geometrisch wird durch Gleichung (6) eine Gerade in der Konsumebene bestimmt, die man **Budgetgerade** nennt. Der Verlauf der Budgetgeraden läßt sich leicht ermitteln. Wie aus Gleichung (6) ersichtlich ist, ergibt sich die Steigung der Geraden aus dem Preisverhältnis der beiden Güter: die Achsenabschnitte auf der Ordinate und der Abszisse erhält man durch Nullsetzen von x_1 bzw. x_2. $\frac{M}{P_1} = x_1$ $\left(\text{bzw. } \frac{M}{P_2} = x_2\right)$ ist dann einfach die Menge an x_1 (x_2), die der Haushalt mit M maximal kaufen kann, wenn er auf den Konsum von x_2 (x_1) vollständig verzichtet.

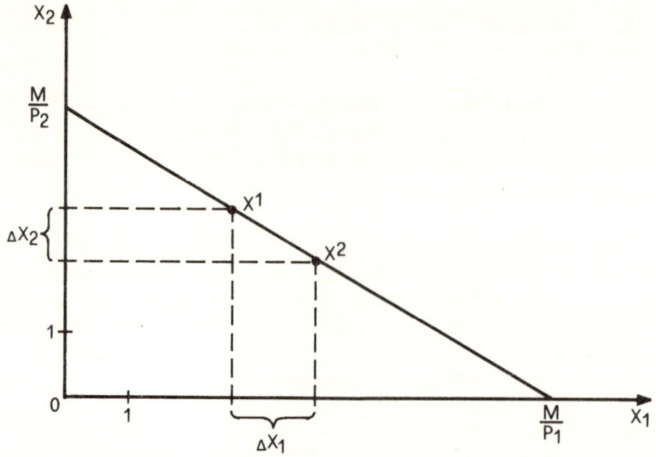

Abb. 2

Die Budgetgerade teilt den Konsumraum in zwei Teile auf. Alle Punkte oberhalb der Budgetgeraden repräsentieren Konsumpläne, die für den Haushalt finanziell nicht möglich sind. Die Budgetmenge bilden dagegen alle Punkte auf und unterhalb der Budgetgeraden; alle diese Punkte stellen Konsumpläne dar, für die die Gesamtausgaben nicht größer sind als die Budgetsumme. Punkte auf der Budgetgeraden sind solche Güterbündel, zu deren Erwerb der Haushalt sein ganzes Einkommen aufwenden muß. Punkte unterhalb der Budgetgeraden repräsentieren solche Konsumpläne, die nicht die Verausgabung der ganzen Budgetsumme erfordern.

Aus dem Preisverhältnis der beiden Güter läßt sich unmittelbar ablesen, auf wie viele Mengeneinheiten von Gut 2 der Konsument bei voller Ausschöpfung seines Budgets verzichten muß, wenn er eine Einheit von Gut 1 mehr nachfragen will, und umgekehrt, wie viele Einheiten von Gut 2 er mehr verbrauchen kann, wenn er auf den Konsum einer Mengeneinheit des Gutes 1 verzichtet. Dieser Sachverhalt muß auch in der graphischen Darstellung der Budgetgleichung zum Ausdruck kommen, denn die Steigung der Budgetgeraden wird, wie wir gesehen haben, durch das Preisverhältnis bestimmt. Betrachten Sie in Abbildung 2 die beiden Konsumpläne x^1 und x^2; die Unterschiede in den Verbrauchsmengen sind als Δx_1 und Δx_2 bezeichnet. Da die Steigung der Budgetgeraden durch das Preisverhältnis bestimmt wird, muß auch $\Delta x_2/\Delta x_1 = -p_1/p_2$ gelten.

Da die Budgetmenge von der Budgetsumme M und den Preisen p_1 und p_2 abhängig ist, muß sich bei Veränderung einer dieser Größen auch die Budgetmenge verändern. Betrachten wir zunächst den Fall der Veränderung eines Preises. Nehmen wir an, p_2 sinke von p_2^0 auf p_2^1, während M und p_1 konstant bleiben. Dies bedeutet, daß sich die für den Haushalt maximal mögliche Verbrauchsmenge des Gutes 2 erhöht, während die maximal mögliche Verbrauchsmenge des Gutes 1 konstant bleibt. Graphisch wirkt sich damit die Senkung von p_2 in einer Drehung der Budgetgeraden um den konstant bleibenden Abszissenabschnitt nach oben aus. Steigt hingegen der Preis von Gut 2 von p_2^0 auf p_2^2, dann vermindert sich die Menge dieses Gutes, die der Konsument maximal nachfragen kann, während das Maximum für Gut 1 wiederum unberührt bleibt. Damit dreht sich bei einer Preiserhöhung die Budgetgerade um den konstant bleibenden Abszissenabschnitt nach unten. Beide Fälle sind in Abbildung 3 illustriert.

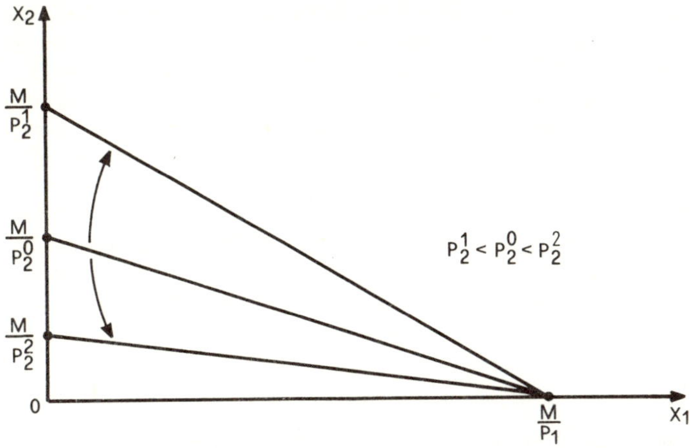

Abb. 3

Für Veränderungen von p_1 bei konstantem p_2 und M ergibt sich analog eine Drehung der Budgetgeraden um den Ordinatenabschnitt.

Untersuchen wir nun den Fall einer Veränderung des Einkommens (allgemeiner: der Budgetsumme) bei konstanten Preisen. Steigt das Einkommen, so kann der Konsument von jedem Gut mehr nachfragen als vorher; da wir die Preise – und damit auch das Preisverhältnis – als konstant angenommen haben, kann sich an der Steigung der Budgetgeraden nichts ändern. Dies bedeutet, daß sich bei einer Erhöhung von M die Budgetgerade parallel nach außen verschiebt. Dementsprechend führt eine Senkung des Einkommens zu einer Parallelverschiebung der Budgetgeraden in Richtung des Koordinatenursprungs.

Prüfen Sie selbst nach, daß eine proportionale Veränderung der Preise bei konstanter Budgetsumme ebenfalls zu einer Parallelverschiebung der Budgetgeraden führt!

Schließlich können Veränderungen der Preise und der Budgetsumme auch gleichzeitig auftreten. Wir beschränken uns hier auf einen Fall von speziellem theoretischem Interesse: Nehmen wir an, p_1, p_2 und M variieren proportional, steigen oder

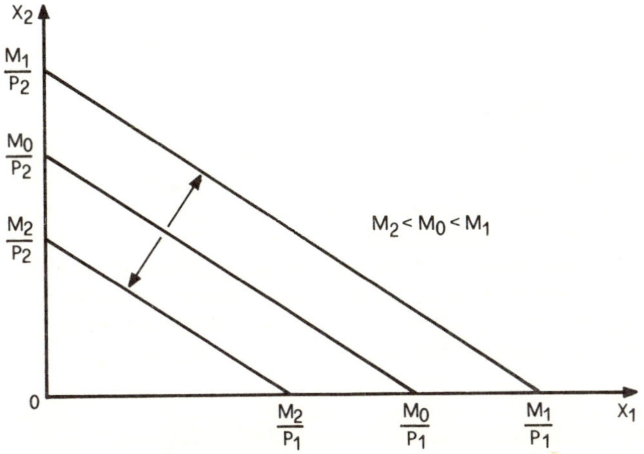

Abb. 4

sinken also um den gleichen Prozentsatz. Man kann sich leicht klarmachen, daß eine solche Variation die Budgetgerade und damit die Budgetmenge nicht verändern kann. Unterstellen wir beispielsweise eine Verdoppelung der Budgetsumme und der Güterpreise. Bei einer Verdoppelung beider Preise ändert sich am Preisverhältnis der Güter und daher an der Steigung der Budgetgeraden nichts; hat sich das Einkommen und gleichzeitig der Preis eines Gutes verdoppelt, so kann man von diesem Gut nicht mehr und nicht weniger kaufen als vorher, also bleiben auch die Achsenabschnitte der Budgetgeraden unverändert. Wenn Sie sich überzeugen wollen, daß dies für jede beliebige proportionale Variation gilt, so brauchen Sie nur Gleichung (6) noch einmal zu betrachten. Verändert man in der Gleichung für die Budgetgerade M, p_1 und p_2 um einen beliebigen Proportionalitätsfaktor, so kann man diesen Faktor sofort wieder herauskürzen.

D. Die Präferenzordnung des Haushalts

1. Der rationale Konsument

Nachdem wir im vorigen Abschnitt die Wahlmöglichkeiten des Haushalts beschrieben haben, besteht der zweite Schritt im Aufbau des Modells in der Formulierung einer Hypothese über das Wahlverhalten des Haushalts, aus der wir ableiten können, welche Güter in welchen Mengen der Haushalt bei gegebenen Güterpreisen und gegebenem Einkommen tatsächlich nachfragen wird. Die grundlegende Vorstellung, die wir über das Verhalten des Haushalts bilden wollen, läßt sich am leichtesten verstehen, wenn wir für einen Moment einmal unterstellen, daß die Konsummenge nur eine endliche Zahl möglicher Konsumpläne enthält. Dann können wir die Wahl des Haushalts in der folgenden Weise charakterisieren:

Wir nehmen an, daß der Haushalt in der Lage ist, alle möglichen Konsumpläne seiner subjektiven Wertschätzung entsprechend in Form einer Liste zu ordnen, in der die Güterbündel in der Rangfolge ihrer Erwünschtheit aufgereiht sind, beginnend mit dem Güterbündel, das sich der Haushalt am meisten wünscht, und endend mit dem Güterbündel, das sich der Haushalt am wenigsten wünscht. Wir wollen dabei nicht ausschließen, daß der Haushalt verschiedene Güterbündel als gleich erwünscht betrachtet; diese stehen dann in der Liste an dem ihnen zugewiesenen Rangplatz nebeneinander. Die Reihenfolge, in der die Güterbündel auf der Liste aufgeführt sind, nennen wir die **Präferenzordnung** des Haushalts, und auf der Basis dieser Präferenzordnung trifft der Haushalt seine Wahl.

Bei seiner Entscheidung darüber, welchen Konsumplan er wählen soll, befolgt der Haushalt, so wollen wir weiter annehmen, eine einfache Entscheidungsregel: Er wählt unter den möglichen Konsumplänen jenen Konsumplan aus, der in seiner Präferenzordnung den höchsten Rangplatz einnimmt, mit anderen Worten, der Haushalt wählt unter den Konsumplänen, die er sich bei gegebenem Einkommen und gegebenen Güterpreisen leisten kann, den Konsumplan aus, den er sich am meisten wünscht. Den in diesem Sinne besten Konsumplan bezeichnen wir als den **optimalen Konsumplan.** Der optimale Konsumplan muß natürlich nicht immer jener Konsumplan sein, der in der Präferenzordnung des Haushalts den ersten Platz einnimmt, denn der Haushalt hat ja nicht die Wahl zwischen jedem beliebigen Konsumplan, sondern er kann sich nur zwischen den in der Budgetmenge enthaltenen Konsumplänen entscheiden.

Illustrieren wir das bisher Gesagte anhand eines kleinen Beispiels. Herr Z. geht zu recht später Stunde zum Essen in eine Imbißstube. Die vielen Besucher, die vor ihm schon dort waren, haben die Vorräte der Imbißstube sehr reduziert; alles, was man ihm am Büfett noch anbieten kann, ist eine Käse- und eine Wurstsemmel. In dieser Situation existieren für unseren Herrn Z. vier mögliche Konsumpläne – vergessen Sie nicht, daß auch $x = \{0, 0\}$ ein möglicher Konsumplan ist –, die in Abbildung 5 durch Punkte markiert sind.

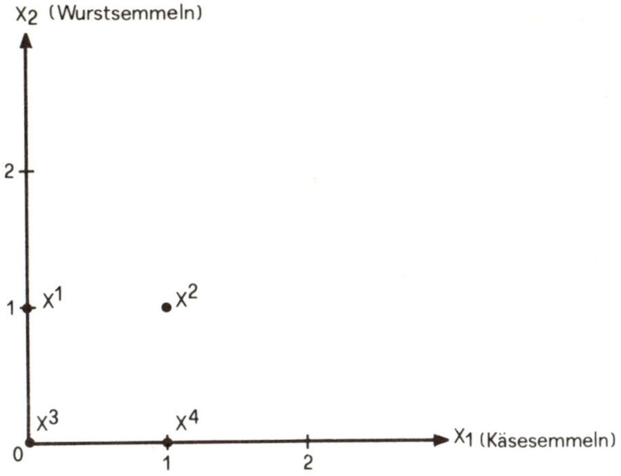

Abb. 5

Die Entscheidungsgrundlage des Haushalts ist seine Präferenzordnung. Dies bedeutet in unserem Beispiel, daß Herr Z. alle vier Konsumpläne in eine seinen Wünschen entsprechende Rangfolge bringen kann. Wenn er sehr hungrig ist, so können wir annehmen, daß er am liebsten beide Semmeln ißt; x^2 nimmt also den ersten Platz in seiner Präferenzordnung ein. Unterstellen wir weiter, es sei Herrn Z. egal, ob er eine Käsesemmel oder eine Wurstsemmel bekommt; dann folgen x^1 und x^4 gemeinsam auf dem zweiten Platz. Auf dem dritten und letzten Platz landet schließlich der am wenigsten erwünschte Konsumplan x^3. Damit können wir die Präferenzordnung von Herrn Z. in Form der folgenden Liste darstellen:

Rang	Konsumplan
1	x^2
2	x^1, x^4
3	x^3

Der Konsument verfährt bei der Wahl des optimalen Konsumplans nach der Entscheidungsregel, unter den realisierbaren Alternativen jene zu wählen, die in seiner Präferenzordnung den höchsten Rang einnimmt. Dies bedeutet für unser Beispiel, daß die Entscheidung von Herrn Z. davon abhängt, was die Semmeln kosten und wieviel Geld er in der Tasche hat. Nehmen wir an, eine Käsesemmel koste 0,80 DM, eine Wurstsemmel koste 1 DM und Herr Z. könne 2 DM für sein Abendessen ausgeben. Damit erhalten wir in Abbildung 6 als Budgetgerade die Gerade M_1. In dieser Situation gehören alle möglichen Konsumpläne zur Budgetmenge, und dann ist der optimale Konsumplan x^2. Nehmen wir dagegen an, eine Wurstsemmel koste 0,50 DM, eine Käsesemmel koste 1,50 DM und Herr Z. habe 0,75 DM zur Verfügung, so wird die Budgetrestriktion durch M_2 dargestellt. Als Alternativen stehen Herrn Z. nur noch die Konsumpläne x^1 und x^3 offen. Folgt er der unterstellten Entscheidungsregel, so wählt er x^1, denn x^1 nimmt unter den in der Budgetmenge enthaltenen Konsumplänen in seiner Präferenzordnung den höchsten Rang ein. Daß bei M_2 nun x^1 der optimale Konsumplan ist, bedeutet natürlich keineswegs, daß sich Herr Z. nun x^1 mehr wünscht als x^2; er mag nach wie vor lieber beide Semmeln essen, jedoch reicht dazu sein Geld nicht aus. Unter dem optimalen Konsumplan verstehen wir also, um dies nochmals zu betonen, den gemäß der Präferenzordnung *und* unter Berücksichtigung der Budgetrestriktion besten Konsumplan. Damit ist im übrigen auch klar, daß es bei unseren Annahmen über die Konsummenge X für einen Haushalt einen im Sinne dieser Definition optimalen Konsumplan immer geben muß: Der Null-Vektor ist ein möglicher Konsumplan, und dieser ist auch bei einer noch so kleinen Budgetsumme immer in der Budgetmenge enthalten. Hat Herr Z. z.B. nur fünf Groschen in der Tasche und kostet jede Semmel 1 DM, so reduziert sich die Budgetmenge auf den Konsumplan x^3, und x^3 ist der optimale Konsumplan, auch wenn Herr Z. vermutlich kaum auf die Idee käme, nichts essen zu können als optimal zu bezeichnen.

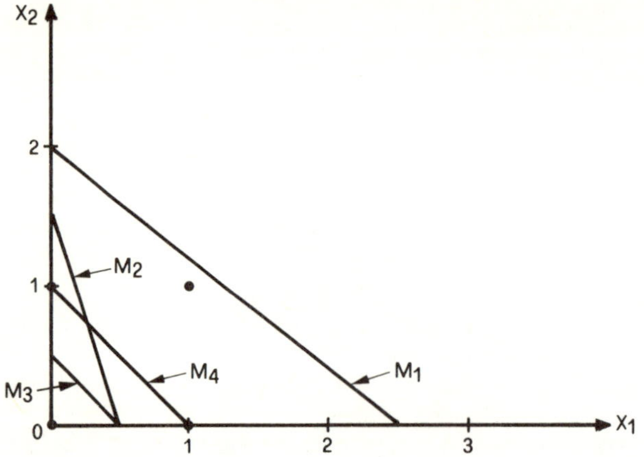

Abb. 6

In gewisser Weise sind unsere bisherigen Vorstellungen darüber, wie sich der Haushalt zwischen alternativen Konsumplänen entscheidet, unvollständig. Strapazieren wir unser kleines Beispiel noch einmal und nehmen an, jede Semmel koste 1 DM und die Budgetsumme von Herrn Z. betrage ebenfalls 1 DM; in diesem Fall gilt in Abbildung 6 die Budgetgerade M_4 und die Budgetmenge enthält alle möglichen Konsumpläne mit Ausnahme von x^2. Nun gibt es gleich zwei Konsumpläne – x^1 und x^4 –, die in der Präferenzordnung von Herrn Z. den höchsten Rang einnehmen. Irgendwie wird sich Herr Z. sicher entscheiden, aber unsere Entscheidungsregel reicht offensichtlich nicht aus, zu erklären, ob und warum er sich für x^1 oder x^2 entscheidet. Wir werden nicht versuchen, diese Lücke durch die Formulierung einer weiteren Annahme darüber zu schließen, wie sich ein Haushalt zwischen Güterbündeln entscheidet, die er sich in gleichem Maße wünscht. Statt dessen werden wir dieses recht diffizile Problem durch Einführung einer zusätzlichen Annahme über die Präferenzordnung, die wir später noch erläutern, einfach umgehen.

Besteht die Konsummenge nicht aus einer endlichen Zahl von Konsumplänen, sondern – wie wir ja angenommen haben – aus unendlich vielen Konsumplänen, so können wir uns die Präferenzordnung des Haushalts natürlich nicht als eine Liste veranschaulichen, in der die Güterbündel in der Reihenfolge ihrer Erwünschtheit angeordnet sind, denn diese Liste würde nie enden. Wir müssen deshalb die Vorstellung einer die Wünsche des Haushalts ausdrückenden Präferenzordnung in anderer Weise präzisieren.

Zu diesem Zweck verwenden wir sog. zweistellige Relationen; dies sind sprachliche Ausdrücke, in denen zwei Objekte (daher der Terminus „zweistellig") unter einem bestimmten Aspekt miteinander in Beziehung gesetzt oder, wie man auch sagen kann, unter einem bestimmten Aspekt geordnet werden. Am leichtesten läßt sich der Gedanke einer Präferenzordnung für alle möglichen Konsumpläne durch die Verwendung der Relation „... wird vom Haushalt als mindestens ebenso gut betrachtet wie ..." präzisieren. Wir wollen diesen recht langen sprachlichen Ausdruck durch das Zeichen $\gtrsim$ symbolisieren. „$x^1 \gtrsim x^2$" ist damit zu lesen als: „Konsumplan x^1 wird vom Haushalt als mindestens ebenso gut betrachtet wie Konsumplan x^2". Unter Verwendung dieser Notation soll nun die Präferenzordnung des Haushalts näher beschrieben werden.

Annahme 1: Für alle x, x' in X gilt entweder $x \gtrsim x'$ oder $x' \gtrsim x$ oder beides **(Vollständigkeit).**

Diese Annahme besagt, daß der Haushalt jedes beliebige Paar von Güterbündeln unter dem Aspekt ihrer Erwünschtheit miteinander vergleichen kann und sich für eine der drei folgenden Möglichkeiten entscheidet:

(1) $x \gtrsim x'$, aber nicht $x' \gtrsim x$. Wenn der Haushalt x als mindestens ebenso gut betrachtet wie x', aber x' nicht als mindestens ebenso gut wie x, so heißt dies, daß er den Konsumplan x für besser hält als den Konsumplan x', oder, wie wir statt dessen auch sagen: Konsumplan x wird vom Haushalt dem Konsumplan x' vorgezogen. Dies schreiben wir kurz als $x \succ x'$.

(2) $x' \gtrsim x$, aber nicht $x \gtrsim x'$. Dies bedeutet analog, daß der Haushalt den Konsumplan x' dem Konsumplan x vorzieht, also $x' \succ x$.

(3) $x \gtrsim x'$ und gleichzeitig $x' \gtrsim x$. Dies heißt offensichtlich, daß der Haushalt beide Konsumpläne als gleich gut betrachtet, oder, wie wir statt dessen auch sagen: Der Haushalt ist zwischen Konsumplan x und Konsumplan x' indifferent. Dies schreiben wir kurz als $x \sim x'$.

Damit läßt sich Annahme 1 auch in der folgenden Weise formulieren: Für jedes Paar von Konsumplänen x, x' in X gilt, daß der Haushalt entweder x gegenüber x' vorzieht oder x' gegenüber x vorzieht oder zwischen x und x' indifferent ist, oder, ausgedrückt in unserer Symbolsprache: Für alle x, x' in X gilt entweder $x \succ x'$ oder $x' \succ x$ oder $x \sim x'$.

Annahme 2: Für alle x, x', x'' in X gilt: Wenn $x \gtrsim x'$ und $x' \gtrsim x''$, dann auch $x \gtrsim x''$ **(Transitivität).**

Die Transitivitätsannahme besagt in Worten: Wenn der Haushalt Konsumplan x als mindestens ebenso gut wie Konsumplan x' und gleichzeitig Konsumplan x' als mindestens ebenso gut wie Konsumplan x'' betrachtet, dann hält er auch Konsumplan x für mindestens ebenso gut wie Konsumplan x''. Dies klingt ganz plausibel, und aus Annahme 1 und 2 zusammen ergeben sich einige weitere Schlußfolgerungen, die sich ebenfalls ganz vernünftig anhören, so z. B.:

(1) Wenn $x \succ x'$ und $x' \succ x''$, dann auch $x \succ x''$;

(2) Wenn $x \sim x'$ und $x' \sim x''$, dann auch $x \sim x''$;

(3) Wenn $x \succ x'$ und $x' \sim x''$, dann auch $x \succ x''$;

(4) Wenn $x \sim x'$ und $x' \succ x''$, dann auch $x \succ x''$.

Die Beweismethode für alle diese Schlußfolgerungen ist immer die gleiche. Man geht jeweils von der gegenteiligen Schlußfolgerung aus und zeigt, daß sich in diesem Fall ein Widerspruch ergibt. Wir wollen dies anhand von Schlußfolgerung (1) demonstrieren: Nehmen wir an, daß $x \succ x''$ falsch ist und statt dessen $x'' \succsim x$ gilt. Da aber $x' \succ x''$ und damit auch $x' \succsim x''$, ergibt sich nach Annahme 2 wegen $x' \succsim x''$ und $x'' \succsim x$, daß dann auch $x' \succsim x$ gelten muß. Dies widerspricht aber der Voraussetzung, von der wir in Schlußfolgerung (1) ausgegangen sind.

Mit den Annahmen 1 und 2 haben wir nun exakt definiert, was wir unter der Präferenzordnung des Haushalts verstehen wollen. Wenn Sie nun noch einmal zu unserem kleinen Beispiel für eine Präferenzordnung zurückkehren, das wir vorhin diskutiert haben, so werden Sie schnell feststellen, daß Vollständigkeit und Transitivität der Relation $\succsim$ genau die Eigenschaften sind, die auch im Falle einer endlichen Anzahl von Konsumplänen erfüllt sein müssen, damit man die Präferenzordnung des Haushalts in Form einer Liste schreiben kann, in der die Güterbündel in der Reihenfolge ihrer Erwünschtheit angeordnet sind.

Nachdem wir die Präferenzordnung definiert haben, müssen wir nun noch die Entscheidungsregel formulieren, die der Haushalt bei der Wahl des Konsumplans befolgt. Die Annahme der rationalen Wahl besagt, daß der Haushalt niemals einen Konsumplan x aus der Budgetmenge C wählt, wenn in C ein anderer Konsumplan x′ enthalten ist, den er dem Konsumplan x vorzieht. Dies können wir so ausdrücken:

Annahme 3: Wird der Konsumplan x aus der Budgetmenge C gewählt, so gilt für alle x′ in C: $x \succsim x'$ **(Rationale Wahl).**

Überlegen wir noch kurz, warum wir nicht behauptet haben, daß der Haushalt den bestmöglichen unter allen realisierbaren Konsumplänen wählt, warum also, wenn x aus C gewählt wird, nicht $x \succ x'$ für alle x′ in C gelten soll. Wir haben eingangs schon auf das Problem hingewiesen, das uns diese Formulierung verbietet. Da wir Indifferenz zwischen Güterbündeln nicht ausgeschlossen haben, müssen wir mit der Möglichkeit rechnen, daß es gleichzeitig mehrere Konsumpläne in der Budgetmenge gibt, die in der Präferenzordnung des Haushalts den höchsten Range einnehmen.

Die Annahmen 1, 2 und 3 ergeben zusammen eine spezielle Variante dessen, was man in der ökonomischen Theorie unter **rationalem Verhalten** versteht: Hat ein Entscheidungssubjekt eine Reihe von Alternativen zur Auswahl, so entscheidet es sich auf der Basis einer vollständigen und transitiven Präferenzordnung zugunsten der gemäß dieser Präferenzordnung als am besten erachteten Alternative. Diese Vorstellung bildet nicht nur die Grundlage der Haushaltstheorie, sondern Sie werden sie in nahezu allen mikroökonomischen Modellen wiederfinden, in denen die Entscheidungen von Wirtschaftssubjekten Gegenstand der Analyse sind.

2. Ergänzende Bemerkungen zur Annahme rationalen Verhaltens

a) Präferenzordnung, Unsicherheit und optimaler Konsumplan

Analysieren wir die Entscheidung eines Haushalts noch einmal etwas näher. Betrachten wir einen Konsumenten, der am Abend nach getaner Arbeit etwas Unterhaltung sucht; er habe nur zwei Wahlmöglichkeiten: den Besuch einer Theatervorstellung

(Konsumplan A) oder einer Kinovorstellung (Konsumplan B). Im Theater spielt man eine griechische Tragödie, im Kino wird ein spannender Western gezeigt. Nehmen Sie an, der Konsument sei ein Westernfan und finde griechische Tragödien ziemlich langweilig. Unter diesen Umständen wird er lieber ins Kino gehen, denn die Realisierung von Konsumplan B hat zur Folge, daß er sich gut unterhalten wird, während die Realisierung von Konsumplan A zur Folge hat, daß er sich den ganzen Abend langweilen wird. Bemühen wir als zweites Beispiel einen übergewichtigen Konsumenten, der die Wahl zwischen kalorienreichen und kalorienarmen Speisen hat. Wenn der Konsument abnehmen will, so wird er eine Salatplatte einem Schweinebraten vorziehen, denn der Genuß kalorienreicher Gerichte ist mit der Konsequenz einer weiteren Gewichtszunahme, der Genuß kalorienarmer Gerichte dagegen mit der Konsequenz einer Gewichtsabnahme verbunden.

Beide Fälle zeichnen sich dadurch aus, daß die Präferenzordnung der Konsumpläne offensichtlich auf der Präferenzordnung der Konsequenzen beruht, mit denen die Wahlmöglichkeiten verbunden sind: Der erste Konsument zieht es vor, sich gut zu unterhalten, statt sich zu langweilen, der zweite Konsument zieht es vor abzunehmen, statt weiter zuzunehmen. Der optimale Konsumplan ist damit der Konsumplan, der hinsichtlich der den Haushalt interessierenden Konsequenzen, die mit der Entscheidung zugunsten dieses Konsumplans verbunden sind, der beste Konsumplan ist.

Dies klingt ganz selbstverständlich, ja geradezu trivial. Es zeigt sich aber schnell, daß eine solche Interpretation rationalen Verhaltens nur in seltenen Fällen möglich ist, und zwar deshalb, weil dem Entscheidungssubjekt in aller Regel die Konsequenzen, die die Wahl einer Handlungsalternative nach sich zieht, nicht genau bekannt sind. Bei der Konsumgüternachfrage des Haushalts kommt **Unsicherheit** über die Konsequenzen von Alternativen auf zweierlei Weise ins Spiel:

1. Den Konsumenten sind die sie interessierenden Güterqualitäten häufig nicht oder nur ungenau bekannt. Wenn Sie im Restaurant ein Menü bestellen, so ist es leicht möglich, daß das, was Sie tatsächlich essen werden, wenig mit dem zu tun hat, was Sie sich bei der Bestellung ausgemalt hatten, und daß Sie in Hinblick auf die Konsequenzen Ihrer Wahl – etwa, ob das Essen Ihnen schmeckt oder ob Sie satt werden – mit der Bestellung eines anderen Gerichts besser beraten gewesen wären. Ein Konsument mag ein gut funktionierendes Farbfernsehgerät einer schlecht funktionierenden Waschmaschine und umgekehrt eine zuverlässig arbeitende Waschmaschine einem Farbfernsehgerät vorziehen, bei dem kurz nach Ablauf der Garantiezeit die erste teure Reparatur fällig wird. Die Alternativen des Haushalts bestehen in Wirklichkeit leider nur in Waschmaschinen oder Farbfernsehgeräten von jeweils nicht genau bekannter Qualität, und so muß der optimale Konsumplan im Sinne der Präferenzordnung der Wahlmöglichkeiten hinsichtlich der Konsequenzen der Entscheidung keineswegs optimal sein.

2. Eine weitere Quelle der Unsicherheit sind **fehlende Informationen** über die Umstände, unter denen man Güter konsumiert. Betrachten Sie beispielsweise einen Konsumenten, der sich überlegt, ob er zwei Wochen Urlaub in dem am Mittelmeer gelegenen Hotel A oder in dem in den Alpen gelegenen Hotel B verbringen soll. Angenommen, der Konsument sei über die Qualität der Unterbringung und Verpflegung in den beiden Hotels umfassend und korrekt informiert, ob er mit seinem Urlaub zufrieden ist, hänge daneben aber auch vom Wetter ab. Das Wetter kann aber sowohl in den Alpen wie am Mittelmeer gut oder schlecht sein, und so können sich die folgenden vier Situationen $S_1, \ldots, S_4$ ergeben:

Alternative	gutes Wetter	schlechtes Wetter
Hotel A	S_1	S_2
Hotel B	S_3	S_4

Unterstellen wir die Präferenzordnung $S_3 > S_1 > S_4 > S_2$. Leider kann sich der Konsument das Wetter nicht aussuchen, sondern nur zwischen den beiden Hotels wählen; und somit haben wir wieder den Fall, daß der optimale Konsumplan nicht optimal im Sinne der Konsequenzen der Entscheidung sein muß: Wenn der Haushalt aufgrund der Präferenzordnung B > A Hotel B wählt und während der Urlaubszeit am Mittelmeer die Sonne scheint, während es in den Bergen regnet, so hätte sich der Haushalt besser gestellt, wenn er Hotel A gebucht hätte.

Für die Analyse der Probleme, mit denen sich die Haushaltstheorie befaßt, ist die Frage, ob Entscheidungen bei Sicherheit oder unter Unsicherheit über die resultierenden Konsequenzen getroffen werden, nicht weiter von Bedeutung. Diese Frage spielt dagegen eine wichtige Rolle bei den Problemen, mit denen wir uns später beschäftigen werden, nämlich den Problemen des Gleichgewichts und der Wohlfahrt in einem marktwirtschaftlich organisierten Wirtschaftssystem. Da gleichgewichts- und wohlfahrtstheoretische Analysen sehr schwierig sind, wenn man Risiko- und Unsicherheitselemente einbezieht, und wir hier nur ein ganz einfaches Modell eines marktwirtschaftlichen Systems entwickeln wollen, werden wir im folgenden von einer sehr gravierenden Prämisse ausgehen: Wir unterstellen, daß alle Wirtschaftssubjekte – sowohl die Haushalte wie die Unternehmen – die sie betreffenden Konsequenzen ihrer Entscheidungen genau kennen. Für die Konsumgüternachfrage des Haushalts bedeutet dies, daß der Haushalt sowohl über die ihn interessierenden Qualitäten der Konsumgüter wie auch über die für ihn wesentlichen Umstände, unter denen er die Güter konsumiert, vollständige und richtige Informationen besitzt. Unter diesen Voraussetzungen ist der optimale Konsumplan also auch der beste Konsumplan in Hinblick auf die Folgen der Entscheidung des Haushalts.

b) Zur Transitivitätsannahme

Die Transitivitätsannahme ist auf den ersten Blick ganz unproblematisch. Wenn jemand, auf seine Präferenzen gegenüber verschiedenen Obstsorten befragt, antwortet, er möge Orangen lieber als Äpfel, Äpfel lieber als Birnen und Birnen wiederum lieber als Orangen, so empfinden wir diese Antwort als widersprüchlich, und vermutlich können wir uns einiger Zweifel an der geistigen Klarheit des Antwortenden nicht ganz erwehren. So erscheint es nur natürlich, daß die Haushaltstheorie auf der Transitivitätsannahme aufbaut. Man sollte jedoch nie vorschnell urteilen: Die beiden folgenden Beispiele werden zeigen, daß wir manchmal auch bereit sind, Intransitivitäten in der Präferenzordnung als ganz normal zu akzeptieren.

Stellen Sie sich einen Arbeitnehmer vor, der, unzufrieden mit seinem bisherigen Arbeitsplatz, nach einer anderen Stelle sucht. Er erhält von drei Firmen A, B und C, die an unterschiedlichen Orten ansässig sind, ein jeweils gleich gut dotiertes Angebot. Bei seinen Überlegungen, welche Stelle er annehmen soll, stützt sich der Arbeitnehmer auf drei Entscheidungskriterien: die Attraktivität des Aufgabenbereichs an seinem neuen Arbeitsplatz (E_1), Freizeit- und Erholungsmöglichkeiten (E_2) und die schulischen und beruflichen Ausbildungsmöglichkeiten für seine Kinder (E_3) am Ort des neuen Arbeitsplatzes. Unter Zugrundelegung jeweils eines Entscheidungskriteriums habe der Arbeitnehmer folgende Präferenzordnung:

$$E_1: \ A > B > C,$$
$$E_2: \ C > A > B,$$
$$E_3: \ B > C > A.$$

Würde sich der Arbeitnehmer nur an einem Entscheidungskriterium orientieren, wäre die Entscheidung kein Problem; da ihm aber alle Kriterien wichtig sind, ist die Lage etwas verwickelt. Nach einigem Nachdenken kommt er zu folgendem Ergebnis: Er zieht A gegenüber B vor, da A zwar die schlechteren Ausbildungsmöglichkeiten hat, aber einen interessanteren Aufgabenbereich und einen höheren Freizeitwert bietet als B. Bei einem entsprechenden Vergleich zwischen B und C neigt er B zu, denn B schneidet nur hinsichtlich des Freizeitwerts schlechter als C, sonst aber besser als C ab. Schließlich gibt er C gegenüber A den Vorzug, da er sich für die eher langweilige Tätigkeit in C durch ein angenehmeres Leben nach Feierabend entschädigt sieht und zudem die schulische Versorgung der Kinder besser als in A ist. All dies klingt recht einleuchtend, denn der Arbeitnehmer gibt ja beim Vergleich zweier Alternativen jeweils der den Vorzug, die er nach der Mehrzahl der Entscheidungskriterien als besser betrachtet; und doch resultiert aus diesen Überlegungen offensichtlich eine intransitive Präferenzordnung: Es gilt nämlich $A > B$ und $B > C$, aber nicht $A > C$, sondern umgekehrt $C > A$! Da man eine solche Präferenzordnung auch als $A > B > C \quad A$ schreiben kann, spricht man bei Intransitivitäten dieser Art von ringförmigen Präferenzen (eine hübsche literarische Illustration hierfür findet sich in dem Grimmschen Märchen vom „Hans im Glück").

Nun haben wir ringförmige Präferenzen mit gutem Grund ausgeschlossen. Wie Sie leicht nachprüfen können, ist es bei einer solchen Präferenzordnung nicht möglich, Wahlhandlungen durch die Hypothese der rationalen Wahl zu erklären (wie immer sich der Arbeitnehmer entscheidet, in jedem Fall befindet sich unter den Arbeitsplatzangeboten, die er ausgeschlagen hat, eines, das er für besser hält als jenes, das er akzeptiert hat). Andererseits wird man schwerlich eine alternative, auch nur halbwegs vernünftig erscheinende Verhaltensmaxime finden, mit der sich Entscheidungen auch im Falle ringförmiger Präferenzen widerspruchsfrei erklären ließen.

Betrachten wir ein weiteres Beispiel. Ein Elternpaar möchte seinem Sohn anläßlich einer mit großem Erfolg bestandenen Schulprüfung eine Freude machen und bietet ihm als Geschenk einen dreiwöchigen Urlaub an der Nordsee (N) oder in den Alpen (A) an. Nehmen wir an, der Sohn betrachte beide Urlaubsziele als gleich attraktiv, es gelte also $A \sim N$. Um ihrem Sohn die Entscheidung etwas zu erleichtern, machen die Eltern ihm folgenden Vorschlag: Wenn er sich für N entscheidet, bekommt er zusätzlich 1 DM Taschengeld geschenkt. Wir können uns ohne Schwierigkeiten vorstellen, daß dieses Angebot dem Sohn die Entscheidung darüber, wohin er fahren soll, überhaupt nicht erleichtert, daß also auch $A \sim N + 1$ DM gilt, denn worin besteht schon der Unterschied zwischen einem Urlaub, bei dem man alle „Extras" selbst finanzieren muß, und einem Urlaub, bei dem man „Extras" in Höhe von 1 DM finanziert bekommt? Denken wir uns nun eine ganze Reihe weiterer Alternativen: $N + 1$ DM oder $A + 2$ DM, $A + 2$ DM oder $N + 3$ DM, $N + 3$ DM oder $A + 4$ DM, ... usw. ..., bis $N + 999$ DM oder $A + 1000$ DM. Wieder können wir uns leicht vorstellen, daß der Sohn zwischen diesen Paaren von alternativen Angeboten jeweils indifferent ist, daß also gilt:

$$A \sim N + 1\,\text{DM},$$
$$N + 1\,\text{DM} \sim A + 2\,\text{DM},$$
$$A + 2\,\text{DM} \sim N + 3\,\text{DM},$$

$$N + 3\,DM \sim A + 4\,DM,$$

$$\vdots$$

$$N + 999\,DM \sim A + 1000\,DM,$$

denn was macht schon eine Mark mehr oder weniger Taschengeld aus?

Sollen wir nun aber annehmen, daß es dem Sohn auch gleich ist, ob er einen dreiwöchigen Urlaub in den Bergen ohne Taschengeld oder denselben Urlaub und dazu noch 1000 DM Taschengeld geschenkt bekommt? Dies ist recht unwahrscheinlich, und doch folgt genau dies aus der Tatsache, daß wir Transitivität auch für die Indifferenzrelation angenommen haben.

Das Problem, auf das wir hier gestoßen sind, besteht darin, daß Menschen ungleiche Objekte, Zustände oder Sachverhalte (seien dies Paare von Güterbündeln oder – wie in unserem Beispiel – Kombinationen von Gütern und Geldsummen oder auch ganz andere Paare von Alternativen wie etwa unterschiedliche Temperaturen oder Farbtöne) nur dann als unterschiedlich beurteilen, empfinden oder wahrnehmen können, wenn die Unterschiede nicht zu gering sind, oder umgekehrt, wenn die Unterschiede ein gewisses Mindestmaß – die sog. **Fühlbarkeitsschwelle** – überschreiten. Diese zweite Art von Intransitivität läßt sich im Unterschied zum Fall ringförmiger Präferenzen noch mit der Annahme rationalen Verhaltens vereinbaren, indem man die Transitivitätsannahme etwas weniger streng formuliert, als wir dies getan haben. Freilich werden Entscheidungsmodelle dann sehr kompliziert, und wir wollen das Problem der Fühlbarkeitsschwellen deshalb hier einfach übergehen. Wir hoffen aber, Ihnen anhand dieses Beispiels deutlich genug demonstriert zu haben, daß scheinbar harmlose und selbstverständliche Annahmen Implikationen haben können, die man nicht mehr als im gleichen Maße selbstverständlich und plausibel zu akzeptieren bereit ist.

Die Transitivitätsannahme wirft noch ein weiteres Problem auf, das wir im Rahmen dieser Einführung ebenfalls nur kurz andeuten können. Besteht ein Haushalt aus mehr als einer Person, so ist es nicht selbstverständlich, daß dieser Haushalt eine transitive Präferenzordnung hat, selbst wenn die Präferenzordnungen aller Familienmitglieder transitiv sind: Es liegt ein **Aggregationsproblem** vor. Bemühen wir wieder unsere Familie und nehmen an, diese plane ihre Ferienreise; neben den Alpen (A), der Nordsee (N) stehe als drittes Urlaubsziel Griechenland (G) zur Debatte. Die Familienmitglieder mögen folgende Präferenzen haben:

Vater: $A \succ N \succ G$,
Mutter: $G \succ A \succ N$,
Sohn: $N \succ G \succ A$.

Es ist nun nicht recht zu sehen, auf welche Weise der Haushalt als Gesamtheit aller Familienmitglieder zu einer transitiven Präferenzordnung kommt. Wir können einfach nur annehmen, daß es irgendeinen Prozeß der Verständigung und Einigung in der Familie gibt, der zu einer transitiven Präferenzordnung des Haushalts führt, ohne daß wir in der Lage sind, anzugeben, wie ein solcher Verständigungsprozeß beschaffen sein muß. In diesem Zusammenhang ist es interessant, zu sehen, daß eine Verständigung in Form eines demokratischen Abstimmungsverfahrens, in dem jeweils über Paare von Alternativen abgestimmt wird, nicht zu einer transitiven Präferenzordnung führt. Bei den obengenannten Präferenzen der Familienmitglieder würde man nämlich folgende Abstimmungsresultate erhalten:

- Abstimmung über A oder N: zwei Stimmen gegen eine Stimme für A;
- Abstimmung über G oder N: zwei Stimmen gegen eine Stimme für N;
- Abstimmung über A oder G: zwei Stimmen gegen eine Stimme für G.

Wollte man die Präferenzordnung des Haushalts aufgrund dieser Abstimmungsergebnisse konstruieren, so würde sich offensichtlich eine ringförmige Präferenzordnung $A \succ N \succ G \succ A$ ergeben.

3. Zusätzliche Annahmen über die Präferenzordnung

Eine Theorie der Konsumnachfrage, die allein auf der Hypothese **rationalen Verhaltens** basiert, ist recht unbefriedigend, da sie uns nicht mehr zu sagen erlaubt, als daß der Haushalt bei gegebenem Einkommen und gegebenen Güterpreisen ein Güterbündel nachfragen wird, das er für besser (oder zumindest nicht schlechter) hält als andere Güterbündel, die er sich in der betreffenden Preis-Einkommens-Konstellation ebenfalls leisten könnte. Wir werden deshalb noch einige weitere Annahmen einführen, die alle bestimmten Eigenschaften der Präferenzordnung des Haushalts beschreiben. Aufgrund dieser zusätzlichen Annahmen werden wir sehr viel mehr über die Konsumnachfrage des Haushalts aussagen können. So wird sich etwa zeigen, um ein wichtiges Resultat unserer Analyse vorwegzunehmen, daß der Haushalt auf jede Veränderung eines Güterpreises mit der Wahl eines anderen Konsumplans reagiert. Was Sie dabei immer im Auge behalten müssen, ist die Tatsache, daß jedes Ergebnis unserer Analyse eine Implikation der Modellannahmen ist und eine Änderung der Annahmen möglicherweise zu ganz anderen Resultaten führen kann. Wir werden deshalb im Rahmen unserer Modellanalyse an einzelnen Stellen auch überprüfen, wie sich andere denkbare Annahmen über die Präferenzen auf das Nachfrageverhalten des Haushalts auswirken.

a) Nichtsättigung

Die erste zusätzliche Annahme, die wir treffen, ist, daß der Haushalt lieber mehr als weniger Güter verbraucht, oder genauer formuliert, wir nehmen an, daß der Haushalt einen Konsumplan x dem Konsumplan x′ vorzieht, wenn x von allen Gütern mindestens ebensoviel wie x′ und mindestens von einem Gut mehr als x′ enthält. Wir wollen auch diese – **Nichtsättigungsannahme** genannte – Hypothese kurz gefaßt zum Ausdruck bringen und uns zu diesem Zweck zunächst mit der folgenden Schreibweise vertraut machen. Vergleichen wir die Gütermengen in zwei Konsumplänen $x = \{x_1, x_2, \ldots, x_n\}$ und $x' = \{x_1', x_2', \ldots, x_n'\}$, so schreiben wir

- für den Fall, daß die beiden Konsumpläne von jedem Gut die gleiche Menge enthalten $(x_1 = x_1', x_2 = x_2', \ldots, x_n = x_n')$: $x = x'$;
- für den Fall, daß x von jedem Gut mehr enthält als x′ $(x_1 > x_1', x_2 > x_2', \ldots, x_n > x_n')$: $x > x'$;
- für den Fall, daß x von jedem Gut mindestens die gleiche Menge wie x′ und mindestens von einem Gut mehr als x′ enthält ($x_1 \geqq x_1'$, $x_2 \geqq x_2'$, …, $x_n \geqq x_n'$ und $x_i > x_i'$ für mindestens ein Gut i): $x \geq x'$.

Damit können wir die Annahme der Nichtsättigung so formulieren:

Annahme 4: Für alle x, x′ in X gilt: Wenn $x \geq x'$, dann $x \succ x'$.

Diese Annahme, die – allerdings in einer sehr speziellen Weise – zum Ausdruck bringt, daß der Haushalt Güter als gut betrachtet, ist in vielen Fällen sicherlich plausibel; sie ist aber nicht ganz so selbstverständlich, wie sie auf den ersten Blick vielleicht erscheinen mag. Zunächst impliziert diese Annahme ein extrem feines Wahrnehmungsvermögen bzw. die Nichtexistenz von **Fühlbarkeitsschwellen,** ein Problem, das wir schon im Zusammenhang mit der Transitivitätsannahme angesprochen haben. Lassen wir diesen Einwand beiseite und betrachten für einen Moment die Situation, daß jemand zum Abendessen eingeladen wird und die Wahl zwischen drei Menüs A, B und C hat, die sich nur in der Größe der Portionen, nicht aber qualitativ voneinander unterscheiden. Menü A sei so reichlich, daß unser Gast, falls er sich für A entscheidet, auf den Tellern und Platten mehr zurücklassen würde, als er essen könnte, mit Menü B möge er gerade satt werden. Menü C schließlich enthalte so kleine Portionen, daß der Gast auch nach dem Essen noch Hunger hätte. Welches Menü wird der Gast nun wählen? Aus Annahme 4 folgt wegen $A > B > C$ die Präferenzordnung $A \succ B \succ C$; damit sollte er sich für A entscheiden. Aber vielleicht denkt unser Gast auch an seine ohnehin schon etwas füllige Figur oder daran, daß er mit vollem Magen sehr schlecht schläft, und wählt Menü C, um sich durch seinen knurrenden Magen nicht in Versuchung bringen zu lassen, mehr zu essen, als ihm guttut. Leidet unser Gast nicht unter diesen lästigen Problemen und möchte sich gerne satt essen, so wird er zwar A und B gegenüber C vorziehen, aber warum sollte er zwischen A und B nicht indifferent sein, wo doch beide Menüs reichlich genug sind, um seinen Hunger zu stillen? Dieser Fall illustriert ein Argument, das manchmal kritisch gegen die Nichtsättigungshypothese vorgetragen wird, nämlich die Existenz physiologischer **Sättigungsgrenzen.** Allzuweit trägt dieser Einwand freilich nicht, denn es könnte ja sein, daß der Gast außer dem Bedürfnis, sich satt zu essen, auch eine Schwäche für einen opulent gedeckten Tisch hat und deshalb A gegenüber B vorzieht! Umgekehrt können wir uns ebensogut vorstellen, daß der Gast B gegenüber A vorzieht, sei es, weil der bloße Anblick überfüllter Teller ihm den Appetit verdirbt oder weil der Gedanke daran, daß bei einer Wahl von A der größte Teil des guten Essens im Abfalleimer landet, moralische Skrupel bei ihm wachruft.

Es ist uns nicht schwergefallen, für nahezu jede Präferenzordnung plausible Erklärungen anzubieten; unser simples Beispiel illustriert damit deutlich genug, daß die Dinge in Wirklichkeit nicht ganz so eindeutig liegen, wie wir mit Annahme 4 unterstellen. Dennoch wollen wir uns nicht zu viel Kopfzerbrechen darüber machen, daß die Nichtsättigungsannahme in dieser Form in der Realität sicher nicht in jedem Fall zutrifft. Sie dürfen vor allem nicht vergessen, daß der Haushalt seine Wahlentscheidung nicht innerhalb des ganzen Konsumraums, sondern nur innerhalb des Budgetraums treffen kann. Im Bereich normaler Einkommen kann man aber die Annahme der Nichtsättigung für einen großen Teil der Konsumgüter als eine akzeptable Hypothese betrachten.

Zum Schluß unserer kurzen Überlegungen zur Plausibilität der Nichtsättigungsannahme sei noch vor einem Trugschluß in der Diskussion über das Für und Wider um diese Annahme gewarnt. Die Tatsache, daß die meisten Menschen auch bei sehr hohem Einkommen noch Konsumwünsche haben, die ihre finanziellen Möglichkeiten übersteigen, ist kein Argument, das zur Stützung dieser Annahme herangezogen werden kann. Unbefriedigte Konsumwünsche müssen ja nicht auf den Mehrkonsum von Gütern zielen, die man bereits konsumiert, sondern sie können sich ebenso auf den Konsum von Gütern beziehen, die man sich nach der Befriedigung der als vergleichsweise dringender empfundenen Konsumbedürfnisse nicht mehr leisten kann.

Die Nichtsättigungshypothese hat zwei wichtige Implikationen, die wieder anhand des Zwei-Güter-Falls graphisch erläutert werden sollen. Zunächst folgt aus Annahme 4,

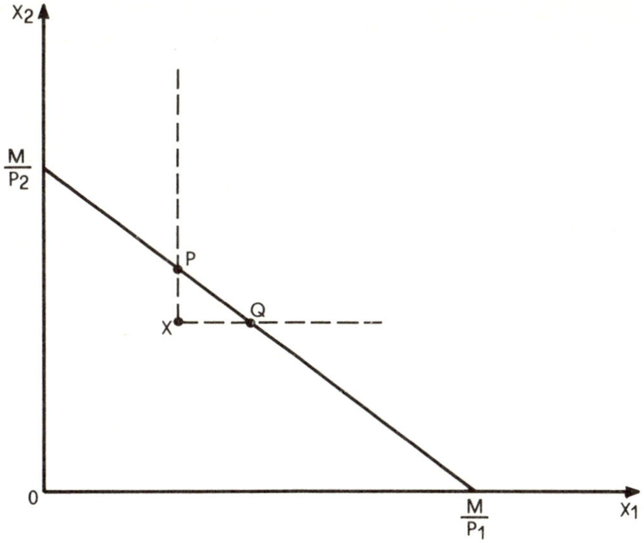

Abb. 7

daß der Haushalt bei jedem beliebigen Güterpreisvektor und jedem beliebigen Einkommen sein ganzes Einkommen für Konsumgüter verausgabt. Betrachten Sie Abbildung 7: Nehmen wir an, der Haushalt wähle Konsumplan x, also einen Konsumplan unterhalb der **Budgetgeraden.** Legt man nun durch x Parallelen zu den Koordinaten der Konsumebene, so erhält man in der Budgetebene eine dreieckige Fläche mit den Eckpunkten x, P und Q. Für alle Punkte x′ (x′ ≠ x) dieser Fläche gilt nun offensichtlich $x' \geq x$; aus Annahme 4 folgt $x' > x$, und damit widerspricht die Wahl von x der Annahme der rationalen Wahl. Hieraus folgt unmittelbar, daß der optimale Konsumplan nur auf der Budgetgeraden liegen kann.

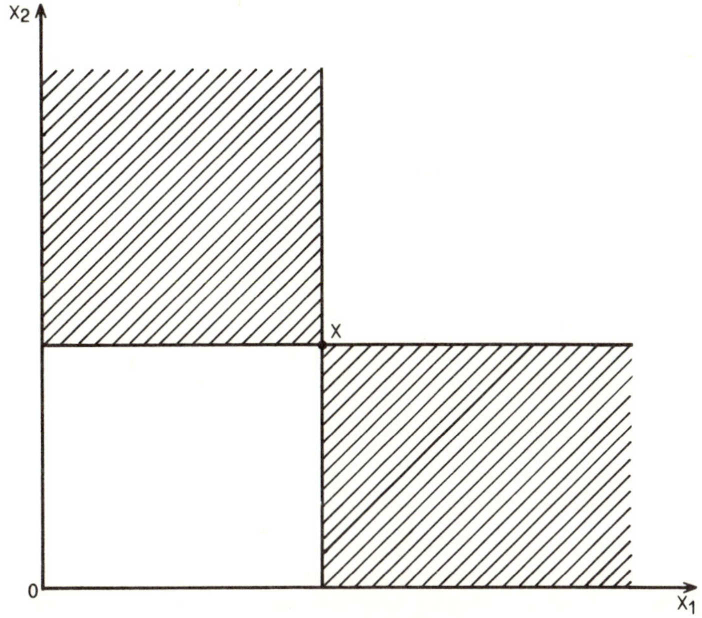

Abb. 8

Die zweite Folgerung aus der Nichtsättigungsannahme ist, daß ein Haushalt zwischen zwei Konsumplänen x und x′ nur unter bestimmten Bedingungen indifferent sein kann. Gilt $x \geq x'$, so folgt $x \succ x'$, gilt dagegen $x' \geq x$, so folgt $x' \succ x$. Hieraus ergibt sich, daß $x \sim x'$ nur dann möglich ist, wenn x mindestens von einem Gut mehr enthält als x′ und gleichzeitig x′ mindestens von einem Gut mehr enthält als x. Vergegenwärtigen wir uns diesen Sachverhalt graphisch. In Abbildung 8 ist in der Konsumebene ein weiteres Koordinatenkreuz mit dem Ursprung im Konsumplan x eingezeichnet. Aus Annahme 4 folgt, daß alle Punkte des nordöstlichen Quadranten x vorgezogen werden, x wiederum allen Punkten des südwestlichen Quadranten vorgezogen wird. Dabei ist zu beachten, daß auch für alle x′ ($x' \neq x$) auf den Achsen des Koordinatensystems durch x nur $x \succ x'$ oder $x' \succ x$, nicht aber $x \sim x'$ gelten kann. Über die Präferenzbeziehungen zwischen x und den Konsumplänen innerhalb der beiden schraffierten Quadranten läßt sich dagegen aus der Nichtsättigungsannahme keine Aussage ableiten; hier können sowohl Konsumpläne x′ mit $x \succ x'$ oder $x' \succ x$ oder $x \sim x'$ liegen (letztere also nur in diesen beiden Quadranten!).

b) Stetigkeit der Präferenzen

Die nächste Annahme, die wir treffen wollen, ist die, daß der Haushalt **stetige Präferenzen** hat. Das Konzept stetiger Präferenzen ist nicht ganz einfach, und wir werden deshalb nicht eine allgemeine und formal präzise Definition dieses Begriffs entwikkeln, sondern wir wollen nur versuchen, Ihnen die Bedeutung dieser Annahme anhand des Zwei-Güter-Falls und unter Voraussetzung der Nichtsättigungsannahme klarzumachen (obwohl Präferenzen auch dann stetig sein können, wenn es für einzelne oder alle Güter Sättigungsgrenzen gibt).

Betrachten Sie in Abbildung 9 den Konsumplan x. Legen wir eine beliebige Gerade durch den Ursprung in die Konsumebene hinein. Bewegt man sich auf dieser Geraden vom Ursprung aus nach oben, so muß man, um irgendeinen Punkt zu erreichen, der x vorgezogen wird, erst alle Punkte überschreiten, denen der Konsumplan x vorgezogen wird. Unterstellen wir zum Beweis das Gegenteil und nehmen an, auf G befände sich oberhalb eines Punktes x′, für den $x' \succ x$ gilt, ein Punkt x^0, für den $x \succ x^0$ gilt. Aus $x' \succ x$ und $x \succ x^0$ folgt aber $x' \succ x^0$; dies widerspricht der Nichtsättigungsannahme, die $x^0 \succ x'$ verlangt. Wir geraten gleichermaßen in einen Widerspruch, wenn wir annehmen, auf G gebe es unterhalb eines Punktes, dem x vorgezogen wird, einen Punkt, den der Haushalt höher einschätzt als x.

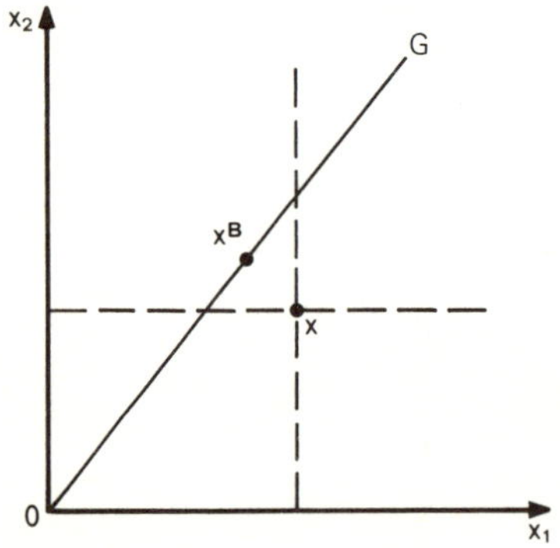

Abb. 9

Damit muß es auf der Geraden G einen Konsumplan geben, der sich dadurch auszeichnet, daß alle Punkte auf der Geraden oberhalb dieses Konsumplans gegenüber x vorgezogen werden und x allen Punkten auf der Geraden unterhalb dieses Konsumplans vorgezogen wird; nennen wir diesen Konsumplan x^B. Für die beiden Konsumpläne x^B und x muß nun, wie für jedes andere Paar von Konsumplänen auch, entweder $x^B \succ x$ oder $x \succ x^B$ oder $x \sim x^B$ gelten. Die Annahme der Stetigkeit der Präferenzen besagt nun einfach, daß für den Konsumplan x^B nur die dritte Möglichkeit zutreffen darf: Für den Konsumplan, der auf einer beliebigen Geraden durch den Ursprung in die Konsumebene die Grenze zwischen den Konsumplänen bildet, die der Haushalt für besser als x hält, und den Konsumplänen, die er für schlechter als x hält, muß gegenüber x die Indifferenzrelation gelten.

Bezeichnen wir die zu einem bestimmten Konsumplan x gehörenden Konsumpläne x^B als die Menge B(x), so können wir die Stetigkeitsannahme wie folgt formulieren:

Annahme 5: Für alle x in X gilt: Gehört ein Konsumplan x′ zu B(x), so gilt $x' \sim x$.

Veranschaulichen wir uns die Bedeutung dieser Annahme nochmals etwas plastischer. Wenn wir uns auf irgendeiner Geraden durch den Ursprung nach oben bewegen, so ist es nicht möglich, daß wir abrupt von einem Punkt, dem x vorgezogen wird, zu einem Punkt kommen, der x vorgezogen wird. Da auf jeder Geraden ein zu B(x) gehörender Konsumplan x′ existiert und für alle diese Konsumpläne $x' \sim x$ gilt, müssen wir bei der Bewegung von einem gegenüber x schlechteren zu einem gegenüber x besseren Konsumplan immer einen Konsumplan passieren, den der Haushalt für ebenso gut hält wie x.

Man kann sich leicht klarmachen, daß man, wenn man alle Konsumpläne, die der Haushalt für ebenso gut hält wie x, in die Konsumebene einzeichnet, eine stetige (d.h. keine Lücken oder Sprungstellen aufweisende) und abwärts verlaufende Kurve erhält. Eine solche Kurve, also der geometrische Ort aller Konsumpläne, zwischen denen der Haushalt indifferent ist, wird **Indifferenzkurve** genannt. Prüfen wir zunächst, warum eine Indifferenzkurve nur eine fallende Kurve sein kann. In Abbildung 10 sind Indifferenzkurven mit steigenden (I^1) und parallel zu den Achsen verlaufenden (I^0) Abschnitten skizziert. Greifen wir aus jedem dieser Abschnitte ein Paar von Konsumplänen x′, x″ heraus.

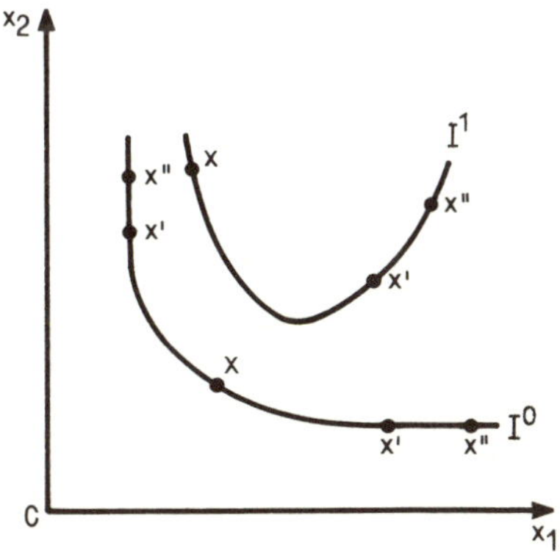

Abb. 10

Für jedes dieser Paare gilt definitionsgemäß $x' \sim x$ und $x'' \sim x$ und wegen der Transitivitätsannahme also auch $x' \sim x''$. Damit kann eine Indifferenzkurve nicht zwei Konsumpläne x′, x″ mit $x' \geq x''$ oder $x'' \geq x'$ enthalten, denn für ein solches Paar von Konsumplänen muß wegen der Nichtsättigungsannahme $x' \succ x''$ oder $x'' \succ x'$ gelten. Bei Nichtsättigung sind demnach Kurvenverläufe wie in Abb. 10 ausgeschlossen. Prüfen wir nun, ob eine Indifferenzkurve eine Sprungstelle oder eine Lücke haben kann. Eine Sprungstelle wie in Abbildung 11 a ist allein schon deshalb nicht möglich, weil es, wie wir eben gesehen haben, auf einer Indifferenzkurve keine zwei Konsumpläne x′, x″ geben kann, für die x′ ≥ x″ gilt.

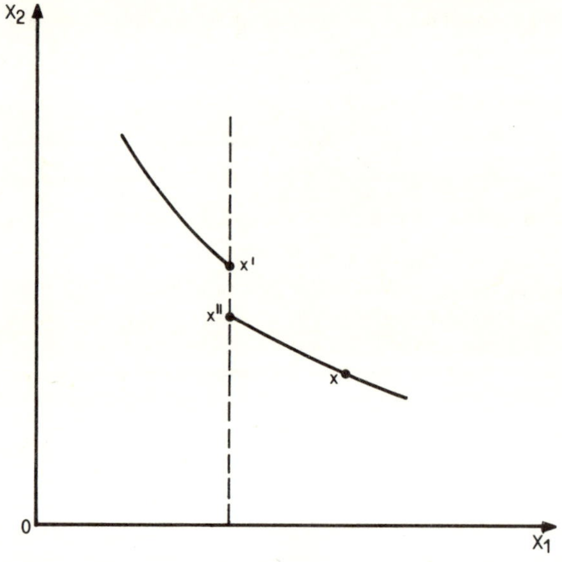

(a) **Abb. 11**

In Abbildung 11 b ist zwischen x′ und x″ eine Lücke in der Indifferenzkurve angenommen; legen wir durch diese Lücke eine Gerade G. Auf G muß es einen zu B(x) gehörenden Konsumplan und damit auch einen Punkt der Indifferenzkurve geben.

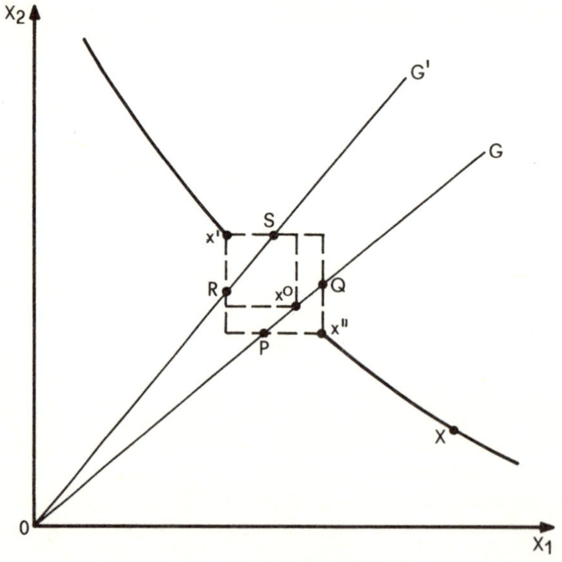

(b) **Abb. 11**

Dieser Punkt muß sich zwischen P und Q befinden; sei x^0 dieser Punkt. Nun können wir durch die Lücke zwischen x^0 und x' eine Gerade G' legen, und aus dem gleichen Argument ergibt sich wieder, daß auf G' zwischen R und S ein Punkt der Indifferenzkurve existieren muß. Wie klein auch immer also die unterstellte Lücke ist, es muß in dieser Lücke noch weitere Punkte der Indifferenzkurve geben. Eine Indifferenzkurve muß daher einen stetigen Verlauf aufweisen.

Damit können wir uns bei Stetigkeit der Präferenzen im Zwei-Güter-Fall die Präferenzordnung des Haushalts als eine Schar von Indifferenzkurven in der Konsumebene vorstellen. In Abbildung 12 sind einige Beispiele für Präferenzordnungen dargestellt, die den Annahmen 1–5 genügen.

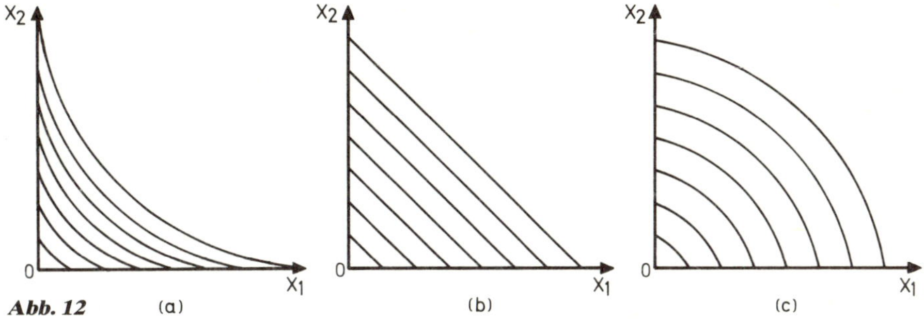

Abb. 12

Beachten Sie bei dieser Abbildung, daß man eine Präferenzordnung auch nur für einen Teil der Konsumebene nie vollständig darstellen kann: Es gibt unendlich viele Indifferenzkurven, und wollte man sie alle in die Diagramme einzeichnen, so könnte man die einzelnen Indifferenzkurven nicht mehr voneinander unterscheiden.

Machen wir uns die Bedeutung der in Abbildung 12 dargestellten Indifferenzkurvensysteme in Hinblick auf die Präferenzordnung des Haushalts noch einmal klar. Alle Konsumpläne, die auf derselben Indifferenzkurve liegen, betrachtet der Haushalt als gleichwertig, Konsumpläne oberhalb einer Indifferenzkurve werden Konsumplänen auf dieser Indifferenzkurve vorgezogen; jeder Konsumplan auf einer Indifferenzkurve wird jedem Konsumplan unterhalb dieser Indifferenzkurve vorgezogen. Da durch jeden Konsumplan eine Indifferenzkurve verläuft, kann man auch sagen: Konsumpläne auf höheren Indifferenzkurven werden Konsumplänen auf niedrigeren Indifferenzkurven vorgezogen. Damit ist die Annahme der rationalen Wahl gleichbedeutend mit der Annahme, daß der Haushalt einen Konsumplan auf der **höchstmöglichen Indifferenzkurve** wählt, die er bei gegebenem Einkommen und gegebenen Güterpreisen erreichen kann.

Indifferenzkurven können sich niemals schneiden. In Abbildung 13 ist unterstellt, daß sich zwei Indifferenzkurven schneiden. Betrachten Sie nun die drei Konsumpläne x, x' und x''. Für diese Konsumpläne muß gelten: $x \sim x'$, $x \sim x''$ und $x'' \succ x'$. Aus der Transitivitätsannahme folgt, daß gleichzeitig auch $x'' \sim x'$ gilt. Die Vollständigkeitsannahme schließt aber Widersprüche der Art, daß sowohl $x'' \sim x'$ als auch $x'' \succ x'$ zutrifft, aus. Daher können sich Indifferenzkurven nicht schneiden.

Unstetigkeiten in den Präferenzen wollen wir deshalb ausschließen, weil die Berücksichtigung von Unstetigkeiten bei der Behandlung vieler wichtiger Fragen der mikroökonomischen Theorie zu schwierigen formalen Problemen führt. In Hinblick

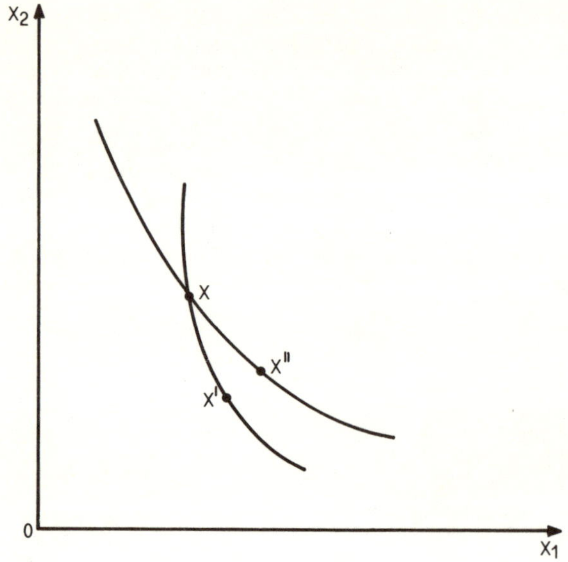

Abb. 13

auf die empirische Interpretationsfähigkeit unseres Modells sollten Sie aber nicht übersehen, daß Stetigkeit der Präferenzen bestenfalls eine Approximation an die Realität sein kann. In Wirklichkeit ist mit Unstetigkeiten in den Präferenzen schon allein deshalb zu rechnen, weil Güter nicht stetig teilbar sind.

c) Strenge Konvexität der Präferenzen

Formal wesentlich einfacher, inhaltlich aber weitaus gravierender als die eben diskutierte Stetigkeitsannahme ist die dritte zusätzliche Annahme, auf der wir das Modell der Konsumgüternachfrage des Haushalts aufbauen wollen: Wir unterstellen, daß die **Präferenzen** des Haushalts streng **konvex** sind. Zum Verständnis dieser Annahme erläutern wir zunächst, was unter einer konvexen bzw. einer streng konvexen Menge zu verstehen ist.

Eine *konvexe Menge* ist einfach eine Menge von Punkten, die sich dadurch auszeichnet, daß für jedes beliebige Paar von Punkten der Menge jede konvexe Kombination, d.h. jeder Punkt auf der Verbindungsgeraden zwischen beiden Punkten, ebenfalls ein Punkt dieser Menge ist. Nehmen wir als Beispiel drei Punktemengen in Form einer rechteckigen (S_1), einer kreisförmigen (S_2) und einer nierenförmigen Fläche (S_3).

S_1 und S_2 sind konvexe Mengen, denn Punkte auf den Verbindungsgeraden zwischen zwei Punkten der Fläche gehören ebenfalls zu S_1 bzw. S_2. S_3 ist dagegen nicht konvex; es fällt nicht schwer, zwei Punkte P_1 und P_2 so auszuwählen, daß die Verbindungsgerade zwischen diesen teilweise oder ganz außerhalb von S_3 verläuft.

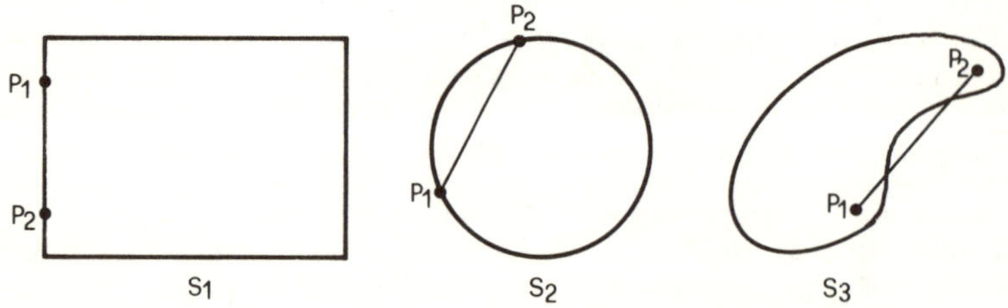

Abb. 14

Streng konvex ist eine Menge dann, wenn jede konvexe Kombination zwischen zwei Punkten der Menge im Inneren dieser Menge (also nicht auf deren Rand) liegt. Betrachten Sie wieder unsere Beispiele in Abbildung 14. S_1 ist konvex, aber nicht streng konvex, denn die Verbindungsgerade zwischen P_1 und P_2 gehört zwar zu S_1, liegt aber nicht innerhalb von S_1, sondern fällt mit dem Rand von S_1 zusammen. S_2 ist dagegen streng konvex, da jede Verbindungsgerade zwischen zwei Punkten von S_2 im Inneren von S_2 liegt. S_3 schließlich ist, wie wir gesehen haben, nicht konvex und kann daher auch nicht streng konvex sein.

Wählen wir nun einen beliebigen Konsumplan x in X aus und bezeichnen die Menge aller Konsumpläne, die der Konsument gegenüber x als gleichwertig oder besser betrachtet (also alle $x' \gtrsim x$) als R(x). R(x) ist eine Teilmenge der Konsummenge X. Als den Rand dieser Teilmenge bezeichnen wir alle Punkte, die die Menge R(x) von allen als schlechter bewerteten Konsumplänen abgrenzt – das ist gerade die Indifferenzkurve durch x. Betrachten wir nun zwei beliebige Konsumpläne x und x', zwischen denen der Haushalt indifferent ist. Wir bezeichnen die Präferenzen des Haushaltes als **streng konvex,** wenn er alle Punkte auf der Verbindungsgeraden zwischen x und x' für strikt besser hält, wenn diese Punkte also im Inneren von R(x) liegen. Anders formuliert:

Annahme 6: Für beliebige x, x', die als gleich gut bewertet werden ($x \sim x'$), gilt: jede konvexe Kombination zwischen x und x' wird als strikt besser betrachtet.

Diese Annahme bedeutet, daß Indifferenzkurven einen – vom Koordinatenursprung aus betrachtet – durchgängig konvex gekrümmten Verlauf haben müssen, also weder konkav gekrümmt noch linear sein dürfen. Bei konkaver Krümmung – in Abbildung 15a zwischen x und x' – lassen sich immer Konsumpläne in R(x) finden, deren Verbindungsgerade zumindest teilweise außerhalb von R(x) liegt, bei linearem Verlauf – in Abbildung 15b zwischen x und x' – gibt es Paare von Konsumplänen in R(x), deren Verbindungsgerade mit dem Rand von R(x) zusammenfällt. Nur ein konvexer Verlauf von Indifferenzkurven, wie in Abbildung 15c, schließt solche Möglichkeiten aus, da in diesem Fall auch die Verbindungsgerade zwischen zwei Randpunkten von R(x) immer innerhalb von R(x) liegt.

Eine gewisse sachliche Rechtfertigung für die Annahme eines konvexen Verlaufs der Indifferenzkurven liegt in der im allgemeinen plausiblen Vorstellung, daß der Haushalt ein ausgewogen proportioniertes Güterbündel einem sehr einseitig zusammengesetzten Güterbündel vorzieht. Wie Sie anhand von Abbildung 15c ersehen können, wird dieser Vorstellung durch die Annahme streng konvexer Indifferenzkurven Rechnung getragen: Auf der durch x und x' verlaufenden Geraden sind drei weitere Konsumpläne x^1, x^2 und x^3 eingezeichnet; x^1 ist gegenüber x und x' gleichmäßiger

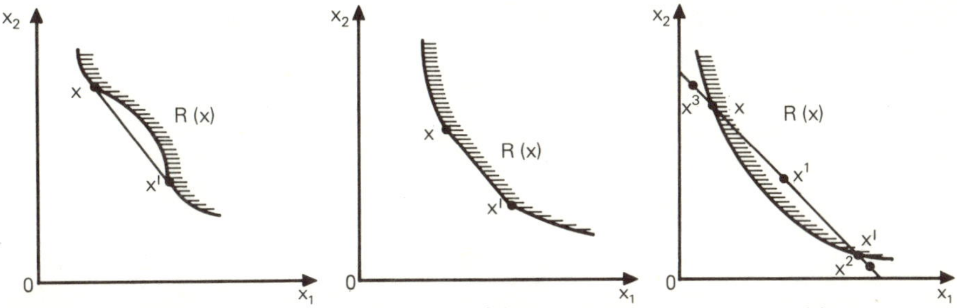

Abb. 15 (a) (b) (c)

zusammengesetzt, x^2 und x^3 sind dagegen noch einseitiger als x und x'. Aus unseren Annahmen folgt unmittelbar, daß x^1 den Konsumplänen x und x' vorgezogen wird und diese wiederum x^2 und x^3 vorgezogen werden.

Freilich lassen sich leicht auch Fälle finden, in denen die Präferenzordnung eines Konsumenten eher durch konkav gekrümmte Indifferenzkurven darzustellen wäre. Wählen wir als Beispiel den Bereich der Freizeitaktivitäten und interpretieren wir in Abbildung 15c Gut 1 als ein ganzes Bündel von Gütern, die einer sportlichen Freizeitbeschäftigung dienen, Gut 2 als ein Bündel von Gütern, die eine musisch-künstlerische Freizeitgestaltung ermöglichen. Nun mag jemand, auch wenn er beiden Aktivitäten gleichermaßen zugeneigt ist, sich dennoch lieber auf eine der beiden Tätigkeiten konzentrieren, vielleicht, weil er sehr leistungsorientiert eingestellt ist und deshalb auch in seinem Hobby zu möglichst großer Perfektion gelangen möchte, oder einfach auch deshalb, weil sich Vergnügen und Freude an manchen Dingen erst bei intensiver Zuwendung zu ihnen einstellen. Wie auch immer, eine Präferenz für x oder x' gegenüber x^1 erscheint manchmal nicht unplausibel, und in der Tat beobachten wir ja nicht selten, daß Menschen es vorziehen, ihre Freizeit überwiegend einem Hobby zu widmen, anstatt viele Freizeitaktivitäten mehr oder weniger gleichmäßig zu betreiben.

d) Beschränkte Substituierbarkeit

Durch eine weitere Annahme schließen wir aus, daß Konsumgüter vollständig substituiert werden können. Wir fordern, daß der Haushalt niemals bereit ist, auf den Konsum eines Gutes ganz zu verzichten. Dies formulieren wir folgendermaßen als eine Annahme an den Verlauf der Indifferenzkurven:

Annahme 7: Indifferenzkurven berühren die Achsen der Konsumebenen nicht.

Eine einfache Überlegung verdeutlicht, warum aus Annahme 7 folgt, daß Konsumgüter nur beschränkt substituierbar sind: würde eine Indifferenzkurve die Koordinaten berühren – wie etwa in Abb. 16 –, so wäre der Haushalt bereit, bei entsprechenden Substitutionsmöglichkeiten auf den Konsum eines Gutes ganz zu verzichten; er könnte dieses Gut ja vollständig durch den Konsum des anderen Gutes substituieren. Berühren dagegen Indifferenzkurven die Achsen der Konsumebenen nicht, so ist der Haushalt selbst für eine noch so große zusätzliche Menge eines Gutes nicht bereit, auf das andere Gut ganz zu verzichten. Der Haushalt fragt also bei jeder beliebigen Preis-Einkommens-Relation jedes Gut nach. Dies ist nun freilich eine recht merkwürdige Implikation, steht

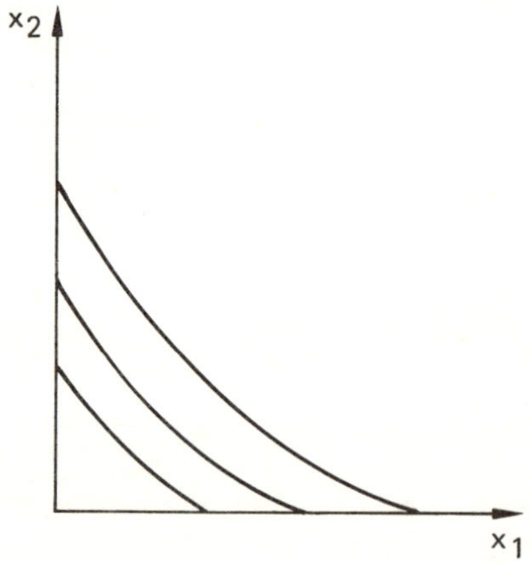

Abb. 16

sie doch in krassem Widerspruch zu unserer ökonomischen Alltagserfahrung; denn die meisten von uns entscheiden sich nach einem Vergleich zwischen dem Preis eines Gutes und dem Inhalt ihres Geldbeutels recht häufig dafür, auf den Konsum eines Gutes ganz zu verzichten. So mag es verwundern, daß diese Annahme lange Zeit zu den Standardannahmen der Haushaltstheorie gehört hat. Wir werden sie ebenfalls zunächst zugrunde legen, weil sie vor allem die analytische Bestimmung des optimalen Konsumplans, mit der wir uns im nächsten Abschnitt beschäftigen werden, wesentlich erleichtert, im weiteren Verlauf unserer Untersuchung bei der Erörterung der wichtigsten Fragen aber überprüfen, welche Konsequenzen sich für das Nachfrageverhalten des Haushalts ergeben, wenn man Annahme 7 durch eine realitätsnähere Hypothese ersetzt, die es erlaubt, daß auch Konsumpläne auf den Achsen der Konsumebene optimale Konsumpläne sein können.

e) Differenzierbarkeit der Indifferenzkurven

Aus unseren bisher getroffenen Annahmen folgt, daß sich die Präferenzordnung eines Haushalts für den Zwei-Güter-Fall durch eine Schar stetiger, fallender, konvex gekrümmter und die Koordinaten der Konsumebene nicht berührender Indifferenzkurven darstellen läßt. Die letzte Annahme, die wir noch benötigen, betrifft wieder eine Eigenschaft der Indifferenzkurven: Wir wollen annehmen, daß Indifferenzkurven keine Knicke haben (wie in Abbildung 17 a), sondern einen glatten Verlauf ohne jede Ecke aufweisen (wie in Abbildung 17 b).

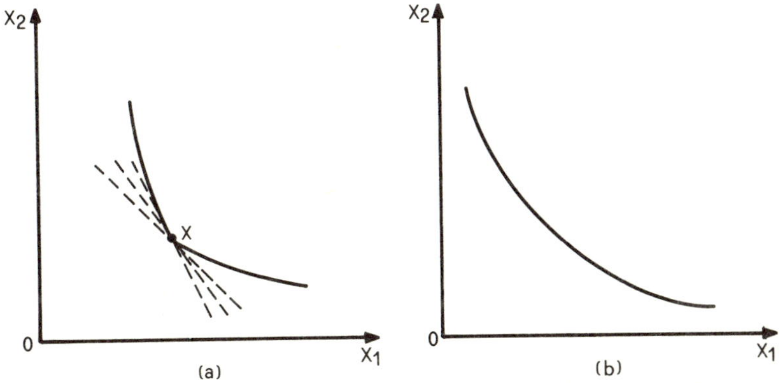

Abb. 17

In der Sprache der Differentialrechnung formuliert, bedeutet dies, daß **Indifferenzkurven** an jedem Punkt **stetig differenzierbar** sein müssen bzw. daß die 1. Ableitung einer Indifferenzkurve eine stetige Funktion ist. Diese Eigenschaft trifft auf die Indifferenzkurve in Abbildung 17 a nicht zu. Am Punkt x, an dem die Indifferenzkurve einen Knick hat, ist die Steigung der Indifferenzkurve nicht eindeutig bestimmt, und damit hat die 1. Ableitung der Indifferenzkurve an diesem Punkt eine Sprungstelle. Unsere achte und letzte Annahme lautet also:

Annahme 8: Indifferenzkurven sind an jedem Punkt stetig differenzierbar bzw. die 1. Ableitung einer Indifferenzkurve ist eine stetige Funktion.

Wir wollen im Zusammenhang mit der Diskussion dieser Annahme ein Paar von Begriffen kennenlernen: **Durchschnittsrate** und **Grenzrate der Substitution.** Wie Sie noch sehen werden, spielt vor allem der an zweiter Stelle genannte Begriff eine zentrale Rolle in der mikroökonomischen Theorie.

In Abbildung 18 ist angenommen, daß der Haushalt zwischen den Konsumplänen $x^0 = \{1, 6\}$, $x^1 = \{2, 4\}$, $x^2 = \{3, 3\}$ und $x^3 = \{4, 2{,}5\}$ indifferent ist. Nehmen wir an, der Haushalt sei im Besitz des Güterbündels x^0. Aus $x^0 \sim x^1$ folgt, daß, wenn wir dem Haushalt eine zusätzliche Mengeneinheit von Gut 1 geben und ihm gleichzeitig weniger als zwei Mengeneinheiten des Gutes 2 wegnehmen, sich der Haushalt besser stellt als mit x^0. Nehmen wir dem Haushalt für eine zusätzliche Einheit von Gut 1 mehr als zwei Einheiten von Gut 2 weg, so stellt er sich schlechter als mit x^0. Geben wir ihm schließlich eine Mengeneinheit von Gut 1 und nehmen ihm gleichzeitig zwei Mengeneinheiten von Gut 2 weg, so stellt sich der Haushalt genausogut wie vorher, denn in diesem Fall bleibt er auf der durch x^0 verlaufenden Indifferenzkurve.

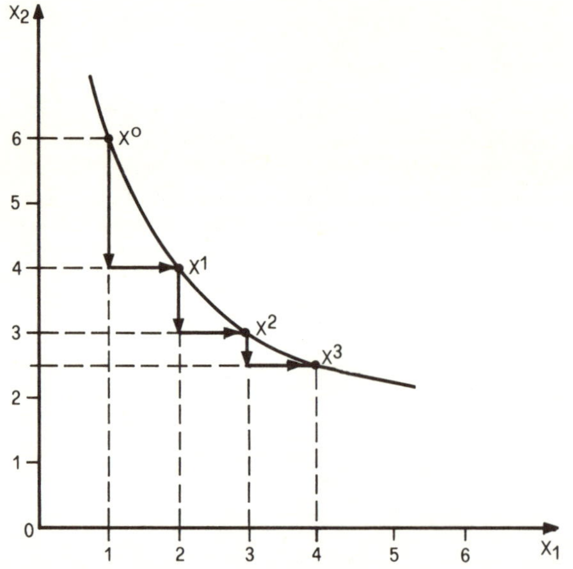

Abb. 18

Der absolute Wert des Verhältnisses der Mengenveränderung von Gut 2 zur Mengenveränderung von Gut 1, das den Haushalt genau auf der Indifferenzkurve beläßt, auf der er sich zunächst befand, wird nun Durchschnittsrate der Substitution von Gut 2 durch Gut 1 – oder kürzer: Substitutionsrate von Gut 2 durch Gut 1 – genannt. Bezeichnen wir die Mengenveränderungen als Δx_1 bzw. Δx_2, so ist die Substitutionsrate von Gut 2 durch Gut 1 also definiert als $|\Delta x_2/\Delta x_1|$, und in dem eben betrachteten Fall erhalten wir $|\Delta x_2/\Delta x_1| = |(-2)/(+1)| = 2$. Stellen wir die gleichen Überlegungen unter der Annahme an, der Haushalt besitze Güterbündel x^1, und fragen, wie groß die Durchschnittsrate der Substitution von Gut 2 und Gut 1 ist, wenn er eine Mengeneinheit von Gut 1 zusätzlich erhält: In diesem Fall ergibt sich $|\Delta x_2/\Delta x_1| = 1$. Bei einer Bewegung von x^2 nach x^3 erhalten wir schließlich für die Durchschnittsrate der Substitution von Gut 2 durch Gut 1 einen Wert von 1/2.

Formulieren wir das Konzept der Substitutionsrate etwas allgemeiner: Gegeben sei ein Güterbündel $x = \{x_1, x_2, \ldots, x_n\}$. Die Durchschnittsrate der Substitution von Gut i durch Gut j ($i = 1, 2, \ldots, n$; $j = 1, 2, \ldots, n$; $i \neq j$) ist definiert als $|\Delta x_i/\Delta x_j|$, wobei Δx_j eine bestimmte zusätzliche Menge des Gutes j ist und Δx_i jene Mengenveränderung des Gutes i ist, so daß für das neue Güterbündel x' ($x'_h = x_h$ für alle $h = 1, 2, \ldots, n$ außer $h = i, j$; $x'_h = x_h + \Delta x_h$ für $h = i, j$) gilt: $x' \sim x$.

Wir haben den Haushalt eben als ein sehr passives und unselbständiges Wesen behandelt, dem man nach Belieben etwas geben und nehmen kann, und von dieser Vorstellung ausgehend die Substitutionsrate als ein Verhältnis von Mengenänderungen zweier Güter definiert, die den Haushalt auf der Indifferenzkurve belassen, auf der er sich vorher befand. Wir können die Durchschnittsrate der Substitution aber auch in anderer Weise interpretieren. Nehmen Sie an, der Konsument – nennen wir ihn Konsument A – besitze Güterbündel x^0. Nun kommt Konsument B zu ihm und bietet A an, ihm eine Einheit von Gut 1 zu geben, wenn A ihm dafür 1,5 Einheiten des Gutes 2 abgibt. Wird A dieses Angebot akzeptieren? Würde der Tausch vollzogen, so befände sich A im Besitz eines Güterbündels $x' = \{2, 4{,}5\}$; x' liegt oberhalb der durch x^0 verlaufenden Indifferenzkurve, und damit gilt $x' \succ x^0$. Bei einem Tausch stellt sich A also besser als vorher, und wenn A sich rational verhält, wird er das Angebot akzeptieren.[1] Nehmen wir dagegen an, B biete A eine Einheit von Gut 1 gegen Abgabe von 2,5 Einheiten des Gutes 2 an. Bei einem solchen Tausch würde sich A verschlechtern, und aus der Hypothese der rationalen Wahl folgt, daß A dieses Tauschangebot ablehnt. Man sieht nun sehr schnell, daß A jedes Tauschangebot akzeptiert, das ihm für eine zusätzlichen Einheit von Gut 1 weniger als zwei Einheiten von Gut 2 abverlangt (jeder solche Tausch führt A auf eine höhere Indifferenzkurve und damit zu einer Verbesserung), und daß A jedes Tauschangebot ablehnt, bei dem ihm für eine Einheit von Gut 1 mehr als zwei Einheiten von Gut 2 abgefordert werden (jeder solche Tausch führt A auf eine niedrigere Indifferenzkurve und damit zu einer Verschlechterung).

Was aber, wenn B von A für eine Einheit des Gutes 1 zwei Einheiten von Gut 2 verlangt? Akzeptiert A, so ist er im Besitz von Güterbündel x^1, da aber $x^0 \sim x^1$, können wir aus der Annahme der rationalen Wahl nicht ableiten, ob A das Angebot annimmt oder ausschlägt. Wir wollen an dieser Stelle etwas großzügig sein und davon ausgehen, daß A jedes Angebot annimmt, bei dem er sich nicht verschlechtert. A ist also bei einer Güterausstattung von x^0 bereit, äußerstenfalls zwei Einheiten von Gut 2 gegen eine Einheit von Gut 1 abzugeben, oder anders formuliert: Das maximale Tauschverhältnis von Gut 2 gegen Gut 1, das A gerade noch akzeptiert, beträgt zwei Mengeneinheiten von Gut 2 gegen eine Mengeneinheit von Gut 1. Dieses Verhältnis von 2:1 ist aber genau gleich der Durchschnittsrate der Substitution. Damit können wir die Durchschnittsrate der Substitution von Gut 2 durch Gut 1 auch als das maximale Tauschverhältnis von Gut 2 gegen Gut 1 interpretieren, das der Haushalt gerade noch bereit ist zu akzeptieren.

Das Konzept der Durchschnittsrate der Substitution hat eine für die theoretische Analyse der Konsumgüternachfrage sehr störende Eigenschaft. Betrachten Sie nochmals Abbildung 18 und nehmen Sie an, der Haushalt sei im Besitz von Güterbündel x^1. Für eine zusätzliche Einheit von Gut 1 ist er bereit, maximal eine Einheit von Gut 2 abzugeben; das Tauschverhältnis, das der Haushalt also gerade noch akzeptiert, beträgt eine Einheit von Gut 2 gegen eine Einheit von Gut 1 (1:1). Soll er umgekehrt eine Einheit von Gut 1 abgeben, so ist er dazu nur bereit, wenn er dafür mindestens zwei Einheiten von Gut 2 erhält; nun beträgt das Tauschverhältnis, das der Haushalt gerade noch akzeptiert, zwei Mengeneinheiten von Gut 2 gegen eine Mengeneinheit von Gut 1 (2:1). Das Tauschverhältnis zwischen zwei Gütern, das ein

---

1 Genaugenommen gilt dies nur, wenn A annimmt, daß er nur die Alternative hat, das Angebot entweder zu akzeptieren oder abzulehnen, aber nicht mit der Möglichkeit rechnet, durch Tauschverhandlungen evtl. ein noch besseres Angebot zu erreichen. Wir wollen von diesem Problem hier absehen.

Haushalt gerade noch bereit ist zu akzeptieren, hängt also davon ab, ob es sich um den Fall einer Erhöhung oder um den Fall einer Reduzierung der Menge von Gut 1 handelt. Diese Komplikation kann vermieden werden, wenn man statt der Substitutionsrate das Konzept der Grenzrate der Substitution verwendet.

Die **Grenzrate der Substitution** von Gut i durch Gut j ist definiert als der Wert, dem sich die Durchschnittsrate der Substitution von Gut i durch Gut j nähert, wenn wir die zusätzliche Menge des Gutes j gegen Null gehen lassen. Sie gibt damit an, welches Austauschverhältnis zwischen Gut j und Gut i der Haushalt gerade noch akzeptiert, wenn man ihm eine ganz geringfügige Menge des Gutes j anbietet, oder, wie wir auch sagen können, die Grenzrate der Substitution von Gut i durch Gut j gibt an, in welchem Mengenverhältnis der Haushalt bereit ist, Gut i durch Gut j zu substituieren, wenn er eine sehr kleine zusätzliche Menge von Gut j erhält. Weil die Grenzrate nach der Tauschbereitschaft des Haushalts fragt, kann man sie auch als **Grenzzahlungsbereitschaft** interpretieren. Sie gibt Auskunft darüber, wieviel der Haushalt bereit ist, von Gut x_i aufzugeben (zu zahlen), wenn er eine weitere marginale Einheit von Gut x_j erhält.

Nun haben wir angenommen, daß Indifferenzkurven in jedem Punkt differenzierbar sind, und dadurch wird es sehr einfach, die Grenzrate der Substitution zu bestimmen. Nehmen wir wieder den Zwei-Güter-Fall an, so ist die Grenzrate der Substitution in Punkt x bestimmt durch die Steigung der Indifferenzkurve in dem betrachteten Punkt. Betrachten Sie Abbildung 19: In Punkt x^0 ist die Steigung der Indifferenzkurve dx_2/dx_1 gleich $-\text{tg}\,\alpha$; damit können wir die Grenzrate der Substitution von Gut 2 durch Gut 1 einfach durch den absoluten Wert der Steigung der Indifferenzkurve ausdrücken, und im Punkt x^0 erhalten wir somit als Wert der Grenzrate der Substitution $|dx_2/dx_1| = \text{tg}\,\alpha$.

Betrachten wir nun umgekehrt den Grenzwert der Substitutionsrate von Gut 1 durch Gut 2, so erhalten wir als Wert der Grenzrate der Substitution von Gut 1 durch Gut 2 $|dx_1/dx_2| = \text{tg}\,\alpha' = 1/\text{tg}\,\alpha$. Die Grenzrate der Substitution von Gut 1 durch Gut 2 ist also gleich dem Kehrwert der Grenzrate der Substitution von Gut 2 durch Gut 1. Damit ist aber das Tauschverhältnis zwischen den beiden Gütern, das der Haushalt gerade noch akzeptiert, wenn ihm eine sehr kleine zusätzliche Menge von Gut 1 oder von Gut 2 angeboten wird, in beiden Fällen das gleiche. Wir brauchen uns also nicht mehr darum zu kümmern, ob x_1 reduziert und x_2 erhöht wird oder ob x_1 erhöht und x_2 gesenkt wird; solange es sich nur um ganz kleine Mengenveränderungen handelt, gibt die Grenzrate der Substitution von Gut 2 durch Gut 1 (und ebenso die Grenzrate der Substitution von Gut 1 durch Gut 2) gleichzeitig an, in welchem Mengenverhältnis der Haushalt Gut 2 durch Gut 1 und Gut 1 durch Gut 2 zu substituieren bereit ist.

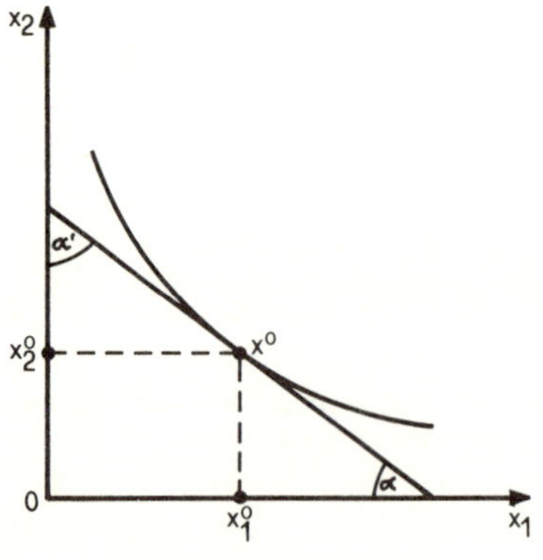

Abb. 19

Wir haben die Grenzrate der Substitution von Gut 2 durch Gut 1 inhaltlich als das Tauschverhältnis von Gut 2 gegen Gut 1 interpretiert, das der Haushalt, wenn ihm eine „sehr kleine" zusätzliche Menge von Gut 1 angeboten wird, gerade noch akzeptiert. Diese Aussage ist strenggenommen nicht korrekt; wegen der konvexen Krümmung der Indifferenzkurve ist das Mengenverhältnis, in dem der Haushalt bereit ist, Gut 2 durch Gut 1 zu substituieren, auch bei einer noch so kleinen zusätzlichen Menge von Gut 1 niemals genau gleich der Grenzrate der Substitution. Nun ist aber die Differenz zwischen Durchschnitts- und Grenzrate der Substitution um so kleiner, je kleiner die betrachtete zusätzliche Menge des Gutes ist, und somit ist bei einer „sehr kleinen" zusätzlichen Menge auch die Differenz zwischen den beiden Raten „sehr klein". Wenn wir bei der inhaltlichen Interpretation der Grenzrate der Substitution von der Grenzwertbetrachtung wieder zur Betrachtung einer bestimmten zusätzlichen Menge eines Gutes zurückkehren, so wollen wir unter einer „sehr kleinen" oder – in der ökonomischen Fachterminologie ausgedrückt – einer „marginalen" Mengenänderung eine Mengenveränderung verstehen, die so klein ist, daß es praktisch keinen Unterschied macht, ob wir das Mengenverhältnis, in dem der Haushalt ein Gut durch ein anderes zu substituieren bereit ist, durch die Substitutionsrate oder durch die Grenzrate der Substitution ausdrücken.

Rekapitulieren wir abschließend die Annahmen 4 bis 8 und prüfen wir, welche Folgerungen sich aus diesen Annahmen hinsichtlich der Grenzrate der Substitution ziehen lassen. Aus den Annahmen 4 und 5 folgt für den Zwei-Güter-Fall, daß durch jeden Punkt der Konsumebene eine abwärts geneigte Indifferenzkurve verläuft. Annahme 6 bedeutet, daß Indifferenzkurven konvex gekrümmt sein müssen. Annahme 7 impliziert, daß die Steigung der Indifferenzkurve immer steiler wird (gegen unendlich strebt), wenn von einem Gut immer weniger konsumiert wird (wenn also der Konsum dieses Gutes gegen Null geht). Annahme 8 schließt Knicke in den Indifferenzkurven aus. Aus alldem folgt nun, daß die **Grenzrate der Substitution** von Gut 2 durch Gut 1 bzw. die **Grenzzahlungsbereitschaft** für Gut 1, gemessen in Einheiten des Gutes 2, ihrerseits eine stetige und fallende Funktion der Menge von Gut 1 ist. Dieser in Abbildung 20 dargestellte Zusammenhang wird in der ökonomischen Literatur manchmal als „Gesetz der fallenden Grenzrate der Substitution" bezeichnet.

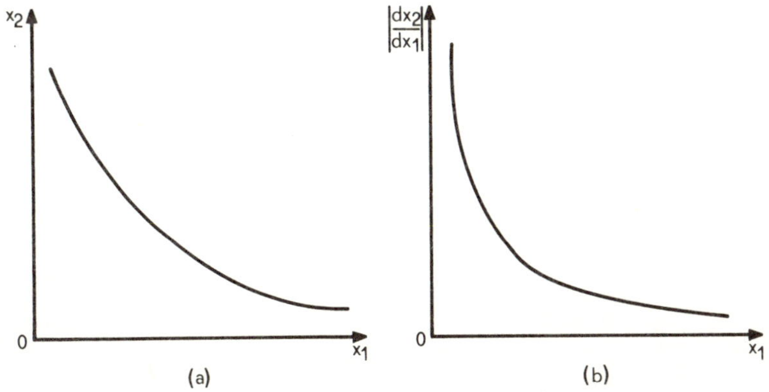

Abb. 20

Die inhaltliche Interpretation dieses „Gesetzes" sollte Ihnen nun nicht mehr schwerfallen: Je mehr ein Haushalt von einem bestimmten Gut schon hat, um so weniger wird er für eine zusätzliche Einheit dieses Gutes von anderen Gütern abzugeben bereit sein, und um so mehr wird er von diesem Gut abzugeben bereit sein, um eine zusätzliche Einheit eines anderen Gutes zu erhalten.

4. Präferenzordnung und Nutzenfunktion

Gehen wir wie zu Beginn unserer Diskussion der Hypothese rationalen Verhaltens wieder davon aus, daß die Konsummenge – aus welchen Gründen auch immer – nur aus einer endlichen Zahl von Konsumplänen $x_1, x_2, \ldots, x_6$ besteht (vgl. Abbildung 21).

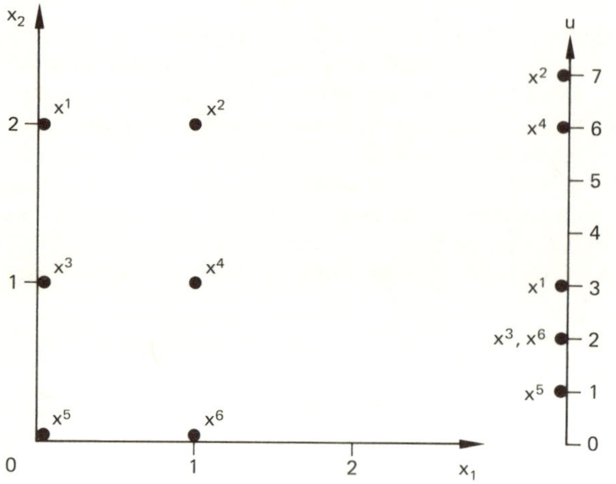

Abb. 21

Nehmen wir an, der Haushalt habe folgende Präferenzordnung:

$$x^2 \succ x^4 \succ x^1 \succ x^3 \sim x^6 \succ x^5$$

Wir wollen nun jedem Konsumplan eine bestimmte reelle Zahl u in der Weise zuordnen, daß für jedes beliebige Paar von Konsumplänen x, x' gilt: Wird ein Konsumplan x einem Konsumplan x' vorgezogen, so ist x eine größere Zahl u zugeordnet als x'; ist der Haushalt zwischen zwei Konsumplänen x und x' indifferent, so ist beiden Konsumplänen die gleiche Zahl zugeordnet. Wie Sie leicht sehen können, ist eine Zuordnung mit diesen Eigenschaften ohne Probleme möglich: Wir müssen x^2 die größte Zahl zuweisen, x^4 die zweitgrößte, x^1 die drittgrößte, x^3 und x^6 jeweils die gleiche Zahl, die aber kleiner als die Zahl sein muß, die wir x^1 zugeordnet haben, und x^5 muß schließlich die kleinste Zahl erhalten. Ein Beispiel für eine Zuordnung, die die geforderten Eigenschaften erfüllt, wäre etwa:

Konsumplan:	x^2	x^4	x^1	x^3	x^6	x^5
Zahl u:	7	6	3	2	2	1

Selbstverständlich gibt es beliebig viele Möglichkeiten der Zuordnung, die ebenfalls die genannten Kriterien erfüllen; wenn Sie z. B. jede der von uns zugeordneten Zahlen mit einem konstanten Faktor multiplizieren oder zu allen Zahlen eine jeweils gleiche Zahl hinzuaddieren, so erhalten Sie eine andere Zahlenreihe, die auch die verlangten Eigenschaften aufweist.

Die Zuordnung bestimmter reeller Zahlen zu den einzelnen Konsumplänen, wie sie schematisch in Abbildung 21 dargestellt ist, ist nun nichts anderes als eine Funktion $u = f(x) = f(x_1, x_2)$, die die Präferenzordnung des Haushalts beschreibt. Denn da wir den Konsumplänen Zahlen in der Weise zugeordnet haben, daß, wenn $x \sim x'$, dann und nur dann $f(x) = f(x')$ und wenn $x \succ x'$, dann und nur dann $f(x) > f(x')$, können wir natürlich auch umgekehrt aus den Werten, die die Funktion $u = f(x)$ für alternative Konsumpläne annimmt, auf die Präferenzordnung des Haushalts zurückschließen: Wenn $f(x) = f(x')$, dann und nur dann $x \sim x'$, und wenn $f(x) > f(x')$, dann und nur dann $x > x'$. Diese Funktion, die die Präferenzordnung des Haushalts beschreibt, nennt man **ordinale Nutzenfunktion;** auch die abhängige Variable der Nutzenfunktion hat einen Namen: Sie wird als **Nutzenindex** oder einfach als **Nutzen** bezeichnet.

Gehen wir nun einen Schritt weiter und unterstellen eine bestimmte Budgetsumme M_1 (vgl. Abbildung 22). Bei M_1 sind alle Konsumpläne mit Ausnahme von x^2 in der Budgetmenge enthalten. Bei rationaler Wahl entscheidet sich der Haushalt für den Konsumplan x^4. Betrachten Sie nun die Zahlen, die wir den Konsumplänen zugeordnet haben: Konsumplan x^4 weist von allen in der Budgetmenge enthaltenen Konsumplänen den höchsten Wert für die Variable u, also den höchsten Nutzen, auf. Gehen wir nun von der Budgetsumme M_2 aus. Bei M_2 sind x^2 und x^4 nicht mehr in der Budgetmenge enthalten, und der optimale Konsumplan ist x^1. Wieder fällt bei rationalem Verhalten die Wahl des Haushalts zugunsten des Konsumplans mit dem höchsten Nutzen aus. Betrachten wir schließlich die Budgetsumme M_3. Bei M_3 sind nur noch die Konsumpläne x^3, x^5 und x^6 in der Budgetmenge enthalten, und aus $x^3 \sim x^6 > x^5$ folgt, daß sich der Haushalt entweder für x^3 oder für x^6 entscheidet. Auf welchen der beiden Konsumpläne auch immer die Wahl des Haushalts fällt, auf jeden Fall gilt, daß es in der Budgetmenge keinen Konsumplan gibt, der einen höheren Nutzenindex aufweist als der Konsumplan, für den der Haushalt sich entscheidet.

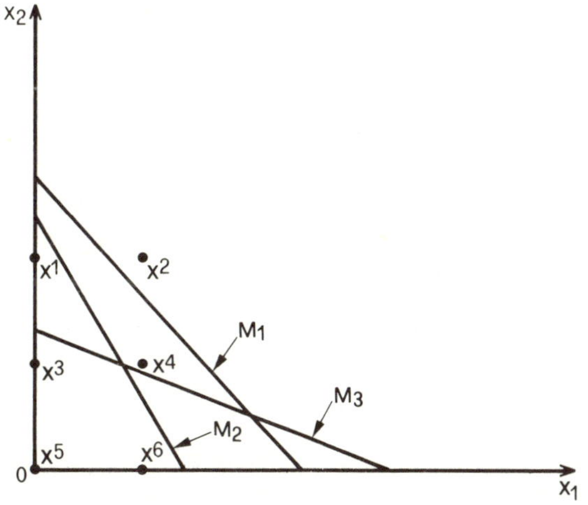

Abb. 22

Dieses Ergebnis, daß der Haushalt immer den Konsumplan mit dem höchsten Nutzen wählt, ist nicht weiter überraschend, denn es ist einfach die logische Folge der Art und Weise, auf die wir den einzelnen Konsumplänen die Nutzenindices zugeordnet haben. Denn selbstverständlich gilt auch für die in der Budgetmenge enthaltenen Konsumpläne, daß $f(x)$ dann und nur dann gleich $f(x')$ ist, wenn der Haushalt zwischen x und x' indifferent ist, und daß $f(x)$ dann und nur dann größer als $f(x')$ ist, wenn der Haushalt x gegenüber x' vorzieht. Nun besagt Annahme 3 aber, daß, wenn x aus der Budgetmenge C gewählt wird, für alle x' in C entweder $x > x'$ oder $x \sim x'$ gelten muß. Aus der Zuordnungsregel für die Nutzenindizes folgt damit aber, daß dann auch für alle x' in C entweder $f(x) > f(x')$ oder $f(x) = f(x')$ gelten muß.

Wir haben oben darauf hingewiesen, daß uns die Zuordnungsregel für die Nutzenindices nicht auf eine bestimmte Funktion festlegt, sondern daß es viele verschiedene Funktionen gibt, die alle die Präferenzordnung des Haushalts gleichermaßen richtig wiedergeben können. Prüfen Sie nun für unser kleines Beispiel selbst nach, daß die Wahl einer anderen Nutzenfunktion $u = g(x)$, die die angegebene Präferenzordnung korrekt darstellt, nichts an dem Resultat ändert, daß der Haushalt bei gegebener Budgetsumme immer den Konsumplan wählt, der unter den realisierbaren Konsumplänen den höchsten Nutzenindex aufweist!

Fassen wir unsere Überlegungen wie folgt zusammen: Ist die Präferenzordnung des Haushalts durch eine Nutzenfunktion darstellbar, so können wir die Annahme der rationalen Wahl auch in der Form ausdrücken, daß der Konsument unter Berücksichtigung seiner Budgetrestriktion den Konsumplan mit dem höchsten Nutzen wählt, oder kürzer gefaßt: Die Annahme der rationalen Wahl ist gleichbedeutend mit der Hypothese der **Nutzenmaximierung.** Die Annahme der Nutzenmaximierung beinhaltet dabei keine auch noch so vage formulierte Aussage darüber, aufgrund welcher Motive der Haushalt einen Konsumplan x einem Konsumplan x′ vorzieht oder welche Ziele der Haushalt mit der Wahl eines bestimmten Konsumplans verfolgt. Am leichtesten können Sie sich dies klarmachen, wenn Sie sich noch einmal vor Augen führen, wie wir den Begriff des Nutzens eingeführt haben: Wir haben nicht gesagt, daß der Konsument Güterbündel x gegenüber Güterbündel x′ vorzieht, *weil* x für den Haushalt einen größeren Nutzen hat als x′, sondern umgekehrt: weil der Haushalt x gegenüber x′ vorzieht, ordnen wir x eine größere Zahl zu als x′, und die zugeordneten Zahlen bezeichnen wir als den Nutzen der Güterbündel.

Wir wollen damit aber nicht behaupten, es sei unsinnig anzunehmen, daß der Haushalt sich bei der Konsumgüternachfrage von Nützlichkeitserwägungen leiten läßt oder daß der Haushalt Güter deshalb nachfragt, weil der Konsum dieser Güter ihn glücklich und zufrieden macht. Vielmehr ist jedes System von Motiven, Wert- und Zielvorstellungen mit der Hypothese der Nutzenmaximierung vereinbar, solange der Haushalt aufgrund seiner Motive, Wertvorstellungen und Ziele eine Präferenzordnung entwickelt, die durch eine Nutzenfunktion darstellbar ist. Die Hypothese, daß der Haushalt seine Wahl auf der Basis einer Präferenzordnung trifft, ist sehr allgemein: Sie schließt ein Maximierungsstreben des Haushalts nicht aus, setzt es aber auch nicht voraus. Die Annahme rationalen Verhaltens ist überdies völlig unabhängig davon, ob der Haushalt vollständig Information über die Konsequenzen seiner Entscheidung hat oder nicht. Wie schon angedeutet, unterstellen wir in unserem Modell vollständige Information des Haushalts nur deshalb, um uns die Analyse gleichgewichts- und wohlfahrtstheoretischer Probleme zu erleichtern.

Sie werden nun mit Recht fragen, welchen Sinn es denn hat, die Präferenzordnung durch eine **Nutzenfunktion** darzustellen und die Annahme der rationalen Wahl umzuformulieren zur Hypothese der Nutzenmaximierung. Der Grund hierfür ist rein formaler Natur. Erfüllt die Präferenzordnung des Haushalts alle Annahmen 1–8, so ist dies eine hinreichende Bedingung dafür, daß

1. jedem Konsumplan x in X eine bestimmte reelle Zahl u zugeordnet werden kann, so daß $u = f(x) = f(x_1, x_2, \ldots, x_n)$ und daß für alle x, x′ in X dann und nur dann $f(x) \geqq f(x')$ gilt, wenn $x \gtrsim x'$, und daß

2. die diese Präferenzordnung darstellende Nutzenfunktion $u = f(x) = f(x_1, x_2, \ldots, x_n)$ eine stetige und differenzierbare Funktion ist.

Die Annahmen 1–8 sichern also, daß rationales Verhalten als Maximierung einer differenzierbaren Funktion beschrieben werden kann. In der Differenzierbarkeit dieser Funktion liegt nun gerade der große Vorteil ihrer Verwendung: Wir können dann nämlich alle wichtigen Implikationen der Annahmen 1–8 für die Konsumgüternachfrage des Haushalts mit Hilfe des relativ einfachen mathematischen Instrumentariums der Differentialrechnung herausarbeiten.

Da die Nutzenfunktion lediglich eine bestimmte Darstellung der Präferenzordnung und die Hypothese der Nutzenmaximierung nur eine andere Formulierung der Annahme der rationalen Wahl ist, müssen wir jede Annahme, die wir über die Präferenzordnung getroffen haben, auch als **Eigenschaft der Nutzenfunktion** ausdrücken können. Wir wollen dies im folgenden tun, soweit im Rahmen dieses Textes dafür Platz ist.

(1) Aus den Eigenschaften der reellen Zahlen folgt, daß von zwei Zahlen f(x) und f(x′) die erste entweder größer oder kleiner als die zweite oder gleich der zweiten Zahl sein muß; dies entspricht der Annahme der **Vollständigkeit,** nach der für jedes Paar von Konsumplänen entweder $x \prec x'$ oder $x' \succ x$ oder $x \sim x'$ gelten muß.

(2) Aus den Eigenschaften der reellen Zahlen folgt ebenfalls: Wenn für drei Zahlen $f(x^1)$, $f(x^2)$ und $f(x^3)$ gilt, daß $f(x^1) \geqq f(x^2)$ und $f(x^2) \geqq f(x^3)$, dann gilt auch $f(x^1) \geqq f(x^3)$. Dies ist der **Transitivitätsannahme** äquivalent.

(3) Die Annahme der **rationalen Wahl** haben wir schon in die Nutzenmaximierungshypothese übersetzt: Wählt der Konsument x aus der Budgetmenge C, so muß für alle x′ in C die Beziehung $f(x) \geqq f(x')$ gelten, was gleichbedeutend ist mit $x \succsim x'$ für alle x′ in C.

(4) Da die Nutzenfunktion an allen Punkten x in X differenzierbar ist, wenn die Annahmen 1–8 erfüllt sind, können wir die Annahme der **Nichtsättigung** in folgender Weise formulieren: An jedem Punkt x in X gilt $\partial u/\partial x_i > 0$ $(i = 1, 2, \ldots, n)$. Das heißt, wir nehmen an, daß die partiellen Ableitungen der Nutzenfunktion nach allen Variablen positiv sind. Bewegt man sich also von einem Konsumplan x zu einem Konsumplan x′, der mit Ausnahme von einem Gut von jedem Gut die gleiche Menge enthält wie x′, von einem Gut aber mehr als x, so gilt $f(x') > f(x)$, ganz gleich, wie nahe x′ an x liegt. Dies ist äquivalent der Nichtsättigungsannahme, die $x' \succ x$ verlangt, wenn $x' \geq x$ gilt. Würden wir im Gegenteil annehmen, daß an irgendeiner Stelle des Konsumraums für irgendein Gut $\partial u/\partial x_i \leqq 0$ gilt, so würde dies bedeuten, daß man zwei Konsumpläne x und x′ (wobei $x' \geq x$) finden kann, für die $x \succsim x'$ gilt. Dies widerspräche offensichtlich der Nichtsättigungsannahme.

Nachdem wir der Funktion, die die Präferenzordnung des Haushalts beschreibt, und der abhängigen Variablen dieser Funktion Namen gegeben haben, wollen wir auch den partiellen Ableitungen der Nutzenfunktion nach den Variablen x_1, x_2, …, x_n einen Namen geben: Wir nennen die partielle Ableitung der Nutzenfunktion nach der Variablen x_i kurz den **Grenznutzen** von Gut i.

In der älteren Nutzentheorie verstand man unter dem Grenznutzen des Gutes i die Veränderung des Nutzens, also die Veränderung des Ausmaßes an Bedürfnisbefriedigung, die der Konsument empfindet, wenn er von diesem Gut eine Einheit mehr oder weniger und von allen anderen Gütern die gleichen Mengen wie vorher konsumiert. Bei dieser Interpretation der Nutzenfunktion spricht man auch von **kardinalen Nutzenfunktionen.** Wenn wir dagegen im Rahmen der ordinalen Nutzentheorie schreiben, der Grenznutzen des Gutes i sei positiv, so drücken wir damit lediglich mit Hilfe der Nutzenfunktion aus, daß der Haushalt den Konsumplan x dem Konsumplan x′ vorzieht, wenn x von Gut i eine infinitesimal kleine Menge mehr als x′ und von allen anderen Gütern ebensoviel wie x′ enthält.

(5) Die Annahme der Konvexität der Präferenzen impliziert einen **konvexen** Verlauf der Indifferenzkurven. Dies bedeutet, daß der Haushalt irgendein gewogenes Mittel zweier Konsumpläne x und x′, für die $x \sim x'$ gilt, gegenüber x und x′ vorzieht; er findet also z. B. einen Konsumplan, der aus der Hälfte von x plus der Hälfte von x′ besteht, besser als x oder x′. Damit muß die Nutzenfunktion folgende Eigenschaft haben: Gilt für zwei Konsumpläne x, x′ die Beziehung $f(x) = f(x')$, dann muß für jeden Konsumplan $x^0 = ax + (1-a)\,x'$, $(0 < a < 1)$, gelten: $f(x^0) > f(x)$. Wir wollen uns diese recht abstrakt klingende Formulierung graphisch veranschaulichen.

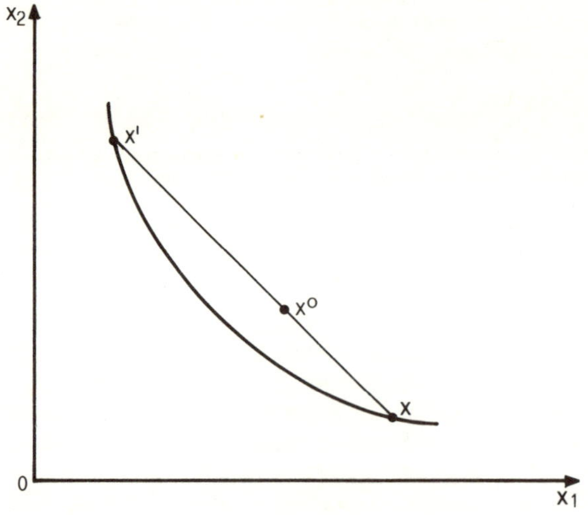

Abb. 23

Annahmegemäß gilt für jedes Paar von Konsumplänen x, x′ auf einer Indifferenzkurve $f(x) = f(x')$. Ein Konsumplan $x^0 = ax + (1-a)\,x'$, $(0<a<1)$, ist in graphischer Darstellung ein Punkt auf der Verbindungsgeraden zwischen x und x′. Soll für jedes x^0, also für jede Linearkombination der Konsumpläne x und x′ $f(x^0) > f(x')$ bzw. $f(x^0) > f(x)$ gelten, so ist dies nur möglich, wenn jeder Konsumplan x^0 oberhalb der durch x und x′ verlaufenden Indifferenzkurve liegt. Dies ist nur bei konvexer Krümmung der Indifferenzkurven der Fall. Bei linearem Verlauf der Indifferenzkurve gälte $f(x^0) = f(x) = f(x')$; bei konkaver Krümmung läge x^0 unterhalb der Indifferenzkurve und folglich gälte $f(x^0) < f(x) = f(x')$.

(6) Die Annahme, daß Indifferenzkurven die Achsen der Konsumebene nicht berühren dürfen, bedeutet, daß die **Grenzrate der Subsitution** unendlich hoch wäre, wenn von einem Gut nichts konsumiert werden würde ($\partial u/\partial x_1 = \infty$, falls $x_1 = 0$).

(7) Die Annahmen 5 (Stetigkeit der Präferenzen) und 8 (stetige Differenzierbarkeit der Indifferenzkurven) sind Bedingungen dafür, daß die Nutzenfunktion eine **stetige und differenzierbare Funktion** ist. Der Beweis hierfür ist nicht leicht und ohnehin nur von formalem Interesse, so daß wir auf eine Begründung verzichten können.

Wir hatten für unser kleines Beispiel zu Beginn dieses Abschnitts festgestellt, daß die Präferenzordnung des Konsumenten durch viele verschiedene Zuordnungen von reellen Zahlen zu Konsumplänen dargestellt werden konnte. Dies gilt in gleicher Weise auch dann, wenn die Präferenzordnung eines Haushalts allen acht Annahmen genügt, die wir getroffen haben. Man kann sich dies relativ leicht klarmachen. Legen wir irgendein Indifferenzkurvensystem zugrunde (vgl. Abbildung 24). Die Regel, nach der den Konsumplänen reelle Zahlen u zugewiesen werden sollen, lautete: Ist der Haushalt zwischen zwei Konsumplänen indifferent, so erhalten beide Konsumpläne die gleiche Zahl zugeordnet; zieht der Haushalt von zwei Konsumplänen einen vor, so erhält derjenige Konsumplan die größere Zahl, den der Haushalt vorzieht. Dies bedeutet für das Indifferenzkurvensystem, daß allen Konsumplänen, die auf der gleichen Indifferenzkurve liegen, der gleiche Nutzenindex zugewiesen wird; da Konsumpläne auf höheren Indifferenzkurven Konsumplänen auf niedrigeren Indifferenzkurven vorgezogen werden, bedeutet dies weiter, daß einer Indifferenzkurve ein um so höherer Nutzen zugeordnet wird, je weiter eine Indifferenzkurve vom Ursprung der Konsumebene entfernt ist. Damit sind wir wiederum nicht auf die Zuordnung bestimmter Zahlen festgelegt; vielmehr gibt es eine unendliche Vielfalt von Möglichkeiten, Indifferenzkurven Zahlen so zuzuweisen, daß die Zuordnungsregel erfüllt ist. Für die vier Indifferenzkurven in Abbildung 24 haben wir willkürlich zwei Möglichkeiten herausgegriffen.

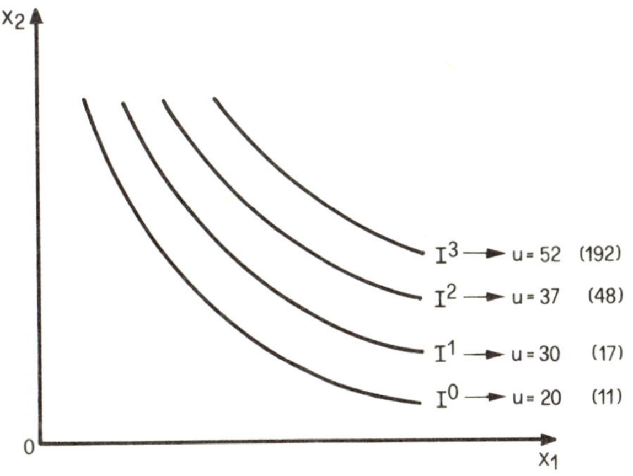

Abb. 24

Allgemein kann man sagen: Stellt eine Funktion $u = f(x)$ eine Präferenzordnung dar, so wird diese Präferenzordnung auch durch jede andere Funktion $U = g[f(x)]$, $dU/du > 0$, beschrieben, oder mit Worten: Jede monoton steigende Funktion **(Transformation)** einer Nutzenfunktion, die eine bestimmte Präferenzordnung darstellt, beschreibt diese Präferenzordnung ebenfalls richtig. Es wird sich zeigen, daß alle Schlußfolgerungen, die wir aus den Annahmen über die Präferenzordnung in Hinblick auf die Konsumgüternachfrage des Haushalts ableiten können, völlig unabhängig davon sind, welche der unendlich viele Nutzenfunktionen, mit denen man die Präferenzordnung eines Haushalts darstellen kann, wir unserer Analyse zugrunde legen.

E. Der optimale Konsumplan

Mit der Beschreibung der Wahlmöglichkeiten und der Präferenzordnung des Haushalts ist der Aufbau unseres Modells des Konsumentenverhaltens abgeschlossen. Es gilt nun zu prüfen, welche Konsequenzen sich aus diesem Modell für die Konsumgüternachfrage des Haushalts ergeben. Wir wollen diese Konsequenzen in zwei Schritten untersuchen: In diesem Abschnitt werden wir untersuchen, welchen Konsumplan der Haushalt bei gegebenem Einkommen und gegebenen Konsumgüterpreisen wählt, im nächsten Abschnitt werden wir prüfen, in welcher Weise der Haushalt hinsichtlich seiner Konsumgüternachfrage auf Veränderungen des Einkommens und der Güterpreise reagiert. Wenden wir uns also zunächst der Bestimmung des optimalen Konsumplans bei gegebenem Einkommen bzw. gegebener Budgetsumme und gegebenen Preisen zu.

1. Geometrische Bestimmung des optimalen Konsumplans

Betrachten wir der Einfachheit halber wieder den Zwei-Güter-Fall, und versuchen wir vorerst einmal, den optimalen Konsumplan des Haushalts ohne Verwendung der Nutzenfunktion zu bestimmen. Die Präferenzordnung des Haushalts läßt sich graphisch durch ein System von Indifferenzkurven darstellen, und die Budgetmenge erhält man, indem man die Budgetgerade in die Konsumebene einzeichnet (vgl. Abbildung 25).

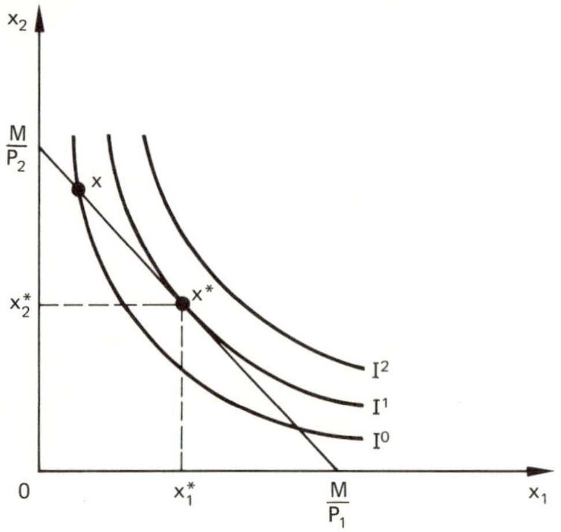

Abb. 25

Aus der Nichtsättigungsannahme folgt, daß der optimale Konsumplan nur auf der Budgetgeraden liegen kann; daher können wir uns bei der Suche nach dem optimalen Konsumplan auf diejenigen Konsumpläne beschränken, die die Verausgabung des ganzen Einkommens erfordern. Wählen wir einen beliebigen Konsumplan x auf der Budgetgeraden aus und prüfen wir, ob dies der optimale Konsumplan ist. Bewegt man sich vom Punkt x aus auf der Budgetgeraden nach oben, so kommt man auf Indifferenzkurven, die unterhalb der durch x verlaufenden Indifferenzkurven liegen, und damit zu Konsumplänen, denen der Konsumplan x vorgezogen wird. Bewegt man sich dagegen vom Punkt x aus auf der Budgetgeraden nach unten, so kommt man auf Indifferenzkurven, die oberhalb der durch x verlaufenden Indifferenzkurve (I^0) liegen, und damit zu Konsumplänen, die x vorgezogen werden; daher kann x nicht der optimale Konsumplan sein. Setzt man die Bewegung auf der Budgetgeraden nach unten fort, so erreicht man fortwährend höhere Indifferenzkurven bis zu dem Punkt, an dem eine Indifferenzkurve (I^1) die Budgetgerade tangiert; dieser Punkt ist in Abbildung 25 mit x^* bezeichnet. Geht man über den Punkt x^* hinaus, so kommt man wieder auf Indifferenzkurven, die unterhalb der durch

x^* verlaufenden Indifferenzkurve liegen. Damit ist der Konsumplan x^* der optimale Konsumplan. x_1^* und x_2^* sind die optimalen Verbrauchsmengen der beiden Güter; da der Konsument annahmegemäß zu Beginn der Konsumperiode keine Gütervorräte hat, sind x_1^* und x_2^* gleichzeitig die Gütermengen, die er bei gegebenem Einkommen und den geltenden Preisen auf den Gütermärkten nachfragt.

Im Punkt x^* wird die Budgetgerade von einer Indifferenzkurve tangiert. Budgetgerade und Indifferenzkurve haben in diesem Punkt also die gleiche Steigung. Nun wissen wir bereits, daß die Steigung der Budgetgeraden gleich $-p_1/p_2$ ist; folglich muß für den optimalen Konsumplan gelten:

(1) $dx_2/dx_1 = -p_1/p_2$

Da aber die Grenzrate der Substitution von Gut 2 durch Gut 1 gleich dem absoluten Wert der Steigung der Indifferenzkurve ist, muß der optimale Konsumplan die folgende Bedingung erfüllen:

(2) $|dx_2/dx_1| = p_1/p_2$,

d.h. der optimale Konsumplan des Haushalts ist dadurch charakterisiert, daß die Grenzrate der Substitution von Gut 2 durch Gut 1 gleich dem umgekehrten Verhältnis der beiden Güterpreise ist. Beachten Sie, daß sich in Gleichung (2) das Vorzeichen für das Preisverhältnis umkehrt, da dx_2/dx_1 wegen des fallenden Verlaufs der Indifferenzkurve kleiner als Null ist.

Diese Bedingung der Gleichheit von Grenzrate der Substitution und umgekehrtem Preisverhältnis gilt auch dann, wenn wir mehr als zwei Güter betrachten. In diesem Fall lautet die **Bedingung für den optimalen Konsumplan**, daß **für jedes Paar von Gütern die Grenzrate der Substitution gleich dem umgekehrten Preisverhältnis der beiden Güter** sein muß, also:

(3) $|dx_i/dx_j| = p_j/p_i \qquad i, j = 1, 2, \ldots, n$

Daß der optimale Konsumplan diese Bedingung erfüllen muß, können wir uns zwar nicht mehr graphisch veranschaulichen, aber doch relativ leicht plausibel machen, indem wir die Gleichungen (2) bzw. (3) inhaltlich interpretieren. Betrachten wir zunächst den Zwei-Güter-Fall. Das Preisverhältnis drückt aus, auf wie viele Mengeneinheiten von Gut 2 (Gut 1) der Haushalt bei voller Ausschöpfung seines Budgets verzichten muß, wenn er eine Mengeneinheit von Gut 1 (Gut 2) mehr konsumieren will, das Preisverhältnis gibt also die Substitutions*möglichkeiten* zwischen den beiden Gütern an, die der Haushalt hat. Die Grenzrate der Substitution von Gut 2 durch Gut 1 (bzw. von Gut 1 durch Gut 2) gibt an, in welchem Mengenverhältnis der Haushalt bereit ist, die beiden Güter gegeneinander zu substituieren; die Grenzrate der Substitution gibt also die Substitutions- bzw. die **Grenzzahlungsbereitschaft** des Haushalts zwischen den beiden Gütern an. Gleichung (2) besagt damit, daß der optimale Konsumplan durch die **Gleichheit** von **Substitutionsmöglichkeit** und **Substitutionsbereitschaft** charakterisiert ist.

Nehmen wir einmal hypothetisch an, der Haushalt würde einen Konsumplan x wählen, für den $|dx_2/dx_1| > p_1/p_2$ gilt. Dann ist bei einer marginalen Mengenerhöhung von Gut 1 die Menge von Gut 2, auf die der Haushalt bei den geltenden Preisen verzichten muß, kleiner als die Menge von Gut 2, auf die der Haushalt zu verzichten bereit wäre. Folglich verbessert er sich bei einer Substitution von Gut 1 durch Gut 2, und damit widerspricht die Wahl von Konsumplan x unserer Annahme der rationalen Wahl.

Diese Überlegung können wir für den Fall beliebig vieler Güter verallgemeinern. Unterstellen wir wieder hypothetisch, der Haushalt würde bei voller Verausgabung seines Einkommens einen Konsumplan x wählen, bei dem für irgendein Paar von Gütern i und j die Grenzrate der Substitution von Gut i durch Gut j größer als p_j/p_i ist. Im Falle von n Gütern gibt $|dx_i/dx_j|$ an, in welchem Mengenverhältnis der Haushalt bereit ist, die beiden Güter bei Konstanz der übrigen Gütermengen gegeneinander zu substituieren. Gilt nun, wie angenommen, $|dx_i/dx_j| > p_j/p_i$, so bedeutet dies, daß bei gleichen Verbrauchsmengen aller anderen Güter und einer marginalen Mengenerhöhung von Gut j die Menge von Gut i, auf die der Haushalt bei den Preisen p_j und p_i verzichten muß, kleiner ist als die Menge, auf die er zu verzichten bereit wäre. Da er aber weniger aufgeben muß, als er es tun könnte, ohne sich zu verschlechtern, verbessert sich der Haushalt bei Substitution von Gut i durch Gut j, und daher kann Konsumplan x nicht der optimale Konsumplan sein. Fassen wir zusammen: Solange Substitutionsmöglichkeit und Substitutionsbereitschaft divergieren, kann sich der Haushalt immer verbessern; folglich kann optimal nur ein solcher Konsumplan sein, bei dem die durch das Preisverhältnis gegebene Substitutionsmöglichkeit und die durch die Grenzrate der Substitution ausgedrückte Substitutionsbereitschaft des Haushalts für alle Paare von Gütern jeweils übereinstimmen.

Kehren wir wieder zum Zwei-Güter-Fall zurück. Wenn Sie Abbildung 25 nochmals betrachten, wird Ihnen schnell klarwerden, welche entscheidende Bedeutung der Konvexitätsannahme in Hinblick auf die Bestimmung des optimalen Konsumplans zukommt. Annahme 6 impliziert, wie wir gesehen haben, einen konvex gekrümmten Verlauf der Indifferenzkurven. Damit ist sichergestellt, daß es nur *einen* Tangentialpunkt zwischen Budgetgerade und Indifferenzkurve geben kann, daß also bei gegebenem Einkommen und gegebenen Güterpreisen der **optimale Konsumplan eindeutig bestimmt** ist. Hätten wir die Möglichkeit von (teilweise) linearen Indifferenzkurven nicht ausgeschlossen, so könnte es zu der in Abbildung 26 dargestellten Situation kommen:

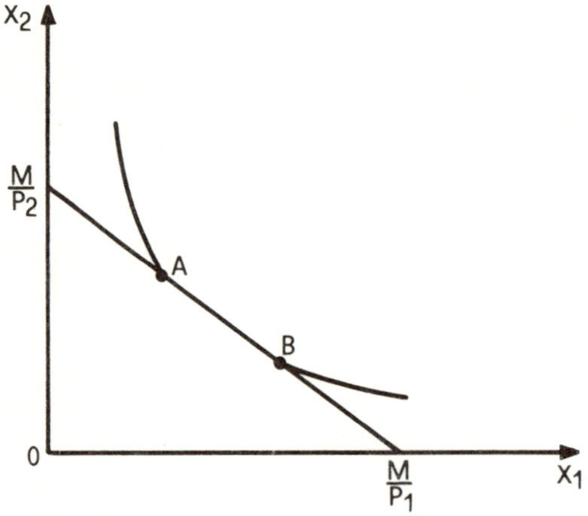

Abb. 26

Bei dem angenommenen Preisverhältnis fällt die Indifferenzkurve auf dem Geradenabschnitt $\overline{AB}$ mit der Budgetgeraden zusammen. Nun sind alle Konsumpläne auf der Strecke $\overline{AB}$ gleichermaßen bestmögliche Konsumpläne. Die Annahme der rationalen Wahl erlaubt uns nicht, zu sagen, welchen dieser Konsumpläne der Haushalt wählt, und somit ist der optimale Konsumplan nicht eindeutig bestimmt. Annahme 6 schließt solche Komplikationen aus, und wir müssen uns nicht weiter den Kopf darüber zerbrechen, wie sich der Haushalt entscheidet, wenn er die Wahl zwischen mehreren bestmöglichen Konsumplänen hat. Vielleicht fragen Sie sich, worin denn das Problem besteht, daß wir in der durch Abbildung 26 illustrierten Situation nicht eindeutig bestimmen können, für welchen Konsumplan der Haushalt sich entscheidet. Erinnern Sie sich daran, daß zu den zentralen Fragen, die wir untersuchen wollen, auch die Frage zählt, ob und unter welchen Bedingungen die Pläne, die die einzelnen Wirtschaftssubjekte aufstellen, miteinander kompatibel sind. Im Rahmen dieser Fragestellung ergeben sich fundamentale Schwierigkeiten, wenn wir nicht genau wissen, welche Güter in welchen Mengen Haushalte und Unternehmungen in einer bestimmten Situation nachfragen und anbieten.

Nun sieht man im Zwei-Güter-Fall sehr schnell, daß es wegen der konvexen Krümmung der Indifferenzkurven nur einen optimalen Konsumplan geben kann. Ist der optimale Konsumplan aber auch im Fall beliebig vieler Güter eindeutig bestimmt? Dies ist tatsächlich so, und man kann sich recht leicht klarmachen, warum dies so sein muß. Unterstellen wir, es gäbe bei gegebenem Einkommen und gegebenen Güterpreisen gleichzeitig zwei optimale Konsumpläne x und x'. Aus der Konvexitätsannahme folgt, daß der Haushalt jeden Konsumplan x'', der aus einer Linearkombination von x und x' besteht, gegenüber x und x' vorzieht, daß also für alle $x'' = ax + (1-a)\,x'$, $(0 < a < 1)$, gilt: $x'' \succ x$ und $x'' \succ x'$. Wenn aber x und x' zur Budgetmenge gehören, so muß auch jeder Konsumplan x'' zur Budgetmenge gehören, denn aus $px \leqq M$ und $px' \leqq M$ folgt, daß dann auch $a \cdot px + (1-a)\,px' \leqq M$ gelten muß. Da jeder Konsumplan x'' zur Budgetmenge gehört und gegenüber x und x' vorgezogen wird, kann weder x noch x' ein optimaler Konsumplan sein. Folglich kann es bei Konvexität der Präferenzen niemals mehr als einen optimalen Konsumplan geben.

Annahme 7 besagt, daß Indifferenzkurven die Achsen der Konsumebene nicht berühren können. Hieraus folgt, daß der optimale Konsumplan immer im Inneren des Budgetraums liegt, daß also bei jedem beliebigen Einkommen > 0 und jedem beliebigen Preisvektor alle Güter nachgefragt werden. Damit ist der optimale Konsumplan geometrisch *immer* durch einen Tangentialpunkt zwischen Indifferenzkurve und Budgetgerade gegeben; dies bedeutet gleichzeitig, daß der optimale Konsumplan bei jeder Preis-Einkommens-Konstellation die durch die Gleichung (2) bzw. (3) beschriebene Bedingung erfüllt: Bei jedem Einkommen und jedem Preisvektor ist der optimale Konsumplan dadurch charakterisiert, daß für jedes beliebige Paar von Gütern i und j die Grenzrate der Substitution von Gut i durch Gut j gleich dem reziproken Preisverhältnis der beiden Güter i und j ist. Die Gültigkeit dieser Bedingung ist *nicht mehr* gesichert, wenn wir zulassen, daß **Indifferenzkurven die Achsen berühren** können.

Eine solche Situation ist in Abbildung 27 illustriert. Bei der unterstellten Steigung der Budgetgeraden M_1 ist x^* der optimale Konsumplan, denn er liegt auf der höchsten Indifferenzkurve, die der Haushalt erreichen kann. Im Punkt x^* hat aber die Budgetgerade eine flachere Steigung als die Indifferenzkurve, und somit gilt für den optimalen Konsumplan nicht $|dx_2/dx_1| = p_1/p_2$, sondern $|dx_2/dx_1| > p_1/p_2$. Also übersteigt die Grenzzahlungsbereitschaft des Haushalts für x_1 in Einheiten von x_2 den Preis von x_1 in Einheiten von x_2. Eine kleinere Menge als Null kann der Haushalt nicht nachfragen, und daher ist auch eine weitere Substitution von Gut 2 durch Gut 1 nicht möglich.

Enthält der optimale Konsumplan nicht alle Güter, so spricht man von einem **Randoptimum**. Fragt ein Haushalt ein Gut nicht nach, so kann man daraus nicht den Schluß ziehen, daß er dieses Gut prinzipiell nicht zu konsumieren wünscht. Betrachten Sie die Budgetgerade M_2 in Abbildung 27: Bei veränderter Güterpreisrelation und/oder verändertem Haushaltseinkommen kann ein solches Gut (hier Gut 2) wieder im optimalen Konsumplan enthalten sein.

Wir haben schon darauf verwiesen, daß die Annahme beschränkter Substituierbarkeit, die nur sog. **innere Optima** zuläßt – dies sind optimale Konsumpläne, bei denen alle Güter konsumiert werden –, in Hinblick auf die Wirklichkeit einer hochentwickelten Industriegesellschaft sehr realitätsfern ist. Zur Befriedigung jedes auch noch so spezifischen Konsumbedürfnisses steht uns eine sehr breite und hochdifferenzierte Angebotspalette an Gütern gegenüber, und niemals fragen wir alle Güter nach, sondern wir treffen immer eine Auswahl. Die Annahme charakterisiert daher eher die Präferenzordnung eines Konsumenten in einer sehr wenig entwickelten Wirtschaftsgesellschaft, in der eine ziemlich geringe Anzahl von Gütern produziert wird, so daß der Konsument auch bei der Befriedigung seiner elementaren Grundbedürfnisse kaum Wahlmöglichkeiten zwischen verschiedenen Gütern hat.

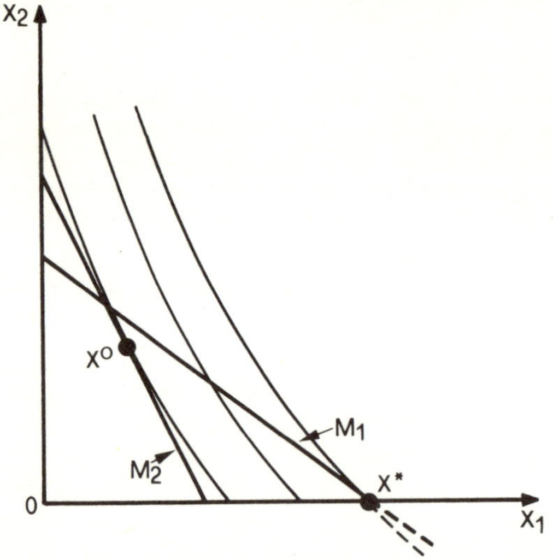

Abb. 27

Für die modelltheoretische Analyse des Konsumentenverhaltens hat der Ausschluß der Möglichkeit von Randoptima einen großen Vorteil. Bei drei Gütern wird es schwierig und bei mehr als drei Gütern ganz unmöglich, den optimalen Konsumplan des Haushalts geometrisch zu bestimmen. Wir müssen daher im allgemeinen Fall von n Gütern zu einer algebraischen Methode übergehen, und für den Fall, daß Randoptima nicht auftreten können, gibt es, wie Sie gleich sehen werden, eine einfache Technik zur Bestimmung des optimalen Konsumplans. Zum leichteren Verständnis dieser Technik wollen wir aber zunächst zeigen, daß man die Bedingung der Gleichheit von Grenzrate der Substitution und umgekehrtem Preisverhältnis auch in anderer Weise formulieren kann.

Der optimale Konsumplan x^* ist im Zwei-Güter-Fall geometrisch dadurch gekennzeichnet, daß die Steigung der durch x^* verlaufenden Indifferenzkurve gleich der Steigung der Budgetgeraden ist. Nun kann die Präferenzordnung des Haushalts durch eine Nutzenfunktion $u = f(x)$ – im Zwei-Güter-Fall also $u = f(x_1, x_2)$ – beschrieben werden. Eine Indifferenzkurve ist definitionsgemäß der geometrische Ort aller Konsumpläne, zwischen denen der Haushalt indifferent ist. Daher ist auch allen Konsumplänen auf derselben Indifferenzkurve der gleiche Nutzenindex zugeordnet. Sei dieser Nutzenindex gleich u^0; dann gilt für jeden auf derselben Indifferenzkurve liegenden Konsumplan:

$$f(x_1, x_2) = u^0$$

Folglich muß bei einer Bewegung entlang einer Indifferenzkurve das totale Differential der Nutzenfunktion gleich Null sein:

$$du = \frac{\partial u}{\partial x_1} dx_1 + \frac{\partial u}{\partial x_2} dx_2 = d(u^0) = 0, \quad \text{woraus folgt}$$

$$dx_2/dx_1 = -(\partial u/\partial x_1)/(\partial u/\partial x_2),$$

d.h. die Steigung einer Indifferenzkurve ist in jedem Punkt der Indifferenzkurve gleich dem negativ reziproken Verhältnis der partiellen Ableitungen der Nutzenfunktion an der betrachteten Stelle. Damit gilt für die Grenzrate der Substitution von Gut 2 durch Gut 1:

$$(4) \qquad |dx_2/dx_1| = \frac{\partial u}{\partial x_1} \Big/ \frac{\partial u}{\partial x_2}$$

Die Grenzrate der Substitution zwischen zwei Gütern ist also gleich dem reziproken Verhältnis der Grenznutzen der beiden Güter, und somit können wir Bedingung (2) auch so ausdrücken, daß wir sagen: Für den optimalen Konsumplan muß gelten, daß das Verhältnis der Grenznutzen gleich dem Preisverhältnis der beiden Güter ist:

$$(5) \qquad |dx_2/dx_1| = \frac{\partial u}{\partial x_1} \Big/ \frac{\partial u}{\partial x_2} = p_1/p_2$$

Gleichung (5) läßt sich unschwer für den Fall von n Gütern verallgemeinern. Bilden wir zunächst das totale Differential der Nutzenfunktion $u = f(x_1, x_2, \ldots, x_n)$:

$$du = \frac{\partial u}{\partial x_1} dx_1 + \frac{\partial u}{\partial x_2} dx_2 + \cdots + \frac{\partial u}{\partial x_n} dx_n$$

Die Grenzrate der Substitution von Gut i durch Gut j gibt an, in welchem Verhältnis Gut i durch Gut j bei einer infinitesimal kleinen Veränderung der Menge x_j und Konstanz aller anderen Gütermengen substituiert werden muß, wenn sich der Haushalt nicht besser und nicht schlechter als vorher stellen soll, mit anderen Worten, die Grenzrate der Substitution gibt das Substitutionsverhältnis zweier Güter bei Konstanz aller anderen Gütermengen und Konstanz des Nutzenindex an. Setzen wir also die Mengenveränderungen aller Güter mit Ausnahme zweier Güter i und j gleich Null an und wählen wir dx_i und dx_j so, daß $du = 0$ gilt:

$$du = \frac{\partial u}{\partial x_i} dx_i + \frac{\partial u}{\partial x_j} dx_j = 0; \quad \text{daraus folgt}$$

$$(6) \qquad |dx_i/dx_j| = \frac{\partial u}{\partial x_j} \Big/ \frac{\partial u}{\partial x_i}$$

Die Grenzrate der Substitution zwischen zwei Gütern ist also auch im Fall von n Gütern gleich dem reziproken Verhältnis der Grenznutzen, und somit muß für den optimalen Konsumplan gelten:

$$(7) \qquad |dx_i/dx_j| = \frac{\partial u}{\partial x_j} \Big/ \frac{\partial u}{\partial x_i} = p_j/p_i \qquad i, j = 1, 2, \ldots, n$$

Der **optimale Konsumplan** ist folglich dadurch gekennzeichnet, daß **für jedes Güterpaar das Grenznutzenverhältnis gleich dem Preisverhältnis** ist.

Fassen wir zusammen: Erfüllt die Präferenzordnung des Haushalts die Annahmen 1 bis 8, so gibt es in jeder Preis-Einkommens-Konstellation nur einen optimalen Konsumplan. Für den optimalen Konsumplan muß gelten, daß

1. die Gesamtausgaben gleich der Budgetsumme bzw. dem Einkommen sind, und
2. für jedes Güterpaar die Grenzrate der Substitution gleich dem umgekehrten Preisverhältnis bzw. das Grenznutzenverhältnis gleich dem Preisverhältnis ist.

Gleichzeitig können wir einen Umkehrschluß ziehen: Erfüllt ein Konsumplan die genannten Bedingungen, so muß dieser Konsumplan der optimale Konsumplan sein. Unter den Annahmen 1 bis 8 sind damit die volle Verausgabung des Budgets und Gleichheit von Grenzrate der Substitution und umgekehrtem Preisverhältnis bzw. Gleichheit von Grenznutzen- und Preisverhältnis sowohl *notwendige* wie *hinreichende* Bedingungen dafür, daß ein Konsumplan der optimale Konsumplan des Haushalts ist.

2. Analytische Bestimmung des optimalen Konsumplans

Die Präferenzordnung des Haushalts kann durch eine Nutzenfunktion $u = f(x)$ dargestellt werden. Die Annahme der rationalen Wahl ist gleichbedeutend mit der Annahme, daß der Haushalt nur einen Konsumplan x wählt, dessen Funktionswert $f(x)$ nicht kleiner ist als der Funktionswert $f(x')$ irgendeines anderen ebenfalls zur Budgetmenge gehörenden Konsumplans x'. Die Wahl des optimalen Konsumplans läßt sich somit analytisch beschreiben als Maximierung der Nutzenfunktion unter der Nebenbedingung, daß die Budgetrestriktion eingehalten wird – in Kurzschreibweise:

$$\text{Max } u = f(x) \text{ bei } px \leqq M$$

Die Bestimmung dieses Maximums der Nutzenfunktion kann zu einem recht komplizierten mathematischen Problem werden. Glücklicherweise ist aber durch unsere Annahmen sichergestellt, daß

– der optimale Konsumplan nur ein Konsumplan sein kann, der die Verausgabung des ganzen Budgets erfordert (Annahme 4); damit muß für das gesuchte Maximum der Nutzenfunktion $px = M$ gelten, und daß
– der optimale Konsumplan nur ein Konsumplan sein kann, der für alle Güter positive Verbrauchsmengen vorsieht (Annahme 6); damit muß $x_i > 0$ $(i = 1, 2, \ldots, n)$ für das gesuchte Maximum der Nutzenfunktion gelten.

Unter diesen Bedingungen können die optimalen Verbrauchsmengen unter Verwendung einer einfachen Technik aus der Nutzenfunktion abgeleitet werden: der sog. **Methode der Lagrange-Multiplikatoren**. Diese Methode ist, allgemein gesprochen, eine Technik zur Bestimmung des Extremums von Funktionen unter Nebenbedingungen in Form von Gleichungen. In unserem konkreten Anwendungsbeispiel gilt es, die Nutzenfunktion $u = f(x)$ unter der Nebenbedingung $px = M$ zu maximieren. Gehen wir der Übersichtlichkeit halber zunächst von nur zwei Gütern aus; dann ist das Maximum der Funktion $u = f(x_1, x_2)$ unter der Nebenbedingung $p_1x_1 + p_2x_2 = M$ zu bestimmen. Dabei sind M, p_1 und p_2 fest vorgegeben, also keine Variablen, sondern Konstanten.

Im ersten Schritt formt man die Budgetgleichung so um, daß auf einer Seite Null steht, also

$$p_1x_1 + p_2x_2 - M = 0 \qquad \text{oder} \qquad M - p_1x_1 - p_2x_2 = 0$$

Im nächsten Schritt bildet man die Lagrange-Funktion L, indem man die Nebenbedingung mit einem Lagrange-Multiplikator λ multipliziert und den erhaltenen Ausdruck zu der zu maximierenden Nutzenfunktion hinzuaddiert (oder von der zu maximierenden Funktion abzieht – das ist gleichgültig).

$$\text{(8)} \qquad L = f(x_1, x_2) + \lambda(M - p_1x_1 - p_2x_2)$$

Die Lagrange-Funktion enthält drei unabhängige Variablen: x_1, x_2 und λ. Wären mehrere Nebenbedingungen zu berücksichtigen, so hätte man diese in gleicher Weise umzuformen, mit weiteren Lagrange-Multiplikatoren zu multiplizieren und ebenfalls von der zu maximierenden Funktion zu subtrahieren oder zu dieser hinzuzuzählen. Sucht man das Minimum einer Funktion unter Nebenbedingungen in Form von Gleichungen, verfährt man genauso. Wesentlich ist nun, daß die Lagrange-Funktion genau an der Stelle ihr unbeschränktes Extremum hat, an der auch die zu extremierende Funktion ihr durch die Nebenbedingung(en) beschränktes Extremum hat. Damit kann man bei der Bestimmung des Extremums einer Funktion unter Nebenbedingungen in Form von Gleichungen bei Verwendung der Methode der Lagrange-Multiplikatoren in der gleichen Weise vorgehen, wie man dies bei der Bestimmung des Extremums einer Funktion ohne Nebenbedingungen tut: Man bildet die partiellen Ableitungen der Lagrange-Funktion nach den unabhängigen Variablen und setzt diese anschließend gleich Null. Für unser Problem benötigen wir die partiellen Ableitungen von L nach x_1, x_2 und λ:

$$\text{(9)} \qquad \frac{\partial L}{\partial x_1} = \frac{\partial u}{\partial x_1} - \lambda p_1$$

$$\frac{\partial L}{\partial x_2} = \frac{\partial u}{\partial x_2} - \lambda p_2$$

$$\frac{\partial L}{\partial \lambda} = M - p_1 x_1 - p_2 x_2$$

Setzen wir die partiellen Ableitungen von L gleich Null, so erhalten wir:

$$\text{(10)} \qquad \begin{aligned} \partial u/\partial x_1 - \lambda p_1 &= 0 \\ \partial u/\partial x_2 - \lambda p_2 &= 0 \\ M - p_1 x_1 - p_2 x_2 &= 0 \end{aligned}$$

Die Extremwertbedingungen für L bestehen also aus einem System von drei Gleichungen, dessen Lösung die Werte der zwei Variablen x_1 und x_2 – also der optimalen Verbrauchsmengen – sowie der später noch zu erörternden Variablen λ liefert, für die die Lagrange-Funktion ein Extremum annimmt. Wir wollen uns nun überzeugen, daß das Extremum von L tatsächlich das gesuchte Maximum der Nutzenfunktion ist.

Betrachten Sie die letzte Gleichung von (10); für ein Extremum von L muß gelten: $M - px = 0$. Daraus kann man zunächst unmittelbar ersehen, daß für ein Extremum der Lagrange-Funktion $L = u$ gilt, denn für $M - px = 0$ erhält man $L = f(x) - \lambda \cdot 0 = f(x)$. Von dieser Bedingung für ein Extremum von L wissen wir aber schon, daß sie gleichzeitig auch eine Bedingung für den optimalen Konsumplan und damit für das gesuchte Maximum der Nutzenfunktion ist. Betrachten Sie nun die beiden ersten Gleichungen von (10); man erhält durch Umformung:

$$\partial u/\partial x_1 = \lambda p_1 \quad \text{und} \quad \partial u/\partial x_2 = \lambda p_2 \quad \text{und damit}$$

$$\text{(11)} \qquad \frac{\partial u}{\partial x_1} \Big/ \frac{\partial u}{\partial x_2} = p_1/p_2$$

Mit dieser Gleichung haben wir wieder die bekannte Bedingung der Gleichheit von Grenzrate der Substitution und umgekehrtem Preisverhältnis. Die Bedingungen für ein Extremum von L sind damit identisch mit den notwendigen und hinreichenden Bedingungen für den optimalen Konsumplan; daher können wir sicher sein, daß das Extremum der Lagrange-Funktion gleich dem beschränkten Maximum der Nutzenfunktion ist, daß uns also die Lösung von Gleichungssystem (10) tatsächlich die optimalen Verbrauchsmengen des Haushalts liefert.

Im allgemeinen Fall von n Gütern geht man ganz analog vor. Man bildet die Lagrange-Funktion

(12) $$L = f(x_1, x_2, \ldots, x_n) + \lambda(M - p_1 x_1 - p_2 x_2 - \cdots - p_n x_n),$$

differenziert L partiell nach den Variablen $x_1, x_2, \ldots, x_n$ und λ, und setzt die Ableitungen gleich Null. Man erhält ein System von n + 1 Gleichungen

(13) $$\begin{aligned} &\partial u/\partial x_1 - \lambda p_1 = 0 \\ &\partial u/\partial x_2 - \lambda p_2 = 0 \\ &\qquad\vdots \\ &\partial u/\partial x_n - \lambda p_n = 0 \\ &M - p_1 x_1 - p_2 x_2 - \cdots - p_n x_n = 0, \end{aligned}$$

dessen Lösung die Werte der Variablen $x_1, x_2, \ldots, x_n$ liefert, für die die Nutzenfunktion ein durch die Budgetrestriktion beschränktes Maximum annimmt. Die ersten n Gleichungen von (13) lassen sich umformen zu der bekannten Bedingung:

(14) $$\frac{\partial u}{\partial x_j} \Big/ \frac{\partial u}{\partial x_i} = p_j/p_i \quad \text{für alle } i, j = 1, 2, \ldots, n$$

Wiederum sehen wir, daß die Bedingungen für ein unbeschränktes Extremum von L genau gleich den notwendigen und hinreichenden Bedingungen dafür sind, daß ein Konsumplan der optimale Konsumplan des Haushalts ist.

Wir kehren noch einmal kurz zum **Lagrange-Multiplikator** zurück. Betrachten wir die in (12) angegebene Lagrange-Funktion und unterstellen wir, die Budgetsumme M sei variabel. Wir leiten L nach M ab und erhalten $\partial L/\partial M = \lambda$; λ gibt also an, um welchen Betrag sich L verändert, wenn die Budgetsumme um eine (infinitesimal kleine) Einheit erhöht wird. Da die Lagrange-Funktion für alle Vektoren x, die die Beschränkungsgleichung $M - px = 0$ erfüllen, und mithin auch für alle nutzenmaximalen Konsumpläne mit der Nutzenfunktion identisch ist, gibt λ offenbar auch an, um welchen Betrag sich u verändert, wenn M um eine (infinitesimal kleine) Einheit erhöht wird; es gilt also auch $\partial u/\partial M = \lambda$. Bei Zugrundelegung der erwähnten *kardinalen* nutzentheoretischen Vorstellungen ist λ daher interpretierbar als Maß für den mit einer (infinitesimal kleinen) Erhöhung der Budgetsumme verbundenen Nutzenzuwachs und wird deshalb in dieser Interpretation als *Grenznutzen des Geldes* oder *Grenznutzen des Einkommens* bezeichnet. Bei *ordinalem* Nutzenverständnis ist (ganz entsprechend) λ die Erhöhung des Wertes u der Nutzenindexfunktion bei einer Veränderung der Budgetsumme um eine Geldeinheit.

Bei der analytischen Bestimmung der optimalen Verbrauchsmengen des Haushalts kann man freilich nur dann in der beschriebenen Weise vorgehen, wenn die Präferenzordnung des Haushalts alle Annahmen erfüllt, die wir eingeführt haben. Nehmen Sie z.B. an, der Haushalt betrachte zwei Güter als vollständig substituierbar. Dann kann es zu der in Abbildung 27 illustrierten Situation eines Randoptimums kommen; bei der Budgetgeraden M_1 galt dort $|dx_2/dx_1| > p_1/p_2$ und folglich auch $(\partial u/\partial x_1)/(\partial u/\partial x_2) > p_1/p_2$. Die Bedingung für ein unbeschränktes Extremum der Lagrange-Funktion ist aber $(\partial u/\partial x_1)/(\partial u/\partial x_2) = p_1/p_2$. In diesem Fall unterscheiden sich die Bedingungen für das gesuchte beschränkte Maximum der Nutzenfunktion und die Bedingungen für ein Extremum der Lagrange-Funktion voneinander, und somit ist klar, daß die Werte der Variablen $x_1, x_2, \ldots x_n$, für die L ein Extremum annimmt, nicht gleich den gesuchten optimalen Verbrauchsmengen sein können. Ähnliche Probleme ergeben sich, wenn Indifferenzkurven einen konkaven Verlauf haben oder wenn die

Nichtsättigungsannahme nicht erfüllt ist. In all diesen Fällen erfordert die analytische Bestimmung der optimalen Verbrauchsmengen den Einsatz komplizierterer mathematischer Methoden, auf die wir hier nicht eingehen wollen.

Wir hatten erwähnt, daß die Präferenzordnung eines Haushalts nicht nur durch eine bestimmte Nutzenfunktion, sondern durch jede monotone Transformation dieser Nutzenfunktion beschrieben werden kann. Nun kann sich natürlich der optimale Konsumplan bei gegebenen Preisen und gegebener Budgetsumme nicht ändern, wenn man den Konsumplänen andere Nutzenindices zuordnet – je nachdem, durch welche Nutzenfunktion wir die Präferenzordnung des Haushalts beschreiben, mag sich der Wert des beschränkten Maximums dieser Funktion ändern, die optimalen Verbrauchsmengen müssen aber konstant bleiben. Soll die eben beschriebene Methode zur Ermittlung des optimalen Konsumplans sinnvoll sein, so setzt dies also voraus, daß man bei Verwendung jeder monotonen Transformation der Nutzenfunktion zur gleichen Lösung gelangt. Wie man leicht zeigen kann, ist dies tatsächlich der Fall; der mathematisch interessierte Leser kann sich im Anhang dieses Buches davon überzeugen.

Illustrieren wir die Anwendung der Methode der Lagrange-Multiplikatoren auf unser Problem der analytischen Bestimmung des optimalen Konsumplans noch anhand eines numerischen Beispiels. Gehen wir vom Zwei-Güter-Fall aus und nehmen an, die Präferenzordnung des Haushalts lasse sich durch die Funktion $u = x_1 x_2$ beschreiben. Die Preise der Güter seien mit $p_1 = 5$ DM und $p_2 = 10$ DM gegeben; die Budgetsumme des Konsumenten betrage 100 DM. Die Bilanzgleichung lautet also:

$$5x_1 + 10x_2 = 100$$

Die Bilanzgleichung ist die Nebenbedingung, unter der die Nutzenfunktion zu maximieren ist. Wir formen diese so um, daß auf einer Seite Null steht:

$$100 - 5x_1 - 10x_2 = 0$$

Wir bilden die Lagrange-Funktion, indem wir die Nebenbedingung mit dem Lagrange-Multiplikator λ multiplizieren und den so erhaltenen Ausdruck zur Nutzenfunktion hinzuaddieren:

$$L = x_1 x_2 + \lambda(100 - 5x_1 - 10x_2)$$

Wir bilden die partiellen Ableitungen von L nach x_1, x_2 und setzen dann diese Ableitungen gleich Null:

$$\frac{\partial L}{\partial x_1} = x_2 - 5\lambda = 0$$

$$\frac{\partial L}{\partial x_2} = x_1 - 10\lambda = 0$$

$$\frac{\partial L}{\partial \lambda} = 100 - 5x_1 - 10x_2$$

Aus den beiden ersten Bedingungen für ein Extremum von L erhalten wir $x_2 = \frac{1}{2} x_1$, und durch Substitution von x_1 bzw. x_2 in der dritten Bedingung für ein Extremum von L ermitteln wir als optimale Verbrauchsmengen $x_1 = 10$ und $x_2 = 5$.

Wir haben viel darüber gesagt, durch welche Bedingungen der optimale Konsumplan charakterisiert ist und wie er sich analytisch aus der Nutzenfunktion ableiten läßt. Die abgeleiteten Bedingungen für den optimalen Konsumplan bzw. das Maximum der Nutzenfunktion dürfen Sie nicht mißverstehen: Es handelt sich dabei weder um irgendwelche zusätzlichen Bedingungen, die der Haushalt bei seinen Konsumentscheidungen zu berücksichtigen hätte – denn trifft der Haushalt eine rationale Wahl und entspricht seine Präferenzordnung den zugrunde gelegten Annahmen, so ist der von ihm gewählte Konsumplan durch die genannten Bedingungen charakterisiert –, noch handelt es sich dabei etwa um Definitionskriterien des optimalen Konsumplans – denn der optimale Konsumplan ist einfach der Konsumplan, den der Haushalt in einer gegebenen Preis-Einkommens-Konstellation für den bestmöglichen Konsumplan hält. Vollausschöpfung des Budgets und Gleichheit von Grenzrate der Substitution und umgekehrtem Preisverhältnis sind lediglich spezifische Eigenschaften des optimalen Konsumplans, die dieser nur dann aufweist, wenn alle Annahmen, von denen wir ausgegangen sind, Gültigkeit besitzen. Auch wollen wir nicht unterstellen, daß der Haushalt seine Konsumplanung unter Zuhilfenahme der Differentialrechnung und der Algebra durchführt; vielmehr benutzen *wir* als Theoretiker mathematische Methoden, um die Implikationen unserer Modellannahmen für die Konsumgüternachfrage des Haushalts leichter untersuchen zu können. Wir wollen aber versuchen, im weiteren Verlauf unserer Analyse mit dem Einsatz mathematischer Hilfsmittel möglichst sparsam umzugehen.

F. Die Güternachfrage des Haushalts

Nachdem wir gezeigt haben, wie sich die von dem Haushalt in einer gegebenen Preis-Einkommens-Konstellation nachgefragten Gütermengen bestimmen lassen, wollen wir nun untersuchen, ob und wie die nachgefragten Gütermengen durch Änderungen der Budgetsumme und/oder der Güterpreise beeinflußt werden. Dabei nehmen wir eine kleine analytische Vereinfachung vor: Wir wollen annehmen, daß dem Haushalt zur Finanzierung seiner Konsumausgaben nur sein Einkommen E zur Verfügung steht, das er während der betrachteten Konsumperiode bezieht, und daß die Budgetbeschränkung, die sich der Haushalt bei seiner Konsumplanung setzt, genau seinem Einkommen entspricht, daß er also keine Ersparnisse aus seinem laufenden Einkommen plant. Es gilt damit die Budgetrestriktion $M = E \geqq px$, und aus der Nichtsättigungsannahme folgt unmittelbar, daß bei Realisierung des optimalen Konsumplans das ganze Einkommen tatsächlich für Konsumzwecke verausgabt wird, mithin auch keine ungeplanten Ersparnisse anfallen.

1. Die allgemeine Nachfragefunktion

Bei gegebener Präferenzordnung des Haushalts hängen die optimalen Verbrauchsmengen vom Haushaltseinkommen und von den Güterpreisen ab, d.h. die nachgefragte Menge jeden Gutes i ist eine Funktion des Preises des Gutes i, der Preise aller anderen Güter sowie des Einkommens:

$$(1) \qquad \begin{aligned} x_1 &= f_1(p_1, p_2, \ldots, p_n, E) \\ x_2 &= f_2(p_1, p_2, \ldots, p_n, E) \\ &\vdots \\ x_n &= f_n(p_1, p_2, \ldots, p_n, E) \end{aligned}$$

Die Funktion $x_i = f_i(p_1, p_2, \ldots, p_n, E)$ bezeichnet man als **allgemeine Nachfragefunktion** für Gut i. Anhand des Zwei-Güter-Falls kann man sich die funktionale Abhängigkeit der nachgefragten Gütermengen von den Güterpreisen und vom Einkommen graphisch veranschaulichen: Der optimale Konsumplan ermittelt sich geometrisch als Tangentialpunkt zwischen Bilanzgerade und Indifferenzkurve; die Lage der Bilanzgerade in der Konsumebene ist aber von p_1, p_2 und E abhängig, und da es bei Konvexität der Präferenzen nur einen Tangentialpunkt zwischen Bilanzgerade und Indifferenzkurve geben kann, sind die optimalen Verbrauchsmengen bei gegebener Präferenzordnung durch die Werte von p_1, p_2 und E eindeutig bestimmt.

Wie Sie an Abbildung 28 ablesen können, ergeben sich bei einer Veränderung der Güterpreise und/oder des Einkommens andere Bilanzgeraden, mithin andere Tangentialpunkte zwischen Bilanzgerade und Indifferenzkurve und damit in der Regel für alle Güter auch andere, in jedem Fall aber eindeutig bestimmte optimale Verbrauchsmengen. So wählt der Haushalt ausgehend vom Einkommen E_0 und den Preisen p_1^0 und p_2^0 das Güterbündel x^0. Steigt der Preis von x_1 auf p_1^1 wechselt er von x^0 auf x^1. Erhöht sich statt dessen das Einkommen auf E_1, so wählt der Haushalt x^2 statt x^0.

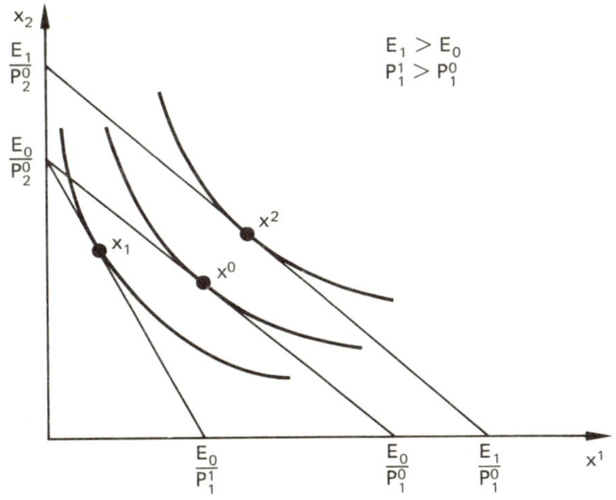

Abb. 28

Im allgemeinen ziehen Einkommens- und Preisvariationen Veränderungen der nachgefragten Gütermengen nach sich. Eine wichtige Ausnahme von dieser Regel ergibt sich für den Fall, daß sich das Einkommen und alle Güterpreise gleichzeitig um denselben Prozentsatz verändern; in diesem Fall bleiben die nachgefragten Mengen aller Güter konstant, gleich wie die Präferenzordnung des Haushalts im einzelnen aussieht. Im Zwei-Güter-Fall ist dies unmittelbar einsichtig: Wenn Einkommen und Preise proportional variieren, verändert sich die Lage der Budgetgerade nicht, und deshalb kann es auch keinen neuen Tangentialpunkt zwischen Bilanzgerade und Indifferenzkurve geben – der optimale Konsumplan bleibt unverändert. Bei proportionaler Variation aller unabhängigen Variablen der allgemeinen Nachfragefunktion bleiben also die Nachfragemengen konstant; der Haushalt handelt, wie man sagt, ohne Geldillusion. Mathematisch ausgedrückt bedeutet dies, daß die allgemeinen Nachfragefunktionen homogen vom Grade 0 in den Preisen und im Einkommen sind.

2. Nachfragereaktionen bei Veränderungen des Einkommens

Wir wollen nun den Zusammenhang zwischen der Höhe des Haushaltseinkommens und den nachgefragten Gütermengen untersuchen. Dabei betrachten wir alle Güterpreise als konstant; so ist es möglich, die Auswirkungen von Einkommensveränderungen auf die Güternachfrage getrennt von denen möglicher Preisveränderungen zu analysieren. Diese in der ökonomischen Theorie sehr häufig verwendete Untersuchungstechnik der isolierten Betrachtung des Ursache-Wirkungs-Zusammenhangs zwischen der abhängigen und *einer* unabhängigen Modellvariablen bei Konstanz aller übrigen unabhängigen Variablen wird als **Ceteris-Paribus-Analyse** bezeichnet. Auch wir werden uns dieser Technik im folgenden noch öfters bedienen; damit immer ganz klar ist, welche Modellgrößen wir als variabel und welche wir als konstant annehmen, werden wir die jeweils als konstant angesetzten Modellgrößen zur Kennzeichnung mit einem Querstrich versehen. Zunächst interessiert uns also die Beziehung

(2) $x_i = f_i(\overline{p}_1, \overline{p}_2, \ldots, \overline{p}_n, E), \qquad i = 1, 2, \ldots, n$

d.h. die funktionale Beziehung zwischen Nachfragemengen und Haushaltseinkommen bei Konstanz der Güterpreise.

a) Einkommens-Konsum-Kurven

Geht man vom Zwei-Güter-Fall aus, so bedeutet eine Veränderung des Einkommens bei Konstanz der Preise eine Parallelverschiebung der Bilanzgeraden. Bei einer Einkommenserhöhung von E^0 auf E^1 verbessert sich der Haushalt, denn der neue optimale Konsumplan x^1 liegt auf einer höheren Indifferenzkurve, und folglich gilt $x^1 \succ x^0$; bei einer Einkommenssenkung von E^0 auf E^2 verschlechtert sich der Haushalt, denn der neue optimale Konsumplan liegt auf einer niedrigeren Indifferenzkurve, und damit muß $x^0 \succ x^2$ gelten.

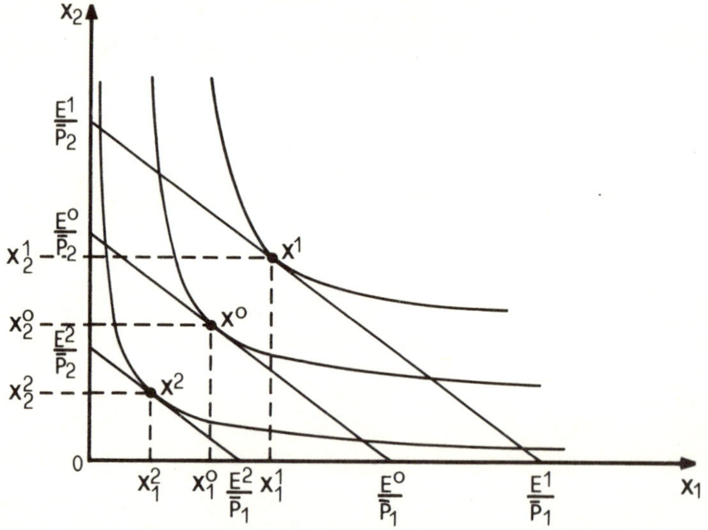

Abb. 29

Wie sich eine Einkommensänderung auf die nachgefragten Gütermengen auswirkt, hängt von der Präferenzordnung des Haushalts ab. In Abbildung 29 haben wir ein

Indifferenzkurvensystem dargestellt, bei dem Einkommensvariationen jeweils zu gleichgerichteten Nachfrageveränderungen für beide Güter führen. Wird ein Gut bei einer Einkommenserhöhung (-senkung) in größerer (kleinerer) Menge als vorher nachgefragt, so spricht man von einem **superioren** Gut. Dieser Effekt einer Veränderung des Haushaltseinkommens ist freilich nicht zwangsläufig. Unsere Annahmen über die Präferenzordnung des Haushalts schließen nicht aus, daß Indifferenzkurven anders verlaufen: In Abbildung 30a bleibt die nachgefragte Menge von Gut 1 bei einer Einkommensveränderung konstant, während in Abbildung 30b eine Einkommensvariation zu einer entgegengerichteten Veränderung der Nachfragemenge von Gut 1 führt.

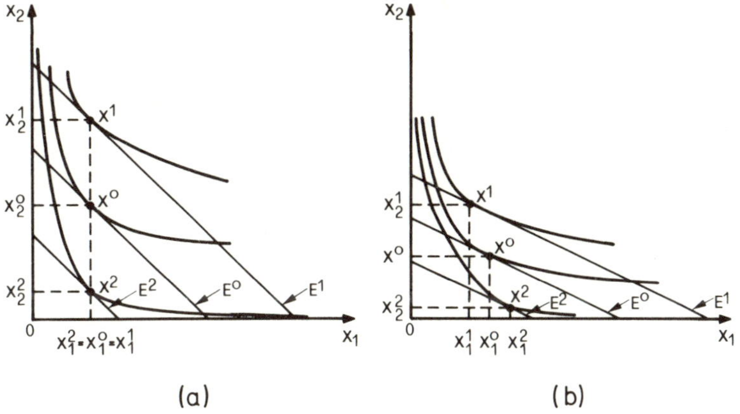

Abb. 30

Ein Gut, das der Haushalt bei einer Einkommenserhöhung (-senkung) in kleinerer (größerer) Menge als vorher nachfragt, wird als **inferiores** Gut bezeichnet. Eine solche Nachfragereaktion ist nicht so ungewöhnlich, wie sie auf den ersten Blick vielleicht erscheinen mag. Einkommenszuwächse veranlassen Haushalte recht häufig dazu, vom Konsum „minderwertiger" Güter auf den Konsum von Gütern des „gehobenen Bedarfs" überzugehen; denken Sie etwa an die Substitution von Malzkaffee durch Bohnenkaffee oder von Margarine durch Butter im Verlauf des wirtschaftlichen Aufschwungs der Bundesrepublik während der 50er Jahre.

Die Abbildungen 30a und b sind in zweierlei Hinsicht aufschlußreich: Zunächst kann man unmittelbar ersehen, daß aus der Nichtsättigungsannahme folgt, daß der Haushalt bei einer Einkommenssteigerung von mindestens einem Gut mehr nachfragen muß als vor der Einkommenserhöhung; es kann also z.B. nicht sein, daß der Haushalt gleichzeitig alle Güter als inferiore Güter betrachtet. Umgekehrt ist ebenso klar, daß aus der Nichtsättigungsannahme *nicht* folgt, daß der Haushalt bei einer Einkommenssteigerung von *jedem* Gut mehr nachfragen muß. Man kann also aus der Beobachtung, daß ein Haushalt nach einer Einkommenserhöhung von einem Gut nicht mehr als vorher konsumiert, nicht den Schluß ziehen, der Haushalt habe beim Konsum dieses Gutes eine Sättigungsgrenze erreicht.

Läßt man die Einkommensvariable eine breite Skala von Werten durchlaufen, so erhält man unendlich viele Budgetgeraden und damit unendlich viele Berührpunkte zwischen Bilanzgeraden und Indifferenzkurven. Die Menge dieser Tangentialpunkte bildet eine stetige Linie in der Konsumebene, die **Einkommens-Konsum-Kurve** genannt wird. Sind beide Güter superiore Güter, nehmen also die Nachfragemengen der

Güter mit steigendem Einkommen zu, so hat die Einkommens-Konsum-Kurve eine positive Steigung; ein Beispiel für diesen Fall ist in Abbildung 31 a illustriert. Ist eines der beiden Güter ein inferiores Gut, so hat die Einkommens-Konsum-Kurve einen komplizierteren Verlauf. Bei einem inferioren Gut geht die nachgefragte Menge mit steigendem Einkommen zurück; da aber bei $E = 0$ die Nachfragemengen gleich Null sind, muß bei kleinen Einkommenswerten die nachgefragte Menge eines Gutes zunächst einmal steigen, bevor sie bei größeren Einkommenswerten wieder abnehmen kann. Betrachten wir das Problem von der anderen Seite: Bei einem inferioren Gut steigt die nachgefragte Menge mit sinkendem Einkommen. In Abbildung 31 b nimmt die nachgefragte Menge von Gut 2 bei einer Einkommensreduzierung von E^4 bis auf E^2 ständig zu; die bei E^2 nachgefragte Menge x_2^2 kann der Haushalt aber aufgrund der Budgetrestriktion nicht mehr nachfragen, wenn sein Einkommen kleiner als E^1 ist. Jedes Gut, das innerhalb eines bestimmten Einkommensintervalls ein inferiores Gut ist, muß also bei einer hinreichend starken Reduzierung des Einkommens die Eigenschaft der Inferiorität verlieren. Damit hat die Einkommens-Konsum-Kurve zunächst auf jeden Fall einen steigenden Verlauf, nimmt aber von der Einkommenshöhe an, bei der ein Gut ein inferiores Gut wird, eine negative Steigung an. Bei Annahme beschränkter Substituierbarkeit der Güter kann die Einkommens-Konsum-Kurve im übrigen auch dann, wenn ein Gut ein inferiores Gut ist, bei positiven Werten der Einkommensvariablen niemals eine der Achsen der Konsumebene berühren.

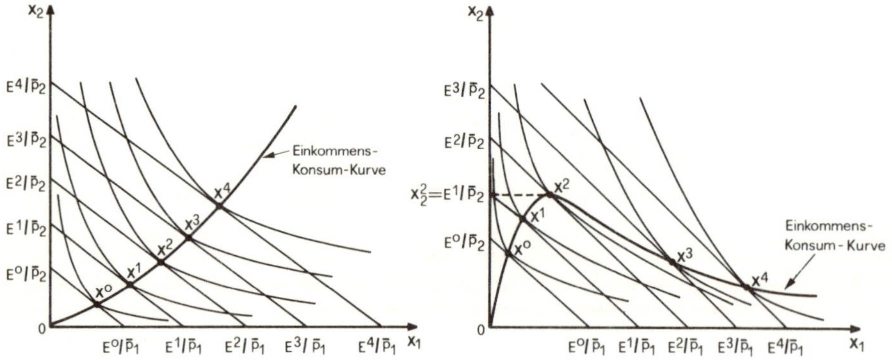

Abb. 31 (a) (b)

b) Engel-Kurven

Stellt man den Zusammenhang zwischen der nachgefragten Menge eines Gutes und dem Haushaltseinkommen in einem Diagramm dar, bei dem auf der Abszisse die Einkommenshöhe und auf der Ordinate die Nachfragemenge abgetragen wird, so erhält man die sog. **Engel-Kurve.**[1] Ist ein Gut ein superiores Gut, so hat die Engel-Kurve eine positive Steigung.

Die Abbildungen 32 a und b zeigen zwei sehr unterschiedliche Verläufe von Engel-Kurven für superiore Güter. In Abbildung 32 a nimmt die nachgefragte Menge des Gutes i relativ langsamer zu als das Einkommen; dies können Sie daran ablesen, daß der Quotient x_i/E mit wachsendem Einkommen abnimmt. Da die Güterpreise als

[1] Diese Kurve hat ihren Namen nach dem deutschen Statistiker Christian Lorenz Ernst Engel, der Mitte des 19. Jahrhunderts den Zusammenhang zwischen Einkommensentwicklung und Nahrungsmittelnachfrage untersuchte.

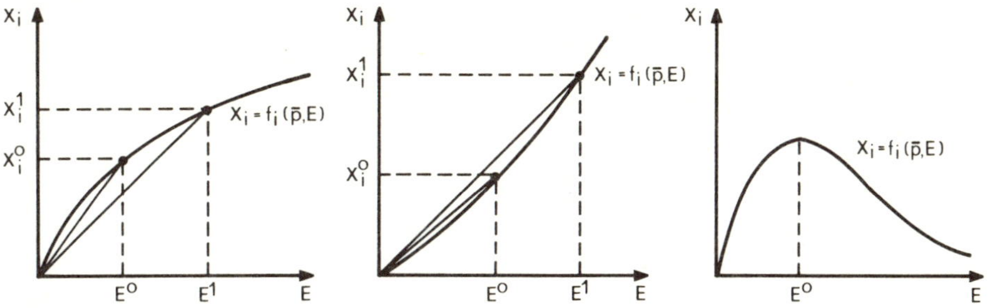

Abb. 32 (a) (b) (c)

konstant angenommen sind, folgt hieraus, daß mit zunehmendem Einkommen der Quotient $\bar{p}_i x_i/E$ ebenfalls abnimmt. Ein konkaver Verlauf der Engel-Kurve bedeutet daher, daß für das betreffende Gut der Ausgabenanteil an den gesamten Konsumausgaben mit wachsendem Haushaltseinkommen ständig zurückgeht. Ein typisches Beispiel für solche Güter sind Grundnahrungsmittel. Abbildung 32b zeigt den entgegengesetzten Fall: die nachgefragte Menge dieses Gutes und damit auch die Konsumausgaben für dieses Gut steigen relativ schneller als das Einkommen. Hat also die Engel-Kurve für ein Gut eine konvexe Krümmung, so nimmt der auf dieses Gut entfallende Anteil an den Gesamtausgaben mit wachsendem Einkommen ständig zu. In Abbildung 32c ist der Verlauf der Engel-Kurve für ein inferiores Gut skizziert; mit steigendem Einkommen ($E > E^0$) nimmt die Nachfrage nach Gut i ab. Wieder müssen Sie beachten, daß einer Nachfragesteigerung bei sinkendem Einkommen durch die Budgetrestriktion Grenzen gesetzt sind; für sehr kleine Werte von E muß die Engel-Kurve eine positive Steigung haben.

Abbildung 33 stellt schließlich einen Spezialfall der Engel-Kurve dar. Hier variiert die Nachfrage nach Gut i proportional mit dem Einkommen; infolgedessen variieren auch die Ausgaben für Gut i proportional mit dem Einkommen, und der auf Gut i entfallende Anteil an den Gesamtausgaben bleibt konstant.

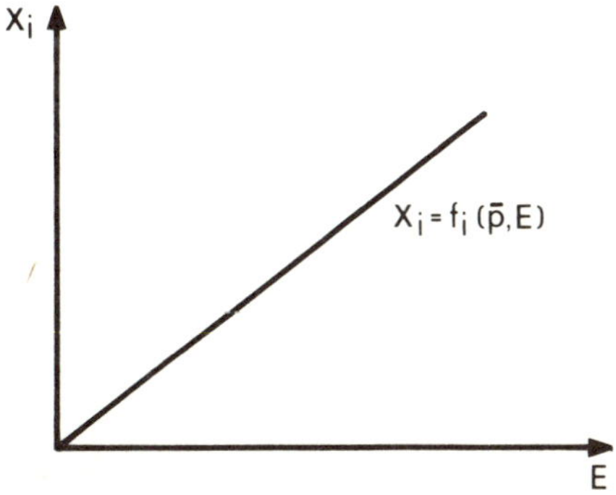

Abb. 33

Sind die Engel-Kurven für alle Güter durch den Ursprung verlaufende Geraden, so verändern sich die Proportionen der optimalen Verbrauchsmengen der Güter bei einer Einkommensvariation nicht: die Struktur der Güternachfrage bleibt konstant. Ist im Zwei-Güter-Fall die Engel-Kurve für ein Gut eine durch den Ursprung verlaufende Gerade, so ist die Engel-Kurve für das andere Gut ebenfalls eine durch den Ursprung verlaufende Gerade, denn bei konstantem Ausgabenanteil für ein Gut muß bei nur zwei Gütern auch der auf das andere Gut entfallende Anteil an den Gesamtausgaben konstant bleiben. Für die Einkommens-Konsum-Kurve bedeutet dies, daß auch sie in diesem Fall eine im Ursprung der Konsumebene beginnende Gerade ist.

c) Die Einkommenselastizität der Nachfrage

Man kann die Nachfragereaktionen des Haushalts auf Einkommens- oder Preisveränderungen in sehr zweckmäßiger Weise beschreiben, indem man sog. (Punkt-)Elastizitäten berechnet.[1] Eine Elastizität ist, allgemein gesprochen, ein Maß, mit dem die Reagibilität der abhängigen Variablen einer Funktion auf eine (infinitesimal) kleine Veränderung einer unabhängigen Variablen dieser Funktion ausgedrückt wird. Elastizitäten werden nicht nur in der Haushaltstheorie, sondern überall in der ökonomischen Theorie zur Beschreibung der Eigenschaften von Funktionen verwendet; es ist deshalb wichtig, daß Sie sich die Bedeutung dieses Konzepts von Anfang an ganz klarmachen.

Die **Einkommenselastizität** der Nachfrage nach Gut i mißt die Richtung und die Stärke der Reaktion der Nachfrage des Haushalts nach Gut i auf eine marginale Veränderung des Einkommens bei Konstanz aller Güterpreise; sie ist definiert als:

$$(3) \qquad \eta_{x_i, E} = \frac{\partial x_i}{\partial E} \cdot \frac{E}{x_i}$$

Grob gesprochen gibt die Einkommenselastizität der Nachfrage nach Gut i an, um wieviel Prozent sich die nachgefragte Menge des Gutes i verändert, wenn sich das Haushaltseinkommen um ein Prozent verändert und die Preise aller Güter konstant bleiben. Betrachten wir Formel (3) etwas genauer, so entdecken wir zwei angenehme Eigenschaften dieses Reaktionsmaßes. Alle Größen, von denen der Wert der Einkommenselastizität abhängt, sind dimensionierte Größen: Mengeneinheiten je Geldeinheit ($\partial x_i/\partial E$), Geldeinheiten (E) und Mengeneinheiten (x_i). Wie unmittelbar ersichtlich ist, kürzen sich die Dimensionen der Variablen aus der Formel für die Einkommenselastizität heraus; die Einkommenselastizität ist – wie jede andere Elastizität auch, die wir noch einführen werden – eine dimensionslose Zahl. Noch wichtiger ist der Umstand, daß der Wert der Einkommenselastizität von einer Umdimensionierung der Variablen unberührt bleibt: Ob wir das Einkommen in DM, Pfennigen oder Dollars messen oder ob wir die Menge z. B. des Gutes Butter in Kilogramm, Tonnen oder Feinunzen messen – der Wert der Einkommenselastizität wird hierdurch nicht verändert. Auch dies ist eine Eigenschaft, die jede Elastizität hat; der Wert einer Elastizität ist also invariant gegenüber einer Umdimensionierung von Variablen.

Die Einkommenselastizität der Nachfrage nach einem Gut i läßt sich mit Hilfe der Engel-Kurve für das betreffende Gut leicht graphisch bestimmen. Die Engel-Kurve ist, wie wir gesehen haben, die geometrische Darstellung der funktionalen Beziehung zwischen der nachgefragten Menge eines Gutes und der Höhe des Haushaltseinkommens bei konstanten Güterpreisen:

$$x_i = f_i(\bar{p}_1, \bar{p}_2, \ldots, \bar{p}_n, E) = g_i(E)$$

Die Ableitung der die Engel-Kurve beschreibenden Funktion $x_i = g_i(E)$ für $p = \bar{p}$ ist gleich der partiellen Ableitung der allgemeinen Nachfragefunktion nach der Varia-

[1] Neben Punktelastizitäten werden manchmal auch sog. Bogenelastizitäten berechnet, bei denen man eine endliche Veränderung einer unabhängigen Variablen unterstellt. Wenn wir im folgenden von Elastizitäten sprechen, so sind ausschließlich Punktelastizitäten gemeint. Die allgemeine Definition einer Elastizität können Sie dem mathematischen Anhang dieses Textes entnehmen.

blen E für $p = \bar{p}$. Die partielle Ableitung der allgemeinen Nachfragefunktion nach E an der Stelle $E = E^0$ ist daher gleich dem Wert der Steigung der Engel-Kurve an der Stelle $E = E^0$. Somit bestimmt sich in Abbildung 34a die Einkommenselastizität der Nachfrage nach Gut i beim Einkommen E^0 in folgender Weise:

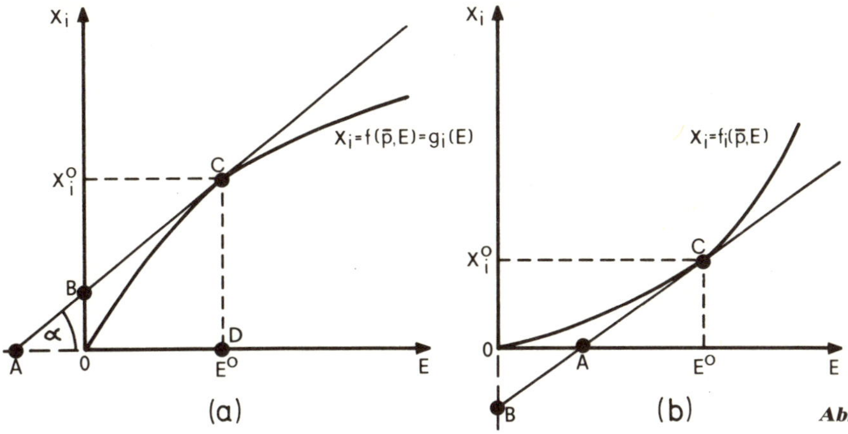

Abb. 34

$$\frac{\partial x_i}{\partial E} = \frac{d}{dE} g_i = \text{tg}\,\alpha = \frac{\overline{CD}}{\overline{AD}}; \quad \frac{E^0}{x_i^0} = \frac{\overline{0D}}{\overline{CD}} \quad \text{und folglich}$$

$$\eta_{x_i,E} = \frac{\partial x_i}{\partial E} \cdot \frac{E^0}{x_i^0} = \frac{\overline{CD}}{\overline{AD}} \cdot \frac{\overline{0D}}{\overline{CD}} = \frac{\overline{0D}}{\overline{AD}} = \frac{\overline{BC}}{\overline{AC}}$$

Wie Sie sehen, läßt sich die Einkommenselastizität der Nachfrage geometrisch sehr leicht ermitteln: Man legt in den betrachteten Punkt der Engel-Kurve eine Tangente, und die Einkommenselastizität ergibt sich aus dem Verhältnis zweier Streckenabschnitte dieser Tangente, wobei im Zähler die Strecke zwischen dem betrachteten Punkt und der Achse steht, der die Nachfragemenge (also die abhängige Variable) zugeordnet ist, während im Nenner die Strecke zwischen dem betrachteten Punkt und der Achse steht, der die Einkommensvariable (also die unabhängige Variable) zugeordnet ist. In dieser Weise kann man bei der geometrischen Bestimmung jeder Elastizität verfahren. Als Faustregel können Sie sich merken: Der Absolutbetrag der Elastizität einer Kurve im Punkt P ermittelt sich aus dem Verhältnis zweier Streckenabschnitte einer Tangenten in P, wobei im *Zähler* der Streckenabschnitt zwischen P und der Achse der *abhängigen* Variablen und im *Nenner* der Streckenabschnitt zwischen P und der Achse der *unabhängigen* Variablen steht. Bewegt man sich (wie hier) zu den beiden Achsen in der gleichen Richtung, so ist die Elastizität positiv, andernfalls ist sie negativ, mit anderen Worten, ist die Steigung der Kurve in P positiv (negativ), so ist auch die Elastizität positiv (negativ).

Da sich die Elastizität geometrisch aus zwei Streckenabschnitten einer Tangenten bestimmt, kann man auch leicht erkennen, ob der (absolute) Wert der Elastizität kleiner oder größer als 1 ist. In Abbildung 34a ist der Tangentenabschnitt zur Mengenachse (BC) kürzer als der zur Einkommensachse (AC); folglich muß die Einkommenselastizität im Punkt (x_i^0, E^0) kleiner als 1 sein. In Abbildung 34b ist umgekehrt im Punkt (x_i^0, E^0) die Einkommenselastizität größer als 1, denn der Tangentenabschnitt von diesem Punkt zur Mengenachse ist länger als der Tangentenabschnitt zur Einkommensachse.

In der Regel verändert sich die Einkommenselastizität der Nachfrage bei einer Bewegung auf der Engel-Kurve. Eine Ausnahme ergibt sich für den Fall, daß die Engel-Kurve eine Gerade durch den Ursprung ist:

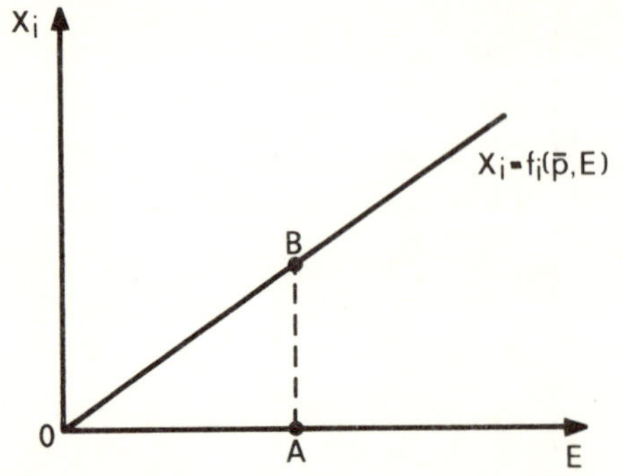

Abb. 35

In diesem Fall erhalten wir für jeden beliebigen Punkt der Engel-Kurve als Einkommenselastizität der Nachfrage:

$$\eta_{x_i,E} = \frac{\partial x_i}{\partial E} \cdot \frac{E}{x_i} = \frac{\overline{AB}}{\overline{0A}} \cdot \frac{\overline{0A}}{\overline{AB}} = 1$$

Wir hatten oben superiore Güter als solche Güter definiert, deren Nachfragemenge mit steigendem Einkommen zunimmt. Da die Engel-Kurve dann eine positive Steigung hat, muß die Einkommenselastizität der Nachfrage nach einem superioren Gut größer als Null sein. Damit können wir superiore Güter auch als Güter definieren, deren Einkommenselastizität größer als Null ist. Entsprechend sind inferiore Güter solche, deren Einkommenselastizität kleiner als Null ist.

Da die Einkommenselastizität die Nachfragereaktion bei konstanten Güterpreisen mißt, kann man genau wie aus dem Verlauf der Engel-Kurve auch aus dem Wert der Einkommenselastizität ablesen, wie sich bei einer marginalen Einkommensvariation die Ausgaben für ein Gut verändern. Bei einer Einkommenselastizität < 0 sinken mit wachsendem Einkommen die Ausgaben für dieses Gut; bei einer positiven Einkommenselastizität nehmen sie mit steigendem Einkommen zu. Für $\eta_{x_i,E} = 1$ ist die Veränderungsrate des Einkommens gleich der Veränderungsrate der nachgefragten Menge von Gut i; die Ausgaben für dieses Gut verändern sich also proportional zur Einkommensvariation, und damit bleibt der auf dieses Gut entfallende Anteil an den Gesamtausgaben konstant. Gilt für ein Gut $\eta_{x_i,E} > 1$, so ist die Veränderungsrate der Nachfrage nach diesem Gut größer als die Veränderungsrate des Einkommens; bei einer Einkommenserhöhung (-senkung) ist die relative Ausgabenveränderung größer als die relative Einkommensänderung, und dementsprechend steigt (sinkt) der auf dieses Gut entfallende Anteil an den Gesamtausgaben. Hieraus folgt, daß die Einkommenselastizitäten der einzelnen Güter nicht gänzlich unabhängig voneinander sein können. Steigt z.B. das Einkommen um ein Prozent, so ist es aufgrund der Budgetrestriktion nicht möglich, daß die Ausgaben für jedes Gut z.B. um fünf Prozent zunehmen. Ist also für ein Gut oder mehrere Güter die Einkommenselastizität größer als 1, so muß mindestens ein Gut eine Einkommenselastizität kleiner als 1 haben.

3. Nachfragereaktionen bei Veränderungen der Güterpreise

Wir wollen nun untersuchen, wie sich die Nachfrage des Haushalts nach einem Gut verändert, wenn sich die Preise der Güter verändern. Wiederum werden wir den Effekt von Preisänderungen unter der Ceteris-paribus-Annahme analysieren: Zuerst betrachten wir den Fall, daß sich der Preis des betrachteten Gutes verändert, während das Haushaltseinkommen und die Preise aller anderen Güter konstant bleiben; anschließend untersuchen wir die Nachfrageveränderung nach einem Gut für den Fall, daß sich der Preis irgendeines anderen Gutes ändert, während die Preise aller übrigen Güter – einschließlich des Preises des betrachteten Gutes – und das Einkommen als konstant angenommen werden.

a) Die Nachfragefunktion

Untersuchen wir zunächst die funktionale Beziehung zwischen Nachfragemenge und Preis eines Gutes i bei Konstanz aller übrigen Variablen der allgemeinen Nachfragefunktion für dieses Gut:

(4) $x_i = f_i(\bar{p}_1, \bar{p}_2, \ldots, p_i, \ldots, \bar{p}_n, \bar{E})$

Diesen Spezialfall der allgemeinen Nachfragefunktion bezeichnet man einfach als die **Nachfragefunktion** für ein Gut. Spricht man also von einer Nachfragefunktion, so ist damit immer der Zusammenhang zwischen der nachgefragten Menge und dem Preis des gleichen Gutes (bei Konstanz aller anderen Variablen der allgemeinen Nachfragefunktion) gemeint.

Betrachten wir zunächst den Fall von nur zwei Gütern. Nehmen wir den Preis von Gut 2 als variabel an; der Preis von Gut 1 und das Haushaltseinkommen seien konstant. Variationen von p_2 bewirken eine Drehung der Budgetgeraden um den Abszissenabschnitt, und zu jedem Wert von p_2 ergibt sich ein neuer Tangentialpunkt zwischen Budgetgerade und Indifferenzkurve und somit ein anderer optimaler Konsumplan. Läßt man die Preisvariable die ganze Skala von positiven Werten durchlaufen, so erhält man unendlich viele optimale Konsumpläne, die in geometrischer Darstellung eine stetige Linie in der Konsumebene bilden, die **Preis-Konsum-Kurve** genannt wird (vgl. Abbildung 36 a).

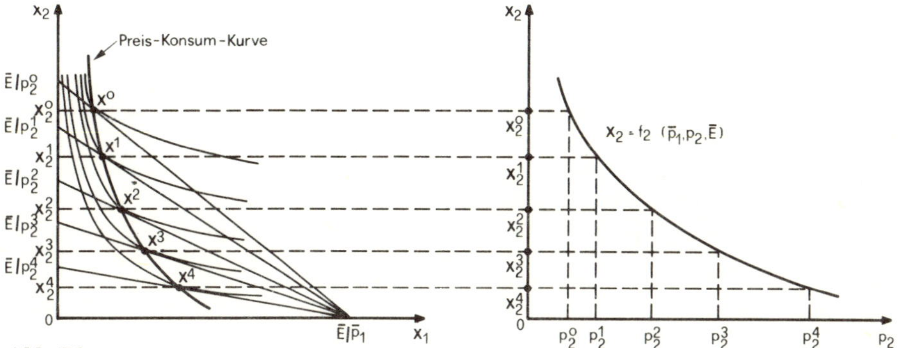

Abb. 36
(a) (b)

Die Preis-Konsum-Kurve ist der geometrische Ort aller optimalen Konsumpläne bei Variation eines Güterpreises und Konstanz des Einkommens sowie des Preises des anderen Gutes. Die Abbildung des Zusammenhangs zwischen nachgefragter Menge und dem Preis eines Gutes in Form der Preis-Konsum-Kurve hat den Nachteil, daß man zwar die bei den jeweiligen Preisen nachgefragten Mengen direkt an den Achsen der Konsumebene ablesen kann, die zugehörigen Preise aber nur indirekt aus den Achsenabschnitten der Bilanzgeraden zu entnehmen sind. Übertragen wir also die Preis-Mengen-Kombinationen in ein gesondertes Diagramm (Abbildung 36b): Die bei den jeweiligen Preisen p_2 nachgefragten Mengen x_2 können wir direkt auf die Ordinate übertragen, und die zugehörigen Preise tragen wir auf der Abszisse ab.

Abbildung 36b ist die geometrische Darstellung der Nachfragefunktion für Gut 2. Die geometrische Darstellung einer Nachfragefunktion wird **Nachfragekurve** genannt; die Nachfragekurve zeigt an, welche Mengen eines Gutes der Haushalt bei verschiedenen Preisen dieses Gutes und gegebenen Preisen der anderen Güter (in unserem Falle also nur des Preises p_1) sowie bei konstantem Einkommen nachfragt. Abbildung 37 zeigt die übliche Darstellung der Nachfragekurve: Aus theoriegeschichtlichen Gründen, die wir in Kapitel I schon erwähnt haben, hat es sich eingebürgert, die Nachfragekurve so darzustellen, daß auf der Abszisse die Nachfragemenge, also die abhängige Variable, und auf der Ordinate der Güterpreis, also die unabhängige Variable, abgetragen wird.

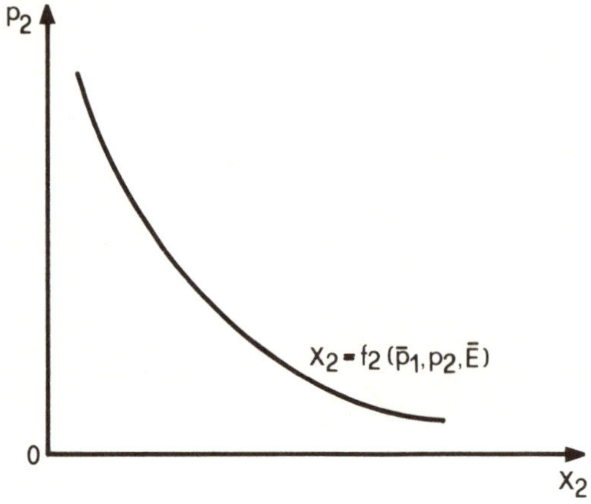

Abb. 37

Bei dem in Abbildung 36a zugrunde gelegten Indifferenzkurvensystem ergab sich eine Preis-Konsum-Kurve dergestalt, daß die nachgefragte Menge von Gut 2 mit steigendem Preis dieses Gutes zurückging; folglich hatte die Nachfragekurve eine negative Steigung. Der in Abbildung 37 illustrierte Zusammenhang einer rückläufigen Nachfragemenge bei steigendem Preis ist sehr plausibel; hat die Nachfragekurve eine negative Steigung, so spricht man von einem **typischen** oder **normalen** Verlauf dieser Kurve. Dennoch folgt ein solcher Verlauf der Nachfragekurve nicht zwingend aus unseren Annahmen über die Präferenzordnung des Haushalts. In Abbildung 38a ist ein Indifferenzkurvensystem zugrunde gelegt, bei dem innerhalb eines gewissen Schwankungsbereichs von p_2 die nachgefragte Menge dieses Gutes konstant ist. Die zugehörige Nachfragekurve (vgl. Abbildung 38b) verläuft in diesem Preisintervall vertikal.

Abbildung 39a zeigt schließlich den Fall einer Präferenzordnung, bei der innerhalb eines bestimmten Variationsbereichs von p_2 die nachgefragte Menge von Gut 2 mit steigendem Preis sogar zunimmt ($x_2^2 > x_2^1 > x_2^0$ bei $p_2^2 > p_2^1 > p_2^0$). Die zugehörige Nachfragekurve, die in Abbildung 39b dargestellt ist, hat innerhalb dieses Preisinter-

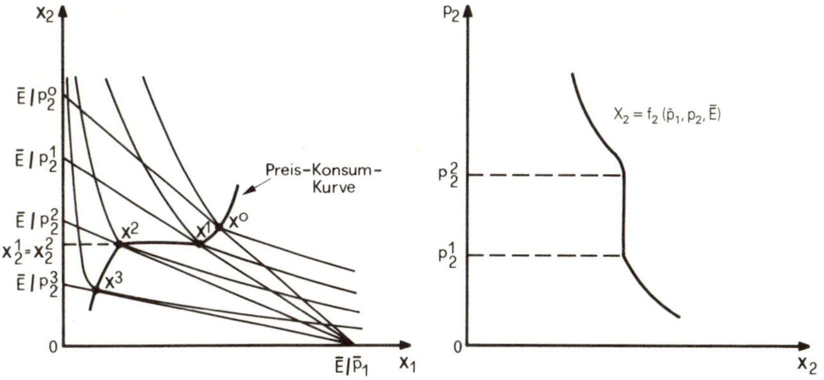

Abb. 38 (a) (b)

valls eine positive Steigung. Güter, deren Nachfragemenge mit steigendem Preis zunimmt, werden **Giffen-Güter** genannt.

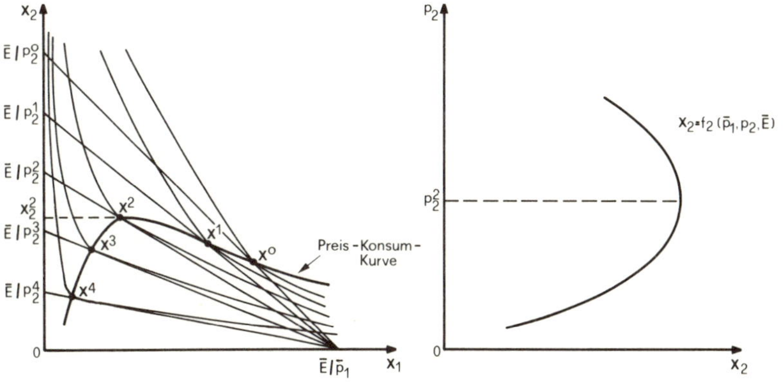

Abb. 39 (a) (b)

Wir haben schon gesehen, daß ein bestimmtes Gut nicht über den ganzen Bereich der möglichen Einkommenswerte $E \geqq 0$ hinweg ein inferiores Gut sein kann. Ebensowenig ist es möglich, daß irgendein Gut i für das ganze Preisintervall $p_i > 0$ ein Giffen-Gut ist. Betrachten Sie Abbildung 39a: Steigt der Preis des Gutes 2 von p_2^0 über p_2^1 auf p_2^2, so nimmt die nachgefragte Menge dieses Gutes kontinuierlich zu. Bei weiteren Preissteigerungen muß die nachgefragte Menge aufgrund der Budgetrestriktion zwangsläufig wieder zurückgehen; schon beim Preis p_2^3 ist die Menge von Gut 2, die der Haushalt maximal nachfragen könnte, kleiner als die beim Preis p_2^2 nachgefragte Menge. Daher kann auch eine Nachfragekurve niemals über das ganze Preisintervall $p_i > 0$ eine positive Steigung haben – bei einer positiven Steigung spricht man von einem **atypischen** oder **anomalen** Verlauf der Nachfragekurve; vielmehr muß sie bei hinreichend hohen Preisen wieder einen normalen fallenden Verlauf aufweisen.

---

[1] Diese Güter haben ihren Namen nach Robert Giffen, der in der zweiten Hälfte des vorigen Jahrhunderts beobachtete, daß bei steigendem Brotpreis die Nachfrage nach Brot in den ärmeren Bevölkerungsschichten nicht zurückging, sondern zunahm.

Aus unseren Annahmen über die Präferenzordnung des Haushalts folgt, daß die Nachfragekurve die Achsen des Preis-Mengen-Diagramms nicht berühren kann. Die Nichtsättigungsannahme impliziert, daß die Nachfragekurve die Abszisse nicht berühren kann; wäre ein bestimmtes Gut i ein freies Gut, gälte also $p_i = 0$, so würde der Haushalt eine unendlich große Menge dieses Gutes nachfragen. Aus der Annahme der beschränkten Substituierbarkeit folgt, daß der Haushalt in jeder Preis-Einkommens-Konstellation alle Güter nachfragt; daher ist bei einem noch so hohen Preis p_i die nachgefragte Menge von Gut i immer größer Null. Ist eine **vollständige Substituierbarkeit** der Güter zulässig, so sinkt die nachgefragte Menge eines Gutes mit zunehmendem Preis auf Null. Nehmen wir zur Illustration dieses Falles den Preis von Gut 1 als variabel an; p_2 und E seien konstant. Betrachten Sie in Abbildung 40a zunächst den Preis p_1^3; die bei diesem Preis höchsterreichbare Indifferenzkurve ist I^2, und der optimale Konsumplan wird durch den Punkt x^2 dargestellt. Wir haben ein Randoptimum, und in x^2 ist die für p_1^3 geltende Bilanzgerade steiler als die Indifferenzkurve, die durch x^2 verläuft; folglich gilt bei $p_1 = p_1^3$ für den optimalen Konsumplan: $|dx_2/dx_1| < p_1/\bar{p}_2$. Nehmen wir nun eine Senkung des Preises auf p_1^2 an. Immer noch ist x^2 der optimale Konsumplan, und Gut 1 wird nicht nachgefragt; die für p_1^2 geltende Bilanzgerade und die Indifferenzkurve I^2 tangieren sich aber in x^2 (zur Verdeutlichung haben wir daher Bilanzgerade und Indifferenzkurve über die Ordinate hinaus verlängert), und damit gilt für den optimalen Konsumplan $|dx_2/dx_1| = p_1^2/\bar{p}_2$. Sinkt der Preis von Gut 1 unter p_1^2, so wird auch Gut 1 nachgefragt, und für jeden Preis $p_1 < p_1^2$ ist der optimale Konsumplan ebenfalls durch die Gleichheit von Grenzrate der Substitution und umgekehrtem Preisverhältnis charakterisiert.

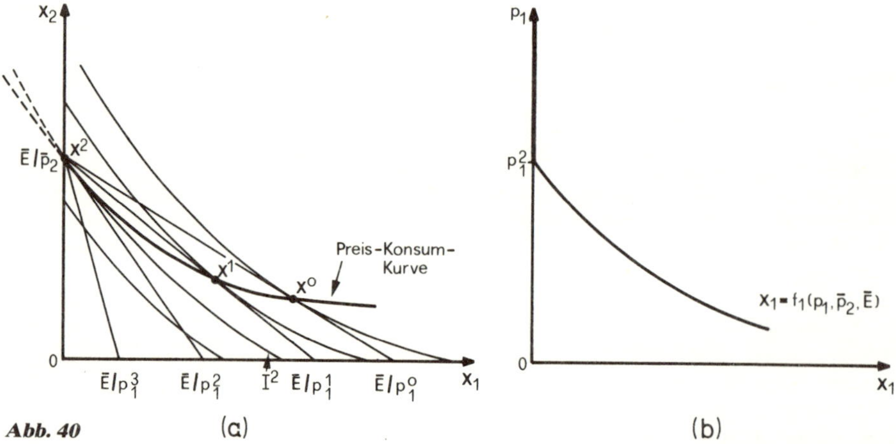

Abb. 40

Die Nachfragekurve für Gut 1 hat damit die in Abbildung 40b illustrierte Gestalt: Für $p_1 \geqq p_1^2$ fällt sie mit der Ordinate des Preis-Mengen-Diagramms zusammen, die nachgefragte Menge ist also gleich Null, und für $p_1 < p_1^2$ hat sie bei der unterstellten Präferenzordnung den üblichen fallenden Verlauf. Der Ordinatenabschnitt des innerhalb des Preis-Mengendiagramms verlaufenden Astes der Nachfragekurve ist durch die Obergrenze des Preisintervalls von Gut 1 bestimmt, für das im Haushaltsoptimum $|dx_2/dx_1| = p_1/\bar{p}_2$ gilt.

Der Zusammenhang zwischen der nachgefragten Menge eines Gutes und dem Preis des gleichen Gutes zählt zu den wichtigsten Funktionen der ökonomischen Theorie. Was Sie bei Ihren vermutlich noch recht häufigen Begegnungen mit Nachfragefunktionen nie übersehen dürfen, ist die Tatsache, daß wir die Nachfragefunktion für ein Gut unter der Ceteris-paribus-Annahme abgeleitet haben. Jede Veränderung der als Parameter betrachteten anderen unabhängigen Variablen der allgemeinen Nachfragefunktion kann zu einer Veränderung der Nachfragekurve für das Gut führen. Wir wollen die möglichen Wirkungen der Variation von Preisen anderer Güter vorläufig beiseite lassen und nur untersuchen, wie sich Einkommensveränderungen auf die Nachfragefunktion auswirken können und uns auch dabei auf den Fall „normaler" Güter beschränken. Wegen der positiven Einkommenselastizität der Nachfrage führt eine Einkommenszunahme bei jedem Preis des betrachteten Gutes zu einer Erhöhung der nachgefragten Menge; umgekehrt führt eine Einkommenssenkung bei jedem beliebigen Preis zu einer Abnahme der von diesem Gut nachgefragten Menge. Die Wirkung einer Einkommensveränderung auf die Lage der Nachfragekurve ist damit leicht auszumachen:

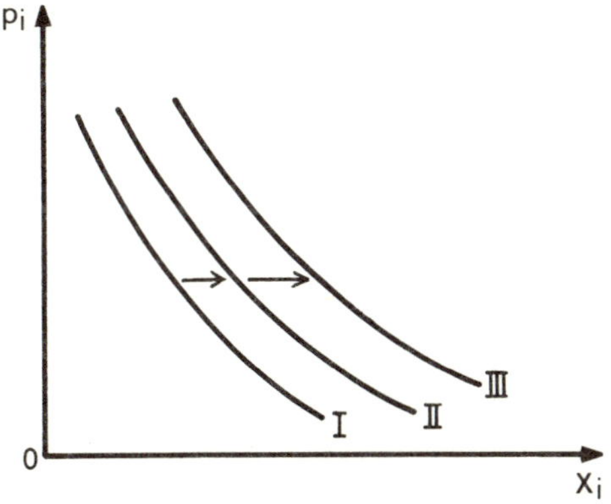

$$\text{I:}\quad x_i = f_i(\bar{p}_1, \bar{p}_2, \ldots, p_i, \ldots, \bar{p}_n, \bar{E}^0)$$
$$\text{II:}\quad x_i = f_i(\bar{p}_1, \bar{p}_2, \ldots, p_i, \ldots, \bar{p}_n, \bar{E}^1)$$
$$\text{III:}\quad x_i = f_i(\bar{p}_1, \bar{p}_2, \ldots, p_i, \ldots, \bar{p}_n, \bar{E}^2)$$
$$\bar{E}^0 < \bar{E}^1 < \bar{E}^2$$

Abb. 41

Eine Einkommenserhöhung verschiebt die Nachfragekurve für ein normales Gut vom Ursprung weg, eine Einkommenssenkung verschiebt sie zum Ursprung hin. In diesem Zusammenhang ist noch eine Anmerkung zur Fachterminologie der Ökonomie angebracht: Bei Bewegungen auf einer Nachfragekurve spricht man von einer **Veränderung der Nachfragemenge**; bei Veränderungen der Nachfragefunktion bzw. Verschiebungen der Lage der Nachfragekurve spricht man dagegen kurz von einer **Veränderung der Nachfrage**.

b) Die Preiselastizität der Nachfrage

Zur Messung der Reagibilität der Nachfrage des Haushalts nach einem Gut bei einer marginalen Veränderung des Preises des gleichen Gutes und Konstanz aller übrigen Güterpreise sowie des Einkommens wird – formal analog zur Einkommenselastizität der Nachfrage – die **Preiselastizität** der Nachfrage verwendet.[1] Die Preiselastizität der

[1] Um zu betonen, daß es um die Nachfragereaktion bei einer Veränderung des Preises des gleichen Gutes geht, wird die Preiselastizität manchmal auch als direkte Preiselastizität der Nachfrage bezeichnet.

Nachfrage nach Gut i ist definiert als

(5) $$\eta_{x_i, p_i} = \frac{\partial x_i}{\partial p_i} \cdot \frac{p_i}{x_i}$$

und gibt näherungsweise an, um wieviel Prozent sich die von Gut i nachgefragte Menge verändert, wenn sich der Preis dieses Gutes um ein Prozent verändert. Geometrisch läßt sich die Preiselastizität mit Hilfe der Nachfragekurve für Gut i bestimmen. Die Nachfragekurve ist, wie wir wissen, die geometrische Darstellung der Nachfragefunktion $x_i = f_i(\bar{p}_1, \bar{p}_2, \ldots, p_i, \ldots, \bar{p}_n, \bar{E}) = g_i(p_i)$. Die Ableitung der Nachfragefunktion $x_i = g_i(p_i)$ ist gleich der partiellen Ableitung der allgemeinen Nachfragefunktion nach der Variablen p_i. Bei der geometrischen Ermittlung des Werts von $\partial x_i / \partial p_i$ an der Stelle $p_i = p_i^0$ müssen wir wieder beachten, daß der unabhängigen Variablen die Ordinate und der abhängigen Variablen die Abszisse zugeordnet ist. Folglich ist die partielle Ableitung der allgemeinen Nachfragefunktion nach p_i an der Stelle $p_i = p_i^0$ gleich dem reziproken Wert der Steigung der Nachfragekurve an dieser Stelle. Somit bestimmt sich in Abbildung 42 die Preiselastizität der Nachfrage nach Gut i im Punkt (p_i^0, x_i^0) in folgender Weise:

$$\operatorname{tg}\alpha = -\frac{\partial p_i}{\partial x_i} = \frac{\overline{AD}}{\overline{DB}} \quad \text{und damit} \quad \frac{\partial x_i}{\partial p_i} = -\frac{\overline{DB}}{\overline{AD}};$$

$$\frac{p_i^0}{x_i^0} = \frac{\overline{0D}}{\overline{0E}} = \frac{\overline{0D}}{\overline{DB}}. \quad \text{Hieraus folgt:}$$

$$\eta_{x_i, p_i} = \frac{\partial x_i}{\partial p_i} \cdot \frac{p_i^0}{x_i^0} = -\frac{\overline{DB}}{\overline{AD}} \cdot \frac{\overline{0D}}{\overline{DB}} = -\frac{\overline{0D}}{\overline{AD}} = -\frac{\overline{BC}}{\overline{AB}}$$

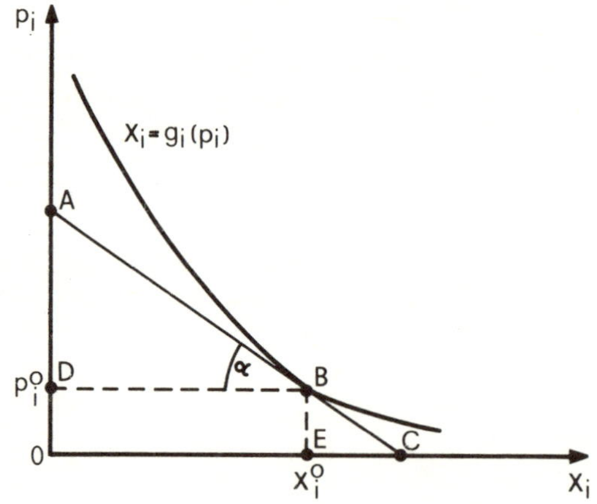

Abb. 42

Der Absolutbetrag der Preiselastizität der Nachfrage nach Gut i ist also gleich dem Verhältnis der beiden Streckenabschnitte $\overline{BC}$ und $\overline{AB}$ der Tangenten in dem betrachteten Punkt (p_i^0, x_i^0). Die Anwendung unserer Faustregel zur geometrischen Bestimmung einer Elastizität (Streckenlänge der Tangente vom Tangentialpunkt zur Achse der abhängigen Variablen dividiert durch die Länge des Tangentenabschnitts vom Tangentialpunkt zur Achse der unabhängigen Variablen) beinhaltet bei normalem fallendem Verlauf der Nachfragekurve, daß man sich vom Tangentialpunkt aus in verschiedenen Richtungen bewegt; die Preiselastizität ist bei diesem Verlauf der Nachfragekurve also negativ. Sie sehen im übrigen, daß unsere Faustregel auch dann gilt, wenn die Zuordnung der Variablen zu den Achsen nicht in der üblichen Weise erfolgt.

Wieder können wir aus dem Vergleich der Länge der Strecken $\overline{BC}$ und $\overline{AB}$ entnehmen, ob die Preiselastizität größer oder kleiner als -1 ist; in Abbildung 42 gilt $\overline{BC} < \overline{AB}$, und folglich ist im Punkt (p_i^0, x_i^0) die Preiselastizität größer als -1. Hat die Nachfragekurve eine positive Steigung, so ist auch die Preiselastizität der Nachfrage positiv; wir können Giffen-Güter daher auch als Güter definieren, deren Preiselastizität positiv ist.

Um die Veränderung der Nachfragemenge eines Gutes bei einer Veränderung des Preises des gleichen Gutes im Falle einer normalen Nachfragereaktion verbal etwas detaillierter zu beschreiben, hat sich der Gebrauch folgender Redewendungen eingebürgert:

- Ist die Preiselastizität der Nachfrage kleiner als 0, aber größer als -1, so spricht man von einer **unelastischen** Nachfrage;
- nimmt die Preiselastizität der Nachfrage einen endlichen Wert kleiner als -1 an, so spricht man von einer **elastischen** Nachfrage.

Normalerweise ist die Preiselastizität der Nachfrage entlang einer Nachfragekurve nicht konstant. Betrachten Sie in Abbildung 43 die Punkte A, D und L. In D ist die Preiselastizität kleiner als in A, denn es gilt offensichtlich $\overline{DE}/\overline{DF} < \overline{AB}/\overline{AC}$. In L ist die Preiselastizität größer als in D, denn es gilt $\overline{LM}/\overline{LN} > \overline{DE}/\overline{DF}$.

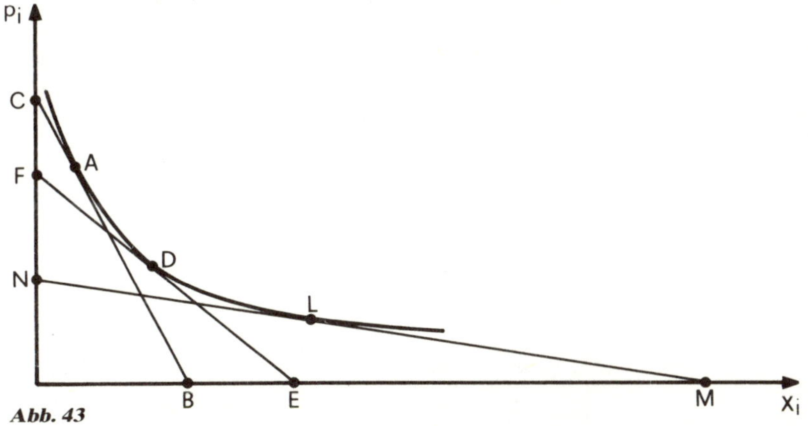

Abb. 43

Es gibt aber auch Nachfragekurven, die in jedem Punkt die gleiche Preiselastizität haben; in diesem Fall spricht man von einer **isoelastischen** Nachfrage. Beachten Sie z. B. die Nachfragefunktion

$$x_i = g_i(p_i) = K/p_i,$$

wobei K eine beliebige positive Konstante ist. Als Preiselastizität der Nachfrage nach Gut i erhalten wir

$$\eta_{x_i, p_i} = \frac{\partial x_i}{\partial p_i} \cdot \frac{p_i}{x_i} = \frac{d}{dp_i} g_i \cdot \frac{p_i}{x_i} = -\frac{K}{p_i^2} \cdot \frac{p_i}{x_i},$$

und da $x_i = K/p_i$, folgt hieraus

$$\eta_{x_i, p_i} = -\frac{K}{p_i^2} \cdot \frac{p_i}{K/p_i} = -1$$

Die Nachfragefunktion $x_i = K/p_i$, die geometrisch durch eine gleichseitige Hyperbel dargestellt wird, hat also eine konstante Preiselastizität der Nachfrage von -1. Zwei Grenzfälle isoelastischer Nachfragekurven sind in den Abbildungen 44a und b illustriert. Verläuft die Nachfragekurve parallel zur Ordinate, bleibt also die Nachfragemenge eines Gutes bei einer Preisvariation unverändert, so spricht man von einer **vollständig unelastischen** Nachfrage; die Preiselastizität der Nachfrage nach Gut i ist in diesem Fall gleich 0. Verläuft die Nachfragekurve parallel zur Abszisse, so gilt $\eta_{xi, pi} = -\infty$, und in diesem Fall spricht man von einer **vollständig elastischen** Nachfrage nach einem Gut.

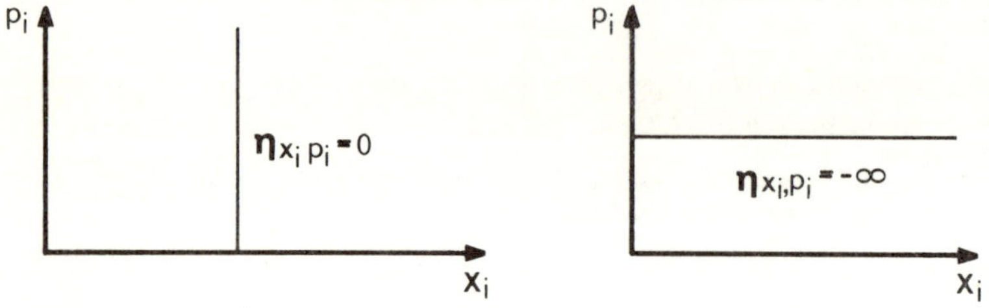

Abb. 44 (a) (b)

Aus der Größe der Einkommenselastizität konnten wir ablesen, wie sich die Ausgaben für ein Gut bei einer marginalen Einkommensvariation verändern. Ebenso kann man aus der Größe der Preiselastizität der Nachfrage nach Gut i ersehen, ob und wie sich die Ausgaben für Gut i bei einer sehr kleinen Preisvariation dieses Gutes verändern. Betrachten Sie zunächst die Abbildungen 45a, b und c. Wir haben drei Nachfragekurven dargestellt, die alle durch den gleichen Punkt (p_i^0, x_i^0) verlaufen. Die Steigungen der Nachfragekurven und damit auch die Preiselastizitäten sind aber im betrachteten Punkt (p_i^0, x_i^0) unterschiedlich. In Abbildung 45a haben wir den Fall einer unelastischen Nachfrage, in Abbildung 45b ist die Preiselastizität der Nachfrage gleich -1, und in Abbildung 45c ist schließlich der Fall einer elastischen Nachfrage illustriert.

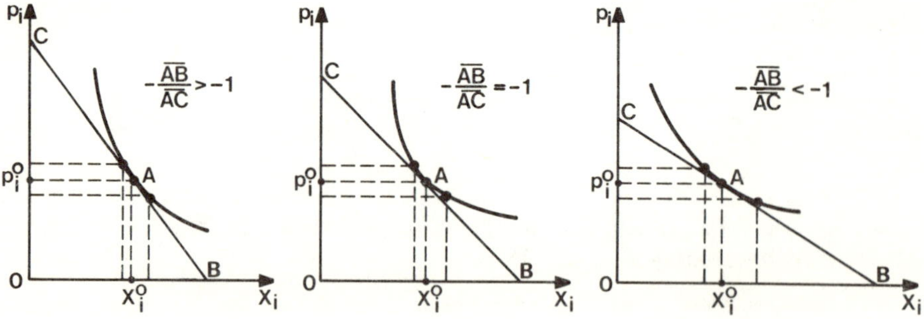

Abb. 45 (a) (b) (c)

Legt man in allen drei Fällen eine jeweils gleiche (sehr kleine) Preisvariation Δp_i zugrunde, so ist die Veränderung der Nachfragemenge um so größer, je elastischer die Nachfrage im Punkt (p_i^0, x_i^0) ist.

Betrachten wir nun nochmals die eben diskutierte Nachfragefunktion $x_i = K/p_i$. Löst man nach K auf, so erhält man: $K = p_i x_i$; die Ausgaben für dieses Gut sind bei jedem Preis gleich K, also konstant. Nun hatten wir schon gesehen, daß für diese Nachfragefunktion die Preiselastizität gleich -1 ist; daraus können wir als erstes Ergebnis den Schluß ziehen:

1. Ist die Preiselastizität der Nachfrage gleich -1, so erhöht (senkt) der Haushalt bei einer marginalen Preissenkung (-erhöhung) die Nachfragemenge in dem Umfang, daß die Ausgaben für dieses Gut und damit auch der auf dieses Gut entfallende Anteil an den Gesamtausgaben unverändert bleiben.

Geht man von einer Preiselastizität kleiner als -1 aus, so ist aus Abbildung 45c ersichtlich, daß der Haushalt auf eine marginale Preisvariation mit einer stärkeren Nachfrageveränderung reagiert, als er dies im Falle einer Preisvariation gleichen Umfangs bei einer Preiselastizität gleich -1 tun würde. Da aber bei $\eta_{x_i, p_i} = -1$ die Ausgaben für ein Gut gerade unverändert bleiben, folgt unmittelbar:

2. Bei elastischer Nachfrage nach einem Gut nehmen die Ausgaben für dieses Gut bei einer Preissenkung zu und bei einer Preiserhöhung ab. Daher nimmt auch der auf dieses Gut entfallende Anteil an den Gesamtausgaben bei einer Preissenkung zu und bei einer Preissteigerung ab.

Aus Abbildung 45a wissen wir, daß bei einer unelastischen Nachfrage nach einem Gut die Nachfragereaktion bei einer marginalen Preisveränderung schwächer ist als bei einer Preiselastizität von -1 und einer Preisveränderung gleichen Ausmaßes. Somit können wir schließen:

3. Bei unelastischer Nachfrage nach einem Gut resultiert aus einer Preissenkung auch eine Senkung der Ausgaben und aus einer Preiserhöhung auch eine Erhöhung der Ausgaben für das betreffende Gut. Daher nimmt der auf dieses Gut entfallende Anteil an den Gesamtausgaben bei einer Preissenkung ab und bei einer Preiserhöhung zu.

c) Kreuzpreiseffekte

Wenden wir uns abschließend der funktionalen Beziehung zwischen der nachgefragten Menge eines Gutes i und dem Preis eines anderen Gutes j zu:

(6) $$x_i = f_i(\bar{p}_1, \bar{p}_2, \ldots, \bar{p}_i, \ldots, p_j, \ldots, \bar{p}_n, \bar{E}) = g_i(p_j)$$

Wir wollen also untersuchen, wie sich die nachgefragte Menge des Gutes i ändert, wenn sich der Preis eines anderen Gutes ändert und die Preise aller übrigen Güter – also auch der des betrachteten Gutes selbst – sowie das Haushaltseinkommen konstant bleiben. Diese Beziehung ist recht komplizierter Natur, und wir wollen uns deshalb im wesentlichen auf den Zwei-Güter-Fall beschränken, um den uns interessierenden Zusammenhang graphisch veranschaulichen zu können.

Gehen wir von einer Variation des Preises p_2 bei Konstanz von p_1 und E aus und verwenden wir zur graphischen Ableitung der Beziehung zwischen p_2 und x_1 wieder das Instrument der Preis-Konsum-Kurve. In Abbildung 46 ist ein Indifferenzkurvensystem unterstellt, bei dem bei steigendem Preis von Gut 2 die nachgefragte Menge des Gutes 1 zurückgeht; beachten Sie dabei, daß x_2 mit steigendem p_2 ebenfalls sinkt, die Nachfragekurve für Gut 2 also einen normalen Verlauf aufweist.

Geht mit steigendem Preis eines Gutes j die nachgefragte Menge eines anderen Gutes i zurück, gilt also $\partial x_i/\partial p_j < 0$, so bezeichnet man Gut i als ein **Komplement** von Gut j. Als Beispiel mögen vielleicht Benzin und Autoreifen dienen. Fährt ein Konsu-

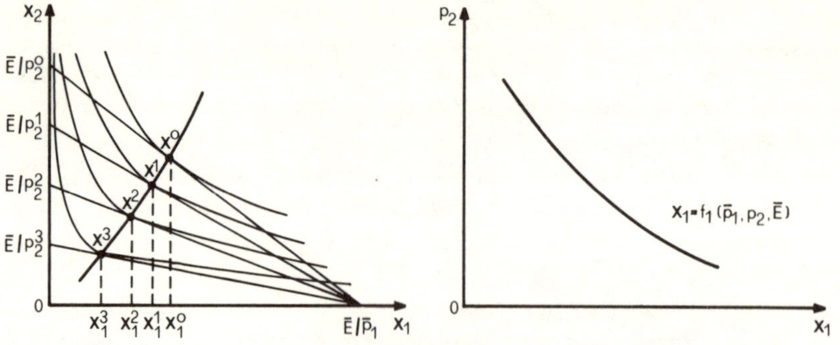

Abb. 46 (a) (b)

ment bei steigendem Benzinpreis weniger Auto als vorher, so wird auch seine Nachfrage nach Autoreifen abnehmen.

Während Giffen-Güter sicher eine sehr seltene Ausnahme sind und ein fallender Verlauf der Nachfragekurve daher zu Recht als normaler Verlauf bezeichnet werden kann, macht es wenig Sinn, die Nachfragefunktion $x_i = g_i(p_j)$ als „normal" bezeichnen zu wollen, wenn die Nachfragemenge x_i mit steigendem Preis p_j zurückgeht. Ebenso plausibel und durch unsere Annahmen über die Präferenzordnung des Haushalts auch nicht ausgeschlossen ist der in Abbildung 47b illustrierte Zusammenhang; hier nimmt mit steigendem Preis von Gut 2 die Nachfragemenge von Gut 1 zu. Gleichzeitig verzeichnen wir eine normale Nachfragereaktion in Hinblick auf Gut 2.

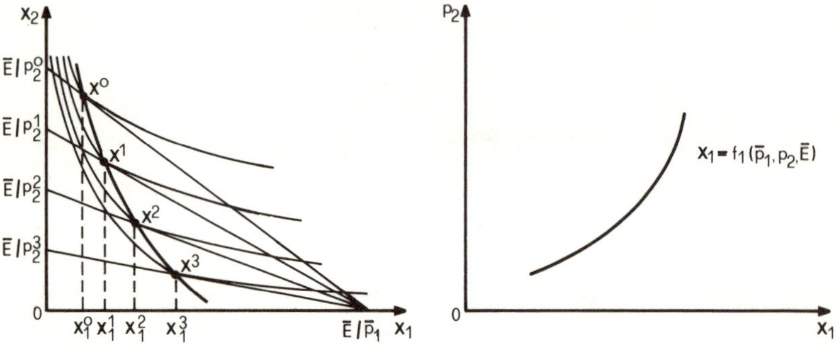

Abb. 47 (a) (b)

Nimmt mit steigendem Preis von Gut j die nachgefragte Menge eines anderen Gutes i zu, gilt also $\partial x_i / \partial p_j > 0$, so bezeichnet man Gut i als **Substitut** für Gut j. Als Beispiele seien die Güter „Briefbeförderung" und „Fernsprechdienst" genannt: Wird bei sinkenden Telefongebühren und gleichbleibendem Briefporto mehr telefoniert, so werden wahrscheinlich weniger Briefe geschrieben, und die Nachfrage nach dem Gut „Briefbeförderung" geht zurück. Eine positive Steigung der Nachfragefunktion $x_i = g_i(p_j)$ ist also ebenso „normal" wie eine negative Steigung. Eine positive Steigung dieser Funktion bedeutet auch keineswegs, daß eines der beiden Güter i und j ein inferiores Gut oder ein Giffen-Gut sein müßte; Abbildung 48a macht dies deutlich. Sinkt bei den Preisen p_1^0 und p_2^0 das Einkommen von E^0 auf E^1, so geht die Nachfrage nach beiden Gütern zurück (Bewegung von x^0 nach x^1); beide Güter sind also normale

Güter. Steigt bei E^0 und p_2^0 der Preis von Gut 1 von p_1^0 auf p_1^1, so fragt der Haushalt von Gut 1 weniger und von Gut 2 mehr nach (Bewegung von x^0 nach x^3). Die Nachfragekurve von Gut 1 hat also den typischen Verlauf, und gleichzeitig ist Gut 2 ein Substitut für Gut 1. Steigt umgekehrt bei E^0 und p_1^0 der Preis des Gutes 2 von p_2^0 auf p_2^1, so fragt der Haushalt von Gut 2 weniger und von Gut 1 mehr nach (Bewegung von x^0 nach x^2). Wiederum hat die Nachfragekurve für Gut 2 die normale negative Steigung, während die Nachfragekurve für Gut 1 in Abhängigkeit von p_2 einen steigenden Verlauf aufweist.

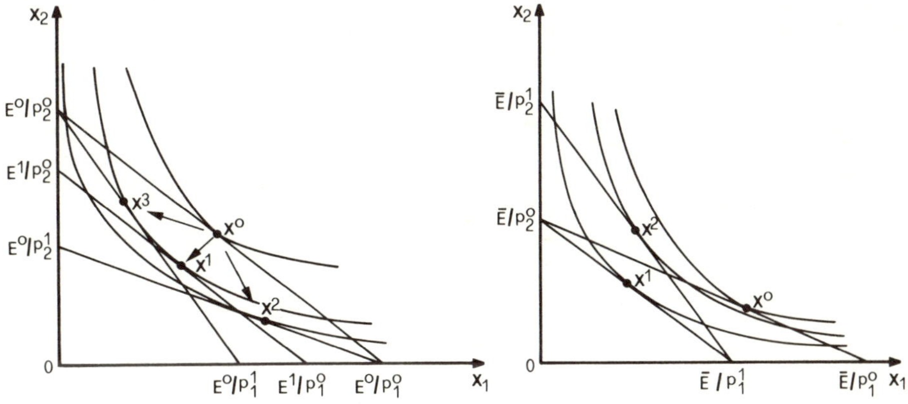

Abb. 48 (a) (b)

Ist Gut i ein Substitut für Gut j, so muß nicht zwangsläufig auch Gut j ein Substitut für Gut i sein; dies geht aus Abbildung 48 b hervor. Steigt der Preis von Gut 1 bei konstantem Einkommen und $p_2 = p_2^0$ von p_1^0 auf p_1^1, so nimmt die nachgefragte Menge des Gutes 1 ab und die des Gutes 2 zu (Bewegung von x^0 nach x^1); Gut 2 ist also ein Substitut für Gut 1. Sinkt nun p_2 ceteris paribus von p_2^0 auf p_2^1, so nehmen die nachgefragten Mengen beider Güter zu (Bewegung von x^1 nach x^3), und Gut 1 ist damit ein Komplement von Gut 2.

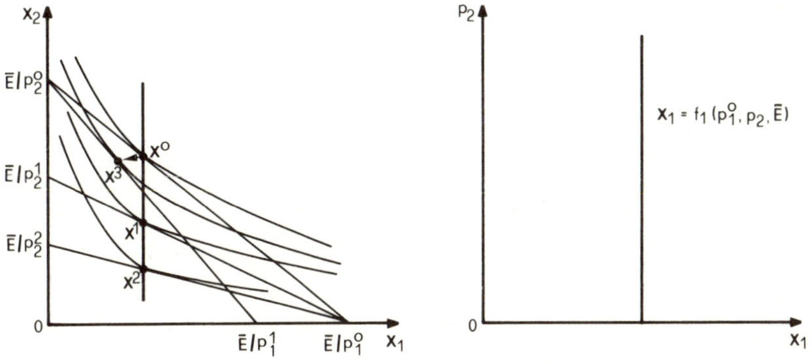

Abb. 49 (a) (b)

In Abbildung 49 ist schließlich der Spezialfall dargestellt, daß die nachgefragte Menge x_1 unabhängig von p_2 ist; Gut 1 ist also weder ein Substitut noch ein Komplement von Gut 2. Auch dabei müssen Sie wieder beachten, daß dies keineswegs impliziert, daß in diesem Fall auch die Nachfrage nach Gut 2 unabhängig von p_1 ist. Wir haben hier durch die Bilanzgeraden für $\bar{E}$, p_2^0 und p_1^0 bzw. p_1^1 den Fall angedeutet, daß bei einer Zunahme von p_1 die nachgefragten Mengen beider Güter ceteris paribus zurückgehen, Gut 2 also ein Komplement von Gut 1 ist. Versuchen wir, uns auch diese Situation anhand eines Beispiels plausibel zu machen. Nehmen Sie an, Gut 1 seien Zigaretten und Gut 2 seien Zündhölzer. Es ist nicht unwahrscheinlich, daß der Zigarettenverbrauch eines Konsumenten unabhängig vom Zündholzpreis ist; steigt z.B. der Preis für Zündhölzer, so wird der Konsument vielleicht zur Benutzung eines Feuerzeugs übergehen, sich aber kaum dazu veranlaßt sehen, weniger zu rauchen. Steigt hingegen der Zigarettenpreis, so mag der Haushalt sehr wohl mit einer Reduzierung seines Zigarettenkonsums reagieren, und in diesem Fall wird er vermutlich auch weniger Zündhölzer kaufen.

Im Zwei-Güter-Fall können wir aus dem Zusammenhang zwischen der nachgefragten Menge eines Gutes und dem Preis des anderen Gutes einen eindeutigen Rückschluß auf die Preiselastizität des Gutes ziehen, dessen Preis wir variieren lassen. Betrachten Sie nochmals die Abbildungen 46b, 47b und 49b. Da p_1 konstant ist, nehmen in Abbildung 46b die Ausgaben für Gut 1 mit sinkendem Preis von Gut 2 zu, und da auch E konstant ist, müssen folglich die Ausgaben für Gut 2 bei sinkendem p_2 abnehmen. In Abbildung 47b nehmen umgekehrt mit sinkendem Preis von Gut 2 die Ausgaben für Gut 1 ab und damit die Ausgaben für Gut 2 zu. In Abbildung 49b sind schließlich bei jedem Preis von Gut 2 die Ausgaben für beide Güter konstant. Daher muß im Zwei-Güter-Fall folgende Beziehung gelten:

1. Ist bei einem bestimmten Preis für Gut i die Nachfrage nach diesem Gut elastisch, so muß Gut j ein Substitut dieses Gutes sein.
2. Ist bei einem bestimmten Preis für Gut i die Nachfrage nach diesem Gut unelastisch, so muß Gut j ein Komplement dieses Gutes sein.

Dieser eindeutige Zusammenhang zerfällt, wenn wir mehr als zwei Güter betrachten. Bei elastischer Nachfragereaktion nehmen im Falle der Preissenkung eines Gutes die Ausgaben für dieses Gut zu; dies impliziert natürlich nicht, daß dann die Ausgaben für jedes andere Gut abnehmen müssen. Daher müssen wir für den n-Güter-Fall das Resultat unserer Überlegungen etwas modifizieren:

1. Ist bei einem bestimmten Preis p_i die Nachfrage nach Gut i elastisch, so muß es mindestens ein anderes Gut j geben, das ein Substitut für Gut i ist.
2. Ist bei einem bestimmten Preis p_i die Nachfrage nach Gut i unelastisch, so muß es mindestens ein anderes Gut j geben, das ein Komplement für Gut i ist.

Auch die Stärke und Richtung der Nachfragereaktion für ein bestimmtes Gut auf die Veränderung des Preises eines anderen Gutes kann man durch eine Elastizität messen; die Elastizität der Nachfrage nach Gut i bei einer marginalen Veränderung des Preises p_j wird **Kreuzpreiselastizität** genannt und ist definiert als:

$$(7) \qquad \eta_{x_i, p_j} = \frac{\partial x_i}{\partial p_j} \cdot \frac{p_j}{x_i}$$

Die Kreuzpreiselastizität gibt grob gesprochen an, um wieviel Prozent sich die Nachfragemenge x_i verändert, wenn sich der Preis eines Gutes j um ein Prozent verändert und alle übrigen Preise sowie das Haushaltseinkommen konstant bleiben. Die geometrische Bestimmung der Kreuzpreiselastizität erfolgt ganz analog zur Bestimmung der Preiselastizität oder der Einkommenselastizität, so daß wir auf eine nochmalige Darstellung dieser Technik verzichten können.

Ist die Kreuzpreiselastizität für ein Gut i bei Preisveränderung eines Gutes j negativ, so ist Gut i ein Komplement von Gut j; ist die Kreuzpreiselastizität dagegen positiv, so ist Gut i ein Substitut für Gut j. Je größer die Kreuzpreiselastizität ist, in desto größerem Umfang wird bei gegebener marginaler Veränderung von p_j Gut j durch Gut i substituiert. Verdeutlichen wir uns dies anhand eines Zahlenbeispiels für den Zwei-Güter-Fall. Bei E = 100 und $p_1 = p_2 = 1$ sei der optimale Konsumplan $x^* = (50, 50)$; es gelte $\eta_{x_2, p_1} = 1$. Dies bedeutet ungefähr, daß bei einer einprozentigen Erhöhung von p_1 die nachgefragte Menge von Gut 2 ebenfalls um 1%, also um eine halbe Mengeneinheit, zunehmen muß; Sie können sich leicht ausrechnen, daß dann die Nachfragemenge x_1 um etwa eine halbe Mengeneinheit abnehmen muß. Gilt dagegen $\eta_{x_2, p_1} = 10$, so bedeutet dies näherungsweise, daß bei einer einprozentigen Erhöhung von p_1 die Nachfragemenge x_2 um 10% zunimmt; in diesem Fall fragt der Haushalt von Gut 2 fünf Mengeneinheiten mehr und von Gut 1 etwa fünfeinhalb Mengeneinheiten weniger nach.

Ab und zu werden Sie lesen können, die Kreuzpreiselastizität sei ein Maß für die Stärke der Substitutionsbeziehungen *zwischen* zwei Gütern. Bei dieser Formulierung ist Vorsicht am Platze; wir haben in Abbildung 48b gezeigt, daß wir, wenn Gut 2 ein Substitut für Gut 1 ist, nicht folgern können, Gut 1 sei auch ein Substitut für Gut 2. Selbst wenn dies aber der Fall ist, sind in der gleichen Preis-Einkommens-Konstellation die Kreuzpreiselastizitäten für ein Paar von Gütern in aller Regel nicht identisch.

Kehren wir abschließend noch einmal zur Beziehung zwischen der Nachfragemenge eines Gutes und dem Preis des gleichen Gutes zurück. Wir haben die Nachfragefunktion für ein Gut i unter der Ceteris-paribus-Abnahme, d.h. unter Annahme der Konstanz aller übrigen Güterpreise und des Einkommens abgeleitet. Daher kann sich die Nachfragefunktion für ein Gut i nicht nur bei einer Einkommensvariation verändern, sondern auch dann, wenn sich der Preis irgendeines anderen Gutes j ändert. Ob und wie sich die Nachfragefunktion in diesem Fall verändert, hängt offensichtlich von der Kreuzpreiselastizität η_{x_i, p_j} ab. Ist die Kreuzpreiselastizität positiv, so führt eine Erhöhung von p_j dazu, daß bei konstantem p_i die Nachfragemenge x_i steigt; graphisch drückt sich dies in einer Verschiebung der Nachfragekurve nach rechts aus. Ist die Kreuzpreiselastizität negativ, so reduziert der Haushalt bei einer Erhöhung von p_j und konstantem p_i die Nachfragemenge x_i, und die Nachfragekurve verschiebt sich nach links. Für den Fall einer Preissenkung gilt genau das Umgekehrte. Bei einer Kreuzpreiselastizität von Null bleibt die Nachfragekurve für Gut i nach einer Veränderung von p_j in ihrer alten Lage.

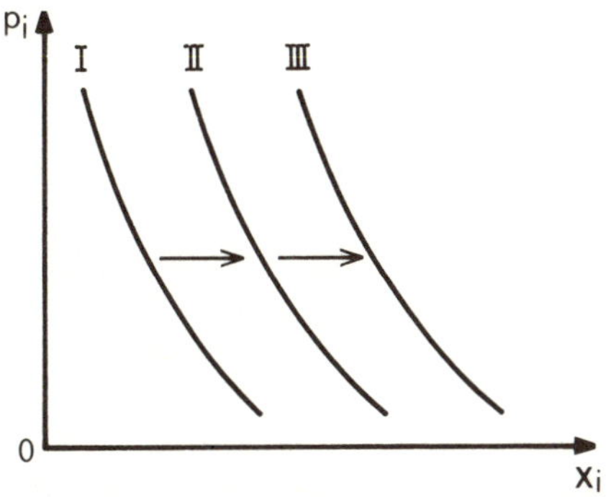

I: $x_i = f_i(\bar{p}_1, \ldots, p_i, \bar{p}_j^0, \ldots, \bar{p}_n, \bar{E})$

II: $x_i = f_i(\bar{p}_1, \ldots, p_i, \bar{p}_j^1, \ldots, \bar{p}_n, \bar{E})$

III: $x_i = f_i(\bar{p}_1, \ldots, p_i, \bar{p}_j^2, \ldots, \bar{p}_n, \bar{E})$

$\bar{p}_j^0 < \bar{p}_j^1 < \bar{p}_j^2$ für $\eta_{x_i, p_j} > 0$

$\bar{p}_j^0 > \bar{p}_j^1 > \bar{p}_j^2$ für $\eta_{x_i, p_j} < 0$

Abb. 50

4. Einkommens- und Substitutionseffekt einer Preisänderung

Wir wollen die Auswirkungen der Preisänderung eines Gutes auf die Nachfragemenge dieses Gutes nun etwas genauer analysieren. Gehen wir wieder vom Zwei-Güter-Fall aus und nehmen wir an, daß der Preis von Gut 2 steigt, während der Preis von Gut 1 und das Haushaltseinkommen konstant bleiben. Diese Preissteigerung hat zwei Folgen: Die Drehung der Bilanzgeraden um den Abszissenabschnitt nach unten bewirkt, daß der Haushalt den ursprünglichen optimalen Konsumplan (x^0) nicht mehr realisieren kann; der neue optimale Konsumplan (x^1) liegt auf einer niedrigeren Indifferenzkurve, und somit verschlechtert sich der Haushalt. In dieser Hinsicht ist der Effekt einer Preissteigerung durchaus mit dem Effekt einer Einkommenssenkung bei konstanten Güterpreisen vergleichbar. Das Einkommen ist zwar **nominal** konstant geblieben, reicht aber nicht mehr aus, um so viel wie vor der Preissteigerung nachfragen zu können – die Preissteigerung bewirkt einen **Real**einkommensverlust. Die zweite Folge der Preiserhöhung ist die, daß sich das Preisverhältnis der beiden Güter geändert hat: Gut 1 ist im Vergleich zu Gut 2 relativ billiger geworden.

Für die Untersuchung vieler Probleme der mikroökonomischen Theorie ist es sehr nützlich, die Auswirkungen des Realeinkommensverlusts und der Veränderung der Preisrelation auf die Konsumgüternachfrage getrennt voneinander zu analysieren. Betrachten Sie Abbildung 51: Beim Einkommen $\overline{E}$ und den Preisen $\overline{p}_1$ und p_2^0 ist x^0 der optimale Konsumplan; steigt der Preis von Gut 2 ceteris paribus auf p_2^1, ist x^1 der optimale Konsumplan. Den Übergang von x^0 zu x^1 wollen wir nun gedanklich in zwei Schritte zerlegen. Zunächst untersuchen wir, welche Nachfrageveränderung sich ergäbe, wenn sich nur das Preisverhältnis von $\overline{p}_1/p_2^0$ auf $\overline{p}_1/p_2^1$ verändern würde, es dem Haushalt aber möglich wäre, auf der durch x^0 verlaufenden Indifferenzkurve I^0 zu verbleiben.

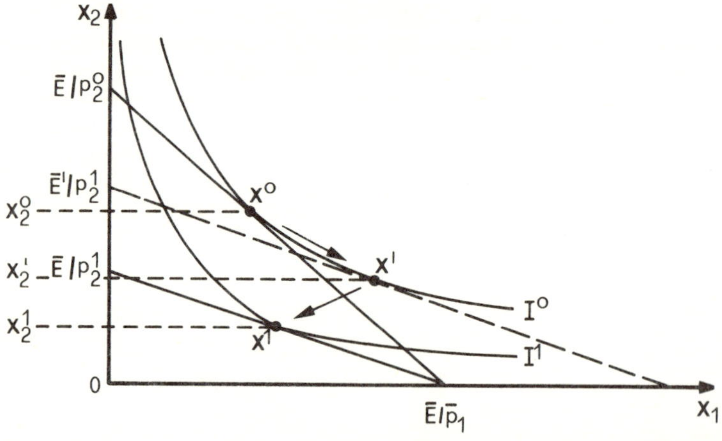

Abb. 51

Zu diesem Zweck müssen wir dem Haushalt eine hypothetische Einkommenserhöhung gewähren, die so bemessen ist, daß er für die Preiserhöhung von Gut 2 genau entschädigt wird, sich also nicht besser und nicht schlechter als beim alten Preis p_2^0 stellt. Geometrisch ermittelt sich diese Einkommenserhöhung sehr einfach: Wir müssen die für den neuen Preis p_2^1 geltende Bilanzgerade so weit parallel nach oben verschieben, bis sie die Indifferenzkurve I^0 tangiert. Multiplizieren wir den Ordinatenabschnitt dieser Tangenten mit p_2^1, so erhalten wir das hypothetische Einkommen $\overline{E}'$, das es dem Haushalt erlaubt, auf der Indifferenzkurve I^0 zu verbleiben. Würden wir also dem Haushalt beim Preisverhältnis $\overline{p}_1/p_2^1$ das Einkommen $\overline{E}'$ zugestehen, so würde er den Konsumplan x' wählen und sich genausogut stellen wie vor der Preiserhöhung. Prüfen wir nun, wie sich die Nachfragemengen in dieser Situation verändern. Jede beliebige Erhöhung von p_2 bewirkt, daß die neue Bilanzgerade flacher verläuft als die alte Bilanzgerade; damit muß natürlich auch die I^0 tangierende Parallele zur neuen Bilanzgeraden flacher sein als die alte Bilanzgerade. Aus dem Verlauf der Indifferenzkurve folgt deshalb zwangsläufig, daß Konsumplan x' von Gut 2 weniger und von Gut 1 mehr enthalten muß als Konsumplan x^0 – das teurer gewordene Gut 2 wird durch das (relativ) billiger gewordene Gut 1 substituiert.

Dieser Effekt einer Preiserhöhung wird **Substitutionseffekt** genannt. Der Substitutionseffekt gibt an, wie sich die nachgefragten Gütermengen bei einer Variation des Preisverhältnisses der Güter verändern, wenn gleichzeitig das Einkommen des Haushalts so verändert wird, daß der neue optimale Konsumplan des Haushalts auf der gleichen Indifferenzkurve liegt wie der optimale Konsumplan beim ursprünglichen Preisverhältnis. Wie wir gesehen haben, ist der Substitutionseffekt für das teurer gewordene Gut immer negativ: Wird ein Gut teurer, so geht bei einer kompensatorischen Einkommenserhöhung die nachgefragte Menge dieses Gutes zurück. Graphisch stellt sich der Substitutionseffekt in Abbildung 51 als Bewegung von x^0 nach x' dar; bei dieser Bewegung fällt die nachgefragte Menge des Gutes 2 von x_2^0 auf x_2'.

Im zweiten Schritt unserer Analyse machen wir nun die hypothetische Einkommenserhöhung von $\overline{E}$ auf $\overline{E}'$ wieder rückgängig, d.h. wir untersuchen beim Preisverhältnis $\overline{p}_1/p_2^1$ den Effekt einer Einkommenssenkung um den Betrag $\overline{E}'-\overline{E}$ auf die Nachfrage nach Gut 2. Dieser Effekt wird **Einkommenseffekt** genannt und stellt sich in Abbildung 51 als Bewegung von x' nach dem tatsächlichen neuen optimalen Konsumplan x^1 dar. Bei dem in dieser Abbildung skizzierten Indifferenzkurvensystem sind offensichtlich Gut 1 und Gut 2 superiore Güter, d.h. der Einkommenseffekt der Preiserhöhung besteht in einem Rückgang der nachgefragten Mengen beider Güter. In bezug auf das teurer gewordene Gut 2 haben wir also einen negativen Einkommens- und einen negativen Substitutionseffekt, und damit besteht in diesem Falle auch der Gesamteffekt der Preiserhöhung, der sich einfach aus der Summe von Substitutions- und Einkommenseffekt ergibt, für das teurer gewordene Gut in einem Rückgang der Nachfragemenge von x_2^0 auf x_2^1.

Während der Substitutionseffekt in Hinblick auf das teurer gewordene Gut immer darin bestehen muß, daß die Nachfragemenge dieses Gutes abnimmt, ist der Einkom-

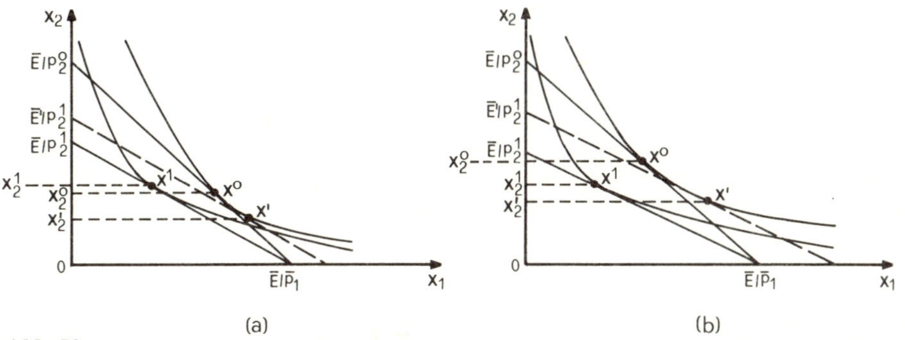

Abb. 52

menseffekt in diesem Sinne nicht eindeutig, denn im Falle inferiorer Güter führen Einkommensvariationen zu einer gegenläufigen Veränderung der Nachfragemengen. Nehmen wir an, Gut 2 sei ein inferiores Gut; dann kann eine Preiserhöhung dieses Gutes zu der in Abbildung 52a illustrierten Situation führen.

Der Substitutionseffekt bewirkt einen Rückgang der Nachfragemenge des Gutes 2 von x_2^0 auf x_2'. Machen wir nun die hypothetische Einkommenserhöhung rückgängig, so resultiert aus der Einkommenssenkung von $\bar{E}'$ auf $\bar{E}$ eine Zunahme der Nachfragemenge von x_2' auf x_2^1. Der Einkommenseffekt ist für Gut 2 dem Substitutionseffekt entgegengerichtet und (absolut) größer als der Substitutionseffekt. Als Gesamteffekt resultiert aus der Preiserhöhung von Gut 2 eine Zunahme der nachgefragten Menge dieses Gutes. Gut 2 ist also ein Giffen-Gut, und nun können wir genauer beschreiben, unter welchen Umständen es zu einer solchen atypischen Nachfragereaktion kommen kann: Ein Giffen-Gut muß ein inferiores Gut sein, bei dem sich die Nachfragemenge aufgrund des positiven Einkommenseffektes so stark erhöht, daß der negative Substitutionseffekt der Preiserhöhung überkompensiert wird.

Mit dieser Beschreibung haben wir schon angedeutet, daß nicht jedes inferiore Gut auch ein Giffen-Gut sein muß. Abbildung 52b zeigt den Fall eines inferioren Gutes mit normalem Verlauf der Nachfragekurve. Erhöht sich der Preis von Gut 2, so besteht der Substitutionseffekt in bezug auf Gut 2 in einem Rückgang der Nachfragemenge von x_2^0 auf x_2'; der Einkommenseffekt der Preisänderung geht für Gut 2 zwar in die entgegengesetzte Richtung, ist aber (absolut) kleiner als der Substitutionseffekt, so daß sich als Gesamteffekt der Erhöhung von p_2 ein Rückgang der Nachfragemenge x_2 ergibt.

Betrachten wir nun kurz den Fall, daß der Preis von Gut 2 sinkt; der optimale Konsumplan liegt nun auf einer höheren Indifferenzkurve, d.h. der Haushalt hat sich verbessert. Um den Substitutionseffekt vom Einkommenseffekt zu trennen, müssen wir das Einkommen des Haushalts hypothetisch so weit reduzieren, daß der Haushalt gezwungen ist, auf der alten Indifferenzkurve zu verbleiben. Aus Abbildung 53 ersehen Sie, daß der Substitutionseffekt einer Senkung von p_2 darin besteht, daß sich die Nachfragemenge von Gut 2 erhöht und die Nachfragemenge von Gut 1 abnimmt. Damit können wir festhalten, daß der Substitutionseffekt für das Gut, dessen Preis sich geändert hat, immer in einer Mengenänderung resultiert, die der Richtung der Preisänderung entgegengesetzt ist.

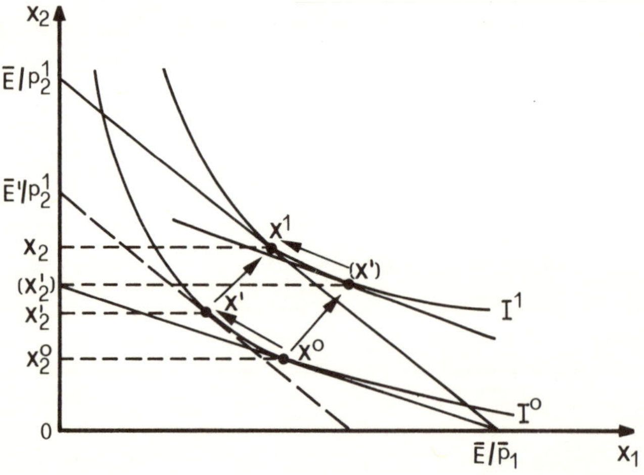

Abb. 53

Machen wir jetzt die fiktive Einkommenssenkung wieder rückgängig, so ergibt sich bei dem in Abbildung 53 illustrierten Indifferenzkurvensystem der Einkommenseffekt der Preissenkung als Zunahme der Nachfragemengen beider Güter. Ist das Gut, dessen Preis sich geändert hat, ein superiores Gut, so gehen also auch im Falle einer Preissenkung der Substitutionseffekt und der Einkommenseffekt in bezug auf dieses Gut in dieselbe Richtung; in beiden Effekten ist die Mengenänderung positiv.

Abbildung 53 demonstriert zugleich einen etwas merkwürdig anmutenden Sachverhalt. Wir haben den Substitutionseffekt bislang immer zuerst gemessen, und zwar als Bewegung auf der Indifferenzkurve, auf der sich der optimale Konsumplan vor der Preisänderung befand, und daran anschließend haben wir dann den Einkommenseffekt ermittelt. Da wir mit der getrennten Betrachtung des Substitutionseffekts ja nur sehen wollen, welche Nachfrageveränderungen sich bei einer Veränderung der Preisrelation und bei Konstanz des Nutzenindex ergibt, könnten wir folglich auch in umgekehrter Reihenfolge vorgehen: Wir könnten zuerst fragen, welche Nachfrageveränderung sich ergäbe, wenn der Haushalt die neue Indifferenzkurve, auf der sich sein optimaler Konsumplan nach der Preisveränderung befindet, bei der alten Preisrelation erreichen könnte (dies ist definitionsgemäß der Einkommenseffekt), und könnten dann erst fragen, welche Nachfrageveränderung daraus resultiert, daß auch die Preisrelation sich geändert hat. In diesem Falle würden wir also in Abbildung 53 von x^0 nach x^1 über (x') statt über x' wandern. In dieser Zeichnung ist nun bei einer solchen Bewegung der Substitutionseffekt kleiner und der Einkommenseffekt größer als bei der ursprünglichen Bewegungsabfolge.

Damit hat es den Anschein, also ob der Einkommens- und der Substitutionseffekt gar nicht eindeutig gemessen werden könnten. Des Rätsels Lösung besteht darin, daß Substitutions- und Einkommenseffekte für infinitesimal kleine Preisveränderungen definiert und in diesem Falle auch eindeutig bestimmt sind. Die graphische Darstellung, bei der wir notgedrungen mit endlichen Preisveränderungen operieren müssen, illustriert nur das Prinzip der Zerlegung in den Substitutions- und den Einkommenseffekt einer infinitesimal kleinen Preisveränderung. Wenn Sie sich heuristisch klarmachen wollen, warum die Effekte bei einer infinitesimal kleinen Preisveränderung eindeutig bestimmt sind, so können Sie sich vielleicht mit folgender Vorstellung behelfen: Je kleiner die Preisveränderung ist, desto mehr rücken die beiden betrachteten Indifferenzkurven aneinander heran, desto ähnlicher muß also ihr Verlauf sein, desto kleiner werden gleichzeitig die Abstände zwischen den tatsächlich gewählten und den hypothetischen Konsumplänen und damit auch die Unterschiede in den Krümmungen der Indifferenzkurven an den beiden jeweils betrachteten Punkten. Für eine sehr kleine Preisveränderung können wir uns deshalb die beiden Indifferenzkurvenabschnitte als parallel zueinander verlaufende, gleich lange Geraden vorstellen, und in diesem Fall hängt das Ausmaß der beiden Effekte natürlich nicht mehr von der Bewegungsabfolge ab.

Fassen wir unsere bisherigen Überlegungen zusammen: Die analytische Trennung der Auswirkung einer Preisänderung auf die Güternachfrage des Haushalts in einen Substitutions- und einen Einkommenseffekt der Preisänderung hat uns gezeigt, daß der **Substitutionseffekt für das Gut, dessen Preis sich erhöht hat, immer negativ** sein muß. Hieraus folgt als notwendige, aber nicht hinreichende Bedingung für einen anomalen Verlauf der Nachfragekurve eines Gutes, daß dieses Gut ein inferiores Gut sein muß; zu einer atypischen Nachfragereaktion kommt es aber erst dann, wenn der Einkommenseffekt der Preisänderung (absolut) größer als der Substitutionseffekt ist. Ziehen wir hieraus den Umkehrschluß, so kommen wir zu einem wichtigen Ergebnis der mikroökonomischen Theorie der Konsumgüternachfrage: Nimmt die Nachfragemenge eines Gutes mit steigendem Einkommen zu, so muß sie mit steigendem Preis abnehmen, oder anders formuliert, **die Nachfragekurve eines superioren Gutes muß einen normalen Verlauf haben.**

Dieses Resultat ist von so großer Bedeutung, daß wir seine Gültigkeit auch für den Mehr-Güter-Fall nachweisen wollen; hierzu genügt es zu zeigen, daß der Substitutionseffekt der Preiserhöhung eines Gutes auch im Mehr-Güter-Fall darin bestehen muß, daß die nachgefragte Menge des teurer gewordenen Gutes abnimmt. Beginnen wir mit einer kurzen Vorüberlegung, die wir anhand des Zwei-Güter-Falls illustrieren wollen. Betrachten Sie in Abbildung 54 Güterbündel x^0, das der Haushalt bei den Preisen p^0 nachfragt, und das auf derselben Indifferenzkurve liegende Güterbündel x^1, das der Haushalt bei den Preisen p^1 nachfragt. x^0 ist bei den Preisen p^0 der einzige Punkt auf der durch x^0 verlaufenden Indifferenzkurve, den der Haushalt bei den Preisen p^0 auf dieser Indifferenzkurve erreichen kann; jedes andere Güterbündel auf dieser Indifferenzkurve gehört nicht zur Budgetmenge, ist also teurer als x^0. So könnte der Haushalt z. B. Güterbündel x^1 bei den Preisen p^0 nur nachfragen, wenn man die bei p^0 geltende Budgetgerade nach außen bis in den Punkt x^1 verschieben würde. Umgekehrt ist bei den Preisen p^1 der Punkt x^1 der einzige Punkt, den der Haushalt auf dieser Indifferenzkurve erreichen kann.

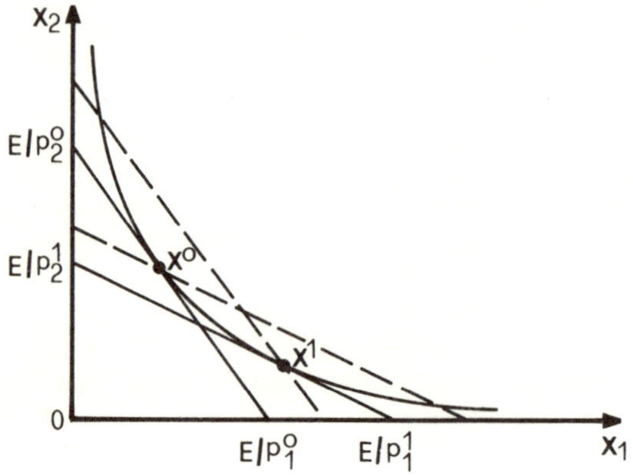

Abb. 54

Ein Güterbündel x, das der Haushalt bei den Preisen p nachfragt, ist damit immer jenes Güterbündel auf einer Indifferenzkurve, das bei den Preisen p unter allen Güterbündeln auf der gleichen Indifferenzkurve die geringsten Ausgaben erfordert. Ist daher x^0 bei p^0 und x^1 bei p^1 der optimale Konsumplan und ist der Haushalt zwischen x^0 und x^1 indifferent, so muß bei den Preisen p^0 Güterbündel x^1 teurer als x^0 und bei den Preisen p^1 Güterbündel x^0 teurer als x^1 sein:

(8) $\quad p^0x^1 > p^0x^0$

(9) $\quad p^1x^0 > p^1x^1$

Die Beziehungen (8) und (9) gelten, wie man sich leicht klarmachen kann, auch für den Mehr-Güter-Fall. Bezeichnen wir die Menge aller Güterbündel, zwischen denen der Haushalt indifferent ist, als eine Indifferenzklasse. Der Haushalt habe bei den Preisen p^0 Güterbündel x^0 gewählt. Nehmen wir nun an, es gebe in der Indifferenzklasse, zu der x^0 gehört, ein Güterbündel x^1, das bei den Preisen p^0 billiger als x^0 ist. Dann könnte der Haushalt, ohne sich zu verschlechtern, x^1 statt x^0 wählen und hätte einen Teil seines Einkommens übrig; folglich kann der Haushalt bei rationalem Verhalten nicht x^0 gewählt haben. Nehmen wir an, es gebe in der Indifferenzklasse, zu der x^0 gehört, ein Güterbündel x^1, das bei den Preisen p^0 genauso teuer wie x^0 ist. Dann wäre aber auch eine Linearkombination von x^0 und x^1 nicht teurer als x^0, und da der Haushalt gemäß der Konvexitätsannahme eine Linearkombination zweier Konsumpläne diesen beiden Konsumplänen immer vorzieht, kann er bei rationalem Verhalten wiederum nicht x^0 gewählt haben. Für zwei (bei je verschiedenen Preisen) optimale Konsumpläne, zwischen denen der Haushalt indifferent ist, müssen die Ungleichungen (8) und (9) daher immer erfüllt sein.

Aus den Ungleichungen (8) und (9) folgt unmittelbar:

(10) $p^1x^1 + p^0x^0 - p^1x^0 - p^0x^1 < 0$

(11) $p^1(x^1 - x^0) - p^0(x^1 - x^0) < 0$

und damit

(12) $(p^1 - p^0)(x^1 - x^0) < 0$

Schreiben wir Ungleichung (12) zur Verdeutlichung aus und setzen wir $p_i^1 - p_i^0 = \Delta p_i$ bzw. $x_i^1 - x_i^0 = \Delta x_i$ $(i = 1, 2, \ldots, n)$:

(12′) $\Delta p_1 \Delta x_1 + \Delta p_2 \Delta x_2 + \cdots + \Delta p_n \Delta x_n < 0$

Nehmen Sie nun an, der Haushalt gehe aufgrund der Veränderung eines einzigen Preises p_i vom Konsumplan x^0 zum Konsumplan x^1 über; dabei muß natürlich gleichzeitig sein Einkommen so verändert werden, daß er in derselben Indifferenzklasse verbleibt. Unter diesen Umständen ist der Übergang von x^0 und x^1 definitionsgemäß der Substitutionseffekt der Preisänderung des Gutes i. Da alle anderen Preise konstant geblieben sind, reduziert sich Ungleichung (12) zu

(13) $\Delta p_i \Delta x_i < 0$

Folglich ist auch im Mehr-Güter-Fall der Substitutionseffekt einer Preisänderung in Hinblick auf das Gut, dessen Preis sich geändert hat, der Preisänderung immer entgegengesetzt: Steigt der Preis von Gut i und gewähren wir dem Haushalt eine Einkommenserhöhung in dem Umfang, daß er in der gleichen Indifferenzklasse verbleiben kann, so sinkt die Nachfragemenge x_i; sinkt p_i und reduzieren wir das Einkommen so, daß der Haushalt in der gleichen Indifferenzklasse verbleiben muß, so nimmt x_i zu. Ist Gut i ein superiores Gut, so ist der Einkommenseffekt einer Erhöhung (Senkung) von p_i in bezug auf dieses Gut negativ (positiv), und wiederum folgt, daß die Nachfragekurve für Gut i den normalen fallenden Verlauf haben muß.

Wir haben uns bei der Diskussion des Einkommens- und Substitutionseffektes einer Preisänderung auf den Fall innerer Optima beschränkt. Dies war insofern gerechtfertigt, als unsere Annahmen über die Präferenzordnung des Haushalts Randoptima ausschließen. Läßt man Randoptima zu, so müssen wir, wie Abbildung 55 zeigt, die Ergebnisse unserer Analyse etwas modifizieren.

Beim Preis p_2^0 wird Gut 2 nicht nachgefragt; steigt nun der Preis dieses Gutes auf p_2^1, so bleibt natürlich x^0 der optimale Konsumplan. Es bedarf also keiner kompensatorischen Einkommenserhöhung, um den Konsumenten für den Preisanstieg von Gut 2 zu entschädigen – der Substitutions- und der Einkommenseffekt sind in bezug auf beide Güter gleich Null. Dies kann auch bei einer Senkung von p_2 gelten: Reduziert sich der Preis des Gutes 2 von p_2^0 auf p_2^2, so ist x^0 immer noch der optimale Konsum-

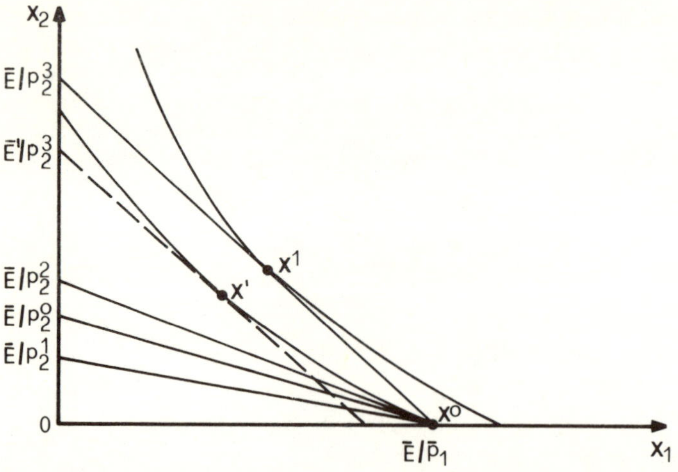

Abb. 55

plan; die Preisveränderung löst also keine Nachfragereaktion aus. Bei einer hinreichend starken Preissenkung, z. B. auf p_2^3, kann sich der Haushalt dagegen verbessern, er wählt nun statt x^0 den Konsumplan x^1. Spalten wir nun die Auswirkung der Preisveränderung wieder analytisch in den Substitutions- und den Einkommenseffekt auf, so sehen Sie, daß der Substitutionseffekt in einer Abnahme von x_1 und einer Zunahme von x_2 besteht.

Somit kann auch dann, wenn Randoptima zulässig sind, der Substitutionseffekt in bezug auf das Gut, dessen Preis sich erhöht, niemals positiv sein, oder anders gesagt: Wenn Preisveränderungen überhaupt eine Nachfragereaktion auslösen, muß der Substitutionseffekt in bezug auf das teurer gewordene Gut negativ sein.

G. Das Arbeitsangebot des Haushalts

Bei unserer bisherigen Analyse des Konsumentenverhaltens haben wir uns ganz auf die Frage konzentriert, welche Konsumgüter der Haushalt in welchen Mengen nachfragt. Grundlage für die Beantwortung dieser Frage war ein Modell, aus dem sich ergab, daß die nachgefragten Gütermengen von der Präferenzordnung des Haushalts, von den Güterpreisen und vom Einkommen des Haushalts abhängen. Für Konsumgüter muß der Haushalt einen Preis entrichten; der Erwerb von Konsumgütern setzt also voraus, daß der Haushalt über ein Einkommen verfügt. Wir haben uns keine Gedanken darüber gemacht, wodurch die Höhe dieses Einkommens bestimmt wird, und eine Antwort auf diese Frage können wir aus dem Modell, das wir bisher verwendet haben, auch nicht ableiten, denn dieses Modell enthält als zu erklärende Variablen – als **endogene** Modellvariablen – nur die nachgefragten Gütermengen, während die Höhe des Haushaltseinkommens in dem Modell als eine erklärende Variable – als **exogene** Variable – auftritt.

Der wichtigste Einkommensbestandteil ist für die meisten Haushalte das Arbeitseinkommen, also das Entgelt für die in einer Unternehmung bei der Produktion von Gütern erbrachte Arbeitsleistung. Wir wollen unser Modell des Konsumentenverhaltens nun so erweitern, daß das Arbeitseinkommen zu einer endogenen Modellvariablen wird. Wir wählen dazu einen Ansatz, der es uns, wie Sie gleich sehen werden, möglich macht, bei der Erklärung der Höhe des Arbeitseinkommens, über das ein Haushalt in der betrachteten Konsumperiode verfügt, allein mit Hilfe des bisher erarbeiteten analytischen Instrumentariums auszukommen.

1. Die Modellannahmen

Wir gehen davon aus, daß der Haushalt eine ganz bestimmte Arbeitsqualifikation hat; er bietet seine Arbeitsleistung auf dem Arbeitsmarkt an, und die Unternehmungen, die diese spezifische Arbeitsqualifikation benötigen, fragen sie nach. Den **Lohnsatz,** also das Arbeitseinkommen je Arbeitsstunde, betrachten wir als konstant, d.h. als unabhängig von der Dauer der Arbeitszeit; die Höhe des Arbeitseinkommens des Haushalts variiert damit proportional mit der Anzahl der geleisteten Arbeitsstunden. Wir unterstellen weiter, daß es dem Haushalt völlig frei steht, darüber zu entscheiden, wie lange er während der betrachteten Konsumperiode arbeiten möchte. Nehmen Sie an, die Konsumperiode sei eine Woche (= 168 Stunden), und als unverzichtbares Minimum an Erholung benötige der Konsument acht Stunden je Tag (= 56 Stunden je Woche); dann beträgt die ihm maximal mögliche Arbeitszeit sechzehn Stunden je Tag (= 112 Stunden je Woche). Für welche Arbeitszeit zwischen Null und diesem Maximum auch immer sich der Konsument entscheiden mag, er findet annahmegemäß immer eine Unternehmung, die bereit ist, ihn zu dem herrschenden Lohnsatz für die von ihm gewünschte Dauer der Arbeitszeit zu beschäftigen. Schließlich unterstellen wir, daß sich der Haushalt wie auf den Konsumgütermärkten auch auf dem Arbeitsmarkt als Mengenanpasser verhält: Er betrachtet den herrschenden Lohnsatz als unabhängig von seinem Arbeitsangebot, mit anderen Worten, der Konsument geht davon aus, daß der geltende Lohnsatz durch die von ihm angebotene Menge an Arbeitsleistung (also die von ihm angebotene Anzahl der Arbeitsstunden) nicht beeinflußt wird.

Unter diesen Umständen hat der Haushalt ein weiteres Entscheidungsproblem: Er muß nicht nur entscheiden, welche Konsumgüter er in welchen Mengen konsumieren will, sondern er hat auch eine Entscheidung darüber zu treffen, wie lange er zu arbeiten wünscht. Diese Entscheidungen sind aber nicht unabhängig voneinander, denn die Länge seiner Arbeitszeit bestimmt die Höhe seines Arbeitseinkommens und diese wiederum den Spielraum, den der Haushalt bei seiner Konsumgüternachfrage hat. Beide Entscheidungen müssen daher simultan getroffen werden.

Bevor wir zeigen, wie unser Modellhaushalt dieses Entscheidungsproblem löst, wollen wir die bislang eingeführten Annahmen kurz auf ihren Realitätsgehalt hinterfragen. Die Vorstellung, daß jeder Haushalt seinen eigenen Wünschen entsprechend mehr oder weniger lange arbeiten kann, erfordert ein gerüttelt Maß an Phantasie. In den meisten Fällen hat man in Wirklichkeit kaum Wahlmöglichkeiten: Man muß sich entweder dem Arbeitsrhythmus eines bestimmten Unternehmens anpassen oder sich eine andere Stelle suchen; in seltenen Fällen besteht höchstens die Wahl zwischen einer Teilzeit- und einer Vollzeitbeschäftigung. Andere Variationsmöglichkeiten der Arbeitszeit wie z.B. unbezahlter Urlaub oder Überstunden liegen nie alleine im Dispositionsspielraum der Arbeitnehmer; die Ausnutzung solcher Variationsmöglichkeiten setzt praktisch immer ein gleichgerichtetes Interesse der Unternehmung voraus. Auch die Annahme eines konstanten, von der Arbeitszeit unabhängigen Lohnsatzes ist bestenfalls eine ganz grobe Approximation an die realen Verhältnisse. Überstunden werden in vielen Berufszweigen mit höheren als den normalen Lohnsätzen, in anderen Berufszweigen aber überhaupt nicht vergütet; auf bestimmte Lohnbestandteile haben häufig nur die Vollzeit-, aber nicht die Teilzeitbeschäftigten einen Anspruch usw. Schließlich gibt es eine Reihe beruflicher Tätigkeiten, bei denen die Höhe des Einkommens das Resultat eines Verhandlungsprozesses zwischen dem einzelnen Arbeitnehmer und einer Unternehmung ist. Von all diesen Komplikationen wollen wir in unserer einfachen Modellwelt absehen.

Bei der Bestimmung der Güternachfrage sind wir davon ausgegangen, daß die Entscheidungsgrundlage des Haushalts bei der Wahl des optimalen Konsumplans seine auf der Konsummenge definierte Präferenzordnung ist. Diesen Gedanken behalten wir bei, erweitern aber nun den Konsumraum um eine Dimension: Wir nehmen an, daß es für den Haushalt außer den Konsumgütern, die er auf den Gütermärkten nachfragen kann, noch etwas anderes gibt, was er als ein Gut betrachtet, nämlich seine Freizeit. Ein möglicher Konsumplan enthält somit neben den geplanten Verbrauchsmengen an Konsumgütern die geplante Menge des „Konsums" an Freizeit. Schließlich wollen wir unterstellen, daß die auf dem um das Gut „Freizeit" erweiterten Konsumraum definierte Präferenzordnung sämtlichen Annahmen 1 bis 8 entspricht, die wir zu Anfang dieses Kapitels eingeführt haben.

Machen wir uns anhand einer Graphik klar, was dies im einzelnen besagt. Um mit einer zweidimensionalen Zeichnung auszukommen, wollen wir einmal annehmen, daß es neben dem Gut „Freizeit", dessen Menge wir in Stunden messen und mit F bezeichnen, nur ein einziges produziertes Konsumgut gibt. Um Verwechslungen mit Vektoren auszuschließen, bezeichnen wir die Menge dieses Gutes mit x_1 und das Gut selbst als Gut 1. Erfüllt die Präferenzordnung alle Annahmen, die wir getroffen haben, so stellt sie sich im Zwei-Güter-Fall geometrisch wieder als ein System konvex gekrümmter und die Achsen der Konsumebene nicht berührender Indifferenzkurven dar (Abbildung 56). Zu den Koordinaten tritt jetzt eine weitere Begrenzung der Konsummenge hinzu: Die in der betrachteten Planungsperiode konsumierbare Freizeit kann ein bestimmtes Maximum, das sich aus der Länge dieser Periode abzüglich der unverzichtbaren Regenerationsphase ergibt und mit T bezeichnet werden soll, nicht überschreiten. In Abbildung 56 präsentiert sich diese technische Beschränkung des Konsumraums als Vertikale über F=T; die Streckenlänge $\overline{OT}$ entspricht dem Maximum an Freizeit und gleichzeitig natürlich auch der maximal möglichen Arbeitszeit bzw. der auf Arbeit und Freizeit aufzuteilenden Gesamtzeit.

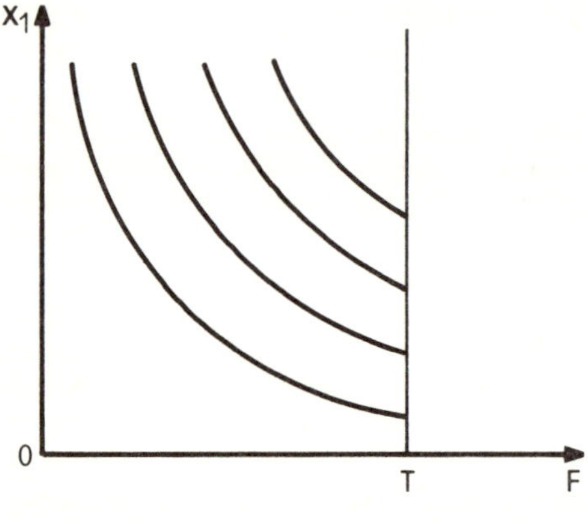

Abb. 56

Eine Indifferenzkurve ist nun der geometrische Ort aller Kombinationen des Konsums von Freizeit und von Gut 1, zwischen denen der Haushalt indifferent ist. Auch für den Konsum von Freizeit gilt die Nichtsättigungsannahme; dies drückt sich darin aus, daß wir bei einer Bewegung auf einer Parallelen zur Abszisse nach rechts auf immer weiter vom Ursprung gelegene Indifferenzkurven gelangen. Konvexität der Präferenzen bedeutet jetzt eine mit zunehmendem Konsum von Freizeit abnehmende Grenzrate der Substitution von Gut 1 durch Freizeit – die Menge von Gut 1, die der Haushalt zugunsten einer zusätzlichen Stunde Freizeit abzugeben bereit ist, wird mit zunehmender Freizeit immer geringer. Annahme 7 bedeutet, daß der Haushalt das (produzierte) Konsumgut und Freizeit als nur beschränkt substituierbar betrachtet; das erscheint plausibel, denn von Freizeit allein kann man auf Dauer schlecht leben, und umgekehrt setzt der Verbrauch vieler Konsumgüter voraus, daß man über Freizeit verfügt.

Wie für produzierte Konsumgüter soll auch für den Konsum von Freizeit die Nichtsättigungsannahme gelten; dies drückt sich darin aus, daß man bei einer Bewegung auf einer Parallelen zur Abszisse nach rechts auf immer weiter vom Ursprung gelegene Indifferenzkurven gelangt. Diese Annahme ist weniger selbstverständlich, als sie scheinen mag. Freizeit und Arbeitszeit ergänzen sich zur Gesamtzeit, die dem Konsumenten nach Abzug seiner Regenerationsphase zur Verfügung steht. Wenn der Konsument Freizeit als Gut betrachtet, von dem er lieber mehr als weniger hat, so folgt daraus, daß er Arbeit gleichzeitig als ein „Übel“ betrachten muß, denn Arbeit erfordert Verzicht auf Freizeit. Das einzige Motiv, das unseren Modellhaushalt zur Arbeit veranlassen kann, besteht offensichtlich darin, daß er gerne auch in den Genuß von Konsumgütern käme, für die er einen Preis bezahlen muß, deren Erwerb ihm also nur möglich ist, wenn er über ein Einkommen disponieren kann. Diese Sicht der Dinge ist vermutlich etwas einseitig: Arbeit kann (manchmal) auch Vergnügen bereiten, und das Leben eines reichen Müßiggängers ist nicht jedermanns Sache.

Da die Präferenzordnung des Haushalts voraussetzungsgemäß alle Annahmen 1 bis 8 erfüllt, kann das in Abbildung 56 illustrierte Indifferenzkurvensystem durch eine stetige und differenzierbare Nutzenfunktion $u = f(x_1, F)$ mit dem Definitionsbereich $x_1 \geq 0$ und $0 \leq F \leq T$ beschrieben werden. Entsprechend der Nichtsättigungsannahme sind die partiellen Ableitungen der Nutzenfunktion (die Grenznutzen von Freizeit und von Gut 1) an jeder Stelle positiv, und die Grenzrate der Substitution zwischen den beiden Gütern kann wieder durch das umgekehrte Verhältnis der Grenznutzen ausgedrückt werden.

Damit sind die Modellannahmen vollständig beschrieben. Wir zeigen nun, wie sich die optimalen Verbrauchsmengen an (produzierten) Konsumgütern und die optimale Konsummenge an Freizeit und damit uno actu das optimale Arbeitsangebot des Haushalts simultan bestimmen lassen.

2. Der optimale Konsumplan bei endogenem Arbeitseinkommen

Gehen wir zunächst wieder vom Zwei-Güter-Fall aus; der Preis von Gut 1 und der Lohnsatz seien gegeben. Es ist nun unmittelbar einsichtig, daß der Haushalt nicht jeden beliebigen Punkt in der Konsumebene ereichen kann: Je mehr er von der

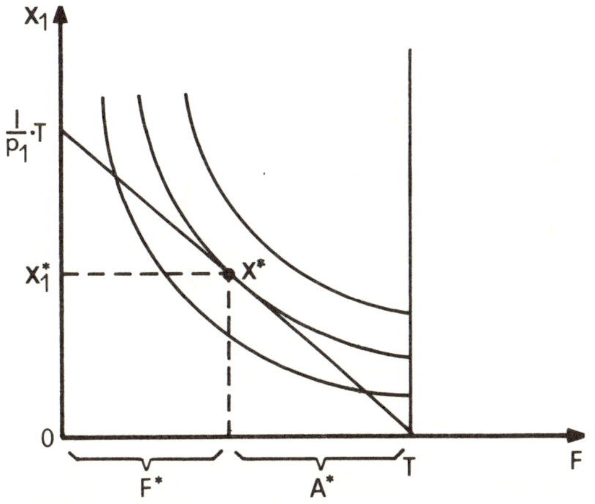

Abb. 57

Gesamtzeit, die ihm zur Verfügung steht, als Freizeit verwendet, desto weniger bleibt an Arbeitszeit übrig, desto geringer ist aber bei gegebenem Lohnsatz auch sein Einkommen und damit die Menge von Gut 1, die der Haushalt bei gegebenem Preis dieses Gutes nachfragen kann. Offensichtlich existiert also auch jetzt eine Art von Budgetrestriktion; versuchen wir, uns den Verlauf dieser Budgetrestriktion in der Konsumebene klarzumachen.

Bezeichnen wir den Lohnsatz mit l und die dem Haushalt maximal mögliche Arbeitszeit, die gleichzeitig seine maximal mögliche Freizeit ist, mit T. Verwendet der Haushalt die Gesamtzeit T als Freizeit und ist der Verkauf seiner Arbeitsleistung die einzige Möglichkeit für ihn, ein Einkommen zu erzielen – hiervon gehen wir zunächst aus –, so bedeutet dies, daß er von Gut 1 nichts nachfragen kann; der Abszissenabschnitt der Budgetgerade ist also durch den Wert von T bestimmt. Verzichtet der Haushalt hingegen völlig auf Freizeit und arbeitet während der gesamten Zeit T, so erzielt er ein Einkommen $E = l \cdot T$. Die Menge x_1, die er mit diesem maximal erzielbaren Einkommen nachfragen kann, hängt vom Preis p_1 ab; für den Ordinatenabschnitt der Budgetgeraden erhalten wir $x_1 = (l/p_1)T$, also einfach die Anzahl der Mengeneinheiten von Gut 1, die er für einen Stundenlohn erhält, multipliziert mit der Anzahl der Stunden, die der Haushalt maximal arbeiten kann. Fragen wir nun, auf wie viele Mengeneinheiten von Gut 1 der Haushalt verzichten muß, wenn er nicht während der Gesamtzeit T arbeitet, sondern sich eine Stunde Freizeit nimmt. Die Antwort ist simpel: Da er für einen Stundenlohn l/p_1 Mengeneinheiten bekommt, kann er pro Stunde Freizeit l/p_1 Mengeneinheiten weniger nachfragen; die Steigung der Bilanzgeraden ist damit durch das Verhältnis von Lohnsatz und Güterpreis, den sog. **Reallohnsatz,** bestimmt. Als Gleichung für die Budgetgerade ergibt sich also:

$$(1) \qquad x_1 = \frac{l}{p_1} \cdot T - \frac{l}{p_1} \cdot F$$

Alle Konsumpläne oberhalb der Budgetgeraden sind für den Haushalt nicht realisierbar; die Budgetmenge besteht aus den Konsumplänen auf und unterhalb dieser Geraden.

Bei rationalem Verhalten wählt der Haushalt einen Konsumplan auf der höchsterreichbaren Indifferenzkurve; infolge des konvexen Verlaufs der Indifferenzkurven ist dieser Konsumplan eindeutig bestimmt. Wiederum gilt als Optimumbedingung die schon bekannte Bedingung der Gleichheit von Substitutionsmöglichkeit und Substitutionsbereitschaft zwischen den beiden Gütern. In Abbildung 57 ergibt sich als optimaler Konsumplan $x^* = (x_1^*, F^*)$, und da die Arbeitszeit A definitionsgemäß gleich der Differenz aus Gesamtzeit und Freizeit ist, ist simultan mit den optimalen Verbrauchsmengen von Gut 1 und Freizeit auch das optimale Arbeitsangebot als $A^* = T - F^*$ bestimmt.

Bei mehreren Gütern läßt sich der optimale Konsumplan nicht mehr geometrisch ermitteln; wir müssen daher wieder zur analytischen Bestimmung mit Hilfe der Methode der Lagrange-Multiplikatoren übergehen. Das Einkommen des Haushalts ist:

$$(2) \qquad E = l \cdot A = l(T - F).$$

Die Nutzenfunktion $u = f(x_1, x_2, \ldots, x_n, F)$ ist wegen der Nichtsättigungsannahme wieder unter der Nebenbedingung zu maximieren, daß das Einkommen *gleich* den Ausgaben ist:

$$(3) \qquad l(T - F) - p_1 x_1 - p_2 x_2 - \cdots - p_n x_n = 0.$$

Wir bilden die Lagrange-Funktion

(4) $$L = f(x_1, x_2, \ldots, x_n, F) + \lambda[l(T-F) - p_1 x_1 - p_2 x_2 - \cdots - p_n x_n],$$

differenzieren partiell nach $x_1, x_2, \ldots, x_n$, F und λ und setzen anschließend die Ableitungen gleich Null:

(5) $$\frac{\partial L}{\partial x_1} = \frac{\partial u}{\partial x_1} - \lambda p_1 = 0$$

$$\frac{\partial L}{\partial x_2} = \frac{\partial u}{\partial x_2} - \lambda p_2 = 0$$

$$\vdots$$

$$\frac{\partial L}{\partial x_n} = \frac{\partial u}{\partial x_n} - \lambda p_n = 0$$

$$\frac{\partial L}{\partial F} = \frac{\partial u}{\partial F} - \lambda l \quad = 0$$

$$\frac{\partial L}{\partial \lambda} = l(T-F) - p_1 x_1 - p_2 x_2 - \cdots - p_n x_n = 0.$$

Die Lösung von Gleichungssystem (5) liefert uns die Werte für die bei den geltenden Preisen p und dem geltenden Lohnsatz l nachgefragten Mengen der Konsumgüter 1, 2, …, n sowie der nachgefragten Menge des Gutes „Freizeit“ und damit wiederum gleichzeitig auch das Arbeitsangebot des Haushalts. Die ersten n + 1 Gleichungen von (5) lassen sich zusammenfassen zu:

(6) $$\left|\frac{dx_i}{dx_j}\right| = \frac{\partial u}{\partial x_j}\Big/\frac{\partial u}{\partial x_i} = \frac{p_j}{p_i} \qquad i, j = 1, 2, \ldots, n$$

$$\left|\frac{dx_i}{dF}\right| = \frac{\partial u}{\partial F}\Big/\frac{\partial u}{\partial x_i} = \frac{l}{p_i} \qquad i = 1, 2, \ldots, n$$

Die Grenzrate der Substitution zwischen zwei (produzierten) Konsumgütern muß jeweils gleich dem reziproken Preisverhältnis sein, und die Grenzrate der Substitution eines Konsumgutes durch Freizeit muß für alle Güter gleich dem Verhältnis von Lohnsatz zu Güterpreis sein. Durch die Endogenisierung des Arbeitseinkommens verändert sich also in Hinblick auf die Optimalbedingungen nichts.

Prüfen wir nun, welche Auswirkungen auf den optimalen Konsumplan sich ergeben, wenn der Haushalt neben einem Arbeitseinkommen auch einen exogen gegebenen Anteil am Gewinn einer oder mehrerer Unternehmungen bezieht. Es genügt, wenn wir uns dieses Problem anhand des Zwei-Güter-Falls graphisch veranschaulichen (vgl. Abbildung 58). Erhält der Haushalt einen Unternehmensgewinn (-anteil) in Höhe von G^0 Geldeinheiten zugewiesen, so kann er, ohne zu arbeiten, G^0/p_1 Mengeneinheiten von Gut 1 nachfragen; verwendet er die Gesamtzeit T als Arbeitszeit, so kann er $(G^0 + l \cdot T)/p_1$ Mengeneinheiten nachfragen. Die Bilanzgerade verschiebt sich also um die Strecke $\overline{0\,G^0/p_1}$ parallel nach oben. Beachten Sie dabei, daß sich durch das zusätzliche Einkommen G^0 die Budgetmenge nur links von der Vertikalen über T vergrößert – dieses zusätzliche Einkommen vergrößert zwar den Dispositionsspielraum des Haushalts im Hinblick auf die Nachfrage nach Gut 1, kann aber natürlich die maximal mögliche Freizeit nicht erhöhen. Offenbar ändert sich in unserem Beispiel zunächst nichts an den Eigenschaften, durch die das Haushaltsoptimum bei einem zusätzlichen, exogen bestimmten Gewinneinkommen charakterisiert sind: Das gesamte verfügbare Einkommen, das sich nun als $E = G^0 + l \cdot A = G^0 + l\,(T-F)$ errechnet, wird für den Kauf des Konsumgutes ausgeschöpft, und die Grenzrate der

Substitution des Konsumgutes durch Freizeit ist gleich dem Verhältnis von Lohnsatz zu Güterpreis. Wie sich die nachgefragte Menge von Gut 1 und das Arbeitsangebot durch das zusätzliche Gewinneinkommen im einzelnen ändern, hängt von den Präferenzen des Haushalts ab; in Abbildung 58 ist unterstellt, daß sowohl Gut 1 als auch Freizeit superiore Güter sind – die nutzenmaximale Arbeitszeit wird also reduziert.

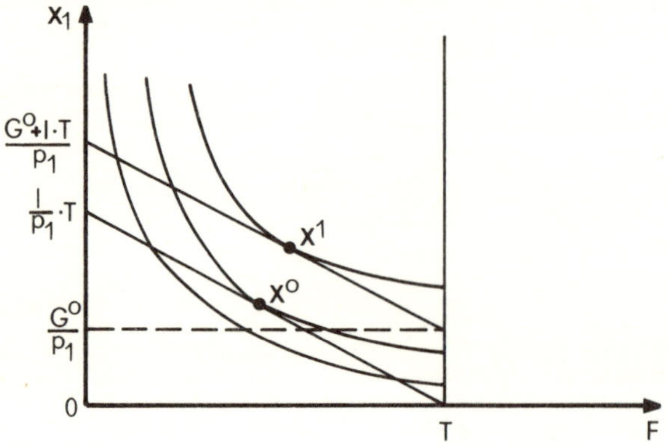

Abb. 58

Bei genauerer Betrachtung stellt sich jedoch heraus, daß sich die Dinge bei Einführung eines exogenen Gewinneinkommens aufgrund der Mengenrestriktion für den Freizeitkonsum $F \leqq T$ doch komplizierter gestalten. Die Annahmen über die Präferenzordnung des Haushalts sind nämlich nicht mehr stark genug, um in jedem Falle ein Randoptimum auszuschließen. Ein solches Randoptimum stellt sich in Abbildung 59 bei einem Gewinneinkommen G^1 ein. Der optimale Konsumplan ist hier x^1; der Haushalt zieht es vor, nicht zu arbeiten und dementsprechend den Konsum von Gut 1 auf die durch das Gewinneinkommen finanzierbare Menge zu beschränken. Offensichtlich ist dies aber keine Tangentiallösung, d.h. die Optimalbedingung (6) ist nicht erfüllt. Diese Bedingung ist bei exogenem Gewinneinkommen zwar eine hinreichende, aber keine notwendige Bedingung für das Haushaltsoptimum. Ohne zusätzliche Annahmen können wir also nicht davon ausgehen, daß sich das gesuchte beschränkte Maximum der Nutzenfunktion $u = f(x_1, F)$ mit Hilfe der Lagrange-Methode bestimmen läßt. Die daraus resultierenden analytischen Schwierigkeiten sollen hier aber nicht weiter verfolgt werden.

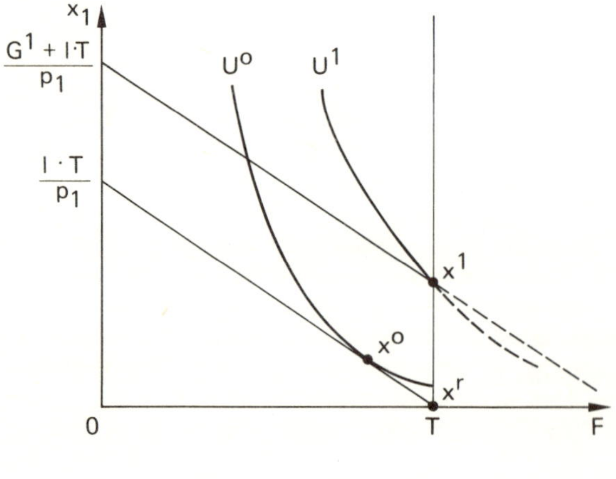

Abb. 59

Abschließend wollen wir noch einmal zu der Ausgangssituation ohne exogenes Gewinneinkommen zurückkehren und uns fragen, warum wir dort trotz der Beschränkung $F \leqq T$ die Lagrange-Methode ohne Probleme anwenden konnten. Die Antwort ist einfach: Solange der Haushalt kein Gewinneinkommen bezieht, gehört von allen Konsumplänen auf dem durch $T = F$ beschriebenen Rand des Konsumraums nur ein einziger zur Budgetmenge, nämlich der Konsumplan x^r mit $T = F$ und $x_1 = 0$ (vgl. Abbildung 59). Dieser Konsumplan scheidet aber wegen der Annahme beschränkter Substituierbarkeit von Konsumgütern und Freizeit als optimaler Konsumplan von vorneherein aus; mithin wissen wir, daß die Lösung des Maximierungsproblems nur ein inneres Optimum sein kann.

3. Die Arbeitsangebotskurve

Abbildung 59 gibt uns für den Fall zweier Güter einen zusammenfassenden Überblick darüber, wovon in unserem Modell des Konsumentenverhaltens die Güternachfrage und das Arbeitsangebot abhängig sind; es sind dies:

- die Präferenzordnung des Haushalts und die ihm maximal mögliche Arbeitszeit,
- die Höhe des exogen gegebenen Einkommensbestandteils in Form der Gewinnbeteiligung des Haushalts,
- der Lohnsatz und
- der Preis des Konsumgutes.

Bei gegebener Präferenzordnung und gegebener maximaler Arbeitszeit des Haushaltes hängen Güternachfrage und Arbeitsangebot damit alleine vom Lohnsatz, vom Güterpreis und vom Gewinn ab. Aus der Annahme konvexer Indifferenzkurven folgt, daß der optimale Konsumplan eindeutig bestimmt ist, und somit sind Güternachfrage und Arbeitsangebot Funktionen des Lohnsatzes, des Güterpreises und des Gewinns. Dies gilt in gleicher Weise für den Fall beliebig vieler Güter; bei Konstanz der beiden erstgenannten Einflußfaktoren sind die Nachfragemengen aller Güter und das Arbeitsangebot des Haushalts Funktionen der Güterpreise, des Lohnsatzes und des Gewinns:

$$(7) \qquad \begin{aligned} x_i &= f_i\,(p_1, p_2, \ldots, p_n, l, G) \qquad i = 1, 2, \ldots, n \\ A &= f_A\,(p_1, p_2, \ldots, p_n, l, G) \end{aligned}$$

In der Regel verändern sich die Nachfragemengen nach Konsumgütern und die angebotene Menge an Arbeitsleistung, wenn sich Güterpreise, der Lohnsatz und/oder der Gewinn verändern. Eine Ausnahme von dieser Regel ergibt sich für den Fall einer proportionalen Variation aller Preise, des Lohnsatzes und des Gewinns. Ein Blick auf Abbildung 57 zeigt Ihnen, daß die Budgetgerade bei proportionaler Variation von p_1 und l ihre Lage beibehält und der optimale Konsumplan somit unverändert bleibt. Wie man in Abbildung 58 sieht, bleiben die Budgetgerade und der optimale Konsumplan auch unverändert, wenn sich Preis, Lohnsatz und Gewinn proportional verändern. Nachfrage- und Angebotsfunktionen sind also **homogen vom Grade Null in den Preisen, im Lohnsatz und im Gewinn.** (Zur Homogenität vergleiche im mathematischen Anhang den Abschnitt C 2 c.)

Wir wollen nun die **Arbeitsangebotskurve** des Haushalts ableiten. Die Arbeitsangebotskurve ist – ganz in Analogie zur Nachfragekurve – die unter der Ceteris-paribus-Bedingung abgeleitete geometrische Darstellung des Zusammenhangs zwischen der Höhe des Lohnsatzes und der vom Haushalt angebotenen Menge an Arbeitsleistung. Gehen wir wieder vom Zwei-Güter-Fall aus und sehen wir der Einfachheit halber zunächst von einem exogenen Einkommensbestandteil ab. Lassen wir nun den Lohnsatz eine breite Skala verschiedener Werte durchlaufen, so wirkt sich dies geometrisch in einer Drehung der Budgetgeraden um den Abszissenabschnitt aus. Wir erhalten eine unendliche Menge von Berührpunkten zwischen Bilanzgeraden und Indifferenzkurven, die eine stetige Kurve in der Konsumebene bilden (vgl. Abbildung 60).

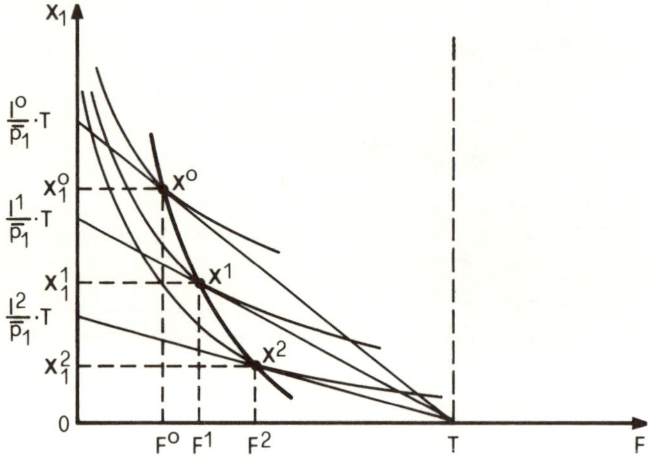

Abb. 60

Bei steigendem Lohnsatz und damit – in Einkommens- bzw. Konsumverzicht zu messendem – steigendem „Preis“ der Freizeit nimmt in unserem Beispiel die Nachfrage nach Gut 1 zu und die Nachfrage nach Freizeit ab; Gut 1 und Freizeit sind also Substitute. In Abbildung 61a haben wir den bei diesem Indifferenzkurvensystem resultierenden Zusammenhang zwischen Lohnsatz und Freizeit dargestellt; dieser Zusammenhang wird **Lohn-Freizeit-Kurve** genannt. Da sich das Arbeitsangebot aus der Differenz zwischen der Gesamtzeit T und der Freizeitnachfrage ermittelt, können wir das Arbeitsangebot direkt aus Abbildung 61a entnehmen; wir brauchen lediglich den horizontalen Abstand zwischen der Lohn-Freizeit-Kurve und der Vertikalen über T nach Abbildung 61b zu übertragen und erhalten somit die Arbeitsangebotskurve.

In unserem Beispiel hat die Arbeitsangebotskurve eine positive Steigung; wie wir im Rahmen der Theorie der Unternehmung sehen werden, nimmt die Angebotsmenge eines Gutes mit steigendem Preis dieses Gutes normalerweise zu. Die Angebotskurve in Abbildung 61b ist daher ein Beispiel für eine normale oder typische

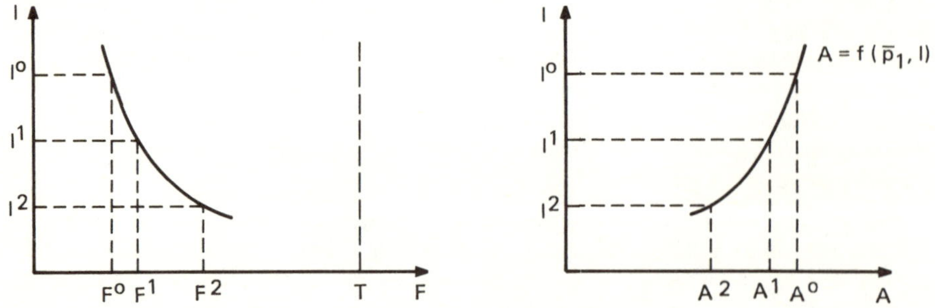

Abb. 61 (a) (b)

Reaktion des Angebots. Mit einer typischen Angebotsreaktion ist freilich im Falle des Arbeitsangebots nicht immer zu rechnen, und sie folgt auch keineswegs aus unseren Annahmen über die Präferenzordnung des Haushalts. Wir können uns ebensogut ein Indifferenzkurvensystem denken, bei dem das Konsumgut und Freizeit Komplemente sind, und dann erhalten wir eine atypische Reaktion des Arbeitsangebots auf Lohnsatzveränderungen (vgl. Abbildung 62).

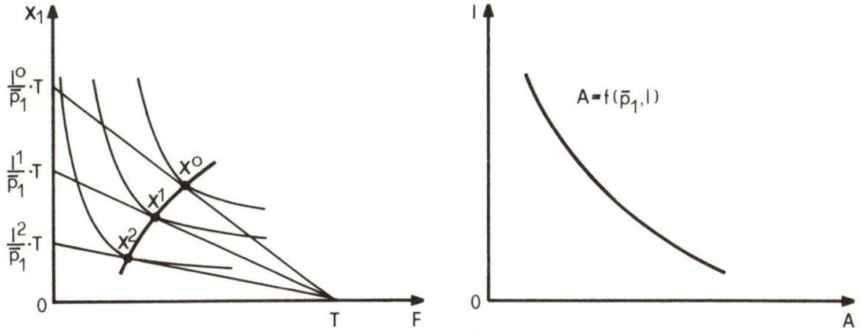

Abb. 62 (a) (b)

Schließlich kann man sich auch Kombinationen dieser beiden Fälle vorstellen; Abbildung 63 illustriert eine solche Situation, in der wir unterhalb von l^0 und oberhalb von l^1 eine atypische und im Bereich zwischen l^0 und l^1 eine typische Angebotsreaktion verzeichnen.

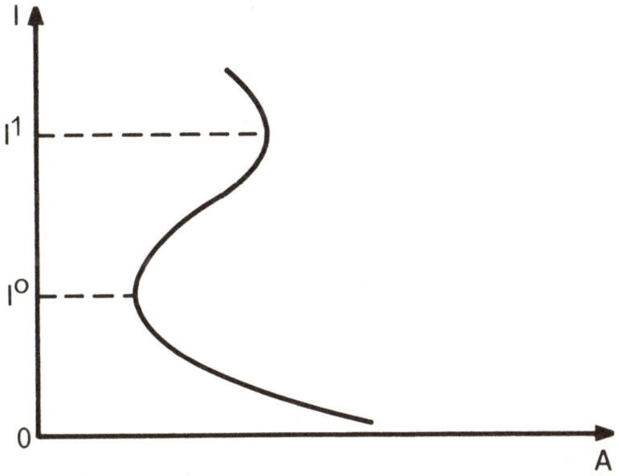

Abb. 63

Einen derartigen Verlauf der Arbeitsangebotskurve kann man sich vielleicht mit folgender Überlegung plausibel machen: Bei sehr niedrigen Lohnsätzen und einer weiteren Lohnsatzsenkung sieht sich der Haushalt gezwungen, mehr als vorher zu arbeiten, um sich das notwendige Existenzminimum an Konsumgütern zu sichern; bei sehr hohen Lohnsätzen, die ohnehin schon einen gehobenen Lebensstandard ermöglichen, mag der Haushalt im Falle weiterer Lohnsatzsteigerungen wieder dazu tendieren, sich mehr Freizeit zu gönnen, um den erreichten Lebensstandard auch in Muße genießen zu können.

Solange das Arbeitseinkommen die einzige Einkommensquelle des Haushalts ist, wird er bei noch so geringem Arbeitslohn immer bereit sein, eine gewisse Zeit zu arbeiten; aus der Annahme beschränkter Substituierbarkeit von Konsumgütern und

Freizeit folgt unmittelbar, daß zu jedem Lohnsatz $l > 0$ auch ein positives Arbeitsangebot besteht. Wie wir schon bei der Bestimmung des Haushaltsoptimums gesehen haben, ändert sich dies, wenn der Haushalt ein exogenes Gewinneinkommen bezieht; hier kann es zu Randlösungen kommen mit der Folge, daß der Haushalt keine Arbeit anbietet.

In Abbildung 64a wird angenommen, daß bei einem Lohnsatz $l = l^{min}$ die zugehörige Budgetgerade die Indifferenzkurve U^0 im Punkt x^0 tangiert, d.h. das Haushaltsoptimum ergibt sich als Randlösung mit $x_1^0 = G^0/\bar{p}_1$ und $F^0 = T$. Jeder Lohnsatz $l < l^{min}$ führt zu einer flacheren Budgetgeraden, so daß x^0 zwar kein Tangentialpunkt zwischen Indifferenzkurve und Budgetrestriktion mehr ist, dennoch aber Haushaltsoptimum bleibt. Hingegen ist bei einem Lohnsatz $l > l^{min}$ die Budgetgerade steiler als die Indifferenzkurve u^0 in x^0, so daß sich ein inneres Optimum ergibt. Für das Arbeitsangebot des Haushalts bedeutet dies, daß erst bei Überschreiten eines bestimmten Mindestlohnsatzes l^{min} Arbeit angeboten wird. Bei einem Lohnsatz $l \leqq l^{min}$ ist der Haushalt nicht bereit, zugunsten einer Teilnahme am Arbeitsleben auf Freizeit zu verzichten; entsprechend fällt in Abbildung 64b die Arbeitsangebotskurve im Wertebereich $l \leqq l^{min}$ mit der Ordinate zusammen.

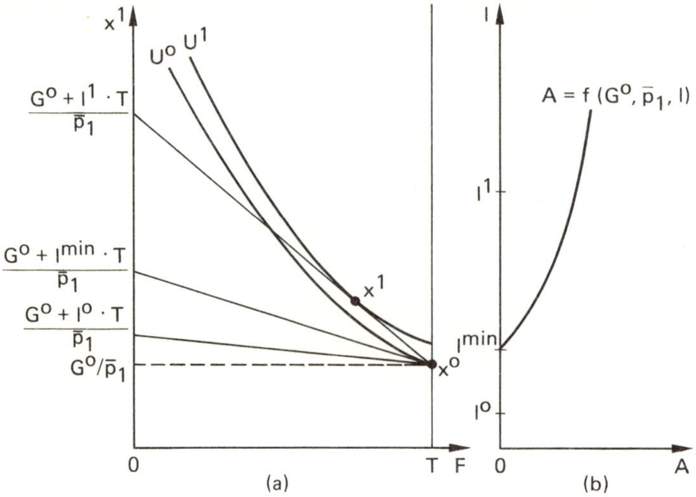

Abb. 64

Ganz in Analogie zur konsumnachfragetheoretischen Analyse der Auswirkungen der Preiserhöhung eines Gutes auf die von diesem Gut nachgefragte Menge läßt sich auch die Wirkung einer Lohnerhöhung auf die Freizeitnachfrage bzw. das Arbeitsangebot in einen Substitutions- und einen Einkommenseffekt aufspalten. In Abbildung 65a ergibt sich bei dem Lohnsatz l^0 das Haushaltsoptimum x^0, bei dem höheren Lohnsatz l^1 das Haushaltsoptimum x^1. Der Substitutionseffekt (SE) der Lohnsatzerhöhung ermittelt sich durch eine hypothetische Reduzierung des Realeinkommens in dem Ausmaß, daß der Haushalt auf dem ursprünglichen Nutzenniveau u^0 verbleibt, also graphisch durch die Bewegung von x^0 nach x'. Wie unmittelbar ersichtlich, hat der Substitutionseffekt wieder eine eindeutige Richtung: Die relative Verteuerung der Freizeit führt zu deren Verminderung und damit zu einer Erhöhung des Arbeitsangebots. Den Einkommenseffekt (EE) erhält man, indem die Einkommenssenkung wieder rückgängig gemacht wird, also graphisch durch die Bewegung von x' nach x^1. Hierbei ist unterstellt, daß der Haushalt Freizeit als superiores Gut betrachtet, so daß der Einkommenseffekt dem Substitutionseffekt entgegengerichtet ist. Es ist jedoch durchaus auch denkbar, daß der Haushalt Freizeit als inferiores Gut ansieht; in diesem Fall – durch die gestrichelte Indifferenzkurve u^2 angedeutet – verstärkt der Einkommenseffekt den Substitutionseffekt.

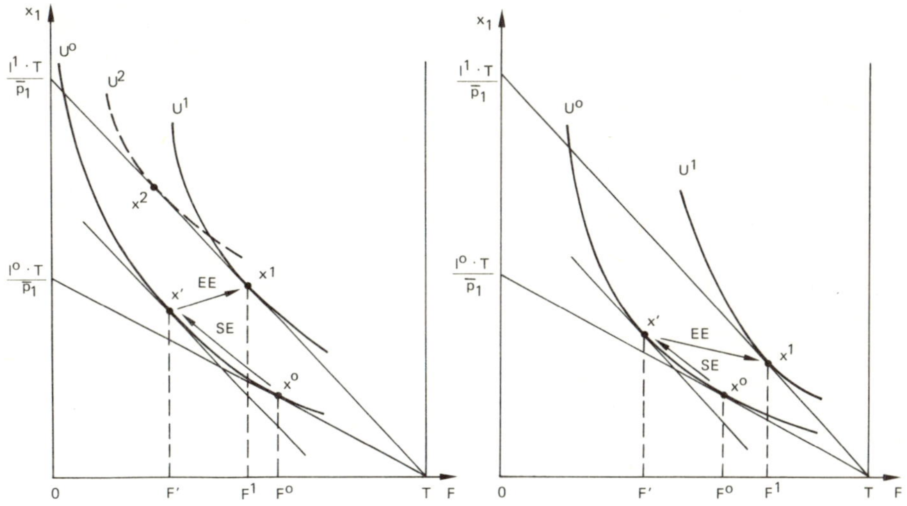

Abb. 65 (a) (b)

Ein Vergleich von Abbildung 65a mit Abbildung 65b zeigt einen wichtigen Unterschied in den Ergebnissen der Analyse des Einkommens- und Substitutionseffekts einer Güterpreiserhöhung einerseits und einer Lohnsatzerhöhung andererseits. Wir hatten für den Zwei- und den Mehr-Güter-Fall abgeleitet, daß der Gesamteffekt einer Preiserhöhung auf die Nachfrage nach dem betreffenden Konsumgut negativ sein muß (oder, wenn Randoptima zulässig sind, zumindest nicht positiv sein kann), wenn dieses Gut in den Augen des Haushalts superior ist. Diese Aussage ist auf die Nachfrage des Haushalts nach Freizeit nicht übertragbar: wenn Freizeit ein superiores Gut ist, kann der Gesamteffekt einer Lohnsatzerhöhung sowohl in einer Verringerung (Abbildung 65a) als auch in einer Erhöhung (Abbildung 65b) der Nachfrage nach Freizeit bestehen.

Der Grund für dieses auf den ersten Blick widersprüchlich erscheinende Ergebnis ist einfach zu verstehen: Erhöht sich der Preis eines Gutes, das der Haushalt *kaufen* muß, dann dreht sich seine Budgetgerade nach innen. Das Realeinkommen sinkt, die Menge aller realisierbaren Konsumpläne wird kleiner. Falls das Gut superior ist, wird von ihm weniger konsumiert; der Einkommenseffekt wirkt in die gleiche Richtung wie der Substitutionseffekt. – Steigt dagegen der Lohnsatz – der Preis für das Gut Zeit –, dann dreht sich die Budgetgerade nach außen; das Realeinkommen steigt, weil der Haushalt in diesem Fall das teurer gewordene Gut *verkauft* (nämlich in Form von Arbeitszeit). Eine Einkommenssteigerung jedoch führt, falls Freizeit superior ist, zu einem Mehrkonsum an Freizeit. Der Einkommenseffekt ist also bei einem superioren Gut, das der Haushalt verkauft, dem Substitutionseffekt entgegengerichtet. So könnte der Haushalt zum Beispiel die Lohnsteigerung sogar dazu nutzen, bei konstantem Konsumniveau von Gut X, mehr Freizeit zu genießen (der Einkommenseffekt überkompensiert dann den Substitutionseffekt bei weitem). Ein solches Verhalten erscheint für viele Haushalte wohl mindestens so plausibel wie die Hypothese, eine Lohnsteigerung führe zu intensiverer Arbeit (weniger Freizeit) und mehr Konsum. Wie wir gesehen haben, sind beide Mengenreaktionen auf eine Lohnsatzsteigerung möglich und somit auch eine Arbeitsangebotsfunktion wie in Abbildung 63, wenn Freizeit superior ist.

Bei exogen vorgegebenem Einkommen hängt die Lage der Nachfragekurve für ein Gut, wie wir gesehen haben, vom Einkommen und den Preisen aller anderen Güter ab. Bei endogen bestimmtem Einkommen ist entsprechend die Lage der Arbeitsangebotskurve durch die als konstant betrachteten Güterpreise und die Lage der Nachfragekurve(n) durch die als konstant angesetzten Preise der übrigen Konsumgüter und durch den ebenfalls als konstant angenommenen Lohnsatz bestimmt; Veränderungen der Parameterwerte ziehen in aller Regel auch Veränderungen der Arbeitsangebots- bzw. Nachfragekurven nach sich. Wir wollen dies wieder für den Zwei-Güter-Fall zeigen.

In Abbildung 66a ist unterstellt, daß Gut 1 und Freizeit Komplemente sind. Bei l^0 und p_1^0 ergibt sich das Arbeitsangebot des Haushalts als $A^0 = T - F^0$. Sinkt nun der Preis von Gut 1 auf p_1^1, so reduziert sich das Arbeitsangebot bei konstantem Lohnsatz auf $A^1 = T - F^1$; eine Preissenkung bewirkt also eine Verschiebung der Arbeitsangebotskurve nach links, und entsprechend ergibt sich bei einer Preiserhöhung von Gut 1 eine Verschiebung der Arbeitsangebotskurve nach rechts.

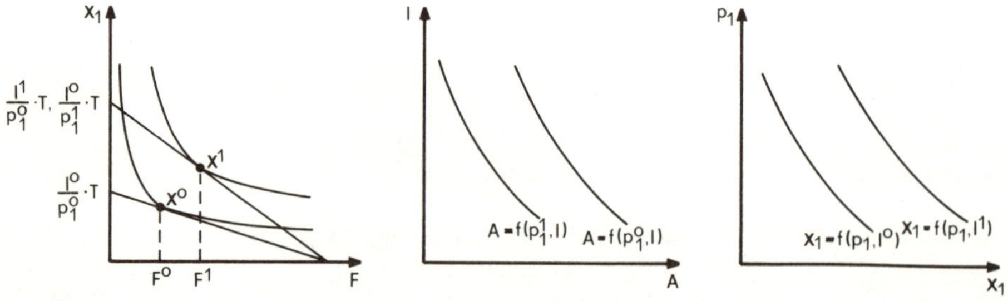

Abb. 66 (a) (b) (c)

Umgekehrt läßt natürlich auch eine Variation des Lohnsatzes die Lage der Nachfragekurve für Gut 1 nicht unberührt. Nehmen wir an, für den Lohnsatz l^0 gelte die in Abbildung 66c dargestellte Nachfragekurve $x_1 = f(p_1, l^0)$ und interpretieren wir in Abbildung 66a die Drehung der Budgetgeraden nach oben als Erhöhung des Lohnsatzes von l^0 auf l^1 bei Konstanz des Güterpreises. Beim gleichen Preis p_1 ist die Nachfragemenge x_1 jetzt größer als vorher; folglich bewirkt eine Erhöhung des Lohnsatzes eine Verschiebung der Nachfragekurve nach rechts.

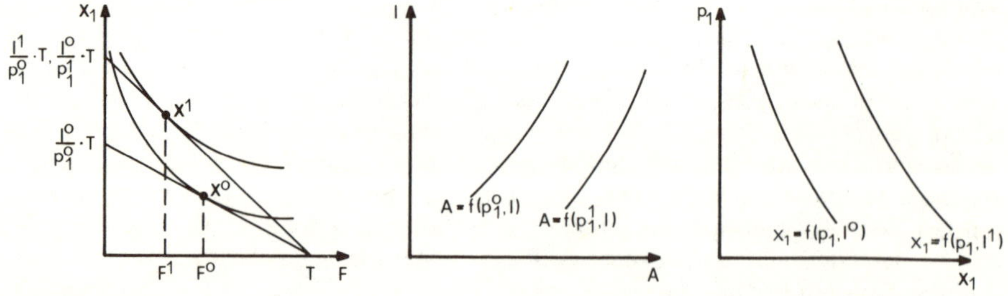

Abb. 67 (a) (b) (c)

Wie Sie sich anhand von Abbildung 67 überzeugen können, liegen die Dinge für den Fall, daß der Haushalt Gut 1 und Freizeit als Substitute betrachtet, etwas anders: Zwar führt auch hier eine Lohnsatzerhöhung wieder zu einer Verschiebung der Nachfragekurve nach rechts, aber bei einer Preissenkung verschiebt sich die Arbeitsangebotskurve nicht nach links, sondern ebenfalls nach rechts.

Schließlich ist sogar der durch Abbildung 68 illustrierte Fall denkbar, daß eine Erhöhung des Lohnsatzes zu einer Verschiebung der Nachfragekurve für Gut 1 nach links führt. Da wir die Drehung der Budgetgeraden nach oben auch als Preissenkung bei konstantem Lohnsatz interpretieren können, folgt unmittelbar, daß Gut 1 ein Giffen-Gut sein muß. In diesem Falle muß sich bei einer Preissenkung die Arbeitsangebotskurve nach links verschieben.

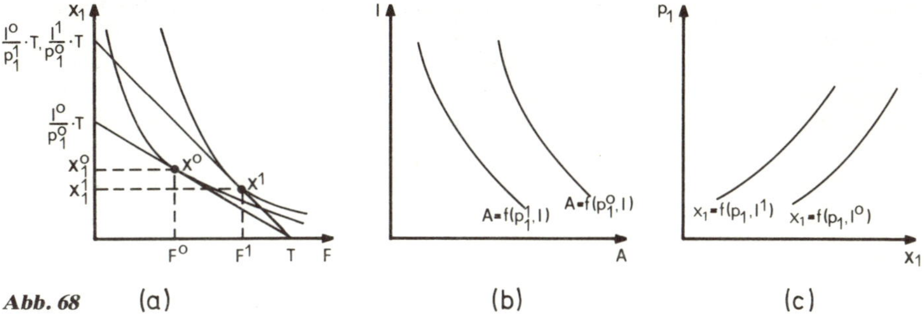

Abb. 68

Die Beispiele belegen hinreichend deutlich, daß uns die Annahmen über die Präferenzordnung des Haushalts, die wir getroffen haben, keine eindeutigen Aussagen darüber erlauben, wie sich die Lage der Arbeitsangebotskurve oder der Nachfragekurven verändert, wenn man den Wert irgendeines Parameters variiert. Noch komplizierter werden die Dinge, wenn man zur Betrachtung des Mehr-Güter-Falls übergeht. Dann mag z.B. eine Lohnsatzerhöhung dazu führen, daß sich die Nachfragekurve für ein Gut auch dann nach links verschiebt, wenn dieses Gut kein Giffen-Gut ist. Wir wollen diese Probleme hier aber nicht weiter vertiefen; es genügt uns, daß Sie nicht vergessen, daß Angebots- und Nachfragekurven unter der Ceteris-paribus-Bedingung abgeleitete Zusammenhänge darstellen und daß sich diese Kurven in aller Regel in irgendeine Richtung verschieben, wenn sich der Wert einer bei der Ableitung dieser Kurven als konstant angesetzten Größen verändert.

4. Schlußbemerkung

Mit der Analyse des Arbeitsangebots und damit der endogenen Bestimmung des Arbeitseinkommens wollen wir die Untersuchung der ökonomischen Entscheidungen des Haushalts abschließen. Sie werden bemerkt haben, daß wir die Untersuchung des Arbeitsangebots zum Anlaß genommen haben, noch einmal einen großen Teil des analytischen Instrumentariums, das wir schon zuvor in der Theorie der Konsumgüternachfrage bei exogen bestimmtem Haushaltseinkommen verwendet haben, Revue passieren zu lassen. In der Tat ist noch eine ganze Anzahl zusätzlicher Modellerweiterungen möglich, bei denen man immer auf die gleichen analytischen Grundprinzipien zurückgreifen kann. Dies gilt insbesondere in Hinblick auf die Erweiterung zu einem Mehr-Perioden-Modell, innerhalb dessen man z.B. die Ersparnisbildung des Haushalts, seine Entscheidungen bezüglich des Kaufs langlebiger Konsumgüter oder Probleme der Vorratsbildung analysieren könnte. Wir wollen es aber bei diesem einfachen Modell belassen, um uns die Untersuchung der in den Kapiteln IV und V zu behandelnden Fragen des Gleichgewichts und der Wohlfahrt so einfach wie möglich zu machen.

Die Zusammenfassung der Ergebnisse unseres Modells kann kurz ausfallen. Bei gegebener Präferenzordnung und gegebener maximaler Arbeitszeit sind die Nachfrage des Haushalts nach Konsumgütern und sein Arbeitsangebot jeweils Funktionen aller Güterpreise, des Lohnsatzes und des Gewinns. Wir wollen dieses Resultat nochmals in formaler Schreibweise notieren und dabei eine geringfügige Veränderung unserer bisherigen Notationsweise vornehmen. Konsumgüter werden von den Haushalten nachgefragt und von den Unternehmungen angeboten; Arbeitsleistungen werden von den Haushalten angeboten und von den Unternehmungen nachgefragt. Um immer sofort sehen zu können, ob es sich bei den betreffenden Funktionen um Angebots- oder Nachfragefunktionen handelt, wollen wir Nachfragemengen mit einem Index N und Angebotsmengen mit einem Index A versehen; außerdem wollen wir die Menge an Arbeitsleistungen wie die Mengen anderer Produktionsfaktoren auch zukünftig mit dem Buchstaben v bezeichnen. Damit schreiben wir die Arbeitsangebotsfunktion und die Nachfragefunktionen des Haushalts als:

$$(8)\qquad \left.\begin{aligned} x_1^N &= f_1(p_1, p_2, \ldots, p_n, l, G) \\ x_2^N &= f_2(p_1, p_2, \ldots p_n, l, G) \\ &\vdots \\ x_n^N &= f_n(p_1, p_2, \ldots p_n, l, G) \end{aligned}\right\} \text{Nachfragefunktionen}$$

$$v^A = f(p_1, p_2, \ldots, p_n, l, G) \qquad \text{Arbeitsangebotsfunktion}$$

Wenden wir uns nun der zweiten Gruppe von Wirtschaftssubjekten in unserem Gesamtmodell zu – den Unternehmungen.

Kapitel III
Theorie der Unternehmung

A. Einleitung

In diesem Abschnitt untersuchen wir die **wirtschaftlichen Entscheidungen** der Unternehmung. Wir betrachten die Unternehmung als **Einheit.** Somit spielt es keine Rolle, ob es sich um ein Ein-Mann-Unternehmen oder eine Aktiengesellschaft mit einem umfangreichen Management handelt, ob Eigentümerrolle und Leitungsfunktion von verschiedenen Personen wahrgenommen werden.

1. Fragestellungen

Wie wir aus Kapitel I „Grundfragen und Methoden" bereits wissen, ist es der **Zweck** der Unternehmung, aus Produktionsfaktoren (Inputs) Güter (Outputs) zu **produzieren.** Diese Güter (Waren und Dienstleistungen) werden an die Haushalte, den Staat und andere Unternehmen verkauft, wofür die Unternehmung Erlöse erzielt. Aus diesen Erlösen werden die Ausgaben für die Produktionsfaktoren gedeckt, welche die Unternehmung bei den Haushalten in Form von Arbeitsleistungen, Häusern und Land und bei anderen Unternehmen in Form von Zwischenprodukten und Kapitalgütern (z.B. Maschinen) nachfragt. Vom Staat nimmt sie (nur teilweise freiwillig) die Nutzung öffentlicher Güter in Anspruch und hat dafür Steuern und Abgaben zu entrichten.

Der die Kosten der Produktion übersteigende Teil der Erlöse verbleibt der Unternehmung als **Gewinn.** Die Gewinnverwendung werden wir hier nicht weiter analysieren: Der Gewinn kann entweder an die Haushalte, soweit sie Eigentümer der Unternehmung sind, verteilt werden oder etwa zur Beschaffung von Investitionsgütern verwendet werden. Sowohl die Haushalte als Eigentümer der Unternehmen wie auch das Unternehmensmanagement haben ein Interesse an einem möglichst hohen Gewinn. Der Gewinn gilt als das Maß für den Erfolg unternehmerischer Aktivität. Wir unterstellen damit, es sei das **Ziel** der Unternehmung, unter den gegebenen Umständen einen **maximalen Gewinn** zu erreichen. Aus dem Kapitel „Grundfragen und Methoden" wissen wir, daß auch andere Ziele der Unternehmung denkbar sind und auch tatsächlich verfolgt werden. Wir beschränken uns deswegen auf den Gewinn als Unternehmensziel, weil damit die durchzuführenden Analysen relativ einfach und übersichtlich bleiben.

Die Festlegung der gewinnmaximalen Ausbringungsmenge und der dazugehörigen Faktoreinsatzmengen hängt mit einer Reihe von anderen ökonomischen Entscheidungen zusammen und baut zum Teil auf diesen auf:

Die Unternehmung hat sich **Informationen** zu beschaffen über alle ökonomischen Tatbestände, die bei der Verfolgung des Unternehmensziels relevant sind. Wir wollen hier nur einige aufzählen: Wird der Markt das im Produktionsplan vorgesehene Produkt überhaupt aufnehmen, falls es sich um eine Neuschöpfung handelt? In welchen Mengen, zu welchen Preisen? Falls es sich um eine eingeführte Ware handelt, wird der Markt sie weiter in den gewohnten Mengen und Preisen aufnehmen? Die Unternehmung hat **Marktforschung** zu betreiben; denn die produzierten Mengen könnten sich selbst zu den Preisen, die das Unternehmen braucht, um die Kosten zu decken, als (teilweise) nicht absetzbar erweisen. Sind gegenüber einem vorhandenen Produktionsplan zusätzliche Kosten beim Absatz des Produkts, bei der Beschaffung der Faktoren, bei der Durchführung der Produktion zu erwarten? Gibt es andere Produktionsverfahren, die bei gegebenen Einsatzmengen eine größere Ausbringungsmenge erwarten lassen? Die Entscheidungen der Unternehmung erfolgen unter **Risiko und Unsicherheit;** die Unsicherheit zu vermindern ist ein Ziel der Marktforschung. Die Unternehmung hat zu entscheiden, wann eine gewisse Zuverlässigkeit bezüglich der relevanten Marktdaten erreicht ist und die Informationsbeschaffung abgebrochen werden kann.

Bei der Produktion kommt ein bestimmtes **technisches Wissen** zur Anwendung. Dieses technische Wissen läßt sich möglicherweise durch Investitionen in Forschung und Entwicklung verbessern. Man kann neue billigere Verfahren suchen, man kann überhaupt neue Güter entwickeln. Wenn diese neuen Verfahren angewendet werden sollen, sind *Investitionen* ins Sachkapital (Gebäude, Maschinen, Fuhrpark usw.), aber auch in die Ausbildung des Personals erforderlich. Die Unternehmung hat über die bei der Produktion anzuwendende Technologie zu entscheiden und die Maßnahmen (Investitionen in Forschung und Entwicklung), durch welche die vorhandene Technologie weiterentwickelt werden kann.

Ist es ratsam, **Läger** anzulegen? Erwartet man Preiserhöhungen bei den Produktionsfaktoren, ist es vernünftig, diese – soweit möglich – auf Lager zu kaufen. Ist eine Kaufkraftvermehrung bei den Nachfragern zu erwarten, kann es ratsam sein, auf Lager zu produzieren. Diese Entscheidung ist wesentlich durch die Höhe des gegenwärtigen und des zu erwartenden *Zinses* mitbestimmt. Die Unternehmung hat zu entscheiden, ob es vom oder/und auf Lager produzieren soll.

Produktion und Konsum finden in der Regel an unterschiedlichen Orten im Raum statt. Wie ist die Produktion räumlich zu organisieren? Soll sie zentral in einer Betriebsstätte erfolgen oder soll sie ganz/teilweise dezentral an verschiedenen Orten durchgeführt werden? Soll die Nähe zu Arbeitsmärkten, Rohstofflägern gesucht werden oder die Nähe zum Verbraucher? Je nach Art des produzierten Gutes, der verwendeten Produktionsfaktoren werden sich unterschiedliche **Transportkosten** ergeben. Die Unternehmung hat über die optimalen **Standorte** ihrer Betriebsstätten zu entscheiden.

Welchen Umfang (Tiefe) soll der innerbetriebliche Produktionsprozeß haben? Soll die Unternehmung alle Vorprodukte selbst produzieren? Ist es nicht insgesamt günstiger, bestimmte Vorprodukte bei anderen Unternehmen zuzukaufen? Die Unternehmung hat eine Entscheidung über die **optimale Tiefe des Produktionsprozesses** zu treffen. Die Entscheidung über die Tiefe des Produktionsprozesses hängt auch von den Finanzierungsmöglichkeiten des Unternehmens ab. Sollen Erlöse, eventuell zeitweilig, auf dem Kapitalmarkt angelegt oder in Sachinvestitionen gesteckt werden? Sollen Investitionen aus Fremdmitteln oder durch Kapitalaufstockung finanziert werden? Soll die laufende Produktion aus Fremdmitteln finanziert werden? Welche Art der Finanzierung verbessert/verschlechtert die Bonität der Unternehmung? Die Unternehmung hat eine Entscheidung über eine **optimale Finanzierung** zu treffen.

Mit dieser Aufzählung haben wir keineswegs alle relevanten Entscheidungstatbestände erwähnt (z.B. Werbung), über die sich die Unternehmung Klarheit verschaffen muß. Mit ihnen beschäftigt sich ausführlich die **Betriebswirtschaftslehre.** – Im Rahmen der Mikroökonomie wollen wir weder die erwähnten noch die nicht erwähnten Probleme insgesamt analysieren. Wir beschränken uns auf die zentralen Entscheidungsprobleme der Unternehmung bezüglich der **Ausbringungsmengen** und **Faktor-**

einsatzmengen. Diese Selbstbeschränkung ist notwendig, um die Analyse so einfach wie möglich zu halten; sie ist sinnvoll, weil die Theorie der Unternehmung Baustein eines umfassenderen, aber immer noch überschaubaren Gesamtmodells sein soll. Wir machen uns daher eine **Modell**ökonomie und eine Modellunternehmung zurecht, in denen wir uns genau auskennen. In dieser Modellwelt sind die oben angeführten Probleme dadurch „gelöst", daß wir sie durch geeignete **Annahmen** überhaupt nicht entstehen lassen:

1. Informationsprobleme und -kosten gibt es nicht, da die Unternehmung über alle relevanten Fakten **vollkommene Information** besitzt. Insbesondere ist der **Stand des technischen Wissens** vorgegeben und wird nicht verändert.
2. Investitionsentscheidungen müssen nicht getroffen werden und werden nicht getroffen, da unsere Modellwirtschaft nur **eine Periode** arbeitet. Der anfallende Gewinn kann daher nicht im Unternehmen verwendet werden, sondern wird an die Haushalte verteilt. Wir bewegen uns in einer **statischen** Welt.
3. Es ist unnötig, Läger anzulegen, da sowohl die Beschaffungs- wie auch die Produktpreise bekannt sind, in der betrachteten Periode sich nicht ändern und es **keinerlei Unsicherheiten** über irgendwelche ökonomische Entscheidungstatbestände gibt. Auf den Faktormärkten können jederzeit zu den geltenden Marktpreisen beliebige Mengen gekauft, auf den Produktmärkten beliebige Mengen abgesetzt werden.
4. Im Regelfall unterstellen wir Unternehmen, die nicht so groß sind, daß sie durch Veränderung der angebotenen oder nachgefragten Mengen einen merklichen Einfluß auf den Preis ausüben könnten. Sie heißen **Preisnehmer** oder **Mengenanpasser,** da sie nur über Mengen entscheiden können.
   Wir analysieren aber auch die ökonomischen Entscheidungstatbestände von **Monopolisten,** Unternehmen also, die alternativ Mengen oder Preise innerhalb gewisser Grenzen frei wählen können (*Preissetzer* beziehungsweise *Mengenfixierer*).
5. Es gibt auch keine Finanzierungsprobleme. Das Produkt kann zum Marktpreis in beliebiger Menge abgesetzt werden; bei jedem Produktionsplan, der einen Gewinn aufweist, können aus den Erlösen problemlos die Kosten bestritten werden. Ein- und Auszahlungen fallen in ein- und derselben Periode an.
6. Der Standort stellt kein Problem dar: Transportkosten treten nicht auf, da im Modell alle ökonomischen Aktivitäten in einem räumlichen Punkt erfolgen.
7. Wir unterstellen **beliebige Teilbarkeit** aller Mengen, Inputs wie Outputs. Da wir die zu analysierenden Zusammenhänge mathematisch (algebraisch) darstellen, gestattet es diese Annahme, mit einer möglichst einfachen Art der Algebra auszukommen. Stetige Differenzierbarkeit aller Funktionen – zum Beispiel – ist dadurch gewährleistet. Probleme, die durch Ganzzahligkeit (halbe Schallplatten werden in der Regel nicht gehandelt) oder handelsübliche Abnahmemengen (z.B. Lastwagenladungen Kies) entstehen, sind ausgeschlossen.
8. Der Umfang eines Produktionsprozesses kann in mehrere hintereinandergeschachtelte Teilprozesse zerlegt werden, in denen jeweils Zwischenprodukte erzeugt, aber auch wiederverwendet werden. Wir analysieren im weiteren nur **einen** dieser Teilprozesse. Somit spielt es keine Rolle, ob der Output ein Zwischen- oder Endprodukt ist, ob die verwendeten Inputs produzierte oder nichtproduzierte, sogenannte primäre Faktoren sind. Die Anzahl der notwendigen Produktionsfaktoren ist von der Technologie bestimmt und wird nicht weiter diskutiert. – Im Kapitel „Koordination" wird unsere Modellökonomie sogar noch einfacher konzipiert: Die Produktion erfolgt nur innerhalb *einer* Produktionsstufe. Die Unternehmungen bezie-

hen die Inputs direkt von den Haushalten; sie verkaufen die produzierten Güter ebenfalls unmittelbar an die Haushalte.

Im Grunde machen wir uns jetzt daran, die Modellökonomie der Theorie des Konsumentenverhaltens noch weiter auszubauen, – in Richtung auf **das gesamtwirtschaftliche Konkurrenzmodell,** das im Kapitel „Grundfragen und Methoden" bereits vorgestellt worden ist. Neben den Haushalten, die Güter nachfragen und Faktoren anbieten, führen wir jetzt noch andere Wirtschaftssubjekte – Unternehmen – ein, die aus Faktoren Güter produzieren. Das sind Wirtschaftssubjekte, die Faktoren nachfragen und Güter anbieten. Selbst ohne Einbeziehung des Staates erreichen wir damit eine in sich geschlossene Modellökonomie von einiger Komplexität – ein einfaches mikroökonomisches **Totalmodell:** Die ökonomischen Entscheidungen der Unternehmen bauen auf denen der Haushalte auf und umgekehrt. In welcher Weise hier ein Arrangement gefunden wird, werden wir im Kapitel „Koordination" erfahren. In diesem Abschnitt stellen wir in **Partialmodellen** die Theorie der Unternehmung vor.

2. Gemeinsamkeiten und Unterschiede zur Haushaltstheorie

Die Unternehmen treffen ökonomische Entscheidungen in der Absicht, den erzielbaren Gewinn zu maximieren. Ihr ökonomisches Entscheidungsproblem haben wir somit als **Maximierungsaufgabe** formuliert. Zur Lösung dieser Aufgabe analysieren wir daher auch in der Theorie der Unternehmung die marginalen Veränderungen, z. B. welchen Gewinnzuwachs die zuletzt produzierte Outputeinheit erbringt. Wir werden uns also der **Marginalanalyse** bedienen, die wir aus „Grundfragen und Methoden" bereits kennen.

Der rationale, gewinnmaximierende Unternehmer ist in der Lage, unterschiedliche Produktionspläne anhand eines konkreten Kriteriums, nämlich des Gewinns, zu vergleichen und zu bewerten. Es liegt eine sogenannte **substantielle Rationalität** vor, da dem Gewinn als Bewertungskriterium gleichsam eine vom Bewerter unabhängige Eigenständigkeit zukommt. Im Gegensatz dazu vergleichen und bewerten die Haushalte unterschiedliche Konsumpläne anhand einer **formalen Rationalität.** Sie ziehen aus mehreren Konsumplänen jenen vor, den sie am höchsten bewerten. Dabei wird kein eigenständiges, vom Bewerter unabhängiges Kriterium sichtbar.

In der Haushaltstheorie haben wir großen Wert auf eine geeignete Definition der Präferenzordnung der Haushalte gelegt. Der Zweck der insgesamt acht ausführlich erläuterten Annahmen war es, zu möglichst einfachen Bedingungen für einen eindeutigen optimalen Konsumplan beziehungsweise für das optimale Arbeitsangebot zu kommen. Aus den Bedingungen für den optimalen Konsumplan wird ja die Güternachfragefunktion, aus den Bedingungen für das optimale Arbeitsangebot die Arbeitsangebotsfunktion abgeleitet. In der Theorie der Unternehmung haben wir gleiches Interesse an **einfachen Bedingungen für einen eindeutigen optimalen Produktionsplan.** Diesem Zweck dienen die oben formulierten Annahmen. Aus demselben Grunde werden wir nur solche Technologien etwas detaillierter untersuchen, die uns auf nicht allzu komplizierte Weise die Ableitung von Angebotsfunktionen für Produkte beziehungsweise von Nachfragefunktionen für Faktoren erlauben.

3. Überblick

Wir haben gesagt, die entscheidende Zielgröße der Unternehmung sei der maximale **Gewinn,** definiert als Erlöse minus Kosten. Die Erlöse ergeben sich aus Ausbringungsmenge mal Produktpreis und erfordern nur für das Monopol eine eingehendere

Analyse. Die Veränderung der **Kosten,** in Abhängigkeit von der Ausbringungsmenge, wird stark von der Technologie bestimmt.

Daher wenden wir uns in einem **ersten** Abschnitt allgemein dem Begriff der **Produktion** zu. Wir erläutern die technisch effiziente Produktion und die Produktionsfunktion.

In einem **zweiten** Abschnitt werden wir verschiedene **Konzepte und Instrumente** kennenlernen, die bei der Analyse der Technologie eines Unternehmens nützlich sein können.

In einem **dritten** Abschnitt stellen wir verschiedene **Arten von Produktionsfunktionen** vor und wenden auf sie die vorher definierten Instrumente und Konzepte an.

Der **vierte** Abschnitt beschäftigt sich mit den **Kosten,** insbesondere damit, wie sich bei unterschiedlichen Technologien zu gegebenen Ausbringungsmengen die **minimalen Kosten** bestimmen lassen. Der rationale Unternehmer produziert zu minimalen Kosten, ob er nun einen maximalen, einen befriedigenden Gewinn, Sicherung des Marktanteils oder Kostendeckung anstrebt.

In einem **fünften** Abschnitt schließlich leiten wir die Bedingungen für einen **optimalen Produktionsplan** für Eingutproduktion, im **sechsten** Abschnitt für Mehrgüterproduktion ab. Aus den Bedingungen für den optimalen Produktionsplan ergeben sich die Angebots- und Nachfragefunktionen der Unternehmung, mit denen wir uns – allerdings nur für die Eingutproduktion – im **siebten** Abschnitt befassen.

Zum Schluß (im **achten Abschnitt**) stellen wir noch die Bedingungen für einen optimalen Produktionsplan bei **Angebots-** und **Nachfragemonopolen** dar.

B. Technologie: Konzepte und Instrumente der Analyse

1. Die Produktionsfunktion

Unter **Produktion** versteht man die Umwandlung von Produktionsfaktoren in Güter (Waren und Dienstleistungen). Die aus dem Produktionsprozeß hervorgehenden Waren und Dienstleistungen können unmittelbar der Befriedigung von Bedürfnissen dienen (Konsumgüter) oder als Zwischenprodukte oder Investitionsgüter wieder im Produktionsprozeß verwendet werden. Ein Flußdiagramm verdeutlicht die Zusammenhänge:

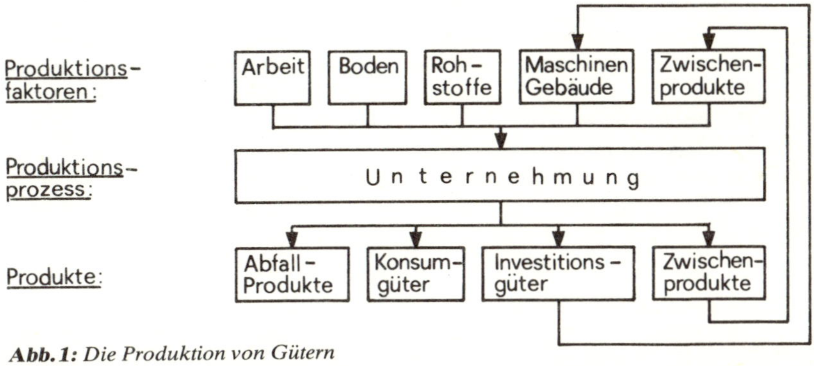

***Abb. 1:** Die Produktion von Gütern*

Je nachdem, ob in einem Unternehmen ein oder mehrere Güter produziert werden, unterscheidet man einfache und verbundene Produktion. **Einfache Produktion** liegt vor, wenn in einer Unternehmung ein Produkt in einem technisch unabhängigen Produktionsverfahren ohne Verbindung mit anderen Produktionen hergestellt wird. Von **verbundener Produktion** spricht man, wenn in einer Unternehmung mehrere Güter produziert werden.

Produktionsfaktoren können sein

- natürliche Ressourcen (z.B. Land, Bodenschätze),
- Kapitalgüter (z.B. Zwischenprodukte, Maschinen, Gebäude),
- Arbeit.

Je nachdem, ob die Faktoren im Produktionsprozeß untergehen oder nicht, unterscheidet man

- Verbrauchsfaktoren (z.B. Rohstoffe, Energie) und
- Bestandsfaktoren (z.B. Boden, Gebäude).

Weitere nützliche Klassifikationen haben wir in „Grundfragen und Methoden" kennengelernt. Im folgenden betrachten wir Inputs wie Outputs ganz allgemein. Wir sehen ab von allen spezifischen Eigenheiten und gehen nur davon aus, daß eine bestimmte vorgegebene Anzahl, die wir mit m bezeichnen, unterschiedlicher Inputs $(v_1, \ldots, v_m)$ zur Produktion eines bestimmten Outputs x notwendig ist. Für unsere allgemeinen Überlegungen brauchen wir m nicht weiter zu präzisieren; wenn wir aber mit Hilfe von Beispielen oder Diagrammen argumentieren, setzen wir m gleich 1 oder 2.

Jede Kombination von Inputmengen und Outputmengen nennen wir einen **Produktionsplan.** In der Regel interessieren nur die **realisierbaren** Produktionspläne: Aus den geplanten oder gegebenen Inputmengen können die geplanten Outputmengen tatsächlich hergestellt werden. Sollen mit m Faktoren n Güter produziert werden, so können wir einen solchen Produktionsplan als n + m-dimensionalen Vektor $(x_1, \ldots, x_n, v_1, \ldots, v_m)$ schreiben. **Technisch effizient** heißt ein realisierbarer Produktionsplan dann, wenn mit einer gegebenen Faktormenge die größtmögliche Produktmenge hergestellt wird und die Einsatzmenge keines Faktors hätte geringer sein können. Eine schwächere Anforderung stellt hingegen die **Outputeffizienz:** Sie ist schon dann gegeben, wenn mit der vorhandenen Faktormenge der maximal mögliche Output erzielt wird; daß Faktormengen ohne negative Folgen für die Produktionsmenge reduziert werden könnten, ist somit nicht ausgeschlossen. In beiden Fällen geht es darum, ob die Produktion **einzelwirtschaftlich** effizient ist. **Gesamtwirtschaftliche Effizienz** wird dagegen in Kapitel V betrachtet.

Die Gesamtheit aller technisch effizienten Produktionspläne heißt **Produktionsfunktion.** Sie ordnet im allgemeinen Fall jeder Kombination von Einsatzmengen der m Faktoren Kombinationen technisch effizient produzierter Outputmengen der n Güter zu. Im Fall der einfachen Produktion (also n = 1), den wir hier zunächst unterstellen, ordnet sie jeder Kombination an Faktoreinsatzmengen eine bestimmte, technisch effizient produzierte Menge Output zu:

$$x = f(v_1, \ldots, v_m).$$

x ist die effizient produzierte Outputmenge in Abhängigkeit von den Einsatzmengen der m verschiedenen Faktoren. Wenn

$$(v_1^1, \ldots, v_m^1) \geq (v_1^0, \ldots, v_m^0)$$

gilt, also der Vektor v^1 mindestens in einem Element größer ist als der Vektor v^0, dann folgt bei technisch effizienter Produktion daraus, daß

$$f(v_1^1, \ldots, v_m^1) > f(v_1^0, \ldots, v_m^0)$$

ist. Technische Effizienz ist immer eingeschlossen, wenn wir im folgenden den Begriff der Produktionsfunktion gebrauchen.

Die Produktionsfunktion für ein bestimmtes Gut muß als Argumente all jene Produktionsfaktoren enthalten, die das Produktionsergebnis beeinflussen, selbst wenn die Unternehmung keine unmittelbare Dispositionsgewalt über bestimmte Produktionsfaktoren (zum Beispiel öffentliche Infrastruktur) hat oder sie unentgeltlich der Umwelt entnimmt. Andernfalls wäre eine Bestimmung des gewinnmaximalen Produktionsplans nicht möglich. Produktionsfaktoren, über die die Unternehmung nicht unmittelbar verfügen kann, oder solche, für die sie nicht zu bezahlen braucht, können nur dann außer Betracht bleiben, wenn für sie keine Mengenbeschränkungen gelten *und* keine Bezahlung zu leisten ist. Im empirischen Anwendungen werden solche Produktionsfaktoren im allgemeinen vernachlässigt, zumal sie häufig nicht quantifiziert werden können.

Beispiele:

(1) Einfaktorproduktion: $x = f(v)$

Realisierbare Produktionspläne sind alle (v, x)-Kombinationen, für die $x \leq f(v)$ gilt. Sie entsprechen in Abbildung 2 allen Punkten, die auf und unterhalb der Produktionsfunktion liegen[1]. Effiziente Produktionspunkte beziehungsweise -pläne sind alle (v, x)-Kombinationen, die **auf** der Produktionsfunktion liegen (vgl. Punkt A).

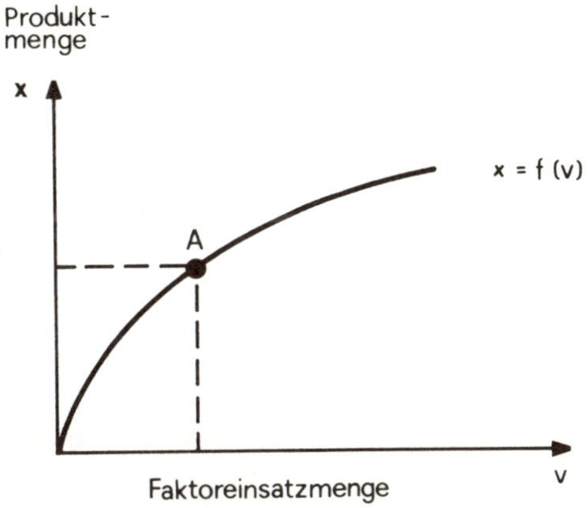

***Abb. 2:** Produktionsfunktion; Einfaktorproduktion*

(2) Zweifaktorproduktion: $x = f(v_1, v_2)$

In diesem Fall läßt sich die Produktionsfunktion als Fläche in einem dreidimensionalen Koordinationssystem veranschaulichen (vgl. Abbildung 3). Diese Fläche wird auch *Ertragsgebirge* genannt. Die verschiedenen Produktionsfunktionen unterschei-

---

[1] In den Abbildungen 2 bis 6, 8, 10 wird eine Technologie vom Cobb-Douglas-Typ unterstellt, die im Abschnitt C besprochen wird.

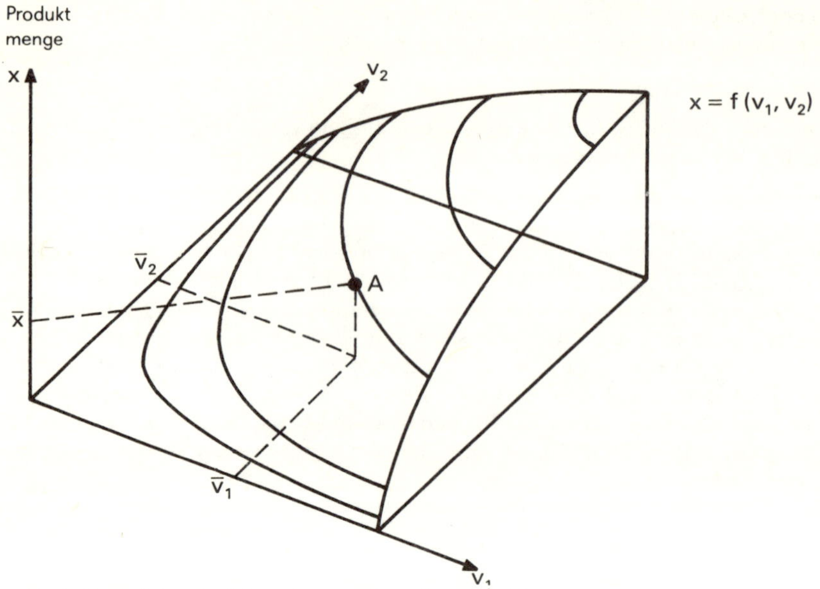

***Abb. 3:** Produktionsfunktion; Ertragsgebirge bei Zweifaktorproduktion*

den sich in der Gestalt dieses Ertragsgebirges. Realisierbare Produktionspläne sind alle (v_1, v_2, x)-Kombinationen, die auf und innerhalb des Ertragsgebirges liegen. Effiziente Produktionspläne sind alle (v_1, v_2, x)-Kombinationen, die **auf** der Oberfläche des Ertragsgebirges liegen, z.B. der Produktionsplan $(\bar{x}, \bar{v}_1, \bar{v}_2)$, gekennzeichnet durch den Punkt A.

2. Weitere Konzepte und Instrumente der Analyse

Bevor wir in die Beschreibung einzelner Typen von Produktionsfunktionen eintreten, wollen wir uns überlegen, welche grundsätzlichen Möglichkeiten der Analyse bestehen und welche Instrumente und Konzepte bei der Analyse der technologischen Zusammenhänge nützlich sind.

a) Einfache Produktion

Gehen wir vom allereinfachsten Fall aus und unterstellen wir **einfache Produktion** in allen Unternehmen. Unser Modellunternehmen stellt also aus Produktionsfaktoren **ein** bestimmtes Gut her. Die dazugehörige Produktionsfunktion lautet $x = f(v_1, \ldots, v_m)$. Die wichtigsten Charakteristika einer bestimmten, zu verwendenden Technologie erfahren wir, wenn wir uns drei Fragen überlegen:

- Wie verändert sich der Output, wenn nur **ein** Faktor variiert und alle übrigen in ihren Mengen konstant gehalten werden **(partielle Faktorvariation)?**
- Durch welche alternativen Kombinationen von Faktoreinsatzmengen kann eine bestimmte Outputmenge technisch effizient produziert werden **(Substitution der Faktoren)?**
- Wie verändert sich der Output, wenn alle m Faktoren gleichmäßig variieren **(Niveauvariation)?**

– **Partielle Faktorvariation**

Es geht um die isolierte Ergiebigkeit eines bestimmten Faktors. Wir untersuchen, wie die Veränderung **eines einzigen** Faktors die Ausbringungsmenge beeinflußt, wenn die Einsatzmengen aller übrigen m-1 Faktoren konstant bleiben. Dieses Vorgehen bezeichnet man als **partielle Faktorvariation.** Das Ergebnis dieser Analyse ist für das Unternehmen besonders dann interessant, wenn in der (sehr) kurzen Frist nur ein Faktor variiert werden kann.

Wir setzen in der Produktionsfunktion alle Faktoren außer einem konstant und erhalten damit die **partielle Ertragsfunktion** zum Beispiel des Faktors 1

$$x = f(v_1, \bar{v}_2, \ldots, \bar{v}_m).$$

Für unterschiedliche Werte der vorgegebenen Faktoren 2 bis m erhält man unterschiedliche partielle Ertragsfunktionen.

Bei Zweifaktorproduktion entspricht der partiellen Faktorvariation ein *vertikaler Schnitt* durch das Ertragsgebirge an der Stelle $\bar{v}_2$ (vgl. Abbildung 4a). Übertragen wir die Information der Abbildung 4a in ein (v_1, x)-Diagramm, dann erhalten wir Abbildung 4b mit der partiellen Ertragsfunktion $x = f(v_1, \bar{v}_2)$.

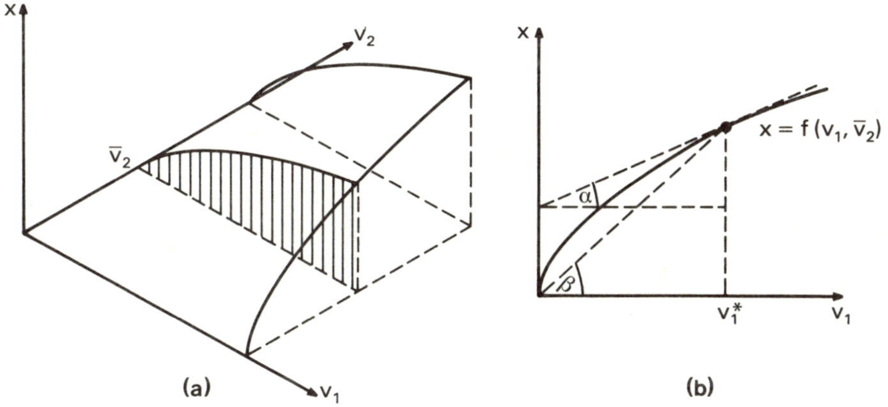

***Abb. 4:** Partielle Ertragsfunktion*

Hat der Faktor 2 zum Beispiel einen höheren Wert als $\bar{v}_2$, dann liegt der vertikale Schnitt in Abbildung 4a weiter entfernt vom Koordinatensprung, die entsprechende partielle Ertragsfunktion würde über jener in Abbildung 4b eingezeichneten liegen: Für gegebene Einsatzmengen des Faktors 1 kann nun eine größere Menge Output erzeugt werden als in der vorherigen Situation $(v_2 = \bar{v}_2)$. Die Lage der partiellen Ertragsfunktion hängt also parametrisch vom konstantgehaltenen Wert des Faktors 2 ab.

Überlegt man, um wieviel der Output zunimmt, wenn – unter sonst gleichen Bedingungen – die Menge des ersten Faktors um **eine** Einheit erhöht wird, dann hat man den (physischen) **Grenzertrag** des Faktors 1. Gleichbedeutend ist der Begriff der **„Grenzproduktivität“.** (In manchen mikroökonomischen Darstellungen wird der Begriff der Grenzproduktivität ausschließlich auf infinitesimale Mengenänderungen bezogen). Betrachtet man infinitesimal kleine Veränderungen des Faktors 1, dann entspricht dem Grenzertrag (der Grenzproduktivität) die erste Ableitung der Produktionsfunktion $x = f(v_1, \bar{v}_2)$ nach dem Faktor 1. Der Grenzertrag eines Faktors läßt sich somit durch die Steigung der partiellen Ertragsfunktion ausdrücken; bei der Menge v_1^* in Abbildung 4b entspricht er also dem Tangens[1] des Winkels α.

$$\frac{\partial x}{\partial v_1} = \operatorname{tg}\alpha$$

Die **partielle Grenzertragsfunktion** des Faktors 1 ordnet jeder Menge v_1 die Menge Output zu, die durch die zuletzt eingesetzte Faktoreinheit zusätzlich produziert werden kann; dies entspricht dem Wert der ersten Ableitung der Funktion $x = f(v_1, \bar{v}_2)$.

Der **partielle Durchschnittsertrag** ist jene Menge Output, die im Durchschnitt jede eingesetzte Einheit des Faktors 1 erbringt. Die **partielle Durchschnittsertragsfunktion** gibt an, welche Menge Output im Durchschnitt jeder Einheit der jeweils eingesetzten Faktormenge (z.B. v_1^*) zugerechnet werden kann. Dies entspricht graphisch der Steigung des Fahrstrahls an die Produktionsfunktion, gemessen durch den Tangens des Winkels β – vgl. Abbildung 4b.

$$\frac{x}{v_1} = \operatorname{tg}\beta$$

Die Elastizität der partiellen Ertragsfunktionen heißt **Produktionselastizität.** Die Produktionselastizität des Faktors 1 gibt an, um wieviel **Prozent** sich der Output – unter sonst gleichen Bedingungen – ändert, wenn die Einsatzmenge des ersten Faktors um ein Prozent variiert.

$$\varepsilon_{x,v_1} = \frac{\partial x/x}{\partial v_1/v_1} = \frac{\partial x/\partial v_1}{x/v_1} = \frac{\text{Grenzertrag}}{\text{Durchschnittsertrag}}$$

Die Produktionselastizität eines Faktors ist also gleich dem Verhältnis von Grenzproduktivität zu Durchschnittsproduktivität dieses Faktors.

Die Umkehrung der partiellen Ertragsfunktion ist die **Faktorverbrauchsfunktion.** Sie gibt an, welche Menge eines bestimmten Faktors in Abhängigkeit von der Outputmenge gebraucht wird, wenn technisch effizient produziert wird und alle übrigen Faktoren fest vorgegeben sind. Für den Faktor 1 lautet sie

$$v_1 = g(x, \bar{v}_2, \ldots, \bar{v}_m).$$

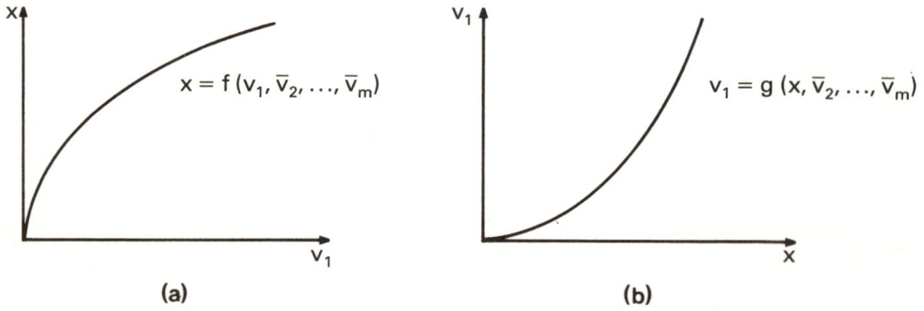

Abb. 5: *Partielle Ertragsfunktion und Faktorverbrauchsfunktion.*

Die Verbrauchsfunktion eines Faktors (vgl. Abbildung 5b) ergibt sich graphisch – bei vertauschten Koordinaten – als Spiegelbild seiner partiellen Ertragsfunktion (vgl. Abbildung 5a).

---

[1] Die Größe eines Winkels und seines Tangens hängt von der auf den Koordinatenachsen gewählten Dimensionierung ab. Daher sind Vergleiche von Winkeln nur sinnvoll, wenn auf den jeweiligen Koordinatenachsen die Dimensionen übereinstimmen.

– **Die Substitution der Faktoren**

Die Frage der Substituierbarkeit der Faktoren ist für das Unternehmen nicht nur aus technischen Gründen wichtig, sondern auch – wie wir später sehen werden –, weil unterschiedliche Faktoreinsatzverhältnisse bei gegebenen Faktorpreisen unterschiedliche Produktionskosten bedeuten. Es ist zu untersuchen, welche Dispositionsmöglichkeiten die Unternehmung hat, wenn sie eine bestimmte Outputmenge durch unterschiedliche Faktormengenkombinationen technisch effizient produzieren will.

Diese Analyse entspricht im Zweifaktorfall einem *horizontalen Schnitt* durch das Ertragsgebirge – z.B. in Höhe $\bar{x}$ (vgl. Abbildung 6a).

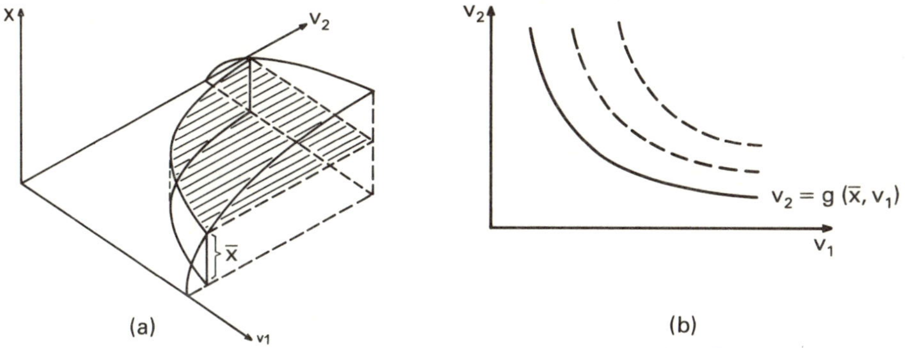

***Abb. 6:** Horizontaler Schnitt durch das Ertragsgebirge und Isoquantendarstellung.*

Projiziert man die sich beim horizontalen Schnitt ergebenden Höhenlinien in ein (v_1, v_2)-Diagramm, erhält man Kurven gleichen Ertrags **(Isoquanten)** – vgl. Abbildung 6b. Die Isoquante ist also der geometrische Ort aller Faktormengenkombinationen, mit denen eine bestimmte Outputmenge technisch effizient hergestelllt werden kann.

Die Lage der Isoquante in bezug auf den Koordinatensprung hängt von der Höhe der vorgegebenen Outputmenge $\bar{x}$ ab, ihre Gestalt vom Typ der zugrundeliegenden Technologie. Eine wichtige Klasse von Technologien weist konvexe (zum Koordinatenursprung hin gekrümmte) Isoquanten auf.[1] Der Begriff der Konvexität ist uns aus der Haushaltstheorie bekannt und wird hier auf technologische Beziehungen angewandt.

Eine Isoquante ist dann **konvex,** wenn jedes gewogene Mittel zweier unterschiedlicher Faktormengenkombinationen dieser Isoquante einen zumindest gleichgroßen Output wie die betrachtete Isoquante aufweist. Eine Isoquante ist **streng konvex,** wenn dieses gewogene Mittel einen größeren Output als die betrachtete Isoquante hat.

Abbildung 7a zeigt eine streng konvexe Isoquante; das gewogene Mittel (Punkt C) der durch die Punkte A und B beschriebenen Faktormengenkombinationen weist einen höheren Output als $\bar{x}$ auf; Punkt C liegt auf einer höheren – gestrichelt gezeichneten – Isoquante. Die Abbildung 7b zeigt zum Outputniveau $\bar{x}$ eine konvexe Isoquante. Punkt F stellt ein gewogenes Mittel der durch die Punkte D und E dargestellten Faktormengenkombinationen dar; allen drei Punkten entspricht dasselbe Output-

---

[1] Die Produktionsfunktionen solcher Technologien heißen **quasi-konkav.** Man sagt „quasi", weil mit der Konkavität noch andere, weitergehende Annahmen zur Technologie verbunden sind.

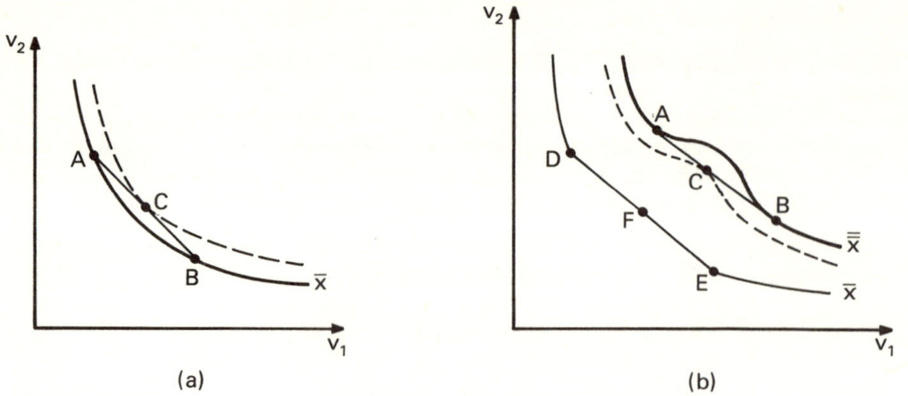

***Abb. 7:** Die Konvexität von Isoquanten.*

niveau, nämlich $\bar{x}$. Zum Outputniveau $\bar{\bar{x}}$ zeigt Abbildung 7b eine Isoquante, die einen konkaven Bereich aufweist; ein gewogenes Mittel der durch A und B dargestellten Faktormengenkombinationen, nämlich Punkt C, liegt auf einer niedrigeren – gestrichelt gezeichneten – Isoquante.

Da Technologien mit streng konvexen Isoquanten eine besonders einfache Ableitung des optimalen Produktionsplans gestatten, werden wir uns in der weiteren Analyse auf sie beschränken.

Gibt es zur vorgegebenen Outputmenge $\bar{x}$ nur *eine* Faktormengenkombination, mit der die Menge $\bar{x}$ effizient hergestellt werden kann, dann bezeichnet man eine solche Technologie als **limitational.** Gibt es *unterschiedliche* Faktormengenkombinationen, mit denen die Menge $\bar{x}$ technisch effizient hergestellt werden kann, bezeichnet man eine solche Technologie als **substitutional.** Beide Technologien werden in Abschnitt C ausführlich besprochen.

Wählen wir die Einsatzmenge des Faktors 2 als abhängige Variable, dann lautet die algebraische Formulierung der Isoquante zur Ausbringungsmenge $\bar{x}$ im m-Faktorfall

$$v_2 = g(\bar{x}, v_1, v_3, \ldots, v_m).$$

Diese Funktion gibt an, welche Menge des Faktors 2 zur Produktion der vorgegebenen Outputmenge $\bar{x}$ benötigt wird, wenn die Unternehmung die Einsatzmengen der übrigen Faktoren variiert.

Aus der Ableitung der obigen Funktion nach einem der Faktoren läßt sich die **Grenzrate der technischen Substitution** bestimmen. Ähnlich wie die Grenzrate der Substitution in der Haushaltstheorie wird sie mit einem Minuszeichen versehen, um ein Austauschverhältnis zu beschreiben. Für die Faktoren v_2 und v_1 ist die Grenzrate der Substitution also definiert als $-\delta v_2/\delta v_1$. Im Falle limitationaler Technologie ist sie nicht bestimmt; bei substitutionaler Technologie ist sie identisch mit dem Betrag der Steigung der Isoquanten. Sie ist stets größer als Null, da die Isoquante nur technisch effiziente Produktionspläne beschreibt. Die Grenzrate der technischen Substitution gibt an, auf welche Mengen des Faktors 2 man verzichten kann, wenn man zur technisch effizienten Produktion der Outputmenge $\bar{x}$ eine zusätzliche Einheit des Faktors 1 einsetzt. Sie geht wegen der Annahme der strengen Konvexität mit zunehmender Menge des ersetzenden Faktors gegen Null.

Es lassen sich Zusammenhänge zwischen der Grenzrate der technischen Substitution und den Grenzproduktivitäten herstellen. Nehmen wir uns das Konzept des totalen Differentials[1] zu Hilfe und wenden wir es auf die Produktionsfunktion an:

$$dx = \frac{\partial x}{\partial v_1} \cdot dv_1 + \cdots + \frac{\partial x}{\partial v_m} \cdot dv_m$$

Die Veränderung der Ausbringungsmenge geht zurück auf die Veränderung der Inputmengen (dv_i), gewichtet mit den jeweiligen Grenzproduktivitäten ($\partial x/\partial v_i$). Für die Isoquante gilt definitionsgemäß $dx = 0$. Eine sehr einfache Beziehung zwischen der Grenzrate der technischen Substitution und den Grenzproduktivitäten erhalten wir bei Zweifaktorproduktion. Das obige totale Differential vereinfacht sich zu

$$dx = \frac{\partial x}{\partial v_1} \cdot dv_1 + \frac{\partial x}{\partial v_2} \cdot dv_2 = 0.$$

Nach elementaren Umformungen können wir als Eigenschaft der Isoquanten festhalten

$$-\frac{dv_2}{dv_1} = \frac{\partial x/\partial v_1}{\partial x/\partial v_2},$$

das heißt, die Grenzrate der technischen Substitution des zweiten Faktors durch den ersten ($-dv_2/dv_1$) ist gleich dem reziproken Verhältnis der Grenzproduktivitäten der Faktoren 1 und 2.

Je höher die Grenzproduktivität des Faktors 1 im Vergleich zu der des Faktors 2, desto größer ist diejenige Menge des Faktors 2, auf die man bei Einsatz einer zusätzlichen Einheit des Faktors 1 verzichten kann.

– **Die Niveauvariation**

Bei Variation aller Faktoren können wir nur dann eindeutige Aussagen über die Veränderung des Outputs machen, wenn wir wissen, ob und wie sich das Verhältnis der Faktoren zueinander ändert. Nehmen wir – als einfachsten Fall – an, in einer Ausgangssituation seien ($v_1^0, \ldots, v_m^0$) die eingesetzten Mengen und x^0 der zugehörige Output. Eine Faktorvariation wird als *gleichmäßig* bezeichnet, wenn die Einsatzverhältnisse der m Faktoren zueinander konstant bleiben. Dann läßt sich die Frage beantworten, wie sich der Output bei einer gleichmäßigen Variation aller Faktormengen **(Niveauvariation)** verändert. Wir führen die Niveauvariable h ein. Nehmen wir

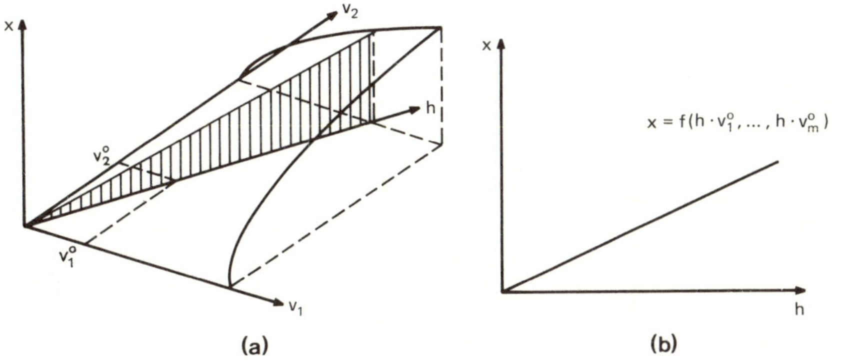

***Abb. 8:** Niveauvariation.*

[1] Im mathematischen Anhang wird der Begriff des totalen Differentials näher erläutert.

eine h-fache Vermehrung aller Faktoren vor, dann können wir die entsprechende Produktionsfunktion schreiben als

$$x = f(h \cdot v_1^0, \ldots, h \cdot v_m^0).$$

Bei Zweifaktorproduktion entspricht die Niveauvariation einem *Diagonalschnitt* durch das Ertragsgebirge vom Koordinatenursprung aus – vgl. Abbildung 8 a.

Der Output x ist damit bei gegebenen Ausgangswerten $v_1^0, \ldots, v_m^0$ eine Funktion der Niveauvariablen h. Das Bild dieser Funktion heißt **Kurve der Niveauvariation** oder Niveauproduktionsfunktion – vgl. Abbildung 8b. In dieses (h, x)-Diagramm sind die aufgrund des Diagonalschnitts (in Abbildung 8 a) durch das Ertragsgebirge sich ergebenden Werte der Niveauvariablen h und des Output x übertragen worden. Die Steigung der Kurve der Niveauvariation wird durch die vorgegebene Outputmenge x^0 bestimmt.

Die Elastizität der Kurve der Niveauvariation heißt **Skalenelastizität;** sie gibt an, um wieviel Prozent sich der Output ändert, wenn – unter sonst gleichen Bedingungen – alle Inputs um ein Prozent vermehrt werden.

Eine Produktionsfunktion, deren Skalenelastizität für alle h und alle Ausgangswerte der m Faktoren $(v_1^0, \ldots, v_m^0)$ konstant ist, heißt **homogen;** die (konstante) Skalenelastizität r nennt man **Homogenitätsgrad.** Für Produktionsfunktionen, die homogen vom Grade r sind, folgt aus einer beliebigen h-fachen Vermehrung aller Produktionsfaktoren eine h^r-fache Vermehrung des Output, also

$$f(h \cdot v_1^0, \ldots, h \cdot v_m^0) = h^r \cdot f(v_1^0, \ldots, v_m^0) \text{ für beliebige } x^0 \text{ und } h.$$

Dies ist gleichbedeutend mit

$$x = h^r \cdot x^0.$$

Leiten wir diese Funktion nach der Niveauvariablen h ab, also

$$\frac{\partial x}{\partial h} = r \cdot h^{r-1} \cdot x^0 = r \cdot \frac{x}{h}.$$

Daraus ergibt sich durch einfache Umformung die Skalenelastizität r

$$\frac{\partial x \cdot h}{\partial h \cdot x} = r = \frac{\partial x / x}{\partial h / h}.$$

Je nach der Größe der Skalenelastizität r unterscheidet man entsprechende Klassen von Produktionsfunktionen:

Hat r den Wert Eins, spricht man von linear-homogenen Produktionsfunktionen oder **konstanten** Skalenerträgen. Dieser Fall liegt den Diagrammen 8 a und b zugrunde.

Liegt r unter Eins, spricht man von unterlinear-homogenen Produktionsfunktionen oder **sinkenden** Skalenerträgen.

Liegt die Skalenelastizität r über Eins, hat man überlinear-homogene Produktionsfunktionen oder **steigende** Skalenerträge.

Abbildung 9 zeigt die drei Klassen von Produktionsfunktionen in einem (h, x)-Diagramm. Sie schneiden sich aufgrund der Wahl von v_1^0 und v_2^0 (jeweils = 1) in einem Punkt. Da es sich jedoch um drei voneinander unabhängige Produktionsfunktionen handelt, deren Parameter beliebige Werte annehmen können, fallen ihre Schnittpunkte im allgemeinen nicht zusammen.

Eine gute graphische Darstellung der verschiedenen Arten von Skalenerträgen ergibt sich aus dem Isoquantendiagramm. Eine wiederholte Vermehrung des Output um einen konstanten Betrag bedeutet

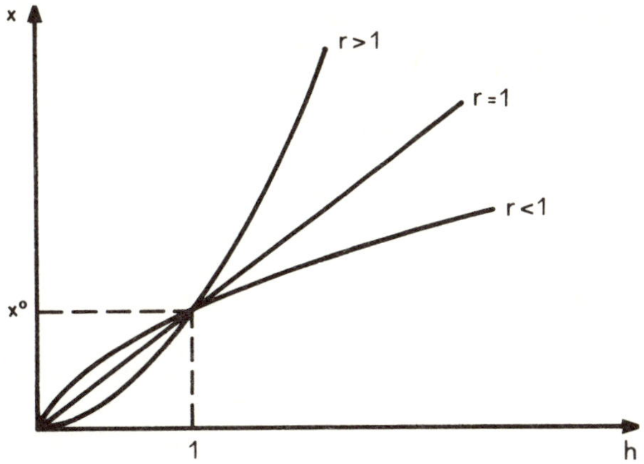

Abb. 9: *Niveauvariation bei unterschiedlichen Skalenelastizitäten* ($v_1^0 = 1, v_2^0 = 1$)

- bei konstanten Skalenerträgen, daß die Abstände zwischen den entsprechenden Isoquanten, gemessen auf einem Fahrstrahl vom Ursprung aus, konstant bleiben,
- bei sinkenden Skalenerträgen, daß diese Abstände zunehmen,
- bei steigenden Skalenerträgen, daß diese Abstände abnehmen.

Bei *homogenen* Produktionsfunktionen sind die Steigungen der Isoquanten (und somit auch die Grenzraten der technischen Substitution) auf ein und demselben Fahrstrahl vom Koordinatenursprung aus identisch. Für diese Aussage bringen wir hier keinen formalen Beweis; es genügt folgende Überlegung: Die Bewegung auf einem Fahrstrahl innerhalb eines Faktormengendiagramms entspricht einer Niveauvariation der Faktoren. Aus der Darlegung der Skalenelastizität homogener Produktionsfunktionen wissen wir, daß der Output einer Niveauproduktionsfunktion homogen vom Grade r in der Niveauvariablen h ist. Die ersten Ableitungen der Niveauproduktionsfunktion nach den Faktoren sind homogen vom Grade r–1 in der Niveauvariablen h. Für den Faktor 1 etwa ergibt sich nach der Kettenregel (wobei $v_i = h \cdot v_i^0$ gesetzt wird).

$$\frac{\partial x}{\partial v_1^0} = \frac{\partial x}{\partial v_1}(h \cdot v_1^0, h \cdot v_2^0) \cdot h = h^r \cdot \frac{\partial x^0}{\partial v_1^0}(v_1^0, v_2^0), \quad \text{woraus folgt}$$

$$\frac{\partial x}{\partial v_1}(h \cdot v_1^0, h \cdot v_2^0) = h^{r-1} \cdot \frac{\partial x^0}{\partial v_1^0}(v_1^0, v_2^0).$$

Das Verhältnis der ersten Ableitungen ist somit homogen vom Grade Null in der Niveauvariablen h; die Größe der Niveauvariablen spielt in diesem Fall keine Rolle bei der Bestimmung der Grenzrate der technischen Substitution. Damit ist gezeigt, daß bei homogenen Produktionsfunktionen die Grenzrate der technischen Substitution auf ein und demselben Fahrstrahl vom Koordinatenursprung aus konstant ist.

b) Verbundene Produktion

Werden in einem Unternehmen aus einem gegebenen Faktorbestand mehrere Güter hergestellt, spricht man von **verbundener Produktion.** Für die Analyse der Mehrgüterproduktion unterstellen wir im folgenden einen fest *vorgegebenen* (beschränkten) Bestand an Faktoren. Neben den im vorausgehenden Abschnitt a erwähnten Problemen ist hier zu untersuchen, welche maximalen Erträge sich für das Unternehmen ergeben, wenn die Verteilung der Faktoren auf die Produktion der einzelnen Güter sich ändert. Je nach der technischen Abhängigkeit der Produktionsprozesse unterscheidet man konkurrierende, Kuppel- und parallele Produktion.

Bei **paralleler Produktion** sind die Produktionsprozesse technisch voneinander völlig unabhängig, die Faktoren jeweils nur zur Herstellung eines bestimmten Gutes geeignet. Es liegt je Gut einfache Produktion vor.

Bei **Kuppelproduktion** besteht ein komplementäres Verhältnis zwischen den Produktionsprozessen. Bei der Produktion eines Gutes wird technisch notwendig das andere Gut mithergestellt. Das Unternehmen hat nur eine beschränkte Wahl bezüglich der Produktmengenkombinationen; vollständige Spezialisierung auf die Produktion eines Gutes ist ex definitione nicht möglich.

Eine unbeschränkte Wahlmöglichkeit besteht dagegen bei der **konkurrierenden Produktion.** Die Produktionsprozesse hängen technisch insofern voneinander ab, als sie dieselben Produktionsfaktoren verwenden, also gleichsam um sie konkurrieren. Bei gegebenem Faktorbestand ist die Mehrproduktion eines Gutes nur möglich bei Minderproduktion eines anderen Gutes. Die Unternehmung kann zwischen verschiedenen Produktmengenkombinationen, *Produktionsstrukturen,* wählen. Jede Produktionsstruktur bedeutet **eine bestimmte** Aufteilung des vorhandenen Faktorbestandes auf die Produktion der verschiedenen Güter. Die maximal mögliche Menge des Gutes 1 zum Beispiel ist abhängig von den Mengen, in denen die übrigen s–1 Güter produziert werden. Die Funktion

$$x_1 = g_1(x_2, \ldots, x_s, \bar{v}_1, \ldots, \bar{v}_m).$$

nennt man **Transformationsfunktion;** wir haben sie im Kapitel „Grundfragen und Methoden“ bereits kennengelernt. Die ersten Ableitungen dieser Funktion sind bei konkurrierender Produktion auf jeden Fall negativ.

Mit negativem Vorzeichen entspricht jede dieser Ableitungen der **Grenzrate der Transformation** zwischen den jeweiligen Gütern. Sie gibt an, welche Minderproduktion in Kauf genommen werden muß, wenn bei gegebenen Faktorbeständen eine zusätzliche Einheit eines anderen Gutes hergestellt werden soll. Man hätte also die Gelegenheit (opportunity) gehabt, statt einer zusätzlichen Einheit des Gutes 1 eine bestimmte Menge von Gut 2 zu produzieren. Daher bezeichnet man die Minderproduktion an Gut 2 auch als **Opportunitätskosten** (Alternativkosten) der zusätzlichen Einheit von Gut 1. Die Grenzrate der Transformation und die Opportunitätskosten beschreiben also denselben Sachverhalt. Festzuhalten ist jedenfalls, daß die Opportunitätskosten hier eine **Mengen**größe darstellen, keine Wertgröße.

Wir können uns vorstellen, daß jedes der s Güter in einem eigenen Betrieb innerhalb der Unternehmung produziert wird, und nehmen an, daß jeder Betrieb nur technisch effiziente Produktionsverfahren anwendet. Für das Unternehmen stellt sich das Problem, wie der vorhandene Faktorbestand auf die Produktion der s verschiedenen Güter aufgeteilt werden muß, wenn ein maximales Produktionsergebnis angestrebt werden soll. Ein solches Ergebnis ist dann erreicht, wenn durch eine weitere Umverteilung der Faktorbestände zwischen den Betrieben die Ausbringungsmenge eines Gutes nur auf Kosten der Ausbringungsmenge eines anderen Gutes erhöht werden kann. Eine solche optimale Verteilung der Faktorbestände auf die verschiedenen Verwendungsarten, die in unserem Fall identisch mit den Betrieben sind, nennt man **effiziente Allokation.** Wir fragen also nach der effizienten Allokation der Faktoren, nach den sich dabei ergebenden Produktionsmöglichkeiten und der Transformationsfunktion. Insbesondere interessieren jene technologischen Bedingungen, die gewährleisten, daß unser Modellunternehmen seine Produktionsmöglichkeiten voll ausschöpft, das heißt, einen Punkt auf der Transformationskurve realisiert.

Wir wollen diese Bedingungen nur für den Fall ableiten, daß zwei Güter aus insgesamt zwei Faktoren produziert werden. Die Ergebnisse lassen sich ohne weiteres auch auf eine Unternehmung übertragen, die mit m Faktoren s Güter produziert. Die Produktionsfunktionen lauten

(1) $x_1 = f_1(v_{11}, v_{21})$ und $x_2 = f_2(v_{12}, v_{22})$.

Bei den Faktormengen gibt der erste Index den Faktor an, der zweite das Gut, zu dessen Herstellung er verwendet wird. Das Unternehmen sucht die maximal möglichen Produktmengen (x_1 und x_2) unter den Nebenbedingungen

(2) $\overline{v}_1 = v_{11} + v_{12}$ und $\overline{v}_2 = v_{21} + v_{22}$.

Soll bei Vollauslastung eine Umverteilung der Faktoren vorgenommen werden, dann kann das jeweils nur auf Kosten der Einsatzmenge für die Produktion des anderen Gutes geschehen, so daß gilt

(3) $d\overline{v}_1 = dv_{11} + dv_{12} = 0$ und $d\overline{v}_2 = dv_{21} + dv_{22} = 0$.

Wir gehen so vor, daß wir die Ausbringungsmenge des Gutes 1 unter den Bedingungen maximieren, daß
- beide Güter technisch effizient produziert werden,
- die Ausbringungsmenge des Gutes 2 fest vorgegeben ist und
- die Faktorbestände voll eingesetzt werden.

Unter Berücksichtigung der bei der Produktion des Gutes 1 notwendigen Faktormengen lautet die Produktionsfunktion des Gutes 2

(4) $x_2 = f_2(\overline{v}_1 - v_{11}, \overline{v}_2 - v_{21})$.

Wenn wir statt der Produktmenge des Gutes 1 dessen Produktionsfunktion schreiben, ergibt sich als Lagrangeansatz des Problems der effizienten Allokation

(5) $L = f_1(v_{11}, v_{21}) + \lambda \cdot [\overline{x}_2 - f_2(\overline{v}_1 - v_{11}, \overline{v}_2 - v_{21})]$.

Die effiziente Allokation der Faktoren ergibt sich, wenn wir nach den Faktormengen und dem Lagrangemultiplikator ableiten und die Ableitungen gleich Null setzen; von den zweiten Ableitungen nehmen wir einfach an, sie hätten das richtige (negative) Vorzeichen.

(6) $$\frac{\partial L}{\partial v_{11}} = \frac{\partial x_1}{\partial v_{11}} - \lambda \cdot \frac{\partial x_2}{\partial v_{11}} = 0$$

(7) $$\frac{\partial L}{\partial v_{21}} = \frac{\partial x_1}{\partial v_{21}} - \lambda \cdot \frac{\partial x_2}{\partial v_{21}} = 0$$

(8) $$\frac{\partial L}{\partial \lambda} = \overline{x}_2 - f_2(\overline{v}_1 - v_{11}, \overline{v}_2 - v_{21}) = 0.$$

In den ersten beiden Ableitungen bringen wir die Ausdrücke mit dem Lagrangemultiplikator λ auf die rechte Seite; wir dividieren beide Gleichungen durcheinander und erhalten als Ergebnis

(9) $$\frac{\partial x_1/\partial v_{11}}{\partial x_1/\partial v_{21}} = \frac{\partial x_2/\partial v_{11}}{\partial x_2/\partial v_{21}}.$$

Wegen $\partial v_{11} = -\partial v_{12}$ und $\partial v_{21} = -\partial v_{22}$ [vgl. Gleichung (3)] können wir Gleichung (9) auch formulieren als

(10) $$\frac{\partial x_1/\partial v_{11}}{\partial x_1/\partial v_{21}} = \frac{\partial x_2/\partial v_{12}}{\partial x_2/\partial v_{22}}.$$

Das Verhältnis der Grenzproduktivitäten der Faktoren 1 und 2 ist bei der Produktion beider Güter gleich. Dies ist die Bedingung für effiziente Faktorallokation und gewährleistet zusammen mit der Vollausnutzung der vorhandenen Faktorbestände [Gleichung (8)], daß unser Modellunternehmen einen Punkt **auf** der Transformationskurve realisiert.

Wie wir aus den Überlegungen zur Faktorsubstitution in Abschnitt B wissen, ist für eine bestimmte Ausbringungsmenge das Verhältnis der Grenzproduktivitäten zweier Faktoren gleich der reziproken Grenzrate der technischen Substitution zwischen ihnen, so daß wir statt (10) auch schreiben können

$$(11) \qquad \frac{dv_{21}}{dv_{11}} = \frac{dv_{22}}{dv_{12}} \,.$$

Effiziente Allokation der Produktionsfaktoren bezüglich der Produktion der beiden Güter 1 und 2 liegt also dann vor, wenn die Grenzraten der technischen Substitution in beiden Produktionen gleich sind und der gesamte Faktorbestand eingesetzt wird.

Diese Zusammenhänge lassen sich auf anschauliche Weise in einem Box-Diagramm darstellen (vgl. Abbildung 10). Das Prinzip dieser Darstellungsweise besteht darin, die Isoquantensysteme der Betriebe A (Produzent des Gutes 1) und B (Produzent des Gutes 2) als Abbild der Produktionsmöglichkeiten in der Box einander gegenüberzustellen. Die Dimension der Box wird von den vorgegebenen Faktorbeständen $\overline{v}_1$ und $\overline{v}_2$ bestimmt.

Eine Aufteilung der vorhandenen Faktoren gemäß Punkt P schöpft zwar den Bestand aus, genügt aber nicht der eben abgeleiteten Bedingung: die Grenzraten der technischen Substitution sind in P nicht gleich, die Isoquanten schneiden sich. Bei der algebraischen Ableitung haben wir uns gleichsam von Punkt P aus entlang der Isoquante des Betriebes B bewegt und jene Faktormengen v_{11} und v_{21} gesucht, die die Produktmenge 1 maximieren. Das ist offenbar in Punkt Q der Fall, wo die Grenzraten der technischen Substitution zwischen beiden Faktoren in beiden Produktionen (Betrieben) gleich sind.

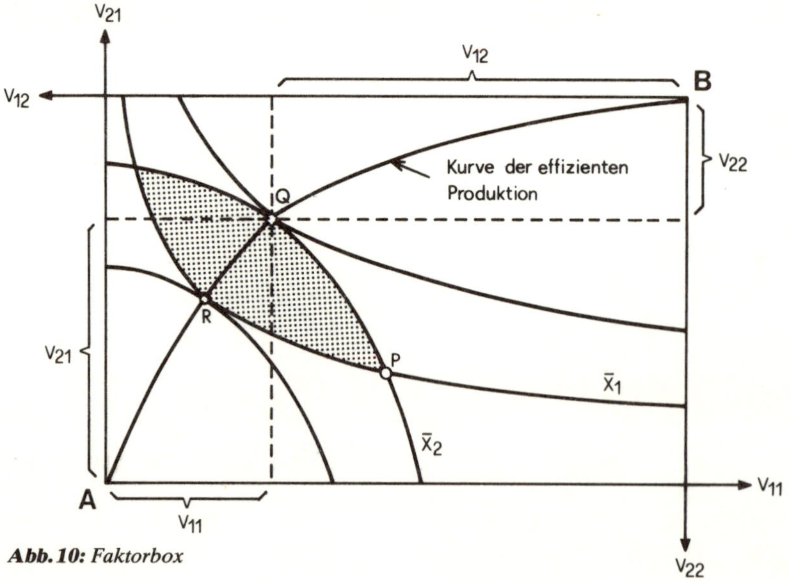

***Abb. 10:** Faktorbox*

Zu den gleichen Bedingungen der effizienten Faktorallokation wären wir gekommen, wenn wir bei gegebener Ausbringungsmenge des Gutes 1 die Outputmenge des Gutes 2 unter den Nebenbedingungen der technischen Effizienz und der Vollausnutzung der vorhandenen Faktorbestände maximiert hätten. Hier hätten wir uns entlang der Isoquante des Betriebes A bewegt und jene Faktormengen v_{12} und v_{22} gesucht, die die Produktmenge des Gutes 2 maximieren. Dies ist offenbar in Punkt R der Fall, wo die Grenzraten der technischen Substitution zwischen beiden Faktoren in beiden Produktionen gleich sind.

Die Gesamtheit aller unter diesen Bedingungen effizienten Allokationen des vorhandenen Faktorbestandes nennt man **Kurve der effizienten Produktion** (vgl. Abbildung 10).

Eine Umverteilung der Faktoren von Punkt P aus entlang der Isoquanten $\bar{x}_1$ beziehungsweise $\bar{x}_2$ verbessert jeweils das Produktionsergebnis eines Betriebes bei Konstanz der Outputmenge des anderen Betriebes. Eine Umverteilung der Faktoren vom Punkt P aus, die zu einer Faktoraufteilung innerhalb der durch die Isoquanten $\bar{x}_1$ und $\bar{x}_2$ geformten Linse führt, verbessert das Produktionsergebnis beider Betriebe.

Aus den Gleichungen (1), (2) und (11) läßt sich die **Transformationsfunktion** algebraisch bestimmen. Sie enthält als Variablen nur noch die beiden Gütermengen x_1 und x_2, ansonsten technologische Konstanten und die vorgegebenen Faktorbestände $\bar{v}_1$ und $\bar{v}_2$. Diese Ableitung ist selbst für den Zwei-Güter-zwei-Faktor-Fall recht umfangreich und soll daher im Rahmen dieser Einführung unterbleiben.

Allerdings lassen sich genauere Aussagen über die mit -1 multiplizierte Steigung der Transformationskurve, die **Grenzrate der Transformation,** machen. Gehen wir noch einmal zurück zu den Produktionsfunktionen [Gleichungen (1)] und bilden deren totales Differential. Wir erhalten

$$(12) \qquad dx_1 = \frac{\partial x_1}{\partial v_{11}} \cdot dv_{11} + \frac{\partial x_1}{\partial v_{21}} \cdot dv_{21} \qquad dx_2 = \frac{\partial x_2}{\partial v_{12}} \cdot dv_{12} + \frac{\partial x_2}{\partial v_{22}} \cdot dv_{22}.$$

Berücksichtigen wir beim totalen Differential der Produktionsfunktion des Gutes 2, daß beide Güter mit vorgegebenen Faktorbeständen produziert werden [Gleichungen (3)], und setzen $dv_{12} = -dv_{11}$ und $dv_{22} = -dv_{21}$. Wir klammern jeweils die Grenzproduktivität des Faktors 1 aus und erhalten

$$(13) \qquad dx_1 = \frac{\partial x_1}{\partial v_{11}} \cdot \left(dv_{11} + \frac{\partial x_1/\partial v_{21}}{\partial x_1/\partial v_{11}} \cdot dv_{21}\right) \quad dx_2 = -\frac{\partial x_2}{\partial v_{12}} \cdot \left(dv_{11} + \frac{\partial x_2/\partial v_{22}}{\partial x_2/\partial v_{12}} \cdot dv_{21}\right).$$

Die Klammerausdrücke in den Gleichungen (13) sind identisch, wenn die Grenzproduktivitätenverhältnisse ebenfalls übereinstimmen. Wie wir aus Gleichung (10) wissen, ist dies bei effizienter Faktorallokation der Fall. Dividieren wir die Gleichungen (13) durcheinander, erhalten wir die **Grenzrate der Transformation;** die Klammerausdrücke fallen weg, da in jedem Punkt der Transformationskurve die Bedingungen effizienter Faktorallokation erfüllt sind

$$(14) \qquad -\frac{dx_2}{dx_1} = \frac{\partial x_2/\partial v_{12}}{\partial x_1/\partial v_{11}}.$$

Wir wären zur selben Grenzrate der Transformation gekommen, wenn wir statt der Grenzproduktivität des Faktors 1 jene des Faktors 2 ausgeklammert hätten

$$(15) \qquad -\frac{dx_2}{dx_1} = \frac{\partial x_2/\partial v_{22}}{\partial x_1/\partial v_{21}}.$$

Die Ergebnisse (14) und (15) können wir zusammenfassen zu

$$(16) \qquad -\frac{dx_2}{dx_1} = \frac{\partial x_2/\partial v_{12}}{\partial x_1/\partial v_{11}} = \frac{\partial x_2/\partial v_{22}}{\partial x_1/\partial v_{21}}$$

Die Grenzrate der Transformation zweier Güter ist gleich dem Verhältnis der Grenzproduktivitäten eines bei der Produktion verwendeten gemeinsamen Faktors. Verzichtet man auf die Produktion einer Einheit des Gutes 1, so kann man unter den gegebenen Bedingungen um so mehr von Gut 2 produzieren, je höher die Grenzproduktivität des gemeinsam verwendeten Faktors bei der Produktion dieses Gutes ist. Damit ist gleichbedeutend: Je höher die Grenzproduktivität des gemeinsam verwendeten Faktors bei der Produktion des Gutes 2 ist, desto geringer sind dessen Opportunitätskosten $\left(-\frac{dx_1}{dx_2}\right)$. Bei effizienter Allokation werden die Faktoren so auf die Produktion der einzelnen Güter aufgeteilt, daß die Grenzraten der Transformation für jedes Güterpaar bezüglich jedes gemeinsam verwendeten Faktors gleich sind.

Auf die algebraische Ableitung der Transformationsfunktion wegen der Komplexität des Problems zu verzichten, fällt uns deswegen nicht besonders schwer, weil ihre graphische Bestimmung gerade im Zwei-Faktor-Zwei-Güter-Fall recht anschaulich ist. An dieser Stelle wollen wir uns darauf beschränken, das zugrundeliegende Prinzip zu erläutern. Dieses besteht darin, die maximal produzierbaren Outputmengen, durch die jeder Punkt der Kurve der effizienten Produktion der Abbildung 10 gekennzeichnet ist, in ein Produktmengen-Diagramm zu übertragen. In Abbildung 11 sind diese verschiedenen Güterbündel (x_1, x_2) eingetragen; ihre Gesamtheit bildet die **Transformationskurve.**

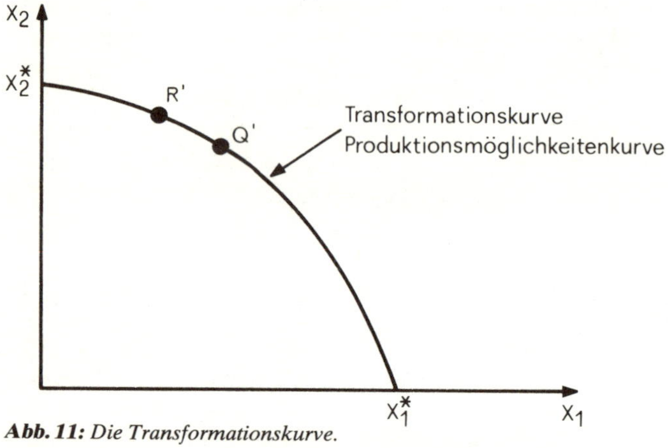

Abb. 11: *Die Transformationskurve.*

Werden die gesamten Faktorbestände zur Produktion des Gutes 2 eingesetzt, ergibt sich der Punkt x_2^*, wird nur Gut 1 produziert, erhalten wir x_1^*. Zum Beispiel entspricht der Faktoraufteilung in Punkt Q (auf der Kurve der effizienten Produktion), die im Vergleich zu R eine größere Menge von Gut 1 und eine kleinere Menge von Gut 2 bedeutet, der Punkt Q′ auf der Transformationskurve. Die Faktormengenaufteilung R liefert die Gütermengenkombination R′.

Wie für die Kurve der effizienten Produktion sind auch für jeden Punkt auf der Transformationskurve die Bedingungen der effizienten Faktorallokation erfüllt. Da sie die maximal produzierbaren Produktmengen abbildet, wird sie auch *Kurve der Produktionsmöglichkeiten* genannt.

Die **Lage** der Kurve zum Koordinatenursprung hin hängt ab von der Größe der gegebenen Faktorbestände und davon, wieviel von den übrigen s-2 Gütern produziert wird. Soll von den s-2 Gütern mehr hergestellt werden, das heißt, verbleibt für die Produktion der ersten beiden Güter ein geringerer Teil des Faktorbestandes, dann bewegt sich die Transformationskurve zum Koordinatenursprung hin. Im umgekehrten Fall wandert sie nach außen. Die **Gestalt** der Transformationskurve, ob linear, konvex, konkav oder s-förmig mit einem Wendepunkt hängt davon ab, ob das Faktoreinsatzverhältnis bei einer Umverteilung der Faktoren konstant bleibt oder sich ändert, und von der Art der Skalenerträge in beiden Produktionen.

Natürlich läßt sich die in diesem Abschnitt behandelte Fragestellung auch auf die Gesamtwirtschaft übertragen. Mit dem Problem, wie der vorhandene Faktorbestand optimal auf mehrere (Ein-Produkt-)Unternehmen aufgeteilt werden soll, beschäftigen wir uns im Kapitel V „Gesamtwirtschaftliche Effizienz und Optimalität".

C. Einige Arten von Produktionsfunktionen

Wir wollen hier nicht alle in der ökonomischen Literatur üblichen Typen von Produktionsfunktionen vorstellen, sondern nur die allereinfachsten. Unser Ziel ist es, die Rolle der Technologie innerhalb einer ökonomischen Theorie der Unternehmung zu verstehen. Wie wir noch sehen werden, beeinflussen die Eigenschaften der Produktionstechnologie ganz wesentlich die ökonomischen Entscheidungen der Unternehmung.

Zunächst wollen wir einige Klassifikationen von Produktionsfunktionen vornehmen. Wie wir aus den Überlegungen zur Faktorsubstitution in Abschnitt B wissen, kann man nach der Substituierbarkeit der Produktionsfaktoren substitutionale und limitationale Produktionsfunktionen unterscheiden.

1. Substitutionale Produktionsfunktionen

Es handelt sich also um Produktionsfunktionen, bei denen ein und dieselbe Outputmenge effizient durch unterschiedliche Kombinationen von Inputmengen erzeugt werden kann. Kann jeder der Produktionsfaktoren vollkommen durch andere Faktoren ersetzt werden, spricht man von unbeschränkt substitutionalen Produktionsfunktionen, im anderen Fall von beschränkt substitutionalen Funktionen. Natürlich sind auch Mischformen denkbar, also Produktionsfunktionen, bei denen nur ein Teil der Faktoren voll ersetzt werden kann.

a) Beschränkt substitutionale Produktionsfunktionen

Beschränkte Substitutionalität bedeutet, daß bei der Produktion einer bestimmten Outputmenge $\bar{x}$ ein Faktor den anderen nicht völlig ersetzen kann. Positive Ausbringungsmengen sind also nur möglich, wenn von **allen** Faktoren positive Mengen eingesetzt werden. Die Isoquanten berühren die Achsen eines Mengendiagramms nicht. Die Grenzraten der Substitution eines Faktors durch einen anderen erreichen nirgendwo die Grenzwerte Null beziehungsweise Unendlich.

Wir werden in dieser Einführung nur zwei Typen von beschränkt substitutionalen Produktionsfunktionen behandeln: die Cobb-Douglas-Produktionsfunktion und das

Ertragsgesetz. Beide unterscheiden sich in ihren partiellen Ertragsfunktionen. Bei der Cobb-Douglas-Produktionsfunktion weisen diese durchweg abnehmende Grenzerträge auf, während beim Ertragsgesetz sowohl abnehmende wie zunehmende Grenzerträge vorkommen.

– Die Cobb-Douglas-Produktionsfunktion

Die amerikanischen Ökonomen Cobb und Douglas verwendeten diese Funktion (1928) bei gesamtwirtschaftlichen Analysen. Sie lautet – im Zweifaktorfall, auf den wir uns wie Cobb und Douglas weitgehend beschränken wollen –

$$x = A \cdot v_1^{\alpha} \cdot v_2^{\beta} \quad \text{mit} \quad A > 0, \quad 0 < \alpha < 1 \quad \text{und} \quad 0 < \beta < 1.$$

Die beschränkte Substitutionalität findet ihren algebraischen Ausdruck in der multiplikativen Verknüpfung der beiden Produktionsfaktoren. Ein Faktor kann den anderen nicht völlig ersetzen, wenn eine Outputmenge $x > 0$ produziert werden soll.

Der Koeffizient A wird als **Niveauparameter** bezeichnet, da er für die „Höhe" des Ertragsgebirges verantwortlich ist. Beim Vergleich zweier sonst identischer Cobb-Douglas-Technologien bedeutet ein doppelt so großer Niveauparameter in einer Produktionsfunktion, daß dieses Ertragsgebirge über jeder Kombination von Faktormengen doppelt so hoch ist wie bei der anderen Technologie. Der Niveauparameter wird von mehreren Größen beeinflußt:

Er ist abhängig von der Dimensionierung der Variablen der Produktionsfunktion und sorgt dafür, daß rechte und linke Seite der Produktionsfunktion dieselbe Benennung haben. Dies ist nötig, weil – etwa – auf der rechten Seite der Input in Arbeitsstunden angegeben wird und auf der linken Seite Tonnen Stahl stehen. A ist zweitens abhängig davon, in welchen Maßeinheiten die Inputs und der Output gemessen werden, ob in Kilogramm oder Tonnen beziehungsweise Stunden oder Tagen. Drittens repräsentiert A den **Einfluß nicht spezifizierter oder nicht spezifizierbarer fixer Produktionsfaktoren** auf die Ausbringungsmenge. Dazu gehören auch Produktionsfaktoren, die die Unternehmung zwar unentgeltlich, aber nicht in beliebigen Mengen der Umwelt entnehmen kann. Schließlich steht der Koeffizient A für das jeweilige **Niveau** des technischen Wissens, soweit dessen Einfluß bei Variation der Inputmengen konstant bleibt.

(1) Die **partiellen Ertragsfunktionen** der Cobb-Douglas-Technologie zeigen positive, aber durchweg abnehmende Ertragszuwächse, da die Parameter α beziehungsweise β annahmegemäß kleiner als Eins sind. Abbildung 12a zeigt diesen Zusammenhang für den Faktor 1. Die partielle Ertragsfunktion des Faktors 1 bei gegebener Menge $\overline{v}_2$ des Faktors 2 lautet

$$x = B \cdot v_1^{\alpha} \quad \text{mit} \quad B \equiv A \cdot \overline{v}_2^{\beta}.$$

Der **Grenzertrag** des Faktors 1 ist bei einer bestimmten Einsatzmenge v_1^* gleich dem Tangens des Winkels γ – vgl. Abbildung 12a – und für jedes beliebige v_1 positiv. Die **partielle Grenzertragsfunktion** des Faktors 1 lautet

$$\frac{\partial x}{\partial v_1} = \alpha \cdot B \cdot v_1^{\alpha-1}$$

Ihr Bild ist eine durchweg fallende Kurve – vgl. Abbildung 12b. Dies gilt, weil $\alpha < 1$, was auch die zweite Ableitung dieser partiellen Ertragsfunktion zeigt:

$$\frac{\partial^2 x}{\partial v_1^2} = (\alpha - 1) \cdot \alpha \cdot B \cdot v_1^{\alpha-2}.$$

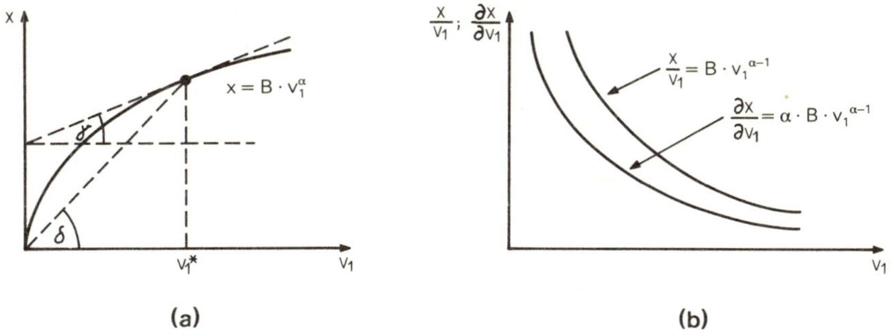

***Abb. 12:** Partielle Ertragsfunktion; Grenz- und Durchschnittsertragsfunktionen*

Ein zusätzlicher Einsatz des Faktors 1 vermehrt zwar die Outputmenge; deren Zunahme fällt aber mit wachsendem v_1 immer geringer aus.

Der **Durchschnittsertrag** des Faktors 1 ist bei einer bestimmten Einsatzmenge v_1^* gleich dem Tangens des Winkels δ – vgl. Abbildung 12a – und für jedes beliebige v_1 positiv. Die **partielle Durchschnittsertragsfunktion** des Faktors 1 lautet

$$\frac{x}{v_1} = B \cdot v_1^{\alpha-1}.$$

Ihr Bild ist ebenfalls eine durchweg fallende Kurve – vgl. Abbildung 12b. Sie weist für jede Einsatzmenge des Faktors 1 höhere Werte auf als die Grenzertragsfunktion; die Differenz zwischen beiden Kurven geht mit zunehmendem v_1 gegen Null.

Die Parameter α und β sind die **Produktionselastizitäten.** Wie wir aus Abschnitt B wissen, ist die Produktionselastizität gleich dem Verhältnis von Grenzertrag zu Durchschnittsertrag; zum Beispiel

$$\frac{\partial x \cdot v_1}{\partial v_1 \cdot x} = \frac{\partial x/\partial v_1}{x/v_1} = \frac{\alpha \cdot B \cdot v_1^{\alpha-1}}{B \cdot v_1^{\alpha-1}} = \alpha.$$

Bei $\alpha = 0{,}5$ zum Beispiel bedeutet eine einprozentige Erhöhung der Einsatzmenge des Faktors 1 unter sonst gleichen Bedingungen eine 0,5prozentige Vermehrung der Outputmenge.

(2) Die **Gleichung der Isoquanten** lautet bei vorgegebener Outputmenge $\bar{x}$

$$v_2 = \left(\frac{\bar{x}}{A}\right)^{1/\beta} \cdot v_1^{-\alpha/\beta}.$$

Mit zunehmendem v_1 – vgl. Abbildung 13a – ist zur Erzielung der Outputmenge $\bar{x}$ immer weniger v_2 erforderlich. Die Gleichung für die **Grenzrate der technischen Substitution** lautet

$$-\frac{dv_2}{dv_1} = \frac{\alpha}{\beta} \cdot \left(\frac{\bar{x}}{A}\right)^{1/\beta} \cdot v_1^{-(\alpha+\beta)/\beta}$$

Die Grenzrate der technischen Substitution von Faktor 2 durch Faktor 1 fällt immer mit zunehmendem v_1. Sie fällt um so schneller, je größer die Grenzproduktivität des ersetzenden Faktors gegenüber der des ersetzten ist. Die Grenzrate der technischen

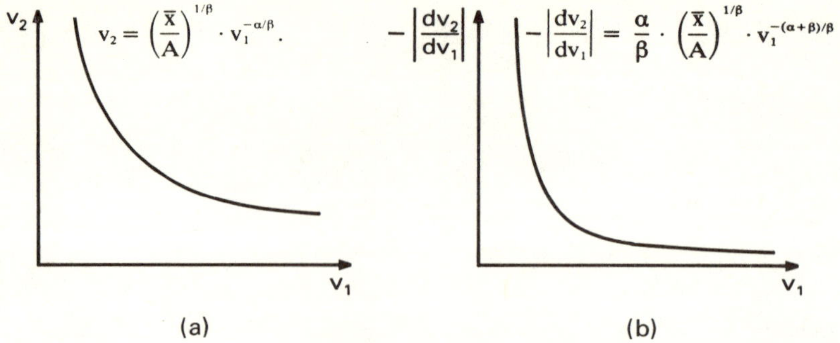

***Abb. 13:** Isoquante und Grenzrate der technischen Substitution.*

Substitution wird nie gleich Null; bei jeder endlichen Menge des Faktors 1 kann Faktor 2 durch Faktor 1 ersetzt werden.

Ersetzen wir in der Gleichung der Grenzrate der technischen Substitution die Outputmenge $\bar{x}$ durch die Produktionsfunktion, dann ergibt sich

$$-\frac{dv_2}{dv_1} = \frac{\alpha}{\beta} \cdot \frac{v_2}{v_1}.$$

Es zeigt sich, daß bei Cobb-Douglas-Technologie die Grenzrate der technischen Substitution neben dem reziproken Verhältnis der Produktionselastizitäten nur noch vom Faktoreinsatzverhältnis, **der Faktorintensität** (v_2/v_1), abhängt. Bei gegebenem v_2 nimmt die Grenzrate der technischen Substitution des Faktors 2 durch den Faktor 1 mit zunehmender Einsatzmenge des Faktors 1 ab; sie steigt bei gegebenem v_1 mit zunehmender Einsatzmenge des Faktors 2; sie bleibt konstant, wenn die Faktorintensität konstant bleibt, beide Faktoren also gleichmäßig verändert werden – was wir in Abschnitt B ganz allgemein für die Klasse der homogenen Produktionsfunktion nachgewiesen haben.

(3) Die **Kurve der Niveauvariation** wird bei Cobb-Douglas-Technologie algebraisch beschrieben mit

$$\begin{aligned} x &= A \cdot (h \cdot v_1^0)^\alpha \cdot (h \cdot v_2^0)^\beta \\ &= h^{\alpha+\beta} \cdot A \cdot (v_1^0)^\alpha \cdot (v_2^0)^\beta \\ &= h^{\alpha+\beta} \cdot x^0. \end{aligned}$$

Die Skalenelastizität r ist also gleich der Summe der Produktionselastizitäten

$$r = \frac{\partial x \cdot h}{\partial h \cdot x} = \frac{(\alpha+\beta) \cdot x \cdot h}{h \cdot x} = \alpha + \beta.$$

Die Cobb-Douglas-Funktion hat **konstante Skalenerträge,** wenn $\alpha + \beta = 1$; in diesem Fall können wir die Funktion einfach schreiben als

$$x = A \cdot v_1^\alpha \cdot v_2^{1-\alpha}.$$

Die Ökonomen Cobb und Douglas haben diese Formulierung verwendet.

Die Cobb-Douglas-Funktion hat **steigende** Skalenerträge, wenn $\alpha + \beta > 1$, sie hat **sinkende** Skalenerträge, wenn $\alpha + \beta < 1$.

– Die Mehrgüterproduktion unter Anwendung von Cobb-Douglas-Technologien

In Abschnitt B haben wir bereits die Entscheidungssituation einer Unternehmung charakterisiert, welche bei Vollausnutzung eines *vorgegebenen* Bestands an Faktoren in effizienter Produktion mehrere Güter herstellt. Wir haben die notwendigen analytischen Instrumente (z.B. Faktorbox, Kurve der effizienten Produktion, Transformationskurve) eingeführt, die es für die gegebene Entscheidungssituation erlauben, die Bedingungen für technisch effiziente Pläne der Mehrgüterproduktion abzuleiten.

Im folgenden wenden wir diese Instrumente auf Cobb-Douglas-Technologien an, beschränken uns aber weitestgehend auf die graphische Darstellung der Zusammenhänge. Wir unterstellen wieder eine Modellunternehmung, in der zwei Betriebe (A und B) bei Vollausnutzung der gegebenen Faktorbestände ($\bar{v}_1$ und $\bar{v}_2$) an Arbeit und Maschinen zwei jeweils homogene Güter (x_1: Agrargut und x_2: Industriegut) unter Anwendung von Cobb-Douglas-Produktionsfunktionen herstellen. Diese lauten, wenn wir der Einfachheit halber die Niveauparameter gleich Eins setzen,

$$x_1 = v_{11}^{\alpha_1} \cdot v_{21}^{\beta_1} \qquad \text{und} \qquad x_2 = v_{12}^{\alpha_2} \cdot v_{22}^{\beta_2}.$$

Der erste Index kennzeichnet die Faktorart, der zweite das Gut beziehungsweise den Betrieb. Es gilt zu zeigen, welche Möglichkeiten der effizienten Produktion der Güter 1 und 2 dieser Unternehmung offenstehen. Gesucht ist also die **Transformationskurve** für diese Entscheidungssituation.

Abbildung 14 zeigt ein *geometrisches* Verfahren zur Bestimmung der Transformationskurve. Ausgangspunkt ist ein Vier-Felder-Schema. Der 2. Quadrat enthält die Faktorbox, die Quadranten 1 und 3 Produktionsfunktionen, die sich bei Niveauvariation ergeben, und der 4. Quadrant schließlich die aus diesen Zusammenhängen abgeleitete Transformationskurve.

Für ein erstes einfaches Beispiel unterstellen wir konstante Skalenerträge in der Produktion des Agrargutes, sinkende Skalenerträge in der Produktion des Industriegutes und ein konstantes Einsatzverhältnis der Faktoren (konstante Faktorintensität); zum Beispiel $\alpha_1 = 1/2$; $\beta_1 = 1/2$; $\alpha_2 = 2/5$; $\beta_2 = 2/5$ bei $\bar{v}_1 = 140$; $\bar{v}_2 = 100$. In diesem Fall liegen alle Produktionspläne mit *effizienter Faktorallokation* auf der Diagonalen der Faktorbox; die Diagonale ist identisch mit der *Kurve der effizienten Produktion.* Diese erhalten wir, wenn wir obige Produktionsfunktionen in die Gleichung (10) (Abschnitt B 2b) einsetzen und die Faktorbeschränkungen berücksichtigen. Die Gleichung für die Kurve der effizienten Produktion lautet in diesem Fall $v_{21} = (\bar{v}_2/\bar{v}_1) \cdot v_{11}$. Die Steigung der Kurve der effizienten Produktion (gleich dem Tangens des Winkels α in Abbildung 14) wird durch das Verhältnis der Faktorbestände bestimmt. Vervielfacht man bei der Produktion des Gutes 1 beziehungsweise des Gutes 2 die Faktoreinsatzmengen entlang der Kurve der effizienten Produktion, dann steigt der Output des Gutes 1 proportional, der des Gutes 2 unterproportional. Die in den Quadranten 1 und 3 eingezeichneten Hilfslinien stellen diese Zusammenhänge dar; es handelt sich um Niveauproduktionsfunktionen. Der Output ist allerdings nicht als Funktion der Niveauvariablen eingezeichnet, sondern – was zum selben Ergebnis führt – als Funktion der Einsatzmenge *eines* Faktors, an der sich bei konstantem Einsatzverhältnis die Einsatzmengen des anderen Faktors – über die Kurve der effizienten Produktion – ablesen lassen. Die Outputmengen der Produktionspläne A, B, C und D werden mit Hilfe der gestrichelten Linien in den 4. Quadranten übertragen. In A wird nur das Industriegut hergestellt; man erhält Punkt A auf der x_2-Achse. In B wird nur das Agrargut hergestellt; es ergibt sich Punkt B auf der x_1-Achse. Wir erhalten eine konkave Transformationskurve.

Die *Gestalt* der Transformationskurve hängt bei gegebener konstanter Faktorintensität (linearer Kurve der effizienten Produktion) nur von den Skalenerträgen in beiden Produktionen ab: Sie ist **konkav,** wenn in beiden Produktionen sinkende Skalenerträge vorliegen oder in einer Produktion konstante und in der anderen sinkende Skalenerträge zu beobachten sind. Sie ist **linear,** wenn die Skalenerträge überall konstant sind. Sie ist **konvex,** wenn in beiden Produktionen steigende Skalenerträge oder konstante *und* steigende Skalenerträge vorliegen. Sie ist **s-förmig,** wenn in einem Betrieb mit steigenden, im anderen mit sinkenden Skalenerträgen produziert wird.

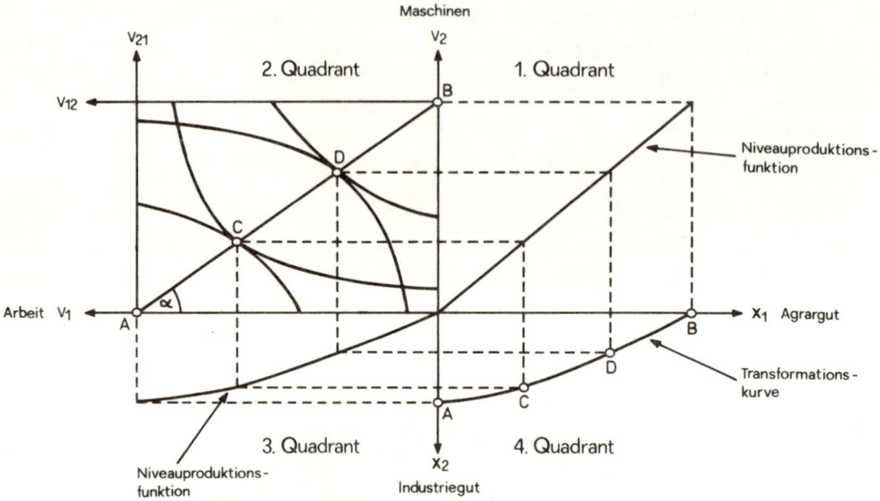

***Abb. 14:** Transformationskurve bei konstanter Faktorintensität*

Zur Vertiefung wollen wir die Ableitung der Transformationskurve an einem Beispiel mit *variabler Faktorintensität* diskutieren. Wir unterstellen konstante Skalenerträge, aber unterschiedliche Produktionselastizitäten ein und desselben Faktors in der Produktion beider Güter (zum Beispiel $\alpha_1 = 3/10$; $\beta_1 = 7/10$; $\alpha_2 = 7/10$; $\beta_2 = 3/10$). In diesem Fall ist die Kurve der effizienten Produktion keine Gerade. Die Niveauproduktionsfunktionen in den Quadranten 1 und 3 sind linear, da sowohl das Agrar- wie das Industriegut mit konstanten Skalenerträgen produziert wird. Diese Niveauproduktionsfunktionen sind unter der Annahme abgeleitet worden, daß das Einsatzverhältnis der Faktoren auf den verschiedenen Produktionsniveaus konstant bleibt. Gerade das ist aber in unserem Beispiel der Zweigüterproduktion nicht der Fall, wie wir an der nicht-linearen Kurve der effizienten Produktion sehen können. Variable Faktorintensität bedeutet bei Mehrgüterproduktion und effizienter Faktorallokation, daß die Faktoreinsatzmengen nicht proportional mit der Outputmenge variieren, obwohl beide Güter mit konstanten Skalenerträgen produziert werden. Wenn wir zum Beispiel die zu den Produktionsplänen C und D gehörenden Outputmengen (zeichnerisch) in den Güterraum übertragen wollen, dann wird der Unterschied zwischen den Outputmengen eines Gutes nicht durch den euklidischen Abstand zwischen den Punkten C und D repräsentiert, sondern durch die entsprechende Strecke auf der nichtlinearen Kurve der effizienten Produktion. Eine zeichnerische Übertragung der Veränderung der Outputmengen ist dann möglich, wenn wir die Mengendifferenz jeweils am Abstand der Isoquanten entlang der Diagonalen ablesen. Die Mengen des Agrargutes werden durch die Punkte C″ und D″, die des Industriegutes durch die

Punkte C′ und D′ auf der Diagonalen der Faktorbox repräsentiert. Von den Punkten C″ und D″ aus werden mit Hilfe der gestrichelten Linien die Outputmengen des Agrargutes in den Güterraum übertragen, von den Punkten C′ und D′ aus die Outputmengen des Industriegutes. Wir erhalten (in diesem Beispiel) wieder eine konkave Transformationskurve.

Über die **Gestalt** der Transformationskurve wollen wir hier nur festhalten, daß sie von der Art der (variablen) Faktorintensität und vom Typ der Skalenerträge in den jeweiligen Produktionen bestimmt wird (vgl. Abschnitt B2b).

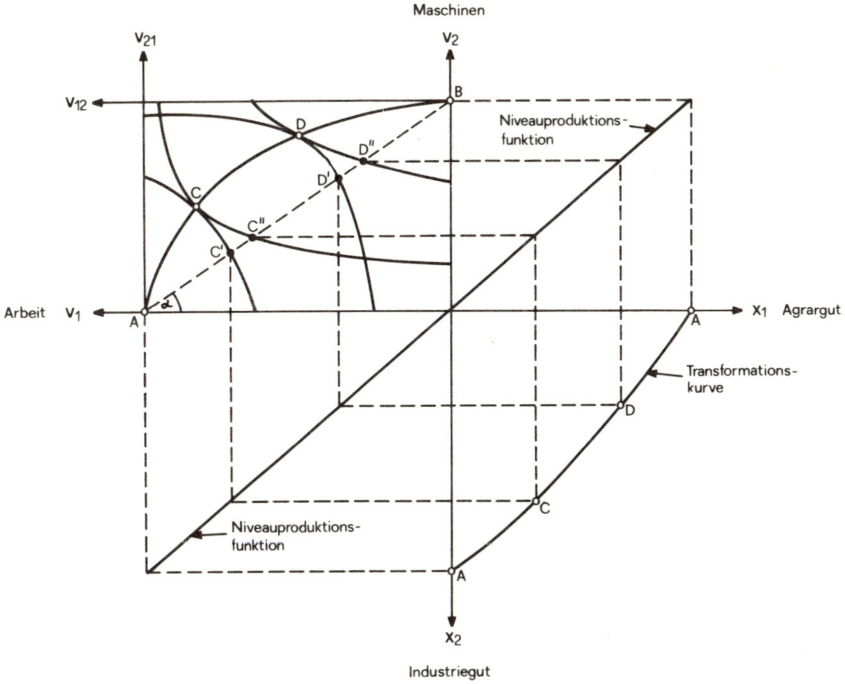

***Abb. 15:** Transformationskurve bei variabler Faktorintensität*

Kehren wir zur Analyse der Ein-Gut-Produktion zurück und behandeln wir – wie bisher – homogene Produktionsfunktionen.

– Das Ertragsgesetz

Das klassische „Ertragsgesetz" wurde ursprünglich zur Darstellung der Produktionszusammenhänge in der Landwirtschaft aufgestellt. Es beschreibt eine Technologie, in der die partiellen Ertragsfunktionen sowohl steigende wie sinkende Zuwächse aufweisen. Nach diesem „Gesetz" hat der variable Faktor anfangs steigende, dann sinkende und schließlich gar negative Grenzerträge. Bei Vermehrung eines Faktors und Konstanthaltung der übrigen Produktionsfaktoren nimmt die Produktmenge zunächst überproportional, von einem gewissen Punkt an unterproportional zu und schließlich absolut ab.

Abbildung 16 veranschaulicht dieses Ertragsgesetz für den Zwei-Faktor-Fall. Sie zeigt – bei vorgegebener Einsatzmenge des Faktors 2 in der Höhe von $\bar{v}_2$ – die partielle Ertragsfunktion des Faktors 1 und dessen Grenz- und Durchschnittsertragsfunktionen. Im Punkt A weist die Ertragsfunktion den steilsten Anstieg und damit den maximalen Grenzertrag auf. Dieser wird als Schwelle des Ertragsgesetzes bezeichnet, da steigende Grenzerträge von sinkenden Grenzerträgen abgelöst werden. Im Punkt B sind Durchschnitts- und Grenzertrag gleich groß; der Durchschnittsertrag ist dort maximal. Im Ertragsmaximum (Punkt C) ist der Grenzertrag Null, danach wird er negativ. Der Einsatz einer zu großen Arbeitsmenge kann dem Saatgut bei gegebener Ackerfläche schaden, so daß der Ertrag absolut zurückgeht.

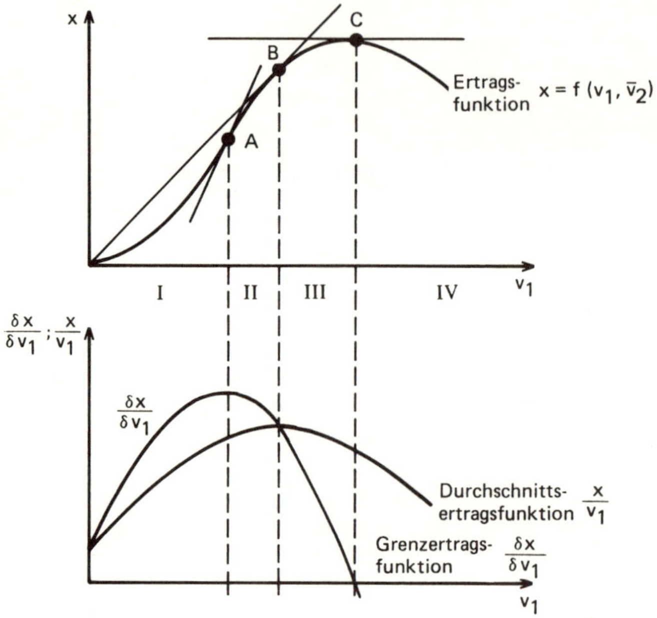

***Abb. 16:** Das klassische Ertragsgesetz.*

Der Verlauf einer ertragsgesetzlichen Produktionsfunktion, etwa von $x = f(v_1, \bar{v}_2)$, läßt sich in vier Bereiche unterteilen:

Bereich	I	II	III	IV
Gesamtertrag	steigend	steigend	steigend	fallend
Grenzertrag	steigend	fallend	fallend	negativ
Durchschnittsertrag	steigend	steigend	fallend	fallend
Produktionselastizität	größer Eins	größer Eins	kleiner Eins	kleiner Null

Wie wir wissen, ist die **Produktionselastizität** eines Faktors das Verhältnis von Grenzproduktivität zu Durchschnittsproduktivität dieses Faktors. Obige Übersicht zeigt, daß sich Grenz- und Durchschnittsertrag in den Bereichen II und IV unterschiedlich ändern. Daran kann man bereits ablesen, daß das Ertragsgesetz – im Gegensatz zu den bisher behandelten Produktionsfunktionen (z.B. der Cobb-Douglas-Funktion) – variable Produktionselastizitäten aufweist: In den Bereichen I–III ist die Produktionselastizität des Faktors 1 positiv, im Bereich IV ist sie negativ. Die **Skalenelastizität** dagegen ist konstant, da wir homogene Produktionsfunktionen unterstellt haben. Das Ertragsgesetz ist mit steigenden, konstanten und fallenden Skalenerträgen vereinbar.

Die Frage, in welchem Bereich (bei welcher Faktormengenkombination) des Ertragsgesetzes **technisch effizient** produziert wird und damit eine Produktionsfunktion im eingangs definierten Sinne vorliegt, ist in allgemeiner Weise nicht leicht zu beantworten. Man erkennt, daß im Bereich IV technisch ineffizient produziert wird, da der Gesamtertrag trotz steigender Einsatzmenge des Faktors 1 absolut zurückgeht. Der Bereich III entspricht dem Verlauf einer neoklassischen Produktionsfunktion; Kennzeichen sind abnehmende Grenz- und Durchschnittserträge. Wird im gesamten Bereich III technisch effizient produziert?

Unterstellen wir zur Vereinfachung einer *linear-homogene* Produktionsfunktion, d.h. mit einer Verdoppelung aller Faktoreinsatzmengen verdoppelt sich auch die Ausbringungsmenge; die Niveauproduktionsfunktion ist eine Gerade. In diesem Falle wird im gesamten Bereich III technisch effizient produziert: Es gibt keinen Produktionsplan, der für eine gegebene Einsatzmenge des Faktors 1 die gleiche Outputmenge erbringt und dennoch von Faktor 2 mit einer geringeren Menge als $\bar{v}_2$ auskäme. Im Bereich III ist die Produktionselastizität des Faktors 1 positiv, aber kleiner Eins. Die Produktionselastizität des Faktors 2 ist ebenfalls positiv, da beide Elastizitäten sich zu einer Skalenelastizität von Eins addieren. In Produktionsplan B ist der Grenzertrag des Faktors 1 gleich seinem Durchschnittsertrag, seine Produktionselastizität ist gleich Eins. B ist zugleich Tangentialpunkt der partiellen Ertragsfunktion $f(v_1, \bar{v}_2)$ und jener Niveauproduktionsfunktion, bei der das Faktoreinsatzverhältnis des Produktionsplans B konstant gehalten wird.

In den Bereichen I und II dagegen wird – verglichen mit der Einsatzmenge des Faktors 1 – eine „zu große" Menge des Faktors 2 eingesetzt. Mit einer geringeren Menge dieses Faktors könnte man den Output steigern; in den Bereichen I und II hat Faktor 2 eine negative Produktionselastizität. (Vergleichen Sie in Abbildung 17b die Ausbringungsmengen der Produktionspläne ($v_1 = 1, \bar{v}_2 = 2$) und ($v_1 = 1, \bar{v}_2 = 1$).) Die Produktionspläne dieser beiden Bereiche sind technisch ineffizient. In Bereich IV ist die Einsatzmenge des Faktors 1 „zu groß"; seine Produktionselastizität ist in diesem Bereich negativ.

Ein bißchen Intuition zeigt, welche technisch effizienten Bereiche sich ergeben, wenn man *nicht-lineare homogene* Technologien betrachtet. Bei steigenden Skalenerträgen (die Steigung der Niveauproduktionsfunktion nimmt zu) beginnt der technisch effiziente Bereich schon vor dem Punkt B (Abbildung 16), während bei sinkenden Skalenerträgen (die Niveauproduktionsfunktion weist abnehmende Zuwächse auf) der technisch ineffiziente Bereich über den Punkt B hinausreicht. Entscheidend ist der Tangentialpunkt von partieller Ertragsfunktion und Niveauproduktionsfunktion.

Das Ertragsgesetz ist mit beschränkter und unbeschränkter **Substitutionalität** der Faktoren vereinbar. Die sich ergebenden Linien gleichen Ertrags umfassen Bereiche mit negativer wie auch solche mit positiver Steigung. Technisch ineffiziente Produktionspläne beschreiben die Isoquanten immer dann, wenn die Grenzrate der technischen Substitution zwischen den Faktoren 1 und 2 positiv ist.

Abbildung 17a zeigt das Ertragsgebirge bei beschränkt substituierbaren Faktoren und linear-homogener Produktionsfunktion. In Abbildung 17b sind die partiellen Ertragsfunktionen $x = f(v_1, \bar{v}_2 = 1)$ und $x = f(v_1, \bar{v}_2 = 2)$ wiedergegeben, die auch in

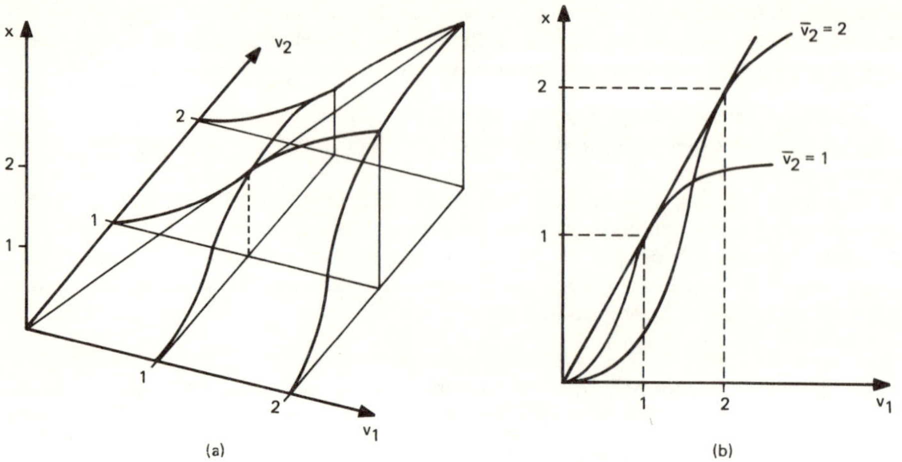

***Abb. 17:** Linear-homogene Produktionsfunktion und klassisches Ertragsgesetz*

Abbildung 17a eingezeichnet sind. Wie Abbildung 17b für das gegebene Beispiel zeigt, erreicht man bei einer Einsatzmenge $v_1 = 1$ des Faktors 1 eine Erhöhung der Ausbringungsmenge x, wenn man die Einsatzmenge des Faktors 2 von 2 Einheiten auf eine Einheit vermindert. Dies ist auch aus Abbildung 17a ersichtlich.

b) Vollkommen substitutionale Produktionsfunktionen

Bei vollkommen substitutionaler Produktionsfunktion ist es möglich, das Produkt mit nur einem der zur Auswahl stehenden Produktionsfaktoren herzustellen. Auf den ersten Blick scheint diese Technologie wenig mit der Realität zu tun zu haben. Man kann sich schwer vorstellen, daß man bei der Produktion eines Gutes auf einen der primären Produktionsfaktoren Boden, Arbeit und Maschinen verzichten kann. Insofern ist es berechtigt, den beschränkt substitutionalen Produktionsfunktionen besondere Aufmerksamkeit zu widmen.

Es kommt jedoch oft vor, daß Produktionsfaktoren unterschiedliche, aber doch sehr ähnliche Eigenschaften besitzen. So ist es denkbar, daß eine Unternehmung ein Grundstück durch ein günstiger gelegenes ersetzt, eine Arbeitskraft mit bestimmter Qualifikation entläßt, um eine andere mit ähnlichen Kenntnissen einzustellen, oder eine alte Maschine gegen eine neue austauscht. Bei strenger Definition homogener Produktionsfaktoren handelt es sich in allen Fällen um zwei verschiedene Faktoren; ihre vollkommene Substitution ist möglich, wenn sie ähnlich genug sind.

Die einfachste Form einer vollkommen substitutionalen Produktionsfunktion lautet:

$$x = \sum_{i=1}^{m} a_i \cdot v_i, \qquad \text{z.B.: } x = v_1 + 2v_2 .$$

Diese Produktionsfunktion ist linear-homogen und weist bei partieller Faktorvariation konstante Grenzerträge, bei Niveauvariation konstante Skalenerträge auf. Die Produktionsfaktoren sind vollkommen substituierbar; die Grenzrate der Substitution ist konstant. Daher genügen die Isoquanten nur der Annahme der Konvexität, nicht jener der strengen Konvexität. Wegen der konstanten Grenz- und Skalenerträge ist diese Technologie nicht-konkav. Eine Skizze des Ertragsgebirges und des entsprechenden Isoquantensystems finden Sie in Abbildung 18.

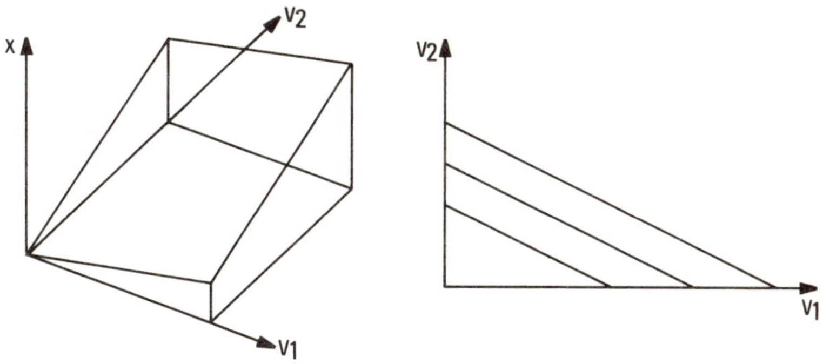

Abb. 18: *Vollkommen substitutionale Produktionsfunktion mit konstanten Grenzerträgen*

Eine **streng konkave Produktionsfunktion** mit vollkommen substitutionalen Produktionsfaktoren kann folgende Form annehmen:

$$x = \sum_{i=1}^{m} A_i \cdot v_i^{\alpha_i}, \qquad \text{wobei } 0 < \alpha_i < 1; \qquad \text{z.B.: } x = v_1^{1/2} + 2v_2^{1/3}.$$

Wiederum wird als Möglichkeit unterstellt, daß das Produkt mit einem der benannten Produktionsfaktoren allein hergestellt werden kann. Die Produktionsfunktion weist bei partieller Faktorvariation abnehmende Ertragszuwächse und bei Niveauvariation sinkende Skalenerträge auf. Da die Exponenten α_i unterschiedlich sind, ist die Produktionsfunktion unseres Beispiels (bei gegebener additiver Verknüpfung der Faktoren) nicht homogen. Wegen $\alpha_i < 1$ gehört sie zur Klasse der streng konkaven Produktionsfunktionen; ihre Isoquanten sind konvex und treffen die Achsen.

2. Linear-limitationale Produktionsfunktionen

Wie wir gesehen haben, steht dem Unternehmen bei substitutionaler Technologie eine große Menge technisch effizienter Produktionspläne $(x, v_1, \ldots, v_m)$ zur Produktion der Outputmenge x zur Verfügung. Müssen dagegen zur technisch effizienten Produktion der Outputmenge x die Faktoren in einem **festen Verhältnis** eingesetzt werden, bleibt dem Unternehmer kein Entscheidungsspielraum bezüglich der Wahl der Faktormengenkombination für den jeweiligen Output. So werden in einer weitgehend automatisierten Fabrik Rohstoffe, Maschinen und Arbeiter in fixen Proportionen verwendet. Es gibt zur Outputmenge x nur **einen** technisch effizienten Produktionsplan. Eine solche Technologie heißt **limitational.** Besteht noch dazu ein proportionaler Zusammenhang zwischen den Inputmengen $v_1, \ldots, v_m$ und dem Output x, dann nennt man eine solche Technologie **linear-limitational.**

Die linear-limitationale Produktionsfunktion wurde von dem Ökonomen Wassily W. **Leontief** entwickelt. Sie besitzt in der ökonomischen Theorie eine ähnliche Bedeutung wie die neoklassische Cobb-Douglas-Produktionsfunktion und spielt in der Forschungspraxis eine große Rolle. Sie gilt als gute Annäherung zur Beschreibung zahlreicher industrieller Produktionsprozesse und bildet die Grundlage der von Leontief entwickelten **Input-Output-Analyse** zur Untersuchung sektoraler Produktionsverflechtungen. Außerdem ist sie der wichtigste Baustein der **Linearen Programmierung,** die sich bei der Steuerung von Produktionsprozessen im Fertigungsbereich und Transportwesen bewährt hat.

Bei linear-limitationaler Technologie variieren alle Faktoreinsatzmengen v_i proportional mit der herzustellenden Produktmenge x

$v_i = a_i \cdot x$ beziehungsweise $\qquad v_1 = 5x$

$x = v_i/a_i$ für $i = 1, \ldots, m$ und $a_i > 0$. $\qquad v_2 = 2x$

(Unser Beispiel auf der rechten Seite bezieht sich wieder auf den Zweifaktorfall; Reifen und Scheinwerfer seien die einzigen Inputs bei der Autoproduktion; von allen anderen Faktoren sehen wir ab.)

Die Faktoreinsatzmengen sind eindeutig von der Ausbringungsmenge abhängig und umgekehrt ist die Ausbringungsmenge eindeutig von den Faktoreinsatzmengen abhängig.

Die Koeffizienten a_i bezeichnen konstante **Produktionskoeffizienten.** Sie geben an, welche Faktormengen jeweils erforderlich sind, um eine Produkteinheit herzustellen.

$a_i = v_i/x$ $\qquad a_1 = 5$ und $a_2 = 2$.

Der Kehrwert des Produktionskoeffizienten $(1/a_i)$ ist die **Produktivität.** Sie gibt an, wieviel Einheiten eines Produkts mit einer Einheit des Faktors i hergestellt werden können.

$1/a_i = x/v_i$ $\qquad 1/a_1 = 1/5$ und $1/a_2 = 1/2$.

Wenn wir davon ausgehen, daß beliebige Mengen der m Faktoren eingesetzt werden, dann läßt sich die linear-limitationale **Produktionsfunktion** allgemein schreiben als

$x = \min(v_1/a_1, \ldots, v_m/a_m)$ $\qquad x = \min(v_1/5, v_2/2)$.

In der Klammer stehen jene *Produktmengen,* die erzeugt werden könnten, wenn das Produktionsergebnis allein vom jeweiligen Faktor abhinge. Diese (fiktiven) Produktmengen ergeben sich aus geplanter Einsatzmenge des Faktors i mal dessen (konstanter) Produktivität. Die linear-limitationale Produktionsfunktion gibt also an, daß von den fiktiven Produktmengen nur die kleinste realisiert werden kann. Daher schreibt man den Minimumoperator „min" vor die Klammer.

Jener Produktionsfaktor, der die tatsächlich realisierbare Outputmenge x bestimmt, heißt **Engpaßfaktor.** Wenn seine Einsatzmenge erhöht wird, kann das realisierbare Produktionsergebnis gesteigert werden, und zwar so weit, bis die Beschränkung durch einen anderen Faktor wirksam wird. Die übrigen Faktoren, deren Einsatzmengen das insgesamt realisierbare Produktionsergebnis nicht beschränken, nennt man **Überschußfaktoren;** ihre geplanten Einsatzmengen sind größer, als es die durch den Engpaßfaktor bestimmte Produktmenge erforderte.

Die geplanten Einsatzmengen der Überschußfaktoren könnten reduziert werden; sie sollten jedoch mindestens so hoch sein, daß die durch den Engpaßfaktor bestimmte Outputmenge realisiert werden kann. Diesen Zusammenhang beschreibt man allgemein durch sogenannte **Beschränkungsungleichungen** für die einzelnen Faktoren:

$$a_i \cdot x \leq v_i$$

Für die geplante Outputmenge x legen die Beschränkungsungleichungen die **Mindesteinsatzmengen** der Produktionsfaktoren fest. Setzt der Unternehmer weniger als diese minimalen Mengen ein, ist die geplante Produktmenge x nicht produzierbar.

Abbildung 19 zeigt das Ertragsgebirge einer linear-limitationalen Produktionsfunktion für den Zweifaktorfall.

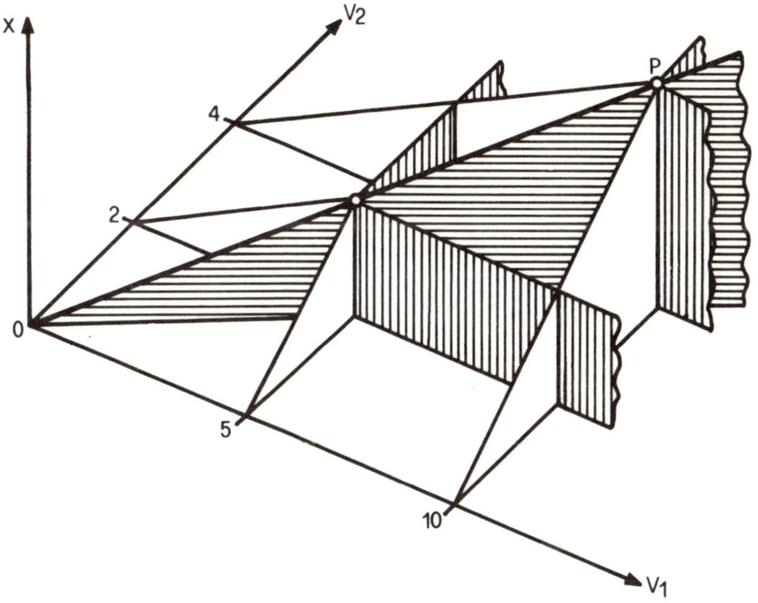

Abb. 19: *Ertragsgebirge einer linear-limitationalen Produktionsfunktion*

Die Bedingung der **technischen Effizienz** ist nur erfüllt, wenn kein Faktor im Überschuß eingesetzt wird; dann gilt

$$x = v_1/a_1 = \cdots = v_m/a_m \qquad x = v_1/5 = v_2/2.$$

Alle Faktoren werden nur in den für die Produktion der Outputmenge x notwendigen Mengen eingesetzt. Greifen wir ein beliebiges Faktorpaar heraus, dann besteht zwischen den Faktoren i und j im effizienten Fall die Beziehung

$$v_i/a_i = v_j/a_j \qquad v_1/5 = v_2/2.$$

Daraus ergibt sich

$$v_i/v_j = a_i/a_j \qquad v_1/v_2 = 5/2.$$

Das effiziente Verhältnis der Faktoreinsatzmengen ist gleich dem Verhältnis der Produktionskoeffizienten. Im effizienten Fall wird eine Einheit des Faktors 2 mit 2.5

Einheiten des Faktors 1, werden zwei Einheiten des Faktors 2 mit 5 Einheiten des Faktors 1 kombiniert, usw. Man sagt auch, durch das Verhältnis der Produktionskoeffizienten wird das **optimale Faktorbündel** bestimmt.

a) Die partielle Faktorvariation

Abbildung 20 gibt den Zusammenhang zwischen variablen Einsatzmengen eines Faktors und der Produktmenge wieder, wenn unterschiedliche fixe Mengen des anderen Faktors eingesetzt werden. In der linken Skizze ist der Faktor 1 der variable und der Faktor 2 der konstante Faktor ($\bar{v}_2 = 2$ beziehungsweise $\bar{v}_2 = 4$). In der rechten Skizze verhält es sich umgekehrt.

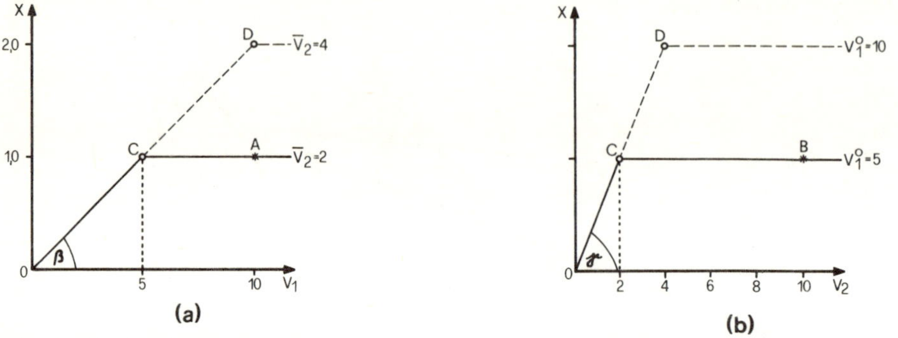

Abb. 20: *Partielle Ertragsfunktionen*

Die Kurve OCA beschreibt den Ertrag des Faktors 1, wenn eine konstante Menge des Faktors 2 von $\bar{v}_2 = 2$ eingesetzt wird. In diesem Fall ist bis zum Punkt C der Faktor 1 der Engpaßfaktor, danach wird er zum Überschußfaktor. Zusätzliche Mengen des variablen Faktors einzusetzen, ist nur sinnvoll, bis das effiziente Einsatzverhältnis mit dem Faktor 2 erreicht ist (Punkt C). Eine weitere Vermehrung des Faktors 1 ist nutzlos, da der Ausstoß nicht zunimmt. Bis zum Punkt C steigt die Produktmenge proportional zur Einsatzmenge des Faktors 1 an. Die Zunahme wird von der Produktivität dieses Faktors bestimmt.

Die **partielle Ertragsfunktion** des Faktors 1 bei vorgegebener Menge $\bar{v}_2$ des Faktors 2 lautet (mit $\bar{x} = \bar{v}_2/a_2$)

$$x = \begin{cases} 1/a_1 \cdot v_1 & \text{für } v_1 \leq \dfrac{a_1}{a_2} \cdot \bar{v}_2 \\ \bar{x} & \text{für } v_1 \geq \dfrac{a_1}{a_2} \cdot \bar{v}_2 \end{cases} \qquad x = \begin{cases} 0{,}2 \cdot v_1 & \text{für } v_1 \leq 5 \\ 1 & \text{für } v_1 \geq 5 \end{cases}$$

Es sind zwei Wertebereiche des Faktors 1 zu berücksichtigen. Im Wertebereich $v_1 < (a_1/a_2) \cdot \bar{v}_2$ (Bereich OC der partiellen Ertragskurve) ist Faktor 1 der Engpaßfaktor. Es gilt die obere Gleichung; der Output nimmt mit steigendem v_1 zu. Im Wertebereich $v_1 > (a_1/a_2) \cdot \bar{v}_2$ (Bereich CA und darüber hinaus der partiellen Ertragskurve) ist Faktor 1 der Überschußfaktor. Es gilt die untere Gleichung; die Outputmenge bleibt konstant trotz vermehrtem Einsatz des Faktors 1. Nur in Punkt C liegt ein technisch effizienter Produktionsplan vor.

Die **partielle Grenzertragsfunktion** des Faktors 1 bei vorgegebener Menge $\bar{v}_2$ des Faktors 2 lautet

$$\frac{\partial x}{\partial v_1} = \begin{cases} 1/a_1 & \text{für } v_1 < \frac{a_1}{a_2} \cdot \bar{v}_2 \\ 0 & \text{für } v_1 > \frac{a_1}{a_2} \cdot \bar{v}_2 \end{cases} \qquad \frac{\partial x}{\partial v_1} = \begin{cases} 0{,}2 & \text{für } v_1 < 5 \\ 0 & \text{für } v_1 > 5 \end{cases}$$

Bei der partiellen Grenzertragsfunktion sind dieselben Wertebereiche für den Faktor 1 zu unterscheiden wie bei der partiellen Ertragsfunktion. Ist Faktor 1 der Engpaßfaktor, beträgt seine Grenzproduktivität 1/a; sie ist in diesem Bereich konstant. Bei $v_1 = (a_1/a_2) \cdot \bar{v}_2$ hat die partielle Grenzertragsfunktion eine Sprungstelle. Ist der Faktor 1 Überschußfaktor, beträgt seine Grenzproduktivität Null. Die partielle Grenzertragskurve ist in Abbildung 21 b gestrichelt eingetragen.

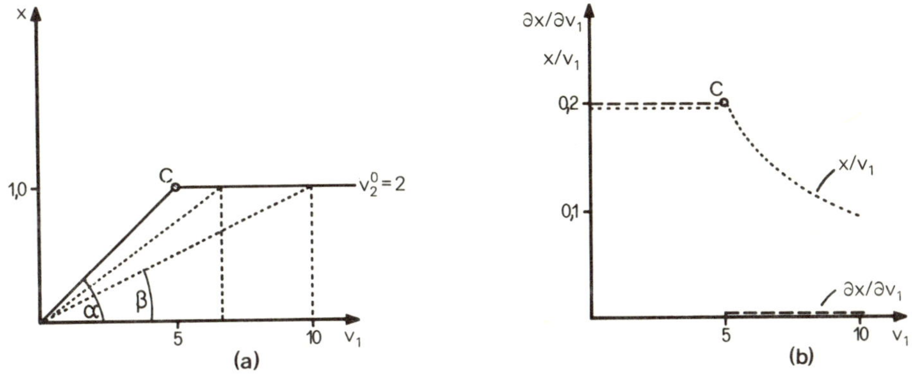

***Abb. 21:** Partielle Ertragsfunktion; Grenz- und Durchschnittsertragsfunktion*

Die **partielle Durchschnittsertragsfunktion** des Faktors 1 für die vorgegebene Menge $\bar{v}_2$ des Faktors 2 lautet

$$\frac{x}{v_1} = \begin{cases} 1/a_1 & \text{für } v_1 \leq \frac{a_1}{a_2} \cdot \bar{v}_2 \\ \frac{\bar{x}}{v_1} & \text{für } v_1 \geq \frac{a_1}{a_2} \cdot \bar{v}_2 \end{cases} \qquad \frac{x}{v_1} = \begin{cases} 0{,}2 & \text{für } v_1 \leq 5 \\ 1/v_1 & \text{für } v_1 \geq 5 \end{cases}$$

Bei der partiellen Durchschnittsertragsfunktion sind dieselben Wertebereiche für den Faktor 1 zu unterscheiden wie bei der partiellen Ertragsfunktion. Ist der Faktor 1 Engpaßfaktor, beträgt seine Durchschnittsproduktivität $1/a_1$ und ist gleich der Grenzproduktivität. Im effizienten Faktoreinsatzverhältnis $v_1 = (a_1/a_2) \cdot \bar{v}_2$ hat die partielle Durchschnittsertragsfunktion einen Knick. Ist der Faktor 1 Überschußfaktor, sinkt seine Durchschnittsproduktivität ab und geht mit steigendem v_1 gegen Null. Die partielle Durchschnittsertragsfunktion ist in Abbildung 21 b gepunktet eingetragen.

Für die **Produktionselastizität** des Faktors 1 gilt

$$\frac{\partial x/x}{\partial v_1/v_1} = \begin{cases} 1 & \text{für } v_1 < \frac{a_1}{a_2} \cdot \bar{v}_2 \\ 0 & \text{für } v_1 > \frac{a_1}{a_2} \cdot \bar{v}_2 \end{cases} \qquad \frac{\partial x/x}{\partial v_1/v_1} = \begin{cases} 1 & \text{für } v_1 < 5 \\ 0 & \text{für } v_1 > 5 \end{cases}$$

Da die Produktionselastizität eines Faktors gleich dem Verhältnis von Grenz- zu Durchschnittsertrag ist, nimmt auch sie zwei Werte an, je nachdem, ob der Faktor Engpaßfaktor ist oder nicht. Ist der Faktor 1 Engpaßfaktor, so ist seine Produktionselastizität gleich Eins; ist er Überschußfaktor, ist sie gleich Null.

b) Die Substitution der Faktoren

Wie wir wissen, werden bei linear-limitationaler Technologie die Faktoren in konstanten Proportionen eingesetzt, die durch das Verhältnis der Produktionskoeffizienten bestimmt sind. Die Isoquanten haben eine rechtwinklige Gestalt – vgl. Abbildung 22.

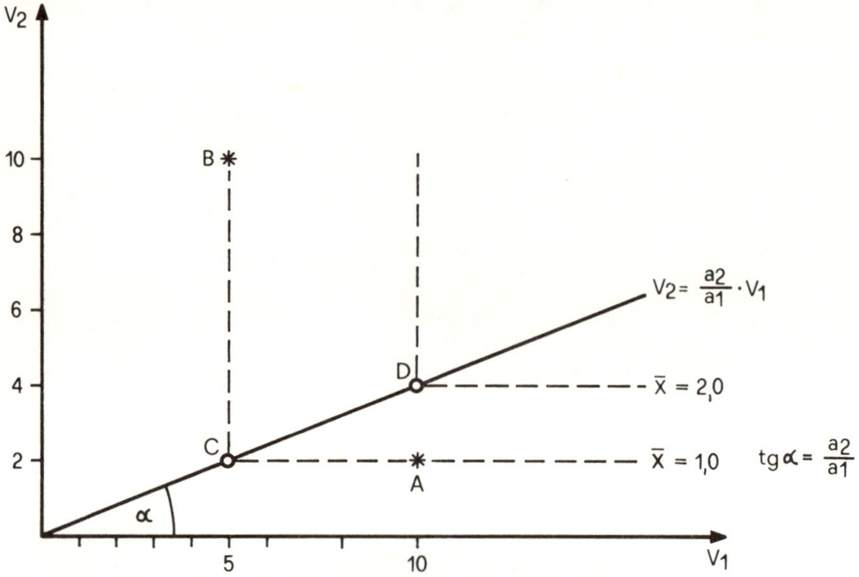

Abb. 22: *Isoquanten einer linear-limitationalen Produktionsfunktion*

Nur in ihren Eckpunkten ist ein technisch effizientes Faktoreinsatzverhältnis gegeben. Man bezeichnet daher die Isoquanten einer linear-limitationalen Produktionsfunktion gelegentlich als „Quasi-Isoquanten": auf den gestrichelten Ästen ist lediglich die schwächere Anforderung der Outputeffizienz erfüllt. Die Gesamtheit aller technisch effizienten Faktormengenkombinationen ist durch die Gleichung $v_2 = (a_2/a_1) \cdot v_1$ beschrieben, die wir bereits in Abschnitt C2a abgeleitet haben. Diese Gerade entsteht durch die Projektion der Kammlinie des Ertragsgebirges (Abbildung 19) in ein (v_1, v_2)-Diagramm. Ihre Steigung ist gleich dem Verhältnis der Produktionskoeffizienten und gleich dem Tangens des Winkels α in Abbildung 22.

Zum besseren Verständnis der limitationalen Technologie ist es angebracht, sich an eine grundlegende Annahme der gesamten Produktionstheorie zu erinnern. Unterschiedliche Kombinationen von Faktoreinsatzmengen haben nur Einfluß auf die Produktmenge, nicht auf die Produktqualität. Selbst sehr ineffiziente Einsatzverhältnisse der Faktoren verändern die Qualität des Produktes nicht. Man kann sich diese Eigenart unserer Modellökonomie so verständlich machen, daß man zwischen gekauften und tatsächlich eingesetzten Faktormengen unterscheidet. Zur Produktion einer bestimmten Outputmenge x werden auch bei einem ineffizienten Produktionsplan nur die effizienten Mengen tatsächlich eingesetzt, um die Qualität des Produktes zu wahren. Über die Verwendung der nicht benötigten Faktormengen wird weiter nichts gesagt.

c) Niveauvariation

Eine gleichmäßige Vermehrung aller Faktoren um einen konstanten Faktor h bewirkt bei linear-limitationaler Technologie eine h-fache Vermehrung des Outputs. Die linear-limitationale Produktionsfunktion zeichnet sich durch **konstante Skalenerträge** aus. Die Skalenelastizität hat den Wert Eins. Die linear-limitationale Produktionsfunktion gehört damit zur Gruppe der linear-homogenen Produktionsfunktionen.

D. Die Kosten der Produktion

Bisher haben wir uns in diesem Kapitel ausschließlich mit der Beschreibung technologischer Beziehungen befaßt. Im Zentrum stand der Begriff der Produktionsfunktion; sie gibt an, welche Produktionspläne technisch effizient realisierbar sind. Die Produktionsfunktion stellt eine Beziehung zwischen **Mengen** her: den Inputmengen (Faktormengen) und den Outputmengen (Gütermengen).

In diesem und den folgenden Abschnitten wenden wir uns den ökonomischen Entscheidungsproblemen der Unternehmung zu, soweit sie **Wert**größen betreffen. Diese Analyse baut auf jener der Mengenbeziehungen auf.

1. Erlös und Kosten

Wir haben unterstellt, daß der Unternehmer die verschiedenen Produktionspläne anhand des mit ihnen realisierbaren **Gewinns** vergleicht und bewertet. Der Gewinn ist gleich der Differenz aus dem **Erlös** und den **Kosten** der Produktion. Der Erlös ist definiert als der Wert des gesamten Outputs, die Kosten sind definiert als der Wert des gesamten Inputs.

Das Bindeglied zwischen Mengengrößen und Wertgrößen sind die Preise: Wert ist Menge mal Preis. Da wir zunächst Mengenanpasser als Unternehmer unterstellen, ist der Übergang von den Mengen- zu den Wertgrößen besonders einfach: alle Güterpreise $p_1, \ldots, p_n$ und alle Faktorpreise $q_1, \ldots, q_m$ sind der Unternehmung vorgegeben und bekannt. Jedem Produktionsplan $(x_1, \ldots, x_n, v_1, \ldots, v_m)$ können daher eindeutig Erlös und Kosten zugeordnet werden

$$E = p_1 \cdot x_1 + \cdots + p_n \cdot x_n,$$
Erlösgleichung

$$K = q_1 \cdot v_1 + \cdots + q_m \cdot v_m.$$
Kostengleichung

2. Die Kostenfunktion

Wir beschränken uns auf den Fall der **einfachen** Produktion $(n = 1)$. Soll eine bestimmte Outputmenge x produziert werden, so muß die Unternehmung zu diesem Zweck einen technisch realisierbaren Produktionsplan $(x, v_1, \ldots, v_m)$ wählen. Verschiedene Produktionspläne verursachen in der Regel unterschiedliche Kosten. Da die Kosten den Gewinn mindern, entscheidet sich die Unternehmung für jenen Produktionsplan, der die geringsten Kosten verursacht. Diese **minimalen** Kosten der Produktion der Outputmenge x bezeichnen wir mit $K(x)$. Die Funktion K, welche jeder geplanten Produktmenge x die minimalen Kosten $K(x)$ zuordnet, heißt **Kostenfunktion.** Sie ist eine wichtige Entscheidungshilfe bei der Ermittlung der gewinnmaximalen Outputmenge.

Hier muß nun unterschieden werden zwischen verschiedenen Typen von Entscheidungssituationen, und damit auch zwischen verschiedenen Typen von Kostenfunktionen. Vor allem in *kurzfristigen* Entscheidungszusammenhängen ist es möglich, daß die Unternehmung nicht alle Faktoreinsatzmengen beliebig variieren kann. Man denke etwa an Arbeits-, Miet- oder Lieferverträge, durch die die Unternehmung an den Einsatz gewisser Faktormengen gebunden sein könnte. Es ist dann zu unterscheiden zwischen k **variablen** ($v_1, \ldots, v_k$) und m-k **fixen** ($\overline{v}_{k+1}, \ldots, \overline{v}_m$) Faktoren. Die variablen Faktoren verursachen **variable Kosten,** die fixen Faktoren verursachen **fixe Kosten.** Unter K(x) verstehen wir in diesem Zusammenhang die Gesamtkosten desjenigen realisierbaren Produktionsplans ($x, v_1, \ldots, v_k, \overline{v}_{k+1}, \ldots, \overline{v}_m$), dessen variable Kosten $K_v = q_1 \cdot v_1 + \cdots + q_k \cdot v_k$ minimal sind; die Funktion K heißt dann **kurzfristige Kostenfunktion.** Die minimalen variablen Kosten $K_v(x)$ hängen von der Outputmenge ab, während die fixen Kosten $K_f = q_{k+1} \cdot \overline{v}_{k+1} + \cdots + q_m \cdot \overline{v}_m$ von der Outputmenge x unabhängig sind. Die kurzfristige Gesamtkostenfunktion lautet dann: $K(x) = K_f + K_v(x)$.

Sind alle Faktormengen frei variierbar, was in längerfristigen Entscheidungssituationen eher der Fall sein dürfte, sprechen wir von der **langfristigen Kostenfunktion.** Mit K(x) bezeichnen wir dann die minimalen Kosten eines technisch realisierbaren Produktionsplans ($x, v_;, \ldots, v_m$).

Im Hinblick auf die Bestimmung der optimalen Ausbringungsmenge ist es von Interesse zu wissen, wie stark sich die Kosten in Abhängigkeit von der Outputmenge x verändern. Die erste Ableitung der Kostenfunktion dK/dx heißt **Grenzkostenfunktion.** Diese ordnet jeder Outputmenge x die Mehrkosten einer zusätzlichen Produkteinheit zu. (Diese Aussage ist insofern ungenau, als die erste Ableitung auf infinitesimal kleine Outputänderungen abstellt.)

Legt man die gesamten Produktionskosten auf die einzelnen produzierten Einheiten um, kommt man zum Konzept der **Durchschnittskosten** oder **Stückkosten** K/x. Die **Durchschnittskostenfunktion** ordnet jeder Outputmenge x die auf jede Produkteinheit umgelegten Gesamtkosten zu. Während die Gesamtkosten eine reine Wertgröße sind, haben die Grenz- und Durchschnittskosten die Dimension „Werteinheit pro Mengeneinheit", also die Dimension einer **Preisgröße.**

Im folgenden werden die Kostenfunktionen abgeleitet, die sich bei einzelnen uns interessierenden Technologien ergeben.

3. Die Bestimmung der Kostenfunktion bei linear-limitationaler Technologie

Die Unternehmung hat sich zur Produktion des Gutes x für die Anwendung einer linear-limitationalen Technologie entschieden. Es stehe ihr zur Produktion dieses Gutes nur *ein* linear-limitationaler Prozeß zur Verfügung. Über die Faktorverbrauchsfunktionen

$$v_1 = a_1 \cdot x; \ldots; v_m = a_m \cdot x$$

stehen die zu jeder Outputmenge x technisch notwendigen und damit auch minimalen Faktorverbrauchsmengen eindeutig fest. Wir sehen, daß die Minimierung der Produktionskosten die Anwendung eines technisch effizienten Produktionsplans einschließt. Setzen wir die Faktorverbrauchsfunktionen in die Kostengleichung ein, erhalten wir die Kostenfunktion bei linear-limitationaler Technologie

$$K = q_1 \cdot a_1 \cdot x + \cdots + q_m \cdot a_m \cdot x = (q_1 \cdot a_1 + \cdots + q_m \cdot a_m) \cdot x.$$

Es handelt sich um eine in der Ausbringungsmenge x lineare Kostenfunktion mit der Steigung $tg\,\alpha = (q_1 \cdot a_1 + \cdots + q_m \cdot a_m)$. Die Grenzkosten und die Durchschnittskosten sind konstant und identisch (vgl. Abbildung 23).

$$\frac{dK}{dx} = q_1 \cdot a_1 + \cdots + q_m \cdot a_m$$ konstante **Grenzkosten**

$$\frac{K}{x} = q_1 \cdot a_1 + \cdots + q_m \cdot a_m$$ konstante **Durchschnittskosten**

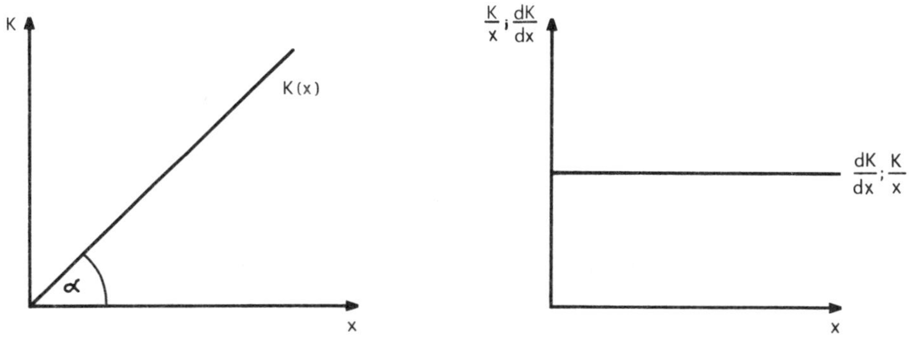

Abb. 23: *Kostenfunktion bei linear-limitationaler Technologie*

Zur Ableitung der Kostenfunktion bei linear-limitationaler Technologie genügt es, die Produktionsfunktion, die eindeutig in Faktorverbrauchsfunktionen umkehrbar ist, in die Kostengleichung einzusetzen.

4. Bestimmung der Kosten bei substitutionaler Technologie

Bei substitutionaler Technologie kann eine bestimmte Outputmenge durch *verschiedene* Faktormengenkombinationen hergestellt werden, die unterschiedliche Kosten verursachen. Die gewinnmaximierende Unternehmung wird zur Produktion einer bestimmten Outputmenge x jenen technisch effizienten Produktionsplan $(x, v_1, \ldots, v_m)$ wählen, der die *geringsten Kosten* zur Folge hat. Es ist die **Minimalkostenkombination** der Faktoreinsatzmengen $(v_1, \ldots, v_m)$ gesucht. Versuchen wir zuerst eine graphische Lösung dieses Minimierungsproblems, bevor wir zur Algebra übergehen.

a) Die graphische Bestimmung der Minimalkostenkombination

Wir unterstellen eine Zweifaktorproduktion und geben eine beschränkt substitutionale Produktionsfunktion mit abnehmenden Grenzerträgen vor:

$$x = f(v_1, v_2) \qquad \text{mit } \frac{\partial x}{\partial v_i} > 0 \quad \text{und} \quad \frac{\partial^2 x}{\partial v_i^2} < 0 \text{ für } i = 1,2.$$

Die zu einer bestimmten Outputmenge $\bar{x}$ gehörige Isoquante sei in ein (v_1, v_2)-Diagramm (vgl. Abbildung 24a) eingetragen. Die Kostendefinition $K = q_1 \cdot v_1 + q_2 \cdot v_2$ läßt sich in diesem Diagramm durch die Gerade

$$v_2 = \frac{K}{q_2} - \frac{q_1}{q_2} \cdot v_1 \qquad \text{mit der Steigung } \operatorname{tg}\alpha = -\frac{q_1}{q_2}$$

darstellen. Diese Gerade ist der geometrische Ort aller Mengenkombinationen der Faktoren 1 und 2, die bei gegebenen Faktorpreisen die gleichen Kosten K verursachen, und heißt **Isokostengerade.** In Abbildung 24a sind mehrere Isokostengeraden zu unterschiedlichen Kostensummen K eingetragen. Mit wachsendem Abstand vom Ursprung nimmt die Kostensumme jeweils zu.

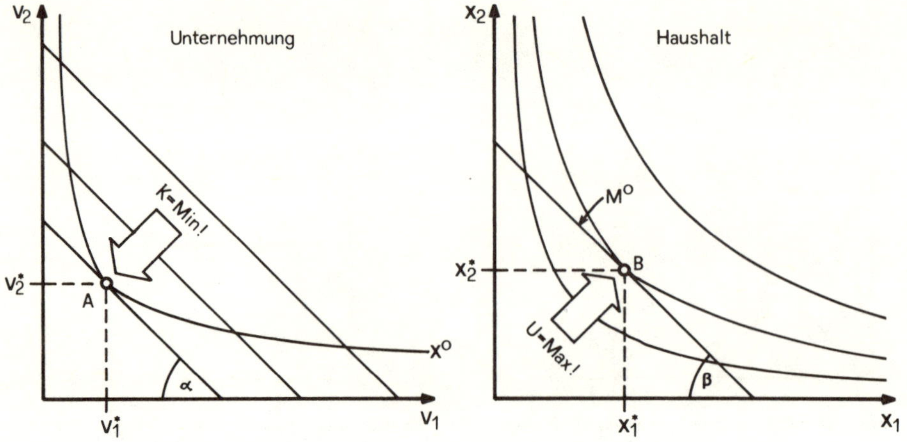

a: Minimalkostenkombination b: Optimaler Konsumplan

Abb. 24: Minimalkostenkombination und optimaler Konsumplan

Die kostenminimale Mengenkombination der Faktoren 1 und 2 (v_1^*, v_2^*) ist offenbar dort gefunden, wo die am weitesten innen liegende Isokostengerade die Isoquante zur Ausbringungsmenge $\bar{x}$ gerade noch berührt (Punkt A). In Punkt A gilt

$$\operatorname{tg}\alpha = \frac{dv_2}{dv_1} = -\frac{q_1}{q_2},$$

das bedeutet, die Grenzrate der technischen Substitution ist gleich dem reziproken Faktorpreisverhältnis. Die Produktionskosten der Outputmenge $\bar{x}$ können durch Faktorsubstitution in Punkt A nicht weiter gesenkt werden: Die durch den Einsatz einer zusätzlichen (infinitesimal kleinen) Einheit des Faktors 1 entstehenden Mehrkosten sind gleich der Kostenersparnis infolge des Minderverbrauchs an Faktor 2. Jeder andere technisch effiziente Produktionsplan zur Produktion der Outputmenge $\bar{x}$ als ($\bar{x}$, v_1^*, v_2^*) hat höhere Gesamtkosten. Ausgehend von einem beliebigen Produktionsplan, der durch einen Punkt auf dem (im Vergleich zu A) linken Art der Isoquante beschrieben wird, können die Produktionskosten der Outputmenge $\bar{x}$ durch Substitution von Faktor 2 durch Faktor 1 gesenkt werden. Die Mehrkosten einer zusätzlichen Einheit des Faktors 1 sind geringer als die Kostenersparnis durch den Minderverbrauch an Faktor 2. Bei einem Produktionsplan, der durch einen Punkt auf dem (im Vergleich zu A) rechten Ast der Isoquante beschrieben wird, erhöhen sich dagegen die Produktionskosten der Menge $\bar{x}$ bei Substitution von Faktor 2 durch Faktor 1: Die Mehrkosten einer zusätzlichen Einheit des Faktors 1 sind größer als die Kostenersparnis durch den Minderverbrauch von Faktor 2.

Wie wir aus Abschnitt B2a wissen, ist in jedem Punkt der Isoquante die Grenzrate der technischen Substitution gleich dem reziproken Verhältnis der Grenzproduktivitäten. Wir können daher das Ergebnis der graphischen Analyse des Kostenminimierungsproblems erweitern zu

$$\operatorname{tg}\alpha = \frac{dv_2}{dv_1} = -\frac{\partial x/\partial v_1}{\partial x/\partial v_2} = -\frac{q_1}{q_2}.$$

Im kostenminimalen Produktionsplan $(\bar{x}, v_1^*, v_2^*)$ der Outputmenge $\bar{x}$ ist das Verhältnis der Grenzproduktivitäten der beiden Faktoren gleich dem der Faktorpreise: Je größer die Grenzproduktivität eines Faktors im Vergleich zu der des anderen ist, desto höher kann der Preis für den produktiveren Faktor sein, den der Unternehmer zu zahlen bereit ist. Soll von einem Faktor mehr zur Produktion der Outputmenge $\bar{x}$ eingesetzt werden, dann ist der Unternehmer, der eine Technologie mit abnehmenden Grenzerträgen anwendet, nur dazu bereit, wenn der Preis dieses Faktors im Vergleich zu dem des anderen sinkt.

Das graphische Abbild der Minimalkostenkombination entspricht dem des optimalen Konsumplans, der in der Theorie des Haushalts abgeleitet worden ist – vgl. Abbildung 24b. Bei der Ermittlung des optimalen Konsumplans wird die Nutzenfunktion maximiert, unter der Nebenbedingung, daß die Ausgaben für diesen Konsumplan einer gegebenen Budgetsumme entsprechen. Die Unternehmung minimiert die Produktionskosten einer bestimmten Outputmenge $\bar{x}$ unter der Nebenbedingung der technisch effizienten Produktion dieser Ausbringungsmenge. Würde man von einer vorgegebenen Kostensumme ausgehen und den Output maximieren, hätte man die vollständige Analogie zur Ableitung des optimalen Konsumplans.

b) Die analytische Bestimmung der Minimalkostenkombination

Bei gegebener Outputmenge $\bar{x}$ ist ein Minimierungsproblem unter einer Nebenbedingung zu lösen. Zu minimieren sind die Produktionskosten der Outputmenge $\bar{x}$; das bedeutet, bei gegebenen Faktorpreisen sind die kostenminimalen Faktoreinsatzmengen (v_1^* und v_2^*) gesucht. Als Nebenbedingung ist zu beachten, daß mit diesen Faktormengen die geplante Ausbringungsmenge $\bar{x}$ technisch effizient produziert wird.

Wir führen die Analyse nebeneinander anhand einer allgemein formulierten Zweifaktortechnologie (linke Seite des Blattes) und anhand einer Zweifaktortechnologie vom Cobb-Douglas-Typ (rechte Seite des Blattes) durch. Wieder unterstellen wir eine beschränkt substitutionale Produktionsfunktion mit abnehmenden Grenzerträgen.

$K = q_1 \cdot v_1 + q_2 \cdot v_2 \rightarrow \min!$	Zielfunktion	$K = q_1 \cdot v_1 + q_2 \cdot v_2 \rightarrow \min!$
$\bar{x} - f(v_1, v_2) = 0$	Nebenbedingung	$\bar{x} - A \cdot v_1^\alpha \cdot v_2^\beta = 0$

Wir bilden die Lagrange-Funktion:

$$L = q_1 \cdot v_1 + q_2 \cdot v_2 + \lambda \cdot [\bar{x} - f(v_1, v_2)] \qquad L = q_1 \cdot v_1 + q_2 \cdot v_2 + \lambda \cdot (\bar{x} - A \cdot v_1^\alpha \cdot v_2^\beta)$$

Gesucht sind die kostenminimierenden Einsatzmengen der Faktoren 1 und 2. Wir leiten nach den Variablen v_1 und v_2 und dem Lagrangemultiplikator λ ab und setzen in einem Schritt die Ableitungen gleich Null.

$$(1) \qquad \frac{\partial L}{\partial v_1} = q_1 - \lambda \cdot \frac{\partial x}{\partial v_1} = 0 \qquad \frac{\partial L}{\partial v_1} = q_1 - \lambda \cdot \alpha \cdot A \cdot v_1^{\alpha-1} \cdot v_2^\beta = 0$$

$$(2) \qquad \frac{\partial L}{\partial v_2} = q_2 - \lambda \cdot \frac{\partial x}{\partial v_2} = 0 \qquad \frac{\partial L}{\partial v_2} = q_2 - \lambda \cdot \beta \cdot A \cdot v_1^\alpha \cdot v_2^{\beta-1} = 0$$

$$(3) \qquad \frac{\partial L}{\partial \lambda} = \bar{x} - f(v_1, v_2) = 0 \qquad \frac{\partial L}{\partial \lambda} = \bar{x} - A \cdot v_1^\alpha \cdot v_2^\beta = 0$$

Gleichung (3) zeigt, daß der kostenminimale Produktionsplan tatsächlich auch ein effizienter Produktionsplan ist. Die Rolle der Faktorpreise können wir in den Gleichungen (1) und (2) ablesen, die wir zueinander in Beziehung setzen. Wir bringen die

Ausdrücke mit dem Lagrangemultiplikator auf die rechte Seite und dividieren Gleichung (1) durch (2).

$$(4) \qquad \frac{\partial x/\partial v_1}{\partial x/\partial v_2} = \frac{q_1}{q_2} \qquad\qquad \frac{\alpha \cdot v_2}{\beta \cdot v_1} = \frac{q_1}{q_2} \quad \text{bzw.} \quad \frac{v_2}{v_1} = \frac{\beta \cdot q_1}{\alpha \cdot q_2}$$

Gleichung (4) beschreibt zusammen mit Gleichung (3) die Bedingungen der Minimalkostenkombination. Bei substitutionalen Produktionsfunktionen sind die kostenminimalen Einsatzmengen der Produktionsfaktoren bei der Produktion einer bestimmten Outputmenge $\bar{x}$ dann gefunden, wenn

- diese Outputmenge technisch effizient produziert wird und
- das Verhältnis der Grenzproduktivitäten der einzelnen Faktoren gleich dem Verhältnis der Faktorpreise ist oder – was wegen B 2a gleichbedeutend ist – die Grenzrate der technischen Substitution gleich ist dem reziproken Faktorpreisverhältnis.

Das Ergebnis des Cobb-Douglas-Beispiels macht zudem deutlich, daß das kostenminimale Faktoreinsatzverhältnis neben dem inversen Faktorpreisverhältnis auch abhängig ist vom Verhältnis der (konstanten) Produktionselastizitäten. Je ergiebiger ein Faktor (je größer seine Produktionselastizität), desto mehr ist der kostenminimierende Unternehmer – unter sonst gleichen Bedingungen – bereit, für ihn zu bezahlen. Ebenso zeigt sich an Gleichung (4), daß der kostenminimierende Unternehmer ceteris paribus nur dann die Einsatzmenge eines Faktors erhöht, wenn dessen Preis sinkt. Ferner bleiben bei einer Variation der Ausbringungsmenge – unter sonst gleichen Bedingungen – die Anteile der Zahlungen an die einzelnen Faktoren konstant und werden vom Verhältnis der Produktionselastizitäten bestimmt: $(q_2 \cdot v_2)/(q_1 \cdot v_1) = \beta/\alpha$. Die Produktionskosten der Unternehmung sind gleich der Summe der Zahlungen an die einzelnen Faktoren. Bei einem kostenminimalen Produktionsplan richten sich die Zahlungen der Unternehmung an die einzelnen Faktoren nach deren Produktionselastizitäten.

Zu jedem Minimierungsproblem existiert ein **duales Maximierungsproblem.** Das Problem der Minimalkostenkombination läßt sich daher ohne weiteres in ein Maximierungsproblem überführen. Die Fragestellung lautet dann: Wie kann mit einer gegebenen Kostensumme ein maximaler Output erzeugt werden?

(6) Maximiere $x = f(v_1, v_2)$ unter der Nebenbedingung $\overline{K} = q_1 \cdot v_1 + q_2 \cdot v_2$.

Der Lagrangeansatz dazu lautet:

$$L = f(v_1, v_2) + \varrho \cdot (\overline{K} - q_1 \cdot v_1 - q_2 \cdot v_2)$$

Durch Differentiation nach den Variablen v_1 und v_2 erhalten wir wieder die Optimalbedingung für die Minimalkostenkombination (Gleichung (4)). Die Differentiation nach ϱ ergibt, daß der zur Kostensumme $\overline{K}$ maximale Output nur erreicht ist, wenn die tatsächlichen Kosten der vorgegebenen Kostensumme entsprechen.

c) Die Minimalkostenlinie

Bisher haben wir das kostenminimale Faktoreinsatzverhältnis für eine vorgegebene Outputmenge $\bar{x}$ bestimmt. Auf die gleiche Weise läßt sich das Faktoreinsatzverhältnis für **beliebige** Outputmengen ermitteln. Den geometrischen Ort der Minimalkostenkombination beliebiger Outputmengen bezeichnet man als **Minimalkostenlinie** oder **Expansionspfad** oder **Faktoranpassungskurve.** Sie gibt für ein Faktorpaar an, welche Mengen des einen Faktors bei unterschiedlichen Mengen des anderen Faktors eingesetzt werden müssen, damit die sich bei effizienter Produktion ergebende Outputmenge kostenminimal hergestellt wird. Die Minimalkostenlinie verläuft für alle homogenen Produktionsfunktionen linear – vgl. Abbildung 25. An den konstanten Produktionselastizitäten (und damit der konstanten Skalenelastizität) erkennt man in Gleichung (4), daß die Cobb-Douglas-Funktion eine homogene Produktionsfunktion ist.

Übertragen wir die Kostensummen und Outputmengen, die zu jedem Punkt auf der Minimalkostenlinie gehören, in ein Output-Kosten-Diagramm, erhalten wir die Kostenfunktion – Abbildung 25b. Deren analytischer Bestimmung wollen wir uns nun zuwenden.

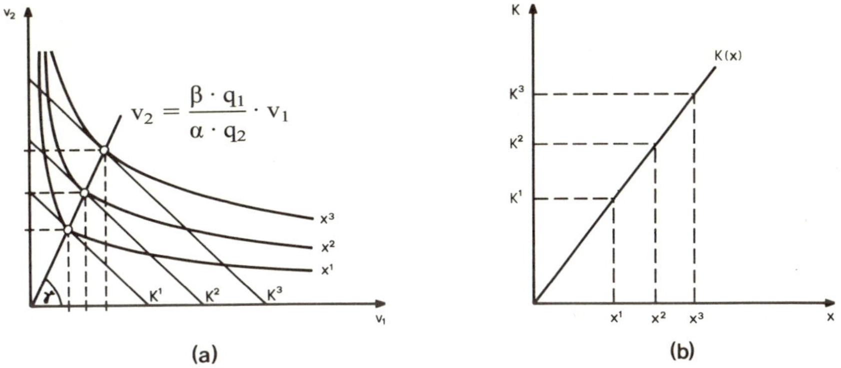

Abb. 25: Minimalkostenlinie und Kostenfunktion

5. Bestimmung einer langfristigen Kostenfunktion bei substitutionaler Technologie

Wir gehen davon aus, daß die Unternehmung die Mengen aller Faktoren frei variieren kann. Gesucht sind die minimalen Kosten K(x) beliebiger Outputmengen x in Abhängigkeit von x. Wie wir aus den vorausgehenden Überlegungen zur Minimalkostenkombination wissen, sind die Produktionskosten der Outputmenge x minimal, wenn diese technisch effizient produziert wird und die Faktoren $(v_1, \ldots, v_m)$ in kostenminimalen Proportionen eingesetzt werden. Wir erhalten die Kostenfunktion K(x), indem wir in die Kostengleichung die Bedingungen der Minimalkostenkombination und der technisch effizienten Produktion einbauen. Diese Ableitung wollen wir am Beispiel einer Cobb-Douglas-Funktion mit zwei Faktoren demonstrieren.

Wir gehen aus von

der Kostengleichung $K = q_1 \cdot v_1 + q_2 \cdot v_2,$

der Produktionsfunktion $x = A \cdot v_1^{\alpha} \cdot v_2^{\beta}$ und

der Minimalkostenkombination $\frac{v_2}{v_1} = \frac{\beta \cdot q_1}{\alpha \cdot q_2}$ oder $v_2 = \frac{\beta \cdot q_1}{\alpha \cdot q_2} \cdot v_1.$

Setzen wir die Bedingung der Minimalkostenkombination in die Kostengleichung ein, dann ergibt sich

$$K = q_1 \cdot v_1 + \frac{\beta}{\alpha} \cdot q_1 \cdot v_1 = q_1 \cdot v_1 \cdot \left(\frac{\alpha + \beta}{\alpha}\right).$$

Diese Funktion gibt die minimalen Kosten in Abhängigkeit von der Einsatzmenge des Faktors 1 an. Da wir die Kosten in Abhängigkeit von der Ausbringungsmenge suchen, brauchen wir eine Beziehung zwischen v_1 und x. Diese erhalten wir, wenn wir die Bedingung der Minimalkostenkombination in die Produktionsfunktion einsetzen:

$$x = A \cdot v_1^{\alpha} \cdot \left(\frac{\beta \cdot q_1}{\alpha \cdot q_2} \cdot v_1\right)^{\beta} = A \cdot v_1^{\alpha+\beta} \cdot \left(\frac{\beta \cdot q_1}{\alpha \cdot q_2}\right)^{\beta}.$$

Deren Umkehrfunktion

$$v_1 = \left(\frac{x}{A}\right)^{1/(\alpha+\beta)} \cdot \left(\frac{q_1}{\alpha}\right)^{-\beta/(\alpha+\beta)} \cdot \left(\frac{q_2}{\beta}\right)^{\beta/(\alpha+\beta)}$$

gibt die kostenminimalen Einsatzmengen des Faktors 1 in Abhängigkeit von der Outputmenge x an. Setzen wir diese Funktion in die bereits modifizierte Kostengleichung ein, erhalten wir die Gesamtkostenfunktion

$$K = B \cdot x^{1/(\alpha+\beta)} \qquad \text{mit } B \equiv (\alpha+\beta) \cdot A^{-1/(\alpha+\beta)} \cdot \left(\frac{q_1}{\alpha}\right)^{\alpha/(\alpha+\beta)} \cdot \left(\frac{q_2}{\beta}\right)^{\beta/(\alpha+\beta)}$$

Sie gibt für die vorgegebene Cobb-Douglas-Technologie mit zwei Faktoren an, wie hoch die minimalen Kosten alternativer Ausbringungsmengen x sind.

Am Exponenten der Outputmenge x sehen wir sofort, daß die Gestalt der Kostenfunktion von den *Skalenerträgen* der verwendeten Technologie abhängt. Wie wir aus Abschnitt B wissen, ist die Skalenelastizität r gleich der Summe der Produktionselastizitäten. Bei einer Skalenelastizität von $r\ (= \alpha + \beta) = 1$ ist die ermittelte Kostenfunktion eine Gerade mit der Steigung B. Bei einer Skalenelastizität größer Eins ergibt sich eine unterlinear steigende Kostenfunktion (da $1/r < 1$), bei einer Skalenelastizität kleiner Eins eine überlinear steigende Kostenfunktion – vgl. Abbildung 26.

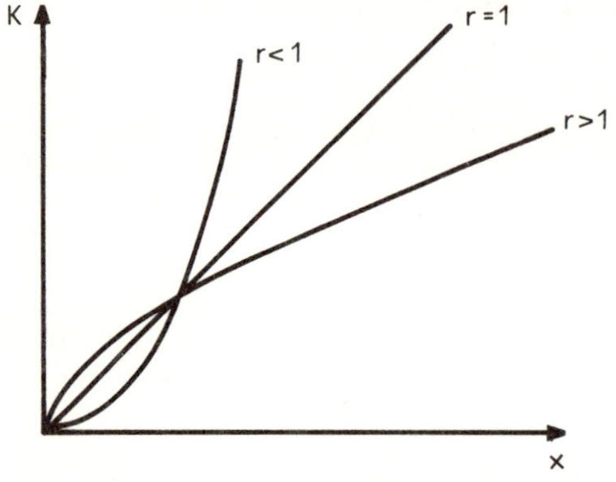

***Abb. 26:** Kostenfunktionen bei unterschiedlichen Skalenelastizitäten*

Eine Veränderung der *Faktorpreise* bewirkt eine Drehung der Kostenfunktion: Bei höheren Faktorpreisen dreht sich die Kostenfunktion nach oben, bei niedrigeren nach unten.

Die **Grenzkostenfunktion**

$$\frac{dK}{dx} = \frac{B}{\alpha+\beta} \cdot x^{(1-\alpha-\beta)/(\alpha+\beta)}$$

ordnet jeder Ausbringungsmenge x die Kosten der zuletzt produzierten Einheit zu.

Die Grenzkosten sind bei Linear-Homogenität konstant, nämlich gleich B. Die Grenzkostenfunktion hat einen steigenden Verlauf bei fallenden Skalenerträgen und einen fallenden Verlauf bei steigenden Skalenerträgen (vgl. Abbildung 27).

Die **Durchschnittskostenfunktion**

$$\frac{K}{x} = B \cdot x^{(1-\alpha-\beta)/(\alpha+\beta)}$$

ordnet jeder Outputmenge x die auf jede Einheit dieser Menge umgelegten Gesamtkosten zu. Die Durchschnittskosten sind konstant und gleich den Grenzkosten bei konstanten Skalenerträgen. Sie nehmen mit der Ausbringungsmenge zu bei fallenden Skalenerträgen, sind aber kleiner als die jeweiligen Grenzkosten. Die Durchschnittskostenfunktion hat einen fallenden Verlauf bei steigenden Skalenerträgen, die durchschnittlichen Kosten sind in diesem Fall für jede beliebige Ausbringungsmenge größer als die jeweiligen Grenzkosten (vgl. Abbildung 27).

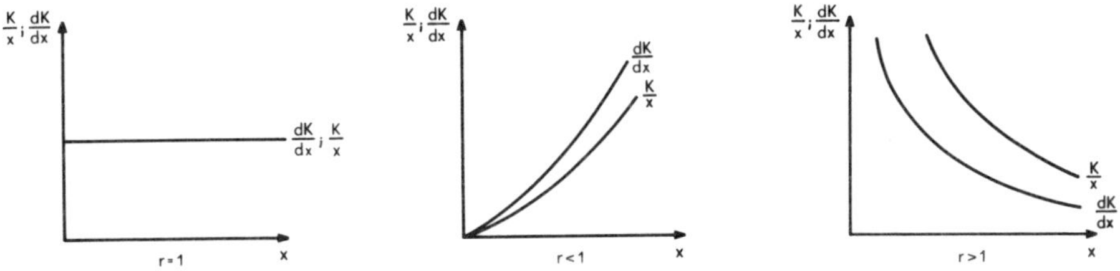

Abb. 27: *Grenz- und Durchschnittskostenkurven*

6. Kurzfristige Kostenfunktionen

Bisher haben wir unterstellt, daß die Unternehmung alle Faktoren in beliebiger Menge beschaffen kann. Dies geschah, um die Analyse der ökonomischen Entscheidungen der Unternehmung einfach zu halten. Wie oben schon angesprochen, ist es in vielen Fällen der Unternehmung zumindest kurzfristig nicht möglich, die Einsatzmengen der Faktoren beliebig zu variieren. Für die nicht variierbaren Produktionsfaktoren entstehen der Unternehmung fixe Kosten (K_f). Dazu kommen als variable Kosten $K_v(x)$ die Ausgaben für jene Faktoren, deren Menge der Unternehmung frei wählen kann, so daß sich als Gesamtkosten ergeben: $K(x) = K_f + K_v(x)$.

Sei $\bar{v}_2$ die vorgegebene Menge des Faktors 2 (zum Beispiel die Fläche einer Fabrikhalle) und v_1 die variable Menge eines anderen Produktionsfaktors. Abbildung 28 zeigt in einem Isoquantendiagramm den kostenrelevanten Expansionspfad dieser Unternehmung; es ist eine Waagrechte zur v_1-Achse in Höhe von $\bar{v}_2$.

Variieren wir nun bei gegebenen Faktorpreisen die Ausbringungsmenge x, dann sehen wir, daß die Minimalkostenkombination nur im Punkt A ($v_1 = v_1^*$) für die Ausbringungsmenge x^* erfüllt ist. In diesem Punkt haben wir die niedrigsten kurzfristigen Durchschnittskosten. Für alle anderen Ausbringungsmengen ist die fixe Menge des zweiten Faktors zu hoch oder zu niedrig: Es wird nicht auf dem Expansionspfad produziert, der die kostenminimalen Faktormengenkombinationen angibt. In Abbildung 29 ist für den Fall einer linear-homogenen Produktionstechnologie die zu dieser Situation gehörige kurzfristige Gesamtkostenfunktion abgetragen. Im Punkt x^* hat der Fahrstrahl vom Ursprung aus die geringste Steigung, in diesem Punkt sind die minimalen Durchschnittskosten erreicht.

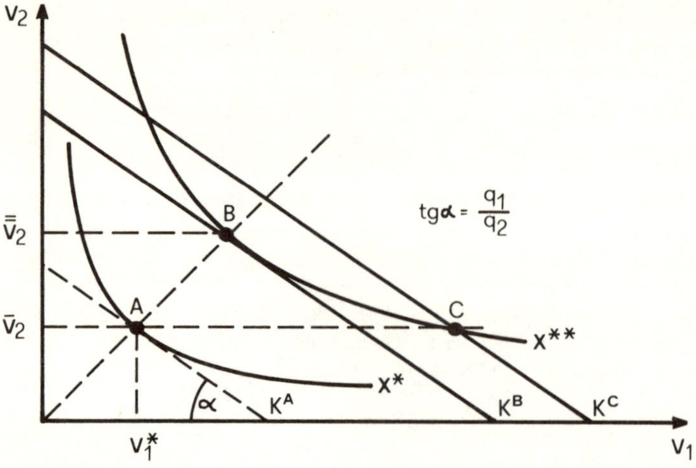

Abb. 28: Kurzfristige Faktorvariation

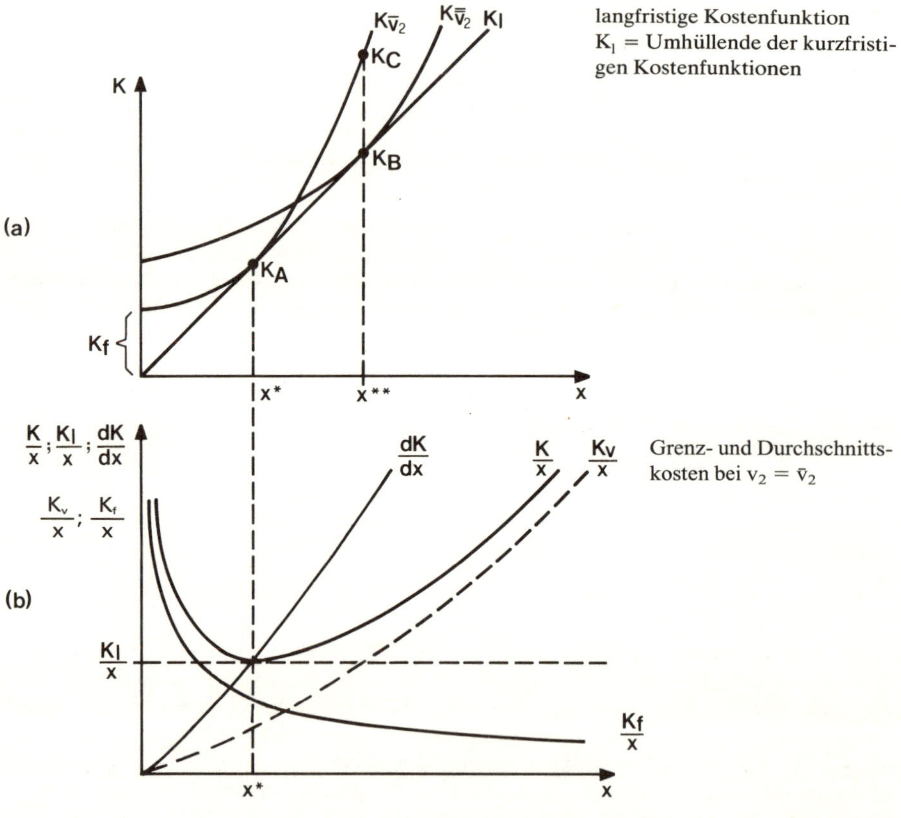

Abb. 29: Kurzfristige Kostenfunktionen; langfristige Kostenfunktionen

Plant die Unternehmung eine wesentlich größere Ausbringungsmenge als x*, so entfernt sie sich bei vorgegebenem $\overline{v}_2$ immer mehr vom kostenminimalen Einsatzverhältnis; für x** sind die Kosten in C mit K^C wesentlich höher als in B mit K^B; die kurzfristige Kostenfunktion steigt immer steiler an.

Hat die Unternehmung zwei oder drei Fabrikhallen gemietet (mit einer Gesamtfläche von $\overline{\overline{v}}_2$; die Mietverträge sind wieder vorläufig nicht kündbar, es sind aber auch keine weiteren Flächen beschaffbar), dann lassen sich größere Ausbringungsmengen als x* unter Umständen kostengünstiger herstellen. Die Ausbringungsmenge x** zum Beispiel kann zu geringeren Durchschnittskosten produziert werden, als wenn nur eine Fabrikhalle zur Verfügung stünde. Die dem Produktionsplan C ($v_2 = \overline{v}_2$) entsprechende Kostensumme ist größer als jene, die beim Produktionsplan B ($v_2 = \overline{\overline{v}}_2$) entsteht. Verfügt die Unternehmung über noch größere Mengen des fixen Faktors als $\overline{\overline{v}}_2$, ergeben sich weitere kurzfristige Kostenfunktionen, für die die Analyse analog verläuft.

Da in kurzfristigen Entscheidungssituationen eine Erhöhung des Outputs nur durch eine Vermehrung der variablen Faktoren möglich ist, sind die **Grenzkosten** in diesem Fall gleich der Veränderung der variablen Kosten

$$\frac{dK(x)}{dx} = \frac{dK_v(x)}{dx}$$

In Abbildung 29 ist die *Grenzkostenfunktion* jener kurzfristigen Entscheidungssituation eingetragen, bei der der fixe Faktor in der Menge $\overline{v}_2$ vorgegeben ist. Sie hat für die unterstellte konkave Technologie einen steigenden Verlauf.

Die **durchschnittlichen** Gesamtkosten

$$\frac{K(x)}{x} = \frac{K_f}{x} + \frac{K_v(x)}{x}$$

hängen für jede Ausbringungsmenge x von den fixen wie den variablen Kosten ab. Sie haben für die gegebene Technologie einen u-förmigen Verlauf. Die *Durchschnittskostenfunktion* hat ihr Minimum dort, wo die Durchschnittskosten gleich den Grenzkosten sind, in unserem Beispiel bei den Mengen x* beziehungsweise x**. Die **durchschnittlichen variablen Kosten** nehmen mit der Ausbringungsmenge zu, allerdings sind sie für jede Ausbringungsmenge geringer als die durchschnittlichen Gesamtkosten.

Ähnlich verläuft die Analyse einer S-förmigen kurzfristigen Kostenfunktion. Diese wie ein umgedrehtes S verlaufende Kostenfunktion entsteht zum Beispiel bei einer Zweifaktortechnologie, bei der ein Faktor in der Menge vorgegeben ist und die partielle Ertragsfunktion des anderen Faktors dem Ertragsgesetz gehorcht. Abbildung 30a zeigt den Verlauf der Gesamtkostenkurve. Abbildung 30b zeigt den Verlauf der gesamten Durchschnittskosten, der variablen Durchschnittskosten und der fixen Durchschnittskosten sowie die Grenzkostenkurve. Wegen des ertragsgesetzlichen Verlaufs der Kostenkurve hat die Grenzkostenkurve bei dieser Technologie einen U-förmigen Verlauf.

7. Der Zusammenhang zwischen kurz- und langfristigen Kostenfunktionen

Läßt man zu, daß alle Faktoren in jeder beliebigen Menge beschaffbar sind, es also weder Unteilbarkeiten, Lieferfristen oder unkündbare Verträge gibt, dann wird die

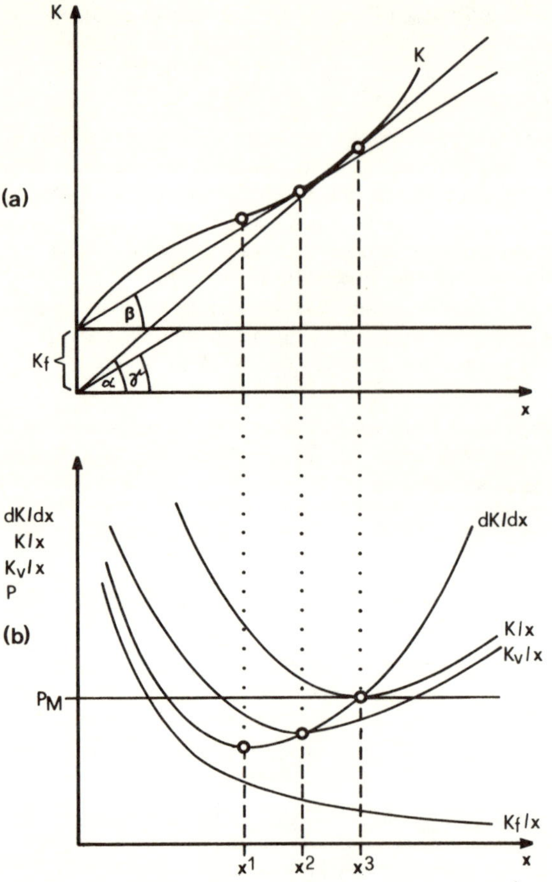

K	=	Gesamtkosten
K_f	=	fixe Kosten
K_v	=	variable Kosten
K/x	=	durchschnittliche Gesamtkosten (tg α)
K_v/x	=	durchschnittliche variable Kosten (tg β)
K_f/x	=	durchschnittliche fixe Kosten (tg γ)
dK/dx	=	Grenzkosten

Abb. 30: *Kostenfunktion mit ertragsgesetzlichem Verlauf*

Unternehmung nur jeweils den langfristig stückkostengünstigsten Produktionsplan in Erwägung ziehen. Die langfristige Kostenfunktion ergibt sich damit als die Umhüllende aller kurzfristigen Kostenfunktionen – vgl. Abbildung 31.

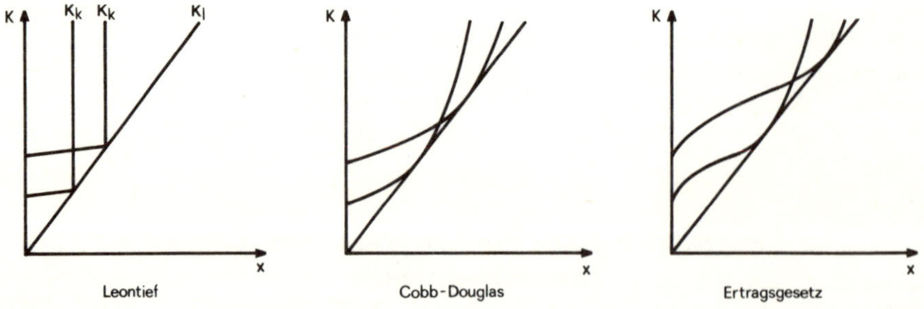

Abb. 31: *Kurz- und langfristige Kostenfunktionen bei unterschiedlichen, aber linear-homogenen Technologien.*

Die langfristige Kostenfunktion erfaßt für alternative Ausbringungsmengen die jeweils niedrigsten Kosten aller kurzfristigen Kostenfunktionen. Bei diesen Ausbringungsmengen haben die kurzfristigen Durchschnittskostenfunktionen nur dann ihr Minimum, wenn eine linear-homogene Technologie angewendet wird – wie in Abbildung 31 unterstellt. Auf diese Zusammenhänge kommen wir in Abschnitt E 5 zurück.

E. Der optimale Produktionsplan

In Abschnitt D haben wir die bei der Produktion entstehenden Kosten analysiert und Bedingungen für die kostenminimalen Einsatzverhältnisse der Faktoren abgeleitet. Damit ist bereits ein guter Teil der Aufgabe des Ökonomen, nämlich zu untersuchen, wie ein bestimmter Output mit (kosten-)minimalen Mitteln erzeugt werden kann, gelöst. Kostenminimierung betreibt jede „rational" handelnde Unternehmung unabhängig davon, welche Gewinnziele sie verfolgt.

Für unsere Modellunternehmung unterstellen wir jedoch gewinnmaximierendes Verhalten. Es ist ihr Ziel, die ökonomischen Entscheidungen unter den gegebenen Umständen (Preise, Technologie usw.) so zu treffen, daß jeweils ein maximaler Gewinn erzielt wird. In diesem Abschnitt untersuchen wir die Bedingungen für einen gewinnmaximalen Produktionsplan bei einfacher Produktion, das heißt Ein-Gut-Produktion. Die entsprechenden Bedingungen für Mehrgüterproduktion zeigen wir in Abschnitt F. Wir unterstellen eine konkave Technologie, das heißt sinkende Skalen- und Grenzerträge. Die Analyse erfolgt wieder auf zwei Ebenen, nämlich in allgemeiner Form und für eine Zwei-Faktor-Cobb-Douglas-Technologie.

Man kann den gewinnmaximalen Produktionsplan nach zwei verschiedenen Verfahren ableiten:

(1) Betrachtet man die zu variierende Outputmenge, kommt man zur Outputregel.

(2) Schaut man vor allem auf die relevanten Inputmengen, gelangt man zur Inputregel.

Beide Verfahren führen zum selben Ergebnis bezüglich der Output- und Inputmengen, auch wenn die Bedingungen unterschiedlich formuliert sind.

1. Outputregel

a) Die graphische Bestimmung des optimalen Produktionsplans nach der Outputregel

Die Entscheidungssituation des Unternehmens bei der Bestimmung des gewinnmaximalen Produktionsplans ist beschrieben durch die Erlös- und die Kostenfunktion. Beide sind formuliert in Abhängigkeit von der Ausbringungsmenge. Der Erlös ist gleich dem Produkt aus Preis und Ausbringungsmenge. Da der Produktpreis für den Mengenanpasser konstant ist, ist die **Erlösfunktion** eine Gerade durch den Koordinatenursprung. Die Steigung der Erlösgeraden ist gleich dem Grenzerlös, und dieser ist beim Mengenanpasser gleich dem (konstanten) Produktpreis. Die **Kostenfunktion** einer – wie unterstellt – konkaven Technologie weist zunehmende Grenzkosten auf. In Abbildung 32a sind eine Erlös- und eine (langfristige) Kostenkurve eingetragen. Diese Unternehmung macht für alle positiven Ausbringungsmengen, die nicht größer als x^{**} sind, einen Gewinn. Bei der Outputmenge x^{**} sind die Produktionskosten

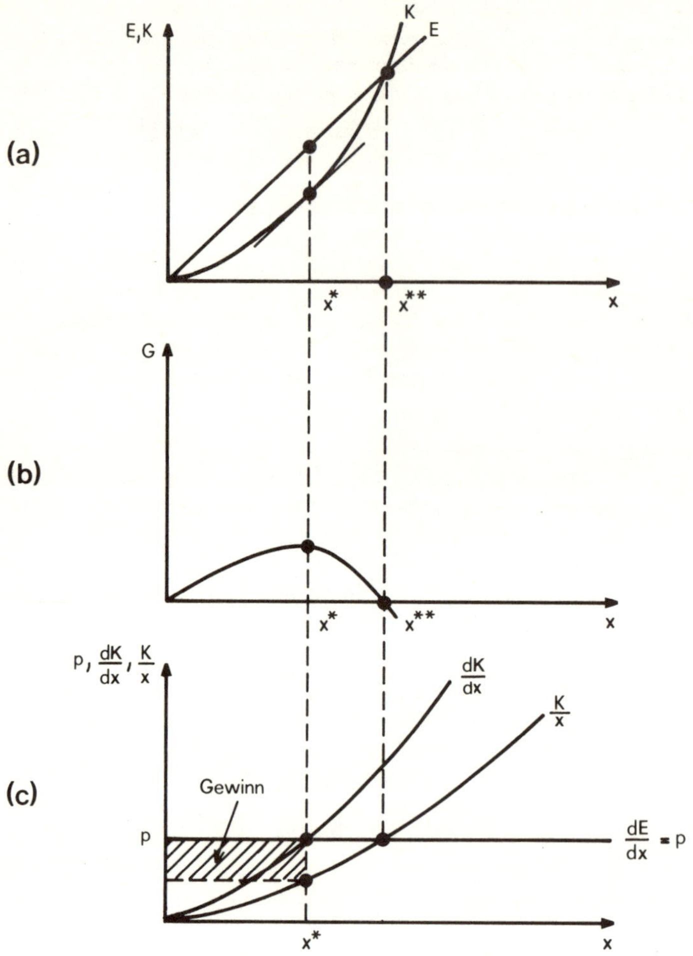

Abb. 32: Der gewinnmaximale Produktionsplan des Mengenanpassers

gleich dem Erlös, der Gewinn ist Null. Für alle Ausbringungsmengen, die größer als x^{**} sind, macht die Unternehmung Verluste. Wenn man die Differenz aus Erlös und Kosten, also den Gewinn, in ein eigenes Diagramm einträgt, erhält man die Gewinnkurve, die den Gewinn in Abhängigkeit von der Ausbringungsmenge angibt – vgl. Abbildung 32b.

Diese Gewinnkurve hat dort ihr Maximum, wo die Differenz zwischen Erlös und Kosten am größten ist. Die gewinnmaximale Ausbringungsmenge ist die Menge x^*. Bei dieser Menge ist die Steigung der Erlösgeraden (= Produktpreis) gleich der Steigung der Kostenkurve (= Grenzkosten). Als Bedingung für den gewinnmaximalen Produktionsplan nach der Outputregel können wir formulieren: *Die gewinnmaximale Ausbringungsmenge liegt dort, wo der Produktpreis gleich den Grenzkosten ist.* Bei dieser Menge hat die Gewinnfunktion ihr Maximum; der Grenzgewinn ist Null. Abbildung 32c zeigt die Bestimmung des gewinnmaximalen Produktionsplans anhand der Grenzerlös- und der Grenzkostenkurve. Die Grenzerlöskurve ist beim Mengenanpasser eine Gerade, die in Höhe des Produktpreises p (= dE/dx) waagrecht zur Mengenachse verläuft; man bezeichnet sie daher als **Preisgerade.** Diese Preisgerade und die Grenzkostenkurve schneiden sich bei der gewinnmaximalen Ausbringungsmenge x^*. Jede andere Produktmenge als x^* ist mit einem geringeren Gewinn verbunden. Produziert der Unternehmer mehr als die gewinnmaximale Menge x^*, sind die Grenzkosten jeder zusätzlichen Outputeinheit höher als der Produktpreis. Der Gesamtgewinn fällt geringer aus als bei x^*. Produziert der Unternehmer weniger als x^*, verzichtet er auf den Erlös für jede weniger produzierte Einheit, der höher ist als deren Grenzkosten. Der Gewinn fällt wieder geringer aus als bei der Produktmenge x^*.

Die Differenz aus dem Produktpreis und den Durchschnittskosten ist jener Teil des Erlöses pro Stück, den der Unternehmer nicht an die Faktoren zahlen muß, er verbleibt ihm als (Stück-)Gewinn. Das Produkt aus Stückgewinn und Ausbringungsmenge ist gleich dem Gesamtgewinn, in Abbildung 32 c dargestellt durch die schraffierte Fläche. Die gewinnmaximalen (und damit auch kostenminimalen) Faktoreinsatzmengen kön-

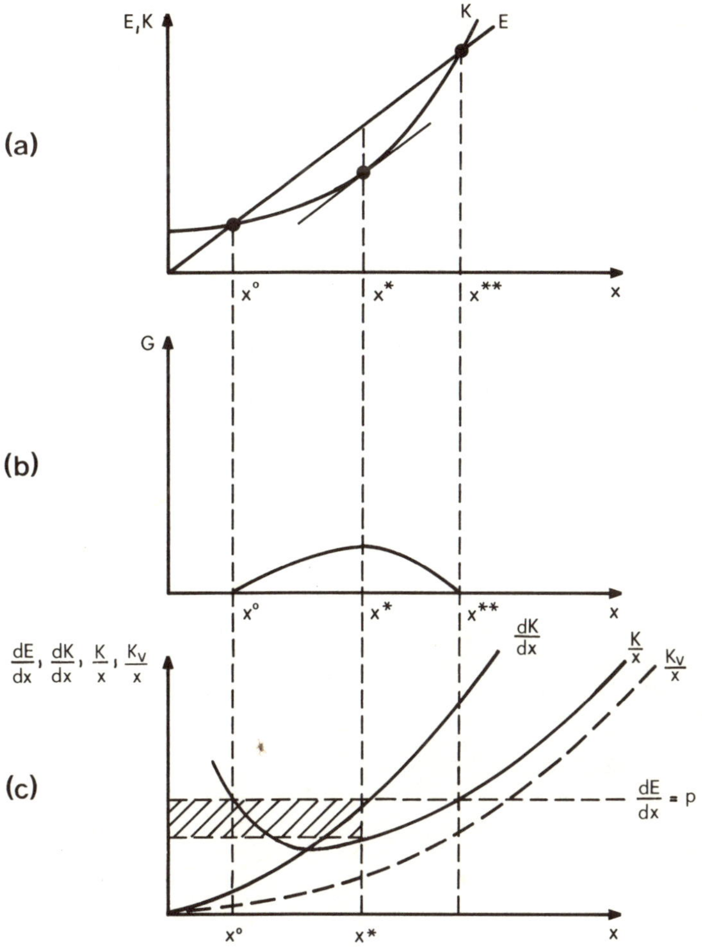

Abb. 33: Der gewinnmaximale Produktionsplan eines Mengenanpassers, der Fixkosten zu berücksichtigen hat.

nen aus den Bedingungen der Minimalkostenkombination abgeleitet werden, die wir im vorausgehenden Abschnitt kennengelernt haben. Das Isoquantendiagramm (Abbildung 28) zeigt zur Outputmenge x^* die kostenminimalen Faktoreinsatzmengen für den Zweifaktorfall.

In einer *kurzfristigen* Entscheidungssituation, wo der Unternehmer einen oder mehrere der Produktionsfaktoren nicht variieren kann, sieht er sich einer Kostenfunktion gegenüber, in die auch fixe Kosten eingehen. In Abbildung 33a sind die Kurven der Erlösfunktion und der kurzfristigen Kostenfunktion eingetragen. Aufgrund der Fixkosten, die nun zu berücksichtigen sind, erreicht der Unternehmer beim Preis p einen Gewinn ab der Ausbringungsmenge x^0. Sinkt der Preis, so verläßt das Unternehmen erst bei einer höheren Produktion die Verlustzone. Der niedrigste Preis, bei dem es ohne Verluste produzieren kann, ist gleich dem Minimum der Durchschnittskosten. Dieser Preis heißt deshalb **Gewinnschwelle.** Formal liefert die Bestimmung des optimalen Produktionsplans dieselben Ergebnisse, wie sie in jener Entscheidungssituation abgeleitet wurden, die durch eine langfristige Kostenfunktion gekennzeichnet war: Die gewinnmaximale Ausbringungsmenge liegt dort vor, wo der Produktpreis gleich den Grenzkosten ist. Dies ist bei der Ausbringungsmenge x^* der Fall. Aufgrund der Fixkosten hat die Durchschnittskostenkurve einen u-förmigen Verlauf; die Durchschnittskostenfunktion hat ihr Minimum bei einer positiven Ausbringungsmenge. Ist der vorgegebene Produktpreis p kleiner als das Minimum der Durchschnittskosten, macht der Unternehmer bei *jeder* Produktmenge Verluste. Durch die Anwendung der Outputregel „Preis = Grenzkosten“ würde man die verlustminimale Ausbringungsmenge ermitteln.

b) Die analytische Bestimmung des optimalen Produktionsplans nach der Outputregel

Wir gehen von der Gewinngleichung aus und unterstellen wieder eine *konkave* Technologie.

(1) $G = p \cdot x - K(x)$ $\qquad$ $G = p \cdot x - B \cdot x^c$

$$\text{mit } c \equiv 1/(\alpha + \beta), \quad \alpha + \beta < 1$$

$$\text{und } B \equiv (\alpha + \beta) \cdot A^{-c} \cdot \left(\frac{q_1}{\alpha}\right)^{\alpha \cdot c} \cdot \left(\frac{q_2}{\beta}\right)^{\beta \cdot c}$$

Die Kostenfunktion K(x) ist bekannt; wir haben sie im vorausgehenden Abschnitt für unterschiedliche Technologien abgeleitet. Der maximale Gewinn ist dort erreicht, wo **jede weitere** Outputeinheit den Gewinn nicht mehr erhöht, sondern senkt. Die Gewinnfunktion ist nach der Ausbringungsmenge abzuleiten, und die Ableitung ist gleich Null zu setzen. Die zweite Ableitung ist aufgrund der unterstellten konkaven Technologie negativ; dies stellt sicher, daß wir kein Gewinnminimum (Verlustmaximum) ermittelt haben.

(2) $\frac{dG}{dx} = \frac{dE}{dx} - \frac{dK}{dx} = 0$ $\qquad$ $\frac{dG}{dx} = p - c \cdot B \cdot x^{c-1} = 0$

$$= p - \frac{dK}{dx} = 0$$

$$p = \frac{dK}{dx} \qquad\qquad p = \left(\frac{q_1}{\alpha}\right)^{\alpha \cdot c} \cdot \left(\frac{q_2}{\beta}\right)^{\beta \cdot c} \cdot A^{-c} \cdot x^{c-1}$$

Jene Ausbringungsmenge ist gewinnmaximal, bei der jede zusätzliche Einheit genauso viel kostet, wie sie auf dem Produktmarkt erlöst. Bedingung für den gewinnmaximalen Produktionsplan ist also nach der **Outputregel: Produktpreis = Grenzkosten.** Für unser einfachste Zwei-Faktor-Produktionsbeispiel, in dem eine Cobb-Douglas-Technologie angewendet wird, können wir die gewinnmaximale Ausbringungsmenge x^* als Funktion der **vorgegebenen Größen** analytisch bestimmen:

(3) $x^* = f(p, q_1, \ldots, q_m)$ $\qquad x^* = p^{(\alpha+\beta)\cdot d} \cdot \left(\frac{q_1}{\alpha}\right)^{-\alpha \cdot d} \cdot \left(\frac{q_2}{\beta}\right)^{-\beta \cdot d} \cdot A^d$

mit $d \equiv 1/(1-\alpha-\beta)$

Aus der Bestimmung der gewinnmaximalen Ausbringungsmenge leiten wir in Abschnitt G die Angebotsfunktion für das Gut x ab.

Wie Gleichung (3) zeigt, ist die gewinnmaximale Ausbringungsmenge x nur eindeutig bestimmt, wenn – entsprechend unserer Annahme – eine **konkave Technologie** vorliegt, die ja sinkende Skalenerträge (im Cobb-Douglas-Fall: $\alpha + \beta < 1$) aufweist.

Bei **linear-homogener Technologie** ($\alpha + \beta = 1$) erhalten wir eine lineare Kostenfunktion (vgl. Abschnitt D4) mit konstanten Grenzkosten und – falls keine fixen Faktoren eingesetzt werden – konstanten Durchschnittskosten. Eine eindeutige Bestimmung des gewinnmaximalen Produktionsplans nach der Outputregel ist in dieser Situation nicht möglich. Ist der Produktpreis zufällig gleich den Grenzkosten, dann fallen Erlös- und Kostenkurve zusammen; die Grenzkosten sind gleich den Durchschnittskosten und – wie abgeleitet – gleich dem Preis. Da dies bei jeder beliebigen Ausbringungsmenge gilt, ist die gewinnmaximale Produktmenge unbestimmt. Ist der Preis größer als die Grenzkosten, dann steigt der Gewinn mit der Ausbringungsmenge. Die gewinnmaximale Ausbringungsmenge ist unendlich groß. Mit unendlich hoher Produktion ist freilich nicht zu rechnen. Haben viele Unternehmen Zugang zu diesem Markt und verfügen sie alle über dieselbe Technologie, so werden sie insgesamt die

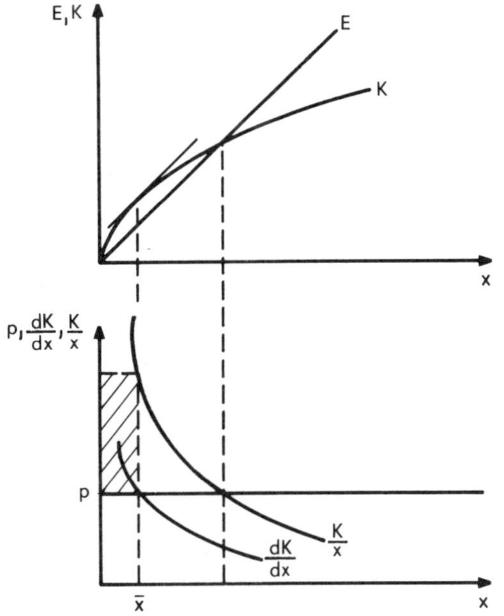

***Abb. 34:** Optimaler Produktionsplan bei steigenden Skalenerträgen*

Produktion so lange ausweiten, bis der Preis auf das Grenzkostenniveau gesunken ist und keine Gewinne mehr gemacht werden. Aber auch wenn nur ein Unternehmen zu diesen niedrigen konstanten Grenzkosten produzieren kann, wird es nur eine begrenzte Menge herstellen: Es verhält sich dann nämlich nicht mehr als Mengenanpasser. Ist der Produktpreis geringer als die Grenzkosten, kann die Unternehmung nur mit Verlusten produzieren.

Bei einer Technologie mit **steigenden Skalenerträgen** ($\alpha + \beta > 1$) erhalten wir nicht-lineare Kostenfunktionen mit sinkenden Grenzkosten. Eine Optimierung nach der Regel „Preis gleich Grenzkosten" führt zu einem Gewinnminimum beziehungsweise einem Verlustmaximum – zum Beispiel zu einem Verlust in Höhe der schraffierten Fläche bei der Menge $\bar{x}$ in Abbildung 34.

Hier kann man keinesfalls mehr von Mengenanpasserverhalten ausgehen: Es liegt ein **natürliches Monopol** vor, vgl. Kapitel VI.

2. Inputregel

a) Die graphische Bestimmung des optimalen Produktionsplans nach der Inputregel

Bei Anwendung der Outputregel ist die Bestimmung der Kostenfunktion eine Vorstufe zur Ermittlung des gewinnmaximalen Produktionsplans. Dagegen kann man bei Anwendung der Inputregel die gewinnmaximalen Faktoreinsatzmengen und den gewinnmaximalen Output unmittelbar ableiten. Auch hier geht man von der Gewinngleichung aus. Wir beschränken uns vorerst auf die Zweifaktorproduktion. Die Produktionsfunktion, die wir in diesem Abschnitt analysieren, weist – gemäß Annahme – abnehmende Grenz- und Skalenerträge auf. Wie wir aus Abschnitt B wissen, entspricht dieser Produktionsfunktion im Zweifaktorfall ein Ertragsgebirge, das nach allen Richtungen konkav gekrümmt ist. Die Gewinngleichung

$$G = p \cdot x - q_1 \cdot v_1 - q_2 \cdot v_2$$

wird im dreidimensionalen (v_1, v_2, x)-Raum durch eine Ebene dargestellt, deren Gleichung

$$x = \frac{G}{p} + \frac{q_1}{p} \cdot v_1 + \frac{q_2}{p} \cdot v_2$$

den Faktormengen v_1, v_2 die zum vorgegebenen (konstanten) Gewinn notwendige Outputmenge x zuordnet. Da bei dieser Betrachtung der Gewinn konstant bleibt, nennt man sie **Isogewinnebene.**

q_1/p gibt den Anstieg dieser Ebene entlang der v_1-Achse und q_2/p entlang der v_2-Achse an. G/p ist der *Realgewinn* und kann auf der x-Achse abgelesen werden. Die graphische Bestimmung des optimalen Produktionsplans besteht darin, die Gewinnebene mit der durch die beiden Steigungen angegebenen Neigung auf das Ertragsgebirge zu legen. Da das Ertragsgebirge nach allen Richtungen hin konkav gekrümmt ist, kann es zwischen Ertragsgebirge und Gewinnebene nur **einen** Berührungspunkt geben. Die (v_1, v_2, x)-Koordinaten dieses Berührungspunktes entsprechen den gewinnmaximalen Faktoreinsatzmengen (v_1^*, v_2^*) und der gewinnmaximalen Outputmenge x^*. Der mit dem Produktionsplan (x^*, v_1^*, v_2^*) verbundene Gewinn G^* ist maximal: Würde man die Gewinnebene weiter nach oben verschieben, läge auf ihr kein realisierbarer Produktionsplan mehr. Würde man die Gewinnebene weiter nach unten verschieben, würde man auf möglichen Gewinn verzichten.

Die im Punkt (v_1^*, v_2^*, x^*) geltenden Beziehungen lassen sich graphisch weiter verdeutlichen. Machen wir durch das Ertragsgebirge und die Gewinnebene einen *vertikalen Schnitt* bei der Faktormenge v_2^*, dann erhalten wir eine partielle Ertragsfunktion für den Faktor 1

$$x = f(v_1, v_2 = v_2^*)$$

und eine Isogewinngerade

$$x = \frac{G^*}{p} + \frac{q_1}{p} \cdot v_1 + \frac{q_2}{p} \cdot v_2^*,$$

die sich im Punkte (v_1^*, x^*) tangieren – vgl. Abbildung 35.

In diesem Tangentialpunkt ist die Steigung der Isogewinngeraden q_1/p gleich der Steigung der partiellen Ertragsfunktion des Faktors 1, also

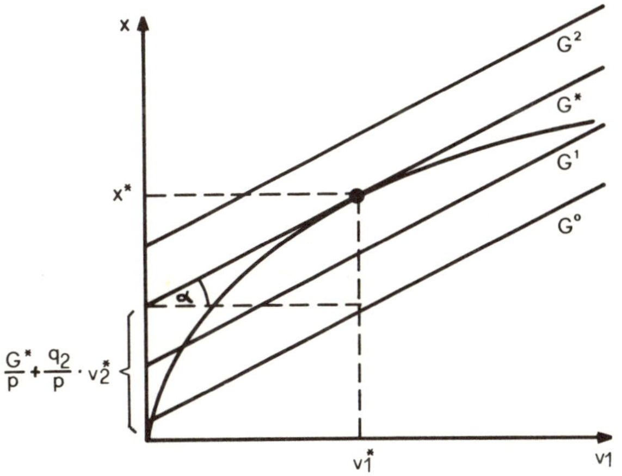

Abb. 35: Gewinnmaximaler Produktionsplan

$$\frac{q_1}{p} = \frac{\partial x}{\partial v_1} \qquad \text{oder} \qquad q_1 = p \cdot \frac{\partial x}{\partial v_1}.$$

$\frac{\partial x}{\partial v_1}$ ist die Grenzproduktivität des Faktors 1 bei $v_2 = v_2^*$; sie ist gleich jener Menge Output, die unter sonst gleichen Bedingungen durch den Einsatz einer zusätzlichen Einheit des Faktors 1 produziert werden kann. Bewertet mit dem Produktpreis ist sie eine **Wert**größe und heißt **Wertgrenzprodukt** des Faktors 1. Das Wertgrenzprodukt $p \cdot \frac{\partial x}{\partial v_1}$ ist jener Betrag, den der Unternehmer beim Verkauf der zusätzlichen Menge Output erlösen kann. Es ist gleichzeitig jener Betrag, den der Unternehmer maximal für die zusätzliche Einheit des Faktors 1 zu zahlen bereit wäre. Im Gewinnmaximum ist dieser Betrag gleich dem (vorgegebenen) Marktpreis des Faktors 1. Es handelt sich also um eine Zahlung an oder für den Faktor 1. Man sagt daher auch, im Gewinnmaximum würden die Faktoren nach ihrem Wertgrenzprodukt **entlohnt.** Da wir für den Faktor 2 dieselbe Aussage ableiten können, formulieren wir die Bedingung für das Gewinnmaximum nach der Inputregel gleich allgemein: **Im Gewinnmaximum wird**

von jedem Faktor so viel eingesetzt, daß sein Wertgrenzprodukt gleich dem Faktorpreis ist.

Diese Bedingung ist zwar notwendig, aber nicht hinreichend zur Charakterisierung des gewinnmaximalen Produktionsplans. Der Berührungspunkt zwischen Isogewinnebene und Ertragsgebirge ist notwendigerweise ein Punkt **auf** dem Ertragsgebirge. Da das Ertragsgebirge der geometrische Ort aller technisch effizienten Produktionspläne ist, muß als weitere Bedingung *technische Effizienz* gewährleistet sein. Die Gleichheit von Faktorpreis und Wertgrenzprodukt und die Gewährleistung technischer Effizienz definieren einen gewinnmaximalen Produktionsplan nach der Inputregel.

b) Die analytische Bestimmung des gewinnmaximalen Produktionsplans nach der Inputregel

Auch hier geht man von der Gewinngleichung aus:

$$(4) \qquad G = p \cdot x - \sum_{i=1}^{m} q_i \cdot v_i .$$

Sie ist unter der Nebenbedingung technisch effizienter Produktion $x = f(v_1, \ldots, v_m)$ zu maximieren. Wir formulieren den Lagrangeansatz

$$(5) \quad L = p \cdot x - \sum_{i=1}^{m} q_i \cdot v_i - \lambda \cdot [x - f(v_1, \ldots, v_m)] \qquad L = p \cdot x - \sum_{i=1}^{2} q_i \cdot v_i - \lambda(x - A \cdot v_1^{\alpha} \cdot v_2^{\beta})$$

Man leitet nach der Ausbringungsmenge, den Einsatzmengen aller Faktoren $(v_1, \ldots, v_m)$ und dem Lagrangemultiplikator λ ab und setzt die Ableitungen gleich Null.

$$(6) \qquad \frac{\partial L}{\partial x} = p - \lambda = 0 \qquad \qquad \frac{\partial L}{\partial x} = p - \lambda = 0$$

$$\frac{\partial L}{\partial v_1} = -q_1 + \lambda \cdot \frac{\partial x}{\partial v_1} = 0 \qquad \qquad \frac{\partial L}{\partial v_1} = -q_1 + \lambda \cdot \alpha \cdot A \cdot v_1^{\alpha-1} \cdot v_2^{\beta} = 0$$

$$\vdots$$

$$\frac{\partial L}{\partial v_m} = -q_m + \lambda \cdot \frac{\partial x}{\partial v_m} = 0 \qquad \qquad \frac{\partial L}{\partial v_2} = -q_2 + \lambda \cdot \beta \cdot A \cdot v_1^{\alpha} \cdot v_2^{\beta-1} = 0$$

$$\frac{\partial L}{\partial \lambda} = -[x - f(v_1, \ldots, v_m)] = 0 \qquad \qquad \frac{\partial L}{\partial \lambda} = -(x - A \cdot v_1^{\alpha} \cdot v_2^{\beta}) = 0$$

Wir erhalten ein Gleichungssystem mit $m + 2$ voneinander unabhängigen Gleichungen für $m + 2$ Unbekannte $(v_1, \ldots, v_m, x, \lambda)$. In unserem Produktionsbeispiel mit $(m =)$ 2 Faktoren ergeben sich vier Gleichungen für vier Unbekannte.

Bei der Minimalkostenkombination entspricht der Lagrangemultiplikator λ dem **Schattenpreis** einer zusätzlichen Outputeinheit. Ähnlich ist hier beim Problem der Gewinnmaximierung λ gleich dem Erlöszuwachs, den eine zusätzliche (infinitesimale) Outputeinheit erbringen würde. Wie die Analyse der Gewinnmaximierungsbedingungen zeigt (erste Gleichung in (6)), ist λ im Gewinnmaximum gleich dem Produktpreis; Schattenpreis und Marktpreis sind in diesem Fall gleich. Da im Gewinnmaximum – gemäß Outputregel – der Produktpreis p gleich dem Grenzkosten ist, ist auch λ gleich den (totalen) Grenzkosten dK/dx. Im Gewinnmaximum ist der Lagrangemultiplikator aber auch gleich den partiellen Grenzkosten, wie wir aus den Gleichungen (6) sehen können; $\lambda = q_1 \cdot \partial v_i / \partial x$. Im folgenden Abschnitt über den Zusammenhang von Input- und Outputregel wird gezeigt, daß im Gewinnmaximum partielle und totale Grenzkosten gleich sind, *wenn* alle Faktoren in kostenminimalen Mengenrelationen eingesetzt werden.

Plant der Unternehmer – annahmegemäß – im steigenden Bereich der Grenzkostenfunktion, so ist es für ihn nicht sinnvoll, mehr oder weniger als die gewinnmaximale Menge x^* zu produzieren. Da der Lagrangemultiplikator λ in der Lösung des Optimierungsproblems gleich dem Produktpreis gesetzt wird, erhält der Unternehmer für jede „zu viel" produzierte Einheit auf dem fiktiven (wie auf dem realen) Markt nur einen Preis in der Höhe von p, während seine (Grenz-)Kosten höher sind als p. Für jede „zu wenig" produzierte Outputeinheit, die der Unternehmer zukauft, zahlt er den Preis p, während seine (Grenz-)Kosten geringer wären als p.

Wir sehen unmittelbar, welche Bedingungen im Gewinnmaximum bezüglich der m Faktoren erfüllt sein müssen. Ersetzen wir den Lagrangemultiplikator λ durch den Produktpreis, dann erhalten wir als Bedingungen für das Gewinnmaximum:

$$(7) \qquad q_1 = p \cdot \frac{\partial x}{\partial v_1} \qquad\qquad q_1 = p \cdot \alpha \cdot A \cdot v_1^{\alpha-1} \cdot v_2^{\beta}$$
$$\vdots$$
$$q_m = p \cdot \frac{\partial x}{\partial v_m} \qquad\qquad q_2 = p \cdot \beta \cdot A \cdot v_1^{\alpha} \cdot v_2^{\beta-1}$$

Wir erhalten dasselbe Ergebnis wie bei der graphischen Analyse: **Ein technisch effizienter Produktionsplan ist dann gewinnmaximal, wenn von jedem Faktor so viel eingesetzt wird, daß dessen Wertgrenzprodukt gleich dem Faktorpreis ist.**

Die gewinnmaximalen Mengen $(v_1^*, \ldots, v_m^*)$ sind für den zu erstellenden Output x^* zugleich die kostenminimalen Mengen. Aus den Gleichungen (7) ergibt sich für jedes beliebige Faktorpaar

$$(8) \qquad \frac{q_i}{q_j} = \frac{\partial x/\partial v_i}{\partial x/\partial v_j} \quad i, j = 1, \ldots, m; \qquad\qquad \frac{q_1}{q_2} = \frac{\alpha \cdot v_2}{\beta \cdot v_1}$$

Obige Gleichung zeigt, daß die Bedingung der Minimalkostenkombination für jedes Paar von Faktoren erfüllt ist. Damit deutet sich bereits an, daß Input- und Outputregel zum selben Ergebnis, nämlich zur selben gewinnmaximalen Ausbringungsmenge x^*, führen.

Die optimalen Einsatzmengen $(v_1^*, \ldots, v_m^*)$ erhalten wir, wenn wir Gleichungssystem (7) für die einzelnen Faktormengen lösen. Ähnlich wie bei der Outputregel lassen sich für unser Zwei-Faktor-Produktionsbeispiel die gewinnmaximalen Einsatzmengen der beiden Faktoren analytisch bestimmen. Wir eliminieren die Größe v_2 in der ersten Gleichung des Systems (7), indem wir entweder die zweite Gleichung oder die Minimalkostenkombination (8) zu Hilfe nehmen. Als Ergebnis erhalten wir für den allgemeinen Fall und für unser Beispiel

$$(9) \qquad v_i^* = f_i(p, q_1, \ldots, q_m) \qquad\qquad v_1^* = A^c \cdot p^c \cdot \left(\frac{\alpha}{q_1}\right)^{c-d} \cdot \left(\frac{\beta}{q_2}\right)^{d}$$

$$\text{mit } c \equiv 1/(1-\alpha-\beta)$$
$$\text{und } d \equiv \beta/(1-\alpha-\beta)$$

Die gewinnmaximale Einsatzmenge v_i^* ist nur noch von vorgegebenen Größen abhängig, nämlich den Preisen $p, q_1, \ldots, q_m$ und der Technologie. Die optimalen Faktoreinsatzmengen v_i^* sind nur bei konkaver Technologie, also $\alpha + \beta < 1$, definiert. Die Konsequenzen alternativer Technologien sind im Zusammenhang mit der Outputregel (sinngemäß) bereits erläutert worden.

Eine gleichmäßige Veränderung aller Preise läßt die gewinnmaximale Einsatzmenge unverändert. Diese Aussage gilt nicht nur bei konkaver Cobb-Douglas-Technologie. Sie gilt immer dann, wenn die Faktoren nach dem Wertgrenzprodukt entlohnt werden. Eine ausführliche Diskussion der Wirkungen von Preisänderung werden wir im Abschnitt über das Verhalten der Unternehmung auf dem Markt vornehmen. Vorher wollen wir uns aber noch überlegen, wie sich Input- und Outputregel ineinander überführen lassen.

3. Der Zusammenhang von Input- und Outputregel

Wie wir wissen, kann eine zusätzliche Menge Output sowohl durch den vermehrten Einsatz nur eines Faktors (partielle Faktorvariation) wie auch aller Faktoren (totale Faktorvariation) erzeugt werden. Partielle Faktorvariation führt bei substitutionaler Technologie immer zu einer Veränderung der Outputmenge, bei limitationaler Technologie nur dann, wenn der Engpaßfaktor variiert wird. In der kurzen Frist ist nur partielle Faktorvariation möglich (kurzfristige Kostenfunktion), langfristig ist eher eine Variation aller Faktoren denkbar (langfristige Kostenfunktion). Ob wir nun den optimalen Produktionsplan für die kurze oder für die lange Frist ableiten, in beiden Fällen führen Input- wie Outputregel zum selben Ergebnis.

– kurzfristige Optimierung

Sei der Faktor i als einziger in variablen Mengen beschaffbar, dann gilt nach der Inputregel im Gewinnmaximum

$$q_i = p \cdot \frac{\partial x}{\partial v_i}.$$

Eine elementare Umformung ergibt

$$p = q_i \cdot \frac{\partial v_i}{\partial x}.$$

Der Kehrwert der Grenzproduktivität dieses Faktors, $\partial v_i/\partial x$, ist der Grenzverbrauch des Faktors i bei der Produktion einer zusätzlichen Menge Output. Somit stehen wegen der Multiplikation mit q_i auf der rechten Seite der obigen Gleichung die **Grenzkosten** der zusätzlichen Ausbringungsmenge, abgeleitet aus einer kurzfristigen Kostenfunktion. Diese Formulierung ist nichts anderes als die Bedingung für das Gewinnmaximum nach der Outputregel. Wir haben so die Input- und die Outputregel ineinander überführt. Wie wir wissen, sind bei kurzfristiger Optimierung die Bedingungen für die Minimalkostenkombination für die Faktoren i und j (mit $i \neq j$) in der Regel nicht erfüllt.

– langfristige Optimierung

Bei totaler Faktorvariation gilt nach der Outputregel im Gewinnmaximum, daß der Produktpreis gleich den (totalen) Grenzkosten ist. Die totalen Grenzkosten sind aus der *langfristigen Kostenfunktion* abgeleitet, wo für jede Outputmenge die Bedingungen der Minimalkostenkombination für alle Faktorpaare erfüllt sind. Wie wir aus dem Abschnitt über die Kosten wissen, ist die langfristige Kostenfunktion die Umhüllende aller kurzfristigen Kostenfunktionen; jeder Punkt einer langfristigen Kostenfunktion ist ein Tangentialpunkt mit einer kurzfristigen Kostenfunktion. Das bedeutet, daß in diesem Tangentialpunkt die Grenzkosten gleich sind, ob man nun partielle oder totale

Faktorvariation unterstellt. Dies vorausgesetzt, liefern Output- und Inputregel dasselbe Ergebnis, sowohl bei partieller wie bei totaler Faktorvariation.

Wir gehen aus von der Kostengleichung und einer ganz allgemein formulierten Produktionsfunktion

$$(11) \qquad K = \sum_{i=1}^{m} q_i \cdot v_i \qquad\qquad (12) \qquad x = f(v_1, \ldots, v_m).$$

Es interessiert der Einfluß einer Veränderung aller Faktoren auf die Kosten und die Ausbringungsmenge; wir wenden daher auf (11) und (12) das totale Differential an.

$$(13) \qquad dK = q_1 \cdot dv_1 + \cdots + q_m \cdot dv_m \qquad\qquad (14) \qquad dx = \frac{\partial x}{\partial v_1} \cdot dv_1 + \cdots + \frac{\partial x}{\partial v_m} \cdot dv_m$$

Klammern wir auf der rechten Seite von Gleichung (13) den Preis des ersten Faktors beziehungsweise von Gleichung (14) die Grenzproduktivität des ersten Faktors aus, dann ergibt sich

$$(15) \qquad dK = q_1 \cdot \left(dv_1 + \frac{q_2}{q_1} \cdot dv_2 + \cdots + \frac{q_m}{q_1} \cdot dv_m\right)$$

$$(16) \qquad dx = \frac{\partial x}{\partial v_1} \cdot \left(dv_1 + \frac{\partial x/\partial v_2}{\partial x/\partial v_1} \cdot dv_2 + \cdots + \frac{\partial x/\partial v_m}{\partial x/\partial v_1} \cdot dv_m\right).$$

Liegt **totale Faktorvariation** vor, dann können – da die Bedingungen der Minimalkostenkombination gegeben sind – in Gleichung (16) die Grenzproduktivitätsverhältnisse durch die Faktorpreisverhältnisse ersetzt werden; es gilt ja

$$\frac{\partial x/\partial v_i}{\partial x/\partial v_j} = \frac{q_i}{q_j}$$

Also sind die Werte in den Klammern der Gleichungen (15) und (16) gleich. Als Grenzkosten bei totaler Faktorvariation erhält man

$$(17) \qquad \frac{dK}{dx} = \frac{q_1}{\partial x/\partial v_1}$$

Bilden wir nun die Grenzkosten bei **partieller** Faktorvariation, zum Beispiel Variation des Faktors 1, und Konstanz aller übrigen Faktoren $dv_2 = \cdots = dv_m = 0$, so ergibt sich

$$(18) \qquad \frac{dK}{dx} = \frac{q_1}{\partial x/\partial v_1}$$

Die Gleichungen (17) und (18) sind offensichtlich identisch. Die Grenzkosten sind nach der Outputregel gleich dem Produktpreis p, so daß wir (17) und (18) auch schreiben können als

$$(19) \qquad \frac{dK}{dx} = p = \frac{q_1}{\partial x/\partial v_1}$$

Die erste Identität ergibt sich aus der Outputregel, die zweite aus der Inputregel. Input- und Outputregel führen also zum selben Ergebnis, nämlich zur selben gewinnmaximalen Ausbringungsmenge x^*.

Abbildung 36 zeigt eine kurzfristige Kostenfunktion K_k, die auf partielle Faktorvariation zurückgeht, und eine langfristige Kostenfunktion K_l, die von totaler Faktorvariation herrührt. Ihre Steigungen sind im Punkte x^* gleich, wo in beiden Fällen die Bedingungen der Minimalkostenkombination erfüllt sind.

Die Identität der Grenzkosten bei partieller und totaler Faktorvariation gilt natürlich nur bei infinitesimalen Änderungen aller Größen. Bei diskreten Veränderungen sind

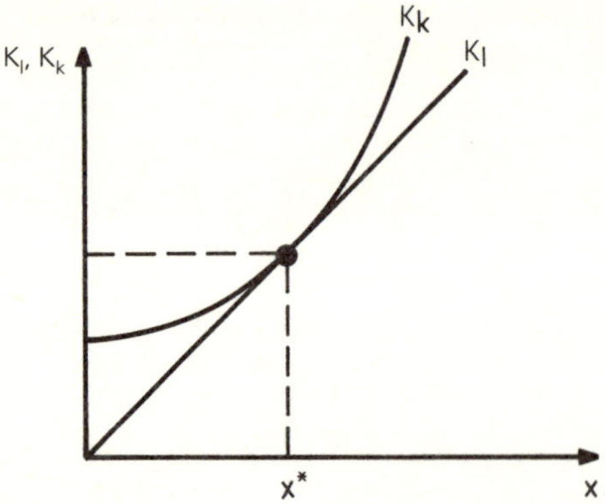

Abb. 36: Identität der Ergebnisse bei Anwendung der Input- und Outputregel.

die Grenzkosten, die durch eine partielle Faktorvariation entstehen, größer als jene, die durch eine totale Faktorvariation verursacht werden.

4. Das Wertgrenzprodukt als Entlohnungsregel

Bei Anwendung der Inputregel haben wir für den gewinnmaximalen Produktionsplan die Bedingung „Faktorpreis gleich Wertgrenzprodukt" (vgl. die Gleichungen (7) in diesem Abschnitt) abgeleitet. Danach gilt für jeden Faktor i

$$q_i = p \cdot \frac{\partial x}{\partial v_i} \qquad q_1 = \alpha \cdot p \cdot A \cdot v_1^{\alpha-1} \cdot v_2^{\beta} = \alpha \cdot p \cdot \frac{x}{v_1}$$

$$q_2 = \beta \cdot p \cdot A \cdot v_1^{\alpha} \cdot v_2^{\beta-1} = \beta \cdot p \cdot \frac{x}{v_2}$$

Im Gewinnmaximum werden die Faktoren nach ihren Wertgrenzprodukten entlohnt.

Gemäß dieser Entlohnungsregel und der eingesetzten Faktormenge hat das Unternehmen **Zahlungen an die Faktoren** zu leisten. Unter der Annahme, daß die Unternehmung nach dem Wertgrenzprodukt entlohnt, kann man zeigen, daß bei homogenen Produktionsfunktionen die **Anteile** der einzelnen Faktoren an den gesamten Faktorzahlungen bei Variation der gewinnmaximalen Ausbringungsmenge **konstant** bleiben. Den Zahlbetrag für den einzelnen Faktor erhalten wir, wenn wir obige Gleichungen mit den eingesetzten Faktormengen multiplizieren

$$q_i \cdot v_i = p \cdot \frac{\partial x}{\partial v_i} \cdot v_i \qquad q_1 \cdot v_1 = \alpha \cdot p \cdot x$$

$$q_2 \cdot v_2 = \beta \cdot p \cdot x$$

Wenn wir die rechte Seite der allgemeinen Formulierung mit x erweitern, können wir den Begriff der Produktionselastizität verwenden und kommen auch in der allgemeinen Formulierung zum selben Ergebnis wie beim Cobb-Douglas-Beispiel. Wegen

$$\varepsilon_{x,v_i} = \frac{\partial x \cdot v_i}{\partial v_i \cdot x}$$

können wir nun die Zahlung an den Faktor i ausdrücken als Funktion der – annahmegemäß – konstanten Produktionselastizität dieses Faktors und der Gesamterlöse des Unternehmens bei der Produktion der Outputmenge x.

$$q_i \cdot v_i = \varepsilon_{x,v_i} \cdot p \cdot x$$

Bei Entlohnung nach dem Wertgrenzprodukt bleibt der Anteil der Zahlungen an den Faktor i am Gesamterlös konstant und ist gleich seiner Produktionselastizität, wenn die gewinnmaximale Ausbringungsmenge variiert. Daraus folgt unmittelbar, daß die Zahlungen an die einzelnen Faktoren immer in den gleichen Proportionen zueinander erfolgen:

$$\frac{q_i \cdot v_i}{q_j \cdot v_j} = \frac{\varepsilon_{x,v_i}}{\varepsilon_{x,v_j}} \qquad \frac{q_1 \cdot v_1}{q_2 \cdot v_2} = \frac{\alpha}{\beta}$$

Bilden wir die Gesamtsumme aller Faktorzahlungen und verwenden wir $p \cdot x = E$, dann ergibt sich

$$\sum_{i=1}^{m} q_i \cdot v_i = \sum_{i=1}^{m} \varepsilon_{x,v_i} \cdot E \qquad \sum_{i=1}^{2} q_i \cdot v_i = (\alpha + \beta) \cdot E$$

Wir haben nach Typen von Technologien zu unterscheiden.

Bei **linear-homogener Technologie,** also $\sum_{i=1}^{m} \varepsilon_{x,v_i} = 1$, werden die gesamten Erlöse entsprechend den Produktionselastizitäten auf die einzelnen Faktoren verteilt und fließen diesen als Einkommen zu. Es entsteht kein Gewinn. Die Produktionselastizitäten geben die Einkommensanteile an.

Bei **konkaver Technologie,** also $\sum_{i=1}^{m} \varepsilon_{x,v_i} < 1$, fließt den Faktoren auf diese Weise nur ein Teil der Erlöse als Einkommen zu. Es entsteht Gewinn, der in den Totalmodellen jedoch wieder den Haushalten aufgrund eines exogen vorgegebenen Schlüssels zugeteilt wird.

Bei einer Technologie **mit steigenden Skalenerträgen,** also $\sum_{i=1}^{m} \varepsilon_{x,v_i} > 1$, können die Faktoren nicht nach den Wertgrenzprodukten entlohnt werden, da sonst mehr als die Erlöse verteilt würde. Die Marktform der vollkommenen Konkurrenz kann sich auf Dauer nicht halten.

5. Bestimmung der optimalen Betriebsgröße

Sind selbst bei langfristiger Betrachtung nicht alle Faktoren beliebig variabel, dann erhalten wir auch in dieser Situation eine Kostenfunktion, die sich aus fixen und variablen Kosten zusammensetzt und bei sinkenden Skalenerträgen (zumindest) der variablen Faktoren durchweg steigende Zuwächse aufweist. Die Durchschnittskostenkurve weist eine U-förmige Gestalt auf (vgl. Abb. 37a). Das sich im Minimum der durchschnittlichen Kosten ergebende Outputniveau bezeichnet man als **optimale Betriebsgröße.** Hier haben sich alle Faktoreinsatzmengen (Kapazitäten) so angepaßt, daß sie langfristig die geringsten Durchschnittskosten verursachen.

Sind langfristig tatsächlich alle Faktoren variabel, dann erhalten wir bei linear-homogener Produktionsfunktion eine lineare Kostenfunktion. Die langfristigen Durchschnittskosten sind konstant – vgl. Abb. 37b. Die optimale Betriebsgröße ist unbestimmt. Bei überlinear-homogener Produktionsfunktion, die bei gegebenen Faktorpreisen eine Kostenfunktion mit durchweg abnehmenden Zuwächsen zur Folge hat,

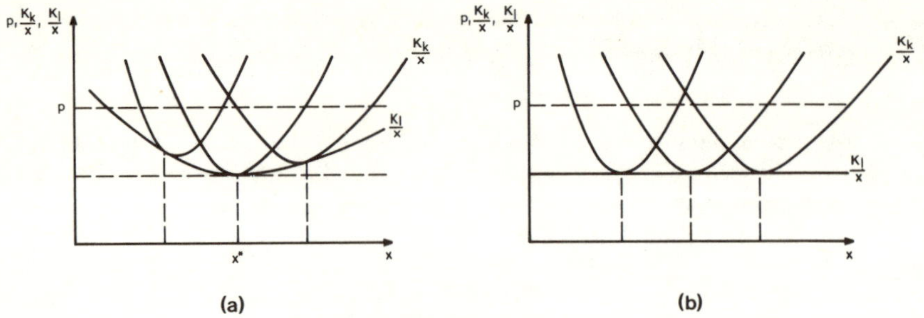

Abb. 37: Lang- und kurzfristige Durchschnittskosten

ist die optimale Betriebsgröße ebenfalls unbestimmt; das Minimum der Durchschnittskosten wird erst bei unendlich großem Output erreicht.

In der durch die Abbildungen 37a und b dargestellten Situation entstehen Gewinne, die langfristig weitere Anbieter auf den Plan rufen. Geht man davon aus, daß der einzelne Anbieter mit einer Mengenvariation zwar – annahmegemäß – keinen Einfluß auf den Marktpreis hat, die Gesamtheit der Anbieter aber doch, dann wird bei einer starken Vermehrung der Zahl der Produzenten der Produktpreis sinken – im Extremfall bis zum Minimum der langfristigen Durchschnittskosten; die Gewinne werden verschwinden.

F. Optimaler Produktionsplan bei Mehrgüterproduktion

Im vorausgegangenen Abschnitt haben wir optimale Produktionspläne für Einproduktunternehmungen abgeleitet. Im folgenden wollen wir dies für die **Mehrproduktunternehmung** tun. Auch sie ist Mengenanpasser, das heißt, Faktor- und Produktpreise sind für sie gegeben, und sie verfolgt das Ziel der Gewinnmaximierung.

Im Gegensatz zur Analyse des optimalen Produktionsplans der Einproduktunternehmung unterstellen wir für die Mehrproduktunternehmung,
- daß sie mit beschränkten Faktorbeständen ($\overline{v}_1, \ldots, \overline{v}_m$) auskommen muß **und**
- daß sie diese Faktorbestände **voll** in der Produktion einsetzt.

Wir ermitteln die Bedingungen für den optimalen Produktionsplan bei **konkurrierender Produktion.**

Als Beispiel betrachten wir eine Unternehmung, die eine Produktionsanlage (Gebäude, Maschinen) installiert und Arbeitsverträge für eine Produktionsperiode abgeschlossen hat. Dieser Produktionsapparat eigne sich zur Herstellung von zwei Gütern. Ein derartiger Ansatz kann auch als Beispiel für ein Zweisektorenmodell einer Volkswirtschaft verstanden werden, die über einen Vorrat an beschränkten Ressourcen (Arbeit, Kapital) verfügt. In den beiden Sektoren werden mit den vorhandenen Ressourcen zum Beispiel Konsum- und Investitionsgüter oder Agrar- und Industrieprodukte hergestellt.

Wir leiten den optimalen Produktionsplan nur für *substitutionale Technologie* ab. Die sich bei beschränkten Faktorbeständen ergebenden Bedingungen stellen wir jenen gegenüber, die sich für eine Mehrproduktunternehmung ableiten lassen, die alle für die Produktion benötigten Faktoren in **variablen** Mengen beschaffen kann. Für eine solche Unternehmung läßt sich zeigen, daß sie ihr Gewinnmaximum dann erreicht, wenn die einzelnen Betriebe der Unternehmung, die je ein homogenes Gut herstellen, wie eine gewinnmaximierende Einproduktunternehmung entscheiden.

Der optimale Produktionsplan bei substitutionaler Technologie

Mehrsektorenmodelle mit kontinuierlich substituierbaren Produktionsfaktoren sind in der ökonomischen Theorie (zum Beispiel der Außenwirtschaftstheorie, der Wohlfahrtstheorie, der Wachstumstheorie) weit verbreitet. Das Problem der **effizienten Allokation** der vorhandenen Faktorbestände haben wir in den Abschnitten B und C behandelt. In diesem Abschnitt wird gezeigt, welche der möglichen Gütermengenkombinationen die Unternehmung wählt, um das Gewinnmaximum zu erreichen. Wir werden uns bei diesen Überlegungen auf den Zwei-Güter-Zwei-Faktor-Fall beschränken. Dieser Ansatz liefert alle wesentlichen Einsichten für die Theorie der Unternehmung und kann leicht für n Güter und m Faktoren verallgemeinert werden.

Die Zweiproduktunternehmung verfügt also über fixe Faktorvorräte (etwa an Arbeit und Maschinen); bei gegebenen Faktorpreisen verursacht dieser Produktionsapparat nur **Fixkosten,** keine variablen Kosten. Damit ist der **Gewinn** gleich dem Erlös minus den Fixkosten. Das Ziel der Gewinnmaximierung ist unter diesen Umständen identisch mit dem Ziel der **Erlösmaximierung.** Die Unternehmung kann frei entscheiden, welche Güter und in welchen Mengen hergestellt werden und wie die Faktorvorräte auf die beiden Betriebe aufzuteilen sind.

Bei gegebenen Produktpreisen lautet die Gewinngleichung der Zweiproduktunternehmung:

(1) $$G = p_1 \cdot x_1 + p_2 \cdot x_2 - K_f, \quad \text{wobei} \quad K_f = q_1 \cdot \bar{v}_1 + q_2 \cdot \bar{v}_2$$

Für die Darstellung im Güterraum lösen wir die Gleichung (1) nach x_2 auf.

(2) $$x_2 = \frac{G + K_f}{p_2} - \frac{p_1}{p_2} \cdot x_1$$

Bei fixen gegebenen Kosten (K_f) beschreibt Gleichung (2) eine Isogewinngerade, deren Steigung durch das Verhältnis der Produktpreise $(-p_1/p_2)$ bestimmt wird. Für unterschiedlich hohe Gewinne erhalten wir eine Schar von Isogewinngeraden, die die Zielfunktion der Unternehmung abbilden.

Das Optimierungsverfahren besteht graphisch darin, die Isogewinngerade so weit nach außen zu schieben, daß sie die Transformationskurve gerade noch berührt. Höhere Gewinniveaus würden nicht-realisierbare Produktionspläne erfordern. Abbildung 38 zeigt optimale Produktionspläne für unterschiedliche Technologien. Die gewinnmaximalen Produktmengen sind jeweils mit einem Stern (*) gekennzeichnet.

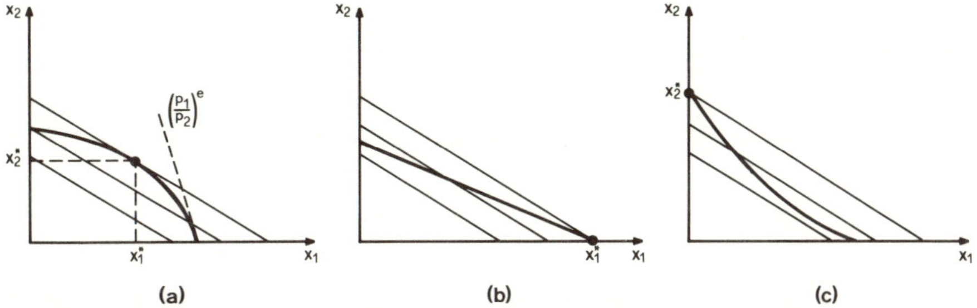

Abb. 38: *Der gewinnmaximale Produktionsplan einer Zweiproduktunternehmung*

Bei Technologie (a) zeigt Abbildung 38 eine innere Lösung mit $p_1/p_2 = -dx_2/dx_1$; bei extremeren Preisverhältnissen sind aber auch Randlösungen mit $p_1/p_2 \neq -dx_2/dx_1$ möglich – etwa bei $(p_1/p_2)^e$. *Innere Lösung* heißt, die Unternehmung produziert beide Produkte, *Randlösung* bedeutet, die Unternehmung spezialisiert sich auf die Produktion nur eines Gutes.

Wenn bei Technologie (b) die Gleichheit von Preisverhältnissen und (reziproker) Grenzrate der Transformation gegeben ist, liegt eine mehrdeutige Lösung des Gewinnmaximierungsproblems vor; alle Punkte der linearen Transformationskurve bringen den gleichen Erlös. Nur bei $p_1/p_2 \neq -dx_2/dx_1$ erhalten wir eine eindeutige (Rand-)Lösung.

Technologie (c) liefert nur Randlösungen als gewinnmaximale Produktionspläne; jede innere Lösung mit $p_1/p_2 = -dx_2/dx_1$ wäre kein gewinnmaximaler Produktionsplan.

Das (algebraische) **Optimierungsproblem** der Zweiproduktunternehmung lautet: Maximiere den Gesamtgewinn unter der Nebenbedingung effizienter Faktorallokation. In Abschnitt B2b haben wir die Bedingungen für eine effiziente Faktorallokation abgeleitet, die aus einem Optimalkalkül für **Mengen** hervorgehen. Im folgenden führen wir eine Optimierung für die dazugehörige **Wertgröße,** eben den Gewinn, durch. Die Nebenbedingungen, technisch effiziente Produktion und Vollauslastung der vorhandenen Faktorbestände, bleiben dieselben.

$$G = p_1 \cdot x_1 + p_2 \cdot x_2 - K_f \rightarrow \max! \quad \textbf{Zielfunktion}$$

$$\left.\begin{array}{l} x_1 - f_1(v_{11}, v_{21}) = 0 \\ x_2 - f_2(v_{12}, v_{22}) = 0 \\ \bar{v}_1 - v_{11} - v_{12} = 0 \\ \bar{v}_2 - v_{21} - v_{22} = 0 \end{array}\right\} \quad \textbf{Nebenbedingungen}$$

Der Lagrangeansatz lautet daher, wenn wir statt der Produktmengen (x_1 und x_2) gleich die Produktionsfunktionen schreiben:

$$(3) \qquad L = p_1 \cdot f_1(v_{11}, v_{21}) + p_2 \cdot f_2(v_{12}, v_{22}) - K_f + \mu_1(\bar{v}_1 - v_{11} - v_{12}) + \mu_2(\bar{v}_2 - v_{21} - v_{22})$$

Zu ermitteln ist jene Aufteilung der vorhandenen Faktorbestände auf die Produktion der beiden Güter 1 und 2, die unter den gegebenen Bedingungen den Gewinn maximiert. Wir leiten nach den einzelnen Faktormengen und den Lagrangemultiplikatoren ab und setzen die Ableitungen gleich Null.

$$(4) \qquad \frac{\partial L}{\partial v_{11}} = p_1 \cdot \frac{\partial x_1}{\partial v_{11}} - \mu_1 = 0 \qquad \frac{\partial L}{\partial v_{12}} = p_2 \cdot \frac{\partial x_2}{\partial v_{12}} - \mu_1 = 0$$

$$\frac{\partial L}{\partial v_{21}} = p_1 \cdot \frac{\partial x_1}{\partial v_{21}} - \mu_2 = 0 \qquad \frac{\partial L}{\partial v_{22}} = p_2 \cdot \frac{\partial x_2}{\partial v_{22}} - \mu_2 = 0$$

$$\frac{\partial L}{\partial \mu_1} = \bar{v}_1 - v_{11} - v_{12} = 0 \qquad \frac{\partial L}{\partial \mu_2} = \bar{v}_2 - v_{21} - v_{22} = 0$$

Setzen wir die Gleichungen in der ersten und in der zweiten Zeile des Systems (4) jeweils gleich, dann erhalten wir zwei Bestimmungsgleichungen für das Preisverhältnis p_1/p_2:

$$(5) \qquad \frac{p_1}{p_2} = \frac{\partial x_2/\partial v_{12}}{\partial x_1/\partial v_{11}} = \frac{\partial x_2/\partial v_{22}}{\partial x_1/\partial v_{21}}$$

Im Gewinnmaximum der Mehrproduktunternehmung mit substitutionaler Technologie gilt, daß das Verhältnis der Produktpreise gleich ist dem reziproken Verhältnis der

Grenzproduktivitäten jedes gemeinsam verwendeten Faktors. Aus Gleichung (16) in Abschnitt C 2b wissen wir, daß das Verhältnis der Grenzproduktivitäten eines Faktors in den beiden Verwendungsarten gleich der Grenzrate der Transformation ist, so daß wir Gleichung (5) erweitern können zu:

(6) $$\frac{p_1}{p_2} = \frac{\partial x_2/\partial v_{12}}{\partial x_1/\partial v_{11}} = \frac{\partial x_2/\partial v_{22}}{\partial x_1/\partial v_{21}} = -\frac{dx_2}{dx_1}$$ Grenzrate der Transformation

Für m verschiedene Faktoren gilt

(7) $$\frac{p_1}{p_2} = \frac{\partial x_2/\partial v_{i2}}{\partial x_1/\partial v_{i1}} = -\frac{dx_2}{dx_1} \qquad \text{für } i = 1, \ldots, m$$

Für beliebige Güterpaare j und k und m verschiedene Faktoren folgt

(8) $$\frac{p_j}{p_k} = \frac{\partial x_k/\partial v_{ik}}{\partial x_j/\partial v_{ij}} = -\frac{dx_k}{dx_j} \qquad \text{für } j,k = 1, \ldots, n \text{ und } j \neq k \text{ sowie } i = 1, \ldots, m.$$

Der maximale Gewinn bei Mehrgüterproduktion und vorgegebenen Faktorbeständen ist dann erreicht, wenn das Güterpreisverhältnis gleich dem reziproken Verhältnis der Grenzproduktivitäten jedes gemeinsam verwendeten Faktors ist und gleich der reziproken Grenzrate der Transformation. Da die Produktpreise fest vorgegeben sind, haben wir damit aus der Vielzahl der effizienten Faktorallokation jene ausgewählt, die unter den gegebenen Bedingungen den Gewinn maximiert. Damit ist auch die **Produktionsstruktur** bestimmt, die angibt, in welchen Mengen die beiden Güter produziert werden sollen.

Zum Vergleich wollen wir überlegen, durch welche Bedingungen der optimale Produktionsplan einer Zweiproduktunternehmung bestimmt wird, die sich die Faktoren in **variablen** Mengen beschaffen kann. Im Unterschied zum eben dargestellten Problem sind jetzt nur variable Kosten zu berücksichtigen. Das Optimierungskalkül lautet in diesem Fall

(9) $$G = p_1 \cdot f_1(v_{11}, v_{21}) + p_2 \cdot f_2(v_{12}, v_{22}) - q_1 \cdot (v_{11} + v_{12}) - q_2 \cdot (v_{21} + v_{22})$$

Es ist wieder nach den einzelnen Faktormengen abzuleiten, und die Ableitungen sind gleich Null zu setzen. Als Ergebnisse erhalten wir für:

Betrieb A (Gut 1):	Betrieb B (Gut 2):	
$q_1 = p_1 \cdot \frac{\partial x_1}{\partial v_{11}}$	$q_1 = p_2 \cdot \frac{\partial x_2}{\partial v_{12}}$	Wertgrenzprodukt des Faktors 1
$q_2 = p_1 \cdot \frac{\partial x_1}{\partial v_{21}}$	$q_2 = p_2 \cdot \frac{\partial x_2}{\partial v_{22}}$	Wertgrenzprodukt des Faktors 2
$\frac{q_1}{q_2} = \frac{\partial x_1/\partial v_{11}}{\partial x_1/\partial v_{21}}$	$\frac{q_1}{q_2} = \frac{\partial x_2/\partial v_{12}}{\partial x_2/\partial v_{22}}$	Minimalkostenkombination

und für die Gesamtunternehmung:

$$\frac{p_1}{p_2} = \frac{\partial x_2/\partial v_{12}}{\partial x_1/\partial v_{11}} = \frac{\partial x_2/\partial v_{22}}{\partial x_1/\partial v_{21}} = -\frac{dx_2}{dx_1}$$ Grenzrate der Transformation

$$\frac{q_1}{q_2} = \frac{\partial x_1/\partial v_{11}}{\partial x_1/\partial v_{21}} = \frac{\partial x_2/\partial v_{12}}{\partial x_2/\partial v_{22}} = -\frac{dv_{2i}}{dv_{1i}}$$ Minimalkostenkombination für $i = 1, \ldots, n$

Als Ergebnis können wir für die substitutionale Technologie zusammenfassen:

Bei Mehrgüterproduktion und variabel beschaffbaren Faktoren ist der optimale Produktionsplan dadurch bestimmt, daß

- für jeden **Betrieb** (jede Produktion) die Bedingungen fürs Gewinnmaximum einschließlich der Minimalkostenkombination **und**
- für das **Unternehmen** die Bedingungen der effizienten Faktorallokation und der gewinnmaximalen Produktion einschließlich der Minimalkostenkombination erfüllt sind.

Bei Mehrgüterproduktion und **fest vorgegebenen** Faktorbeständen sind für die Gesamtunternehmung im optimalen Produktionsplan, der die optimale Produktionsstruktur liefert, nur die Bedingungen der effizienten Faktorallokation und der Minimalkostenkombination erfüllt. Jeder einzelne Betrieb maximiert zwar unter den gegebenen Bedingungen (fest vorgegebene Faktormengen) ebenfalls den Gewinn. Die gewinnmaximalen Ausbringungsmengen können aber größer oder kleiner sein als im Fall variabel beschaffbarer Faktoren, da sie nicht nach der Input- oder der Outputregel abgeleitet worden sind. Die Minimalkostenkombination ist für jeden einzelnen Betrieb immer gegeben.

G. Das Verhalten der Unternehmung auf dem Markt

Wir haben bisher untersucht, wie die Unternehmung bei gegebenen Preisen und gegebener Technologie ihren optimalen Produktionsplan festlegt, das heißt, nach welchen Bedingungen sie die gewinnmaximale Produktmenge und die dazu notwendigen kostenminimalen Faktoreinsatzmengen bestimmt. Wir haben diese Ableitungen durchgeführt unter den Annahmen, daß

- die Unternehmung eine konkave Technologie anwendet und technisch effizient produziert,
- die Produkt- und Faktorpreise fest vorgegeben sind,
- die Unternehmung ihren Gewinn maximiert.

In diesem Abschnitt, der sich nur auf die Einproduktunternehmung bezieht, gehen wir einen Schritt weiter, indem wir von der Konstanz der Preise abgehen und sowohl den Produktpreis als auch die Faktorpreise variieren lassen. Damit ist natürlich nicht gemeint, daß die Unternehmung Einfluß auf die Preise nehmen könnte. Alle übrigen Annahmen bleiben weiter in Geltung. Wir überlegen uns, welche optimale Ausbringungsmengen und welche optimalen Faktoreinsatzmengen sich zu alternativen Produkt- und Faktorpreisen ergeben. Die Annahme einer konstanten Technologie bleibt bestehen; technischer Fortschritt ist nach wie vor ausgeschlossen.

Wir konzipieren **Partialmodelle,** die unter den gegebenen Annahmen zur Technologie für die Marktform der *vollkommenen Konkurrenz* erklären, welche Produktmengen die gewinnmaximierende Unternehmung zu alternativen Preisen anbietet beziehungsweise welche Faktormengen sie nachfrägt. Es handelt sich deswegen um Partialmodelle, weil jeweils nur der Preis des betrachteten Gutes oder Faktors variiert, die Einflüsse von allen übrigen Märkten durch Konstantsetzung der entsprechenden Preise ausgeschlossen werden und die jeweilige Marktgegenseite nicht betrachtet wird. Man erklärt also – kurz gesagt – Mengen durch Preise. Diese Erklärungsrichtung werden wir in diesem Abschnitt weiterverfolgen.

Ebenso kann man anhand des zu konzipierenden Partialmodells aber auch erklären, welchen Güterpreis die gewinnmaximierende Unternehmung für welche Mengen fordern beziehungsweise welche Faktorpreise sie für welche Mengen zahlen wird. Damit sind wir bei der **Preistheorie,** die in der ökonomischen Dogmengeschichte immer eine große Rolle gespielt hat; eine besondere Förderung hat sie durch *Alfred Marshall* (1842–1924) erfahren. Auf ihn geht – bei der graphischen Darstellung der Angebots- und Nachfragefunktionen – die sonst nicht übliche Konvention zurück, die erklärende Größe (den Preis) auf der Ordinate und die zu erklärende Größe (die Menge) auf der Abszisse abzutragen.

Wenden wir uns der Analyse des Angebots der gewinnmaximierenden Unternehmung zu.

1. Die Angebotsfunktion der Unternehmung

Variiert unter sonst gleichen Bedingungen der Produktpreis, dann bedeutet dies für die gewinnmaximierende Unternehmung keine wesentlich neue Problemstellung; die optimale Ausbringungsmenge wird jeweils nach den Bedingungen festgelegt, die wir im vorausgehenden Abschnitt kennengelernt haben:

- Grenzkosten = Produktpreis (Outputregel),
- Wertgrenzprodukt = Faktorpreis (Inputregel).

Die Zuordnung der optimalen Ausbringungsmenge zu den jeweiligen Produktpreisen nennt man **Angebotsfunktion;** jeder Punkt dieser Funktion ist ein optimaler Produktionsplan.

Betrachten wir Abbildung 39a, in der bei gegebener Kostenfunktion K(x) zu verschiedenen Produktpreisen p^0, p^1, p^2 die gewinnmaximalen Ausbringungsmengen x^0, x^1, x^2 abgeleitet sind. Die Erlösfunktionen $E(p^0)$, $E(p^1)$ und $E(p^2)$ unterscheiden sich dadurch, daß wir jeweils einen höheren Produktpreis p unterstellt haben. Mit dem Produktpreis steigen auch die gewinnmaximalen Ausbringungsmengen, da die Grenzkosten jeweils höher sein dürfen.

Übertragen wir die zusammengehörigen Preise und Mengen in ein Preis-Mengendiagramm (vgl. Abbildung 39b), erhalten wir die Angebotsfunktion der Unternehmung. Sie ist abgeleitet worden bei Konstanz aller Faktorpreise und hat einen steigenden Verlauf.

Allgemein können wir schreiben

$$x^A = f^A(p, \bar{q}_1, \ldots, \bar{q}_m)$$

Der Buchstabe A bedeutet, daß es sich um eine Angebotsfunktion handelt. Sie gibt an, welche Menge x^A eine gewinnmaximierende Unternehmung unter sonst gleichen Bedingungen (zum Beispiel konstanten Faktorpreisen, konstanter Technologie) bei alternativen Produktpreisen p produziert und anbietet. Wir betrachten also in einer eingeschränkten Fragestellung nur die Abhängigkeit der Angebotsmenge vom Preis dieses Gutes. Im Rahmen eines Totalmodells, wie es im Kapitel „Koordination" dargestellt wird, analysiert man den simultanen Einfluß *aller* Preise auf die Angebotsmenge

$$x^A = f^A(p, q_1, \ldots, q_m).$$

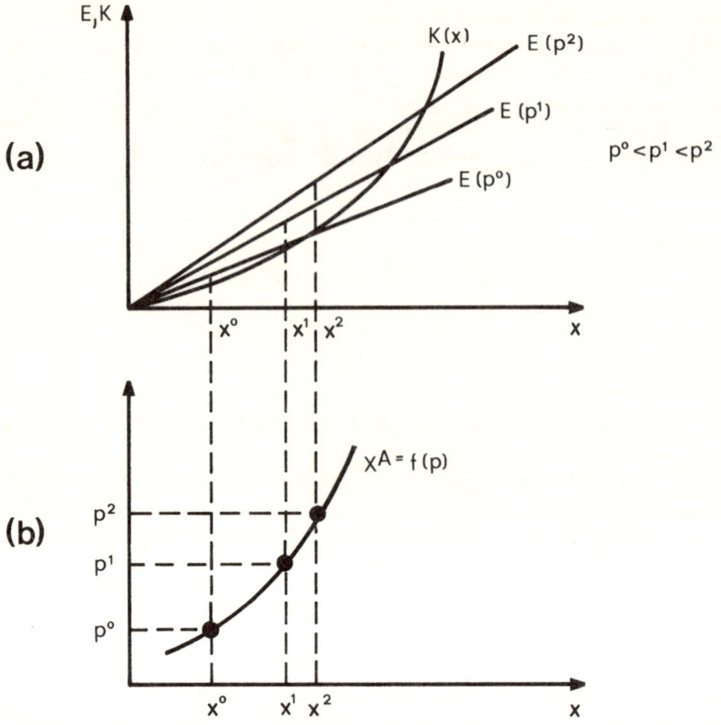

Abb. 39: Die Angebotsfunktion der Unternehmung

Da ja gemäß Outputregel im Gewinnmaximum der Produktpreis gleich den Grenzkosten ist und die zweite Ableitung der Kostenfunktion im Gewinnmaximum des Mengenanpassers positiv sein muß, ist die Angebotsfunktion identisch mit dem aufsteigenden Ast der Grenzkostenkurve – vgl. Abbildung 40a. Bei konkaver Technologie, die in diesem Abschnitt unterstellt wird, ist die zweite Ableitung der Kostenfunktion immer positiv.

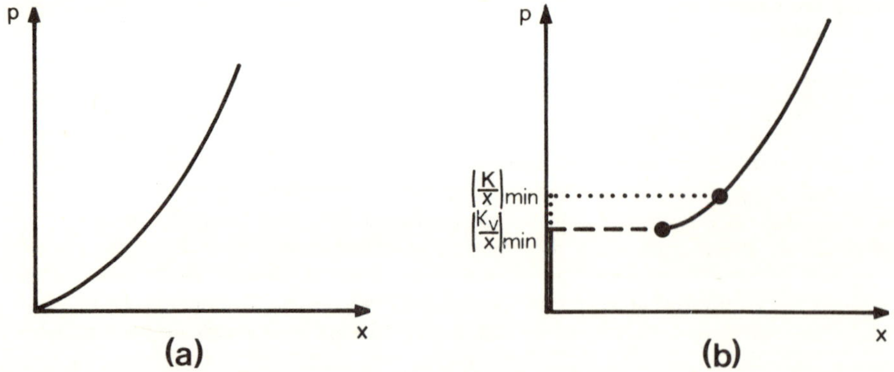

Abb. 40: Die Angebotsfunktion der Unternehmung

Bei *langfristiger Optimierung* (alle Faktoren sind variabel) bietet die Unternehmung zu jedem positiven Preis an – vgl. Abbildung 40a; das Minimum der Durchschnittskosten ist Null bei der Ausbringungsmenge Null – unter der Annahme konkaver Technologie. Bei ertragsgesetzlichem Kostenverlauf dagegen liegt das Minimum der Durchschnittskosten bei einer Ausbringungsmenge größer als Null – vgl. Abbildung 30. Will die Unternehmung keine Verluste machen, wird sie erst zu einem Preis anbieten, der gleich den minimalen Durchschnittskosten ist; man sagt, die Angebotsfunktion „beginnt" im Minimum der Durchschnittskosten – vgl. Abbildung 40b. Bei *kurzfristiger Optimierung* – fixe Kosten treten auf –, beginnt die Angebotsfunktion sowohl bei konkaver Technologie wie bei ertragsgesetzlichem Kostenverlauf im Minimum der gesamten Durchschnittskosten. In einer bestimmten Entscheidungssituation kann es jedoch für die Unternehmung sinnvoll sein, zeitweilig zu einem geringeren Preis anzubieten als den minimalen Gesamtstückkosten, solange nur die variablen Stückkosten gedeckt werden. Dies ist dann der Fall, wenn die Unternehmung hofft, Mitkonkurrenten mit höheren variablen Stückkosten vom Markt zu verdrängen. Verzichtet die Unternehmung so auf eine Deckung des Fixkostenanteils, dann beginnt die Angebotsfunktion im Minimum der variablen Durchschnittskosten – vgl. Abbildung 40b. Bei einem Preis, der niedriger ist als die minimalen gesamten beziehungsweise variablen Durchschnittskosten, kann die Unternehmung nur mit Verlust anbieten. Die Unternehmung, die in dieser Situation dennoch produziert, verfolgt kurzfristig nicht mehr das Ziel, einen (maximalen) Gewinn zu erwirtschaften, sondern schätzt andere Ziele (z.B. Vergrößerung des Marktanteils) höher ein.

Abbildung 40b zeigt den Verlauf der gesamten Angebotsfunktion; sie hat bei Preisen von $(K/x)_{min}$ beziehungsweise $(K_v/x)_{min}$ eine Sprungstelle. Bei Preisen, die unter diesen Werten liegen, fällt die Angebotsfunktion mit der Preisachse zusammen; die Angebotsmenge ist Null.

Graphisch betrachtet, bedeutet eine Veränderung des Produktpreises p eine **Bewegung auf der Angebotskurve,** während eine Veränderung der Faktorpreise ($\bar{q}_1, \ldots, \bar{q}_m$) eine **Verschiebung der Kurve** bedeutet. Eine Erhöhung eines oder mehrerer Faktorpreise bewirkt eine Verschiebung der Kurve nach links, das heißt, bei gegebenem Produktpreis bietet die Unternehmung eine geringere Produktmenge an. Eine Senkung eines oder mehrerer Faktorpreise bedeutet eine Verschiebung der Angebotskurve nach rechts; bei gegebenem Produktpreis bietet die Unternehmung jetzt eine größere Produktmenge an. Wie die Betrachtung der Gewinnmaximierungsbedingung nach der Inputregel ($q_i = p \cdot \partial x/\partial v_i$) zeigt, läßt eine gleichmäßige Erhöhung oder Senkung **aller** Preise die gewinnmaximale Ausbringungsmenge und damit die Angebotsmenge unverändert; die **Angebotsfunktion ist homogen vom Grade Null in den Preisen.** In der Haushaltstheorie haben wir gesehen, daß die Güternachfragefunktion homogen vom Grade Null ist in den Preisen und dem Einkommen beziehungsweise in den Güterpreisen und dem Lohnsatz.

Für unser einfaches Produktionsbeispiel mit Zweifaktor-Cobb-Douglas-Technologie lautet die Angebotsfunktion (vgl. Abschnitt E 1)

$$x^A = C \cdot p^{(\alpha+\beta)/(1-\alpha-\beta)} \quad \text{mit } C \equiv A^{1/(1-\alpha-\beta)} \cdot \left(\frac{\alpha}{q_1}\right)^{\alpha/(1-\alpha-\beta)} \cdot \left(\frac{\beta}{q_2}\right)^{\beta/(1-\alpha-\beta)}$$

Die Kennzeichnung der Angebotsmenge x mit * wäre immer noch angebracht, da es sich bei ihr um eine gewinnmaximale Ausbringungsmenge handelt. Der Unterschied zur Formulierung im letzten Abschnitt besteht darin, daß der Produktpreis p nun unterschiedliche Werte annehmen kann. Nur bei konkaver Technologie also $\alpha + \beta < 1$, liefert diese Funktion eine typische Angebotskurve mit steigendem Verlauf. Bei konstanten Skalenerträgen ist sie nicht definiert; die Angebotsmenge ist unbestimmt. Bei steigenden Skalenerträgen stellt die ermittelte Gleichung keine Angebotsfunktion dar, da die Mengen x^A keine gewinnmaximalen Mengen sind – vgl. Kapitel VI.

Je flacher die Angebotsfunktion in einem Punkt ist, desto stärker reagiert die angebotene Menge auf Änderungen des Produktpreises. Ein Maß für die Stärke dieser Reaktion ist die **Preiselastizität des Angebots** $\eta_{x,p}$. Sie ist definiert als

$$\eta_{x,p} = \frac{\partial x^A / x^A}{\partial p / p_A}$$

und gibt an, um wieviel Prozent sich die Angebotsmenge x^A ändert, wenn unter sonst gleichen Bedingungen der Produktpreis p um ein Prozent variiert. $\eta_{x,p}$ wird immer nur für einen bestimmten Punkt der Angebotsfunktion ermittelt (Punktelastizität).

Für unser Produktionsbeispiel läßt sie sich leicht ermitteln, wenn man die erste Ableitung der Angebotsfunktion nach dem Produktpreis bildet

$$\frac{\partial x^A}{\partial p} = \frac{\alpha + \beta}{1 - \alpha - \beta} \cdot \frac{x^A}{p},$$

woraus sich sofort

$$\eta_{x,p} = \frac{\partial x^A / x^A}{\partial p / p} = \frac{\alpha + \beta}{1 - \alpha - \beta}$$

ergibt.

Die Preiselastizität des Angebots ist gleich dem Exponenten des Produktpreises in der Angebotsfunktion.

Je geringer die Skalenelastizität r (= $\alpha + \beta$) ist, desto unelastischer reagiert das Angebot unter sonst gleichen Bedingungen auf Preisänderungen; je näher die Produktionsfunktion der Linear-Homogenität ist, desto elastischer reagiert das Angebot. Wenn die Skalenelastizität nur wenig unter Eins liegt, bewirkt eine geringfügige Drehung der Isogewinnebene eine sehr starke Verschiebung des gewinnmaximalen Produktionsplans auf der Oberfläche des Ertragsgebirges. Die Angebotselastizität ist gleich Eins, wenn die Skalenelastizität gleich 1/2 ist. In diesem Fall führt eine Güterpreiserhöhung um zum Beispiel 5 Prozent zu einer fünfprozentigen Ausweitung der Angebotsmenge.

2. Die Faktornachfragefunktionen

Die optimalen Faktoreinsatzmengen haben wir bei den Überlegungen zum optimalen Produktionsplan für einen fixen Faktorpreis bestimmt; sie sind dann gegeben, wenn die Bedingung „Faktorpreis = Wertgrenzprodukt“ für jeden Faktor erfüllt ist. Nach dieser Regel werden die gewinnmaximalen Faktoreinsatzmengen bei **jedem** beliebigen Faktorpreis ermittelt. Die Zuordnung der optimalen Einsatzmenge eines Faktors zu alternativen Preisen dieses Faktors nennt man **Faktornachfragefunktion;** jeder Punkt der Nachfragefunktion ist ein unter den gegebenen Bedingungen gewinnmaximaler Punkt.

Allgemein können wir schreiben

$$v_1^N = f_1(\bar{p}, q_1, \bar{q}_2, \ldots, \bar{q}_m);$$
$$\vdots$$
$$v_m^N = f_m(\bar{p}, \bar{q}_1, \ldots, \bar{q}_{m-1}, q_m).$$

Der Buchstabe N bedeutet, daß es sich um Nachfragefunktionen handelt. Jede von ihnen gibt an, welche Mengen v_i^N der einzelnen Faktoren i die gewinnmaximierende Unternehmung nachfragt, wenn sich unter sonst gleichen Bedingungen der Preis des jeweiligen Faktors q_i ändert.

Wir betrachten also in einer eingeschränkten Fragestellung nur die Abhängigkeit der Nachfragemenge vom Preis dieses Faktors. Im Rahmen eines Totalmodells, das im Kapitel „Koordination" behandelt wird, analysiert man den Einfluß aller Preise auf die Nachfragemenge des Faktors i

$$v_i^N = f_i\,(p, q_1, \ldots, q_i, \ldots, q_m)$$

Kehren wir zur eingeschränkten Fragestellung zurück. Eine Faktornachfragefunktion läßt sich graphisch sehr einfach für den Spezialfall der Einfaktorproduktion $(x = f(v))$ ableiten. Setzen wir abnehmende Grenzerträge voraus, dann zeigt Abbildung 41 a bei gegebener Technologie und gegebenem Produktpreis optimale Produktionspläne zu alternativen Preisen des verwendeten Faktors (q^0 und p^1).

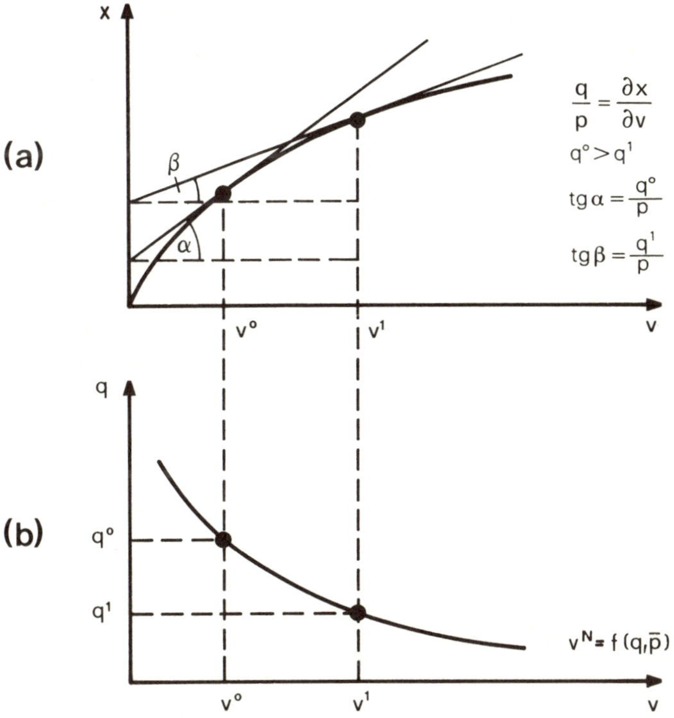

Abb. 41: Faktornachfrage bei Einfaktorproduktion

Im optimalen Produktionsplan ist gemäß Inputregel der Faktorpreis gleich dem Wertgrenzprodukt beziehungsweise das Verhältnis von Faktor- zu Produktpreis gleich dem Grenzertrag des verwendeten Faktors. Die Steigung der Isogewinnlinien an die Produktionsfunktion in Abbildung 41 a ist also gleich q^0/p beziehungsweise q^1/p. Aufgrund abnehmender Grenzerträge lohnt sich unter sonst gleichen Bedingungen der Mehreinsatz dieses Faktors nur, wenn sein Preis q zurückgeht (von q^0 auf q^1). Abbildung 41 b zeigt in einem Preis-Mengen-Diagramm die – bei gegebener Technologie und gegebenem Produktpreis – zu alternativen Faktorpreisen (q^0 und q^1) gehörenden gewinnmaximalen Faktoreinsatzmengen (v^0 und v^1). Damit ist die Faktornachfragefunktion $v^N = f(q, \bar{p})$ abgeleitet, die der Grenzproduktivitätsfunktion des Faktors v, bewertet mit dem Produktpreis, entspricht.

Im Falle der Mehrfaktorproduktion und substitutionaler Technologie ergibt sich eine ähnliche, wenn auch elastischere Nachfragefunktion, wie wir noch sehen werden. Für unser Zweifaktorbeispiel mit Cobb-Douglas-Technologie und sinkenden Skalenerträgen geben wir die algebraische Formulierung der Nachfragefunktion des Faktors 1 an:

$$v_1^N = A^c \cdot p^c \cdot \left(\frac{\alpha}{q_1}\right)^{c-d} \cdot \left(\frac{\beta}{q_2}\right)^d \quad \text{mit } c \equiv 1/(1-\alpha-\beta) \quad \text{und} \quad d \equiv \beta/(1-\alpha-\beta).$$

Der Unterschied zur Formulierung in Abschnitt E2 besteht darin, daß der Preis des Faktors 1 nun unterschiedliche Werte annehmen kann. Wegen $c > d$ sehen wir sofort, daß die nachgefragte Faktormenge v_1^N mit steigendem Preis q_1 abnimmt; das Vorzeichen der ersten Ableitung ist negativ. Die Variation des Faktorpreises q_1 führt zu einer **Bewegung auf der Nachfragekurve.** Die Veränderung des Produktpreises zum Beispiel bedeutet eine **Verschiebung der Kurve.** Eine gleichmäßige Veränderung **aller** Preise (p, q_1, q_2) läßt die nachgefragte Menge unverändert; **die Nachfragefunktion ist homogen vom Grade Null in den Preisen.**

Analyse von Preiswirkungen

Nachdem wir die „globale" Wirkung einer Faktorpreisänderung auf die nachgefragte Menge dieses Faktors bereits untersucht haben, überlegen wir uns, wie dies die Ausbringungsmenge, die Kostensumme und die Einsatzmengen der Faktoren beeinflußt und ob eine Analogie zum Einkommens- und Substitutionseffekt der Haushaltstheorie feststellbar ist.

Wir nehmen diese Analyse für eine konkave Technologie mit zwei Produktionsfaktoren zunächst graphisch vor (Abbildung 42); sie läßt sich aber auch algebraisch durchführen.

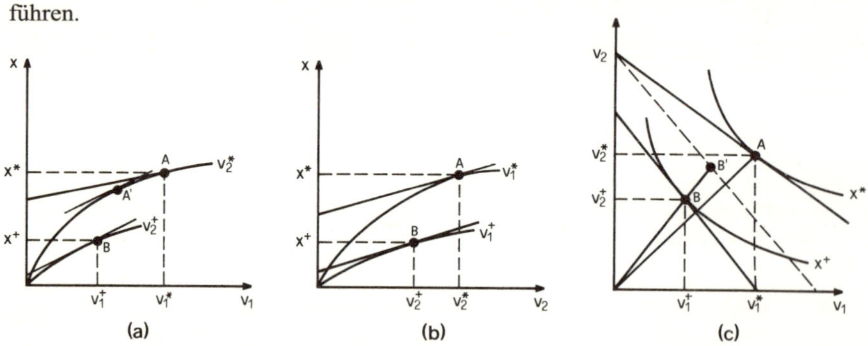

Abb. 42: Wirkungen einer Faktorpreiserhöhung (Faktor 1)

Wir gehen von einem optimalen Produktionsplan (Punkt A) aus. Nehmen wir an, der Preis des Faktors 1 steige von q_1 auf q_1^+. Die dadurch ausgelöste Bewegung auf der Nachfragefunktion dieses Faktors wird von zwei Arten von Anpassung bestimmt. Wenn wir uns zunächst nur auf der partiellen Ertragsfunktion (Abbildung 42a) des Faktors 1 bei vorgegebener Einsatzmenge des Faktors 2 v_2^* bewegen, so vermindert sich die Einsatzmenge des Faktors 1, bis sein Wertgrenzprodukt dem neuen Faktorpreis q_1^+ (Punkt A') entspricht. Wegen der Konvexität ist die Grenzproduktivität des Faktors 2 (1) positiv abhängig von der Einsatzmenge des Faktors 1 (2). Durch die

Verminderung der Einsatzmenge des Faktors 1 reduziert sich die Grenzproduktivität des Faktors 2 an der Stelle v_2^*, da für ihn nun wegen der Verminderung der Einsatzmenge des Faktors 1 eine niedriger liegende partielle Ertragsfunktion gilt (vgl. Abbildung 42b). Die Einsatzmenge des Faktors 2 muß reduziert werden, damit sein Wertgrenzprodukt wieder dem (konstant gebliebenen) Preis q_2 entspricht. Das hat zur Folge, daß die partielle Ertragsfunktion des Faktors 1 sinkt; dessen Einsatzmenge muß sich reduzieren, damit sein Wertgrenzprodukt wieder seinem „neuen" Preis q_1^+ entspricht. Das wiederum bewirkt ein weiteres Sinken der partiellen Ertragsfunktion des Faktors 2, und so fort. Die Punkte B in den drei Diagrammen sollen die jeweiligen Endwerte (v_1^+, v_2^+, x^+) dieses (gedanklich) schrittweisen Anpassungsprozesses darstellen. Wir haben also gezeigt, daß eine Faktorpreiserhöhung die optimalen Faktoreinsatzmengen und die optimale Ausbringungsmenge sinken läßt. Ebenso geht die Kostensumme zurück, wie wir aus Abbildung 43 entnehmen können.

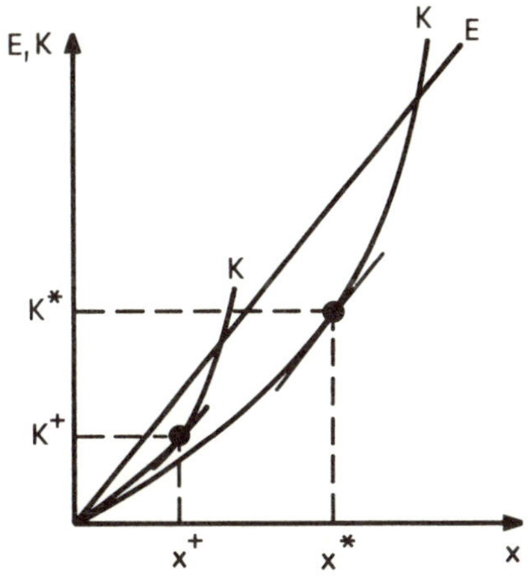

Abb. 43: *Auswirkungen einer Erhöhung des Faktorpreises q_1 auf die Kosten*

Eine Faktorpreiserhöhung bewirkt unter sonst gleichen Bedingungen eine Verschiebung der Grenzkostenfunktion nach oben, und damit eine Drehung der Kostenfunktion nach links. Diese ist jetzt bei jeder Ausbringungsmenge steiler als vorher. Die Gleichheit von Produktpreis und Grenzkosten (Outputregel) muß nun bei einer geringeren Ausbringungsmenge und einer geringeren Kostensumme eintreten als vor der Preiserhöhung, da wir eine monotone Transformation der Kostenfunktion vorgenommen haben.

Die preisbedingte Bewegung auf der Faktornachfragefunktion läßt sich in einen Substitutionseffekt und Kosteneffekte zerlegen, wie man an Abbildung 42c sieht. Hält man die Kostensumme fest, erfolgt durch die Erhöhung von q_1 auf q_1^+ eine Drehung der Isokostengerade, bis deren Steigung dem neuen Faktorpreisverhältnis q_1^+/q_2 gleich ist (gestrichelte Isokostengerade). Output und Faktoreinsatzmengen passen sich an (von Punkt A nach Punkt B'). In Punkt B' ist das neue kostenminimale Faktoreinsatzverhältnis gegeben. Dieser Punkt wird aufgrund eines Substitutionseffekts und eines Kosteneffekts erreicht, der dem Einkommenseffekt beim Haushalt entspricht. Anders als beim Haushalt, dessen Nominaleinkommen konstant bleibt, sinkt jedoch hier auch die nominale Kostensumme. Es bleibt daher nicht beim Punkt B'; die Faktoreinsatzmengen werden entlang des neuen Expansionspfades aufgrund dieses zusätzlichen Kosteneffekts weiter bis zum Punkt B reduziert.

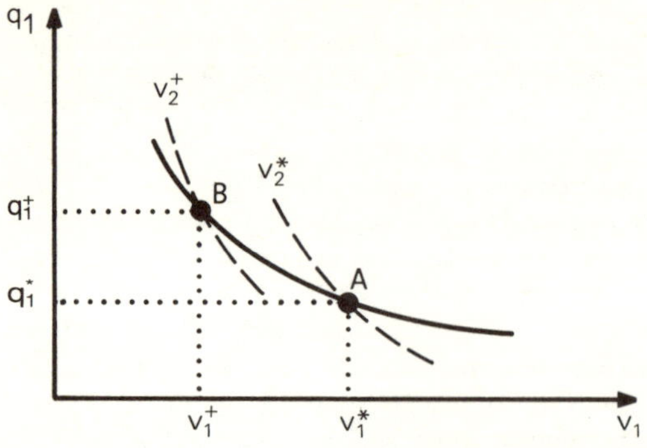

Abb. 44: *Nachfragefunktion für Faktor 1*

Die Nachfragefunktion für den Faktor 1 wäre wesentlich unelastischer, wenn man den Faktor 2 in einer bestimmten Menge (zum Beispiel v_2^*, v_2^+) festhalten würde. Wir haben deshalb durch den Punkt A (B) eine steilere Nachfragefunktion gezeichnet, die sich ergeben würde, wenn die Faktormenge v_2^+ (v_2^*) nicht variiert würde. Auf diese Weise kann man in Abbildung 44 Bewegungen auf einzelnen partiellen Ertragsfunktionen analysieren, die zu diesen **steileren** Wertgrenzproduktfunktionen führen, und durch Verschiebung der partiellen Ertragsfunktionen die gewinnmaximalen Wertgrenzprodukte ermitteln, die die Nachfragefunktion unserer Unternehmung bestimmen.

Eine algebraische Ableitung der eben betrachteten Effekte zeigt: Anhand der Angebotsfunktion sieht man, daß eine Faktorpreiserhöhung zu einer Produktionseinschränkung führt. Bei den Kosten sind zwei gegenläufige Effekte zu beobachten: Die Produktionseinschränkung bringt eine Minderung der Kosten, die Faktorpreiserhöhung eine Erhöhung der Kosten. Der Gesamteffekt zeigt sich, wenn man die Angebotsfunktion in die Kostenfunktion einsetzt; eine Ableitung dieser so gewonnenen Kostenfunktion nach q_1 hat ein negatives Vorzeichen. Die Einsatzmengen der beiden Faktoren gehen zurück, da in beiden Nachfragefunktionen der Preis des Faktors 1 im Nenner steht.

Fassen wir die Aussagen über die Preiswirkungen zusammen. Wird mit konkaver Technologie produziert, haben Preisänderungen folgende Auswirkungen auf das Güterangebot und die Faktornachfrage des Mengenanpassers:

Das Güterangebot und die Faktornachfrage nahmen ab (zu), wenn bei konstanten Produktpreisen die Faktorpreise steigen (sinken). Steigt (sinkt) dagegen der Produktpreis bei konstanten Faktorpreisen, so nehmen das Güterangebot und die Faktornachfrage zu (ab). Wenn der Produktpreis steigt (sinkt) und gleichzeitig die Faktorpreise sinken (steigen), wird die Unternehmung das Güterangebot und die Faktornachfrage erhöhen (vermindern). Nehmen die Produkt- und Faktorpreise *gleichmäßig* ab (zu), bleiben Güterangebot und Faktornachfrage unverändert. Steigen (sinken) Produkt- und Faktorpreise in unterschiedlichem Ausmaß, so hängt das Ergebnis davon ab, in welchem Verhältnis sich Produktpreise und Faktorpreise geändert haben.

Folgende Tabelle gibt einen Überblick:

vorgegebene	Produktpreis	c	c	+	–	+	–	+	–	
Größen:	Faktorpreis	+	–	c	c	–	+	+	–	c = konstant
abgeleitete	Güterangebot	–	+	+	–	+	–	?	?	+ = Zunahme
Größen:	Faktornachfrage	–	+	+	–	+	–	?	?	– = Abnahme

Schlußbemerkung: Die Stellung der Unternehmen in unserer Modellökonomie

Wir haben gesehen, unter welchen Bedingungen die Unternehmung den optimalen Produktionsplan erstellt, wie sie sich auf dem Markt verhält, das heißt, welche Größen ihre Angebots- und Nachfragemengen bestimmen.

Die Unternehmung hat in unserem statischen Modell keinerlei Einfluß auf die Technik und als Mengenanpasser auf die (Produkt- und Faktor-)Preise. Bewertet sie die Produktionspläne nach den entstehenden Gewinnen und wird der gewinnmaximale Produktionsplan realisiert, dann sind damit – wie wir gesehen haben – die Produktmenge und die Faktoreinsatzmengen in der Regel eindeutig bestimmt. Die Höhe eines eventuell entstehenden Gewinns hängt neben der Technologie und den Faktorpreisen davon ab, welcher Produktpreis auf dem Markt gilt; dieser wird durch die auf dem Markt wirksame Nachfrage der Haushalte nach diesem Gut mitbestimmt, wie im nachfolgenden Kapitel „Koordination" gezeigt werden wird. Die (gleichgewichtigen) Faktorpreise ihrerseits hängen bei gegebener Technologie ebenfalls von der Nachfrage der Haushalte nach Produkten ab, bei denen diese Faktoren als Inputs verwendet werden.

Verlagern die Haushalte zum Beispiel das Interesse von einem Gut i zu einem Gut j, das heißt, ändern sie ihre Präferenzordnung in der angegebenen Weise, dann stellt sich ein niedrigerer gleichgewichtiger Preis für das Produkt i ein. Bleiben die insgesamt notwendigen Faktormengen (und damit auch deren Preise) konstant, dann kann unter Umständen bei der Produktion des Gutes i kein Gewinn mehr erzielt werden. Dies ist dann der Fall, wenn die minimalen Durchschnittskosten aller beteiligten Unternehmen über dem Marktpreis liegen. Gut i wird nicht mehr hergestellt, die produzierte Menge des Gutes j ist angestiegen. Die Haushalte haben die Produktionsstruktur verändert, ohne daß die Unternehmen dies hätten verhindern können.

Man kann daher sagen, daß bei gegebenem technischen Wissen die Unternehmen das ausführen, was die Haushalte wünschen. Es sind also die Haushalte, die in unserer Modellökonomie das Sagen haben. Diese Zusammenhänge werden in den späteren Kapiteln dieses Buches weiterverfolgt.

Kapitel IV
Koordination

A. Einleitung

In den Kapiteln II und III untersuchten wir die ökonomischen Entscheidungen von einzelnen Haushalten und Unternehmen. Dabei gingen wir (mit Ausnahme des Monopols) davon aus, daß die Wirtschaftssubjekte sich als Mengenanpasser verhalten: sie optimieren ihren Konsum- oder Produktionsplan, wobei sie alle Preise als vorgegeben ansehen.

Die Lösung des Optimierungsproblems lieferte für jedes Gut und jeden Faktor allgemeine Nachfrage- und Angebotsfunktionen der einzelnen Haushalte und Unternehmen. Diese Funktionen ordnen – bei gegebener Erstausstattung der Haushalte – alternativen Kombinationen von Preisen die Güter- oder Faktormengen zu, die das betreffende Wirtschaftssubjekt nachfragen oder anbieten möchte.

Die Betrachtung individueller Entscheidungen hat bisher einen breiten Raum eingenommen, doch letztlich ist die Wirtschaftstheorie nicht so sehr am Verhalten einzelner Individuen interessiert. Das modellmäßige Erfassen individuellen Verhaltens ist vielmehr nur die Vorstufe einer weitergehenden Analyse: welches Ergebnis stellt sich ein, wenn eine **Vielzahl** von Haushalten und Unternehmen, die unabhängig voneinander Entscheidungen treffen und sich dabei allein an ihrem eigenen Vorteil orientieren, *auf Märkten zusammentreffen?*

Auf Anhieb würde man vielleicht argumentieren, daß sich ohne eine zentrale, lenkende Instanz notwendigerweise ein Chaos ergeben muß. Um so bemerkenswerter ist es, daß in der Wirtschaftstheorie in einer langen Tradition bereits seit **Adam Smith** (1723–1790) die entgegengesetzte Auffassung vertreten wird: in einer dezentralen Marktwirtschaft, in der die einzelnen Wirtschaftssubjekte sich allein von Preissignalen leiten lassen, ohne dabei die Entscheidungen anderer Haushalte und Unternehmen zu berücksichtigen, werden die Pläne aller Individuen quasi von unsichtbarer Hand so koordiniert, daß sie miteinander vereinbar (kompatibel) sind.

In der populären Formulierung „die Preise spielen sich so ein, daß Angebot und Nachfrage auf allen Märkten übereinstimmen" wird diese Vorstellung heute als etwas geradezu Selbstverständliches betrachtet. So einfach die Idee klingt, so schwer ist es, sie präzise zu formulieren. Dabei müssen folgende Probleme analysiert werden:

- Ist ein Zustand, in dem die Pläne aller Haushalte und Unternehmen miteinander **vereinbar** sind, **logisch** möglich? Welche Bedingungen müssen dabei erfüllt sein? Sind vielleicht sogar mehrere solcher Zustände denkbar? **(Existenz und Eindeutigkeit eines allgemeinen Gleichgewichtes)**
- Welche Mechanismen können einen Gleichgewichtszustand herbeiführen beziehungsweise aufrechterhalten? **(Stabilität eines allgemeinen Gleichgewichtes)**

Es ist ein recht anspruchsvolles Vorhaben, das Zusammenwirken vieler, voneinander unabhängig entscheidender Individuen auf vielen Märkten gleichzeitig zu erfassen. Denn das bedeutet, daß ein komplexes, **interdependentes** System mit vielfältigen Wechselbeziehungen analysiert werden muß. Aufbauend auf dem Werk von **Léon Walras** (1834–1910), der hierzu wegweisende Arbeiten geleistet hat, entwickelte die

neoklassische Gleichgewichtstheorie ein **Totalmodell** allgemeinen Gleichgewichtes, das es erlaubt, die Interdependenzen in einem wohldefinierten, präzisen Rahmen zu analysieren.

Dieses Modell wurde in den letzten Jahrzehnten immer mehr verfeinert – einen entscheidenden Beitrag dazu lieferten die beiden Nobelpreisträger **Kenneth Arrow** und **Gérard Debreu.** Es weist eine bewundernswerte formale Geschlossenheit auf und ist das heute am besten verstandene Modell der Wirtschaftstheorie. Mit mathematisch anspruchsvollen Methoden ist darin die Frage der Existenz eines Gleichgewichtes detailliert beantwortet worden. Im Abschnitt D dieses Kapitels werden die Kernaussagen des Modells – weitgehend unter Verzicht auf formale Ableitungen und allgemeine Beweise – zusammengefaßt.

Andererseits aber wird sich erweisen, daß die neoklassische Gleichgewichtstheorie zur Beantwortung der Frage, welche Mechanismen einen Gleichgewichtszustand herbeiführen, recht wenig und nur sehr Unbefriedigendes beizutragen hat. Innerhalb dieser Modellwelt ist die Frage nach dem Anpassungsmechanismus hin zum Gleichgewicht deshalb nur ungenügend zu beantworten, weil man davon ausgeht, daß sich alle Wirtschaftssubjekte als Mengenanpasser verhalten, die Preise also als gegeben hinnehmen.

Dieses Mengenanpasserverhalten vereinfacht die Analyse der Existenz eines Gleichgewichtes erheblich, läßt aber offen, wie sich denn die Preise flexibel zum Gleichgewicht hin bewegen sollten. Diese Schwäche der Gleichgewichtstheorie ist ein Hauptgrund dafür, daß sie zwar das geschlossenste und exakteste ökonomische Theoriegebäude darstellt, gleichzeitig aber auch eines der umstrittensten.

Die Analyse eines **Totalmodells,** in dem viele Märkte gleichzeitig betrachtet werden, erfordert ein komplexes Modell. Deshalb werden zunächst einmal die Grundprobleme, soweit möglich, am Beispiel eines simplen **Partialmarktes** diskutiert (Abschnitt C). Anschließend werden im Abschnitt D die Wechselbeziehungen zwischen Märkten erst anhand einfacher Zwei-Güter-Modelle erörtert und schließlich erfolgt eine formale Verallgemeinerung auf viele Märkte. Der einleitende Abschnitt B untersucht, ob die Zusammenfassung zu Gruppen von Wirtschaftssubjekten **(Aggregation)** zu anderen Ergebnissen führt als die Analyse individuellen Verhaltens.

Zuvor jedoch wollen wir die Grundelemente unserer Modellwelt sowie die zugrunde gelegten Annahmen zusammenfassen und dabei herausarbeiten, welche Fragestellungen im Rahmen dieses Modells nicht behandelt werden.

Wir betrachten eine Modellwirtschaft mit H Haushalten und K Unternehmen. Es gibt n Güter X_j ($X_1, \ldots, X_n$) und m Faktoren V_i ($V_1, \ldots V_m$). Für jedes Gut und jeden Faktor gibt es einen eigenen **Markt,** auf dem dessen Preis bestimmt wird. Als Markt bezeichnen wir dabei nicht einen konkreten Ort, an dem Anbieter und Nachfrager innerhalb eines bestimmten Zeitraums persönlich aufeinandertreffen. Der Begriff Markt ist in unserer Modellwelt vielmehr ein theoretisches Konzept und beinhaltet nur, daß **Informationen** über die geplanten Angebots- und Nachfragemengen zusammentreffen. Dabei vernachlässigen wir *Unvollkommenheiten* von konkreten Märkten. Fassen wir noch einmal alle Annahmen zusammen, die wir über die **„vollkommenen“ Märkte** unserer Modellwelt treffen (vgl. Kapitel I):

1) **Haushalte** und **Unternehmen** sind auf jedem Markt so zahlreich, daß ihre Entscheidungen **keinen** fühlbaren **Einfluß** auf den Marktpreis haben. Sie verhalten sich daher als Mengenanpasser, d.h. sie betrachten die Preise aller Güter p_j und Faktoren q_i als gegeben.

Jeder Haushalt h wählt das **bestmögliche Güterbündel;** er maximiert den Nutzen U_h aus dem Konsum der Güter unter Beachtung seiner **Budgetgleichung** (der Wert der Ausgaben für diese Güter muß gleich sein dem Wert der Erstausstattung beziehungsweise den Einnahmen aus dem Verkauf von Faktorleistungen – insbesondere Arbeit – und aus dem Gewinneinkommen G_h).

Die Unternehmen produzieren Konsumgüter mit Hilfe von Faktoren. Ein Unternehmen k, welches das Gut j produziert, **maximiert** seinen **Gewinn** bei gegebener Technologie.

Aus den Optimierungsbedingungen der Haushalte und Unternehmen lassen sich individuelle **Angebots- und Nachfragefunktionen** für Güter und Faktoren ableiten.

2) Auf jedem Markt wird jeweils ein völlig **homogenes** Gut gehandelt. Es macht keinen Unterschied, von welchen Unternehmen das Gut produziert wird und von welchen Haushalten das Gut konsumiert wird. Es wird nicht analysiert, wer von wem im einzelnen Fall kauft; das läßt sich nicht bestimmen und ist auch irrelevant (*Anonymität* von Unternehmen und Haushalten).

3) Die Informationen über alle Preise sowie über die Qualitäten der Güter stehen allen Marktteilnehmern gleichmäßig und kostenlos zur Verfügung **(vollkommene Information).**

4) Es wird nur eine Zeitperiode betrachtet **(statische Analyse). Räumliche** Aspekte werden nicht behandelt. Zudem kommen Risiko und Unsicherheit im Modell nicht vor.

5) Die **Anzahl** der Haushalte und Unternehmen ist fest **vorgegeben** und ändert sich nicht.

6) In der betrachteten Zeitperiode ändern sich weder die **Präferenzen** der Haushalte noch die **Produktionstechnologien** der Unternehmen.

7) **Zahl** und **Charakteristika** der Güter sind fest vorgegeben.

8) Jeder Haushalt verfügt über eine gegebene Anfangsausstattung an Faktoren und ein Anrecht auf einen bestimmten Gewinnanteil ϑ der Unternehmen.

Innerhalb dieser präzise formulierten Modellwelt werden wir nun untersuchen, ob **dezentrale Entscheidungen** vieler Wirtschaftssubjekte in einem komplexen Marktsystem mit vielfältigen Wechselbeziehungen zu etwas anderem als **Chaos** führen können. Die beschriebenen Annahmen ermöglichen es uns, diese Fragen in einfacher Weise zu behandeln. Zugleich aber klammern sie natürlich viele Probleme aus – es ist ja gerade ein Vorzug von exakt beschriebenen Modellen, daß die Formulierung der getroffenen Annahmen verdeutlicht, welchen Fragen man im Rahmen des Modells nicht nachgeht.

Zur Untersuchung weitergehender Fragen muß man entweder ein völlig anderes Modell entwerfen oder aber die Annahmen unseres Grundmodells in geeigneter Weise *modifizieren.* Viele Arbeiten im Rahmen der mikroökonomischen Theorie haben sich gerade die letztere Aufgabe gestellt. Bevor wir das Grundmodell näher betrachten, sollen einige weiterführende Literaturangaben auf Anstöße der Fortentwicklung des Modells bezüglich der einzelnen Punkte hinweisen:

1) Gibt es nur wenige Anbieter auf einem Markt, dann muß das **strategische Verhalten** gegenüber Konkurrenten in die Analyse einbezogen werden: die Unternehmen beobachten das Verhalten ihrer Mitproduzenten und reagieren darauf.

Dies ist das Thema der Oligopoltheorie (zur Einführung siehe dazu Henderson/Quandt [1983] oder Varian [1985]).

2) Persönliche **Präferenzen** für Produkte bestimmter Unternehmen (Markennamen, Patente) werden von der Theorie **monopolistischer Konkurrenz** erfaßt (Literatur siehe Punkt 1).

3) Bei vollkommener Information gibt es für jedes (homogene) Gut genau einen Marktpreis. **Suchkosten** bei der Ermittlung des günstigsten Angebots ebenso wie das Problem der **Qualitätsunsicherheit** werden in der **Informationsökonomie** untersucht (einen Überblick liefert Stiglitz [1985]).

4) **Räumliche** und **zeitliche** Aspekte können mit Hilfe des erarbeiteten Instrumentariums im Prinzip in das Grundmodell einbezogen werden; gleiches gilt für die Einbeziehung von **Risiko.** Im sogenannten **Arrow-Debreu-Modell** geschieht dies durch eine Uminterpretation des Güterraums: Güter werden nach dem Ort, dem Zeitpunkt und dem Zustand der Welt, zu dem sie verfügbar sind, unterschieden (Literatur siehe Punkt 1).

5) In einer dynamischen Marktanalyse wird die Zahl der Anbieter innerhalb des Modells (endogen) bestimmt. Gemäß der modernen **Industrieökonomie** (Theorie der Unternehmung) lockt freier Marktzugang neue Anbieter in einen Industriezweig, wenn dort Gewinne zu erzielen sind (eine Einführung bietet Kaufer [1980] und Tirole [1988]).

6) Die Industrieökonomie versucht auch, Bestimmungsgründe des **technischen Fortschritts** (zur Entwicklung neuer Güter oder neuer Technologien) sowie 7) die **Beeinflussung** der **Präferenzen** durch Werbung, Qualitätswettbewerb etc. zu analysieren (Literatur wie zu Punkt 5).

8) Theorien der Fairness und Gerechtigkeit versuchen, Prinzipien einer freiwilligen **Umverteilung** im Rahmen eines Marktsystems zu analysieren (vgl. Varian [1985]).

B. Aggregation

Auf jedem Markt treffen viele Individuen aufeinander. Die Analyse des Marktgeschehens wird erleichtert, wenn man die einzelnen Wirtschaftssubjekte zu Gruppen zusammenfaßt (aggregiert). In welcher Form dies erfolgen soll, hängt von der jeweiligen Fragestellung ab. Betrachten wir etwa den Markt für ein bestimmtes Gut X_j. In vielen Fällen erweist es sich hier als zweckmäßig, die Marktteilnehmer zu zwei Gruppen zusammenzufassen: einmal alle **Haushalte** (als **Nachfrager** des Gutes) und zum anderen alle **Unternehmen** (als **Anbieter** dieses Gutes).

1. Grundprinzip

Wie erhält man die **Marktnachfragefunktion** für das Gut[1] X durch **Aggregation** über alle Haushalte? Da sich alle als **Mengenanpasser** verhalten, hängen die individuell geplanten Nachfragemengen x_h eines Haushaltes h **nicht** davon ab, was die **anderen Wirtschaftssubjekte planen.** Wenn die Preise aller anderen Güter sowie die Einkommensverteilung gegeben sind, dann ist die geplante Nachfrage allein vom Preis p des

[1] In diesem Abschnitt wird der Index j für das Gut X weggelassen.

Gutes selbst abhängig: $x_h^N = x_h^N(p)$. Im Kapitel II haben wir gesehen, wie wir aus der Bestimmung des optimalen Konsumplanes bei Veränderung des Güterpreises die individuelle Nachfragefunktion ableiten können. Sie gibt zu jedem Preis p an, wieviel der Haushalt im individuellen Optimum vom Gut X nachfragen möchte.

Die Gesamtnachfrage zu einem gegebenen Preis erhält man durch eine Addition der Einzelmengen aller H Haushalte:

$$(1) \qquad x^N(p) = \sum_{h=1}^{H} x_h^N(p)$$

Wenn wir die individuellen Nachfragefunktionen kennen, dann erhalten wir die Marktnachfragefunktion graphisch ganz einfach, indem wir zu jedem beliebigen Preis die geplanten Mengen aller Haushalte **horizontal addieren** (aggregieren) (siehe Abb. 1).

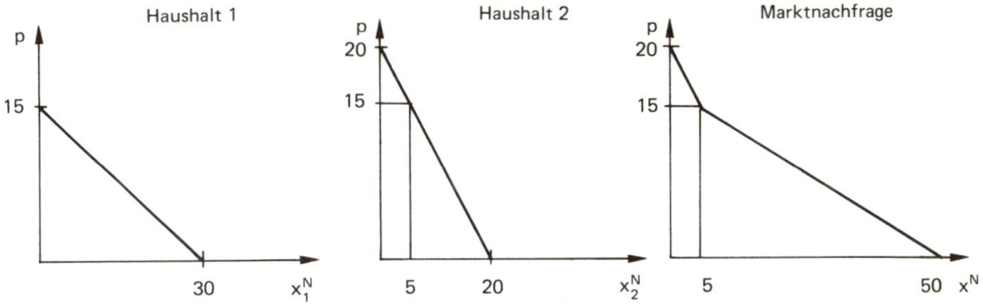

Abb. 1: *Aggregation von individuellen Nachfrageplänen*

Das einfache Beispiel der Abb. 1 für zwei Haushalte macht folgendes klar:

a) Die **Marktnachfragefunktion** erhält man als Summe der Nachfragefunktionen der einzelnen Haushalte. Sie gibt zu jedem Preis an, wieviel alle Haushalte zusammen zu diesem Preis auf dem Markt nachfragen möchten. Wenn wir später nur mehr die Gesamtnachfrage betrachten, gehen die Informationen über die Nachfragemengen der einzelnen Haushalte verloren. Dennoch dürfen wir nicht vergessen, daß die Marktnachfrage aus den Optimierungsentscheidungen (Konsumplänen) der einzelnen Haushalte abgeleitet ist, daß also jeder Haushalt zum Preis p sein individuelles Optimum realisieren möchte.

b) Die Aggregation von **normalen,** mit steigendem Preis fallenden, individuellen Nachfragefunktionen ergibt stets auch eine **normale** (fallende) Marktnachfragefunktion.

c) Die Marktnachfragefunktion verläuft **flacher** als jede der individuellen Nachfragefunktionen, weil bei einer Preissenkung die bisherigen Käufer mehr nachfragen und zudem neue Käufer auf dem Markt hinzukommen.

d) Individuelle Nachfragefunktionen, die die Preisachse schneiden, führen zu **Knikken** der Gesamtnachfragefunktion, sofern nicht der Schnittpunkt bei allen Haushalten der gleiche ist. Dies bedeutet: bei der algebraischen Ermittlung der Gesamtnachfragefunktion muß der Definitionsbereich der individuellen Funktionen genau beachtet werden. Zur Illustration ermitteln wir die Marktnachfrage entsprechend der Abb. 1 algebraisch:

$$x_1^N = \begin{cases} 30 - 2p & \text{für } 0 \leqq p \leqq 15 \\ 0 & \text{für } p \geqq 15 \end{cases}$$

$$x_2^N = \begin{cases} 20 - p & \text{für } 0 \leqq p \leqq 20 \\ 0 & \text{für } p \geqq 20 \end{cases}$$

$$x^N = x_1^N + x_2^N = \begin{cases} 50 - 3p & \text{für } 0 \leqq p \leqq 15 \\ 20 - p & \text{für } 15 \leqq p \leqq 20 \\ 0 & \text{für } p \geqq 20 \end{cases}$$

Wenn der Preis kleiner als 15 ist, dann fragen beide Haushalte auf dem Markt nach. Zählt man die nachgefragten Mengen zusammen ($30 - 2p + 20 - p$), so ergibt sich als Summe die Gesamtnachfrage $50 - 3p$. Steigt der Preis aber über 15, dann kauft der erste Haushalt nichts mehr von dem Gut X: die Gesamtnachfrage ist identisch mit der Nachfrage des zweiten Haushaltes. Für Preise größer als 20 ist die Gesamtnachfrage gleich Null.

Die Aggregation von **Angebotsfunktionen** der Unternehmen erfolgt nach dem gleichen Prinzip wie die Aggregation der Nachfrage. Wir addieren horizontal die Mengen, die von den einzelnen Unternehmen angeboten werden, und erhalten so die **Marktangebotsfunktion:**

(2) $$x^A(p) = \sum_{k=1}^{K} x_k^A(p)$$

Sie gibt zu jedem Preis an, wieviel die Unternehmen, welche das Gut X produzieren, insgesamt zu diesem Preis auf dem Markt anbieten möchten.

Für manche Fragestellungen ist es von Vorteil, über **alle Wirtschaftssubjekte** zu aggregieren (also Anbieter **und** Nachfrager zusammenzufassen). Will man bestimmen, ob zu einem bestimmten Preis auf dem Markt insgesamt mehr nachgefragt als angeboten wird (Überschußnachfrage) oder aber mehr angeboten als nachgefragt wird (Überschußangebot), ermittelt man zu jedem Preis die (horizontale) Differenz der auf dem Markt nachgefragten und angebotenen Menge. Wir erhalten die sogenannte **Überschußnachfragefunktion:**

(3) $$e_x(p) = x^N(p) - x^A(p)$$

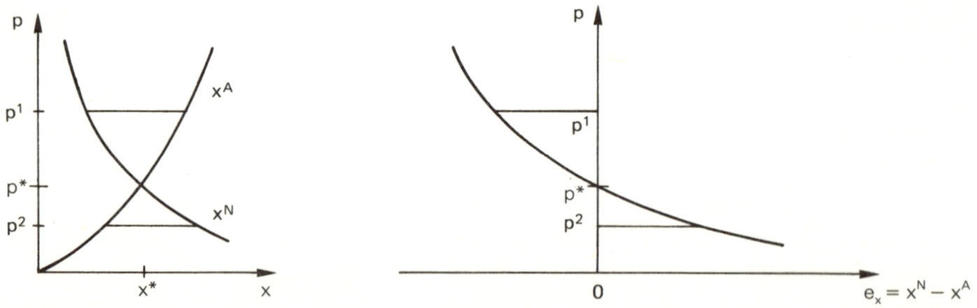

Abb. 2: *Überschußnachfragefunktion*

Ein Wert $e_x(p) > 0$ kennzeichnet eine (positive) **Überschußnachfrage. Überschußangebot** besteht, wenn zu einem Preis mehr angeboten als nachgefragt wird; wir bezeichnen dies als *negative Überschußnachfrage:* $e_x(p) < 0$.

2. Aggregation allgemeiner Nachfragefunktionen

Die Marktnachfrage betrachteten wir bisher allein als eine Funktion des Preises des jeweiligen Gutes – alle anderen Preise wurden konstant gehalten. Ganz analog können wir aber auch die **allgemeine Marktnachfragefunktion** für ein Gut X_j als eine Funktion aller Preise ermitteln, indem wir wieder einfach über die nachgefragten Mengen aller Haushalte summieren:

$$x_j^N(p_1, \ldots p_n, E_1, \ldots E_H) = \sum_{h=1}^{H} x_{jh}^N(p_1, \ldots p_n, E_h).$$

Welche Aussagen über den Verlauf der aggregierten Nachfragefunktion können wir aus dem Verlauf der individuellen Nachfragefunktion ableiten? Läßt sich etwa das Verhalten von einzelnen Haushalten übertragen auf das **Verhalten von Gruppen** von Nachfragern? Falls dies der Fall wäre, könnte man zur Vereinfachung nur das Verhalten eines einzelnen Haushaltes betrachten und davon ausgehen, daß dessen Verhalten **repräsentativ** für das Verhalten der Gesamtnachfrage ist.

Dies trifft jedoch nur unter sehr engen Bedingungen zu: die Marktnachfrage hat nur dann die gleichen Eigenschaften wie die individuelle, wenn alle Haushalte nicht nur gleiche Präferenzen besitzen, sondern zudem die Einkommens-Konsum-Kurven lineare Geraden durch den Ursprung sind. Das Konzept des repräsentativen Haushaltes verleitet daher oft zu irreführenden Schlußfolgerungen. Zwei Beispiele sollen illustrieren, wie sich die Gesamtnachfrage verhalten kann, wenn die angeführten Bedingungen verletzt sind.

a) Identische Präferenzen, unterschiedliche Einkommen

Betrachten wir zunächst zwei Haushalte mit **identischen Präferenzen,** aber **unterschiedlichen Einkommen** wie in Abb. 3.

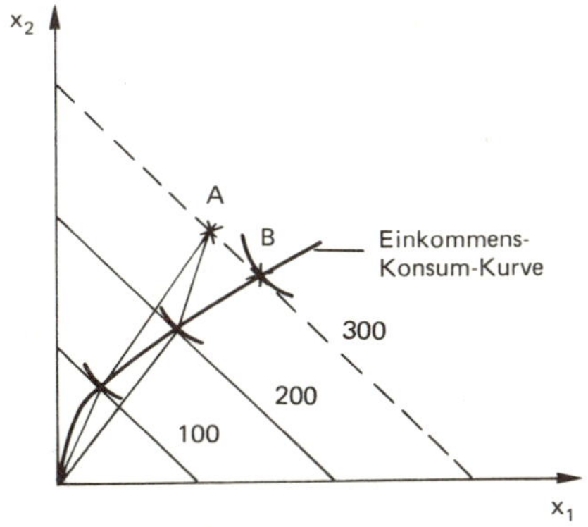

Abb. 3: *Aggregation von Konsumplänen – unterschiedliche Einkommen*

Haushalt 1 verfügt über ein Einkommen von 100 Einheiten, Haushalt 2 über das doppelte. Die Konsumpläne liegen auf dem Einkommens-Konsum-Pfad. Werden die Pläne beider Haushalte aggregiert, dann ist die gesamtwirtschaftliche Nachfrage durch den Punkt A bestimmt. Punkt A liegt auf der *gestrichelten Marktbudgetgeraden* mit dem aggregierten Einkommen von 300 Einheiten. Ein repräsentativer Haushalt mit einem Gesamteinkommen von 300 würde dagegen den Konsumplan B wählen.

Selbst bei identischen Präferenzen hängt also die Gesamtnachfrage wesentlich von der *Einkommensverteilung* auf beide Haushalte ab: selbst wenn das Gesamteinkommen aller Haushalte konstant bleibt, ändert sich die Marktnachfrage nach einem Gut in der Regel, wenn sich die Einkommensverteilung verändert. Es kommt also darauf an, ob diejenigen Haushalte, die das Gut besonders schätzen, hohe oder niedrige Einkommen haben. Die nachgefragte Menge hängt also nicht nur vom Gesamteinkommen, sondern auch von der Verteilung der Einkommen auf alle Haushalte ab. Deshalb können wir die Marktnachfrage nicht einfach als eine Funktion der Preise und des Gesamteinkommens schreiben. Selbst bei identischen Präferenzen ist die Einkommensverteilung nur dann ohne Bedeutung, wenn der Einkommens-Konsum-Pfad linear durch den Ursprung geht (nur dann würden die Punkte A und B zusammenfallen).

b) Heterogene Präferenzen, konstante Einkommensverteilung

Betrachten wir nun Haushalte mit *unterschiedlichen* Präferenzen, lassen aber die Einkommensverteilung konstant, dann erhalten wir ein mindestens ebenso bemerkenswertes Resultat: obwohl sich die einzelnen Haushalte rational verhalten, weist die Marktnachfrage Eigenschaften auf, die mit rationalem Verhalten eines einzelnen „repräsentativen" Haushalts nicht vereinbar sind. Untersuchen wir dies anhand von Abb. 4.

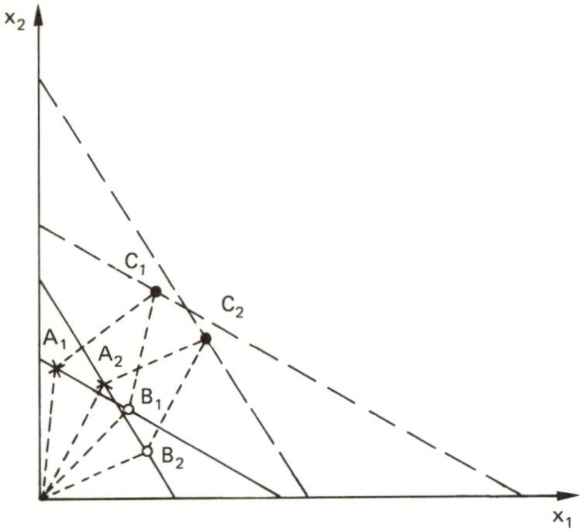

***Abb. 4:** Aggregation von Konsumplänen: heterogene Präferenzen*

Die beiden Haushalte A (x) und B (o) verfügen über ein gleich hohes Einkommen E. In der Abbildung werden die Konsumpläne beider Haushalte für zwei verschiedene Preisrelationen (p^1, p^2) betrachtet. Sie ergeben die aggregierten (•) Konsumpläne C^1 bzw. C^2, die auf der entsprechenden (*gestrichelten) Marktbudgetgeraden* mit dem aggregierten Einkommen 2 E liegen. Bei den Preisen p^1 wird das Güterbündel C^1 gekauft: C^1 wird dem Güterbündel C^2 vorgezogen, das mit der Ausgabensumme $p^1 C^1$ ebenfalls finanzierbar wäre.

Beim Vergleich von C^1 und C^2 ergibt sich folgendes Paradox: Zum Preisverhältnis p^2 wird C^2 gegenüber C^1 präferiert. Wie wir in Kapitel II gelernt haben, bewertet der Haushalt unterschiedliche Güterbündel **unabhängig von den Marktpreisen** der Güter. Wenn bei den Preisen p^2 das Güterbündel C^2 gegenüber C^1 vorgezogen wird, dann darf das **nur** daran liegen, daß bei den Preisen p^2 die Ausgabensumme $p^2 C^2$ nicht ausreicht, das Güterbündel C^1 zu kaufen. In der durch die Abbildung 4 beschriebenen

Situation würde sie jedoch genügen, denn C^1 liegt im Innern des Budgetraums der Marktbudgetgeraden 2. Ein einzelner, repräsentativer Haushalt mit einem Gesamteinkommen von 2 E dürfte C^2 folglich nicht gegenüber C^1 vorziehen (das widerspräche unseren Annahmen an rationales Verhalten).

c) Durchschnittliche Gesamtnachfrage

Die Analyse von individuellen Entscheidungen, wie wir sie in der Haushaltstheorie kennengelernt haben, gibt also nur wenig Informationen über die Eigenschaften der Marktnachfrage.[1] Will man genauere Aussagen über ihren Verlauf machen (etwa, daß die Marktnachfrage nach einem Gut mit steigendem Preis fällt), dann müssen zusätzliche, einschränkende **Bedingungen an die Verteilung der Präferenzen und/ oder Einkommen über alle Haushalte** erfüllt sein. Die Marktnachfragefunktion nach einem Gut entspricht dabei um so eher der Nachfragefunktion, wie wir sie in der Haushaltstheorie abgeleitet haben, je ähnlicher die Präferenzen sind, je geringer die Einkommensunterschiede und je gerader die Einkommens-Konsum-Pfade verlaufen.

Diese Beobachtung eröffnet interessante Möglichkeiten: **geeignete Annahmen über Präferenz- und Einkommensverteilung der Haushalte** können gewährleisten, daß die **Marktnachfrage** qualitativ wesentlich andere, **stabilere Eigenschaften** aufweist als die Nachfrage der einzelnen Haushalte – ähnlich wie in der Physik das Verhalten des Aggregats einfacher zu analysieren ist als das der Teilchen. Ein Beispiel soll dies illustrieren:

Ist die Zahl der Haushalte groß, dann erhalten wir unter bestimmten Bedingungen im Mittel eine *eindeutige, stetige* Marktnachfragefunktion, selbst wenn die individuel-

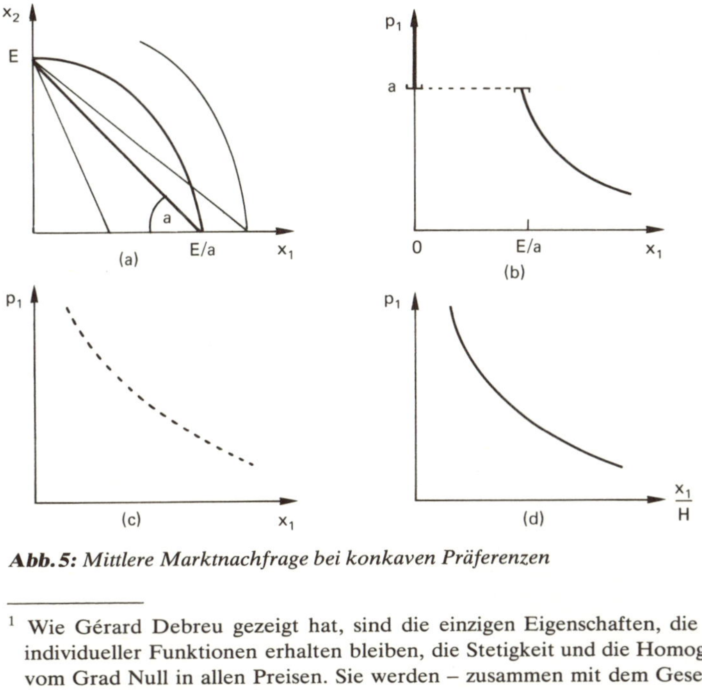

***Abb. 5:** Mittlere Marktnachfrage bei konkaven Präferenzen*

[1] Wie Gérard Debreu gezeigt hat, sind die einzigen Eigenschaften, die bei der Aggregation individueller Funktionen erhalten bleiben, die Stetigkeit und die Homogenität der Nachfrage vom Grad Null in allen Preisen. Sie werden – zusammen mit dem Gesetz von Walras – auch die wesentlichen Grundelemente bilden, auf die sich die Analyse wechselseitiger Beziehungen in einem Totalmodell in Abschnitt D stützt.

len Nachfragefunktionen **Sprünge** aufweisen, weil die Indifferenzkurven der einzelnen Haushalte **nicht konvex** sind. Gehen wir davon aus, daß die Indifferenzkurven eines Haushaltes konkav verlaufen wie in Abb. 5 a), und der Preis des Gutes 2 gleich 1 sei. Bei konkaven Indifferenzkurven ergibt sich eine *Randlösung* für den optimalen Konsumplan: es wird entweder nur Gut 1 oder nur Gut 2 konsumiert. Wenn der Preis p_1 höher als ein kritischer Wert mit Steigung a ist, wird der Haushalt nichts vom Gut 1 nachfragen. Ist der Preis gleich der Steigung a ($p_1 = a$), dann ist er gerade indifferent zwischen dem Konsum von Gut 2 und dem von Gut 1. Zum Preis $p_1 = a$ steigt also die Nachfrage nach Gut 1 **sprunghaft** von Null auf E/a. Sinkt der Preis weiter, wird nur Gut 1 konsumiert (Abb. 5b).

Wenn die Präferenzen über die Haushalte hin sich so unterscheiden, daß die kritische Steigung a von Haushalt zu Haushalt leicht variiert, dann erfolgt der beschriebene Nachfragesprung bei jedem Haushalt zu einem anderen Preis. Natürlich weist nun die Gesamtnachfrage sehr viele Sprünge auf (Abb. 5c). Andererseits aber nähert sich die durchschnittliche **(mittlere)** Gesamtnachfrage aller Haushalte $\frac{x^N}{H}$ bei entsprechender Verteilung des Parameters a mit zunehmender Zahl der Haushalte H einer stetigen Funktion (Abb. 5d). Dies ist ein Beispiel dafür, daß die Marktnachfrage im Mittel wünschenswerte Eigenschaften aufweisen kann, selbst wenn für die einzelnen Haushalte die Annahmen an die Präferenzordnung verletzt sind. Aggregation hat hier also eine **glättende, stabilisierende** Wirkung. Intuitiv entspricht das der Vorstellung, daß man nach dem „Gesetz der großen Zahl“ über den Durchschnitt Genaueres aussagen kann als über die einzelnen Individuen.

C. Gleichgewicht auf einem Partialmarkt

1. Vereinbarkeit individueller Pläne: Marktgleichgewicht

Änderungen der Konsum- oder Produktionsentscheidungen auf einem Markt wirken sich immer auch auf andere Märkte aus, und dies kann wiederum Rückwirkungen auf den Ausgangsmarkt haben. Es ist ein Vorzug der neoklassischen Gleichgewichtstheorie, diese wechselseitigen Beziehungen in einem wohldefinierten Modellrahmen (Totalmodell) erfassen zu können. Weil es jedoch keine leichte Aufgabe ist, solche Interdependenzen zu analysieren, soll in diesem Abschnitt zur Vorbereitung zunächst eine wesentlich einfachere Frage behandelt werden, nämlich: wie erfolgt die Koordination von vielen unabhängigen Entscheidungen auf **einem einzelnen** Markt? Wir unterstellen daher vorläufig, daß die Preise aller anderen Güter sowie die Einkommensverteilung unverändert bleiben **(ceteris-paribus Bedingung).** Ein solches Vorgehen steht in der Tradition von **Alfred Marshall** (1842–1924); man bezeichnet es als **Partialanalyse.**

Werden alle anderen Preise und die Einkommensverteilung konstant gehalten, dann kann man die Nachfragepläne jedes einzelnen Haushaltes h auf einem Partialmarkt allein als eine Funktion des Preises dieses Gutes betrachten. Es gilt: $x_h^N = x_h^N(p)$. Wenn die individuellen Nachfragekurven aller Haushalte ($h = 1, \ldots, H$) normal (fallend) verlaufen, so erhalten wir als Summe der Einzelpläne eine fallende Marktnachfragefunktion $x^N(p) = \sum_{h=1}^{H} x_h^N(p)$, wie im vorangehenden Abschnitt beschrieben. Umgekehrt hat die Marktangebotsfunktion $x^A(p) = \sum_{k=1}^{K} x_k^A(p)$ einen steigenden Verlauf, wenn jedes einzelne Unternehmen k ($k = 1, \ldots, K$) mit steigendem Preis mehr anbietet.

Beide Kurven lassen sich in einem anschaulichen Preis-Mengen-Diagramm zusammenfassen, das wir bereits in Kapitel I kennengelernt haben (Abb. 6). Es illustriert einen Sachverhalt, der von vielen als eine der wichtigsten Aussagen der Wirtschaftstheorie betrachtet wird: ein **Marktgleichgewicht** ergibt sich dort, wo sich **Nachfrage- und Angebotskurve schneiden.**

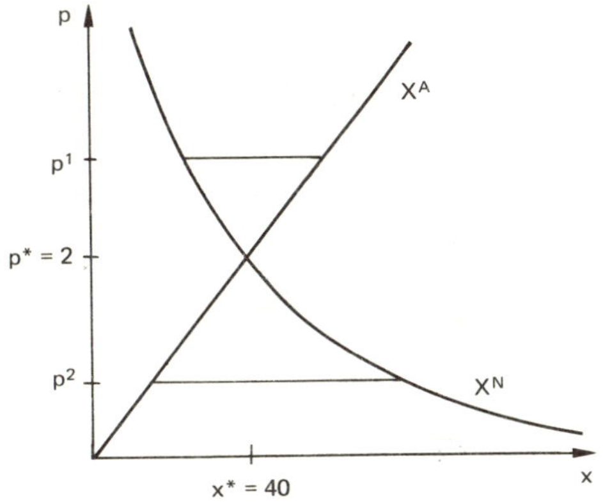

Abb. 6: *Marktgleichgewicht*

Graphisch ergibt sich das Gleichgewicht als Schnittpunkt zwischen Marktnachfrage- und Marktangebotsfunktion. Algebraisch lautet die **Gleichgewichtsbedingung:**

(1) $x^N(p) = x^A(p)$.

Diese Gleichgewichtsbedingung ist eine Gleichung mit einer Unbekannten (nämlich dem Preis p). Als Lösung der Gleichung erhält man in Abbildung 6 einen eindeutigen **Gleichgewichtspreis** p^*, und dem entspricht eine eindeutige **Gleichgewichtsmenge** x^*. Deren Wert läßt sich ermitteln, indem man p^* entweder in die Nachfrage- oder in die Angebotsfunktion einsetzt.

Zur Verdeutlichung berechnen wir das Gleichgewicht entsprechend der Abb. 6 für einen sehr einfachen Fall: Die aggregierte Nachfrage sei $x^N = 80/p$; das aggregierte Angebot $x^A = 20\,p$. Die Gleichgewichtsbedingung $x^N(p) = x^A(p)$ lautet hier:

$$80/p = 20\,p$$

Eine Umformung liefert: $p^2 = 4$. Als Lösung der Gleichung erhalten wir den Gleichgewichtspreis $p^* = 2$ (eine zweite Lösung mit negativem Preis $p = -2$ ist hier ökonomisch nicht interpretierbar). Zu diesem Preis entspricht die auf dem Markt **nachgefragte** Menge $x^N = 40$ genau der **angebotenen** $x^A = 40$; zum Preis p^* herrscht also auf dem Markt **Gleichgewicht.**

Überlegen wir uns, warum die **Pläne** der einzelnen Wirtschaftssubjekte nur dann **miteinander vereinbar** sind, wenn auf dem Markt **Gleichgewicht** herrscht. Dazu müssen wir uns wieder an den Zusammenhang erinnern, der zwischen den **aggregierten** Kurven und den **individuellen Plänen** besteht. Die gesamte nachgefragte Menge zu einem Preis p ist ja die Summe der zu diesem Preis **geplanten individuellen Nachfragemengen** (die sich aus den optimalen Konsumplänen der einzelnen Haushalte ableiten), und die gesamte angebotene Menge setzt sich zusammen aus den zu diesem Preis **geplanten Angebotsmengen** aller Unternehmen (abgeleitet aus den optimalen Produktionsplänen der einzelnen Unternehmen).

Zum Gleichgewichtspreis p* kann nun die gesamte Nachfrage x^{*N} befriedigt werden. Wenn aber die Summe der Einzelpläne realisierbar ist, dann bedeutet dies für jeden einzelnen Haushalt: er kann seine zum Preis p* geplante Menge tatsächlich nachfragen und somit sein individuelles Optimum verwirklichen.

Andererseits gilt wegen der Gleichheit von Angebot und Nachfrage: zum Preis p* kann die gesamte angebotene Menge verkauft werden. Das heißt aber wiederum: auch jeder Anbieter, der zu diesem Preis eine bestimmte Menge absetzen möchte, kann seinen Plan realisieren. Folglich kann zum **Gleichgewichtspreis jeder Marktteilnehmer** sein **individuelles Optimum** (den optimalen Konsum- oder Produktionsplan) verwirklichen. Die Pläne aller Wirtschaftssubjekte sind miteinander vereinbar und keiner sieht sich veranlaßt, seine Pläne zu revidieren.

Zu einem anderen Preis dagegen lassen sich nicht alle Pläne gleichzeitig verwirklichen, weil dann die gesamte nachgefragte Menge entweder *größer* oder *kleiner* als die angebotene Menge ist; auf dem Markt besteht ein **Ungleichgewicht.** Untersuchen wir den Fall, daß der Marktpreis höher als der Gleichgewichtspreis ist ($p^1 > p^*$ in Abb. 6). Zu diesem Preis besteht ein **Überschußangebot.** Auch in diesem Fall sind zwar die Pläne aller **Haushalte** realisierbar (jeder Haushalt kann auf dem Markt so viel kaufen, wie er wünscht), aber einige **Unternehmen** können zu diesem Preis nicht mehr so viel absetzen wie geplant: der Markt ist nicht geräumt. Umgekehrt könnten bei einer **Überschußnachfrage** (etwa zum Preis $p^2 < p^*$) einige Haushalte ihre geplante Nachfrage nicht befriedigen: zum Preis p^2 fragen die Haushalte insgesamt mehr von dem Gut nach als die Unternehmen anbieten.

Jeder Haushalt und jede Unternehmung kann also das individuelle Optimum genau dann realisieren, wenn ein Marktgleichgewicht besteht. Diese Eigenschaft eines Marktgleichgewichtes darf freilich nicht zu dem Fehlschluß verleiten, das Gleichgewicht sei in irgendeiner Weise moralisch gut oder gerecht oder habe irgendetwas mit einem Zustand allgemeiner Harmonie zu tun. Denn, daß alle ihr individuelles Optimum verwirklichen können, schließt keineswegs aus, daß viele sich am Rande des Existenzminimums, vielleicht sogar darunter, bewegen.

Machen wir uns daher nochmals klar, was es für den einzelnen Haushalt heißt, ein *individuelles Optimum* zu realisieren: der Haushalt wählt **relativ** zu den **gegebenen Beschränkungen** (den Preisen aller anderen Güter, dem Preis p* sowie seinem Einkommen) diejenige Gütermenge, die ihm das höchste erreichbare Nutzenniveau ermöglicht. Das individuelle Optimierungsproblem besteht also gerade darin, unter den *gegebenen Beschränkungen* das Bestmögliche zu erreichen (gleiches gilt für Unternehmen).

Wenn wir dabei von einer **vorgegebenen** Einkommensverteilung ausgehen, ist es klar, daß die Frage nach einer gerechten Verteilung überhaupt nicht gestellt, geschweige denn beantwortet wird. Das gilt genauso, wenn das Arbeitseinkommen der Haushalte endogen bestimmt wird (wie dies in Kapitel II G geschieht) – denn in diesem Fall ist die Faktorausstattung (verfügbare Zeit T) ebenso wie der Anteil am Gewinneinkommen **vorgegeben.**

2. Existenz und Eindeutigkeit eines Marktgleichgewichts

Im vorangehenden Abschnitt haben wir gesehen, daß die Pläne aller Wirtschaftssubjekte dann miteinander vereinbar sind, wenn Marktgleichgewicht herrscht. Das Marktgleichgewicht wurde beschrieben als ein Schnittpunkt zwischen der Marktangebots- und der Marktnachfragekurve. Die Untersuchung, unter welchen **Bedingungen ein Marktgleichgewicht existiert,** nimmt in der mathematischen Wirtschaftstheorie einen wichtigen Platz ein, obwohl sie zunächst einmal von relativ geringem Interesse zu sein scheint. Ein Gleichgewicht existiert auf einem Markt dann, wenn es einen Preis (den **Gleichgewichtspreis**) gibt, zu dem die nachgefragte Menge gerade der angebotenen entspricht:

$$x^N(p) = x^A(p).$$

Die Bedingung für die Existenz eines Marktgleichgewichtes läßt sich alternativ auch folgendermaßen formulieren: ein Gleichgewicht existiert dann, wenn es einen Preis gibt, zu dem der Markt geräumt ist, die Überschußnachfrage auf dem Markt $e_x(p)$ also gleich Null ist.

$$e_x(p) = x^N(p) - x^A(p) = 0.$$

Es ist verhältnismäßig einfach, für einen konkreten Verlauf von Angebots- und Nachfragekurve zu bestimmen, ob sich ein Schnittpunkt ergibt und demnach ein Gleichgewicht existiert. Schwieriger ist es, zu prüfen, welche Annahmen über die Präferenzordnungen der Haushalte und die Produktionstechnologien garantieren, daß ein Marktgleichgewicht existiert, ohne daß man den Verlauf der konkreten Funktionen kennt. Für einen Markt gibt es immer genau eine Gleichgewichtsbedingung. Man könnte vielleicht vermuten, dies garantiere, daß sich immer ein Gleichgewichtspreis als Lösung der Gleichung ermitteln läßt. Doch das ist nicht richtig. Es ist *nicht* von vorneherein sicher, daß überhaupt ein Gleichgewicht existiert. Andererseits kann es durchaus sogar *mehrere* Gleichgewichte geben. Das Beispiel des letzten Abschnitts machte schließlich deutlich, daß sich auch Lösungen ergeben können, die im betrachteten Fall ökonomisch nicht vernünftig interpretierbar sind: hier schließen wir aus, daß Gleichgewichtspreise und -mengen **negativ** sind. Genauer formuliert muß daher die **Bedingung für die Existenz eines Gleichgewichts** lauten:

> Ein **Marktgleichgewicht existiert,** wenn Angebots- und Nachfragekurve mindestens einen Schnittpunkt im positiven Quadranten haben:
>
> $$x^N(p^*) = x^A(p^*) \quad \text{mit} \quad p^* > 0 \quad \text{und} \quad x^* > 0.$$

Anders formuliert:

> Ein **Marktgleichgewicht existiert,** wenn es einen positiven Preis $p^* > 0$ gibt, für den die Überschußnachfrage auf dem Markt gleich Null ist
>
> $$e_x(p^*) = x^N(p^*) - x^A(p^*) = 0 \quad (\text{wobei } x(p^*) > 0).$$

Das Gleichgewicht ist **eindeutig,** wenn es genau **einen** Schnittpunkt gibt.

Eine einfache Überlegung zeigt, daß unsere Annahmen an die Präferenzordnung der Haushalte zusammen mit der Bedingung *abnehmender Skalenerträge* im Produktionsbereich die Existenz eines Gleichgewichts garantieren. Weil die Indifferenzkurven die Achsen nicht schneiden, fragt ein Haushalt auch bei einem noch so hohen Preis etwas von dem Gut nach; geht der Preis gegen unendlich, muß die nachgefragte Menge bei beschränktem Budget gegen Null gehen. Andererseits wird der Haushalt wegen der Nichtsättigungsannahme bei einem Preis von Null von dem Gut sehr viel nachfragen. Schließlich verläuft die Nachfragefunktion *stetig,* weil die Präferenzen stetig und streng konvex sind. Ein möglicher Verlauf der Marktnachfrage ist in Abb. 7a) angegeben.

Im Produktionsbereich führen durchweg abnehmende Skalenerträge zu steigenden Grenzkosten; die Angebotsfunktion ist daher eine *stetig* steigende Funktion. Da *beide*

Kurven stetig sind, muß es notwendigerweise mindestens einen Schnittpunkt zwischen beiden Kurven geben. Weil die Haushaltstheorie aber keine weitergehenden Aussagen über den Verlauf der Marktnachfrage machen kann, gibt es nur unter speziellen Bedingungen ein **eindeutiges** Marktgleichgewicht. In Abb. 7 a) existieren drei verschiedene Marktgleichgewichte.

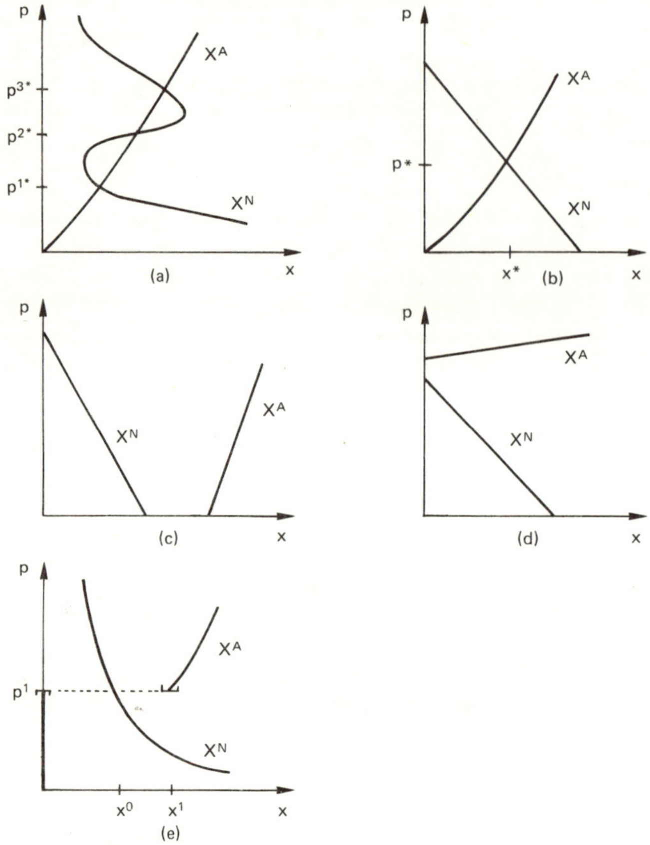

***Abb. 7:** Existenz und Eindeutigkeit eines Marktgleichgewichts*

In Abb. 7 b) gibt es ein eindeutiges Gleichgewicht. Die Abbildung zeigt zudem, daß ein Gleichgewicht durchaus existieren kann, wenn die in Kapitel II formulierten Bedingungen an die Präferenzordnung nicht erfüllt sind. (Hier schneidet die Nachfragekurve beide Achsen; das aber wurde dort ausgeschlossen.) Diese Bedingungen sind also *hinreichend,* aber *nicht notwendig* für die Existenz eines Gleichgewichtes.

In den Abbildungen 7 c) und d) gibt es im positiven Quadranten keinen Schnittpunkt zwischen den Kurven. Bedeutet dies, daß die Märkte immer im Ungleichgewicht sind, daß es also keinen Preis gibt, zu dem die Pläne aller Haushalte und Unternehmen miteinander vereinbar sind?

In Abb. 7 c) handelt es sich um ein freies Gut: auch bei einem Preis von Null ist das Angebot größer als die Nachfrage. Als klassische Beispiele für freie Güter galten lange Zeit Wasser, Luft und Sonne. Gemäß der Gleichgewichtsdefinition von oben gibt es auf diesem Markt kein Gleichgewicht. Doch die Definition ließe sich problemlos erweitern, so daß sie auch diesen Fall einschließt:

Ein Gut hat einen Gleichgewichtspreis von Null **(freies Gut),** wenn zu diesem Preis ein Überschußangebot besteht. Die Haushalte können ihre Nachfrage umsonst dekken, weil auch zum Preis von Null mehr vorhanden ist als nachgefragt wird. Wenn das Überangebot niemanden stört, dann lassen sich auch in diesem Fall die Pläne aller Wirtschaftssubjekte verwirklichen; es gibt für niemanden einen Anlaß, seine Pläne zu revidieren.

Ähnliches gilt für Abb. 7d). Hier reicht die Zahlungsbereitschaft der Haushalte nicht aus, die Unternehmen überhaupt zur Produktion des Gutes zu veranlassen. Das Gut wird **nicht produziert.**

Die beschriebenen Fälle lassen sich also ohne Schwierigkeiten als Gleichgewichte (Realisierbarkeit aller Pläne) interpretieren. Allerdings ergeben sich hier **Randlösungen.** Die mathematische Formulierung würde deshalb Techniken erfordern, die wir in dieser Einführung nicht verwenden. Allein aus diesem Grunde werden wir weiterhin an der oben angegebenen Gleichgewichtsdefinition festhalten. (Aus dem gleichen Grund werden wir auch die Möglichkeit nicht betrachten, daß sich Angebots- und Nachfragekurven gerade beim Preis Null schneiden.)

Gibt es auch Fälle, in denen tatsächlich **kein Gleichgewicht existiert,** in denen es also keinen Preis gibt, zu dem die Pläne aller Wirtschaftssubjekte realisierbar sind? Dies ist dann möglich, wenn eine der Kurven nicht stetig verläuft, wenn also die Angebots- (oder die Nachfrage)funktion **Sprungstellen** aufweist, wie zum Beispiel in Abb. 7e).

Abb. 7e) unterstellt einen ertragsgesetzlichen Kostenverlauf. Die Angebotsfunktion hat daher eine **Sprungstelle.** Bei der eingezeichneten Nachfragekurve existiert kein Gleichgewicht: zum Preis p^1 würde entweder nichts oder aber die Menge x^1 produziert. Die Menge x^0 dagegen wird nicht angeboten, weil bei ihrer Produktion aufgrund von Fixkosten Verluste entstünden.

Betrachten wir schließlich den Fall **zunehmender Skalenerträge.** Wie im Kapitel III, Abschnitt G, angedeutet, ist hier die Angebotsfunktion nicht definiert. Zu jedem positiven Preis würde unendlich viel angeboten; sinkt der Preis aber auf Null, dann springt das Angebot plötzlich auf Null. Das bedeutet aber: für alle positiven Preise gibt es immer ein Überschußangebot auf diesem Markt; beim Preis von Null dagegen herrscht immer Überschußnachfrage. Für keinen Preis kann ein Gleichgewicht existieren.

Dieses Beispiel zeigt deutlich, daß es bei der Frage nach der Existenz eines Gleichgewichts eigentlich darum geht, ob das Modell in sich schlüssig ist. Im vorliegenden Fall ist es einfach absurd, daß sich der Produzent als Mengenanpasser verhält: er müßte erkennen, daß er nicht unendlich viel absetzen kann, weil die Nachfrage beschränkt ist. Zudem würde seine Nachfrage auf den Faktormärkten auch die Faktorpreise nicht unverändert lassen. Somit kann im Fall steigender Skalenerträge die Marktform der vollkommenen Konkurrenz nicht das geeignete Modell darstellen. Der Produzent würde sich vielmehr wie ein Monopolist verhalten.

3. Stabilität eines Gleichgewichtes

Wir haben bis jetzt der Betrachtung und Diskussion des Marktgleichgewichts große Aufmerksamkeit gewidmet und die Frage nach der Existenz eines Gleichgewichts behandelt. Auf einem Markt herrscht Gleichgewicht, wenn zu einem bestimmten Preis die angebotene Menge der nachgefragten entspricht. Die Pläne aller Wirtschaftssubjekte sind dann miteinander vereinbar. Es ergibt sich also ein wohlgeordneter Zustand, obwohl jeder einzelne nur sein Eigeninteresse verfolgt und sich bei seinen Entscheidungen auf einem anonymen Markt allein am Marktpreis orientiert, unabhängig von dem, was andere Marktteilnehmer tun. Der Preis allein dient als lenkendes Informationssignal, und es sind keine Interventionen auf dem Markt erforderlich, welche die dezentralen Handlungen koordinieren müßten.

Diese beruhigende Feststellung gilt aber nur, wenn tatsächlich der Gleichgewichtspreis herrscht. Die Existenz eines Gleichgewichtes sagt ja noch nichts darüber aus, was geschieht, wenn sich der Markt **nicht im Gleichgewicht** befindet. So ergibt sich zwangsläufig die Frage: welcher Mechanismus garantiert, daß sich ein Gleichgewicht einstellt? Diese Frage können wir ohne die Analyse von **dynamischen Anpassungsprozessen** nicht beantworten. Das **statische** Modell, das sich gut dafür eignete, den Gleichgewichtszustand zu beschreiben, gibt uns keinerlei Information, welche Anpassung im Ungleichgewicht erfolgt. Das Modell muß deshalb modifiziert werden. Wir benötigen eine **zusätzliche Hypothese** darüber, welche **Prozesse** sich **im Ungleichgewicht** abspielen. Hier sind keine eindeutigen Aussagen möglich, weil je nach der konkreten Marktsituation ganz unterschiedliche Reaktionen ablaufen können.

Nehmen wir an, aufgrund einer Störung sei der Preis **höher** als der Gleichgewichtspreis und es bestehe ein Überschußangebot wie in Abb. 6 zum Preis p^1. Einige Unternehmen können nun ihre geplante Produktion nicht absetzen; sie müssen ihre **Pläne revidieren.** Unsere Theorie gibt aber keine Antwort darauf, wie sie in einer solchen Situation reagieren – wir haben ja angenommen, alle Wirtschaftssubjekte verhalten sich als **Mengenanpasser** – jeder glaubt also, zum herrschenden Preis so viel anbieten oder nachfragen zu können wie er wünscht, ohne daß sich der Preis ändert. Dieses Verhalten warf im Gleichgewicht keine Probleme auf: denn tatsächlich konnte ja jeder seine Pläne verwirklichen, die Vermutung wurde nicht widerlegt. Im Ungleichgewicht ist das aber nicht mehr der Fall: die Unternehmen, die nicht in der Lage sind, ihre Pläne auszuführen, müssen erkennen, daß ihre Absatzmöglichkeiten **beschränkt** sind. Je nach der Struktur des Marktes sind **verschiedene Reaktionen** möglich:

- In bestimmten Situationen werden die Unternehmen die Beschränkung auf dem Absatzmarkt bei ihren Produktionsentscheidungen hinnehmen und zum herrschenden Marktpreis weniger produzieren als ursprünglich geplant. Die **Produktionseinschränkung** hat auch Auswirkungen auf andere Märkte: weil weniger Faktoren eingesetzt werden, vermindert sich das Einkommen der Haushalte und das kann wiederum den Verlauf der Nachfragekurve beeinflussen. Diesen Prozeß können wir freilich erst in einem Totalmodell analysieren; wir werden deshalb erst im Abschnitt D 3 darauf zurückkommen.
- In anderen Fällen ruft das Ungleichgewicht **sofortige Preisanpassungen** hervor. Eine Preissenkung wird das **Überschußangebot vermindern:** einmal wollen die Haushalte mehr konsumieren; zum anderen werden die Unternehmen nun weniger produzieren wollen. Dieser Prozeß könnte sich so lange fortsetzen, bis das Gleichgewicht p^* erreicht ist, bis also die auf dem Markt angebotene Menge genau der nachgefragten entspricht.

Welche der beschriebenen Reaktionen erfolgt, hängt von der Struktur des betrachteten Marktes ab: auf bestimmten Märkten sind die Preise relativ inflexibel (etwa durch langfristige Verträge fixiert); ein Ungleichgewicht wird nicht automatisch abgebaut; die Wirtschaftssubjekte reagieren zunächst mit Mengeneinschränkungen. Auf anderen Märkten dagegen sind die Preise sehr flexibel und reagieren sofort; die Preise passen sich rasch an, bis ein Gleichgewicht erreicht ist (das beste Beispiel dafür ist die Börse). Wir werden in diesem Abschnitt näher analysieren, wie solche Preisanpassungsprozesse verlaufen und anhand einiger Beispiele illustrieren, daß der konkrete Ablauf sehr stark davon abhängt, welche Marktseite reagiert.

a) Preisanpassungshypothese nach Walras

Wir gehen im folgenden davon aus, daß sich die Preise in einer Ungleichgewichtssituation sehr schnell anpassen, und zwar um so schneller, je größer das mengenmäßige Ungleichgewicht ist. Diese **Preisanpassungshypothese** wurde bereits von Léon Walras formuliert und läßt sich formal folgendermaßen darstellen:

(1) $dp/dt = G(e_x) = G(x^N - x^A)$

G ist eine (vorzeichenbewahrende) Funktion der Überschußnachfrage. Es gilt also:

$dp/dt > 0$ falls $x^N > x^A$
$dp/dt = 0$ falls $x^N = x^A$
$dp/dt < 0$ falls $x^N < x^A$

Die Preisänderung hat dasselbe *Vorzeichen* wie die Überschußnachfrage: der Preis steigt, wenn die Überschußnachfrage positiv ist; der Preis fällt, wenn die Überschußnachfrage negativ ist (also ein Überschußangebot besteht). Wenn die angebotene Menge der nachgefragten entspricht, dann bleibt der Preis unverändert.

Wir betrachten lediglich die *Richtung* der Preisänderung, nicht aber den konkreten Verlauf des Anpassungsprozesses. dp/dt bezeichnet das Ausmaß der Preisänderung innerhalb eines bestimmten Zeitraumes. Jeder Anpassungsprozeß muß sich in einem gewissen Zeitverlauf abspielen. Um dies mit unserem statischen Modell in Einklang zu bringen, nehmen wir an, daß kein Tausch von Gütern erfolgt, bevor die Preisanpassung beendet ist. Alle Markttransaktionen werden also erst im Gleichgewicht tatsächlich ausgeführt.

Nachdem wir eine Hypothese darüber formuliert haben, welche Änderungen sich im Ungleichgewicht ergeben, können wir untersuchen, ob ein Gleichgewicht **stabil** ist, d.h. ob bei Abweichungen vom Gleichgewicht eine Tendenz besteht, daß der Markt wieder zum Gleichgewicht konvergiert. Betrachten wir den Anpassungsprozeß für verschiedene Fälle (Abb. 8). Wir müssen jeweils das Vorzeichen der **Überschußnachfrage** bestimmen, weil ja die Richtung der Preisänderung davon abhängt. Zu diesem Zweck ermitteln wir für jeden Preis die Überschußnachfrage $e_x(p) = x^N(p) - x^A(p)$.

In Abb. 8a), bei einem normalen Verlauf der Kurven, ist bei jedem Preis, der über dem Gleichgewichtspreis liegt, die angebotene Menge **größer** als die nachgefragte; die **Überschußnachfrage** ist **negativ.** Das bedeutet nach unserer Hypothese, daß der Preis fallen wird. Umgekehrt wird der Preis steigen, wenn er niedriger ist als der Gleichgewichtspreis, weil dann eine **positive Überschußnachfrage** vorliegt. Der Preis bewegt sich also immer in Richtung auf p*, das Gleichgewicht ist **stabil.**

Ganz **anders** die Situation in Abb. 8b): hier ergibt sich bei Preisen, die höher sind als p*, eine positive Überschußnachfrage. Diese Überschußnachfrage wird den Preis weiter steigen lassen; somit bewegen wir uns immer mehr vom Gleichgewicht fort. Umgekehrt wird bei Preisen kleiner als p* das dann bestehende Überschußangebot den Preis weiter fallen lassen. Jede Störung des Gleichgewichts setzt also einen Mechanismus in Gang, der immer weiter **vom Gleichgewicht weg** führt; das Gleichgewicht ist **nicht stabil.**

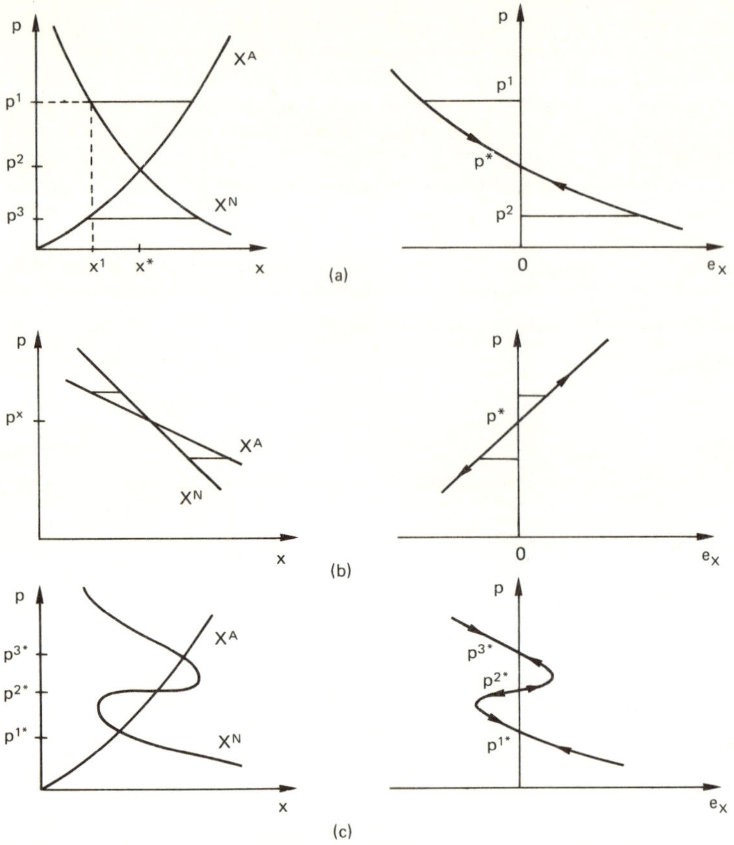

***Abb. 8:** Stabilität eines Marktgleichgewichts*

Diese Überlegungen können wir zu folgender **Stabilitätsbedingung** zusammenfassen:

Unter der Preisanpassungshypothese von Walras ist ein **Gleichgewicht** p^* dann **stabil,** wenn für Preise höher als p^* ein Überschußangebot vorliegt und für Preise niedriger als p^* eine positive Überschußnachfrage. Denn dann führt der Anpassungsprozeß zum Gleichgewicht hin.

In Abb. 8 a) konvergiert der Markt von jeder Ausgangssituation aus zum Gleichgewicht p^*. Wir sagen deshalb, das Gleichgewicht p^* ist **global stabil.**

Untersuchen wir nun einen Markt, auf dem es kein eindeutiges Marktgleichgewicht gibt (Abb. 8 c). Die Gleichgewichte p^{1*} und p^{3*} sind stabil, während jede Störung des Gleichgewichtes p^{2*} einen Prozeß in Gang setzt, der von p^{2*} wegführt. Können wir sagen, daß der Markt insgesamt stabil ist? Nehmen wir an, zunächst herrsche das Gleichgewicht p^{3*} und eine Störung läßt den Preis auf p ($p^{1*} < p < p^{2*}$) fallen. Nun besteht ein Überschußangebot und der Anpassungsprozeß läßt den Preis weiter sinken, bis p^{1*} erreicht ist. Die Störung führt zwar nicht zur alten Situation zurück, aber der Markt bewegt sich wieder zu einem Gleichgewichtszustand hin. Man bezeichnet einen **Anpassungsprozeß** als **global stabil,** wenn das System von jeder Ausgangssituation aus zu einem (nicht notwendigerweise demselben) Gleichgewicht konvergiert. In diesem Sinn ist der Markt in Abb. 8 c) global stabil. Die Gleichgewichte p^{1*} und p^{3*}

sind **lokal stabil,** das heißt bei kleinen Abweichungen führt der Anpassungsprozeß wieder zum selben Gleichgewicht zurück.

Den **dynamischen** Verlauf des Anpassungsprozesses könnten wir genauer analysieren, wenn wir die Gleichung (1) als Differentialgleichung in p lösen. Die algebraische Lösung dieser Gleichung führt im Prinzip zum gleichen Ergebnis wie die Untersuchung der Richtung des Anpassungsprozesses. Wir werden diese Stabilitätsanalyse aber nicht weiter ausführen, weil eine aufwendige formale Darstellung nur von der wesentlich wichtigeren Frage ablenken würde: wie läßt sich die oben beschriebene Preisanpassungshypothese ökonomisch sinnvoll interpretieren?

b) Interpretationsprobleme

Wir haben bereits angedeutet, daß die unterstellte Preisflexibilität des Marktsystems im Modell der neoklassischen Gleichgewichtstheorie erhebliche Interpretationsprobleme aufwirft: wer ändert die Preise, wenn sich alle Marktteilnehmer als Mengenanpasser verhalten, die die jeweils herrschenden Preise also selbst dann als gegeben hinnehmen, wenn sie keine Gleichgewichtspreise sind? Die Schwierigkeit besteht darin, daß wir über eine sehr gut ausgebaute Theorie des Verhaltens im Gleichgewicht verfügen, aber nur sehr wenig Allgemeines darüber aussagen können, wie sich Wirtschaftssubjekte außerhalb des Gleichgewichtes verhalten. Das kommt darin zum Ausdruck, daß sich die individuellen Nachfrage- und Angebotsfunktionen aus dem Optimierungsverhalten von Wirtschaftssubjekten ableiten lassen, daß aber die Preisanpassungshypothese (1) eingeführt wurde, ohne daß sie in einem **individuellen Entscheidungskalkül** begründet wurde.

Die verschiedenen Versuche, dieses Problem zu lösen, lassen sich in drei Gruppen zusammenfassen:

1) Erweiterung des Modells um einen **Walrasianischen Auktionator** als unabhängige Instanz,
2) Ergänzung des Modells durch eine nicht formalisierte Hypothese eines **Wettbewerbsmechanismus,**
3) Integrationsversuche durch **Erweiterung der individuellen Verhaltensannahmen.**

Bereits Léon Walras versuchte eine Theorie zu entwickeln, die den Anpassungsprozeß hin zum Gleichgewicht modelliert. Er war der Meinung, der Mechanismus vollkommenen Wettbewerbs ließe sich am besten beschreiben durch perfekt organisierte Märkte, auf denen ein **Auktionator** Gleichgewichtspreise ermittelt. Ausgehend von seinen Beobachtungen an der Börse, stellte er sich die Bildung des Gleichgewichtspreises durch folgenden Prozeß des Herantastens, von ihm **Tâtonnement-Prozeß** genannt, vor: der Auktionator ruft einen beliebigen Preis aus. Daraufhin teilen ihm die Haushalte und Unternehmen ihre zu diesem Preis optimalen Nachfrage- und Angebotspläne mit. Anhand dieser Mengeninformation prüft der Auktionator, ob eine positive oder negative Überschußnachfrage vorliegt und korrigiert dann den Preis entsprechend der Anpassungsregel (1). Dieses Spiel geht so lange weiter, bis ein Gleichgewicht erreicht ist.

Damit der Prozeß so ablaufen kann, dürfen Transaktionen erst dann stattfinden, wenn der Gleichgewichtspreis bereits ermittelt worden ist. Andernfalls kann es nämlich zu **Einkommenseffekten** führen, welche die Nachfrage- oder Angebotskurven im Verlauf des Anpassungsprozesses verschieben. Nehmen wir an, Tausch finde bereits zum Ungleichgewichtspreis $p^1 > p^*$ (Abb. 8a) statt. Die Haushalte kaufen die Menge x^1 zum Preis p^1. Da sie bereits in der Ungleichgewichtssituation den Betrag $p^1 x^1$

ausgeben, **ändert** sich ihr **Budget.** Die gezeichnete Nachfragekurve beschreibt aber die Konsumpläne bei gegebenem Einkommen. Wenn sich nun die Budgetsituation der Haushalte durch den Tausch zum Ungleichgewichtspreis p^1 merklich verändert hat, dann wird sich die Nachfragekurve unterhalb von p^1 verschieben und es ergeben sich auch Auswirkungen auf die anderen Märkte.

Die Institution des Walrasianischen Auktionators hat den Vorteil, daß sie mit den im Gleichgewichtsmodell gemachten Verhaltensannahmen vereinbar ist. Als wesentlicher Nachteil wird vielfach empfunden, daß der Kunstgriff eines Auktionators wenig gemeinsam hat mit den Vorstellungen, die wir mit Wettbewerbsprozessen verbinden: der Auktionator funktioniert nach **starren Regeln** ohne eigene Ziele und ist im Grunde durch einen entsprechend programmierten Computer ersetzbar. Ungleichgewichtsprozesse werden durch die Tâtonnement-Regel quasi per definitionem ausgeschlossen. Die Einführung einer **zentralen Instanz,** an die alle relevanten Informationen geliefert werden müssen, ist sicher nicht geeignet, Vorteile eines **dezentralen Marktsystems** zu begründen, sondern entspricht viel eher der Vorstellung eines Konkurrenzsozialismus, in dem die Planung über zentral gelenkte Preise erfolgt.

Viele Ökonomen sehen gerade in einer raschen Preisanpassung durch dezentral handelnde Individuen den Vorzug eines funktionierenden **Wettbewerbsmechanismus** und verzichten darauf, diese Vorstellung präzise zu formulieren. Je mehr Wettbewerb bestehe, so argumentieren sie, um so schneller und reibungsloser funktioniere der Markt. Die **Marktkräfte** zwängen die Wirtschaftssubjekte dazu, sich schnell anzupassen, so daß Ungleichgewichte nicht bestehen bleiben könnten. Im Idealfall der vollkommenen Konkurrenz mit sehr vielen Marktteilnehmern auf beiden Seiten werde das Gleichgewicht durch die Dynamik des Wettbewerbs nahezu automatisch erreicht.

Wie dieser Wettbewerbsmechanismus konkret funktioniert, wird dabei offengelassen. Obwohl jeder nur einen verschwindend geringen Marktanteil hat, können sich nun nicht mehr alle als Mengenanpasser verhalten. Im Fall zu hoher Preise werde sehr schnell einer der Anbieter versuchen, die beim geltenden Preis nicht absetzbaren Waren billiger anzubieten und setze so eine Kettenreaktion in Gang, die erst dann zur Ruhe komme, wenn der Gleichgewichtspreis erreicht sei. Im Fall einer Überschußnachfrage sei mindestens ein Haushalt bereit, einen höheren Preis zu zahlen, wenn er dadurch zusätzliche Nachfrage befriedigen könne. Wieder setze sich eine Art Schneeballsystem in Gang. Unter Umständen gehe der Anstoß auch von der jeweils anderen Marktseite aus, die eine für sie günstige Marktlage ausnutze, um die Preise zu erhöhen (Angebot) oder zu drücken (Nachfrage), oder die Preise änderten sich im Zuge eines direkten Verhandlungsprozesses.

Die geschilderten Überlegungen, die man auf **Alfred Marshall** zurückführen kann, unterstellen, daß Ungleichgewichtssituationen sofort Preiskorrekturen auslösen und daß die erwähnten Einkommenseffekte vernachlässigbar klein sind, so daß sich ein Gleichgewicht sehr rasch einspielt. All dies widerspricht sicher nicht manchen ökonomischen Alltagserfahrungen, und der geschilderte Walrasianische Anpassungsprozeß basiert im Grunde ebenfalls auf diesen Überlegungen.

Daß die Wirtschaftssubjekte die Preise selbst ändern, steht aber im *Widerspruch* zu den Annahmen unseres Grundmodells. Die Schwierigkeit liegt darin, daß das beschriebene Preisänderungsverhalten nicht aus individuellen Optimierungsentscheidungen abgeleitet wird. Eine exakte theoretische Argumentation wird hier vielmehr ersetzt durch die Zuflucht zu ziemlich vagen, nicht greifbaren „Marktkräften“. Das Gleichgewicht wird so in der Tat – wie bei Adam Smith – von einer **„unsichtbaren Hand“** realisiert, und das Unvermögen, diesen Prozeß konkret zu beschreiben, läßt die Vermutung nicht abwegig erscheinen, es verhalte sich mit der „unsichtbaren Hand“ ebenso wie mit des Kaisers neuen Kleidern.

Die Frage, welche Bedeutung dem *Anpassungsprozeß* zukommt, ist ein zentraler Streitpunkt verschiedener ökonomischer Theorierichtungen:

- Viele Ökonomen vertreten die Auffassung, im Ungleichgewicht bestehe immer ein Anreiz, den Zustand zu verändern und so Möglichkeiten wahrzunehmen, sich besser zu stellen. Ungleichgewichte (etwa ein Überschußangebot auf dem Arbeitsmarkt) seien deshalb nie von Dauer, sondern leiteten nur notwendige Anpassungsprozesse ein. Da sie zudem, wenn überhaupt, nur sehr schwierig analytisch zu behandeln sind, sei es gerechtfertigt, sich **allein** mit der **Analyse von Gleichgewichtszuständen** zu beschäftigen.

  Aus solchen Überlegungen wird häufig der Schluß gezogen, ein reibungsloser Wettbewerb bedürfe keinerlei korrigierender Eingriffe. Solche Eingriffe seien nicht nur wirkungslos, sondern sogar schädlich, weil sie das freie Spiel der Marktkräfte behindern würden. Der Staat habe allenfalls die Aufgabe, die notwendigen **Rahmenbedingungen** für das wirtschaftliche Handeln zu schaffen und notfalls die mit dem Wettbewerbsgedanken nicht verträglichen Ballungen von Marktmacht zu verhindern (Fusions- und Kartellrecht).
- Andere Ökonomen betrachten das Gleichgewichtsmodell nur als **Referenzsystem,** das eine reibungslos funktionierende Welt (etwa **ohne Transaktions- und Informationskosten**) beschreibt. Sie vertreten die Auffassung, daß sich Anpassungsprozesse in einer Welt unvollständiger Information nur sehr **langsam** vollziehen und durch Stabilisierungspolitik beeinflußt werden können. In dieser Sicht besteht die Hauptaufgabe ökonomischer Analyse primär in der Untersuchung von Ungleichgewichtszuständen.

Es ist ganz wichtig, sich deutlich vor Augen zu führen, daß unser Gleichgewichtsmodell für diesen Theoriestreit keine Antwort (weder in der einen noch in der anderen Richtung) liefern kann. Das liegt daran, daß es die Frage nicht beantwortet, ob und wie sich ein Gleichgewichtszustand einstellt. Dazu wäre es erforderlich, das **individuelle Verhalten in Ungleichgewichtssituationen** zu modellieren. Dies bereitet jedoch erhebliche Schwierigkeiten und ist bisher nur in Ansätzen gelungen, die nicht verallgemeinert werden können.

Das Hauptproblem liegt darin, zu modellieren, wie die Marktteilnehmer *selbst* die *Preise festlegen.* Denn das hängt von dem jeweiligen konkreten *Ablauf der Entscheidungen in der Zeit,* von der *Marktsituation* und den *institutionellen Gegebenheiten* ab. Betrachten wir die sich ergebenden Schwierigkeiten an Hand einiger Beispiele.

Nehmen wir an, daß die Produktion eine gewisse Zeit benötigt und die Anbieter bereits in der Vorperiode entscheiden müssen, welche Mengen sie produzieren werden. Wenn die produzierten Güter nicht gelagert werden können (wie etwa bei vielen Agrargütern), dann ist die angebotene Menge, weil bereits in der Vorperiode festgelegt, kurzfristig nicht veränderbar. In der ersten Periode sei zum Beispiel bereits die Menge x^{1A} produziert (Abb. 9a) worden. Der **Preis** auf dem Markt bestimmt sich durch den Schnittpunkt des kurzfristig fixen Angebotes mit der **Nachfragekurve:** $p^t(x^{tN})$ mit der Gleichgewichtsbedingung $x^{tN} = x^{tA}$. Bei einem Angebot x^{1A} ergibt sich also der Marktpreis p^1.

Wie aber entscheiden die **Anbieter,** welche **Menge** sie für die nächste Periode produzieren werden? Sie müssen **Erwartungen** darüber bilden, welcher Preis sich in der kommenden Periode ergibt. Gehen wir zunächst davon aus, daß die Anbieter sich bei ihren Produktionsentscheidungen jeweils am Preis der Vorperiode orientieren: $x^{tA}(p^{t-1})$. Der Preis p^1 wird die Unternehmen dann veranlassen, für die zweite Periode die Menge $x^{2A}(p^1)$ zu produzieren. Der markträumende Preis zu diesem Angebot bestimmt sich wieder aus der Nachfragefunktion: $p^2(x^{2N})$ mit der Bedingung $x^{2N} = x^{2A}$. Aufgrund des neuen Preises p^2 produzieren die Unternehmen für die folgende Periode die Menge $x^{3A}(p^2)$.

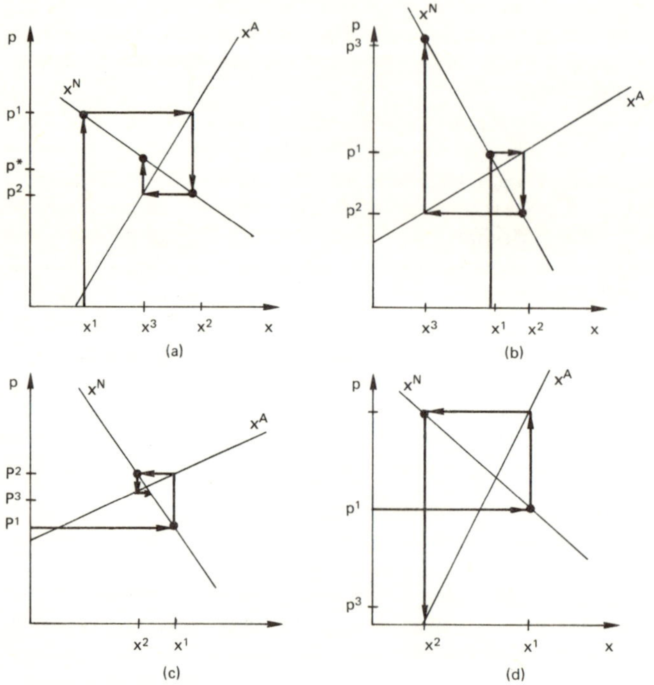

***Abb. 9:** Anpassungsprozesse*

So ergibt sich ein Anpassungsprozeß in Form eines **Spinngewebes.** Die Preise schwanken von Periode zu Periode. Sie **konvergieren** zum Gleichgewicht p*, wenn die Elastizität der Marktseite, durch die der *Preis* bestimmt wird (das ist hier die Nachfrage) hoch ist, die Elastizität der Marktseite, von der die *Mengenentscheidungen* abhängen (hier das Angebot), dagegen niedrig ist (denn dann sind sowohl die Mengen- als auch die Preisschwankungen relativ gering). Im umgekehrten Fall (Abb. 9b) würde der geschilderte Anpassungsprozeß die Preisfluktuationen immer mehr verstärken: der Markt wäre **instabil.**

Wir unterstellten bisher, die Unternehmen **erwarten,** daß der Preis der Vorperiode auch in der nächsten Periode gilt. Diese Erwartungen werden aber ständig enttäuscht, sie sind nicht rational. Wenn die Unternehmen aus dieser Erfahrung lernen, werden sie ihre Erwartungen ändern (sie könnten etwa versuchen, aufgrund verfügbarer Daten über die Nachfrage und die Produktionsentscheidungen der Konkurrenten den Marktpreis abzuschätzen). In diesem Fall könnte die Anpassung zum Gleichgewicht p* wesentlich schneller erfolgen. Schließlich könnte auch ein **Zukunftsmarkt** eingerichtet werden, auf dem die potentiellen Nachfrager und Anbieter bereits Verträge abschließen und so die Preisunsicherheit reduzieren.

Betrachten wir nun einen Markt mit langfristigen Konsumgütern und nehmen an, die **Anbieter** setzen den **Preis** bereits in der Vorperiode fest (in der ersten Periode sei er etwa p^1, Abb. 9c) und sind bereit, die zu diesem Preis nachgefragte Menge (etwa aus bestehender Lagerhaltung) auch zu liefern. In diesem Fall bestimmt sich die auf dem Markt realisierte **Menge** durch die **Nachfragekurve** $x^{tN}(p^t)$.

Welchen Preis aber werden die Anbieter festsetzen? Gehen wir zunächst davon aus, daß sie ihre Preise jeweils aus den Erfahrungen der Vorperiode bestimmen: $p^t(x^{t-1A})$. Weil sie in der ersten Periode die Menge x^1 absetzen, legen sie den Preis der nächsten Periode auf p^2 fest. Zu diesem Preis wird nun die Menge x^2 abgesetzt. Dies wiederum führt zu einer Preisrevision, und so ergibt sich ein Anpassungsprozeß, der genau umgekehrt abläuft wie der oben geschilderte. Weil nun die *Angebotsseite* den *Preis* bestimmt und die *Nachfrageseite* die abgesetzte *Menge*, ist der Prozeß dann stabil, wenn die Angebotselastizität hoch ist, die Nachfrageelastizität dagegen niedrig (andernfalls wäre der Prozeß instabil, vgl. Abb. 9d). Auch in diesem Fall würde sich der Anpassungsprozeß beschleunigen, wenn die Produzenten aus ihren Erfahrungen lernen und ihre Absatzerwartungen revidieren.

Die Beispiele zeigen, daß die Stabilitätsanalyse zu ganz unterschiedlichen Ergebnissen kommt, je nachdem, welchen konkreten Anpassungsprozeß wir unterstellen. Zudem bleibt offen, durch welche Entscheidungskalküle die Preise festgesetzt werden. Es wäre notwendig, das **Preissetzungsverhalten** formal präzise aus individuellen Optimierungskalkülen abzuleiten. Weil ein Anbieter, der selbst Preise setzt, in einem gewissen Rahmen über Monopolmacht verfügen muß (seine Preis-Absatz-Funktion kann nicht unendlich elastisch sein), ist es keineswegs selbstverständlich, daß sich als Endpunkt eines Anpassungsprozesses der Schnittpunkt zwischen Angebots- und Nachfragekurve ergibt.

D. Allgemeines Marktgleichgewicht: Totalmodelle

In Abschnitt C betrachteten wir das Gleichgewicht auf einem einzelnen Markt. Angebotene und nachgefragte Mengen waren nur vom Marktpreis des betreffenden Gutes abhängig. Wir unterstellten, daß die Preise aller anderen Güter sowie die Einkommen der Haushalte konstant bleiben. Analysen von Partialmärkten werden in vielen Teilgebieten der Wirtschaftswissenschaften vorgenommen. Ein Partialmodell hat den Vorzug, das Geschehen auf einem Markt mit Hilfe einfacher Diagramme beschreiben zu können. Es ist für eine ganze Reihe von Fragestellungen hilfreich. Weil dabei das Geschehen auf allen anderen Märkten und damit auch die Interdependenzen zwischen den Märkten nicht berücksichtigt werden, können die Schlußfolgerungen einer Partialanalyse aber unter Umständen irreführend sein.

Steigt etwa der Preis eines bestimmten Gutes, dann hat dies in der Regel Auswirkungen auch auf die Märkte vieler anderer Güter. So werden nun Substitute dieses Gutes stärker nachgefragt und damit Preisänderungen auf anderen Märkten induziert. Diese Preisänderungen wirken möglicherweise wieder auf den Ausgangsmarkt zurück; es setzt sich ein komplizierter Prozeß mit vielfältigen *Rückkoppelungen* in Gang. So können sich letztlich auf dem Markt ganz andere Reaktionen ergeben als man aufgrund einer Partialanalyse erwarten würde. Dies gilt noch stärker, wenn auch die Rückwirkungen geänderter Güterpreise auf das Faktorangebot und damit über die Faktormärkte auf die Angebotsfunktionen der Güter beachtet werden.

Es ist daher wichtig, sich der Grenzen der Aussagefähigkeit von Partialanalysen bewußt zu sein. Sie unterstellen, daß alle Einflüsse, welche nach Änderungen auf dem betrachteten Markt über Anpassungen **anderer** Märkte wieder auf **diesen** Markt zurückwirken könnten, so klein sind, daß man sie vernachlässigen kann. Zwei Beispiele sollen illustrieren, daß die Vernachlässigung solcher Beziehungen ganz falsche Schlußfolgerungen liefern kann:

- Ein Ölscheich beauftragt ein Forschungsinstitut, die Elastizität der Nachfrage nach Öl zu schätzen und bestimmt daraufhin den optimalen Monopolpreis. Dabei wird nicht berücksichtigt, daß die Erhöhung des Ölpreises nicht nur zur Substitution durch andere Energieträger führt, sondern auch drastische Einkommenseffekte hat. Dies wird die Nachfragefunktion verschieben, und so können die tatsächlichen Auswirkungen ganz andere sein als erwartet.
- Eine Lohnänderung auf dem Arbeitsmarkt führt unmittelbar zu Einkommenseffekten: durch eine Änderung des Reallohns werden sowohl die Arbeitseinkommen wie die Gewinneinnahmen beeinflußt. Das wiederum hat Auswirkungen auf die Güternachfrage und wird somit auch die Nachfragefunktion der Unternehmen nach Arbeit verschieben. Die „ceteris-paribus"-Bedingung ist verletzt.

Solche Wechselbeziehungen lassen sich verbal nur sehr schwer erfassen. Es ist daher ein großer Vorteil, daß wir mit dem **Totalmodell der neoklassischen Gleichgewichtstheorie,** begründet von Léon Walras, über ein Instrument verfügen, das solche wechselseitigen Beziehungen zwischen Märkten formal genau analysieren kann. Die Fähigkeit, *komplexe Marktzusammenhänge* zu erfassen, ist bei den meisten Tätigkeiten eines theoretisch ausgebildeten Ökonomen erforderlich. Mikroökonomische Totalmodelle sind ein hervorragendes Instrument, das Denken in solchen Zusammenhängen zu trainieren.

Wir werden das mit Hilfe zweier Modelltypen mit zunehmendem Schwierigkeitsgrad einüben: zunächst betrachten wir zur Vereinfachung eine reine Tauschwirtschaft, und dann werden wir ein Totalmodell mit Produktion und variablem Faktorangebot analysieren. Zur Illustration werden wir jeweils Modelle mit zwei Gütern und zwei Wirtschaftssubjekten verwenden. Den vielfach gegen Zwei-Personen-Modelle erhobenen Vorwurf, das unterstellte Mengenanpasserverhalten sei ökonomisch nicht rational, wenn es nur zwei Wirtschaftssubjekte gibt, halten wir für unberechtigt. Ein solcher Vorwurf übersieht, daß diese Minimalmodelle weder dazu dienen können noch dazu dienen wollen, die Verhaltensweise der Individuen zu rechtfertigen. Sie illustrieren lediglich das Modellprinzip bei vorgegebenen Verhaltensannahmen.

1. Allgemeines Marktgleichgewicht ohne Produktion (reiner Tausch)

a) Optimaler Konsumplan eines Haushalts bei gegebener Anfangsausstattung

In der Haushaltstheorie untersuchten wir den optimalen Konsumplan eines einzelnen Haushaltes zunächst unter der Annahme, sein Einkommen sei vorgegeben. Woher er dieses Einkommen bezieht, blieb offen. Ein Totalmodell, das alle Märkte gleichzeitig betrachtet, wird jedoch auch die Märkte erfassen, auf denen die Haushalte Einkommen erzielen. In einem Modell mit Produktion entscheidet jeder Haushalt, welche *Mengen* (Arbeitsleistung) er auf dem Faktormarkt anbietet, und bestimmt damit selbst über sein Einkommen. Dabei nimmt er den *Faktorpreis* (Lohnsatz), der sich auf dem Faktormarkt bildet, als *gegeben*. Falls er über Unternehmensanteile verfügt, erhält er zusätzlich auch *Gewinneinnahmen*. Deren Höhe bestimmt sich aus dem Marktgeschehen. Wir werden dies im 2. Totalmodell näher untersuchen.

In diesem Abschnitt aber betrachten wir als einfachsten Fall zunächst einmal eine Wirtschaft *ohne* Produktion, also ohne Faktormärkte und ohne Gewinneinnahmen. Wir gehen davon aus, daß von jedem Gut eine bestimmte Menge vorhanden und bereits auf die verschiedenen Haushalte als **Anfangsausstattung** aufgeteilt ist. Ein Haushalt kann in diesem Fall nur dann Güter erwerben, wenn er sie zu den auf dem Markt herrschenden Preisen gegen andere in seinem Besitz befindliche Güter *eintauscht*. Die Budgetrestriktion des Haushaltes wird nun formal ganz ähnlich formuliert wie in Kapitel II bei der endogenen Bestimmung des Arbeitseinkommens (dort verfügt der Haushalt über eine vorgegebene Anfangsausstattung an Zeit T). Betrachten wir den Haushalt 1, der über eine Anfangsausstattung von zwei Gütern $\bar{x}_1$ und $\bar{y}_1$ verfügt. Er maximiert seinen Nutzen und muß dabei beachten, daß der Wert seines Konsumbündels gleich dem Wert der Anfangsausstattung ist:

$$\text{Max } U_1(x_1, y_1) \quad \text{bei} \quad p_x x_1 + p_y y_1 = p_x \bar{x}_1 + p_y \bar{y}_1 .$$

Der optimale Konsumplan ist in Abb. 10 eingezeichnet. Im individuellen Optimum gelten für vorgegebene Preise wieder die Bedingungen, die wir im Haushaltskapitel kennengelernt haben:

– das Verhältnis der Grenznutzen ist gleich dem Preisverhältnis

$$\partial U_1 / \partial x_1 / \partial U_1 / \partial y_1 = p_x / p_y$$

– der Haushalt beachtet die Budgetrestriktion.

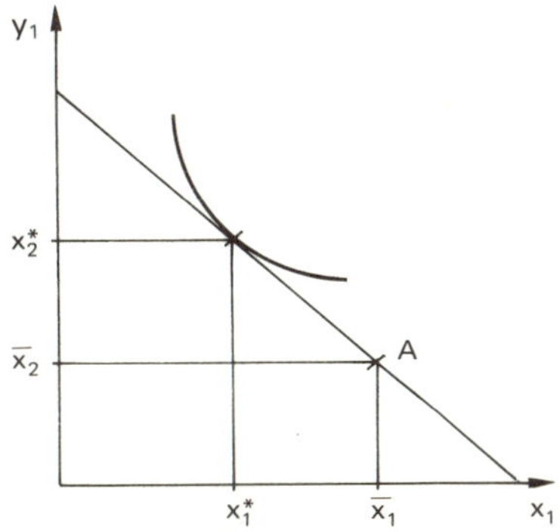

***Abb. 10:** Optimaler Konsumplan bei gegebener Anfangsausstattung*

Der optimale Konsumplan des Haushalts hängt von seiner Präferenzordnung, seiner Anfangsausstattung sowie den Marktpreisen ab. Wir lassen die Präferenzordnung und die Anfangsausstattung konstant und untersuchen, wie der Konsumplan auf Preisänderungen reagiert. Auf diese Weise erhalten wir die allgemeinen Nachfragefunktionen für Haushalt 1:

$$x_1 = x_1(p_x, p_y)$$
$$y_1 = y_1(p_x, p_y)$$

Steigt der Preis für Gut X oder sinkt der Preis für Gut Y, dann wird die Budgetgerade steiler. Sie dreht sich dabei im Punkt der Anfangsausstattung (A), weil der Haushalt immer die Anfangsausstattung konsumieren könnte – gleichgültig, welche Marktpreise herrschen; er muß sie ja nicht auf dem Markt kaufen (vgl. dazu auch die Abb. 59 in Kapitel II). Wie wir aus der Haushaltstheorie wissen, ändern sich die Budgetrestriktion und damit der optimale Konsumplan nicht, wenn alle Preise proportional um einen Faktor λ variiert werden. Die Nachfragefunktionen sind also **homogen vom Grad Null in allen Preisen.** Das bedeutet, daß sie nur vom **Preisverhältnis** p_x/p_y, dem **Relativpreis,** der beiden Güter abhängen (der Haushalt handelt ohne Geldillusion, vgl. Kapitel II).

$$x_1 = x_1(p_x, p_y) = x_1(\lambda p_x, \lambda p_y) = x_1(p_x/p_y)$$
$$y_1 = y_1(p_x, p_y) = y_1(\lambda p_x, \lambda p_y) = y_1(p_x/p_y)$$

Weil der Haushalt bereits über eine Anfangsausstattung verfügt, ist auf dem Markt nur die **Differenz** zwischen dem, was er konsumieren möchte, und dem, was er bereits besitzt, von Bedeutung. Man bezeichnet dies als seine **individuelle Überschußnachfrage:**

$$e_{x_1}(p_x, p_y) = x_1(p_x, p_y) - \bar{x}_1$$
$$e_{y_1}(p_x, p_y) = y_1(p_x, p_y) - \bar{y}_1$$

Da von den Nachfragefunktionen nur ein konstanter Wert abgezogen wird, gilt natürlich auch für die Überschußnachfragefunktionen: sie sind homogen vom Grad Null in allen Preisen, hängen also nur vom Preisverhältnis ab.

Ist die Überschußnachfrage eines Haushaltes nach einem Gut positiv, dann möchte der Haushalt von dem Gut mehr haben als er bereits besitzt: er möchte etwas *hinzukaufen.* Dies kann er aber nur dann tun, wenn er dafür von dem anderen Gut etwas *abgibt:* seine Überschußnachfrage nach dem anderen Gut muß also notwendigerweise negativ sein (er bietet einen Teil seiner Ausstattung dieses Gutes zum Verkauf an). Das läßt sich leicht sehen, wenn wir die Budgetrestriktionen folgendermaßen umformulieren:

$$p_x(x_1 - \bar{x}_1) + p_y(y_1 - \bar{y}_1) = 0 \qquad \text{oder}$$
$$p_x e_{x_1} + p_y e_{y_1} = 0\,.$$

Diese Form der Budgetrestriktion ist im Grunde nur die mathematische Formulierung eines ganz alltäglichen Sachverhaltes: Falls der Haushalt vom Gut Y etwas kaufen möchte ($e_{y_1} > 0$), dann muß er dafür von einem anderen Gut X etwas anbieten, und zwar muß der Marktwert des Angebots dem Marktwert der Nachfrage entsprechen: $e_{x_1} = -p_y/p_x\, e_{y_1} < 0$. Das bedeutet aber, daß die Entscheidungen des Haushaltes auf den verschiedenen Märkten nicht voneinander unabhängig sind – eben deshalb, weil er seine Budgetrestriktion beachten muß.

b) Zwei-Güter-Modell

Wenden wir uns nun der Frage zu, unter welchen Bedingungen die Nachfragepläne mehrerer Haushalte auf den verschiedenen Märkten miteinander vereinbar sind. Das einfachste Totalmodell erhalten wir, wenn wir eine Modellwelt mit zwei Haushalten und zwei Gütern X und Y betrachten. Jeder Haushalt hat eine Nutzenfunktion und verfügt über eine Anfangsausstattung von beiden Gütern. Dies sind die *Grunddaten* unseres Totalmodells.

Das Totalmodell will folgendes Problem untersuchen: gibt es (mindestens) eine Kombination von Gleichgewichtspreisen, zu der alle Haushalte ihre Pläne auf allen Märkten verwirklichen können? Im Modell sollen die Mengen, die jeder Haushalt von jedem Gut im Marktgleichgewicht konsumiert, sowie die Gleichgewichtspreise der beiden Güter bestimmt werden (weil es dabei nur auf das Tauschverhältnis zwischen beiden Gütern ankommt, wird im Modell nur der Relativpreis p_x / p_y bestimmt).

Wir nehmen an, die **Haushalte maximieren ihren Nutzen** und verhalten sich dabei als Mengenanpasser:

$$(1) \quad \text{Max } U_1(x_1, y_1) \quad \text{bei} \quad p_x x_1 + p_y y_1 = p_x \bar{x}_1 + p_y \bar{y}_1$$
$$\text{Max } U_2(x_2, y_2) \quad \text{bei} \quad p_x x_2 + p_y y_2 = p_x \bar{x}_2 + p_y \bar{y}_2 .$$

Aus der Lösung dieser Maximierungsprobleme ergeben sich die **individuellen Nachfrage- (oder Überschußnachfrage)funktionen** für beide Haushalte, die homogen vom Grad Null in allen Preisen sind, also nur vom **relativen Preis** abhängen.

$$(2) \quad x_1 = x_1(p_x, p_y) \quad \text{und} \quad y_1 = y_1(p_x, p_y) \quad \text{sowie:}$$
$$x_2 = x_2(p_x, p_y) \quad \text{und} \quad y_2 = y_2(p_x, p_y)$$

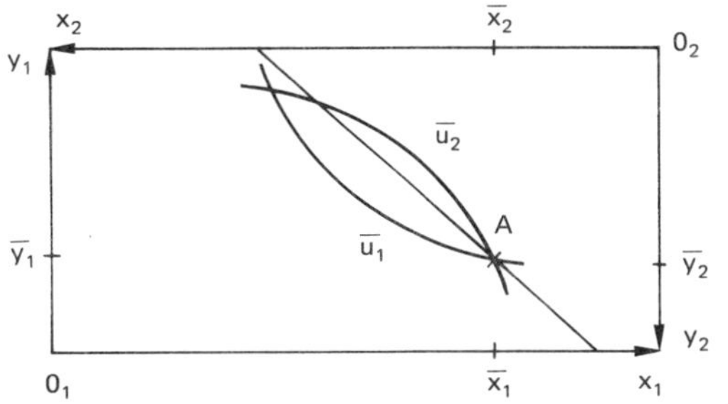

***Abb. 11:** Edgeworthbox*

Wir können beide Haushalte zusammen in der Edgeworth-Box (Abb. 11), benannt nach **Francis Edgeworth** (1845–1922), betrachten – eine Konstruktion, die man auf ähnliche Weise erhält wie die Faktorbox. Wir drehen den Budgetraum des zweiten Haushaltes um 180 Grad und fügen ihn so mit dem Budgetraum von Haushalt 1 zusammen, daß die Punkte der Anfangsausstattung A für beide Haushalte zusammenfallen. Die Indifferenzkurven des Haushaltes 2 verlaufen streng konvex, von seinem Ursprung O_2 aus gesehen. Punkt A zeigt an, wieviel jeder Haushalt von jedem Gut als Anfangsausstattung besitzt. Jeder Punkt innerhalb der Edgeworth-Box bezeichnet eine mögliche Aufteilung der vorhandenen Güterbestände ($\bar{x}_1 + \bar{x}_2 = \bar{x}$; $\bar{y}_1 + \bar{y}_2 = \bar{y}$).

Die Haushalte werden die Güter tauschen, um sich gegenüber der Situation in A zu verbessern. Im Punkt A schneiden sich Indifferenzkurven der beiden Haushalte; die Substitutionsraten der beiden Haushalte bezüglich der Güter X und Y fallen ausein-

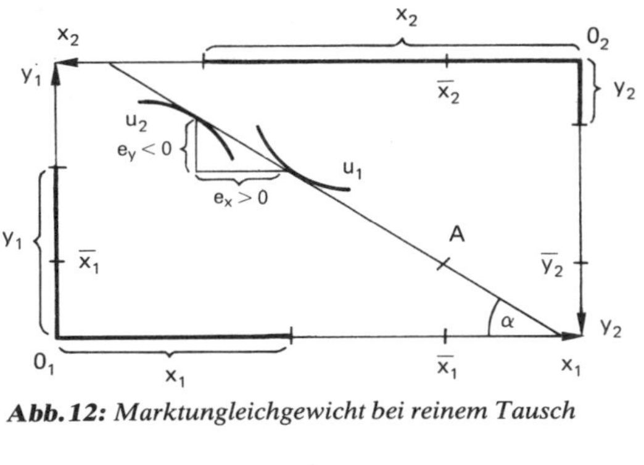

***Abb. 12:** Marktungleichgewicht bei reinem Tausch*

ander. Wie in Kapitel I und E 1 bereits angedeutet, beinhalten **unterschiedliche Substitutionsraten unterschiedliche relative** (komparative) **Wertschätzungen** der beiden Güter durch die Haushalte.

Betrachten wir die Konsumpläne der Haushalte zu dem Preisverhältnis $\tan\alpha = -p_x/p_y$ in Abb. 12. Der erste Haushalt möchte zu diesem Preisverhältnis vom Gut X die Menge x_1 konsumieren, Haushalt 2 die Menge x_2. Das bedeutet aber, daß beide Haushalte zusammen von Gut X mehr konsumieren möchten als insgesamt überhaupt verfügbar ist: $x_1 + x_2 > \bar{x}_1 + \bar{x}_2 = \bar{x}$. Der Markt ist zu dem gegebenen Preisverhältnis im **Ungleichgewicht;** die **aggregierte** Überschußnachfrage nach Gut X ist positiv:

(3a) $$e_x = e_{x_1} + e_{x_2} = x_1 - \bar{x}_1 + x_2 - \bar{x}_2 > 0$$

(Haushalt 2 fragt auf dem Markt für Gut X mehr nach als Haushalt 1 anbietet)

Dagegen möchten die Haushalte auf dem Markt für Gut Y zusammen weniger konsumieren als verfügbar: $y_1 + y_2 < \bar{y}_1 + \bar{y}_2 = \bar{y}$. Auch dieser Markt ist im Ungleichgewicht; hier herrscht Überschußangebot – das heißt, die **aggregierte** Überschußnachfrage ist negativ:

(3b) $$e_y = e_{y_1} + e_{y_2} = y_1 - \bar{y}_1 + y_2 - \bar{y}_2 < 0$$

(Haushalt 2 bietet auf dem Markt für Gut Y mehr an als Haushalt 1 nachfragt).

Zu den betrachteten Preisen sind die Pläne der beiden Haushalte also nicht miteinander vereinbar: sie können gesamtwirtschaftlich nicht realisiert werden. Was wird sich in dieser Ungleichgewichtssituation ändern? Nehmen wir an, es gibt ein eindeutiges, stabiles Marktgleichgewicht, und ein Auktionator paßt die Preise so lange an, bis auf beiden Märkten Gleichgewicht herrscht. Entsprechend der Walrasianischen Preisanpassungshypothese wird er auf dem Markt für Gut X den Preis erhöhen, um die dort bestehende Überschußnachfrage zu reduzieren.

Wir haben bereits gezeigt, daß die Konsumentscheidungen der Haushalte nur vom Preisverhältnis p_x/p_y abhängen. Wenn nun aber p_x steigt, dann wird automatisch das Gut Y relativ zu Gut X billiger, so daß sich auch das Überschußangebot auf diesem Markt reduziert (eine Zunahme von p_x wirkt auf das Preisverhältnis p_x/p_y in gleicher Weise wie eine Preissenkung von p_y; die Budgetgerade wird steiler – sie dreht sich in Punkt A). Es besteht also eine **enge Wechselbeziehung** zwischen dem Geschehen auf beiden Märkten: steigt p_x, so hat das Auswirkungen auch auf das Überschußangebot des Marktes für Gut Y. Wie wir sehen werden, ist damit automatisch garantiert, daß sich auch der Markt Y im Gleichgewicht befindet, wenn der Markt X geräumt ist.

Ein **allgemeines Marktgleichgewicht** besteht, wenn *alle* Märkte geräumt sind. Die Preise müssen sich so einspielen, daß die Überschußnachfrage auf beiden Märkten Null ist. Die **Gleichgewichtsbedingungen** lauten:

(4) $$x_1(p_x, p_y) + x_2(p_x, p_y) = \bar{x}_1 + \bar{x}_2 \quad \text{oder:} \quad e_x(p_x, p_y) = 0$$
$$y_1(p_x, p_y) + y_2(p_x, p_y) = \bar{y}_1 + \bar{y}_2 \quad \text{oder:} \quad e_y(p_x, p_y) = 0\,.$$

Abb. 13 beschreibt ein **allgemeines Marktgleichgewicht.** Auf dem Markt für Gut X bietet Haushalt 1 gerade so viel an, wie Haushalt 2 nachfragt. Umgekehrt bietet Haushalt 2 auf dem Markt für Gut Y genau so viel an, wie der erste Haushalt

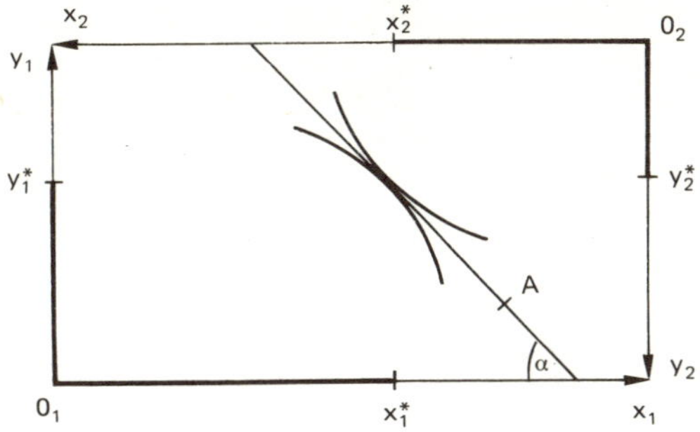

***Abb. 13:** Allgemeines Marktgleichgewicht bei reinem Tausch*

nachfrägt. Beide Märkte sind also geräumt. Im Marktgleichgewicht tangieren sich die Indifferenzkurven beider Haushalte. Die Steigung ist gleich der Steigung der Budgetgeraden durch den Punkt A der Anfangsausstattung.

Ein allgemeines Marktgleichgewicht hat also folgende Eigenschaften:

a) Jeder Haushalt ist in seinem individuellen Optimum

$$\partial U_1/\partial x_1/\partial U_1/\partial y_1 = p_x/p_y$$
$$\partial U_2/\partial x_2/\partial U_2/\partial y_2 = p_x/p_y$$

b) Alle Märkte sind geräumt:

$$e_x = 0$$
$$e_y = 0$$

Überlegen wir uns, warum es nicht möglich ist, daß auf einem Markt Gleichgewicht herrscht, während der andere Markt im Ungleichgewicht ist. Welche **Wechselbeziehungen** zwischen den Märkten sind dafür verantwortlich? Der Grund liegt darin, daß beide Haushalte bei ihren Plänen die Budgetrestriktion beachten.

Haushalt 1: $p_x x_1 + p_y y_1 = p_x \bar{x}_1 + p_y \bar{y}_1$

Haushalt 2: $p_x x_2 + p_y y_2 = p_x \bar{x}_2 + p_y \bar{y}_2$.

Wenn wir die Budgetrestriktionen beider Haushalte aggregieren, dann erhalten wir:

$$p_x(x_1 - \bar{x}_1 + x_2 - \bar{x}_2) + p_y(y_1 - \bar{y}_1 + y_2 - \bar{y}_2) = 0 \quad \text{oder}$$
$$p_x(e_{x_1} + e_{x_2}) + p_y(e_{y_1} + e_{y_2}) = 0 \quad \text{oder}$$

(5) $p_x e_x + p_y e_y = 0$ **Gesetz von Walras**

Diese Gleichung, die als Identität immer gilt, wenn die Haushalte ihre Budgetrestriktion beachten, bezeichnet man als **Gesetz von Walras.** Es besagt: die Summe der bewerteten Überschußnachfragen aller Märkte ist gleich Null. Das Gesetz von Walras ist deshalb von großer Bedeutung für die Analyse des allgemeinen Gleichgewichtes, weil es wichtige Aussagen über die Wechselbeziehungen zwischen den verschiedenen Märkten ermöglicht:

a) Wenn auf einem Markt **Überschußnachfrage** besteht, dann muß auf dem anderen ein **Überschußangebot** vorliegen: ist $e_x > 0$, dann muß gelten $e_y < 0$, damit die Gleichungen erfüllt sind (weil die Preise p_x, p_y positiv sind). Ist also ein Markt im Ungleichgewicht, dann muß also immer auch der andere im Ungleichgewicht (mit umgekehrtem Vorzeichen) sein (vgl. Abbildung 12). Manche Gleichgewichtstheoretiker sehen in dieser Aussage eine Rechtfertigung dafür, daß dem Marktsystem eine starke Tendenz hin zu einem allgemeinen Gleichgewicht innewohnt: wenn sich durch eine Preisanpassung ein Markt hin zum Gleichgewicht bewegt, bewirkt dies automatisch auch eine Reduktion des Ungleichgewichtes auf dem anderen Markt (und umgekehrt). Daß diese Interpretation nicht unbedingt zutreffen muß, werden wir später im Abschnitt „Ungleichgewichtsanalyse" (D 3) sehen.

b) Wenn ein Markt im Gleichgewicht ist ($e_x = 0$), dann muß auch der andere Markt im Gleichgewicht sein ($e_y = 0$). Denn falls $e_x = 0$, folgt aus dem Gesetz von Walras: $p_y e_y = 0$. Da aber $p_y > 0$, muß gelten $e_y = 0$ (vgl. Abbildung 13).

Die Aussage b) bedeutet, daß die beiden Gleichgewichtsbedingungen linear voneinander abhängen. Wegen der Interdependenz der Märkte verfügen wir also nur über **eine** unabhängige Gleichung zur Bestimmung der beiden Gleichgewichtspreise p_x, p_y. Die absoluten Preise sind daher nicht determiniert. Wir wissen aber, daß wegen der Homogenität der Nachfragefunktionen vom Grad Null für die Konsumpläne nur der relative Preis p_x/p_y (als Austauschverhältnis) Bedeutung hat.

Deshalb können wir ein beliebiges Gut als sogenanntes **Numéraire** (Standardgut) bestimmen und seinen Preis normieren (etwa $p_y = 1$). Das Numéraire-Gut dient als **Recheneinheit** (Wertmaßstab). Aus der Gleichgewichtsbedingung wird dann das Austauschverhältnis p_x/p_y (der Preis von Gut X in Einheiten des Gutes Y) bestimmt. Während die absolute Höhe der Preise willkürlich ist, sind somit im Marktgleichgewicht die relativen Preise bestimmt (in Abb. 13 ist der relative Preis p_x/p_y durch die Steigung der Budgetgeraden bestimmt: $\tan\alpha = -p_x/p_y$).

Daß die absoluten Preise nicht bestimmt sind, liegt daran, daß wir im Totalmodell eine Wirtschaft ohne Geld betrachten: es werden *direkt* Güter gegen Güter getauscht. In einer modernen Wirtschaft dient Geld als Numéraire (darüber hinaus auch als Zahlungs- und Wertaufbewahrungsmittel). Wenn wir das Gut Geld einbeziehen wollen, müßten wir einen dritten Markt (den Geldmarkt) einführen. Es stößt allerdings auf große Probleme, Geld als ein Gut, dessen Konsum keinen direkten Nutzen stiftet, in ein allgemeines Gleichgewichtsmodell einzubeziehen.

Betrachten wir nun in unserem Modell *reinen Tauschs* ein konkretes **Zahlenbeispiel:**

(1) $U_1 = x_1 y_1^2 \qquad \bar{x}_1 = 6;\ \bar{y}_1 = 3$

$U_2 = x_2^2 y_2 \qquad \bar{x}_2 = 6;\ \bar{y}_2 = 3$

Aus den Optimierungsbedingungen erhalten wir folgende *individuelle Nachfragefunktionen:*

(2) $x_1 = 2 + p_y/p_x \qquad y_1 = 2 + 4\, p_x/p_y$

$x_2 = 4 + 2\, p_y/p_x \qquad y_2 = 1 + 2\, p_x/p_y$

Daraus ergeben sich auf den beiden Märkten als aggregierte Überschußnachfragen:

(3) $e_x = x_1 - \bar{x}_1 + x_2 - \bar{x}_2 = 3\, p_y/p_x - 6$

$e_y = y_1 - \bar{y}_1 + y_2 - \bar{y}_2 = 6\, p_x/p_y - 3$

Diese Funktionen sind nur vom Preisverhältnis abhängig.

Im allgemeinen Marktgleichgewicht müssen beide Märkte geräumt sein; die **Gleichgewichtsbedingungen** lauten:

(4) $e_x = 3\,p_y/p_x - 6 = 0$

$e_y = 6\,p_x/p_y - 3 = 0\,.$

Die Gleichgewichtsbedingungen als ein System von 2 Gleichungen mit 2 Unbekannten (den Preisen) sind wegen des Gesetzes von Walras linear voneinander abhängig; wir haben nur eine unabhängige Gleichung und können somit nur den relativen Preis $\left(\frac{p_x}{p_y}\right)^* = 1/2$ bestimmen. Das *Gesetz von Walras* ist als Identität für beliebige Preise erfüllt.

(5) $p_x e_x + p_y e_y = 3\,p_y - 6\,p_x + 6\,p_x - 3\,p_y = 0\,.$

Im Modell werden der Gleichgewichtspreis sowie die Mengen, die die einzelnen Haushalte konsumieren, bestimmt:

$\left(\frac{p_x}{p_y}\right)^* = 1/2; \quad x_1^* = 4; \quad y_1^* = 4; \quad x_2^* = 8; \quad y_2^* = 2\,.$

Das Gleichgewicht ist eindeutig.

c) Verallgemeinerung des Modells

Das eben entwickelte Modell läßt sich leicht auf beliebig *viele* Haushalte und beliebig *viele* Güter ausdehnen. Betrachten wir eine Modellwelt mit H Haushalten (h = 1, ..., H) und n Gütern X_j (j = 1, ..., n).

Jeder Haushalt hat eine Nutzenfunktion U_h und verfügt über eine Anfangsausstattung an Gütern $\overline{x}_{jh}$. Dies sind die *Grunddaten* des Modells. Bestimmt werden die Mengen, die jeder Haushalt im Marktgleichgewicht konsumiert sowie die relativen Preise aller Güter.

Die Haushalte maximieren ihren Nutzen und verhalten sich als Mengenanpasser:

(1) $\text{Max } U_h(x_{1h}, \ldots x_{nh}) \text{ bei } \sum_{j=1}^{n} p_j (x_{jh} - \overline{x}_{jh}) = 0$

für alle Haushalte h (h = 1, ..., H)

Daraus ergeben sich die individuellen Überschußnachfragefunktionen

(2) $e_{jh}(p_1, \ldots p_n) = x_{jh}(p_1, \ldots p_n) - \overline{x}_{jh}\,.$

Sie sind homogen vom Grad Null in allen Preisen.

Die aggregierte Überschußnachfrage auf dem Markt für Gut j ist:

(3) $e_j(p_1, \ldots p_n) = \sum_{h=1}^{H} e_{jh}(p_1, \ldots p_n) \qquad j = 1, \ldots n$

Die Pläne aller Haushalte sind dann miteinander vereinbar, wenn die Überschußnachfrage auf allen Märkten gleich Null ist. Wir erhalten daraus n **Gleichgewichtsbedingungen:**

$e_1(p_1, \ldots p_n) = 0$

$\ldots$

(4) $e_j(p_1, \ldots p_n) = 0$

$\ldots$

$e_n(p_1, \ldots p_n) = 0\,.$

Aggregiert man über die Budgetrestriktionen aller Haushalte, so erhalten wir das Gesetz von Walras:

(5) $\sum_{h=1}^{H} \sum_{j=1}^{n} p_j e_{jh} = \sum_{j=1}^{n} p_j \sum_{h=1}^{H} e_{jh} = 0 \qquad \text{oder wegen (3)} \qquad \sum_{j=1}^{n} p_j e_j = 0\,.$

Aus dem Gesetz von Walras folgt:

a) Wenn auf einem Markt Überschußnachfrage herrscht, dann muß auf mindestens einem anderen Markt Überschußangebot vorliegen: falls auf dem Markt für Gut j gilt: $e_j > 0$, dann muß auf mindestens einem anderen Markt (etwa für Gut j') gelten $e_{j'} < 0$, damit die Gleichung erfüllt ist (weil alle Preise positiv sind).

b) Wenn $n - 1$ Märkte im Gleichgewicht sind ($e_j = 0$ für $j = 1, \ldots, n - 1$), dann ist auch der n-te Markt im Gleichgewicht. Denn das Gesetz von Walras lautet:

$\sum_{j=1}^{n-1} p_j e_j + p_n e_n = 0$. Sind nun alle $e_j = 0$ für $j = 1, \ldots, n - 1$, dann folgt daraus: $p_n e_n = 0$. Da aber $p_n > 0$, muß gelten $e_n = 0$.

Die Aussage b) beinhaltet, daß die n Gleichgewichtsbedingungen linear voneinander abhängig sind. Wegen der Homogenität der Nachfrage können wir ein beliebiges Gut als Numéraire bestimmen und dessen Preis normieren (etwa $p_n = 1$). Das Numéraire-Gut dient wieder als Recheneinheit; die Preise aller anderen Güter werden in Einheiten dieses Gutes berechnet. Wir haben $n - 1$ unabhängige Gleichungen zur Bestimmung dieser $n - 1$ relativen Preise (Austauschraten).

$$(4') \qquad e_j(p_1/p_n, \ldots, p_{n-1}/p_n) = 0 \qquad j = 1, \ldots, n - 1$$

Die neoklassische Gleichgewichtstheorie hat sich ausführlich mit der Frage beschäftigt, unter welchen Bedingungen für die Gestalt der Nutzenfunktionen ein allgemeines Marktgleichgewicht existiert, das Gleichungssystem also für positive Austauschraten lösbar ist. Man kann zeigen, daß ein Gleichgewicht existiert, wenn die in Kapitel II formulierten Annahmen an die Präferenzordnung erfüllt sind. Der Beweis soll hier nicht vorgeführt werden. Aus den im Abschnitt B angeführten Gründen gibt es in der Regel allerdings mehrere mögliche Gleichgewichte; das Gleichgewicht ist nur unter sehr speziellen Bedingungen eindeutig.

2. Allgemeines Marktgleichgewicht mit Produktion

Wir haben bisher eine reine Tauschwirtschaft betrachtet, in der jeder Haushalt über eine Anfangsausstattung von Gütern verfügt. Das Modell läßt sich aber leicht erweitern, so daß auch die *Produktion* durch Unternehmen und damit der Prozeß der Einkommensentstehung mit einbezogen wird. Die formale Grundstruktur des Modells ändert sich dadurch nur wenig.

Die **Haushalte** verfügen nun über eine Anfangsausstattung an Faktorgütern (insbesondere Arbeitsvermögen) und über Unternehmensanteile. Sie bieten die Faktoren auf den Faktormärkten an und fragen Konsumgüter nach. Zusätzlich zu den Einnahmen aus dem Verkauf von Faktorleistungen erhalten sie auch Gewinn entsprechend ihren Unternehmensanteilen. Gegenüber dem Modell des reinen Tausches stellt sich das Entscheidungsproblem der Haushalte formal ganz analog dar.

Die **Unternehmen** maximieren ihren Gewinn bei gegebener Technologie, wie wir es in Kapitel III ausführlich analysiert haben. Zur Vereinfachung gehen wir davon aus, daß jedes Unternehmen nur *ein* Gut produziert und unterstellen *abnehmende* Skalenerträge, so daß nur ein Teil der Verkaufserlöse als Faktoreinkommen an die Haushalte gezahlt wird. Der anfallende Gewinn fließt den Haushalten entsprechend ihren (gegebenen) Unternehmensanteilen zu. In unserem statischen Modell finden Konsum und Produktion innerhalb der betrachteten Zeitperiode statt.

a) Zwei-Güter-Modell

Das einfachste Totalmodell mit Produktion besteht aus einem Faktor- und einem Gütermarkt. Mit Hilfe von Arbeit wird ein Konsumgut produziert. Wir zerlegen den Prozeß der optimalen Produktions- und Konsumentscheidung und betrachten daher zwei getrennte Entscheidungseinheiten (einen Haushalt und eine Unternehmung), die sich beide als Mengenanpasser verhalten. Der Haushalt bietet Arbeit an und fragt das Konsumgut nach, die Unternehmung fragt Arbeit nach und bietet das Konsumgut an. Die Unternehmung befindet sich im Besitz des Haushaltes; ihm fließt der gesamte Unternehmensgewinn zu.

Der **Haushalt** bestimmt sein Arbeitseinkommen endogen wie in Abschnitt G von Kapitel II. Er maximiert also seinen Nutzen aus dem Konsum des Gutes X und der Freizeit F bei gegebener Anfangsausstattung an verfügbarer Zeit T und gegebenem Gewinn. Er kann seine verfügbare Zeit T auf Arbeit und Freizeit aufteilen: $T = F + A$

(H1) $\quad \text{Max}\, U(x, F) \quad \text{bei} \quad px = lA + G \quad \text{mit} \quad F = T - A$

Der Haushalt nimmt Güterpreis, Lohnsatz und Gewinnhöhe als exogen vorgegeben an.

Aus seinem Optimierungskalkül erhält man die Güternachfragefunktion

(H2) $\quad x^N = x^N(p, l, G)$

und die Arbeitsangebotsfunktion

$A^A = A^A(p, l, G)$.

Beide Funktionen sind homogen vom Grad Null in Preis, Lohn und Gewinn.

Das **Unternehmen** maximiert den Gewinn bei gegebener Technologie und nimmt dabei Preis und Lohn als gegeben an (wie im Kapitel III beschrieben):

(U1) $\quad \text{Max}\, G = px - lA \quad \text{mit} \quad x = f(A)$.

Aus dem Optimierungskalkül ergibt sich eine Güterangebotsfunktion

(U2) $\quad x^A = x^A(p, l)$ (nach der Outputregel)

sowie eine Arbeitsnachfragefunktion:

$A^N = A^N(p, l)$ (nach der Inputregel).

Die Funktionen sind homogen vom Grad Null in Preis und Lohn. Wenn sich Preis und Lohn proportional verändern, ändert sich auch der Gewinn proportional; der Produktionsplan bleibt aber unverändert. Weil sich mit Preis und Lohn auch immer der Gewinn (der ja in einem Totalmodell dem Haushalt zufließt) proportional ändert, bleibt die Budgetbeschränkung des Haushaltes bei einer proportionalen Variation von Preis und Lohn unverändert. In einem Totalmodell sind folglich die Güternachfrage- und die Arbeitsangebotsfunktion des Haushaltes homogen vom Grade Null in Preis und Lohn.

Im **allgemeinen Marktgleichgewicht** muß auf jedem Markt das Angebot der Nachfrage entsprechen (die Überschußnachfrage also gleich Null sein). Wir erhalten somit die **Gleichgewichtsbedingungen:**

(4) $\quad x^N(p, l) = x^A(p, l) \quad \text{oder} \quad e_x(p, l) = 0$

$\quad A^N(p, l) = A^A(p, l) \quad \text{oder} \quad e_A(p, l) = 0$.

In Abb. 14 ist ein allgemeines Marktgleichgewicht beschrieben. Die Produktionsfunktion ist dort, ausgehend vom Punkt T (dort wird überhaupt nichts gearbeitet), nach links abgetragen (mit zunehmendem Arbeitseinsatz nimmt die Produktion zu). Im Marktgleichgewicht tangieren sich Produktionsfunktion und Indifferenzkurven. Die

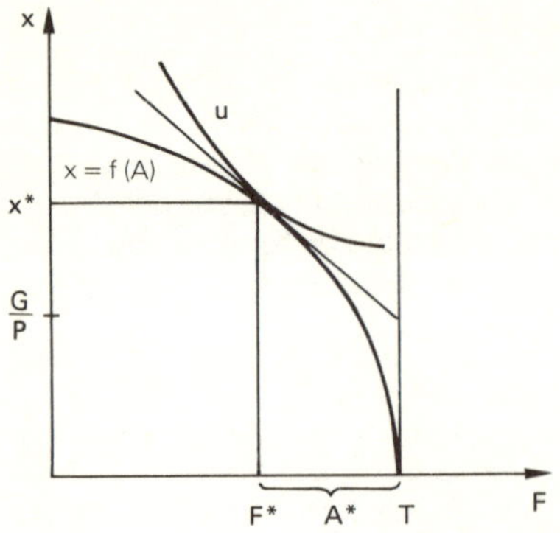

Abb. 14: *Marktgleichgewicht mit Produktion*

Steigung entspricht dabei der Steigung der Budgetrestriktion. Die Budgetrestriktion des Haushaltes fällt mit der Isogewinnlinie des Unternehmens zusammen, weil der gesamte Gewinn des Unternehmens dem Haushalt zufließt.

Im Gleichgewicht ist das Lohn-Preis-Verhältnis (der Reallohn $\left(\frac{l}{p}\right)^*$) sowie die Arbeitszeit A*, die produzierte Gütermenge x* und der Realgewinn $\left(\frac{G}{p}\right)^*$ bestimmt.

Auch in dem um die Produktion erweiterten Totalmodell gilt das **Gesetz von Walras:** die Summe der bewerteten Überschußnachfragen aller Märkte muß gleich Null sein.

Das Gesetz von Walras erhalten wir, indem wir in die Budgetrestriktion des Haushaltes die Gleichung für den Unternehmensgewinn einsetzen:

$$px^N - lA^A - G = 0$$

$$G - px^A + lA^N = 0$$

(5) $$p\,(x^N - x^A) + l\,(A^N - A^A) = 0\,.$$

Daraus folgt einmal, daß der Arbeitsmarkt sich im Gleichgewicht befindet, wenn der Gütermarkt im Gleichgewicht ist, zum anderen, daß bei einem Ungleichgewicht auf dem Arbeitsmarkt auch ein Ungleichgewicht auf dem Gütermarkt (mit umgekehrtem Vorzeichen) besteht. Gibt es auf dem Arbeitsmarkt ein Überschußangebot (Arbeitslosigkeit), dann besteht nach dem Gesetz von Walras gleichzeitig immer Überschußnachfrage auf dem Gütermarkt. Gemäß der neoklassischen Gleichgewichtstheorie kann demnach Arbeitslosigkeit kein dauerhafter Zustand sein: selbst wenn die Nominallöhne auf dem Arbeitsmarkt sich nicht anpassen würden, würde die Überschußnachfrage auf dem Gütermarkt zu einer Preissteigerung führen und damit gleichzeitig ein Sinken des Reallohnes bewirken – und zwar so lange, bis auf beiden Märkten Gleichgewicht herrscht.

Bei Gültigkeit des Gesetzes von Walras kann es also kein **Unterbeschäftigungsgleichgewicht** geben (eine Situation, in der nur der Arbeitsmarkt im Ungleichgewicht ist). Diese Aussage steht nicht unbedingt in Einklang mit unseren Alltagserfahrungen: bei hoher Arbeitslosigkeit erwarten wir im Gegenteil einen Nachfrageausfall auf dem Markt für Konsumgüter. Das deutet darauf hin, daß es keineswegs selbstverständlich ist, daß das Gesetz von Walras in der beschriebenen Form auch in Ungleichgewichtssituationen Gültigkeit hat. Der Grund liegt, wie wir im Abschnitt über Ungleichgewichtsanalyse näher sehen werden, darin, daß es sich auf **geplante** Größen bezieht, die **effektive** Nachfrage im Ungleichgewicht davon aber erheblich abweichen kann.

b) Verallgemeinerung des Modells

Wir betrachten nun ein Modell mit H Haushalten und K Unternehmungen. Neben n Märkten für Konsumgüter müssen wir nun auch m Märkte für die Faktoren V_i einbeziehen (Faktoren bezeichnen wir im Interesse einer einheitlichen Terminologie mit V_i $(i = 1, \ldots, m)$; ihren Preis mit q_i – dazu zählt auch der Faktor Arbeit).

Jeder Haushalt hat eine Nutzenfunktion, verfügt über eine Anfangsausstattung an Faktoren $\overline{v}_{ih}$ und über Unternehmensanteile ϑ_{hk}. Die Unternehmen produzieren mit Hilfe der Faktoren Güter entsprechend ihrer Produktionsfunktion $x_{jk} = f_{jk}(v_{lk}, \ldots, v_{mk})$. Die Produktion der Güter X_j kann auch in Mehr-Produkt-Unternehmen erfolgen, deren Optimierungsproblem wir bereits in Kapitel III untersucht haben. Falls alle Faktoren in beliebiger Menge beschaffbar sind, maximiert das Mehr-Produkt-Unternehmen seinen Gewinn, indem es für jedes einzelne Produkt die gewinnmaximalen Ausbringungs- und Faktoreinsatzmengen bestimmt.

Im Gleichgewicht werden für jeden Haushalt die Gütermengen, die er konsumiert, sowie die Faktormengen, die er verkauft, bestimmt und für jede Unternehmung die Gütermenge, die es produziert, die Faktormengen, die es nachfrägt sowie der Gewinn der Unternehmung. Schließlich werden die $n + m - 1$ relativen Preise der Güter und Faktoren bestimmt.

Die **Haushalte** maximieren ihren Nutzen

(H 1) $$\text{Max } U_h(x_{lh}, \ldots, x_{nh}, \overline{v}_{lh} - v_{lh}, \ldots, \overline{v}_{mh} - v_{mh})$$

unter der Budgetrestriktion:

$$\sum_{j=1}^{n} p_j x_{jh} = \sum_{i=1}^{m} q_i v_{ih} + G_h, \quad \text{wobei} \quad G_h = \sum_{k=1}^{K} \vartheta_{hk} G_k$$

Daraus ergeben sich die Angebots- und Nachfragefunktionen:

(H 2) $$x_{jh}^N = x_{jh}^N(p_1, \ldots, p_n, q_1, \ldots, q_m, G_h)$$
$$v_{ih}^A = v_{ih}^A(p_1, \ldots, p_n, q_1, \ldots, q_m, G_h)$$

Die **Unternehmen** maximieren ihren Gewinn:

(U 1) $$\max G_k = \sum_{j=1}^{n} p_j x_{jk} - \sum_{i=1}^{m} q_i v_{ik} \quad \text{bei} \quad x_{jk} = f_{jk}(v_{1jk}, \ldots, v_{mjk})$$
$$\text{und} \quad v_{ik} = \sum_{j=1}^{n} v_{ijk}.$$

v_{ijk} ist diejenige Menge des Faktors i, die das Unternehmen k zur Produktion des Gutes j einsetzt.

Daraus erhält man die Angebots- und Nachfragefunktionen:

(U 2) $$x_{jk}^A = x_{jk}^A(p_1, \ldots, p_n, q_1, \ldots, q_m)$$
$$v_{ik}^N = v_{ik}^N(p_1, \ldots, p_n, q_1, \ldots, q_m)$$

Gesamtnachfrage und Gesamtangebot auf den verschiedenen Märkten erhalten wir durch Aggregation:

(3) $$x_j^N = \sum_{h=1}^{H} x_{jh}^N; \quad x_j^A = \sum_{k=1}^{K} x_{jk}^A$$
$$v_i^N = \sum_{k=1}^{K} v_{ik}^N; \quad v_i^A = \sum_{h=1}^{H} v_{ih}^A$$

Ein **allgemeines Gleichgewicht** besteht dann, wenn auf allen Märkten die Gesamtnachfrage dem Gesamtangebot entspricht. Wir erhalten als **Gleichgewichtsbedingungen:**

(4) $x_j^N = x_j^A, \quad j = 1, \ldots, n$

$v_i^N = v_i^A, \quad i = 1, \ldots, m$

Im allgemeinen Gleichgewicht gilt:

a) – jeder Haushalt realisiert sein individuelles Optimum
– jedes Unternehmen realisiert sein individuelles Optimum

b) die Pläne aller Wirtschaftssubjekte sind miteinander vereinbar (alle Märkte sind geräumt).

Haushalte	**Unternehmen**
(1) Optimierungskalküle der Haushalte	Optimierungskalküle der Unternehmen
$\text{Max } U_h (x_{1h}, \ldots, x_{nh}, \overline{v}_{1h} - v_{1h}, \ldots, \overline{v}_{mh} - v_{mh})$	$\max G_k = p_j x_{jk} - \sum_{i=1}^{m} q_i v_{ik}$
unter der Budgetrestriktion:	mit der Produktionsfunktion
$\sum_{j=1}^{n} p_j x_{jh} = \sum_{i=1}^{m} q_i v_{ih} + \sum_{k=1}^{K} \vartheta_{hk} G_k$	$x_{jk} = f_{jk} (v_{1k}, \ldots, v_{mk})$
$h = 1, \ldots, H$	$k = 1, \ldots, K$

(2) Daraus ergeben sich individuelle Angebots- und Nachfragefunktionen:

für alle h:	für alle k:
$x_{jh}^N = x_{jh}^N (p_1, \ldots, p_n, q_1, \ldots, q_m, G_h)$	$x_{jk}^A = x_{jk}^A (p_1, \ldots, p_n, q_1, \ldots, q_m)$
$v_{ih}^A = v_{ih}^A (p_1, \ldots, p_n, q_1, \ldots, q_m, G_h)$	$v_{ik}^N = v_{ik}^N (p_1, \ldots, p_n, q_1, \ldots, q_m)$
$j = 1, \ldots, n; \quad i = 1, \ldots, m$	$j = 1, \ldots, n; \quad i = 1, \ldots, m$

(3) Durch Aggregation erhalten wir:

$x_j^N = \sum_{h=1}^{H} x_{jh}^N;$ ⟸ Gütermärkte ⟹ $x_j^A = \sum_{K=1}^{K} x_{jk}^A$

$j = 1, \ldots, n$

$v_i^A = \sum_{h=1}^{H} v_{ih}^A;$ ⟸ Faktormärkte ⟹ $v_i^N = \sum_{K=1}^{K} v_{ik}^N$

$i = 1, \ldots, m$

(4) Gleichgewichtsbedingungen:

$$x_j^N = x_j^A, \quad j = 1, \ldots, n$$
$$v_i^N = v_i^A, \quad i = 1, \ldots, m$$

Das Gleichungssystem (4) besteht aus m + n Gleichgewichtsbedingungen. Wegen des Gesetzes von Walras

$$(5) \qquad \sum_{j=1}^{n} p_j (x_j^N - x_j^A) + \sum_{i=1}^{m} q_i (v_i^N - v_i^A) = 0$$

sind die Gleichungen linear voneinander abhängig. Da alle Funktionen nur von den relativen Preisen abhängen, gibt es m + n − 1 unabhängige Gleichungen zur Bestimmung der relativen Preise. Ein Gut wird wieder als Numéraire bestimmt.

3. Ungleichgewichtsanalyse

In Abschnitt C3 haben wir untersucht, welche Anpassungsprozesse sich auf einem einzelnen Markt im Ungleichgewicht abspielen, wenn die Preise schnell reagieren. Dort wurde bereits angedeutet, daß ganz andere Prozesse ablaufen, wenn die Mengen schneller reagieren als die Preise. Sofern die Preise zunächst fix bleiben, werden schon im Ungleichgewicht Transaktionen durchgeführt; wir müssen daher von der Fiktion eines Walrasianischen Auktionators abgehen. Dies hat weitreichende Konsequenzen: wenn ein Markt im Ungleichgewicht ist, können nicht alle Wirtschaftssubjekte ihre Pläne realisieren. Sie müssen daraufhin auch ihre Entscheidungen auf den anderen Märkten revidieren. Die individuellen Nachfrage- und Angebotsfunktionen, wie sie in der Haushalts- und Unternehmenstheorie abgeleitet wurden, können nun nicht mehr gültig sein: sie sind **hypothetische** Funktionen, die nur dann gelten, wenn die Pläne auf allen Märkten auch tatsächlich realisierbar sind.

Betrachten wir wieder das Modell mit einem Güter- und einem Arbeitsmarkt wie in Abschnitt 2b) und gehen wir davon aus, daß der Reallohn höher ist als im Gleichgewicht (Abb. 15). Der Haushalt plant nun auf Grund des höheren Reallohnes, mehr zu arbeiten und entsprechend mehr zu konsumieren. Dagegen will die Unternehmung wegen des hohen Reallohns weniger produzieren und fragt deshalb auch weniger Arbeit nach. Auf dem Arbeitsmarkt herrscht somit ein Überangebot; das geplante Angebot übersteigt die Nachfrage. Umgekehrt herrscht auf dem Gütermarkt eine *potentielle* Überschußnachfrage: der Haushalt **plant,** mehr nachzufragen als die Unternehmung produzieren will. Ein Walrasianischer Auktionator würde die Preise so lange anpassen (den Reallohn senken), bis ein allgemeines Gleichgewicht erreicht ist.

Was geschieht aber, wenn auf dem Arbeitsmarkt **bereits im Ungleichgewicht Transaktionen durchgeführt werden?** Auf einem Markt, auf dem alle Transaktionen freiwillig sind, kann niemand gezwungen werden, zu den bestehenden Preisen mehr zu kaufen oder zu verkaufen als er beabsichtigt. Daher wird im Ungleichgewicht jeweils die kleinere Menge von Angebot und Nachfrage realisiert (die dick gezeichnete Linie in Abb. 15 gibt zu jedem Reallohn an, wieviel auf dem Markt getauscht wird, wenn Transaktionen bereits im Ungleichgewicht erfolgen).

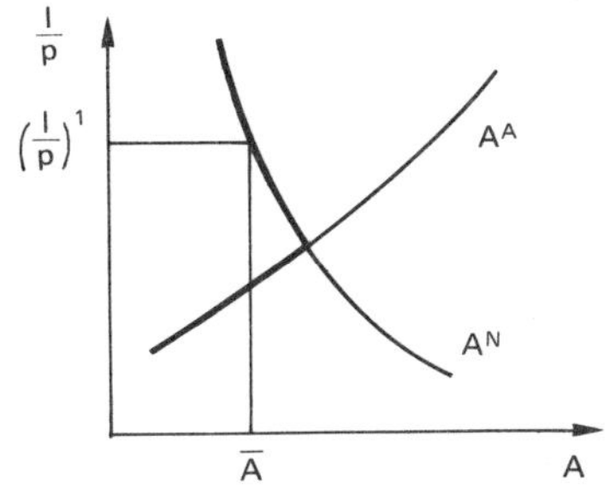

***Abb. 15:** Arbeitsmarkt im Ungleichgewicht*

Zum Reallohn $(l/p)^1$ ist die Nachfrage nach Arbeit die beschränkende Seite des Marktes: die Unternehmung kauft nur die Menge $\bar{A}$ ($\bar{A} = A^N < A^A$). Der Haushalt muß daher bei der Bestimmung seines individuellen Optimums zusätzlich zur Budgetrestriktion die **Mengenbeschränkung** $A \leqq \bar{A}$ beachten. Zwar plant er zunächst, zum herrschenden Reallohn mehr Arbeit anzubieten, doch ist ihm dies nicht möglich: er ist teilweise arbeitslos.

Die Mengenrationierung auf dem Arbeitsmarkt bedeutet, daß der Haushalt nun nicht mehr soviel Einkommen erzielen kann, wie er zum herrschenden Reallohn geplant hat. Damit aber muß er auch seine Entscheidung auf dem Gütermarkt revidieren: er ist nicht mehr in der Lage, die ursprünglich **geplante (hypothetische) Nachfrage** x^N auf dem Konsumgütermarkt zu verwirklichen: seine **effektive Nachfrage** x^e wird vielmehr durch das tatsächlich realisierbare Einkommen $\bar{E} = l\bar{A} + G$ beschränkt.

Betrachten wir die Entscheidungssituation des Haushaltes noch einmal anhand von Abb. 16: die Unternehmung fragt nur die Menge $\bar{A}$ an Arbeit nach. Die Wahlmöglichkeiten des Haushaltes sind deshalb nur mehr durch den schraffierten Teil des Budgetraums gekennzeichnet. Der Haushalt plant zwar zum herrschenden Reallohn zunächst, die Menge x^N nachzufragen, doch wegen der Mengenrationierung auf dem Arbeitsmarkt muß er seine Entscheidung ändern. Unter Beachtung der zusätzlichen Beschränkung ist der bestmögliche Konsumplan durch den Punkt Z gekennzeichnet; seine **effektive** Güternachfrage ist $x^e = x(\bar{E})$.

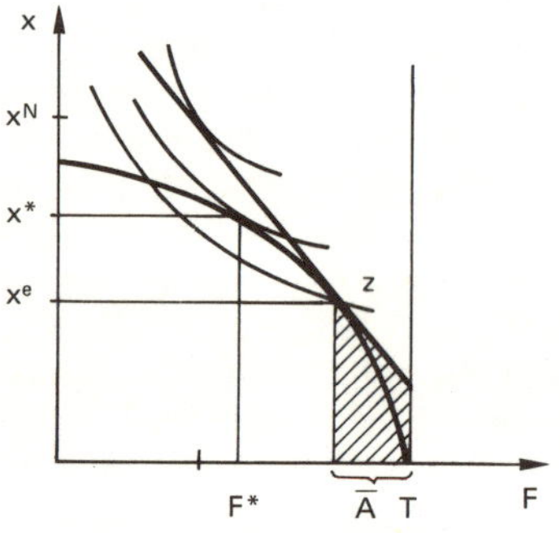

***Abb. 16:** Unterbeschäftigungsgleichgewicht*

Man bezeichnet diesen Entscheidungsprozeß nach **Robert Clower** als **duale Entscheidungshypothese:** der Haushalt stellt zunächst beim gegebenen Reallohn einen hypothetischen Konsumplan auf unter der Annahme, er könne alle Pläne realisieren. Wenn er auf keinem Markt Mengenbeschränkungen unterliegt, kann er die Pläne auch verwirklichen (er wird tatsächlich x^N nachfragen). Wenn aber auf dem Arbeitsmarkt die Beschränkung $A \leqq \bar{A}$ wirksam ist, muß er seine Konsumnachfrage anpassen; die effektive Nachfrage ist dann nur mehr eine Funktion des realisierbaren Einkommens $\bar{E}$, weil annahmegemäß Lohn und Preis fix sind. Für die **effektive** Nachfrage auf dem Gütermarkt gilt also:

(1) $x^e = \min\{x^N(p, l, G); x(\bar{E})\}$

Die Überlegung, daß im Ungleichgewicht die tatsächliche Nachfrage von der geplanten Nachfrage abweichen kann, liefert so eine mikroökonomische Begründung für die effektive Nachfrage, wie sie **John Maynard Keynes** (1883–1946) in seiner Konsumfunktion formuliert hat: im Ungleichgewicht ist die beobachtbare Nachfrage nur mehr vom realisierbaren Einkommen, nicht aber von Preisen und Löhnen bestimmt. Das aber hat Auswirkungen auf die Dynamik des Marktgeschehens: weil die Unternehmung nur die effektive Nachfrage x ($\bar{E}$) beobachten kann, hat sie keinen Anreiz, mehr zu produzieren. Obwohl auf dem Gütermarkt potentiell mehr nachgefragt werden könnte, ist die **effektive** Nachfrage gleich dem Angebot: der Gütermarkt befindet sich in einem **Nicht-Walrasianischen Gleichgewicht!**

Weil auf dem Markt nur die effektive Nachfrage wirksam ist, werden nicht die notwendigen Informationen übermittelt – im Gegensatz zum Walrasianischen Tâtonnementprozeß; dort teilen alle Wirtschaftssubjekte dem Auktionator ihre **geplanten** Mengen mit, und er paßt die Preise solange an, bis ein **Walrasianisches allgemeines Gleichgewicht** erreicht ist. Das eben beschriebene Verhalten im Ungleichgewicht könnte man dagegen so charakterisieren: bei konstanten Preisen passen sich die Wirtschaftssubjekte mit ihren Mengen so an die Beschränkungen an, daß die effektiven Überschußnachfragen Null sind. Grundhypothese ist dabei, daß sich die Preise nicht anpassen, sondern konstant bleiben. Man bezeichnet solche Modelle daher auch als **Fixpreismodelle.** Während auf dem Gütermarkt ein Nicht-Walrasianisches Gleichgewicht besteht, ist der Haushalt auf dem Arbeitsmarkt rationiert; es besteht ein **Unterbeschäftigungsgleichgewicht.**

Wird diese Situation von Dauer sein oder gibt es nicht doch langfristig einen Anpassungsdruck hin zum Walrasianischen Gleichgewicht? Das Fixpreismodell läßt offen, wie lange die Preise fix bleiben. Kurzfristig ist es eine durchaus plausible Reaktion, daß der Haushalt auf Grund der Mengenrationierung auf dem Arbeitsmarkt seine Konsumnachfrage entsprechend einschränkt. Doch diese Rationierung könnte den Haushalt zumindest langfristig veranlassen, seine Bereitschaft zu signalisieren, auch zu einem niedrigeren Lohnsatz zu arbeiten. Es ist für ihn nicht mehr rational, sich als Mengenanpasser zu verhalten: er kann sich nämlich auch bei einem niedrigeren Reallohn gegenüber der Ausgangssituation ($\bar{A}$, $\bar{x}$) verbessern: weil dann die Beschränkung $A < \bar{A}$ aufgehoben wird, ist er im Walrasianischen Gleichgewicht (F^*, x^*) trotz niedrigerem Reallohn besser gestellt.

Wie bereits im Abschnitt C 3 angedeutet, geht es bei dieser Betrachtung letztlich um die Frage, ob die Analyse des Gleichgewichtszustandes oder aber die des Anpassungsprozesses wichtiger ist. Viele Ökonomen sind der Ansicht, daß ein Anpassungsdruck letztlich zum Walrasianischen Gleichgewicht hinführen wird, schon weil dies im Eigeninteresse der Marktteilnehmer liegt. Andere dagegen vertreten die Auffassung, daß die Anpassungsprozesse aufgrund von Suchkosten und Transaktionskosten erhebliche Zeit in Anspruch nehmen und daß es daher wesentlich wichtiger ist, mögliche Maßnahmen zur Veränderung einer Ungleichgewichtssituation (eines Nicht-Walrasianischen Gleichgewichtes) zu analysieren als sich darauf zu beschränken, die Eigenschaften eines Walrasianischen Gleichgewichts zu beschreiben. Auch die Ungleichgewichtsanalyse arbeitet freilich mit dem mikroökonomischen Instrumentarium, das wir in diesem Buch kennengelernt haben.

Kapitel V
Wohlfahrtstheorie

A. Das Pareto-Kriterium

Die mikroökonomische Analyse kann, so haben die vorangehenden Kapitel aufgezeigt, die ökonomischen Kalküle von Haushalten und Unternehmen recht gut beschreiben. Die Darstellung des Verhaltens nutzenmaximierender Haushalte und gewinnmaximierender Unternehmen auf Märkten, die Suche nach Gleichgewichten und ihren Eigenschaften, all das ist beschreibende oder **positive Theorie.**

Eine Frage, die auch eine noch so ausgefeilte positive Theorie nicht beantworten kann und will, ist die, ob ein Marktgleichgewicht auch bestimmte wünschenswerte Eigenschaften erfüllt. Jedes Gleichgewicht impliziert eine bestimmte Verteilung oder Allokation von Gütern und Faktoren. Wer nun solch eine Allokation im Sinne von „gut" oder „schlecht" beurteilen will, der betreibt **normative Theorie** oder auch **Wohlfahrtstheorie**. Normativ heißt wertend und nicht einfach nur beschreibend. Wer aber stellt sich solche Fragen? Ein wichtiger Interessent ist der **Staat**. Wirtschaftspolitiker oder auch Ökonomen, die Wirtschaftspolitiker beraten, benötigen allokative Normen als Wegweiser für ihr Handeln. Ohne ein Kriterium, das den staatlichen Entscheidungsträgern aufzeigt, ob eine gegebene Marktallokation noch verbesserungsfähig ist oder nicht, wäre Wirtschaftspolitik zufällig. Ohne ein Wohlfahrtskriterium könnten auch Ökonomen nicht beurteilen, inwieweit eine Politik „gut" oder „schlecht" ist.

Auf der Suche nach einem **Kriterium** für die Wohlfahrtstheorie gilt es zunächst einmal zu entscheiden, wessen Perspektive sich dieses Kriterium eigentlich bedienen soll. Gilt es z. B., verschiedene Zustände der Welt aus der Sicht von Unternehmen oder aus der der Haushalte zu beurteilen? Die Wohlfahrtstheorie legt sich hier eindeutig auf eine **individualistische Perspektive**, d. h. auf die Sicht der Haushalte fest. Was die Rolle von **Institutionen** wie z. B. von Unternehmen betrifft, so gibt es hierfür einen überzeugenden sachlichen Grund. Unternehmen spielen deshalb keine eigenständige Rolle, weil sie gar nicht über eigenständige Präferenzordnungen verfügen. Sie „bevorzugen" Situationen, in denen ihnen hohe Gewinne zufallen, alleine deshalb, weil ihre Eigner eine Präferenz für hohe Gewinne haben. Die Beschränkung auf die Haushaltsperspektive ist in diesem Sinn also durchaus gerechtfertigt. Sie hat aber noch eine weitere Implikation. Die Beschränkung auf die Vorstellungen der Individuen legt nahe, daß die Wohlfahrtstheorie keine den Individuen fremde, d. h. nicht tatsächlich in deren Präferenzordnungen enthaltene „**Moral**" akzeptiert. Das gilt ganz unabhängig davon, ob diese Moral politisch-ideologisch, philosophisch oder theologisch begründet ist. Einzig die in den Präferenzordnungen internalisierten Wertvorstellungen sind als Maßstab zugelassen. Der Verzicht auf ein vereinheitlichendes Wertesystem hat den Vorteil, daß die Ableitung von wohlfahrtstheoretischen Normen ohne die Diskussion der grundsätzlichen Richtigkeit oder Unrichtigkeit bestimmter Moralphilosophien auskommt. Aber er macht die Ableitung keineswegs leichter.

Von einem wohlfahrtstheoretischen Maßstab auf individualistischer Basis sollte man verlangen, daß er von allen beteiligten Individuen akzeptiert werden kann. Vermutlich haben aber die meisten Menschen ganz **unterschiedliche Vorstellungen** darüber, was eine akzeptable und befriedigende Allokation von Faktoren und Gütern ist. Auch Konzepte wie „Fairneß" oder „Gerechtigkeit" helfen hier nicht weiter. Diese Begriffe haben zwar einen guten Klang, bedürfen aber der Auslegung, wenn man sie zur Urteilsbildung heranziehen möchte. Was ist zu tun?

Eine Lösung des Problems liegt in der **Reduktion der Anforderungen** an das Kriterium. Um überhaupt einen konsensfähigen Wohlfahrtsmaßstab zu erhalten, haben sich die Ökonomen auf ein Kriterium geeinigt, das Konflikte in der Beurteilung von verschiedenen Zuständen ausschließt. Die Norm, auf der ein Großteil der Wohlfahrtstheorie fußt, das **Pareto-Kriterium**[1], ist eine Art Minimalkonsens. Dieses Kriterium stuft einen gesamtwirtschaftlichen Zustand genau dann besser als einen anderen ein, wenn alle Betroffenen das tun, oder wenn wenigstens kein einziger Beteiligter anderer Auffassung ist. Liegt hingegen ein Problem vor, das in einer Gesellschaft unterschiedlich beurteilt wird, so enthält sich das Pareto-Kriterium jeder Aussage.

Der große Vorteil eines solchen **Minimalkonsenses** ist, daß er zu jedem Zeitpunkt und bezüglich jeder Fragestellung für alle Beteiligten akzeptabel ist. Auch Nicht-Ökonomen werden am Pareto-Kriterium wenig auszusetzen finden. Insofern ist das Pareto-Kriterium ein sehr hilfreiches Orientierungsinstrument für die Wohlfahrtstheorie – allerdings sind die Aussagemöglichkeiten eines Wohlfahrtskriteriums, das nur konsensfähige Einschätzungen der Betroffenen verarbeiten kann, begrenzt. Zunächst soll das Pareto-Kriterium genauer definiert werden.

Definition Pareto-Kriterium

– **Besser im Sinne von Pareto**
Für zwei Zustände x und y gilt, x ist im Sinne des Pareto-Kriteriums besser als y ($x \succ^P y$), wenn für mindestens ein Individuum i von H Individuen gilt, daß x strikt besser ist als y ($x \succ_i y$), und für alle anderen Individuen $j \neq i = 1,2,\ldots, H$ gilt, daß x mindestens so gut ist wie y ($x \succsim_j y$).

– **Besser oder genausogut im Sinne von Pareto**
Analog gilt, daß ein Zustand x besser oder genausogut wie y im Sinne des Pareto-Kriteriums ist ($x \succsim^P y$), wenn für alle H Haushalte x besser oder genausogut ist wie y ($x \succsim_i y$ für alle $i = 1,2,\ldots,H$).

– **Schlechter im Sinne von Pareto**
x ist hingegen schlechter als y ($x \prec^P y$), wenn für mindestens einen Haushalt i gilt, daß x schlechter ist als y ($x \prec_i y$), und für alle anderen Haushalte gilt, daß x genausogut oder ebenfalls schlechter ist als y ($x \precsim_j y$ für alle $j \neq i = 1,2,\ldots, H$).

Mit diesem Wohlfahrtskriterium läßt sich auch ein „soziales" Optimum ableiten. Anders als das individuelle Optimum eines einzelnen Haushalts bezieht sich das sogenannte **Pareto-Optimum** auf die Einschätzungen der Gesamtheit aller Haushalte beim Vergleich gesamtwirtschaftlicher Zustände. Ein Pareto-Optimum ist einfach der bestmögliche erreichbare Zustand gemäß dem zugrundeliegenden paretianischen Kriterium.

---

[1] Das Pareto-Kriterium trägt den Namen seines Erfinders, des italienischen Ökonomen Vilfredo Pareto (1848–1923).

Definition Pareto-Optimum

Ein Zustand oder eine Allokation ist dann ein Pareto-Optimum, wenn sich bei Verwendung des Pareto-Kriteriums kein pareto-besserer Zustand mehr finden läßt. Einen pareto-optimalen Zustand nennt man auch **effizient**.

Alles in allem ist das Pareto-Kriterium und mithin auch das Konzept des Pareto-Optimums wohl in der Tat konsensfähig. Warum soll z. B. ein Wirtschaftspolitiker nicht dafür Sorge tragen, daß x anstatt y verwirklicht wird, wenn alle Haushalte x y vorziehen oder zumindest nichts gegen x einzuwenden haben? Das Problem des Pareto-Konzepts liegt, wie oben schon angedeutet, eher in seiner **beschränkten Anwendbarkeit**. Im Fall von Konflikten zwischen den Vorstellungen der Individuen ist das Pareto-Kriterium nicht in der Lage, verschiedene Zustände wohlfahrtstheoretisch zu hierarchisieren. Diese Selbstbeschränkung ist geradezu das Konstruktionsprinzip des paretianischen Minimalkonsenses.

Wird z. B. die Allokation x von H-1 Individuen als strikt besser beurteilt als die Allokation $y\,(x \succ_j y$ für $j \neq i = 1, 2, \ldots, H\text{-}1)$ und nur das Individuum i kommt zu einem gegensätzlichen Urteil $(x \prec_i y)$, so kann man mit dem Pareto-Kriterium keinerlei normative Aussage mehr über ein „besser“ oder „schlechter“ machen. Die beiden Zustände sind nach dem Pareto-Kriterium **unvergleichbar**. Wiegt denn aber nicht, so könnte man sich fragen, das Urteil der klaren Mehrheit mehr als der eine Widerspruch? So zu argumentieren ist keineswegs unzulässig. Doch sollte man gewahr sein, daß man auf diesem Weg den Boden der individualistischen Wohlfahrtstheorie verläßt. Solange man am streng individualistischen, paretianischen Wohlfahrtskonzept festhält, verbieten sich **interpersonelle Nutzenvergleiche** dieser Art. Den Präferenzen eines jeden Individuums kommt dieselbe Bedeutung zu. Ein über- oder unterordnender Vergleich verschiedener Auffassungen ist nicht zulässig.

B. Erste Anwendungen und Grenzen des paretianischen Kriteriums

1. Pareto-Regionen

In der Form, in der das Pareto-Konzept entwickelt und definiert worden ist, ist es noch wenig nützlich. Es gilt, angewandte Bedingungen zu entwickeln, die sich auf die Problemstellungen beziehen, die auch die positive Mikrotheorie beschäftigt haben. Letztendlich soll die Wohlfahrtstheorie ja zur Beurteilung von Marktergebnissen verwandt werden.

Eine gute Übung ist die Anwendung des Pareto-Kriteriums auf eine **Tauschwirtschaft** mit zwei Haushalten und zwei Gütern, wie sie im Kapitel Koordination diskutiert worden ist. Abbildung 1 zeigt eine Edgeworth-Box für die Haushalte 1 und 2. Die Ökonomie verfügt über einen Gütervorrat ($\bar{x}_1$ und $\bar{x}_2$) entsprechend der Länge und Höhe der Box. Die Gütermengen sind vollständig auf die Haushalte aufgeteilt, so daß gilt:

(1) $\bar{x}_1 = x_{11} + x_{12}$ und $\bar{x}_2 = x_{21} + x_{22}$.

Die Güterverteilung in Punkt A ist Ausgangspunkt der folgenden Überlegung: Durch A laufen die Indifferenzkurven $\bar{u}_1$ und $\bar{u}_2$, die dem Betrachter die für das Pareto-

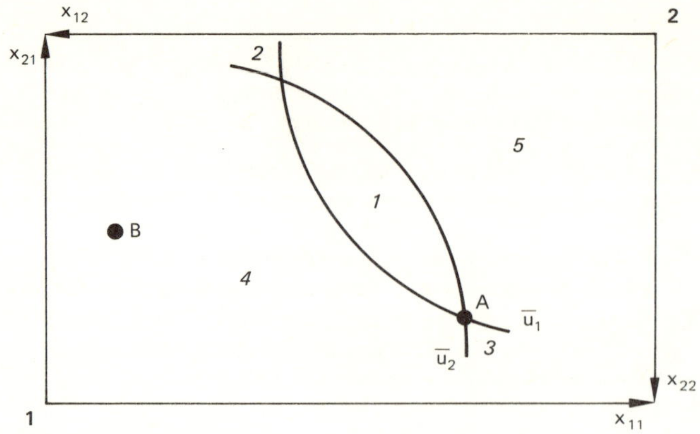

Abb. 1: Pareto-Regionen

Kriterium relevanten Einschätzungen der Beteiligten vermitteln. Offensichtlich beurteilen beide Haushalte Güterallokationen unterhalb ihrer jeweiligen Indifferenzkurve (näher am Ursprung) als schlechter als A, solche oberhalb (weiter vom Ursprung entfernt) als besser als A.

Allokationen in der **Pareto-Region** *1*, d. h. entweder auf dem Rand oder innerhalb der Tauschlinse in Abbildung 1, würden ganz offensichtlich mindestens einen Haushalt strikt besserstellen als die Ausgangsverteilung A und den jeweils anderen entweder indifferent lassen (auf dem Rand) oder gleichfalls besserstellen (innerhalb der Linse). Mit Blick auf die Definitionen des vorangehenden Abschnitts kann man also schließen, daß Allokationen in der Pareto-Region *1* strikt pareto-besser sind als A. Daraus folgt wiederum, daß A auch kein Pareto-Optimum sein kann. In einem Optimum sollte bei Anwendung des Kriteriums keine Verbesserung mehr möglich sein.

Die Regionen *2* und *3* haben gemeinsam, daß sich hier jeweils mindestens ein Haushalt schlechterstellt als in A. Bei einer Allokation auf dem oberen Rand der Region *3* z. B. bleibt Haushalt 1 auf seiner Indifferenzkurve, Haushalt 2 hingegen verschlechtert sich. Unterhalb der beiden Indifferenzkurven stellen sich sogar beide Haushalte schlechter als in A. A ist demnach strikt pareto-besser als Allokationen in den Regionen *2* und *3*.

Befragte man die Haushalte nach ihrer subjektiven Einschätzung der Bereiche *4* und *5*, so würde man sich mit sehr gegensätzlichen Aussagen konfrontiert sehen. Eine Allokation aus der Region *4* würde von Haushalt 2 lebhaft begrüßt, könnte er sich doch deutlich gegenüber seinem Ausgangsniveau $\bar{u}_2$ verbessern. Ganz anders sieht die Sache Haushalt 1, der sich bei einer solchen Güterverteilung deutlich unterhalb von $\bar{u}_1$ wiederfinden würde. Die Randlösungen, die Haushalt 2 auf $\bar{u}_2$ belassen, sind schon besprochen. Hier besteht also ein Konflikt zwischen den Individuen. Ein Vergleich der Regionen *4* und *5* mit der Allokation A nach dem Pareto-Kriterium ist nicht möglich – *4* und *5* sind weder „besser“ noch „schlechter“ als A.

Alles in allem hat sich das Pareto-Kriterium als recht hilfreich erwiesen, die Regionen der Abbildung 1 wohlfahrtstheoretisch zu klassifizieren. Immerhin lassen sich die Bereiche *2* und *3* gegen den Bereich *1* abgrenzen. Wie die Ausführungen in Abschnitt D weiter unten ausführlich nachweisen werden, lassen sich mit Hilfe des Pareto-Kriteriums **Pareto-Optimalitätsbedingungen** für alle hier relevanten Faktor- und

Gütermärkte der Mikroökonomie ableiten. Das Pareto-Konzept ist demnach sehr wohl in der Lage, den weiter oben definierten Anforderungen an eine Wohlfahrtstheorie gerecht zu werden. Allerdings vermag die streng paretianische Theorie nicht alle Fragen zu beantworten, und so lohnt es sich durchaus, einmal einen Blick über ihre eng gesteckten Grenzen hinauszuwerfen. Das soll im folgenden geschehen.

2. Kaldor-Hicks-Kriterium

In der Diskussion der Pareto-Regionen in Abbildung 1 fällt auf, daß mit den Regionen *4* und *5*, also den Regionen des **Interessenkonflikts** zwischen den Beteiligten, ein recht großer Bereich ausgeklammert bleibt. Das hat, wie weiter oben ausgeführt, unmittelbar mit dem Konstruktionsprinzip des Pareto-Kriteriums zu tun. Das Kriterium verweigert Aussagen über verschiedene Zustände, wenn die beteiligten Individuen widersprüchliche Einschätzungen dazu haben. Innerhalb der streng paretianischen Wohlfahrtstheorie endet damit jede Diskussion über ein „besser" oder „schlechter" – nicht allerdings in der Realität. Tatsächlich verlangt die Wirtschaftspolitik häufig Entscheidungen oder Empfehlungen, die Abwägungen zwischen unterschiedlichen Interessen mit sich bringen. Von einem öffentlichen Bauprojekt z. B., etwa einer neuen Straße oder einem Staudamm, profitieren selten alle Betroffenen. Oft wird sich ein Teil der Beteiligten mit dem Projekt subjektiv schlechter stellen als ohne. Will man auch in diesem Fall, d. h. außerhalb des streng paretianischen Arguments, noch Wohlfahrtstheorie betreiben, so bedarf es dazu eines anderen Kriteriums, das **interpersonelle Nutzenvergleiche** zwischen den „Gewinnern" und den „Verlierern" einer solchen Politikmaßnahme vornimmt. Das **Kaldor-Hicks-Kriterium** kann dies leisten, ohne sich weiter als unbedingt nötig vom paretianischen Minimalkonsens zu entfernen.[2]

Warum, so argumentieren Kaldor und Hicks, sollte die Gesellschaft auf eine Politikmaßnahme verzichten, nur weil sich einige wenige schlechter stellen? Ausschlaggebend für die Durchführung einer Maßnahme sollte vielmehr sein, ob die Gewinner aus der Maßnahme die Verlierer für ihre Verluste mindestens kompensieren können. Für zwei Zustände, die im Sinne des **Pareto-Kriteriums unvergleichbar** sind, kann man demnach schreiben:

Definition Kaldor-Hicks-Kriterium

Ein Wechsel von einem Zustand in einen anderen ist nach dem Kaldor-Hicks-Kriterium **wohlfahrtsverbessernd**, wenn die Gewinner aus diesem Wechsel potentiell in der Lage **wären**, die Verlierer nach deren Maßstäben für ihre Verluste mindestens zu kompensieren.

Bezogen auf das oben entwickelte Beispiel eines staatlichen Bauprojektes scheint das nicht-paretianische Kriterium durchaus einleuchtend. Was aber bedeutet es konkret für die Abbildung 1? Eine Allokation B aus dem Bereich *4* wäre dann „besser" als die Allokation A, wenn Haushalt 2 (der Gewinner) Haushalt 1 (den Verlierer) dafür entschädigen könnte, daß er sich schlechterstellt als in A. Die Abbildung selbst gibt allerdings keine Antwort auf die Frage von Kaldor und Hicks. Das hat seinen tieferen Grund in der **ordinalen Darstellung** der Präferenzordnung der betroffenen Haushalte. Von den eingetragenen Indifferenzkurven läßt sich nur etwas über die

[2] Benannt nach Nicholas Kaldor (1908–86) und John Richard Hicks (1904–89).

Rangordnung verschiedener Konsumgüterbündel erfahren und nichts über deren subjektiven Wert relativ zueinander. Es bleibt also unklar, wie „groß" die Verluste und die Gewinne sind, die z.B. eine Umverteilung von Punkt A nach B in Abbildung 1 verursachen würde. Für den interpersonellen Nutzenvergleich zwischen den Individuen ist es demnach notwendig, das ordinale Nutzenkonzept zu verlassen.

Einmal angenommen, daß der Wechsel von A nach B Haushalt 2 subjektiv gerade zehn Geldeinheiten wert ist, er also die Verbesserung von A nach B mit einem Vermögenszuwachs von zehn Einheiten gleichsetzt. Wenn diese zehn Einheiten, die Haushalt 2 gewinnt, dazu ausreichen, den Verlierer Haushalt 1 nach dessen Ermessen mindestens so gut zu stellen wie im Ausgangspunkt A, dann ist der Wechsel von A nach B dem Kaldor-Hicks-Kriterium zufolge eine Wohlfahrtsverbesserung.

Wohlgemerkt, bei diesem nicht-paretianischen Kriterium ist stets nur von der **möglichen Kompensation**, nicht von einer tatsächlichen Entschädigung der Verlierer durch die Gewinner die Rede. Eine häufig genannte Begründung hierfür ist, daß wirtschaftspolitische Entscheidungen nicht zwangsläufig nur bestimmte Individuen bevorzugen und daß sich langfristig nach vielen Entscheidungen Gewinne und Verluste in etwa die Waage halten dürften. Auch könnte man argumentieren, daß bei einem Verzicht auf tatsächliche Kompensation weniger Anreiz besteht, die eigenen Verluste zu über-, respektive die Gewinne zu untertreiben. Das eigentliche Problem des Kaldor-Hicks-Kriteriums oder jeder anderen Erweiterung des strikt paretianischen Werturteils aber bleibt die Frage, ob es in dem Maße **konsensfähig** ist, in dem das für das Pareto-Kriterium zutreffen dürfte. Letztlich ist diese Kritik der „Preis" für die etwas weitreichendere Anwendbarkeit nicht-paretianischer Konzepte.

C. Das Rentenkonzept

Bevor sich Abschnitt D mit der detaillierten und formalen Ableitung von paretianischen Optimalitätsbedingungen für die Faktor- und Gütermärkte der hier behandelten Mikroökonomie beschäftigen wird, soll im folgenden Abschnitt ein intuitiv einsichtiges und daher sehr hilfreiches **graphisches Konzept** zur Bewertung von **Partialmarktergebnissen** behandelt werden.

Man stelle sich dazu eine Ökonomie vor, in der es H Haushalte und K Unternehmen gibt. Alles, was die Haushalte in diesem Partialmarkt tun, ist, ein einziges Konsumgut x_1 nachzufragen. Ihre Erstausstattung oder ihr Budget besteht ausschließlich aus dem Gut x_2, das der Ökonomie als Zahlungsmittel dient. Mit x_2 kompensieren die Haushalte die Unternehmen, die das Gut x_1 produzieren und auf dem (Partial-)Markt anbieten, d.h. die Haushalte „kaufen" x_1 mit x_2 von den Unternehmen. Den Unternehmen entstehen bei der Produktion von x_1 Kosten, die sich in Einheiten des Zahlungsmittels x_2 ausdrücken lassen.

Alle Marktteilnehmer sind **Mengenanpasser**. Abbildung 2 stellt die über alle H Haushalte und K Unternehmen aggregierte Nachfrage- und Angebotsfunktion für diesen Markt dar. Angebot und Nachfrage drücken sich in Einheiten des Zahlungsmittels x_2 aus und genügen – bis auf eine Ausnahme[3] – den üblichen Annahmen.

---

[3] Um die Darstellung im folgenden zu erleichtern, wird hier unterstellt, daß die Nachfragekurve die Ordinate schneidet (vgl. dazu das Haushaltskapitel Abschnitt F 3a)).

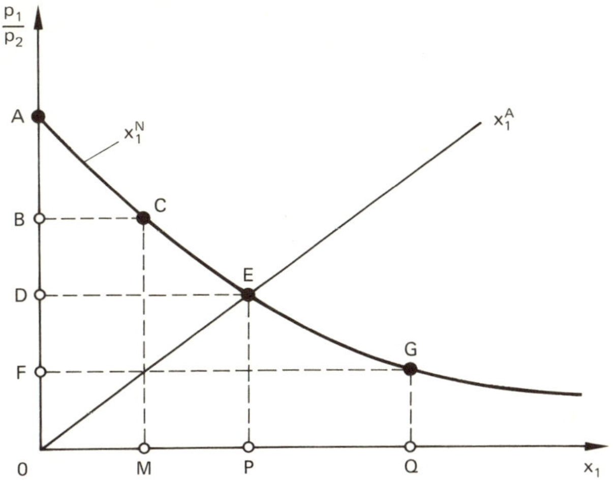

Abb. 2: Konsumentenrente

An der Ordinate der Abbildung 2 steht mit $\frac{p_1}{p_2}$ der relative Preis des Gutes x_1, d.h. der Preis des Gutes x_1 in Einheiten des Gutes x_2. Definiert man $p_2 \equiv 1$, was für ein Zahlungsmittel plausibel ist, dann reduziert sich die Beschriftung der Ordinate auf das vertraute p_1.

a) Die Konsumentenrente

Das Konzept der Konsumentenrente

Auf der Suche nach einem Kriterium, das die Wohlfahrt der Konsumenten, d.h. der Haushalte in Abbildung 2, beschreiben könnte, lohnt sich zunächst ein kurzer Blick zurück in das Haushaltskapitel. Dort ist nachzulesen, daß die Haushalte im Zwei-Güter-Fall ihre Güternachfrage so wählen, daß im **Haushaltsoptimum** für jedes gegebene Preisverhältnis gilt:

(2) $$\frac{p_1}{p_2} = -\left.\frac{dx_2}{dx_1}\right|_{\mathfrak{a}_i} = \frac{\partial u_i/\partial x_1}{\partial u_i/\partial x_2} \quad \text{für alle Haushalte } i = 1,2,..,H.$$

D.h. die Haushalte fragen für ein gegebenes relatives Preisverhältnis gerade soviel x_1 nach, daß die daraus resultierende **Grenzrate der Substitution** $\left(-\left.\frac{dx_2}{dx_1}\right|_{\mathfrak{a}_i}\right)$ und so das entsprechende Grenznutzenverhältnis genau die Höhe des Preisverhältnisses hat. Für die vorliegende Fragestellung kommt es nun darauf an, daß sich die Grenzrate der Substitution auch als **Grenzzahlungsbereitschaft** des Haushalts i für x_1 in Einheiten des Gutes x_2 interpretieren läßt.

Die Grenzrate beantwortet die Frage, wieviele Einheiten des Zahlungsmittels x_2 der Haushalt maximal für eine zusätzliche (marginale) Einheit x_1 aufwenden kann, so daß sein Nutzenniveau gerade noch konstant bleibt. Die Menge an x_2, die ein Haushalt für eine zusätzliche Einheit x_1 ohne Nutzenverlust abgibt, ist gleichzeitig die Menge an x_2, die er **maximal** aufzugeben bereit ist. Jedes Quentchen weniger x_2 für die Einheit x_1 wäre ihm lieber, bzw. würde ihn besserstellen, und jede Einheit mehr würde ihn schlechterstellen. Damit aber ist die Grenzrate der Substitution nichts anderes als die maximale Zahlungsbereitschaft des Haushalts für eine marginale zusätzliche Einheit von x_1, in anderen Worten die Grenzzahlungsbereitschaft.

Zurück zu Abbildung 2. Aus den Ausführungen im letzten Absatz läßt sich die aggregierte Nachfrage der Haushalte $x_1^N\left(\frac{p_1}{p_2}\right)$ auch als Grenzzahlungsbereitschaft aller Haushalte interpretieren, wenn man sie **invers**, d.h. von der Menge hin zu den Preisen, liest. x_1^N weist jedem Preisverhältnis genau die Nachfrage aller Haushalte zu, die sich ergibt, wenn die Haushalte (durch ihre individuelle Nachfrage nach x_1) jeweils ihre Grenzrate der Substitution bzw. ihre Grenzzahlungsbereitschaft gleich dem Preisverhältnis setzen. Es gilt für $x_1^N = f\left(\frac{p_1}{p_2}\right)$ und alle $i = 1, 2, \ldots,$ H Haushalte:

$$(3) \qquad f^{-1}(x_1^N) = \frac{p_1}{p_2}(x_1^N) = -\left.\frac{dx_2}{dx_1}\right|_{\mathfrak{a}_i},$$

d.h. für jede nachgefragte Gütermenge x_1 sind die Grenzzahlungsbereitschaften aller Haushalte gleich der invertierten Nachfragefunktion an dieser Stelle. Dabei sei nochmals darauf verwiesen, daß der Ausdruck (3) für die Grenzzahlungsbereitschaft der Haushalte in Einheiten des Gutes x_2, also des Zahlungsmittels der Ökonomie, steht. Für Abbildung 2 gilt demnach, daß die Grenzzahlungsbereitschaften der Haushalte eine fallende Funktion der nachgefragten Menge sind: Im Nullpunkt sind sie gerade gleich A, in M gleich B (bzw. CM), in P sind sie gleich D (EP) und in Q gleich F (GQ).

Wie sich zeigen läßt, ermöglicht das Konzept der Grenzzahlungsbereitschaft der **Wohlfahrtstheorie** eine Aussage über den Nutzen, den die Haushalte bei alternativen Preisen aus den konsumierten Gütern ziehen. Diesen Nutzen kann man im vorliegenden Güterdiagramm sichtbar machen. Dazu folgender Gedankengang: Nach dem **Gesetz des einheitlichen Preises** werden alle Einheiten eines bestimmten Gutes in einer Ökonomie zum selben Preis gehandelt. Nun sei für die Abbildung 2 unterstellt, die Haushalte sähen sich einem relativen Preis von der Höhe F gegenüber. Als Nachfrage ergibt sich die Menge Q. Nun sind offenbar für alle Einheiten des Gutes x_1, die die Haushalte beginnend im Ursprung nachfragen (außer der letzten marginalen Einheit aus Q), die **Grenzzahlungsbereitschaften aller Haushalte** größer als der Preis, den die Haushalte für diese Einheiten entrichten müssen. Für die letzte nachgefragte Einheit aus Q gilt dann, daß die marginale Zahlungsbereitschaft für eine weitere Einheit x_1 (GQ) gerade so hoch ist, wie das herrschende Preisverhältnis (F). Die Haushalte erhalten eine **Konsumentenrente**, eben weil das Gesetz des einheitlichen Preises bewirkt, daß sie bis zur letzten Nachfrageeinheit mehr zu zahlen bereit wären, als sie zu zahlen gezwungen sind. Demnach ist die Konsumentenrente wie folgt definiert:

Definition Konsumentenrente

Die Konsumentenrente ist die Summe (das Integral) der Überschüsse der Grenzzahlungsbereitschaften aller Haushalte über den Güterpreis für alle konsumierten Einheiten.

Die Konsumentenrente mißt den netto entstehenden Nutzen aus dem Konsum der nachgefragten Menge in Einheiten des Zahlungsmittels x_2. Ist das nicht eine Abweichung vom **ordinalen Nutzenkonzept**? Die Frage ist berechtigt. Tatsächlich ordnet das Rentenkonzept ja verschiedenen nachgefragten Gütermengen Renten in unterschiedlicher Höhe zu, und man könnte das Ausmaß der Zuwächse und Abnahmen direkt miteinander vergleichen. Daß die Möglichkeit kardinaler Vergleiche besteht, heißt aber noch lange nicht, daß die Gelegenheit auch wahrgenommen wird. Es ist durchaus zulässig, die **Interpretation** der Konsumentenrente auf das ordinale Konzept zu **beschränken**. Auch weiterhin soll es vor allem um die Frage gehen, ob z. B. eine Preisveränderung den Konsumentennutzen positiv oder negativ beeinflußt, und nicht, um „wieviel" er ihn verändert.

Um mit dem Konzept der Konsumentenrente in der Abbildung 2 arbeiten zu können, bedarf es offensichtlich eines graphischen Verfahrens zur **Messung** der Rente. Das läßt sich leichter bewerkstelligen, als es zunächst den Anschein hat. Es gilt einfach, die Überschüsse der Grenzzahlungsbereitschaft über den Preis jeder nachgefragten Gütereinheit „aufzusummieren" – da es sich bei x_1^N um eine stetige Funktion handelt, geht es um das **Integral** dieser Überschüsse in Abbildung 2. Am Beispiel der Konsumentenrente für den Preis F soll das Verfahren durchgespielt werden. In diesem Fall kann man die Größe der Rente, wie gesagt, feststellen, indem man die **Fläche** oberhalb des Preises F und unterhalb der Nachfragekurve x_1^N vom Ursprung bis Q integriert. Die Konsumentenrente AGF ist dann das Integral über die Überschüsse der Grenzzahlungsbereitschaft aller Haushalte über den Preis jeder nachgefragten Gütereinheit.

Wie setzt sich diese Rentenfläche genau zusammen? Nun, die gesamte **Zahlungsbereitschaft** bei der Menge $x_1^N = Q$ läßt sich durch die Fläche AGQ0 darstellen. Das ist die Menge des Zahlungsmittels x_2, die die Haushalte maximal für die Q Einheiten des Gutes x_1 aufzubringen bereit wären, und damit der in Einheiten x_2 ausgedrückte Nutzen, den sie dem Konsum dieser Menge zumessen. Doch der Konsum von x_1 ist ja nicht kostenlos. Die Haushalte müssen für jede Einheit x_1 den Preis F in Einheiten des Zahlungsmittels x_2 aufbringen. Zieht man den zu zahlenden Betrag FGQ0, also Preis mal Menge, von der Zahlungsbereitschaft AGQ0 ab, so resultiert daraus netto die genannte **Konsumentenrente** AGF.

Steigt der Preis von F auf D, so reduziert sich die Konsumentenrente, die den Haushalten verbleibt. Die Haushalte fragen beim Preis D nur noch $P < Q$ Einheiten des Gutes x_1 nach. Das in Einheiten x_2 ausgedrückte Integral über die Grenzzahlungsbereitschaften der Haushalte für die Menge P, die gesamte Zahlungsbereitschaft, ist jetzt AEP0. Abzüglich der Zahlungen DEP0, die die Haushalte beim höheren Preis $D > F$ für die Menge P zu entrichten haben, verbleibt eine Konsumentenrente von AED. Die Fläche AED ist deutlich kleiner als AGF, der Konsumentenrente beim niedrigeren Preis F. Analog folgt aus dem Preis $B > D$ die noch kleinere Rente ACB, und bei einem relativen Preis von A schließlich sind Nachfrage wie Konsumentenrente beide gleich 0.

Man kann also festhalten, daß die **Konsumentenrente**, die die Haushalte aus dem Konsum von x_1 ziehen, größer ist, je kleiner der Preis ist, den sie für x_1 zu entrichten haben. Ein **geringerer Preis** erhöht die Menge an x_1, die die Haushalte nachfragen und damit die Menge, aus der sie überhaupt eine Rente ziehen können. Gleichzeitig reduziert ein geringerer Preis die Zahlungen je Einheit, die die Haushalte an die Anbieter des Gutes abführen müssen. Die höhere Konsumentenrente kann man mit einem **höheren Nutzenniveau** gleichsetzen. Denn wenn der Überschuß der Grenzzahlungsbereitschaften jedes Haushalts über den Preis wächst, dann wird der Zustand mit dem niedrigeren Preisniveau gegenüber dem mit höheren Preisen präferiert. Die Konsumentenrente nennt die Menge x_2, die die Haushalte maximal für eine bestimmte Kombination von Preis und Nachfrage aufzubringen bereit wären. Erhöht sich diese

Menge, sind also die Haushalte bereit, für eine bestimmte Kombination von Preis und Nachfrage mehr aufzubringen als für eine andere, dann muß auch ihr Wohlfahrtsniveau größer sein als zuvor.

Meßprobleme bei der Konsumentenrente

Das Konzept der Konsumentenrente bedarf noch einer grundsätzlichen Bemerkung, bevor im weiteren das „Schwesterkonzept" der Produzentenrente entwickelt werden kann. Es stellt sich die Frage, wie genau die Konsumentenrente die Einschätzung der Haushalte messen kann, wenn man verfährt wie hier geschehen. Warum es bei der Konsumentenrente ein **Meßproblem** geben könnte und welche Konsequenzen das gegebenenfalls hat, soll im folgenden untersucht werden.

Die hier betrachteten Haushalte sind Mengenanpasser. Ihre Nachfrage nach einem (normalen) Gut erhöhen sie (bei konstantem Einkommen) nur dann, wenn der relative Preis des Gutes fällt. Das Problem liegt nun darin, daß die Haushalte in Beantwortung der Frage, welcher Nutzen ihnen aus einer zusätzlich nachgefragten Gütermenge zufließt, auch den **Einkommenseffekt** aus der Senkung des relativen Preises berücksichtigen. Die Grenzzahlungsbereitschaft der einzelnen Haushalte wird, wenn man sie entlang der herkömmlichen Nachfragefunktionen mißt, von der Erhöhung des Realeinkommens beeinflußt, die die **Preisreduktion** mit sich bringt. Nun soll aber das Konzept der Konsumentenrente dazu dienen, Preisänderungen (bzw. den aus den Preisänderungen resultierenden Veränderungen der Nachfragemenge) entsprechende Nutzenänderungen zuzuordnen, und nicht dazu, die Wohlfahrtswirkungen von Einkommensvariationen zu messen. Daraus folgt, daß die Nachfragekurve, die die Optimierung der Haushalte unter normalen Bedingungen liefert, nicht automatisch den Anforderungen entspricht, die das Rentenkonzept stellt.

Dieses Problem ist gewichtig genug, um einen genaueren Blick auf die Haushaltsentscheidung zu rechtfertigen. Abbildung 3 zeichnet die Wirkung der Preissenkung für den repräsentativen Haushalt i im Zwei-Güter- und im Nachfrage-Diagramm nach. Haushalt i fragt genau den H'ten Teil der von allen Haushalten konsumierten Menge nach. Die Präferenzordnung entspricht im hier betrachteten Bereich den üblichen Annahmen der Haushaltstheorie. Es sei unterstellt, daß x_1 für den Haushalt ein superiores Gut ist. Aus der Präferenzordnung in Abbildung 3 (a) läßt sich der Verlauf der Nachfragekurve in Abbildung 3 (b) ableiten.

Während der Substitutionseffekt aus der Preisreduktion für x_1 von B auf D einer Bewegung auf der ursprünglichen Indifferenzkurve $\bar{u}_i'$ entspricht, bewirkt der Einkommenseffekt in Abbildung 3 (a) einen „Sprung" auf die höhere Indifferenzkurve $\bar{u}_i''$. Der Gesamteffekt der Preisreduktion auf die Güternachfrage nach x_1 entspricht der Bewegung von Punkt C nach Punkt E auf der herkömmlichen Nachfragekurve $x_i^{N(M)}$ des Haushalts im Teil (b) der Abbildung. Gängigerweise spricht man bei der herkömmlichen Nachfragefunktion auch von der **Marshallschen Nachfrage**.[4]

Im Prinzip, so kann man argumentieren, läßt sich der Einfluß der Einkommenseffekte durch die Veränderung des Realeinkommens auf die herkömmliche Nachfragefunktion und mithin die Grenzzahlungsbereitschaften der Haushalte dadurch bewältigen, daß man den **Einkommenseffekt** aus der Haushaltsentscheidung **herausrechnet**. Das Problem, dem man sich dabei gegenüber sieht, ist, daß es eine ganze Reihe von **Verfahren** gibt, um diese Bereinigung vorzunehmen. Jedes dieser Verfahren vermag

---

[4] Nach dem bekannten Ökonomen Alfred Marshall (1842–1924).

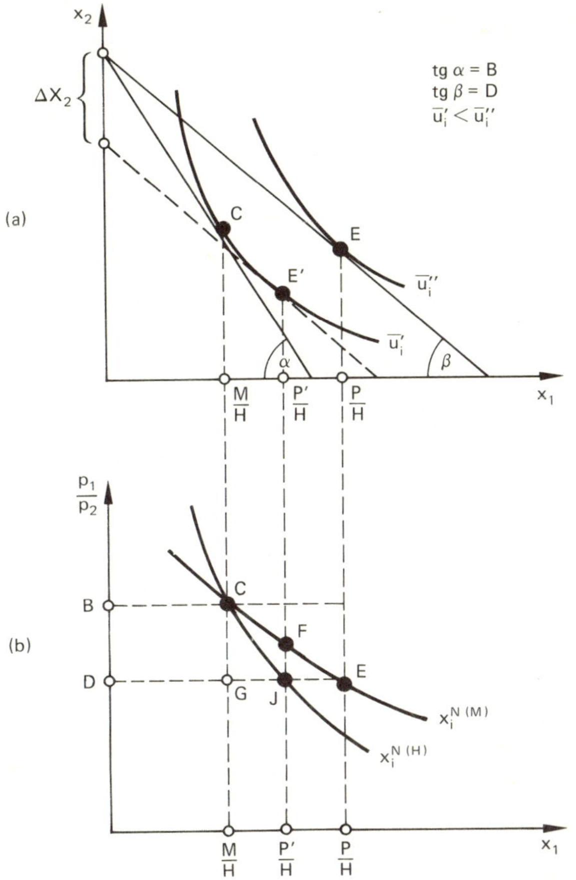

Abb. 3: Kompensatorische Variation, Marshallsche- und Hicksche Nachfrage

aufzuzeigen, daß die Neutralisierung des Einkommenseffekts die Nachfragefunktion eines Haushalts (und so die darunter gemessene Rente) deutlich verändern würde. Allerdings produzieren die unterschiedlichen Bereinigungsverfahren auch höchst verschiedene Ergebnisse, was Richtung und Ausmaß der Veränderung angeht. Im weiteren soll es daher weniger darum gehen, zwischen den einzelnen Verfahren zu diskriminieren, als vielmehr darum, die Natur des Meßproblems bei herkömmlichen Nachfragekurven zu verdeutlichen. Dazu soll ein bestimmtes Verfahren ausgewählt und seine spezifischen Wirkungen aufgezeigt werden.

Ohne die Kompensation des Einkommenseffekts resultiert in Abbildung 3 aus den Preisen B und D für das Gut x_1 jeweils die Konsumentscheidung $\frac{M}{H}$ und $\frac{P}{H}$. Anders verhält es sich, wenn dem Haushalt i gedanklich gerade so viel Einkommen entzogen wird, daß sich seine Nachfragereaktion auf den reinen Substitutionseffekt beschränkt, d.h., daß er auf der ursprünglichen Indifferenzkurve verbleibt. Man spricht hier von einer **kompensatorischen Variation** des Einkommens. In Abbildung 3 (a) wählt der Haushalt statt des individuellen Optimums E jetzt E′ auf der ursprünglichen Indifferenzkurve $\bar{u}_i'$ und damit, wie sich leicht an der x_1-Achse ablesen läßt, eine geringere

Nachfragemenge für x_1 als im nicht-kompensierten Fall. Es ist $\frac{P'}{H} < \frac{P}{H}$. Die Ursache hierfür findet sich in der Präferenzordnung des Haushalts i. Gut x_1 ist für den Haushalt ein **superiores** Gut. D.h. auf die kompensierende Rücknahme der Einkommenserhöhung reagiert er mit einer Reduktion seiner Nachfrage nach x_1. Wenn man dem Haushalt die Einkommenseffekte der Preisreduktionen in der gewählten Art und Weise vorenthält, dann wird er weniger nachfragen als im nicht-kompensierten Fall. Überträgt man das Nachfrageverhalten bei kompensatorischer Variation in das Preis-Mengen-Diagramm Abbildung 3 (b), dann findet sich die resultierende Nachfragekurve $x_i^{N(H)}$ für den niedrigeren Preis D unterhalb der Marshallschen Nachfragekurve. Die Funktion $x_i^{N(H)}$ bezeichnet man auch als **Hicksche Nachfragekurve** zum ursprünglichen **Nutzenniveau** $\bar{u}_i'$.

Die unterschiedliche Elastizität der Marshallschen und der Hickschen Nachfragekurven führt, wie vermutet, zu entsprechenden **Abweichungen** bei der Messung der Konsumentenrente. Dazu sei ein weiterer Blick auf Abbildung 3 (b) gestattet. Der Netto-Rentenzuwachs, der sich hier aus der Reduktion des Preisniveaus von B auf D für die jeweils zusätzlich konsumierten Einheiten ergibt, ist im Fall der Marshallschen Nachfrage (Fläche BCED) deutlich größer als im Hickschen Fall (Fläche BCJD). Entsprechend gilt auch, daß jeder Zuwachs der konsumierten Menge über $\frac{M}{H}$ hinaus im Marshallschen Fall größere Renten erzeugt. Die Fläche BCJD läßt sich übrigens auch an der Ordinate der Abbildung 3 (a) ablesen. Δx_2 ist der Betrag, um den man die Budgetgerade des Haushalts beim neuen Preisniveau D nach unten verschieben muß, um ihn ausgehend von Punkt E auf $\bar{u}_i''$ zurück zur Indifferenzkurve $\bar{u}_i'$ zu bringen. Das aber ist nichts anderes als seine maximale Zahlungsbereitschaft für die Preisreduktion von B auf D und entspricht damit der oben abgeleiteten Konsumentenrente – beides ausgedrückt in Einheiten des Gutes x_2.

Die Art der Abweichung der Marshallschen von der Hickschen Nachfragefunktion variiert mit der Wirkungsrichtung des Einkommenseffekts. Die Marshallsche Kurve ist **elastischer** als die Hicksche Nachfrage, wenn das betrachtete Gut wie bisher angenommen **superior** ist. Umgekehrt würde eine andere Gestalt der Indifferenzkurven, die x_1 zum **inferioren** Gut machte, dazu führen, daß die Marshallsche Nachfragefunktion **weniger elastisch** wäre als die Hicksche Kurve. Abbildung 4 gibt einen entspre-

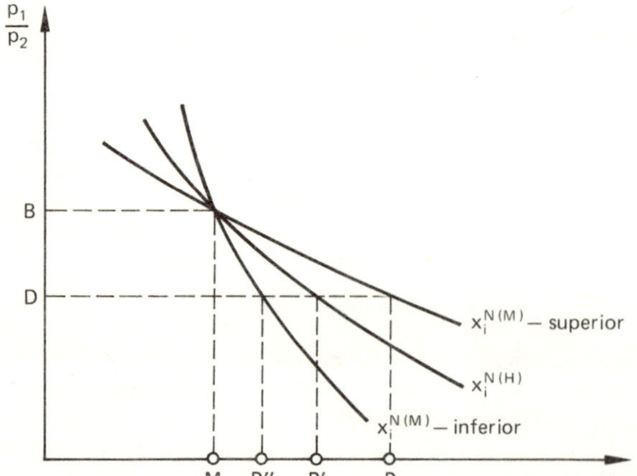

***Abb. 4:** Marshallsche- und Hicksche Nachfrage bei inferioren und superioren Gütern*

chenden Überblick, indem sie ausgehend von einem Preis B die unterschiedlichen Nachfrageverläufe skizziert.

Aus der Sicht der kompensierten Hickschen Nachfrage „übertreibt" folglich die herkömmliche Marshallsche Nachfragefunktion im superioren Fall die Nachfrage der Haushalte, im inferioren Fall „untertreibt" sie sie. In Abbildung 4 gilt entsprechend für den Preis D, daß $P'' < P' < P$ ist.

Vor dem Hintergrund des bislang Gesagten scheint die oben anhand der Marshallschen Nachfragefunktion vorgenommene Ableitung und Analyse der Konsumentenrente in der Tat ungenau. Die Marshallschen Nachfragekurven wiesen höhere oder niedrigere Renten aus als die mit Hilfe des ausgewählten Kompensationskriteriums bereinigten Nachfragefunktionen, je nachdem ob das Gut superior oder inferior war. Waren also die Überlegungen anhand der herkömmlichen Nachfragefunktion allesamt umsonst?

Das kommt darauf an. Zum einen wurde ja schon angedeutet, daß die Richtung der Meßungenauigkeiten von der **Auswahl des Kompensationskriteriums** beeinflußt wird. Man kann zwar, wie geschehen, zeigen, daß der Einkommenseffekt die Messung der Renten beeinflußt, doch hängt die Art der notwendigen Korrektur vom jeweils gewählten Maßstab ab. Solange die Fragestellung nicht ein spezifisches Kompensationskriterium nahelegt, kann man genausogut mit der nichtkompensierten Marshallschen Nachfragefunktion arbeiten. Zum anderen können die Abweichungen, die der Einkommenseffekt bei normalen Nachfragekurven von der kompensierten Kurve erzeugt, mehr oder weniger groß sein. Je ähnlicher die Steigungen der Indifferenzkurven für jedes Güterniveau von x_1 sind, je geringer die auslösende **Preisänderung** und je niedriger der Anteil des Gutes x_1 am **Gesamtbudget** des Haushalts ist, desto kleiner wird die Abweichung und desto kleiner ist auch der Meßfehler bei der Verwendung der konventionellen Nachfragefunktion.

Es gibt sogar Spezialfälle von Präferenzordnungen, für die Hicksche und Marshallsche Nachfrage deckungsgleich sind. Ein Beispiel sind **quasi-lineare Nutzenfunktionen** der Form:

$$(4) \qquad u(x_1, x_2) = v(x_1) + x_2; \quad \text{mit } \frac{\partial v}{\partial x_1} > 0 \text{ und } \frac{\partial^2 v}{\partial x_1^2} < 0,$$

die für das Gut x_1 gar keinen Einkommenseffekt aufweisen, den man kompensieren müßte.

Alles in allem kann man sagen, daß in vielen Fällen Marshallsche Nachfragefunktionen hinreichend gute **Approximationen** der Hickschen Nachfragekurven sind. Eine wohlfahrtstheoretische Analyse mit Hilfe des Rentenkonzepts ist also in der Regel auch dann zulässig, wenn dafür nur die Marshallschen Nachfragefunktionen zur Verfügung stehen. Allerdings sollte man sich über die darin potentiell enthaltene Fehlerquelle stets im klaren sein.

b) Die Produzentenrente

Mit der Konsumentenrente liegt ein Maßstab für die Beurteilung der Wohlfahrt von Haushalten in einem Gütermarktdiagramm vor. Was hier noch fehlt, ist die Unternehmensseite. Wie sich zeigen wird, lassen sich hier im Prinzip dieselben Konzepte anwenden wie im Haushaltsfall. Abbildung 5 reproduziert im wesentlichen Abbildung 2 (s. o.), allerdings liegt der Schwerpunkt der Betrachtung nunmehr auf der Unternehmensseite.

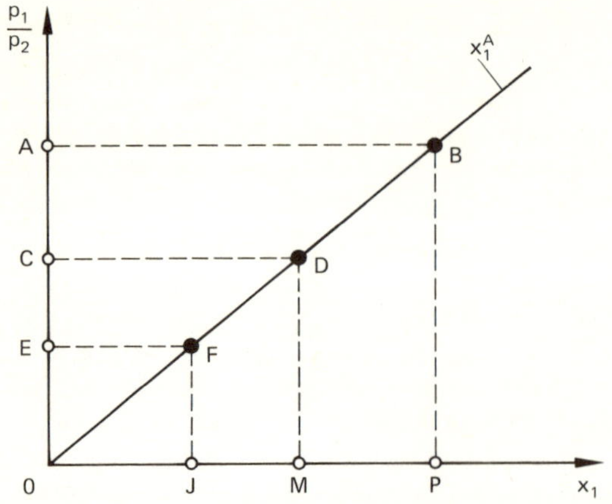

Abb. 5: Produzentenrente

Welchen ökonomischen Hintergrund hat die Angebotsfunktion x_1^A? Aus dem Kapitel zur Unternehmenstheorie dürfte bekannt sein, daß **gewinnmaximierende Mengenanpasser** nach der **Outputregel** x_1^A so wählen werden, daß der Güterpreis gerade gleich den Grenzkosten ist. Die Opportunitätskosten der Unternehmen können im vorliegenden Fall in Einheiten des Zahlungsmittels x_2 ausgedrückt werden. Gleiches gilt für den Güterpreis. Produzieren die Unternehmen **gesamtwirtschaftlich effizient**, dann sind die jeweiligen **Grenzkosten** einfach die individuelle Grenzrate der Transformation der $k = 1,2,\ldots, K$ Unternehmen zwischen x_1 und x_2, also $-\left.\frac{dx_2}{dx_1}\right|_{\bar{v}_{jk}}$ mit dem gegebenen Faktorbestand $j = 1,2,\ldots, m$. Die Grenzrate bzw. die Grenzkosten geben an, wieviele Einheiten des Zahlungsmittels x_2 das Unternehmen zur Kompensation der zusätzlich benötigten Faktoren aufwenden muß, wenn es eine weitere Einheit des Gutes x_1 produzieren will. Die Unternehmen wählen ihre individuellen Angebotsmengen jeweils genau so, daß die Grenzkosten gerade die Höhe des gegebenen Preises haben.

x_1^A steht dann für die aggregierten individuellen Angebotsfunktionen der K Unternehmen in der Ökonomie, die jedem Preis die gesamtwirtschaftliche Angebotsmenge zuweist. Liest man x_1^A **invers**, gibt sie umgekehrt für jedes Angebotsniveau die Grenzkosten der Produktion einer weiteren Einheit x_1 in den Unternehmen wieder. Es gilt also für $x_1^A = f\left(\frac{p_1}{p_2}\right)$ und alle $k = 1,2,\ldots, K$ Unternehmen:

$$(5) \qquad f^{-1}(x_1^A) = \frac{p_1}{p_2}(x_1^A) = -\left.\frac{dx_2}{dx_1}\right|_{\bar{v}_{jk}} \quad \text{für alle } j = 1,2,\ldots,m \text{ Faktoren.}$$

Der Ausdruck rechts steht für die Grenzkosten aller Unternehmen respektive die Grenzrate der Transformation zwischen dem Konsumgut x_1 und dem als Zahlungsmittel verwandten Gut x_2, die sich bei gesamtwirtschaftlich effizienter Produktion einstellt.

Wo findet sich in Abbildung 5 die **Produzentenrente**? Die Produzentenrente ermittelt sich, wie sich gleich zeigen wird, nach denselben Prinzipien wie die Konsumentenrente. Das Vorhaben gestaltet sich hier allerdings etwas einfacher, da mit der Abwesenheit von Nutzenfunktionen und Einkommenseffekten auf der Unternehmensseite das Meßproblem entfällt, das oben so viel Raum einnahm.

Nun aber zu Abbildung 5. Unterstellt, es herrsche zunächst der Preis A. Die Unternehmen bieten in diesem Fall genau die Menge $x_1 = P$ an. Für alle produzierten Einheiten vor der letzten Einheit aus P gilt offensichtlich, daß die Grenzkosten geringer sind als der für alle Einheiten erzielte Preis A. Kosten und Preis werden dabei in Einheiten des Gutes x_2 gemessen. Die Differenz zwischen den jeweiligen Grenzkosten der produzierten Einheiten und dem erzielten Preis ermöglicht eine Rente für die Unternehmen. Die Produzentenrente für den Preis A ist dann einfach das **Integral** dieser Überschüsse, also die **Fläche** AB0. Von den Erlösen (Fläche ABP0) sind für die Produzentenrente die Kosten in Höhe der Fläche BP0 abzuziehen.

Definition Produzentenrente

Die Produzentenrente ist die Summe (das Integral) der Überschüsse der Güterpreise über die Grenzkosten aller Unternehmen für jede produzierte und abgesetzte Einheit.

Mit fallendem Preis nimmt die Produzentenrente ab, wie ein weiterer Blick auf Abbildung 5 zeigt. Hat der Preis nur noch die Höhe $C < A$, so resultiert noch eine Produzentenrente mit der Fläche CD0 – von den Erlösen CDM0 werden die Kosten DM0 abgezogen. Die Rentenfläche CD0 ist kleiner als AB0. Analog ergibt sich aus dem noch geringeren Preis E nur noch die Produzentenrente EF0 und für einen Preis gleich 0 sind produzierte Menge und Produzentenrente gleichermaßen gleich 0. Wenn die **Produzentenrente** mit fallenden Preisen abnimmt, dann gilt umgekehrt, daß sie mit **steigenden Preisen** zunimmt. Bedeutet eine größere Produzentenrente auch ein höheres **Wohlfahrtsniveau**? Auf jeden Fall, denn die Renten, die hier bei den Unternehmen anfallen, kann man indirekt den Haushalten zurechnen, die die Unternehmen ihr eigen nennen.

Welche Rolle spielen in diesem Zusammenhang eigentlich **Fixkosten**? In den bisherigen Überlegungen war nur von den Grenzkosten der Produktion die Rede. Soweit die betrachteten Angebots- bzw. Grenzkostenfunktionen langfristiger Art sind, geben die betrachteten Funktionen in der Tat alle Opportunitätskosten der Güterproduktion wieder. Denn langfristig sind alle Faktoren, und so auch alle Kosten, variabel, d.h. Fixkosten spielen keine Rolle. Handelt es sich allerdings um eine kurzfristige Angebotsfunktion, so kommt es darauf an, ob zum Zeitpunkt der Analyse bereits unwiderruflich nicht-variable (fixe) Kosten entstanden sind, über die nicht mehr entschieden werden kann. Ist das der Fall, so kann man diese Kosten nicht mehr zu den Opportunitätskosten der Güterproduktion rechnen, da sie unabhängig von der Produktionsentscheidung anfallen. Fixkosten gehen daher in der kurzen Frist berechtigterweise nicht in die Berechnung der Produzentenrente ein.

c) Partialmarktgleichgewicht und Optimum

Es war bereits davon die Rede, daß die Renten der marktteilnehmenden Produzenten und Konsumenten unterschiedlich auf Preisveränderungen reagieren. Mit sinkenden Preisen stellen sich die Haushalte besser, die Unternehmen aber schlechter. Es besteht also ein **Konflikt** zwischen den Wirtschaftssubjekten, was die Einschätzung von Preisveränderungen angeht. Das hat wichtige Konsequenzen für die Art und Weise, in der der zuvor abgeleitete Wohlfahrtsindikator Rentenkonzept benutzt werden kann. Offensichtlich verhindert der Konflikt der Interessen die Verwendung des **Pareto-**

Kriteriums zur Ableitung eines Wohlfahrtsoptimums. Gilt das Gesetz des einheitlichen Preises für alle gehandelten Güter, dann wird es ausgehend von einem gegebenen Preisniveau keine Möglichkeit geben, die Wohlfahrt einer Marktseite durch Preisvariation zu erhöhen, ohne gleichzeitig die der anderen zu reduzieren.

Einen Ausweg bietet die weiter oben vorgestellte Variante des Pareto-Kriteriums, das **Kaldor-Hicks-Kriterium**. Im Konfliktfall läßt sich diesem Ansatz zufolge ein Optimum dadurch finden, daß nach der Preis-Umsatz-Kombination gesucht wird, die die **Summe der Renten** auf diesem Partialmarkt maximiert. Warum? Nun, das Kaldor-Hicks-Kriterium beurteilt eine Situation dann als „besser" als eine andere, wenn die Gewinner in der neuen Situation in der Lage wären, aus ihrem Nutzengewinn die Verlierer zu kompensieren. Übertragen auf das Rentenkonzept heißt das, daß bei einer Veränderung der Preis-Mengen-Kombination hin zum „Besseren" der Zuwachs an Rente auf der einen Seite groß genug sein muß, um den Verlust an Rente auf der anderen Seite ausgleichen zu können. Das Optimum im Sinne dieses Ansatzes muß dann, wie behauptet, dort liegen, wo die Summe der Renten maximal ist. Abbildung 6 verdeutlicht das noch einmal für den schon aus Abbildung 2 bekannten Partialmarkt für das Gut x_1.

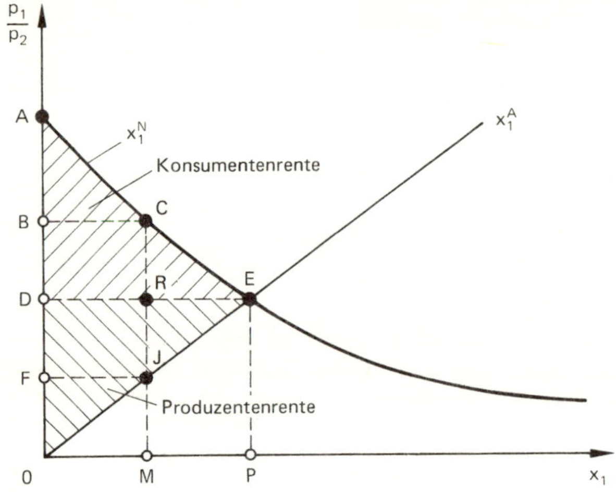

Abb. 6: *Rentensumme auf einem Partialmarkt*

Die Summe der (schraffierten) Konsumenten- und Produzentenrente ist für die Menge P und den Preis D maximiert. Die Haushalte erhalten die Fläche AED, die Unternehmen DE0 als Rente.

Eine Abweichung des Preises nach oben auf die Höhe $B > D$ würde die Rentensumme um das **Dreieck** CEJ reduzieren. Etwa die Hälfte dieses Verlustes geht auf die Reduktion der Konsumentenrente (CER) und die der Produzentenrente (REJ) zurück. Daß letztere gleichzeitig auf Kosten der Konsumentenrente um die Fläche BCRD zunimmt, ist für das Kaldor-Hicks-Kriterium unwichtig. Die Unternehmen könnten ja die Haushalte jederzeit kompensieren. Es ist der Verlust der Rentensumme, der die Ökonomie insgesamt schlechter stellt.

Genau dieselbe Argumentation schließt eine Abweichung des Preises nach unten auf das Niveau $F < D$ aus. Auch jetzt würde sich die Rentensumme um das **Dreieck** CEJ reduzieren, und wieder ginge der Verlust je etwa zur Hälfte zu Lasten der beiden

Marktseiten. Allerdings läge in diesem Fall eine Umverteilung zugunsten der Konsumenten vor, die das Rechteck DRJF auf Kosten der Produzenten als zusätzliche Rente erhielten.

Man kann demnach festhalten, daß das **Rentenkonzept in** Kombination mit der **Kaldor-Hicks-Variante** des Pareto-Kriteriums sehr wohl in der Lage ist, ein Wohlfahrtsoptimum auf einem Partialmarkt zu definieren, auf dem sich per se gegensätzliche Interessen gegenüber stehen. Das hier entwickelte Instrumentarium ist ausgesprochen hilfreich, wenn es darum geht, die Wirkungen von Marktfehlern und entsprechenden Politikmaßnahmen in einem einfachen graphischen Rahmen zu diskutieren. Kapitel VI wird Gebrauch von dieser Möglichkeit machen.

Das **Rentenkonzept läßt** sich, wie die nachfolgende Überlegung zeigt, auch in Verbindung mit dem **Pareto-Kriterium** verwenden. Um allerdings das Pareto-Kriterium im Partialmarkt-Beispiel überhaupt anwenden zu können, sei der **Spezialfall** unterstellt, daß die Unternehmen mit den Haushalten **identisch** sind. Damit geht es bei der Ableitung eines Wohlfahrtsoptimums nur noch darum, die Interessen einer Gruppe von Individuen zu berücksichtigen. In diesem Spezialfall fallen sowohl die Konsumenten- als auch die Produzentenrente bei den gleichen Haushalten an. Also gilt es, die Summe der Konsumenten- und Produzentenrente zu maximieren. Geht man von Abbildung 6 aus, so befindet sich das Pareto-Optimum dieses Spezialfalls in Punkt E mit der Gütermenge P. Für die Gütermenge P gilt, daß die steigenden Grenzkosten der Produktion des Gutes x_1 (die Grenzrate der Transformation) gerade gleich dem sinkenden Grenznutzen (der Grenzzahlbereitschaft) sind. Da sowohl die Kosten als auch der Nutzen bei den Haushalten anfallen, muß P pareto-optimal gewählt sein. Unabhängig von der Verteilung der Rentensumme kann sich durch eine Mehr- oder Weniger-Produktion kein Haushalt mehr verbessern. Die Lösung ist also identisch mit der nach Kaldor-Hicks bei Berücksichtigung der verschiedenen Marktseiten. In etwas anderer Form wird die Ableitung der Bedingung der **pareto-optimalen Produktionsstruktur** weiter unten auf dieses Argument zurückkommen.

D. Die Pareto-Optima der Güter- und Faktorallokation

Aus gutem Grund steht das paretianische Wohlfahrtskriterium nach wie vor im Mittelpunkt der Wohlfahrtstheorie. Solange das Kriterium anwendbar ist, liefert es Optimalitätsbedingungen zur Beurteilung von Marktergebnissen, die leichter als anderweitig abgeleitete Urteile gesellschaftlich **konsensfähig** sind. Wenn es darum geht, Politikempfehlungen im Sinne der Gesellschaft im ganzen abzugeben, ist diese Konsensfähigkeit ein kaum zu unterschätzender Vorteil.

Wie aussagekräftig ist aber das Pareto-Kriterium? Kann es helfen, die gesuchten Normen zur Beurteilung der Marktergebnisse zu entwickeln, die die Wohlfahrtstheorie verlangt? Diesem Problem wird sich, beginnend mit der Suche nach den Pareto-Optima der Güterallokation, der gesamte Abschnitt D zuwenden.

1. Güterallokation

Das Pareto-Kriterium ermöglicht, wie die Überlegungen im Abschnitt B 1 deutlich gemacht haben, in gewissen Grenzen eine wohlfahrtstheoretische Beurteilung der Regionen in der Edgeworth-Box. Durch welche Bedingungen ist ein Pareto-Optimum gekennzeichnet? Die Haushalte befinden sich zunächst in Punkt A der Abbildung 7 (s. u.). Abbildung 7 beschreibt wie Abbildung 1 weiter oben die Verteilung einer gegebenen Gütermenge $\bar{x}_1$ und $\bar{x}_2$ auf zwei Haushalte. Punkt A kann kein Wohlfahrtsoptimum sein, denn mindestens ein Haushalt könnte sich bei einer Umverteilung der Güter auf einen Punkt innerhalb oder auf dem Rand der Tauschlinse verbessern, ohne daß sich der jeweils andere dabei schlechter stellt. Die Allokation B in Abbildung 7 beschreibt eine solche pareto-bessere Verteilung. Haushalt 2 stellt sich besser und erreicht eine höhere Indifferenzkurve ($\bar{u}_2'' > \bar{u}_2'$), während Haushalt 1 auf $\bar{u}_1'$ verbleibt. B ist, wie sich bei genauerem Hinsehen zeigt, gleichzeitig auch ein Pareto-Optimum. In B tangieren die Indifferenzkurven der Haushalte. Wie sich leicht überprüfen läßt, stellt jede Abweichung aus B mindestens einen der Haushalte schlechter. Der Tangentialpunkt B muß demnach ein Wohlfahrtsoptimum sein. Gleiches gilt freilich für Punkt C. In der Edgeworth-Box gibt es sehr viele solcher Tangentialpunkte.

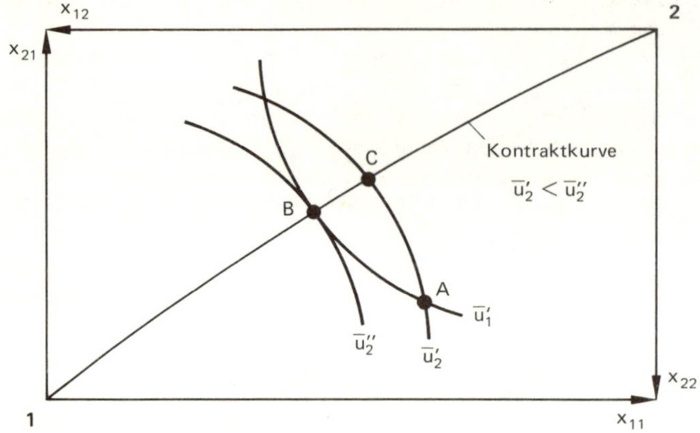

Abb. 7: Pareto-optimale Güterallokation (Tausch)

Wenn die Präferenzordnungen der beiden Haushalte den Annahmen des Haushaltskapitels gerecht werden, lassen sich alle Tangentialpunkte (also alle Pareto-Optima) wie in Abbildung 7 durch eine stetige Kurve verbinden. Diese Kurve bezeichnet man als **Kontraktkurve**. Sie ist der geometrische Ort aller Güterallokationen, die keine Umverteilung mehr zulassen, die einen der Haushalte besserstellen würde, ohne gleichzeitig einen anderen schlechterzustellen. Die genaue Gestalt der Kontraktkurve hängt von den Präferenzen der beteiligten Haushalte ab.

Im folgenden soll eine genauere, d.h. formale, Beschreibung der **Eigenschaften der Wohlfahrtsoptima** für die Güterallokation gefunden werden. Ein Blick auf Abbildung 7 zeigt, daß das Problem leicht zu lösen ist. Zum einen ist klar, daß die vorhandenen Gütermengen **vollständig** auf die Haushalte verteilt werden müssen. Es wäre sonst ein Leichtes, mindestens einen der Haushalte besserzustellen, ohne den anderen zu verschlechtern. In der Edgeworth-Box kommt diese Eigenschaft oder Bedingung des Pareto-Optimums dadurch zum Ausdruck, daß die betrachteten Allokationen Punkte in der Box sind. Ein Punkt in der Box ist stets eine vollständige Aufteilung aller Güter auf die Beteiligten. Zum anderen gilt, daß jede Allokation von Gütern auf der Kontraktkurve der Abbildung 7 dadurch gekennzeichnet ist, daß sich die Indifferenzkurven der beiden Haushalte gerade **tangieren**. Formal heißt das, daß die Steigungen der Kurven im Pareto-Optimum gleich sind. Damit aber gilt:

$$(8) \qquad -\left.\frac{dx_2}{dx_1}\right|_{\bar{u}_1} = \frac{\partial u_1/\partial x_{11}}{\partial u_1/\partial x_{21}} = -\left.\frac{dx_2}{dx_1}\right|_{\bar{u}_2} = \frac{\partial u_2/\partial x_{12}}{\partial u_2/\partial x_{22}},$$

d.h. im Optimum sind die Grenzraten der Substitution, also die positiv definierten Steigungen der Indifferenzkurven $\left(-\frac{dx_2}{dx_1}\bigg|_{\bar{u}_i}\right)$ bzw. die reziproken Grenznutzenverhältnisse $\left(\frac{\partial u_i/\partial x_{1i}}{\partial u_i/\partial x_{2i}}\right)$ beider Haushalte $(i = 1,2)$ gleich. Mit dieser formalen Bedingung ist die Prüfung der Wohlfahrtseigenschaften allgemeiner Gleichgewichte in der Tat sehr einfach: Sobald ein Gleichgewicht die Bedingung erfüllt, ist das Gleichgewicht im paretianischen Sinne optimal.

Nicht sehr schwierig ist auch die **Erweiterung** dieser Bedingung auf eine größere Zahl von insgesamt H Haushalten. Im Pareto-Optimum muß der Ausdruck (8) dann jeweils zwischen allen Haushalten erfüllt sein. Damit gilt im Optimum:

(9) $$-\frac{dx_2}{dx_1}\bigg|_{\bar{u}_i} = \frac{\partial u_i/\partial x_{1i}}{\partial u_i/\partial x_{2i}} = -\frac{dx_2}{dx_1}\bigg|_{\bar{u}_j} = \frac{\partial u_j/\partial x_{1j}}{\partial u_j/\partial x_{2j}}$$ für alle Haushalte i und $j \neq i = 1, \ldots, H$.

Die Bedingungen einer optimalen Allokation von Gütern auf die Haushalte lassen sich so zusammenfassen:

Bedingungen für eine pareto-optimale Güterallokation

1) Vollständige Aufteilung der Güter auf die Haushalte und
2) gleiche Grenzraten der Substitution bzw. Grenzzahlungsbereitschaften der Haushalte für jeweils zwei Güter.

Wie sieht nun eine formale, algebraische Ableitung dieser Bedingungen aus? Der Einfachheit halber soll von einem Fall mit nur zwei Haushalten und zwei Gütern ausgegangen werden. Der Ansatz lautet in der allgemeinen Form (10) bzw. als Lagrange-Ansatz (11) wie folgt:

(10) $$\max_{\{x_{11}, x_{12}, x_{21}, x_{22}\}} u_1(x_{11}, x_{21})$$ mit den Nebenbedingungen (i) $\bar{u}_2 = u_2(x_{12}, x_{22})$,

(ii) $\bar{x}_1 = x_{11} + x_{12}$
und
(iii) $\bar{x}_2 = x_{21} + x_{22}$.

(11) $$L = u_1(x_{11}, x_{21}) + \alpha(\bar{u}_2 - u_2(x_{12}, x_{22})) + \beta(\bar{x}_1 - x_{11} - x_{22}) + \gamma(\bar{x}_2 - x_{21} - x_{22}).$$

Dabei sind α, β und γ die Lagrange-Multiplikatoren, die die Nebenbedingungen (i) bis (iii) mit der zu maximierenden Funktion $u_1(x_{11}, x_{21})$ verbinden. (i) schreibt vor, daß der Nutzen des Individuums 1 unter der Beschränkung maximiert wird, daß sich Individuum 2 dabei nicht verschlechtert, d.h. daß sein Nutzenniveau konstant bleibt. Die Nebenbedingungen (ii) und (iii) besagen, daß die pareto-optimal zu verteilende Gütermenge fix ist und daß die Aufteilung vollständig sein soll. $\bar{x}_1$ und $\bar{x}_2$ entsprechen dabei Länge und Höhe der Edgeworth-Box der Abbildung 7. Die Ableitung der Lagrange-Funktion nach ihren Variablen und Nullsetzen ergibt:

(11 a) $$\frac{\partial L}{\partial x_{11}} = \frac{\partial u_1}{\partial x_{11}} - \beta = 0$$

(11 b) $$\frac{\partial L}{\partial x_{12}} = -\alpha \frac{\partial u_2}{\partial x_{12}} - \beta = 0$$

(11 c) $$\frac{\partial L}{\partial x_{21}} = \frac{\partial u_1}{\partial x_{21}} - \gamma = 0$$

(11 d) $$\frac{\partial L}{\partial x_{22}} = -\alpha \frac{\partial u_2}{\partial x_{22}} - \gamma = 0$$

(11e–g) $$\frac{\partial L}{\partial \alpha} = 0 \Leftrightarrow \text{(i)}, \quad \frac{\partial L}{\partial \beta} = 0 \Leftrightarrow \text{(ii)}, \quad \frac{\partial L}{\partial \gamma} = 0 \Leftrightarrow \text{(iii)}.$$

Die Ableitung von L nach den Lagrange-Multiplikatoren (11 e–g) und Nullsetzen ergibt wieder die Nebenbedingungen (i) bis (iii). Faßt man die ersten vier Ableitungen (11 a bis 11 d) zusammen, so fallen die Multiplikatoren heraus und es ergibt sich die oben genannte Bedingung 2) für eine pareto-optimale Güterallokation, also:

(12) $$\frac{\partial u_1/\partial x_{11}}{\partial u_1/\partial x_{21}} = \frac{\partial u_2/\partial x_{12}}{\partial u_2/\partial x_{22}}.$$

Der Ausdruck (12) fordert, daß für ein Pareto-Optimum die Güter x_1 und x_2 genauso aufzuteilen sind, daß die Grenznutzenverhältnisse beider Individuen gerade gleich sind. Das entspricht dem aus Abbildung 7 abgeleiteten Ausdruck (8) – die Indifferenzkurven müssen sich im Optimum tangieren. Die Ableitung der Bedingung für den allgemeinen Fall von H Haushalten (Ausdruck (9) oben) folgt demselben Schema.

2. Die Effizienz der Faktorallokation

Mit der graphischen und formalen Beschreibung der Optimalitätsbedingungen der Güterallokation hat Abschnitt D 1 einen wichtigen Teil der Aufgabe erledigt, Normen für die Beurteilung von Marktgleichgewichten (und Politikentscheidungen) zu finden. Wie aber sieht es mit der Produktion der Güter aus, die dort verteilt wurden?

Naheliegenderweise kann es dem Wohlfahrtstheoretiker nicht egal sein, ob bei der Herstellung dieser Güter Faktoren verschwendet werden oder nicht. Würden in der Produktion einer bestimmten Gütermenge mehr Faktoren als unbedingt nötig oder am falschen Ort verwendet, so könnte man bei größerer Sorgfalt tatsächlich auch mehr Güter produzieren – die Ausgangssituation kann nicht „optimal“ gewesen sein. Gleiches gilt für die Entscheidung der Unternehmen, welche Güter in welchen Mengen hergestellt werden. Wird aus Haushaltssicht „zuviel“ x_1 und „zuwenig“ x_2 produziert (hat die Edgeworth-Box die „falsche“ Breite und Höhe), dann gibt es noch Raum für Verbesserung. Es ist zwar richtig, daß, wie schon bemerkt, Unternehmen keine eigene Nutzenfunktion haben, aber alles, was ein Unternehmen an Gütern produziert, stiftet den Konsumenten, i. e. den Haushalten Nutzen. Und jede Faktoreinheit, die ein Unternehmen zuviel oder an der falschen Stelle einsetzt, reduziert die tatsächlich produzierte Gütermenge auf ein suboptimales Niveau unterhalb der maximal möglichen Gütermenge.

Diese Überlegungen zur Optimalität in der Produktion sollen zunächst in insgesamt drei Bedingungen zusammengefaßt werden. Sind diese Bedingungen erfüllt, so ist gewährleistet, daß die Güterproduktion gesamtwirtschaftlich effizient erfolgt. Der Begriff **Effizienz** steht hierbei, wie weiter oben bemerkt, synonym für optimal im Sinne des Pareto-Kriteriums. Im Anschluß folgt dann die Ableitung und Betrachtung dieser Bedingungen im einzelnen.

Bedingungen gesamtwirtschaftlicher Effizienz

1) Vollständige Ausschöpfung der vorhandenen Faktoren in der Produktion.
2) Einzelwirtschaftliche Effizienz.
3) Optimale Allokation der Faktoren.

1) Vollständige Faktorausschöpfung

Daß effiziente, d.h. pareto-optimale Produktion die vollständige Ausschöpfung der vorhandenen Faktormengen voraussetzt, ist unmittelbar einsichtig. Läßt ein Unternehmen einen Teil der Faktoren, also etwa Arbeit und Kapital, die ihm zur Verfügung stehen, ungenutzt, so könnte man den Güterausstoß ohne weiteres erhöhen.

Unterstellt sei eine Ökonomie mit zwei Unternehmen 1 und 2, die jeweils ein bestimmtes Gut mit den Faktoren Arbeit v_1 und Kapitel v_2 produzieren. Ist die in dieser Ökonomie vorhandene Faktormenge fix, d.h. gilt $v_1 = \bar{v}_1$ und $v_2 = \bar{v}_2$, dann lautet die Bedingung vollständiger Faktorausschöpfung:

(13) $\bar{v}_1 = v_{11} + v_{12}$ und $\bar{v}_2 = v_{21} + v_{22}$.

Dabei steht v_{11} für die Menge an v_1, die im Unternehmen 1 eingesetzt wird, v_{12} für die Menge an v_1, die Unternehmen 2 verbraucht usw. Für den allgemeinen Fall mit K Unternehmen und m Faktoren kann man (13) schreiben als

(14) $\bar{v}_j = v_{j1} + v_{j2} + \ldots + v_{jK}$ für alle $j = 1, 2, \ldots, m$.

2) Einzelwirtschaftliche Effizienz

Der vollständige Verbrauch aller vorhandenen Faktoren ist zwar notwendig dafür, daß gesamtwirtschaftlich effizient produziert wird, aber bei weitem nicht hinreichend. Notwendig ist auch, daß die Unternehmen bei der Produktion der Güter Faktoren nicht verschwenden, d.h. etwa im Unternehmen einfach nutzlos herumliegen lassen oder einen ineffizienten Produktionsplan verwenden. Die Bedingung einzelwirtschaftlicher Effizienz fordert deshalb, daß die Unternehmen mit den vorhandenen Faktoren das bestmögliche Produktionsergebnis verwirklichen. In anderen Worten, die Bedingung 2) verlangt, daß die Unternehmen auf und nicht unterhalb ihrer Produktionsfunktion arbeiten (vgl. das Kapitel zur Theorie der Unternehmung). Im Fall von zwei Faktoren soll demnach für die Güter x_1 und x_2 gelten, daß

(15) $x_1 = f_1(v_{11}, v_{21})$ und $x_2 = f_2(v_{12}, v_{22})$.

Dabei sind $f_1(v_{11}, v_{21})$ und $f_2(v_{12}, v_{22})$ die Produktionsfunktionen für x_1 und x_2. Es sei unterstellt, daß die Produktionsfunktionen jeweils zu einem anderen Unternehmen gehören. Jedes Unternehmen erstellt also genau ein Gut.

Die Erweiterung auf den allgemeinen Fall mit n Gütern (bzw. $n = K$ Unternehmen) und m Faktoren ist nicht schwierig. Dann existieren genau K Unternehmen mit $n = K$ Produktionsfunktionen, die die n Güter effizient erstellen:

(16) $x_i = f_i(v_{1i}, v_{2i}, \ldots, v_{mi})$ für alle $i = 1, 2, \ldots,$ n Güter.

Eine einfache Möglichkeit, sich die Bedeutung der Bedingungen 1) und 2) nochmals vor Augen zu führen, ist Abbildung 8.

Abbildung 8 hat vier Quadranten. Der Quadrant unten links beschreibt alle denkbaren Allokationen der Faktormenge $\bar{v}_1$ auf die beiden Unternehmen 1 und 2, die die Güter x_1 und x_2 produzieren. Die eingezeichnete Gerade $\bar{v}_1 = v_{11} + v_{12}$ stellt diejenigen Auf-

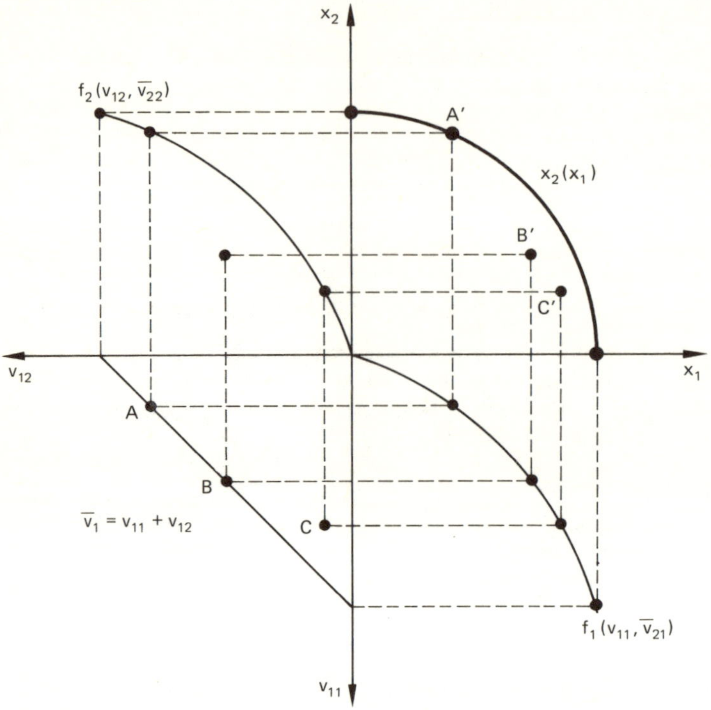

***Abb. 8:** Faktorausschöpfung und einzelwirtschaftliche Effizienz*

teilungen von $\bar{v}_1$ dar, die der Bedingung vollständiger Faktorausschöpfung gerecht werden. Diese Bedingung erfüllen beispielsweise die Allokationen A und B, nicht aber die Allokation C. Die beiden Quadranten rechts daneben und links oberhalb enthalten die partiellen Produktionsfunktionen der Unternehmen 1 und 2, $f_1(v_{11}, \bar{v}_{21})$ und $f_2(v_{12}, \bar{v}_{22})$. Es handelt sich dabei um partielle Produktionsfunktionen, weil die Menge des zweiten Faktors v_2 in beiden Fällen als konstant und exogen gegeben betrachtet wird.

Der Inhalt des vierten Quadranten oben rechts leitet sich, wie der folgende Gedanke deutlich macht, unmittelbar aus den schon beschriebenen Feldern ab. Dazu sei unterstellt, daß $\bar{v}_1$ vollständig auf die Unternehmen verteilt ist. Das ist z.B. in Punkt A der Fall. Wenn beide Unternehmen die Mengen v_1, die ihnen der Punkt A zuteilt, effizient verwenden, dann werden sie damit auf ihrer jeweiligen Produktionsfunktion arbeiten. Folglich findet sich in A′ oben rechts die aus A resultierende Produktion von x_1 und x_2. Macht man diese Übung für jede denkbare und vollständige Allokation von v_1, so verbinden sich die resultierenden Herstellungsmengen zu der eingezeichneten konkaven **Transformationskurve** im bewußten Quadranten. Die Transformationskurve oder Transformationsfunktion $x_2(x_1)$ bezeichnet also all diejenigen Verwendungen von $\bar{v}_1$, die sowohl die Bedingung vollständiger Faktorausschöpfung 1) als auch die Bedingung einzelwirtschaftlicher Effizienz 2) erfüllen. Wer sich von A aus entlang der Gerade $\bar{v}_1 = v_{11} + v_{12}$ nach unten bewegt und dabei beide Unternehmen effizient produzieren läßt, der bewegt sich gleichzeitig auf der Transformationskurve $x_2(x_1)$ von A′ aus weiter nach unten.

Anders als AA′ stellen BB′ und CC′ in Abbildung 8 keine optimale Verwendung der vorhandenen Faktormenge dar. B teilt zwar $\bar{v}_1$ vollständig auf, aber das Unternehmen 2 verwendet nicht den optimalen Produktionsplan. Dieser Verzicht auf die Möglichkeit, mehr von x_2 zu produzieren und damit die Verletzung von Bedingung 2) spiegelt sich in der Lage von B′ unterhalb der Transformationskurve wider.

CC′ verletzt offensichtlich nicht Bedingung 2), sondern Bedingung 1). C befindet sich nicht auf der Geraden $\bar{v}_1 = v_{11} + v_{12}$. Obschon beide Unternehmen einzelwirtschaftlich effiziente Produktionspläne verwenden, bleibt daher auch C′ unterhalb der Transformationskurve.

3) Optimale Allokation der Faktoren

Faktorallokation bei einem Gut

Die Ausführungen zu den Bedingungen 1) und 2) gelten unabhängig davon, ob die Unternehmen mit diesen Faktoren ein oder mehrere Güter herstellen. Produzieren alle Unternehmen in einer Ökonomie dasselbe Gut x, so verlangt gesamtwirtschaftliche Effizienz nach wie vor, daß die vorhandenen Faktoren vollständig ausgeschöpft werden und die einzelnen Unternehmen auf ihrer Produktionsfunktion, also einzelwirtschaftlich effizient produzieren.

Die Überlegungen zu Abbildung 8 etwa lassen sich mühelos auf den Ein-Gut Fall übertragen. So interpretiert steht x_1 für die in Unternehmen 1 erstellte Menge des Gutes x und x_2 für die aus Unternehmen 2. Abbildung 8 wurde so gezeichnet, daß die Produktionsfunktionen beider Unternehmen identisch sind. Für den oben unterstellten Fall verschiedener Güter ist das so zufällig wie bedeutungslos, denn ohne weitere Kriterien sind die Outputs der beiden Unternehmen „zwei Paar Schuhe“, d. h. gar nicht miteinander vergleichbar. Stellen hingegen Unternehmen 1 wie 2 dasselbe Gut her, so ist es plausibel anzunehmen, daß beide auch über dieselbe **Technologie** verfügen. In diesem Fall sind auch die erzeugten Mengen direkt miteinander vergleichbar.

Wo liegt dann die effiziente Allokation des einen variablen Faktors? Ein Blick auf die Abbildung 8 scheint nahezulegen, jedem Unternehmen gerade die Hälfte des variablen Bestandes $\bar{v}_1$ zu geben. Abbildung 9 soll dabei helfen, diese Intuition zu überprüfen.

Abbildung 9 gibt die **Grenzproduktivität** des Faktors v_1 bei einem Einsatz in Unternehmen 1 (linke Achse) und in Unternehmen 2 (rechte Achse) wieder. Die Grenzproduktivität ist nichts anderes als die Steigung der Produktionsfunktionen in der Abbildung 3. Die Länge der Abszisse entspricht dem Faktorbestand $\bar{v}_1$. Der Bestand wird vollständig auf das Unternehmen 1 (v_{11} von Punkt G nach rechts) und Unternehmen 2 (v_{12} von Punkt J nach links) aufgeteilt. Die Zeichnung unterstellt, daß die Grenzproduktivitäten im jeweiligen Ausgangspunkt ($v_{11} = 0$ respektive $v_{12} = 0$) endlich sind. Das muß nicht zwangsläufig so sein, erleichtert aber die Darstellung.

Wie kann man die Graphik interpretieren und nutzen? Zum einen in der Form einer **Marginalbetrachtung**. Wenn ein Unternehmen mit der nächsten Faktoreinheit, d. h. also marginal, mehr von Gut x produzieren kann als das andere Unternehmen, dann sollte man diesem Unternehmen diese zusätzliche Faktoreinheit auch zuerkennen, wenn man die gesamtwirtschaftliche Produktion maximieren möchte. In dieser Interpretation gilt es also, die Höhe der jeweiligen Grenzproduktivitäten der Unternehmen

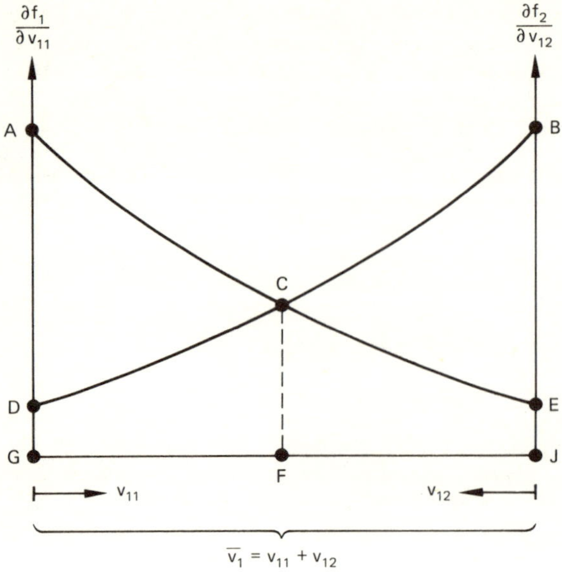

Abb. 9: *Effiziente Faktorallokation bei einem Faktor und einem Gut*

gegeneinander abzuwägen. Ganz offensichtlich kann es nicht optimal sein, ein Unternehmen alleine x produzieren zu lassen. In Punkt J, d.h. wenn Unternehmen 1 die gesamte Faktormenge enthält, ist die Grenzproduktivität im Unternehmen 2 weitaus höher (= B) als in 1 (= E). Die Ökonomie insgesamt kann also mehr Güter erhalten, wenn sie Unternehmen 1 Faktoren entzieht und diese Unternehmen 2 zuspricht. Umgekehrt kann man leicht sehen, daß wenn Unternehmen 2 alle Faktoren erhält, die Grenzproduktivität im Unternehmen 1 deutlich höher ist ($A > D$). Die Grenzproduktivitäten im hier gewählten Beispiel sind für alle denkbaren Allokationen von $\bar{v}_1$ ungleich, außer der in Punkt F, in der die Unternehmen jeweils genau die Hälfte des vorhandenen Faktorbestandes erhalten. F zeichnet sich dadurch aus, daß hier die Grenzproduktivität des Faktors in beiden Verwendungen die gleiche Höhe (= C) aufweist. Solange beide Unternehmen mit konkaven Produktionsfunktionen arbeiten, ließe sich ein eindeutiges Pareto-Optimum auch ableiten, wenn die Technologien nicht identisch wären. Die Lösung wäre dann freilich nicht mehr symmetrisch.

Die andere Leseart der Graphik oben interpretiert die **Flächen** unter den Grenzproduktivitäten der Unternehmen. Wie gesagt beschreibt die Grenzproduktivität nichts anderes als das Produktionsergebnis, das entsteht, wenn man ein Unternehmen auf dem schon erreichten Produktionsniveau eine zusätzliche Faktoreinheit einsetzen läßt. Beginnt man für Unternehmen 1 in Abbildung 9 im Nullpunkt G ($v_{11} = 0$) ganz links, dann ist der Grenzertrag der ersten zusätzlichen Faktoreinheit gerade gleich A, der Ertrag der nächsten Faktoreinheit ist etwas kleiner usw. Summiert man alle diese Grenzerträge auf, berechnet man das **Integral** über alle Grenzerträge zwischen Punkt A ($v_{11} = 0$) und E ($v_{11} = \bar{v}_1$), so erhält man die **Gesamtmenge** der mittels $\bar{v}_1$ in Unternehmen 1 produzierten Menge an x. Die Fläche AEJG stellt die Menge an x dar, die Unternehmen 1 produzieren könnte, wenn es alleine über $\bar{v}_1$ verfügte. Entsprechend ist ACFG die Menge x, die Unternehmen 1 produziert, wenn es F Einheiten des Faktors v_1 erhält.

Dieselbe Argumentation gilt für Unternehmen 2. BDGJ ist die Menge x, die Unternehmen 2 herstellen würde, wenn es den gesamten Faktorbestand erhielte, und BCFJ die Menge x, die es mit F Faktoreinheiten herstellen würde.

Wie kommen diese Überlegungen jetzt der Suche nach dem Effizienzkriterium zugute? Nun, effizient ist die Aufteilung der Faktoren, die der Wirtschaft bei gegebener Faktormenge die maximale Menge an x zur Verfügung stellt. D.h. es geht darum, die Aufteilung von $\bar{v}_1$ zu finden, die die **Summe der Flächen** unter den Grenzproduktivitäten der beiden Unternehmen in Abbildung 9 maximiert. Wie sich leicht nachprüfen läßt, ist das in F mit ACBJG der Fall. In F gilt gleichzeitig, daß die Grenzproduktivitäten in beiden Unternehmen dieselbe Höhe (= C) haben – d.h. auch der Weg über die Flächen unter den Grenzproduktivitäten führt zu der oben schon abgeleiteten Marginalbedingung.

Als marginale **Effizienzbedingung** bleibt demnach festzuhalten: Es gilt im Optimum für die Allokation eines gegebenen Produktionsfaktors z (z = 1,..., m) für alle i, j ≠ i = 1,..., K Unternehmen, die dasselbe Gut x mit dem Faktor z herstellen, daß:

$$(17)\qquad \frac{\partial f_i}{\partial v_{zi}} = \frac{\partial f_j}{\partial v_{zj}}.$$

Faktorallokation bei zwei oder mehr Gütern

Was die gleichzeitige Betrachtung von zwei oder mehr Unternehmen mit unterschiedlichen Produkten komplizierter macht, ist die **Nichtvergleichbarkeit** der Güter aus der Perspektive der technischen Effizienz. Im Ein-Gut-Fall diktiert der Ausdruck (17) die effiziente Allokation eines jeden einzelnen Faktors, indem er einen direkten Vergleich der physischen Grenzerträge in den verschiedenen Verwendungen vornimmt. Für jeden Faktor existiert nur eine einzige optimale Allokation auf die verschiedenen Unternehmen.

Die Möglichkeit, für jeden Faktor eine exakte Allokationsanweisung für ein Pareto-Optimum abzuleiten, unterscheidet die in Ausdruck (17) enthaltene Bedingung deutlich von der im Abschnitt D 1 abgeleiteten Bedingung zur pareto-optimalen Allokation von Gütern zwischen Haushalten. Abschnitt D 1 hatte sich ausdrücklich eines direkten interpersonellen Nutzenvergleichs enthalten. Entsprechend konnten nur Aussagen über das pareto-optimale **Grenznutzenverhältnis** abgeleitet werden, und es gab eine Vielzahl von Güterverteilungen, die diese Bedingung erfüllten. Im Zwei- oder Mehr-Gut-Fall ergibt sich für die Frage der optimalen Faktorallokation ein ähnliches Problem. Bei den unterschiedlichen Verwendungen der Faktoren geht es nicht mehr nur um unterschiedliche Produktionsstätten desselben Gutes wie im Ein-Gut-Fall, sondern um die Produktion grundverschiedener Güter. Es gilt, die Frage zu beantworten, ob mit den vorhandenen Faktoren mehr oder weniger von Gut x_1 oder x_2 hergestellt werden soll. Der Wunsch, für den Zwei- oder Mehr-Gut-Fall genauso eindeutige Normen zu erhalten wie für den Ein-Gut-Fall, würde den direkten Zugriff auf die Präferenzordnungen der Haushalte erfordern und den Rahmen dieses Abschnitts, der sich alleine um die gesamtwirtschaftliche Effizienz der Produktion kümmern soll, sprengen. Die Berücksichtigung der Konsumentenpräferenzen soll den Ausführungen zur optimalen Produktionsstruktur weiter unten überlassen bleiben.

Der Ausweg liegt, analog der Frage der Güterallokation, in der Beschränkung der Anforderungen an das Kriterium. Aussagen über das optimale **Faktoreinsatzverhältnis** müssen genügen. Gesucht wird ein Kriterium, das sicherstellt, daß es keine andere

Allokation mehr gibt, die mindestens einem Unternehmen die Produktion von mehr Gütern erlaubt, ohne die Produktion anderer Unternehmen zu beschränken. Erst wenn es keine Verbesserungsmöglichkeiten der Faktorverteilung in diesem streng paretianischen Sinn mehr gibt, ist auch die Gesamtwohlfahrt maximiert. Wie sollen dann die Faktoren auf die konkurrierenden Unternehmen verteilt werden?

Zur Veranschaulichung sei unterstellt, zwei Güter könnten mit zwei Faktoren in zwei Unternehmen hergestellt werden. Wie der aufmerksame Leser bemerken wird, hat diese Frage bereits das Unternehmenskapitel beschäftigt. Hier soll die Antwort noch einmal nachgezeichnet werden.

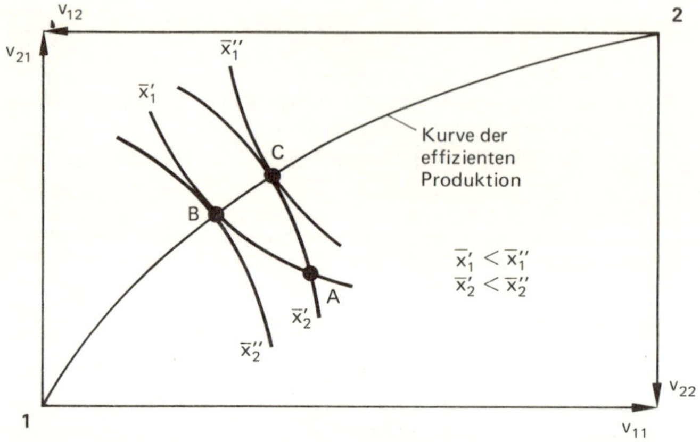

Abb. 10: *Effiziente Faktorallokation bei zwei Faktoren und zwei Gütern*

Abbildung 10 stellt das Problem in der (Edgeworth-)Faktorbox dar. Höhe und Breite werden von den Beständen $\bar{v}_2$ und $\bar{v}_1$ bestimmt. Die Isoquanten zeigen die Möglichkeiten der Unternehmen 1 und 2 an, ihre Produkte x_1 und x_2 mit alternativen Kombinationen der beiden Faktoren zu erstellen. Ein Punkt wie A kann die Bedingung 3), optimale Allokation der Faktoren, nicht erfüllen. Die Unternehmen produzieren hier nur die Mengen $\bar{x}_1'$ und $\bar{x}_2'$. Wie aus der Abbildung leicht ersichtlich ist, könnte Unternehmen 2 bei einer Reallokation der Faktorbestände von Punkt A nach B deutlich mehr x_2 produzieren als in A ($\bar{x}_2'' > \bar{x}_2'$), ohne daß Unternehmen 1 dafür weniger produzieren müßte ($x_1 = \bar{x}_1'$). Analog gelangt man von A in den Punkt C, nur das hier gilt $\bar{x}_1'' > \bar{x}_1'$ und $x_2 = \bar{x}_2'$.

Die Allokationen B und C liegen beide auf der **Kurve der effizienten Produktion**. Die Kurve ist der geometrische Ort all jener Faktorallokationen, aus denen heraus kein Unternehmen durch Reallokation eine höhere Menge produzieren kann, ohne daß ein anderes dafür weniger produzieren müßte. Die Analogie mit der Ableitung der Bedingungen für ein Pareto-Optimum beim Gütertausch ist kaum zu übersehen. Der graphische Apparat, der hier benutzt wird, ist tatsächlich derselbe wie oben in Abschnitt D 1. Allerdings sollte man sich der unterschiedlichen Inhalte der Sache bewußt bleiben. Während es weiter oben um die pareto-optimale oder effiziente Allokation von bereits erstellten Gütern auf verschiedene Haushalte ging, geht es hier nach wie vor um die Effizienz der Produktion dieser Güter.

Das gilt bei aller Ähnlichkeit der Ausdrücke auch für die formale Beschreibung der Bedingung 3). Die Güterallokationen auf der Kurve der effizienten Produktion sind augenscheinlich dadurch gekennzeichnet, daß sich die Isoquanten der beiden

Unternehmen gerade tangieren. Das aber heißt auch, daß die Steigungen der Isoquanten im Optimum gleich sind, also

$$(18)\qquad -\left.\frac{dv_2}{dv_1}\right|_{\bar{x}_1} = \frac{\partial f_1/\partial v_{11}}{\partial f_1/\partial v_{21}} = -\left.\frac{dv_2}{dv_1}\right|_{\bar{x}_2} = \frac{\partial f_2/\partial v_{12}}{\partial f_2/\partial v_{22}}.$$

Diese Bedingungen wurden bereits im Unternehmenskapitel (im Abschnitt B. b) abgeleitet. Konkret legt der Ausdruck (18) nahe, daß für eine effiziente Allokation der Faktoren auf die beiden Unternehmen das jeweilige Faktoreinsatzverhältnis solange zu variieren ist, bis sich die gleiche Relation der Grenzproduktivitäten $\left(\frac{\partial f_i/\partial v_{1i}}{\partial f_i/\partial v_{2i}} \text{ mit } i = 1,2\right)$ und so die gleiche Grenzrate der technischen Substitution der Faktoren $\left(-\left.\frac{dv_2}{dv_1}\right|_{\bar{x}_i} \text{ mit } i = 1,2\right)$ eingestellt hat.

Die entsprechende Bedingung für den Fall mit n = K Produkten bzw. Unternehmen und m Faktoren läßt sich auch schreiben als

$$(19)\qquad -\left.\frac{dv_i}{dv_j}\right|_{\bar{x}_1} = \frac{\partial f_1/\partial v_{j1}}{\partial f_1/\partial v_{i1}} = -\left.\frac{dv_i}{dv_j}\right|_{\bar{x}_2} = \frac{\partial f_2/\partial v_{j2}}{\partial f_2/\partial v_{i2}} = \ldots = -\left.\frac{dv_i}{dv_j}\right|_{\bar{x}_n} = \frac{\partial f_n/\partial v_{jn}}{\partial f_n/\partial v_{in}}$$

für alle $i, j \neq i = 1, \ldots, m$ Faktoren.

3. Optimales Angebot von Faktoren

Bevor nun Abschnitt D 4 die Überlegungen zu Güter- und Faktorallokation zusammenführt, soll eine Lücke geschlossen werden, die die Betrachtungen bislang offengelassen haben. Bei der Ableitung der Bedingungen gesamtwirtschaftlicher Effizienz ist ausdrücklich immer von einer exogen gegebenen Menge von Faktoren $\bar{v}_j\,(j = 1, \ldots, m)$ die Rede gewesen. Das Faktorangebot in einer Ökonomie ist aber nicht exogen, sondern wird von den Entscheidungen der Haushalte, die diese Faktoren ihr eigen nennen, bestimmt.

Die Ableitung eines paretianischen Effizienzkriteriums für das Faktorangebotsverhalten der Haushalte ist allerdings kein großes Problem. Das hat seinen Grund in der Methode der Wohlfahrtstheorie in der Tradition Paretos. Grundlage dieser Theorie sind ja genau die Vorstellungen oder Präferenzen der Individuen, deren Verhalten es hier zu beurteilen gilt. Also kann das Kriterium, das hier anzulegen ist, wenig mehr verlangen, als daß die Individuen rational sind und tun, was für sie selbst gut ist. Ein Haushalt, der z. B. den Faktor Arbeit anzubieten hat, soll seinen Nutzen daraus (Konsum) und seine Opportunitätskosten (Arbeit ist nicht Freizeit) berücksichtigen und so viele Einheiten des Faktors Arbeit anbieten, daß sein Wohlfahrtsniveau maximal ist.

Es sei unterstellt, der Haushalt verfüge selbst über die konkave Produktionstechnologie $x = f(A)$, die mittels der von ihm bereitgestellten Menge Arbeit das einzige Konsumgut herstellt. Es wird also von vornherein angenommen, daß der Haushalt **einzelwirtschaftlich effizient** produziert. Die Annahme entspricht der Bedingung 2) aus dem vorangegangenen Abschnitt. Der Haushalt (oder auch ein vom Haushalt beauftragtes Unternehmen) muß die effiziente Nutzung der bereitzustellenden Faktoren gewährleisten.

Die Gesamtzeit, die der Haushalt auf Arbeit und Freizeit aufteilt, ist gleich T und fix. Formal heißt das, der Haushalt maximiert

(20) $u = u(x, F)$ mit den Nebenbedingungen (i) $x = f(A)$ und (ii) $A = T - F$ bzw. $F = T - A$.

Substituiert man entsprechend in die Nutzenfunktion und setzt die Ableitungen nach x und F gleich 0, dann folgt

$$(21) \quad \frac{\partial u/\partial F}{\partial u/\partial x} = \frac{\partial f}{\partial A}.$$

Im individuellen Optimum entscheidet sich der Haushalt, genau soviel Arbeit anzubieten, daß der Ausdruck links, d.h. das Grenznutzenverhältnis zwischen Freizeit und Konsum, gerade der physischen Grenzproduktivität der Arbeit entspricht. Eine andere Interpretation schreibt das Grenznutzenverhältnis als die Grenzrate der Substitution $\left(-\frac{dx}{dF}\bigg|_{u}\right)$ zwischen Freizeit und Konsum: Die Menge an x, die der Haushalt im individuellen Optimum für eine zusätzliche Einheit F aufzugeben bereit ist, ohne daß sich sein Nutzenniveau dabei verändert, sollte gleich der Menge an x sein, die er dadurch in der Produktion einbüßt. Entsprechend der Überlegungen oben ist Ausdruck (21) gleichzeitig die gesuchte paretianische Effizienzbedingung.

Analog ergibt sich für den allgemeinen Fall für jeden Faktorbestand $\bar{v}_j$, aus dem der Haushalt sein Faktorangebot v_j bestreitet, die individuelle Optimalitäts-, respektive Effizienzbedingung

$$(22) \quad \frac{\partial u/\partial(\bar{v}_j - v_j)}{\partial u/\partial x} = \frac{\partial f}{\partial v_j} \quad \text{mit } j = 1, .., m.$$

Dabei ist $(\bar{v}_j - v_j)$ nichts anderes als die Nettonachfrage des Haushalts nach dem Faktor v_j, d.h. der Teil seiner Erstausstattung $\bar{v}_j$, den er selbst behält und nicht in die Produktion einbringt. Damit kann man die folgenden Effizienzbedingungen festhalten:

Bedingungen des effizienten Faktorangebots

Wenn einzelwirtschaftlich effizient produziert wird, dann muß für ein effizientes Faktorangebot gelten, daß das Grenznutzenverhältnis zwischen Faktor und Konsum gleich der Grenzproduktivität des Faktors ist.

4. Optimale Produktionsstruktur

Abschnitt D 2 hatte sich darauf beschränkt, die Bedingungen einer gesamtwirtschaftlich effizienten Produktion abzuleiten, ohne Aussagen über die optimale Produktionsstruktur, die „richtige" Aufteilung der Ressourcen auf die alternativen Güter zu machen. Andererseits gingen die Überlegungen zur optimalen Allokation der produzierten Güter auf Haushalte (Abschnitt D 1) von einer gegebenen Menge der verschiedenen Güter aus.

Was fehlt, ist offensichtlich eine Pareto-Bedingung über die optimale Produktionsstruktur der Ökonomie, wenn die so gewählten Gütermengen sowohl effizient produziert, als auch pareto-optimal getauscht werden.

Einmal angenommen, es seien die drei Bedingungen gesamtwirtschaftlicher Effizienz erfüllt. Dann produzieren die Unternehmen alternative Kombinationen der Güter x_1 und x_2 entlang der Transformationskurve. D.h. es gibt unendlich viele alternative Produktionsstrukturen, die gesamtwirtschaftlich effizient sind, und es bleibt zunächst völlig unklar, welche der effizienten Aufteilungen von x_1 und x_2 keine Verbesserung der Haushalte nach dem Pareto-Kriterium mehr zuläßt bzw. pareto-optimal ist. Um der Lösung dieses Problems näherzukommen, bildet Abbildung 11 neben der Transformationskurve $x_2(x_1)$ zusätzlich die Indifferenzkurven eines Haushalts i ab. Die Präferenzordnung des Haushalts wird den üblichen Annahmen gerecht. Macht man diese Präferenzordnung zum Maßstab gesellschaftlicher Wohlfahrt (oder besteht diese Ökonomie nur aus einem einzigen Haushalt), so muß die optimale Produktionsstruktur in Punkt A mit x_1^* und x_2^* gegeben sein. Die optimale Produktionsstruktur wäre dann dadurch gekennzeichnet, daß sich Indifferenzkurve und Transformationskurve tangieren.

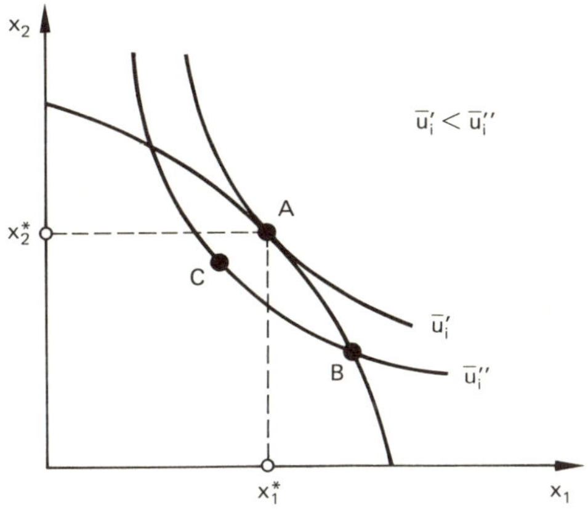

***Abb. 11:** Pareto-optimale Produktionsstruktur*

In Punkt A befindet sich der Haushalt auf der höchsten Indifferenzkurve, die er bei gegebenen Produktionsmöglichkeiten erreichen kann. Ein Punkt wie B ist hingegen suboptimal, denn mit einer Wanderung auf der Transformationskurve nach oben in Richtung A kann der Haushalt ein höheres Nutzenniveau verwirklichen. Der Punkt C macht noch einmal die Bedeutung des vorhergegangenen Abschnitts deutlich: In C werden zwar x_1 und x_2 im annähernd „richtigen Verhältnis" produziert, doch ist das Produktionsniveau aufgrund einer Verletzung der Bedingungen gesamtwirtschaftlicher Effizienz nicht optimal gewählt. Das Nutzenniveau des Haushalts ist nicht maximiert.

Es stellt sich die Frage, inwieweit diese Überlegungen auf eine Welt mit H Haushalten anwendbar sind. Nun, soweit die Güterallokation zwischen den verschiedenen Haushalten pareto-optimal ist, d.h. die Bedingungen des Abschnitts B erfüllt sind, sind die Grenzraten der Substitution zwischen x_1 und x_2 bei allen Haushalten gleich. Gegeben die optimale Allokation der Güter auf die Haushalte, entspricht die Grenzrate der Substitution des einen Haushaltes in Punkt A den Grenzraten aller Haushalte in der Ökonomie – ganz unabhängig von der genauen Gestalt der individuellen Indifferenzkurven all dieser Haushalte ober- und unterhalb des Tangentialpunktes A. Damit aber gilt für die optimale Produktionsstruktur, daß die Steigung der Transformationskurve gleich den Grenzraten der Substitution aller Haushalte sein muß. Formal kann man das schreiben als

(23) $$-\left.\frac{dx_2}{dx_1}\right|_{\bar{v}_j} = -\left.\frac{dx_2}{dx_1}\right|_{\bar{u}_i} = \frac{\partial u_i/\partial x_{1i}}{\partial u_i/\partial x_{2i}}$$ für alle $j = 1, \ldots, m$ Faktoren und $i = 1, \ldots, H$ Haushalte.

Der Ausdruck links ist die **Grenzrate der Transformation**, die schon aus dem Unternehmenskapital (Kapitel III, Abschnitt B b)) bekannt ist. Sie beschreibt die Steigung der Transformationskurve.

E. Wohlfahrtseigenschaften von Gleichgewichten auf vollkommenen Märkten

1. Das Problem

Normative Theorie dient der Bewertung der Ergebnisse von Märkten. Wie Märkte funktionieren, wie man die Kalküle der Wirtschaftssubjekte, die dort agieren, beschreiben kann, das war Gegenstand der Ausführungen zur Haushalts- und Unternehmenstheorie sowie zur Koordination, kurzum der positiven mikroökonomischen Theorie. Die spezifischen Optimalitätsbedingungen, die bis hierher im Kapitel Wohlfahrtstheorie abgeleitet worden sind, sollen nun dabei helfen, das paretianische Wohlfahrtskriterium auf die positive Mikroökonomie anzuwenden. Die Frage, die hinter diesem Unterfangen steht, ist für Ökonomen und diejenigen, die auf Ratschläge von Ökonomen hoffen, grundlegend: Sind Marktergebnisse optimal? Kann man den Märkten zutrauen, auf sich allein gestellt Ergebnisse zu produzieren, die den Ansprüchen des Pareto-Kriteriums gerecht werden?

Nun sind die „Märkte“, die hier bislang betrachtet worden sind, nicht die der Realität. Es sind reduzierte, im theoretischen Sinne positive Abbilder der Realität, die die wesentlichen ökonomischen Elemente der Wirklichkeit abstrakt wiedergeben. Diese Märkte sind vollkommen. Annahmegemäß existieren dort weder Marktmacht noch nicht-private Güter oder andere Marktfehler. Ein Ergebnis, das **vollkommenen Märkten** die Optimalität absprechen würde, wäre in der Tat von fundamentaler Bedeutung, und in diesem Sinne ist die gerade gestellte Frage mit Sicherheit grundlegend. Tatsächlich wird sich aber zeigen, daß vollkommene Märkte auch **optimale Ergebnisse** im Sinne des Pareto-Kriteriums produzieren.

2. Allgemeines Gleichgewicht auf Faktor- und Gütermärkten

Die „Ergebnisse“ des freien Spiels der Marktkräfte lassen sich durch bestimmte Bedingungen charakterisieren. So konnte man im Kapitel Koordination lernen, daß ein allgemeines Gleichgewicht auf Faktor- und Gütermärkten folgende Merkmale aufweist:

Eigenschaften eines allgemeinen Gleichgewichts

1) Alle Teilmärkte sind geräumt, d.h. die Überschußnachfragen sind gleich 0.
2) Alle Haushalte und Unternehmen befinden sich auf allen Teilmärkten in ihrem individuellen Optimum.

Hinter dem so charakterisierten allgemeinen Gleichgewicht verbergen sich die Gleichgewichte auf den **Teilmärkten** der Ökonomie, also auf den Güter- und Faktormärkten. Im Kern geht es auf den folgenden Seiten darum, die Kennzeichen von Marktgleichgewichten dazu zu benutzen, Indizien für die **Wohlfahrtseigenschaften** dieser Gleichgewichte zu finden. Es gilt also, diejenigen Eigenschaften von Marktergebnissen zu finden, die Auskunft darüber geben können, ob die oben abgeleiteten Bedingungen für ein Pareto-Optimum erfüllt werden oder nicht – die Prüfung der Wohlfahrtseigenschaften von Gleichgewichten beginnt mit der Beschreibung der Gleichgewichte.

a) Gesamtwirtschaftliche Effizienz der Faktormärkte

Wie sieht nun die Ökonomie aus, deren allgemeines Gleichgewicht Gegenstand der Untersuchung sein soll? Es handelt sich um eine einfache Modellwelt mit zwei Gütern bzw. zwei Unternehmen, zwei Faktoren und zwei Haushalten. Es gilt hier also $n = K = m = H = 2$. Die Übung der Erweiterung auf den allgemeineren Fall ist sehr einfach und ohne eigenen Erkenntniswert. Folglich wird im weiteren darauf verzichtet. Zunächst geht es um die Wohlfahrtseigenschaften der Produktionsseite der Ökonomie, also des Teilmarktgleichgewichts auf den Faktormärkten.

1) Vollständige Faktorausschöpfung

Die Prüfung, ob der Faktormarkt im Gleichgewicht die Bedingung 1) für gesamtwirtschaftliche Effizienz, also die Forderung nach vollständiger Ausschöpfung der Faktoren, erfüllt, läßt sich nur mit einem genauen Blick auf die Eigenschaften dieses Gleichgewichts beantworten. Das ermöglicht Abbildung 12.

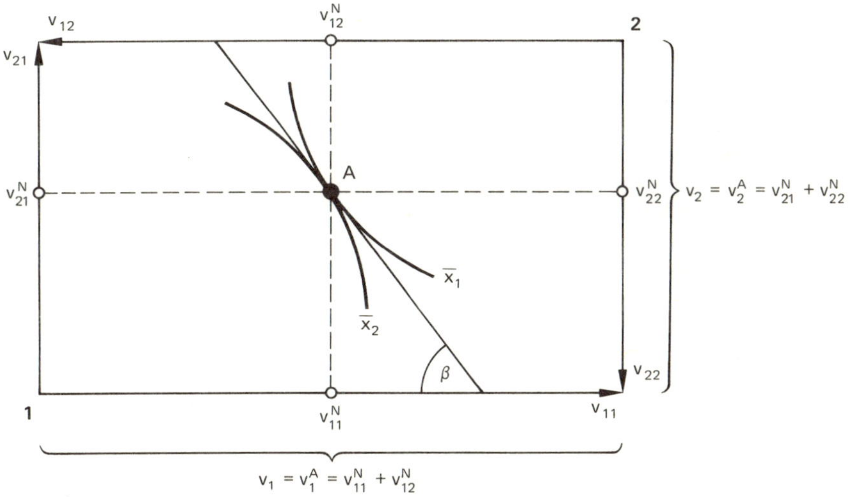

Abb. 12: Gleichgewicht auf dem Faktormarkt

Abbildung 12 zeigt das Gleichgewicht auf den zwei Faktormärkten der Ökonomie. In Punkt A befinden sich die Partialmärkte für den Faktor v_1 und den Faktor v_2 simultan im Gleichgewicht. Das exogen gegebene Angebot $v_1 = v_1^A$ und $v_2 = v_2^A$ bestimmt Breite und Höhe der Faktorbox. Beim gegebenen gleichgewichtigen Faktorpreisverhältnis $\operatorname{tg}\beta = \left(\frac{q_1}{q_2}\right)^*$ erreichen beide Unternehmen ihr gewinnmaximales Produktionsniveau $\bar{x}_1$ und $\bar{x}_2$ genau in Punkt A, in dem sich ihre Isoquanten und die Preisgerade tangieren. Augenscheinlich gilt für das Gleichgewicht A, daß die **Märkte geräumt** sind, die Überschußnachfragen nach beiden Faktoren also gleich 0 sind. Es muß gelten:

$$(24)\qquad e_{v_1}\left(\left(\frac{q_1}{q_2}\right)^*\right)=e_{v_2}\left(\left(\frac{q_1}{q_2}\right)^*\right)=0.$$

Das bedeutet, daß das Faktormarktgleichgewicht die Bedingung 1), also vollständige Faktorausschöpfung zu erfüllen vermag, denn die Faktornachfrage der Unternehmen addiert sich gerade zur Höhe des gegebenen Faktorangebots.

Diesen Schluß zu ziehen fiel dank der Vorarbeit in den Kapiteln zur Unternehmenstheorie und zur Koordination leicht. Das bedeutet aber nicht, daß das Ergebnis trivial ist. Wohlgemerkt: Das **Gleichgewicht**, das dem Optimalitätsergebnis zugrunde liegt, stellt sich auf dem hier betrachteten Markt **ohne weiteres Zutun** von irgendeiner Seite ein. Die Marktteilnehmer sind Gewinnmaximierer, die ihr Verhalten ohne Rücksicht auf das Wohlergehen anderer oder gar auf die „am grünen Tisch“ abgeleiteten paretianischen Optimalitätsbedingungen planen. Doch weil der **walrasianische Preismechanismus** die Handlungen quasi von unsichtbarer Hand ins Gleichgewicht zu steuern vermag, erfüllt das Ergebnis dieser Handlungen dennoch die oben aus dem paretianischen Werturteil abgeleiteten Teilbedingungen für ein **Pareto-Optimum**. Wie aber verhält es sich mit den beiden anderen Teilbedingungen für gesamtwirtschaftliche Effizienz?

2) Einzelwirtschaftliche Effizienz

Produzieren Unternehmen einzelwirtschaftlich effizient? Die Antwort fällt nicht schwer. Unternehmen sind **Gewinnmaximierer**. Ein Unternehmen, das ihm zur Verfügung stehende Produktionsverfahren ungenutzt läßt oder von mehreren Maschinen nicht die produktivste auswählt, kann nicht gewinnmaximal produzieren. Bei gegebenem Kostenaufwand (für Faktoren und Maschinen) ließe sich bei einzelwirtschaftlich effizienter Produktion der physische Ertrag und bei gegebenem Preis auch der Gewinn erhöhen. Die Bedingung 2) gesamtwirtschaftlicher Effizienz zu erfüllen, d. h. **einzelwirtschaftlich effizient** auf ihrer Produktionsfunktion zu arbeiten, liegt also im Eigeninteresse der Unternehmen. Man darf daher dem Faktormarktgleichgewicht unterstellen, daß es der Bedingung 2) ebenfalls gerecht wird.

3) Effiziente Faktorallokation

Auch die Antwort auf die Frage, ob das Faktormarktgleichgewicht auch die dritte Bedingung gesamtwirtschaftlicher Effizienz zu erfüllen vermag, basiert auf dem einzelwirtschaftlichen Kalkül der Unternehmen. Ein **gewinnmaximierendes Unternehmen**, das seine In- und Outputmenge nach der Inputregel steuert, stellt sicher, daß der Faktorpreis gerade gleich dem Wertgrenzprodukt des Faktors ist. Im Fall mit zwei Unternehmen und zwei Faktoren gilt also

$$(25)\qquad q_j^*=p_i^*\,\frac{\partial f_i}{\partial v_{ji}}\ \text{für die } i=1,2 \text{ Güter bzw. Unternehmen und die } j=1,2 \text{ Faktoren.}$$

Dabei stehen q_j^* und p_i^* für das gleichgewichtige Preisniveau auf Faktor- und Gütermarkt.

Faktorallokation im Ein-Gut-Fall

Für die Faktorallokation im Ein-Gut-Fall folgt aus Ausdruck (25) unmittelbar, daß sich die im Pareto-Optimum geforderte Gleichheit der Grenzproduktivitäten in einem

Faktormarktgleichgewicht von selbst einstellt. Alle Unternehmen passen sich an denselben **gleichgewichtigen Faktorpreis** q_j^* an und erhalten denselben Güterpreis p_i^*. Damit muß die Grenzproduktivität des Faktors in allen Unternehmen identisch sein und genau das fordert die Effizienzbedingung im Ein-Gut-Fall. Der Preismechanismus des **Marktes** erzwingt die **effiziente Allokation** der Faktoren.

Faktorallokation im Mehr-Gut-Fall

Der Mehr-Güter-Fall ist nur wenig komplizierter. Im **Faktormarktgleichgewicht** räumt das **gleichgewichtige Faktorpreisverhältnis** $\left(\frac{q_1}{q_2}\right)^*$ den Markt. Da der Ausdruck (25) für beide Faktoren v_1 und v_2 gilt, kann man schreiben

$$(26) \qquad \left(\frac{q_1}{q_2}\right)^* = \frac{\partial f_1/\partial v_{11}}{\partial f_1/\partial v_{21}} = \frac{\partial f_2/\partial v_{12}}{\partial f_2/\partial v_{22}}.$$

Ausdruck (26) ist nichts anderes als der Quotient, der sich aus Ausdruck (25) ableiten läßt, wenn man ihn einmal für den Faktor v_1 (Zähler) und einmal für den Faktor v_2 (Nenner) schreibt. Offensichtlich gilt wiederum, daß der **walrasianische Marktmechanismus** ohne weiteres Zutun die Erfüllung der in Frage stehenden Effizienzbedingung gewährleistet: Das Verhältnis der Grenzproduktivitäten der Faktoren ist in beiden Verwendungen gleich, genau so, wie für die **effiziente Faktorallokation** (Punkt A in Abbildung 12) gefordert.

Vollkommene Faktormärkte sind also in der Lage, einen gegebenen Faktorbestand **gesamtwirtschaftlich effizient** auf die Unternehmen zu verteilen. Grundsätzlich bestimmt sich die Art der Allokation auf Faktormärkten im Gleichgewicht. Der walrasianische Preisanpassungsmechanismus, der das Gleichgewicht herstellt, sorgt dafür, daß die Märkte allesamt geräumt sind und die beteiligten Unternehmen ihr Gewinnmaximum erreicht haben, wenn sich die Marktteilnehmer an das gleichgewichtige Preisverhältnis anpassen. Diese Anpassung bewirkt – und darum ging es in den voranstehenden Absätzen – gleichzeitig und ohne weitere Intervention von außen die Erfüllung der Bedingungen für eine pareto-optimale Güterallokation. D. h., ohne es eigentlich zu wollen, treffen die Beteiligten ihre Entscheidungen über die Verteilung der Faktoren in genau der Weise, die die strikte Anwendung des paretianischen Kriteriums für ein gesamtwirtschaftliches Optimum erfordern würde. Doch ist die Überprüfung der Eigenschaften des allgemeinen Gleichgewichts noch nicht zu Ende – wie verhält es sich mit dem endogen Faktorangebot?

b) Faktorangebot und Effizienz

Es läßt sich zeigen, daß auch das **Faktorangebot** unter Marktbedingungen dem Pareto-Optimalitätskriterium gerecht wird. Angenommen, der Markt für das eine Gut x der Ökonomie und die beiden Faktormärkte für v_1 und v_2 befinden sich im Gleichgewicht. Ein maximierender Haushalt, der Nutzen aus dem Konsum eines Gutes und dem Besitz eines Faktors bezieht, löst dann das folgende Problem für die Faktoren $j = 1, 2$:

$$(27) \qquad \max_{\{x, v_j\}} u(x, (\bar{v}_j - v_j)) \quad \text{unter Budgetrestriktion} \sum_{j=1}^{2} q_j v_j + G = p^* x.$$

D. h. er maximiert seine Nutzenfunktion unter einer Budgetrestriktion, die, neben den Mengengrößen und dem Gewinn, die gleichgewichtigen Verkaufspreise der Faktoren und des Gutes enthält (vgl. das Haushaltskapitel). Das Haushaltsmaximum erfüllt die Budgetrestriktion und eine zweite Bedingung, die Ausdruck (28) wiedergibt:

$$(28) \qquad \frac{\partial u/\partial(\bar{v}_j - v_j)}{\partial u/\partial x} = \left(\frac{q_i}{p}\right)^* \quad \text{für alle Faktoren } j = 1,2.$$

Der Haushalt wird also sein Faktorangebot v_j bzw. seine Nettonachfrage $(\bar{v}_j - v_j)$ so handhaben, daß das Grenznutzenverhältnis im Ausdruck (28) gerade dem Verhältnis der Gleichgewichtspreise respektive dem realen Faktorpreis im Gleichgewicht entspricht. So weit, so gut. Die Optimalitätsbedingung des Abschnitts D verlangt aber etwas anderes. Das optimale Faktorangebot muß gewährleisten, daß Grenznutzenverhältnis und Grenzproduktivität eines jeden Faktors gleich sind.

Dazu sei ein kurzer Blick zurück zu den Faktornachfragern, den Unternehmen gestattet. Die Inputregel gewinnmaximierender Unternehmen (Ausdruck (25) oben) fordert für ein Maximum, daß der Faktorpreis gleich dem Wertgrenzprodukt des Faktors ist. Eine kleine Umstellung ergibt:

$$(29) \qquad \frac{\partial f}{\partial v_j} = \left(\frac{q_i}{p}\right)^* \quad \text{für alle } j = 1,2 \text{ Faktoren.}$$

Und so folgt für das **Faktormarktgleichgewicht**:

$$(30) \qquad \frac{\partial f}{\partial v_j} = \left(\frac{q_i}{p}\right)^* = \frac{\partial u/\partial(\bar{v}_j - v_j)}{\partial u/\partial x} \quad \text{für alle } j = 1,2 \text{ Faktoren.}$$

Im allgemeinen Fall, mit mehr als einem Konsumgut x, gilt die Argumentation analog für jedes der x_i $(i = 1,2)$ Güter.

Es bleibt demnach festzuhalten, daß die **Marginalbedingung** des Abschnitts D 3, die die Gleichheit von Grenzprodukt und dem Verhältnis der Grenznutzen von Faktor und Konsumgut forderte, im Gleichgewicht erfüllt ist. Das Faktorangebot wird von den Marktkräften **pareto-optimal** bereitgestellt, weil sich alle Anbieter und Nachfrager mit ihren Variablen an dieselben gleichgewichtigen **Preise** anpassen.

c) Güter- und Tauschmarktgleichgewicht, Produktionsstruktur und Optimalität

Soweit zur Produktionsseite der Ökonomie. Bezüglich der Produkte der Unternehmen ist nun klar, daß sie im Gleichgewicht vollkommener Märkte effizient bereitgestellt werden. Der Zweck der Güterproduktion ist aber der Konsum durch den Haushalt. Die Fragen, die bezüglich der Effizienz dieser Seite der Ökonomie noch zu beantworten sind, betreffen die Produktionsstruktur der Ökonomie und die Güterallokation auf die Haushalte.

Gütermarktgleichgewicht

Die Ökonomie befindet sich, so sei unterstellt, in einem allgemeinen – und so auch in einem **Gütermarktgleichgewicht**. Dessen Eigenschaften lassen sich mit den folgenden Abbildungen beschreiben.

In Punkt A der Abbildung 13 tangieren die Indifferenzkurve des Haushaltes i und die Transformationskurve der Unternehmen die Preisgerade. Demnach gilt in A, daß das Preisverhältnis gleich der Grenzrate der Transformation und gleich der Grenzrate

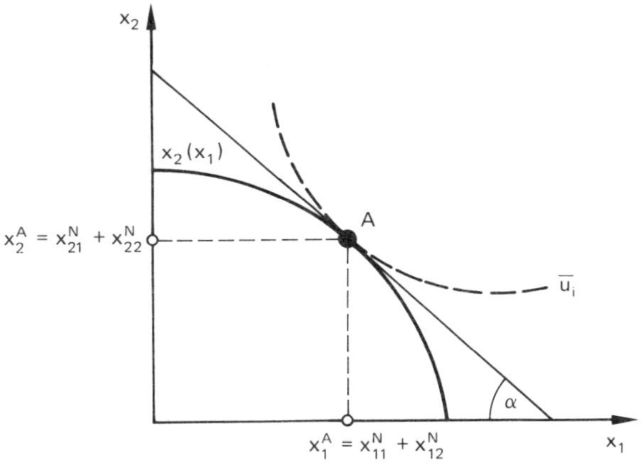

Abb. 13: Gleichgewicht auf dem Gütermarkt (Produktionsstruktur)

der Substitution ist – Haushalte und Unternehmen befinden sich in ihrem **individuellen Optimum**. Es gilt:

$$(31) \quad \text{tg}\,\alpha = -\left(\frac{p_1}{p_2}\right)^* = -\left.\frac{dx_2}{dx_1}\right|_{\bar{v}_j} = -\left.\frac{dx_2}{dx_1}\right|_{\bar{u}_i} \quad \text{für die } j = 1,2 \text{ Faktoren und die } i = 1,2$$

Haushalte.

D.h., wenn sich im Gütermarktgleichgewicht alle Marktteilnehmer mit ihren Kalkülen an dasselbe **Preisverhältnis** anpassen, ist die **Produktionsstruktur paretooptimal**. Die Bedingungen des Abschnitts D 4 sind erfüllt.

Zwei Bemerkungen sind dazu angebracht. Die eine bezieht sich auf die Haushalts-, die andere auf die Unternehmensseite. Was die **Unternehmensseite** (die Grenzrate der Transformation) betrifft, so kann man, wenn die Bedingungen gesamtwirtschaftlicher Effizienz erfüllt sind (vgl. Kapitel III, Abschnitt B b)), für die $j = 1,2$ Faktoren auch schreiben

$$(32) \quad \text{tg}\,\alpha = \left(\frac{p_1}{p_2}\right)^* = \left.\frac{dx_2}{dx_1}\right|_{\bar{v}_j} = \frac{\partial f_2/\partial v_{12}}{\partial f_1/\partial v_{11}} = \frac{\partial f_2/\partial v_{22}}{\partial f_1/\partial v_{21}}.$$

Hieraus läßt sich lernen, daß das **Faktormarktgleichgewicht** in einem eindeutigen Verhältnis zur **Produktionsstruktur** des Gütermarktgleichgewichts steht. Ausdruck (32) zufolge stellen die Unternehmen im Gütermarktgleichgewicht die Güter gerade in einem solchen Verhältnis bereit, daß die Grenzrate der Transformation dem Verhältnis der Grenzproduktivitäten eines jeden Faktors in der Produktion der beiden Güter entspricht. Das aber heißt, daß die Allokation der Faktoren im Gleichgewicht entsprechend erfolgen muß.

Tauschmarktgleichgewicht

Es gilt die Überlegung zur **Haushaltsseite** nachzutragen. Es stellt sich doch die Frage, warum man aus der Tatsache, daß in Abbildung 13 in Punkt A die Indifferenzkurve des Haushalts i mit der Preisgerade tangiert, schließen kann, daß der Gütermarkt geräumt ist. Auch gilt es darzulegen, warum das Kalkül, d.h. genauer die Indifferenzkurve des Haushalts i in Abbildung 13, die Gesamtheit aller Haushalte $j \neq i$ **repräsentieren** kann.

Die Antwort auf beide Fragen findet sich, wenn man das **Tauschmarktgleichgewicht** zwischen den Haushalten vom Gütermarktgleichgewicht getrennt analysiert. Diese Trennung ist rein gedanklicher Art, denn tatsächlich existiert, wenn die Unternehmen auf dem Gütermarkt direkt mit den Haushalten handeln, kein Bedarf mehr für einen separaten Tauschmarkt. Hätten die Haushalte im Gütermarktgleichgewicht noch Anlaß untereinander zu tauschen, dann kann diese Situation für sie ursprünglich gar nicht optimal und damit gleichgewichtig gewesen sein. D. h. aber gleichzeitig, daß jedes Gleichgewicht auf dem Gütermarkt implizit auch ein Gleichgewicht auf dem „internen" Tauschmarkt der Haushalte ist. Eine Untersuchung dieses Marktes, wenn sie denn neue Erkenntnisse bringt, ist also zulässig.

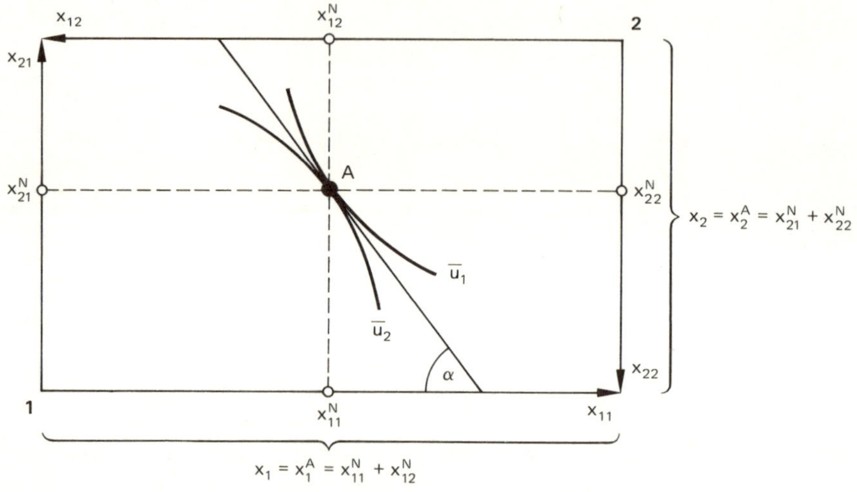

Abb. 14: *Gleichgewicht auf dem Tauschmarkt*

Punkt A in der Edgeworth-Box der Abbildung 14 bezeichnet das Tauschmarktgleichgewicht, das dem Gleichgewicht auf dem Gütermarkt in der eben beschriebenen Weise entspricht. In A erreichen beide Haushalte beim gegebenen gleichgewichtigen **Preisverhältnis** des Gütermarkts (tg α) ihr individuelles Optimum. Hier gilt

$$(33)\qquad \frac{\partial u_1/\partial x_{11}}{\partial u_1/\partial x_{21}} = -\left.\frac{dx_2}{dx_1}\right|_{\bar{u}_1} = \operatorname{tg}\alpha = \left(\frac{p_1}{p_2}\right)^* = -\left.\frac{dx_2}{dx_1}\right|_{\bar{u}_2} = \frac{\partial u_2/\partial x_{12}}{\partial u_2/\partial x_{22}},$$

d. h. die Steigungen der beiden Indifferenzkurven bzw. die individuellen Grenzraten der Substitution sind beide so hoch wie das Preisverhältnis und damit gleich. Damit ist gezeigt, daß die **zweite Bedingung** für die pareto-optimale Güterallokation (Abschnitt D 1) zwischen den Haushalten erfüllt ist. Darüber hinaus bestätigt sich, daß jeder Haushalt i im relevanten Bereich seiner Indifferenzkurve die Gesamtheit der Haushalte **repräsentieren** kann, eben weil alle Haushalte gleichermaßen ihre Grenzraten an das Preisverhältnis anpassen.

Abbildung 14 zeigt auch, daß sich die individuellen Nachfragen der beiden Haushalte im Tauschgleichgewicht gerade zur Höhe und Breite der Edgeworth-Box addieren. Höhe und Breite der Box entsprechen dabei der Produktionsstruktur, die das Gütermarktgleichgewicht in Abbildung 13 festgeschrieben hat. Das Tauschgleichgewicht macht also nicht nur deutlich, in welcher Weise die von den Unternehmen angebotene Gütermenge zwischen den Haushalten aufgeteilt wird, sondern zeigt auch, daß die angebotenen Mengen vollständig nachgefragt werden. Man kann schreiben

$$(34)\qquad e_{x_1}\left(\left(\frac{p_1}{p_2}\right)^*\right)=e_{x_2}\left(\left(\frac{p_1}{p_2}\right)^*\right)=0,$$

d.h. die Überschußnachfragen nach x_1 und x_2 sind gleich 0. Damit ist neben der zweiten auch die **erste Bedingung** einer pareto-optimalen Güterallokation erfüllt. D.h. der Tauschmarkt (bzw. der Gütermarkt) stellt auch bezüglich der Güterallokation zwischen den Haushalten ohne weiteres ein pareto-optimales Ergebnis sicher.

F. Die Theoreme der Wohlfahrtstheorie

Das zentrale Ergebnis der Analyse der Eigenschaften eines allgemeinen Gleichgewichts in Abschnitt E ist, daß die Marktlösung den Anforderungen des Pareto-Kriteriums gerecht wird. Jedes Gleichgewicht ist unter den üblichen Annahmen über die Konvexität der Präferenzordnungen und die Konkavität der Produktionsfunktionen auch ein Pareto-Optimum. Diese Schlußfolgerung wird auch als „Erstes Theorem der Wohlfahrtstheorie" bezeichnet.

Erstes Theorem der Wohlfahrtstheorie

Jedes Marktgleichgewicht auf vollkommenen Märkten mit konvexen Präferenzordnungen und konkaven Produktionsfunktionen ist auch ein Pareto-Optimum.

Faktor- und Gütermärkte bedürfen keiner staatlichen Intervention, wenn es darum geht, die heterogenen Einzelinteressen der Wirtschaftssubjekte effizient zu koordinieren. In der mikroökonomischen Modellwelt, die den bisherigen Betrachtungen zugrundelag, verfolgen die Unternehmen und Haushalte völlig unbeeindruckt von Wohlfahrtskriterien irgendeiner Art ihre höchst eigenen Ziele. Weil sie sich dabei als Mengenanpasser, d.h. als Preisnehmer verhalten, vermag der Markt über die Preise Einfluß auf ihre Entscheidungen zu nehmen. Die gleichzeitige Anpassung an die Marktpreise im Gleichgewicht aber gewährleistet die Erfüllung aller Bedingungen für die pareto-optimale Allokation von Gütern und Faktoren, die zuvor Abschnitt D des Kapitels abgeleitet hat. Die Allokation von Gütern und Faktoren läßt sich unter Zugrundelegung des Pareto-Kriteriums nicht mehr verbessern.

Dieses Phänomen, daß also der Markt die divergierenden Einzelinteressen der Wirtschaftssubjekte im paretianischen Sinne optimal zu koordinieren vermag, hatte **Adam Smith**[5] vor Augen, als er davon sprach, der Markt lenke seine Teilnehmer wie mit **„unsichtbarer Hand"** zum gesellschaftlich Wünschenswerten. Gleichsam von unsichtbarer Hand geführt und ohne es eigentlich zu wollen, tun die Beteiligten doch, was der Gesellschaft nützt. Es ist also kaum verwunderlich, wenn Ökonomen und Nichtökonomen die Einrichtung Markt stets mit einer gewissen Faszination betrachtet haben und es noch immer tun.

Schon bei Adam Smith steht allerdings zu lesen, daß Fehler, die Märkten ihre Vollkommenheit nehmen, auch die Gültigkeit des Optimalitätsergebnisses beschränken. **Marktfehler** wie negative externe Effekte, nicht-private Güter und Marktmacht

---

[5] Adam Smith, wohl der berühmteste aller Ökonomen, lebte von 1723 bis 1790.

generieren suboptimale Marktergebnisse im paretianischen Sinn. Dazu gleich mehr in Kapitel VI. Es ist allerdings noch ein weiterer Einwand gegen das erste Theorem der Wohlfahrtstheorie denkbar. Ein **Gleichgewicht** impliziert, wie wiederholt zu lesen war, bestimmte Verteilungen der Faktoren und Güter, d.h. es bestimmt auch, wieviel von welchem Gut oder Faktor am Ende bei den einzelnen Haushalten zum Konsum oder Genuß verbleibt. Wenn das gefundene Gleichgewicht auf vollkommenen Märkten pareto-optimal ist, muß man dann nicht auch das **Verteilungsergebnis** dieses Gleichgewichts akzeptieren? Eine Gesellschaft könnte z.B. zu dem Konsens gelangen, daß Armut unterhalb einer gewissen Grenze „**ungerecht**" ist und beseitigt werden sollte. Wenn nun aber diese Armut ein Gleichgewichtsergebnis vollkommener Märkte und so ein Pareto-Optimum ist, muß dann die Gesellschaft zwischen dem Pareto- und dem Gerechtigkeitskriterium wählen? Eine Umverteilung der Güter aus einem Pareto-Optimum heraus stellt definitionsgemäß mindestens ein Individuum schlechter als zuvor. Aber Effizienz im paretianischen Sinn und bestimmte Verteilungsziele sind durchaus nicht unvereinbar miteinander.

Um dieser letzten Aussage näherzukommen, soll zunächst der Zusammenhang zwischen Erstverteilung der Ressourcen und Gleichgewicht am Beispiel einer Tauschwirtschaft dargestellt werden (vgl. den Abschnitt 1b) im Kapitel Koordination). Gegeben als die Erstausstattung der beiden Haushalte 1 und 2 sei der Punkt A in der Edgeworth-Box der Abbildung 15. Beide Haushalte sind Mengeanpasser.

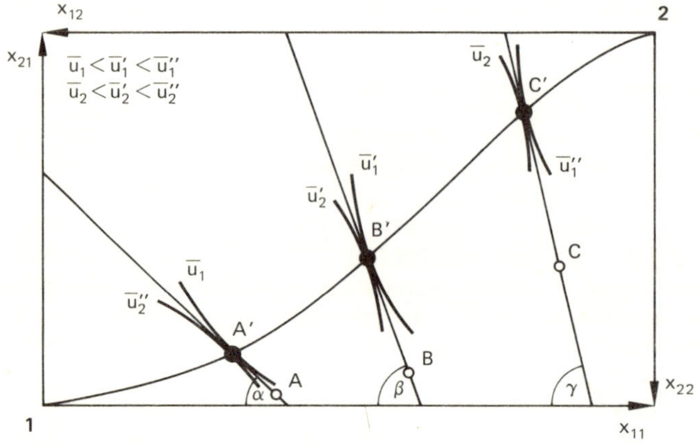

Abb. 15: *Anfangsausstattung und Tauschmarktgleichgewicht*

Jedes denkbare Marktgleichgewicht findet sich auf der Kontraktkurve. Wenn das Marktgleichgewicht eindeutig ist, dann gibt es ausgehend von A genau ein Preisverhältnis $\operatorname{tg}\alpha = \left(\frac{p_1}{p_2}\right)^*$, das solch ein Gleichgewicht herstellen kann. Genauer: Es gibt nur eine Gerade, die durch den Punkt der Anfangsausstattung verläuft, die Kontraktkurve schneidet und an dieser Stelle die Tangente der Indifferenzkurven der Haushalte bildet. D.h. aber auch, daß dem Ausgangspunkt A genau ein Pareto-Optimum auf der Kontraktkurve bzw. genau ein Gleichgewicht zugeordnet ist (A′). Analog gehören die pareto-optimalen Gleichgewichtsverteilungen B′ und C′ mit den Gleichgewichtspreisen tg β und tg γ zu den Anfangsausstattungen B und C.

Die Tatsache, daß in diesem Fall jeder **Anfangsausstattung** gerade ein Gleichgewicht zugewiesen ist, auf das die Ökonomie bei vollkommenen Märkten sozusagen zwangsläufig zusteuert, ist für die vorliegende Fragestellung sehr hilfreich. Lehnt eine Gesellschaft eine bestimmte **Gleichgewichtsverteilung** ab, weil sie die im Gleichgewicht resultierende Verteilungsposition mancher Haushalte als „zu arm" interpretiert, dann gilt es, solche Erstverteilungen der Ressourcen zu vermeiden, die die Gesellschaft in die Nähe des entsprechenden Gleichgewichts bringen. Bezogen auf Abbildung 15 kann man sich z.B. vorstellen, daß eine Gesellschaft Gleichgewichtsverteilungen wie A′ und C′ als zu extrem ablehnt und Verteilungen wie B′ bevorzugt. Um ihren Zielen näher zu kommen, müßte sie nach Mitteln und Wegen suchen, die Anfangsausstattung der Haushalte im Bereich um den Punkt B (bzw. die Preisgerade tg β) anzusiedeln.

Soweit das gelingt, hilft der Markt, einen Konflikt zwischen den Zielen Effizienz und Gerechtigkeit zu vermeiden. Die Gesellschaft kann dann kraft des Zusammenhanges von Erstverteilung und Gleichgewicht im Prinzip jedes gewünschte Gleichgewicht und damit jedes **Pareto-Optimum** auf der Kontraktkurve erreichen bzw. **wählen**. Die Wirtschaftswissenschaft hat diesem fundamentalen Zusammenhang den Namen **zweites Theorem der Wohlfahrtstheorie** gegeben. Voraussetzung ist, daß Präferenzordnungen und Technologie den üblichen Annahmen gerecht werden und die Gleichgewichte eindeutig sind.

Zweites Theorem der Wohlfahrtstheorie

Jede pareto-optimale Allokation kann bei geeigneter Umverteilung der Anfangsausstattung durch ein Marktgleichgewicht realisiert werden.

Kritisch an dieser Aussage der Theorie ist allerdings die Vorstellung, die Umverteilung der Anfangsausstattung ließe sich gänzlich ohne Rückwirkungen auf die Marktentscheidungen der Individuen bewerkstelligen. Ist das nicht der Fall, dann dürfte die Umverteilung die Effizienz der Marktergebnisse negativ beeinflussen. Es gilt dann, die Verzerrungen aus der Veränderung der Erstausstattungen so gering als möglich zu halten.

Die Wohlfahrtstheorie ist damit in der Lage, sowohl der allgemeinen Wirtschaftspolitik als auch der Verteilungspolitik gewisse Hilfestellungen zu geben.

Bezüglich der **Wirtschaftspolitik** besagt das erste Wohlfahrtstheorem, daß, nach dem Pareto-Kriterium zu urteilen, vollkommene Märkte die weitgehende Abstinenz des Staates nahelegen. Der Staat sollte die Märkte ihre Funktion ausüben lassen und sich auf die Bereitstellung von **Rahmenbedingungen** wie Rechtssicherheit und Vertragsfreiheit beschränken. Diese Funktion sollte allerdings in ihrer Bedeutung nicht unterschätzt werden. Jeder Güteraustausch, jede Überlassung von Faktoren, der Verkauf von produzierter Ware – all das setzt z.B. die Möglichkeit voraus, bindende **Verträge** darüber abzuschließen zu können. Ein Vertrag, für dessen Einhaltung kein staatliches Rechtssystem garantiert, steht in den meisten Fällen nur auf dem Papier. In jedem Fall wäre die private, nicht-staatliche Bereitstellung des Gutes Rechtssicherheit wohl recht schwierig und vermutlich weniger umfassend als die staatliche Bereitstellung. Rechtssicherheit ist ein typisches **öffentliches Gut**, daß nolens volens allen Wirtschaftssubjekten in einer Ökonomie zugute kommt, in diesem Fall zugute kommen soll. Über Kriterien der optimalen Bereitstellung solcher Güter und die Vor- und Nachteile ihrer staatlichen oder privaten Bereitstellung wird noch zu sprechen sein – Kapitel VI kommt auf dieses Problem zurück.

Der Staat ist demzufolge aus Sicht der Wohlfahrtstheorie auch bei Gültigkeit des ersten Theorems nicht ohne Funktionen. Das gilt erst recht, wenn die schon erwähnten

Marktfehler existieren und die Voraussetzungen des Theorems nicht mehr gegeben sind. Der Staat sollte dann intervenieren, wenn er sich dem paretianischen Kriterium verschrieben hat. Die Wohlfahrtstheorie ist in diesem Fall mit ihrer Orientierungsfunktion besonders wichtig. Sie kann **Wohlfahrtsverluste** von Marktfehlern aufzeigen und alternative Wege zu ihrer Behebung bewerten. Auch dazu bald mehr.

Was nun die **Verteilungspolitik** angeht, so beschränkt sich der bescheidene Beitrag des in diesem Kapitel entwickelten Zweiges der Mikroökonomie auf die Erkenntnis, daß die Verfolgung von Verteilungszielen zumindest in der Theorie nicht zwangsläufig auch die Aufgabe des paretianischen Wohlfahrtskriteriums bedeutet. Eine Gesellschaft, die ihre Gerechtigkeitsvorstellungen umsetzen will, ist offenbar nicht gezwungen, dafür das Pareto-Kriterium als Leitfaden ihres Handelns aufzugeben. Das zweite Theorem der Wohlfahrtstheorie legt dazu nahe, durch eine geeignete Veränderung der Erstverteilung der Ressourcen Einfluß auf das Ergebnis des (effizienten) Marktprozesses zu nehmen, den Prozeß selbst aber nicht zu stören.

Kapitel VI
Marktfehler

Wie im vorhergehenden Kapitel gezeigt wurde, ist jedes Konkurrenzgleichgewicht bei vollständig zugeordneten Eigentumsrechten pareto-optimal. Wenn wir in der Realität suboptimale Zustände beobachten – exzessive Umweltverschmutzung etwa oder den Mißbrauch von Monopolmacht –, so liegt das oft daran, daß Marktfehler vorliegen. Zwei Arten von Marktfehlern sollen nun näher betrachtet werden: **Marktmacht** und **nicht hinreichend definierte Eigentumsrechte.** Dieses Kapitel beschäftigt sich mit den Marktergebnissen auf solch unvollkommenen Märkten und möglichen wirtschaftspolitischen Eingriffen.

A. Marktformen

Bislang wurde unterstellt, daß alle Marktteilnehmer Mengenanpasser sind: Weder die Anbieter noch die Nachfrager von Faktoren und Produkten konnten in den bisher betrachteten Modellen Einfluß auf die Preise nehmen. Von nun an wird der Fall betrachtet, daß auf einer Marktseite nur eine kleine Zahl von Teilnehmern agiert. Dann hat jeder einzelne auf dieser Marktseite Marktmacht und kann den Preis beeinflussen. Entsprechend wird er diese Wirkung auf den Preis in seinem Kalkül berücksichtigen. Im folgenden soll gezeigt werden, daß die Existenz von **Marktmacht** zu Gleichgewichten führt, die von denen bei vollkommener Konkurrenz abweichen. Die im vorhergehenden Kapitel abgeleiteten Optimalbedingungen sind daher im allgemeinen nicht erfüllt. Mit dem Gewinnmaximierungskalkül von Unternehmen mit Marktmacht und den Auswirkungen auf die Wohlfahrt beschäftigt sich der erste Teil dieses Kapitels.

Das direkte Gegenstück zu vollkommener Konkurrenz ist das **Monopol.** (Angebots-) Monopolist ist ein Unternehmen, das auf einem Markt für ein Gut, für das es im Urteil der Haushalte kein Substitut gibt, der einzige Anbieter ist. So liegt beispielsweise die Briefbeförderung oder der Telefonverkehr in vielen Ländern in den Händen eines einzigen, meist staatlichen Unternehmens. Welche Rolle Substitute spielen können, sieht man etwa am Beispiel der Elektrizitätswerke: Sie besitzen zwar regionale Monopole für die Stromversorgung, ihr Gut muß aber (zumindest in manchen Verwendungen) mit Gas, Öl und Kohle konkurrieren, so daß man kaum reines Monopolverhalten unterstellen kann.

Monopole können sowohl rechtlich als auch technologisch begründet sein. Zur ersten Kategorie zählt sicher das lange existierende Zündholzmonopol; sie umfaßt aber auch zeitlich beschränkte Monopole durch Patentschutz: Sein Zweck ist es, Firmen die Erträge ihrer Forschung voll zukommen zu lassen und damit einen Forschungsanreiz zu schaffen. Zur zweiten Kategorie gehört das **natürliche Monopol,** das aufgrund von Kostenvorteilen bei Massenproduktion existiert.

Bestehen keine Marktzutrittsschranken, so locken hohe Monopolgewinne andere Anbieter an. Sind die Güter vollkommen homogen und die Nachfrager indifferent zwischen verschiedenen Anbietern, dann kann die Entwicklung zu einem Markt mit vollkommener Konkurrenz führen. Tatsächlich haben Haushalte aber oft bestimmte

Präferenzen für einzelne Anbieter, sei es aufgrund ihrer räumlichen Nähe, sei es aufgrund besonderer Produkteigenschaften. Dieser Zwischenfall von Monopol und vollkommener Konkurrenz, in dem viele Anbieter mit ähnlichen Produkten konkurrieren, wird als **monopolistische Konkurrenz** bezeichnet.

In allen bisher betrachteten Fällen ist die Reaktion der Konkurrenten für das Entscheidungskalkül des Unternehmens irrelevant. Tatsächlich existieren aber häufig **strategische Interaktionen** zwischen Anbietern: Die optimale Ausbringungsmenge eines Produzenten hängt von den Ausbringungsmengen seiner Wettbewerber ab. Eine Marktform mit einer beschränkten Anzahl von Anbietern, die mit ihren Preis- und Mengenentscheidungen den Markt und damit auch ihre Konkurrenten beeinflussen können, nennt man **Oligopol.** Bieten die Produzenten homogene Güter an, so spricht man von **homogener Konkurrenz;** Beispiele dafür finden sich in der chemischen Industrie und der Mineralölbranche. **Heterogene Konkurrenz** herrscht, wenn sich die Produkte verschiedener Hersteller merklich unterscheiden wie etwa in der Automobilbranche.

Auch auf der **Nachfrageseite** können verschiedene Formen von Marktmacht existieren. Tritt auf einem Markt nur ein einziger Nachfrager auf, so liegt ein **Monopson** oder Nachfragemonopol vor. Konkurrieren auf einem Güter- oder Faktormarkt nur wenige Nachfrager, die sich gegenseitig in ihren Preis- oder Mengenentscheidungen beeinflussen, so spricht man von einem **Oligopson.** Mit Ausnahme des Oligopsons sollen die hier aufgezählten Marktformen im folgenden genauer betrachtet werden.

1. Das Angebotsmonopol

Die Modellunternehmung sei jetzt ein Angebotsmonopolist. Sie hat keine Konkurrenten, die gleiche oder ähnliche Güter auf den Markt bringen. Ihr stehen zahlreiche Haushalte als Nachfrager gegenüber, die als Mengenanpasser handeln. Auf den Faktormärkten, auf denen die Unternehmung als Nachfrager auftritt, ist sie ebenfalls Mengenanpasser; sie hat mit vielen anderen Unternehmungen um homogene Produktionsfaktoren zu konkurrieren.

Als einziger Anbieter auf dem Produktmarkt betrachtet ein Monopolist nicht mehr den Marktpreis, sondern die Gesamtnachfragefunktion als eine gegebene Größe. Damit steht es ihm frei, entweder eine gewinnmaximale Angebotsmenge oder einen gewinnmaximalen Preis für sein Produkt zu wählen. Der Monopolist kann diese Größen nicht unabhängig voneinander festsetzen, da die Ausbringungsmenge (der Preis) eindeutig durch die Nachfragefunktion bestimmt wird, wenn er sich für einen bestimmten Preis (eine Ausbringungsmenge) entschieden hat.

a) Preis-Absatz-Funktion und Erlösfunktion

Entscheidend für den Monopolisten ist, welche Produktmengen er bei alternativen Preisen absetzen kann und welche Kosten dabei entstehen. Die **Preis-Absatz-Funktion** einer Unternehmung erfaßt den funktionalen Zusammenhang zwischen Verkaufspreis und Absatzmenge aus der Sicht der Unternehmung. Der Mengenanpasser sieht sich einer horizontalen Preis-Absatz-Funktion gegenüber, da er den Marktpreis als Datum hinnimmt. Für den **Monopolisten** dagegen ist die aggregierte Nachfragefunktion aller Haushalte seine Preis-Absatz-Funktion. Wir unterstellen immer noch vollkommene Information; alle beteiligten Wirtschaftssubjekte kennen alle relevanten Daten und Zusammenhänge. So kennt der Monopolist die *wahre* Preis-Absatz-Funktion.

Im Kapitel „Koordination" wurde gezeigt, wie man individuelle Nachfragefunktionen der einzelnen Haushalte zu einer gesamtwirtschaftlichen Nachfragefunktion aggregiert. Hier unterstellen wir eine gesamtwirtschaftliche Nachfragefunktion mit negativer Steigung.

Wir gehen von einem Produkt aus, das nicht durch andere Güter substituiert werden kann. Damit ändert sich die Nachfrage nach diesem Monopolgut nicht, wenn die Preise der anderen Güter variieren; die Kreuzpreiselastizitäten dieses Gutes in bezug auf die Preise aller anderen Güter sind Null. Die Nachfrage nach dem von einem Monopolisten angebotenen Gut hängt nur von seinem eigenen Preis und den Einkommen der Haushalte ab. Zu jedem Preis dieses Gutes gehört eine bestimmte Nachfragemenge jedes einzelnen Haushaltes, die sich aus dessen optimalem Konsumplan ergibt. Der Einfluß aller anderen Größen wird als gegeben und konstant unterstellt.

Den Vektor der individuellen Einkommen wollen wir in der gesamtwirtschaftlichen Nachfragefunktion vernachlässigen. Als Beispiel wählen wir der Einfachheit halber eine lineare Nachfragefunktion. Die Absatzmenge des Monopolisten ist eine Funktion des Verkaufspreises:

(1) $x = f(p)$ Aggregierte **Nachfragefunktion** $x = \frac{a}{b} - \frac{1}{b} \cdot p$

wobei $dx/dp < 0$

Der Monopolist kann genau die Menge bestimmen, die die Nachfrager bei einem von ihm festgesetzten Preis zu kaufen wünschen. Damit ist er in der Lage, genau diejenige Menge zu produzieren und anzubieten, die auch nachgefragt wird. Der Polypolist (Mengenanpasser) kann bei gegebenem Marktpreis jede beliebige Menge produzieren und anbieten; sie wird bei diesem Preis immer nachgefragt.

Da die Unternehmung am Erlös in Abhängigkeit der Ausbringungsmenge interessiert ist, bilden wir die Inverse der Nachfragefunktion. Der Verkaufspreis des Monopolisten ist nun eine Funktion der Absatzmenge:

(2) $p = g(x)$ **Preis-Absatz-Funktion** $p = a - bx$

wobei $dp/dx < 0$.

Die Preis-Absatz-Funktion gibt an, welche Gütermengen der Monopolist zu alternativen von ihm gesetzten Preisen absetzen kann.

Der Erlös einer Einproduktunternehmung ist definiert als

(3) $E = p \cdot x$ **Erlösdefinition** $E = p \cdot x$

Wir erhalten die Erlösfunktion des Monopolisten, indem wir die Preis-Absatz-Funktion in die Erlösdefinition einsetzen:

(4) $E = g(x) \cdot x$ **Erlösfunktion** $E = ax - bx^2$

Eine geometrische Darstellung unseres Beispiels finden Sie in Abbildung 1. Die Preis-Absatz-Funktion ist eine Gerade mit der Steigung – b; der Ordinatenabschnitt a entspricht dem Höchstpreis, bei dem die Nachfrage auf Null sinkt. Der Abzissenabschnitt a/b wird **Sättigungsmenge** genannt, weil selbst bei einem Preis von Null nicht mehr als diese Menge nachgefragt wird. Trägt man für verschiedene Absatzmengen die entsprechenden Erlöse unterhalb der Preis-Absatz-Funktion in einer eigenen Graphik ab, so erhält man eine glockenförmige Erlösfunktion wie im unteren Teil des Diagramms.

Der Erlös nimmt mit steigender Ausbringungsmenge zunächst zu, erreicht ein Maximum und nimmt dann wieder ab. Der Grenzerlös dagegen nimmt von Anfang an ab und wird negativ, sobald das Erlösmaximum überschritten ist. Mathematisch finden wir die Grenzerlösfunktion, indem wir die Erlösfunktion nach x ableiten. Nach der Produktregel erhalten wir:

(5) $dE/dx = p + \frac{dp}{dx} \cdot x$ **Grenzerlösfunktion** $dE/dx = a - 2bx$

Für den Mengenanpasser ist der Preis ein Datum, so daß für ihn $dp/dx = 0$ gilt. Der Grenzerlös entspricht in diesem Fall dem Preis. Vergrößert der Mengenanpasser seinen Absatz um eine Einheit, so wächst auch sein Erlös stets um den Betrag des konstanten Produktpreises.

Für den Monopolisten dagegen ist der Produktpreis kein Datum; für ihn gilt

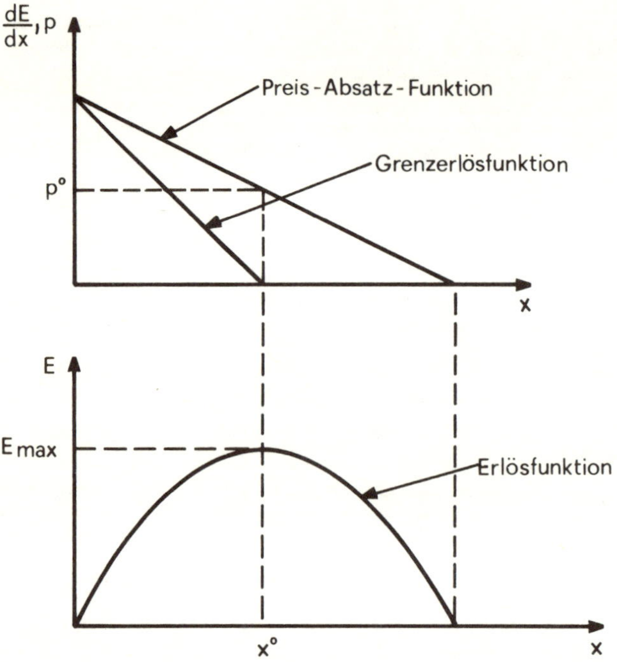

Abb. 1: Preis-Absatz-Funktion des Monopolisten

$dp/dx < 0$. Da wir annehmen, daß der Monopolist für alle Nachfrager einen einheitlichen Preis setzt, muß er bei jeder zusätzlich verkauften Einheit den Produktpreis für die gesamte Verkaufsmenge senken. Der Grenzerlös ist deshalb kleiner als der Preis.

Die **Grenzerlösfunktion** unseres Beispiels hat den Ordinatenabschnitt a und die Steigung $-2b$, ist also doppelt so steil wie die Preis-Absatz-Funktion. Im Maximum der Erlösfunktion ist der Grenzerlös gleich Null, der zugehörige Preis p^0. Wenn wir die Preis-Absatz-Funktion betrachten, erkennen wir, daß der Erlös und damit die Konsumausgaben der Haushalte für dieses Gut dort maximal sind, wo die Preiselastizität der Nachfrage $\eta_{x,p} = -1$ ist. Der Nachweis erfolgt durch eine Umformung der Grenzerlösfunktion.

(6) $dE/dx = p + \frac{dp}{dx} \cdot x = p\left(1 + \frac{dp}{dx} \cdot \frac{x}{p}\right)$

Der Grenzerlös kann nun durch den Preis und die Preiselastizität der Nachfrage ausgedrückt werden:

$$(7) \qquad dE/dx = p\left(1 + \frac{1}{\eta_{x,p}}\right), \qquad \text{wobei } \eta_{x,p} = \frac{dx}{dp} \cdot \frac{p}{x} < 0.$$

Diese Beziehung wird als **Amoroso-Robinson-Relation** bezeichnet. Der Grenzerlös nimmt den Wert von Null an, wenn die Preiselastizität der Nachfrage $\eta_{x,p} = -1$ ist. Der Grenzerlös ist positiv, wenn $-\infty < \eta_{x,p} < -1$ ist; er wird negativ, wenn $-1 < \eta_{x,p} < 0$. Die Differenz zwischen Grenzerlös und Preis verringert sich mit steigender Preiselastizität der Nachfrage.

b) Bestimmung des optimalen Produktionsplans

Wir wollen nun den gewinnmaximalen Produktionsplan eines Monopolisten mit Hilfe der Inputregel und der Outputregel bestimmen. Gegeben seien eine Preisabsatzfunktion $p = g(x)$, eine Produktionsfunktion $x = f(v_1, \ldots, v_m)$, die auch konstante Skalenerträge aufweisen kann, und konstante Faktorpreise q_i. Gesucht wird der Produktpreis bzw. die Ausbringungsmenge, die den Gewinn des Monopolisten maximiert. Wir werden bewußt auf Bedingungen 2. Ordnung verzichten, um die Darstellung so einfach wie möglich zu halten.

– **Outputregel**

Die Erlösfunktion des Monopolisten lautet:

(8) $E = g(x) \cdot x$ **Erlösfunktion** $E = ax - bx^2$

Da wir unterstellen, daß der Monopolist auf den Faktormärkten als Mengenanpasser handelt, können wir die Kostenfunktion des Mengenanpassers unverändert übernehmen.

(9) $K = k(x)$ **Kostenfunktion** $K = k(x)$

Die Gewinnfunktion des Monopolisten lautet damit:

(10) $G = E - K$
$= g(x) \cdot x - k(x)$ **Gewinnfunktion** $G = ax - bx^2 - k(x)$

Die gewinnmaximale Ausbringungsmenge ist erreicht, wenn der Grenzgewinn den Wert von Null erreicht.

(11) $$\frac{dG}{dx} = \frac{dE}{dx} - \frac{dK}{dx} = 0 \qquad\qquad \frac{dG}{dx} = a - 2bx - \frac{dK}{dx} = 0$$

$$= p + \frac{dp}{dx} \cdot x - \frac{dK}{dx} = 0$$

oder

$$p + \frac{dp}{dx} \cdot x = \frac{dK}{dx} \qquad\qquad a - 2bx = \frac{dK}{dx}$$

bzw.

$$p\left(1 + \frac{1}{\eta_{x,p}}\right) = \frac{dK}{dx}$$

Als Ergebnis erhalten wir die **Outputregel** für den Monopolisten: **Grenzerlös gleich Grenzkosten.** Der Monopolist erreicht ein Gewinnmaximum, wenn er eine Ausbringungsmenge produziert, bei der der Grenzerlös den Grenzkosten entspricht. Eine graphische Veranschaulichung dieses Ergebnisses finden Sie in Abbildung 2. Ist die Preiselastizität der Nachfrage unendlich groß, wird die Outputregel für den Monopolisten zu jener für den Mengenanpasser. Man kann sagen: die Outputregel des Monopolisten enthält jene des Mengenanpassers als Spezialfall.

Die gewinnmaximale Ausbringungsmenge x^* ist erreicht, wenn der vertikale Abstand zwischen der Erlösfunktion und der Kostenfunktion maximal ist. Das ist in den Punkten A und B der Fall; die Steigung der Erlösfunktion dE/dx entspricht der Steigung der Kostenfunktion dK/dx. Im unteren Diagramm ist die gewinnmaximale Ausbringungsmenge x^* durch den Schnittpunkt D der Grenzerlösfunktion dE/dx und der Grenzkostenfunktion dK/dx bestimmt. Der gewinnmaximale Preis p^* ergibt sich, wenn wir x^* in die Preis-Absatz-Funktion einsetzen. Auf diese Weise erhalten wir den Punkt C, der nach einem französischen Ökonomen des 19. Jahrhunderts[1] **Cour-**

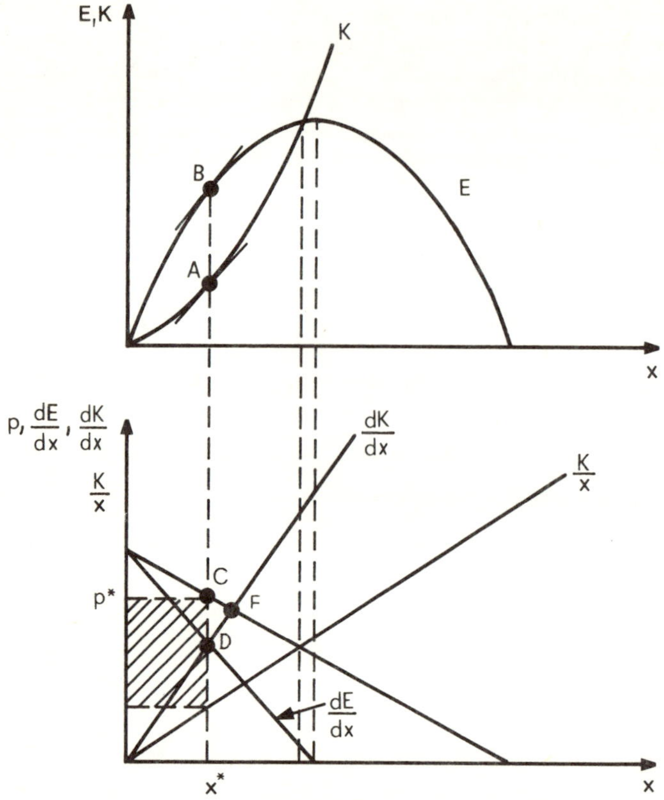

Abb. 2: Gewinnmaximaler Produktionsplan eines Monopolisten

not'scher Punkt genannt wird. Der Gewinn entspricht im oberen Diagramm der vertikalen Differenz zwischen Erlös- und Kostenfunktion und im unteren Diagramm der schraffierten Fläche.

Die zweite Ableitung der Gewinnfunktion muß negativ sein; dies stellt sicher, daß wir kein Gewinnminimum (Verlustmaximum) abgeleitet haben.

---

[1] Antoine Augustin Cournot (1801–1877)

$$(12)\qquad \frac{d^2G}{dx^2} = \frac{d^2E}{dx^2} - \frac{d^2K}{dx^2} < 0 \qquad\qquad \frac{d^2G}{dx^2} = -2b - \frac{d^2K}{dx^2} < 0$$

oder

$$\frac{d^2E}{dx^2} < \frac{d^2K}{dx^2} \qquad\qquad -2b < \frac{d^2K}{dx^2}$$

Die Steigung der Grenzerlöskurve ist durchgehend negativ. Die Steigung der Grenzkostenkurve kann positiv, gleich Null oder negativ sein (z.B. im Fall einer ertragsgesetzlichen Produktionsfunktion). Die Bedingung (12) verlangt lediglich, daß die Steigung der Grenzkostenkurve an der gewinnmaximalen Stelle größer ist als die Steigung der Grenzerlöskurve. An der gewinnmaximalen Stelle schneidet die Grenzkostenkurve die Grenzerlöskurve also von unten.

– **Inputregel**

Bei der Formulierung der erweiterten Zielfunktion für den Monopolisten ist neben der Produktionsfunktion die Preis-Absatz-Funktion als weitere Nebenbedingung zu berücksichtigen. Die Lagrange-Funktion lautet:

$$(13)\qquad Z = p \cdot x - \sum_{i=1}^{m} q_i \cdot v_i + \lambda \cdot \{x - f(v_1, \ldots, v_m)\} + \varrho \cdot \{p - g(x)\}$$

Das Maximum der Lagrange-Funktion ist dort gegeben, wo ihre ersten Ableitungen nach den Variablen x, v_i, λ und ϱ den Wert Null haben.

$$(14)\qquad \partial Z/\partial p = x + \varrho = 0$$

$$\partial Z/\partial x = p + \lambda + \varrho \cdot (-dp/dx) = 0$$

$$\partial Z/\partial v_i = -q_i + \lambda(-\partial x/\partial v_i) = 0 \qquad i = 1, \ldots, m$$

$$\frac{\partial Z}{\partial \lambda} = x - f(v_1, \ldots, v_m) = 0 \qquad \frac{\partial Z}{\partial \varrho} = p - g(x) = 0$$

Durch Einsetzen erhalten wir folgendes Ergebnis:

$$(15)\qquad \left(p + \frac{dp}{dx} \cdot x\right) \cdot \frac{\partial x}{\partial v_i} = q_i$$

bzw.

$$p\left(1 + \frac{1}{\eta_{x,p}}\right) \cdot \frac{\partial x}{\partial v_i} = q_i \qquad \text{für } i = 1, \ldots, m$$

Die **Inputregel** für den Monopolisten lautet: **Im Gewinnmaximum entspricht das Grenzerlösprodukt jedes Faktors seinem Faktorpreis.** Das Grenzerlösprodukt ist das mit dem Grenzerlös bewertete physische Grenzprodukt.

$$\left(p + \frac{dp}{dx} \cdot x\right) \cdot \frac{\partial x}{\partial v_i} = \frac{dE}{dx} \cdot \frac{\partial x}{\partial v_i} = q_i$$

Im Gewinnmaximum bewertet der Monopolist also das physische Grenzprodukt eines Faktors mit dem Grenzerlös, der Mengenanpasser mit dem Preis. Ist die Preiselastizität der Nachfrage unendlich groß, wird die Inputregel des Monopolisten zu jener für den Mengenanpasser. Man kann sagen: die Inputregel des Monopolisten enthält jene des Mengenanpassers als Spezialfall.

Da er das physische Grenzprodukt jedes Faktors mit dem Grenzerlös bewertet, produziert auch der Monopolist mit einer Minimalkostenkombination der Produktionsfaktoren. Für jedes Paar von Produktionsfaktoren ist daher die Bedingung der Minimalkostenkombination erfüllt:

$$(16)\qquad \frac{\partial x}{\partial v_i} \Big/ \frac{\partial x}{\partial v_j} = \frac{q_i}{q_j} \qquad \text{für } i, j = 1, \ldots, m \text{ und } i \neq j.$$

c) Wohlfahrtswirkungen des Monopols

Wie in Kapitel V festgestellt, wird die Wohlfahrt maximiert, wenn die Grenzrate der Transformation zwischen zwei Gütern der Grenzrate der Substitution entspricht. Anders ausgedrückt muß die Grenzzahlungsbereitschaft für ein Gut gleich den Grenzkosten seiner Herstellung sein. Diese Bedingung wird aber im Monopol im allgemeinen nicht erfüllt: Auf seiten der Haushalte entspricht die Grenzzahlungsbereitschaft zwar dem Preis; der Monopolist hingegen setzt seine Menge so fest, daß die Grenzkosten dem Grenzerlös entsprechen, der außer bei einer vollkommen elastischen Nachfragekurve eben vom Preis abweicht. Verfügt ein Monopolist über erhebliche Skalenvorteile gegenüber der Produktion durch viele Einzelunternehmen, so kann die Versorgung im Monopol zwar der bei vollkommener Konkurrenz überlegen sein. Optimal ist sie jedoch auch dann nicht: Eine höhere Wohlfahrt könnte erreicht werden, wenn zwar nur ein Unternehmen das Gut produzierte, dieses sich aber wie ein Mengenanpasser verhielte.

Abbildung 3 illustriert den Unterschied zwischen vollkommener Konkurrenz und der Monopollösung.

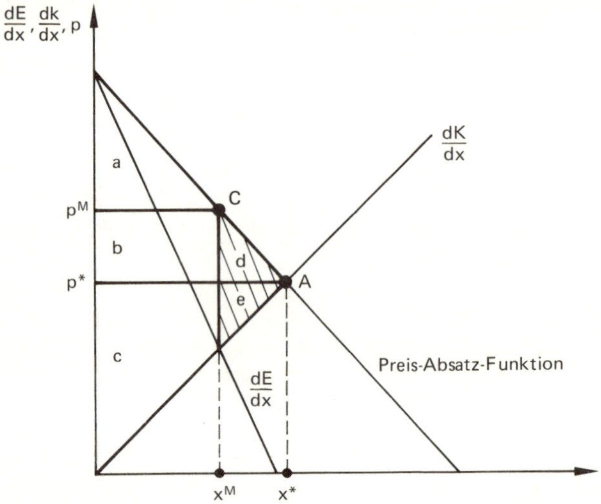

Abb. 3: Renten bei vollkommener Konkurrenz und im Monopol

Der Monopolist produziert die Menge x^M, bei Mengenanpasserverhalten würde dagegen x^* angeboten. Die jeweiligen Preis-Mengen-Kombinationen werden durch die Punkte C und A repräsentiert. Im Monopol entspricht die Konsumentenrente der mit a bezeichneten Fläche, die Produzentenrente setzt sich aus den Flächen b und c zusammen. Die gesamte Rente beträgt entsprechend a + b + c. Würde statt dessen im volkswirtschaftlichen Optimum produziert, so hätten die Konsumenten eine Rente in Höhe der Flächen a + b + d. Um die Fläche b ist die Konsumentenrente deshalb gegenüber der Monopollösung gewachsen, weil der Preis für die Menge x^M gesenkt wurde. Dazu kommt der Rentengewinn in Höhe von d, der dadurch entsteht, daß bei dem niedrigeren Preis mehr konsumiert wird.

Anders sieht die Lage aber für den Produzenten aus. Würde er dazu gezwungen, die Menge x^* zum Preis p^* anzubieten, so käme für ihn zwar wegen der höheren umgesetzten Menge eine Rente in Höhe der Fläche e hinzu, da der Erlös für die zusätzlich verkaufte Menge die zusätzlichen Kosten in diesem Umfang übersteigt. Das von den Haushalten hinzugewonnene Rentenviereck b hingegen geht voll auf Kosten des Unternehmens. Daß der Übergang zur Marktlösung für den Unternehmer einen Verlust bedeuten muß, ist offensichtlich: Sonst könnte der Cournot'sche Punkt nicht das Gewinnmaximum darstellen.

Entscheidend ist, daß die Gewinner aus der Produktion von x^* den Verlierer kompensieren könnten. Die gesamte Rentensumme hat um die schraffierten Flächen d und e zugenommen. Somit wurde gezeigt, daß nach dem Kaldor-Hicks-Kriterium der Übergang von der Monopol- zur Konkurrenzlösung eine Wohlfahrtsverbesserung darstellt.

Das Monopolproblem stellt sich deshalb, weil der Monopolist typischerweise seine hohe Rente nur erhalten kann, indem er die Menge verknappt und damit den Preis hochhält. Wäre es dem Monopolisten möglich, **Preisdifferenzierung** zu betreiben, so könnte dieser Effizienzverlust vermieden werden. Hätte er Informationen über sämtliche potentiellen Käufer, so könnte er von jedem einen Preis in Höhe seiner individuellen Grenzzahlungsbereitschaft fordern und sich die gesamten Renten auf diesem Markt in Höhe von AF0 aneignen. Die Konsumenten wären dann zwar noch schlechter gestellt als bei der Monopollösung, gesamtwirtschaftlich wäre das aber optimal. Die Preisdifferenzierung scheitert jedoch im allgemeinen daran, daß der Monopolist über die dafür notwendige Information nicht verfügt bzw. hohe Transaktionskosten auf sich nehmen müßte, wollte er mit jedem Kunden einen individuellen Preis aushandeln.

Die Bedingungen für effiziente Produktion sind im Monopol hingegen erfüllt. Daß ein Monopol einzelwirtschaftlich effizient produziert, bedarf wohl keiner weiteren Erläuterung. Doch auch gesamtwirtschaftlich wird effizient produziert, wenn für ein Konsumgut ein Monopol vorliegt. Bedingung dafür ist neben der vollständigen Verwendung sämtlicher Faktoren die Gleichheit der Grenzrate der Substitution zwischen den Faktoren in allen Verwendungen. Aus Gleichung (16) wird ersichtlich, daß diese Bedingung erfüllt ist. Ein Monopol verhindert also nicht, daß gesamtwirtschaftlich auf der Transformationskurve produziert wird; es bewirkt allerdings, daß auf der Transformationskurve der falsche Punkt ausgewählt wird.

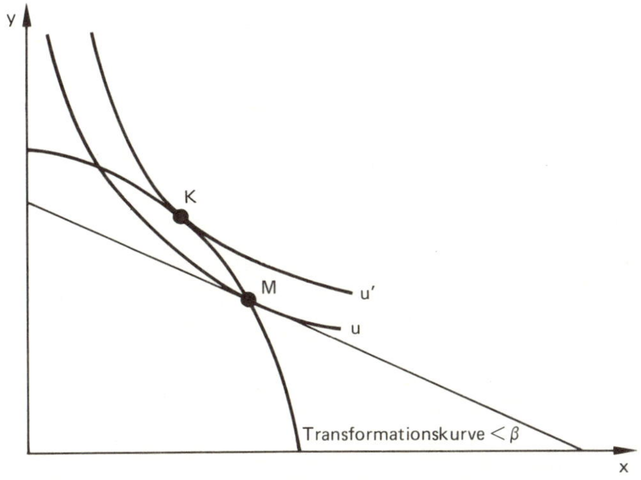

Abb. 4: Marktgleichgewicht bei Vorliegen eines Monopols

In Abbildung 4 wird das Gut y durch einen Monopolisten, Gut x in vollkommener Konkurrenz angeboten. Das Gleichgewicht liegt in Punkt M. Das Preisverhältnis p_x/p_y, das dem Betrag von tg β entspricht, ist hier niedriger als die Grenzrate der Transformation. Gut x wird also vergleichsweise zu billig, Gut y relativ zu teuer angeboten. Da die Haushalte sich am Marktpreisverhältnis orientieren, passen sie ihre Grenzrate der Substitution an dieses Preisverhältnis an; die Indifferenzkurve tangiert also in M die Preisgerade. Das Optimum läge hingegen in Punkt K, in dem die Grenzrate der Transformation und die Grenzrate der Substitution der Haushalte übereinstimmen; hier würde die Indifferenzkurve mit dem höchstmöglichen Nutzenniveau u′ erreicht.

d) Folgerungen für die Wirtschaftspolitik

Wenn Monopole zu Wohlfahrtsverlusten führen, hat das Konsequenzen für die (aus paretianischer Sicht) **optimale Wirtschaftspolitik.** Eine mögliche Lösung des Problems ist die Verhinderung oder gar Zerschlagung von Monopolen. In vielen Ländern existieren Kartellämter, die vor allem die Zunahme der Unternehmenskonzentration bremsen sollen. Häufig ist jedoch die Zerschlagung aus politischen Gründen nicht erwünscht.

Aufgabe der Wirtschaftspolitik wäre es in diesem Fall, den Monopolisten zu einem für die Gesamtwirtschaft optimalen Verhalten zu zwingen, also **Mengen- oder Preisregulierung** zu betreiben. So könnte man beispielsweise die Produktion der optimalen Menge x^* vorschreiben. Alternativ kann auch der Absatzpreis des Monopolisten auf p^* beschränkt werden, also auf den Preis, der sich bei Mengenanpasserverhalten ergäbe. Solange die Grenzzahlungsbereitschaft der Haushalte diesen Preis übersteigt, d.h. bis zur Menge x^*, verläuft die für den Monopolisten relevante Preis-Absatz-Funktion damit horizontal wie für einen Mengenanpasser: Der Preis verändert sich nicht mehr in Abhängigkeit von der verkauften Menge und ist daher gleich dem Grenzerlös. Entsprechend wird sich der Monopolist dann auch wie ein Mengenanpasser verhalten und die optimale Menge produzieren.

Problematisch an der Monopolregulierung ist, daß sie hohe Anforderungen an die Informationen stellt, über die der Staat verfügen muß: Er muß sowohl die Preis-Absatz-Funktion als auch die Kostenfunktion des Monopolisten kennen, um die Preis-Mengen-Kombination vorschreiben zu können, die sich bei vollkommener Konkurrenz wie von selbst am Markt ergeben würde.

e) Besonderheiten des natürlichen Monopols

Ein **natürliches Monopol** existiert, wenn auf dem betreffenden Markt die gesamte Nachfrage im Bereich sinkender Durchschnittskosten durch ein Unternehmen abgedeckt werden kann. Es ist daher kostengünstiger, die gesamte nachgefragte Menge in einem Unternehmen zu produzieren als in mehreren.

Ein natürliches Monopol liegt bei allen Technologien mit **steigenden Skalenerträgen** vor. Definitionsgemäß sinken hier die Durchschnittskosten mit zunehmender Ausbringungsmenge. Das ist vor allem dann der Fall, wenn die Produktion mit **hohen Fixkosten** verbunden ist. So ist beispielsweise für den Bahnverkehr ein in Herstellung und Unterhalt sehr teures Schienennetz notwendig. Je weniger Leute mit dem Zug fahren, desto mehr treibt dieser Fixkostenblock die durchschnittlichen Kosten einer Fahrt in die Höhe. Es läßt sich leicht ausmalen, wie teuer sie wäre, wenn mehrere Konkurrenzunternehmen ihre eigenen Bahnlinien auf eigenen Streckennetzen betrieben.

Ein Markt mit einer solchen Technologie tendiert von selbst zum Monopol. Eine Situation mit mehreren Anbietern, die sich den Markt teilen, ist nicht stabil: Weitet einer der Anbieter seine Menge aus, so kann er aufgrund seiner gesunkenen Durchschnittskosten auch den Preis senken und seine Konkurrenten verdrängen. Auch wenn diese den Preiskampf zunächst aufnehmen, wird sich letztendlich im **Verdrängungswettbewerb** ein einziger Unternehmer durchsetzen, der den gesamten Markt zu Durchschnittskosten versorgt, die bei Marktteilung nicht möglich wären.

Zudem würde sich eine Marktteilnahme bei Preissetzung entsprechend den Grenzkosten gar nicht lohnen. Bei fallenden Durchschnittskosten liegen die Durchschnittskosten immer über den Grenzkosten. Wenn der Preis den Grenzkosten entspricht, macht der Anbieter dann zwangsläufig Verluste. Ein Monopolist kann hingegen einen Preis verlangen, der über seinen Grenzkosten liegt und damit einen Gewinn realisieren, sofern die Fixkosten nicht allzu hoch sind. Andernfalls würde der Markt überhaupt nicht versorgt.

Das natürliche Monopol ist in Abbildung 5 dargestellt. Der Monopolist produziert in C und erzielt einen Gewinn in Höhe von BCED. Ein Angebot gemäß der Outputregel für Mengenanpasser, also die Menge x^* zum Preis I, würde hingegen zu einem Verlust von GHJI führen. Dennoch wäre die Menge x^* optimal: Sie maximiert die gesamte auf diesem Markt entstehende Rente, die aus der Fläche zwischen der Preis-Absatz-Funktion und der Grenzkostenfunktion besteht. Gegenüber dem Monopol wächst bei x^* die Gesamtrente um die schraffierte Fläche. Wie oben festgestellt wurde, fallen bei Verkauf der effizienten Angebotsmenge zum Preis I aber Verluste an. Daraus läßt sich folgern, daß Verluste eine notwendige, wenn auch nicht hinreichende Bedingung für die effiziente Versorgung auf solch einem Markt sind. Eine weitere notwendige Bedingung ist, daß die entstehenden Renten mindestens so hoch sind wie die Fixkosten: Andernfalls ist es effizient, auf diesem Markt überhaupt nichts anzubieten.

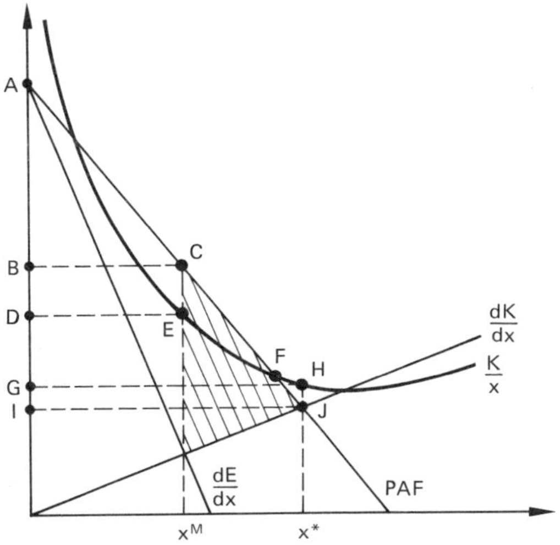

Abb. 5: *Das natürliche Monopol*

Bei einem natürlichen Monopol lassen sich die **Politikempfehlungen** von weiter oben nicht so einfach übernehmen. Die Möglichkeit, Monopolmacht durch Konkurrenz zu beschränken, scheidet naturgemäß aus. Dem Monopolisten eine Preissetzung in Höhe seiner Grenzkosten vorzuschreiben, würde ihm Verluste aufbürden. Es wird statt dessen oft vorgeschlagen, den Monopolisten zu der größtmöglichen Produktionsmenge zu verpflichten, bei der er gerade keinen Verlust macht. In Abbildung 5 müßte er also die Preis-Mengen-Kombination F wählen, in der die Durchschnittskostenkurve die Nachfragekurve schneidet. Optimal ist diese Menge freilich nicht: Bis zum Punkt J übersteigen ja die Grenzzahlungsbereitschaften die Grenzkosten. Eine bessere Lösung wäre es daher, gleich die Produktion von x^* vorzuschreiben und den Produzenten in Höhe seiner Verluste zu kompensieren. Alternativ könnte auch das Gut x entsprechend subventioniert werden, so daß der Grenzerlös steigt und das Marginalkalkül dazu führt, daß die Menge x^* zum Grenzkostenpreis angeboten wird.

2. Monopolistische Konkurrenz

Die Marktform der monopolistischen Konkurrenz ist eine Zwischenform zwischen Monopol und vollständiger Konkurrenz; sie ist auch als **unvollständiger Wettbewerb** bekannt. Diese Marktform ist in der Realität häufig anzutreffen: Zwar existieren oft viele Anbieter für ein Gut, dafür sind Güter aber selten homogen. Konsumenten haben sachliche, räumliche oder zeitliche Präferenzen für verschiedene Güter. So unterscheiden sich zum Beispiel die Produkte verschiedener Bäcker durchaus im Geschmack, zudem spielt der Standort für den Kunden eine wichtige Rolle, wenn er sein Frühstück einkauft.

Was bedeutet das für den einzelnen Bäcker? Seine Produkte an seinem Ort bietet nur er an. Entsprechend ist er nicht ein atomistischer Marktteilnehmer, sondern hat ein (beschränktes) Monopol auf sein Gut. Beschränkt ist das Monopol dadurch, daß der Käufer eben durchaus Ausweichmöglichkeiten hat, wenn ihm der Preis zu hoch ist. Zur Betrachtung dieser Marktkonstellation gibt es zwei verschiedene Modelle, die auf Chamberlin[2] und Gutenberg[3] zurückgehen. In beiden Modellen wird angenommen, daß die anderen Wettbewerber nicht auf die Preissetzung des betrachteten Unternehmens reagieren. Herrscht hingegen strategischer Wettbewerb zwischen den Konkurrenten, so liegt die Marktform des Oligopols vor.

a) Die Chamberlinsche Tangentiallösung

Die Preisbildung bei monopolistischer Konkurrenz gleicht der im Monopol: Jeder Unternehmer hat eine **fallende Preis-Absatz-Kurve,** aus der er entsprechend der Outputregel für Monopolisten die für ihn beste Preis-Mengen-Kombination auswählt. Der Grenzerlös wird also gleich den Grenzkosten gesetzt.

Unerläßlich für die folgende Analyse ist die **langfristige Existenz eines fixen Faktors.** Es handelt sich dabei um einen Input, der nur in einer bestimmten Mindestgröße eingesetzt werden kann. Als Beispiel dafür wird meistens der sogenannte dispositive Faktor genannt, in anderen Worten also die Firmenleitung, für die mindestens eine Person zuständig sein muß. Die Durchschnittskostenkurve ist somit auch langfristig u-förmig.

Die kurzfristige Gewinnmaximierung eines Unternehmens bei monopolistischer Konkurrenz ist in Abbildung 6 dargestellt. Der Cournot'sche Punkt gibt wie üblich

[2] Edward Hastings Chamberlin (1899–1967)
[3] Erich Gutenberg (1897–1984)

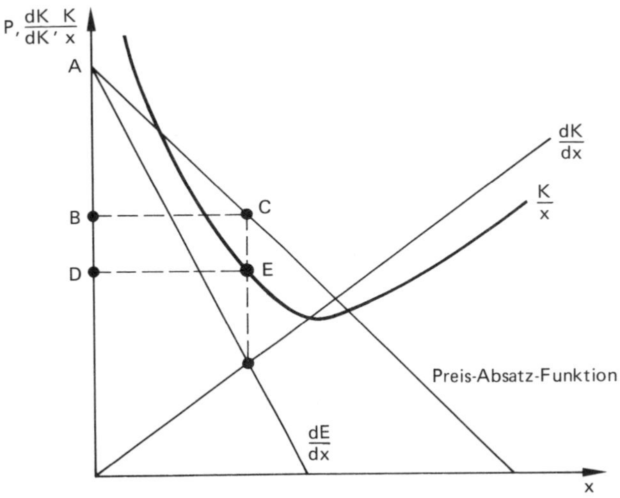

Abb. 6: Kurzfristige Gewinnmaximierung bei monopolistischer Konkurrenz

die gewinnmaximale Preis-Mengen-Kombination an. Es entsteht ein Gewinn in Höhe des Vierecks BCED.

Diese Situation kann aber langfristig kein Gleichgewicht sein, wenn, wie hier unterstellt ist, keine Marktzugangsschranken existieren. Wenn auf diesem Markt Gewinne gemacht werden, so besteht ein Anreiz für weitere Unternehmen, in den Wettbewerb einzutreten – ähnlich wie bei vollkommener Konkurrenz. Nur treten hier Betriebe in den Wettbewerb ein, die **ähnliche Güter** produzieren.

Das hat für das betrachtete Unternehmen zur Folge, daß sich seine Grenzerlöskurve und die Preis-Absatz-Funktion verändern. Die Preis-Absatz-Funktion wird flacher bzw. elastischer; sie nähert sich somit der bei vollkommener Konkurrenz an. Das läßt sich dahingehend interpretieren, daß Verbraucher bei einer hohen Zahl von Alternativangeboten sensibler auf Preisänderungen reagieren. Vollkommen horizontal wird die Nachfragekurve allerdings nie, denn keines der Konkurrenzprodukte ist mit dem betrachteten Gut identisch: Es bestehen weiterhin Präferenzen für genau dieses Gut. Deshalb laufen die Kunden bei einer marginalen Preiserhöhung nicht geschlossen zur Konkurrenz über – genauso wenig kaufen sämtliche bisherigen Kunden der Wettbewerber bei einer geringfügigen Preissenkung bei dem hier betrachteten Unternehmen. Die geänderte Preis-Absatz-Funktion liegt unter der ursprünglichen. Das liegt daran, daß die neu hinzugekommenen Konkurrenten den bei jeder Menge erzielbaren Preis nach unten drücken.

Ein langfristiges Gleichgewicht ist erst dann erreicht, wenn kein Anreiz zum Markteintritt mehr existiert, der Gewinn also abgesehen von einer Unternehmerentlohnung gleich Null ist. Dies entspricht dem Ergebnis bei vollkommener Konkurrenz.

Es besteht aber ein wichtiger Unterschied zum Marktgleichgewicht bei vollkommener Konkurrenz. Abbildung 7 zeigt das langfristige Gleichgewicht bei monopolistischer Konkurrenz, die sogenannte **Chamberlinsche Tangentiallösung** (Punkt C). Durch den unvollkommenen Wettbewerb ist der monopolistische Charakter nicht ganz verschwunden, was man daran sieht, daß die Preis-Absatz-Funktion immer noch fallend verläuft. Der Grenzerlös weicht also nach wie vor vom Preis des Gutes ab. Die gewinnmaximale Menge bestimmt sich daher wie üblich durch den Schnittpunkt von Grenzerlös und Grenzkosten, der Preis durch den darüberliegenden Punkt auf der Preis-Absatz-Funktion. Da aber im langfristigen Gleichgewicht die Gewinne auf Null geschrumpft sind, muß der Preis den Stückkosten entsprechen. Das ist nur möglich, wenn C ein **Tangentialpunkt von Durchschnittskosten- und Nachfragekurve** ist.

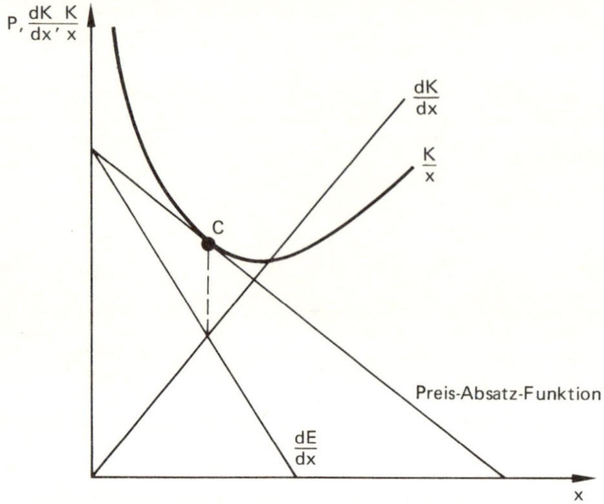

Abb. *7: Langfristiges Gleichgewicht bei monopolistischer Konkurrenz*

Offensichtlich erfolgt die Produktion bei monopolistischer Konkurrenz **nicht zu minimalen Kosten.** Wenn C ein Tangentialpunkt der langfristigen Stückkostenfunktion mit der fallenden Preis-Absatz-Funktion ist, dann müssen die langfristigen Stückkosten ebenfalls fallen, es wird also nicht im Minimum der Stückkostenkurve produziert (weder der kurz- noch der langfristigen). Das bedeutet, daß Überkapazitäten existieren; das Gut könnte bei Ausnutzung dieser freien Kapazitäten billiger produziert werden.

Dem steht allerdings gegenüber, daß der Haushalt aus einer Palette differenzierter Güter auswählen kann. Statt eines homogenen, standardisierten Produkts wie bei vollkommener Konkurrenz wird ihm eine **Vielfalt** verschiedener Varianten angeboten, unter denen er wählen kann. Da dies durchaus wohlfahrtssteigernd wirkt, sind die Wohlfahrtswirkungen monopolistischer Konkurrenz keineswegs eindeutig zu beurteilen.

b) Der Ansatz von Gutenberg

Das Besondere am Ansatz von Gutenberg ist, daß er von einer **doppelt geknickten Nachfragekurve** ausgeht. So hat der Anbieter aufgrund der Präferenzen für sein Gut einen gewissen Preisspielraum, innerhalb dessen die Nachfrage relativ preisunelastisch ist: Dieser Abschnitt der Preis-Absatz-Funktion wird auch als monopolistischer Bereich bezeichnet. Am Rande dieses Intervalls hat die Preis-Absatz-Funktion jeweils einen Knick: sie wird flacher bzw. elastischer. Inhaltlich bedeutet das: Überschreitet der Anbieter den oberen Grenzpreis, so verliert er viele Kunden an die Konkurrenz; unterschreitet er den unteren, so zieht er sehr stark Nachfrage von der Konkurrenz auf sich. Die Gutenbergsche Lösung ist in Abbildung 8 dargestellt.

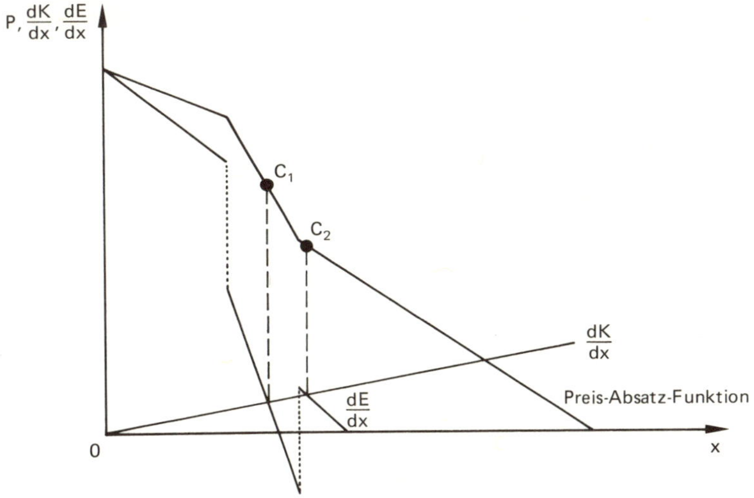

Abb. 8: Die doppelt geknickte Nachfragekurve nach Gutenberg

Wie man in der Abbildung sieht, springt die Grenzerlösfunktion an den Knickstellen: am oberen Knick fällt der Grenzerlös schlagartig, am unteren erhöht er sich plötzlich wieder. Das Unternehmen optimiert wie üblich nach der Outputregel „Grenzerlös = Grenzkosten". Je nach Verlauf der Kostenfunktion ist es durch diese Sprünge in der Grenzerlösfunktion allerdings möglich, daß zwei Schnittpunkte von Grenzerlös und Grenzkosten existieren. So sind sowohl C_1 als auch C_2 in Abbildung 8 lokale Gewinnmaxima. In solch einem Fall muß der Unternehmer für beide Mengen den jeweiligen Gewinn berechnen und die Preis-Mengen-Kombination mit dem höheren Gewinn auswählen; sie liegt meistens im monopolistischen Bereich.

3. Das Oligopol

Bei den bisher betrachteten Marktformen gab es keine strategischen Interaktionen. In der **Oligopoltheorie** spielen sie hingegen eine wichtige Rolle: Der optimale Produktionsplan eines Unternehmens hängt entscheidend von den Handlungen seiner Konkurrenzunternehmen ab. Definiert ist das Oligopol als eine Marktform, in der auf einige wenige Anbieter jeweils ein nicht unbedeutender Teil des Gesamtangebots entfällt. Jeder dieser Anbieter ist also wichtig genug, den Preis zu beeinflussen.

Wegen dieser strategischen Interaktion existieren im Unterschied zum Monopol oder zur monopolistischen Konkurrenz keine einfachen Entscheidungsregeln zur Gewinnmaximierung. Der Preis, den ein Unternehmer erzielen kann, wird durch die gesamte auf diesem Markt angebotene Menge bzw. durch die Preissetzung seiner Konkurrenten bestimmt. Entsprechend muß er sich Erwartungen über das Verhalten der Konkurrenten bilden und seine Produktion demgemäß optimieren: Nimmt beispielsweise Unternehmer i an, daß sein Konkurrent die Menge x_j produziert, so kann er für jede eigene Angebotsmenge den Marktpreis berechnen; entsprechend diesem Preis bestimmt er seinen eigenen gewinnmaximalen Output x_i. Die optimale Entscheidung des Wettbewerbers ist aber nicht unabhängig von x_i. Es ist gut möglich, daß dieser nun seine Mengenentscheidung revidiert und eine geringere oder auch größere

Menge als die von i erwartete anbietet. Dies hat wiederum Rückwirkungen auf die gewinnmaximale Produktion des Unternehmers i usw.

Anders als auf den zuvor behandelten Märkten sind im Oligopol verschiedene Verhaltensweisen der Produzenten denkbar, die allesamt plausibel sind, aber zu unterschiedlichen Ergebnissen führen: So können die Unternehmen entweder wie oben skizziert über die Menge oder über den Preis konkurrieren; sie können ihre Entscheidungen gleichzeitig oder nacheinander treffen. Als Technik zur Analyse solcher strategischer Entscheidungen bietet sich die Spieltheorie an. Im folgenden werden einige einfache spieltheoretische Konzepte verwendet, mit deren Hilfe die Ausbringungsmengen und Preise im Oligopol bestimmt werden können. Drei der wichtigsten Oligopolmodelle – das **Cournot-Modell,** das **Stackelberg-Modell**[4] und das **Bertrand-Modell**[5] – sollen hier vorgestellt werden; außerdem soll untersucht werden, zu welchen Ergebnissen Kooperation **(Kollusion)** der Unternehmen führt und ob sie stabil sein kann. Der Einfachheit halber wird nur ein Oligopol mit zwei Unternehmen, ein sogenanntes **Duopol** oder **Dyopol,** betrachtet. Die qualitativen Ergebnisse gelten auch für Märkte mit mehr Unternehmen, die formal, vor allem aber graphisch komplizierter darzustellen wären. Ebenso soll nur das **homogene (vollkommene) Oligopol** betrachtet werden.

a) Das Cournot-Modell

Aktionsparameter der Unternehmen im Cournot-Modell sind die **Ausbringungsmengen.** In einem Ein-Perioden-Spiel stehen sich zwei oder mehr Unternehmen gegenüber, die gleichzeitig über ihre Produktionsmengen entscheiden. Der Preis und damit der Gewinn jedes Produzenten ergibt sich aus der gesamten auf diesem Markt angebotenen Menge. Nach **Cournots Verhaltenshypothese** nimmt jeder der Unternehmer an, daß seine Entscheidung keine Reaktion bei den Konkurrenten hervorruft, d.h. daß sie bei den angebotenen Mengen bleiben, egal, was er selbst tut.

Unternehmen 1 maximiert also seinen Gewinn bei gegebener (prognostizierter) Outputmenge von Unternehmen 2; Unternehmen 2 tut dasselbe bei gegebener Menge von Unternehmen 1. Ein Gleichgewicht besteht dann, wenn jeder der beiden Produzenten seine Erwartungen über die Menge des anderen bestätigt findet. Im Gleichgewicht hat jedes Unternehmen die optimale Menge gewählt, die, gegeben das Verhalten des Konkurrenten, den Gewinn maximiert. Keiner der Konkurrenten hat einen Anreiz, von diesem Gleichgewicht abzuweichen. Cournot stellte sich dieses Gleichgewicht ursprünglich als Ergebnis eines langwierigen Anpassungsprozesses vor, in dem Unternehmen von Periode zu Periode ihre Entscheidungen revidieren, wenn die Prognose über die Ausbringung des Konkurrenten nicht zutraf. Die moderne **Spieltheorie** erspart uns diesen Anpassungsprozeß: Man geht davon aus, daß die Unternehmen das Gleichgewicht von vorneherein prognostizieren können und daher sofort die gleichgewichtige Menge wählen.

Ein solches Gleichgewicht wird allgemein als **Nash-Gleichgewicht** bezeichnet: Ein Nash-Gleichgewicht besteht, wenn die Strategien (Handlungen) der Spieler (Akteure) jeweils die besten Antworten auf die Strategien der anderen Spieler sind. Die Entscheidung von Unternehmen 1 ist also optimal gegeben die Entscheidung von Unter-

---

[4] nach Heinrich von Stackelberg (1905–1946)

[5] nach dem französischen Mathematiker Joseph Louis François Bertrand (1822–1900)

nehmen 2 **und** die Entscheidung von Unternehmen 2 ist optimal gegeben die Entscheidung von Unternehmen 1.

Da Nash-Gleichgewichte im Verlauf dieses Kapitels noch häufiger eine Rolle spielen werden, seien sie noch etwas ausführlicher anhand eines einfachen Beispiels erläutert. Zwei Oligopolisten können jeweils eine Entscheidung zwischen nur zwei Alternativen fällen, beispielsweise zwischen zwei verschieden großen Ausbringungsmengen des Gutes x. Die Strategie j des Spielers i sei mit s_{ij} bezeichnet; j, i = 1,2. Strategie 1 bedeutet eine große Menge, Strategie 2 eine kleine. s_{11} ist somit die Strategie des ersten Unternehmers, viel zu produzieren, s_{12} die Entscheidung desselben Unternehmers, wenig zu produzieren.

Der auf dem Markt für x herrschende Preis und damit der Gewinn der beiden Unternehmer hängt von der gesamten produzierten Menge ab. Für jede Kombination der Strategien der beiden Oligopolisten lassen sich deren **Auszahlungen** berechnen: Die Auszahlung ist der Nutzen, den ein Spieler aus einer Strategiekombination zieht, im Falle von Unternehmen also einfach der Gewinn. Das beschriebene Spiel läßt sich in **strategischer Form** (bzw. **Normal-** oder **Matrixform**) darstellen. In den Zellen der Matrix sind die Auszahlungen beider Spieler für die jeweilige Strategiekombination angegeben. Die Zahl vor dem Komma ist jeweils die Auszahlung von Spieler 1, die nach dem Komma die Auszahlung von Spieler 2.

		Spieler 2	
		s_{21}	s_{22}
Spieler 1	s_{11}	0,0	3,1
	s_{12}	1,3	2,2

Tab. 1: *Oligopolspiel in strategischer Form*

Jede einzelne Strategiekombination läßt sich nun anhand der Matrix daraufhin überprüfen, ob sie ein Nash-Gleichgewicht ist. Die Kombination s_{11}, s_{21} ist offensichtlich keines: Gegeben, daß Spieler 1 seine erste Strategie und damit die obere Zeile wählt, würde Spieler 2 seine zweite Strategie, also die rechte Spalte mit einer Auszahlung von 1 vorziehen; ebenso wäre Spieler 1 wenig geneigt, seine Wahl von Strategie 1 aufrechtzuerhalten, wenn er wüßte, daß auch Spieler 2 Strategie 1 eingeschlagen hat. s_{11}, s_{22} ist hingegen ein Nash-Gleichgewicht: Da Spieler 2 die rechte Spalte gewählt hat, kann Spieler 1 mit seiner ersten Strategie eine Auszahlung von 3 erhalten, mit seiner zweiten Strategie bekäme er nur 2. Doch auch Spieler 2 möchte von diesem Gleichgewicht nicht abweichen. Er erhält zwar nur eine Auszahlung von 1. Da sich aber Spieler 1 auf die erste Zeile festgelegt hat, kann er nur zwischen den oberen beiden Zellen wählen. Somit ist die rechte mit einer Auszahlung von 1 der linken mit einer Auszahlung von 0 vorzuziehen.

Überprüft man die beiden unteren Zellen, so erkennt man, daß auch die Kombination s_{12}, s_{21} ein Nash-Gleichgewicht darstellt, s_{12}, s_{22} hingegen keines. Im vorliegenden Spiel existieren also zwei Nash-Gleichgewichte, in denen jeweils der eine Konkurrent viel produziert und der andere wenig.

Im folgenden sollen die Oligopolisten nicht nur zwischen zwei diskreten Produktionsmengen wählen dürfen, sondern die Möglichkeit haben, ihre Menge beliebig stetig zu variieren. Das dabei abgeleitete Gleichgewicht im Mengenwettbewerb zweier oder mehrerer Oligopolisten wird als **Cournot-Nash-Gleichgewicht** bezeichnet.

Im Dyopol sehen sich die beiden Unternehmen einer gemeinsamen Preis-Absatz-Funktion gegenüber, die für den Beispielfall wieder als linear angenommen wird:

(1) $p = f(x);\ x = x_1 + x_2$ **Preis-Absatz-Funktion** $p = a - b \cdot (x_1 + x_2)$

Unternehmen 1 maximiert seine Gewinnfunktion, die wegen der Preis-Absatz-Funktion auch vom erwarteten Output des Konkurrenten x_2 abhängt; es seien konstante, in beiden Unternehmen gleich hohe Grenzkosten unterstellt.

(2) $G_1 = p(x)x_1 - K_1(x_1)$ **Gewinnfunktion** $G_1 = [a - b \cdot (x_1 + x_2)]x_1 - cx_1$

Die Optimierung erfolgt analog dem Monopol durch Ableiten der Gewinnfunktion nach x_1:

(3) $$\frac{\partial G_1}{\partial x_1} = p(x) + \frac{\partial p}{\partial x}\frac{\partial x}{\partial x_1}x_1 - \frac{dK_1}{dx_1} = 0 \qquad \frac{\partial G_1}{\partial x_1} = a - 2bx_1 - bx_2 - c = 0$$

$$p(x) + \frac{\partial p}{\partial x}x_1 = \frac{dK_1}{dx_1} \qquad a - 2bx_1 - bx_2 = c$$

Da Cournot-Verhalten unterstellt wurde, wird x_2 als gegeben betrachtet; die Gesamtmenge x nimmt in der Vorstellung des Produzenten im gleichen Maße zu wie die von ihm angebotene Menge x_1: $\partial x/\partial x_1 = 1$. Im Optimum muß der Grenzerlös seinen Grenzkosten gleich sein. Die entsprechende Optimalbedingung gilt für Unternehmen 2:

(4) $$p(x_1 + x_2) + \frac{\partial p}{\partial x_2}x_2 = \frac{dK_2}{dx_2} \qquad a - 2bx_2 - bx_1 = c$$

Die optimale Outputmenge von Unternehmen 1 nimmt mit steigendem x_2 ab, ebenso fällt die optimale Outputmenge des Unternehmens 2 mit zunehmendem x_1.

Diese Beziehungen zwischen den Outputmengen der beiden Unternehmen werden als **Reaktionsfunktionen** bezeichnet. Explizit erhält man sie durch Umstellen der Optimalbedingungen:

(5) $x_1 = f_1(x_2)$ **Reaktionsfunktionen** $$x_1 = \frac{a-c}{2b} - \frac{x_2}{2}$$

(6) $x_2 = f_2(x_1)$ $$x_2 = \frac{a-c}{2b} - \frac{x_1}{2}$$

Die Reaktionsfunktion eines Unternehmens gibt für jede Ausbringungsmenge des Konkurrenten die optimale eigene Ausbringungsmenge an. Im Cournot-Nash-Gleichgewicht muß x_1^* die beste Reaktion auf x_2^* sein, x_2^* die beste Antwort auf x_1^*. Nur dann sind die Reaktionen wechselseitig am besten, kein Unternehmen kann seinen Gewinn mehr durch die Wahl einer anderen Menge erhöhen.

(7) $x_1^* = f_1(x_2^*)$ $$x_1^* = \frac{a-c}{2b} - \frac{x_2^*}{2}$$

Bedingungen für ein Cournot-Nash-Gleichgewicht

$x_2^* = f_2(x_1^*)$ $$x_2^* = \frac{a-c}{2b} - \frac{x_1^*}{2}$$

Die gleichgewichtige Menge x_1^* erhält man durch Einsetzen:

$$x_1^* = \frac{a-c}{3b}$$

x_2^* errechnet sich allgemein durch Einsetzen des Wertes für x_1^* in die Reaktionsfunktion von Unternehmen 2. Haben beide Unternehmen identische Kostenfunktionen, so lassen sich die optimalen Ausbringungsmengen noch einfacher bestimmen: Sind die Gewinnfunktionen der Unternehmen identisch, so muß auch die optimale Ausbringungsmenge für beide Unternehmen gleich sein. Dies kann man sich zunutze machen, indem man in der Reaktionsfunktion des Unternehmens 1 x_2 durch x_1 ersetzt und damit die optimale Produktionsmenge ausrechnet; x_2^* muß in diesem Fall genauso groß sein. Für unser Beispiel hätte man also auch mit folgendem Ansatz die gleichgewichtigen Mengen berechnen können:

$$x_1^* = \frac{a-c}{2b} - \frac{x_1^*}{2}$$

Wegen der Symmetrie produziert auch Unternehmen 2 die Menge $(a-c)/3b$; die gesamte Produktionsmenge beträgt somit $2(a-c)/3b$. Der Preis auf diesem Markt errechnet sich aus der Preis-Absatz-Funktion; in unserem Beispiel ist er $1/3\,a + 2/3\,c$.

Graphisch ist das Cournot-Nash-Gleichgewicht der **Schnittpunkt der beiden Reaktionsfunktionen** im x_1-, x_2-Diagramm. Die Reaktionsfunktionen werden folgendermaßen konstruiert: Für jedes Unternehmen lassen sich Isogewinnlinien im x_1-, x_2-Diagramm ermitteln. Grundsätzlich gilt: eine höhere Menge des Konkurrenzoutputs senkt den eigenen Gewinn, da der Preis fällt. Betrachten wir nun die Isogewinnlinien von Unternehmen 1 in Abbildung 9. Entsprechend dem oben berechneten Beispiel würde dieses Unternehmen (a–c)/2b produzieren, wenn die Menge des anderen Unternehmens 0 wäre (Punkt C). Damit würde der maximal mögliche Gewinn erzielt, das Unternehmen 1 verhielte sich wie ein Monopolist. Dieser Punkt ist daher die höchste für Unternehmen 1 erreichbare Isogewinnlinie. Geht man nun beispielsweise von Punkt A weiter links auf der x_1-Achse aus, so bedeutet diese Menge einen niedrigeren Gewinn G_1 für den Unternehmer. Der Grenzerlös übersteigt noch die Grenzkosten: Er könnte seinen Gewinn steigern, wenn er seine produzierte Menge bis zur Monopolmenge ausweiten würde, sich also in der Graphik nach rechts bewegen würde. Bewegt man sich dagegen auf der Isogewinnlinie G_1; so wird diese Gewinnsteigerung dadurch kompensiert, daß der Konkurrent seinerseits mehr produziert und damit den Gewinn des Unternehmens 1 wieder auf das Niveau G_1 drückt.

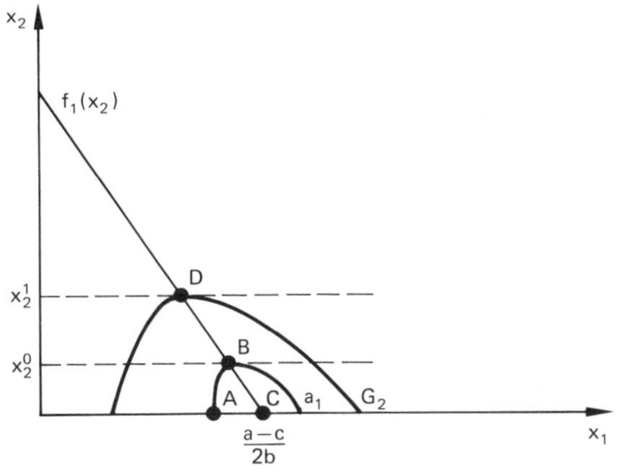

Abb. 9: *Reaktionsfunktion des Unternehmens 1*

Bewegt man sich nun weiter auf der Isogewinnlinie G_1 nach rechts, so sinkt der Grenzerlös des Unternehmens: Sowohl seine eigene Mehrproduktion als auch die des Konkurrenten drücken auf den Preis. Da nun auch der Konkurrent positive Mengen produziert, ist die Optimalbedingung Grenzkosten = Grenzerlös für Unternehmen 1 schon erreicht, wenn es weniger als seine Monopolmenge herstellt. In diesem Punkt (B) ist die Steigung der Isogewinnlinie 0. Produziert Unternehmen 1 eine noch größere Menge, so schrumpft sein Gewinn nur dann nicht, wenn das andere Unternehmen seinerseits weniger produziert: Die Isogewinnlinie fällt demnach rechts von B wieder.

Für jedes gegebene Produktionsniveau des Konkurrenten maximiert das Unternehmen so, daß es auf die beste, also auf die niedrigstmögliche Isogewinnlinie kommt. Da die Outputmenge des Konkurrenten als gegeben betrachtet wird und daher als Parallele zur Abszisse abgetragen werden kann, bedeutet das, daß Unternehmen 1 jeweils den Tangentialpunkt dieser Geraden mit einer Isogewinnlinie wählt. In Abbildung 9 sind B und D solche Tangentialpunkte für die Produktionsniveaus x_2^0 und x_2^1. Die Verbindung sämtlicher Tangentialpunkte für alle möglichen Produktionsniveaus von Unternehmen 2 ergibt die Reaktionsfunktion von Unternehmen 1.

Entsprechend wird die Reaktionsfunktion von Unternehmen 2 konstruiert. Im Schnittpunkt beider Funktionen liegt das Cournot-Nash-Gleichgewicht, in Abbildung 10 mit CN bezeichnet.

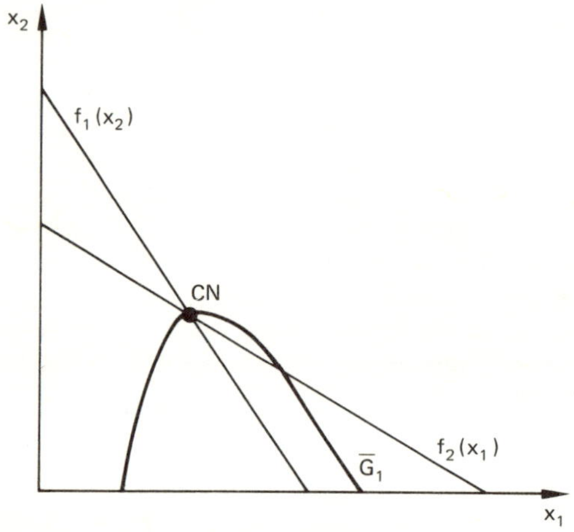

Abb. 10: Das Cournot-Nash-Gleichgewicht

b) Das Stackelberg-Modell

Im Cournot-Nash-Gleichgewicht wird unterstellt, daß beide Unternehmen gleichzeitig und unabhängig voneinander ihre Outputentscheidungen treffen. Ein Unternehmen könnte sich jedoch besserstellen, wenn es ihm gelänge, seine Menge zuerst festzulegen. Mit der sogenannten **Mengenführerschaft** beschäftigte sich 1934 Heinrich von Stackelberg in seinem Werk „Marktform und Gleichgewicht". Wie Stackelberg zeigte, kann sich der Marktführer durch „Stackelbergverhalten" einen Vorteil schaffen, indem er dem Konkurrenten ein ungünstiges Gleichgewicht aufzwingt. Als Mengenführer kann man sich vor allem ein Unternehmen vorstellen, das auf seinem Markt eine dominante Position einnimmt, beispielsweise IBM bei Großrechnern.

Im Stackelberg-Modell ist es dem führenden Unternehmen möglich, als erstes seine Produktionsentscheidung zu treffen; das andere Unternehmen reagiert im zweiten

Schritt auf diese Entscheidung gemäß seiner Reaktionsfunktion. Unternehmen 1 sei von nun an der **Stackelberg-Führer.**

Die Lösung eines solchen mehrstufigen Spiels erfolgt, indem man es von hinten aufrollt: Zunächst wird die Reaktionsfunktion von Unternehmen 2 berechnet, dann wird sie in die Gewinnfunktion des ersten Unternehmers eingesetzt, der in Kenntnis dieser Reaktionsfunktion seines Gewinn maximiert.

Die Reaktionsfunktion von Unternehmen 2 ist somit eine Nebenbedingung für Unternehmen 1; es wählt von allen möglichen Kombinationen auf der Reaktionsfunktion $f_2(x_1)$ die für sich optimale aus. Das kann nicht die Cournot-Nash-Lösung sein: Man sieht in Abbildung 10, daß die Isogewinnlinie von Unternehmen 1 die Reaktionsfunktion des anderen Unternehmens schneidet; höhere Gewinne wären also möglich.

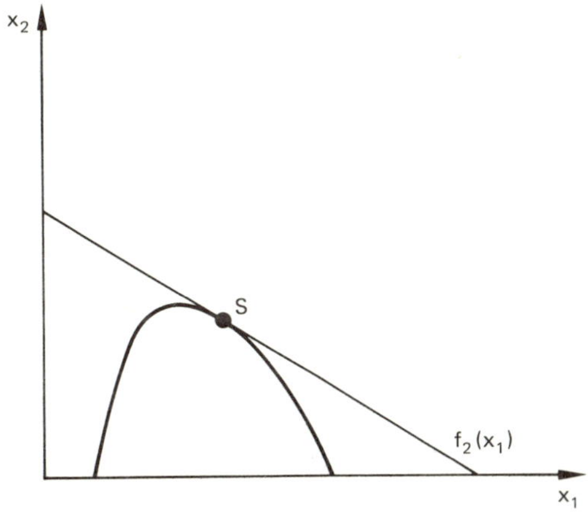

***Abb. 11:** Die Stackelberg-Lösung*

Abbildung 11 stellt die graphische Lösung des Stackelberg-Modells dar: Die für Unternehmen 1 bestmögliche Isogewinnlinie ist diejenige, die die Reaktionsfunktion von Unternehmen 2 tangiert – Unternehmen 1 weiß ja, daß Unternehmen 2 gemäß seiner Reaktionsfunktion produzieren wird; sie ist daher für ihn eine bindende Nebenbedingung. Punkt S ist die Stackelberglösung. Sie berechnet sich folgendermaßen:

Das **Problem des Anpassers** unterscheidet sich nicht von dem Problem der beiden Konkurrenten im Cournot-Fall – abgesehen davon, daß der Anpasser das Outputniveau des Führers mit Sicherheit kennt. Die Berechnung der Reaktionsfunktion erfolgt deshalb analog dem Cournot-Nash-Fall.

(9) $x_2 = f_2(x_1)$ $\qquad$ $x_2 = \frac{a-c}{2b} - \frac{x_1}{2}$

Das **Problem des Marktführers:**

Er maximiert seinen Gewinn unter der Nebenbedingung der Reaktionsfunktion des Anpassers; diese Nebenbedingung kann direkt in die Gewinnfunktion eingesetzt werden:

(10) $\underset{x_1}{\text{Max}}\ G_1 = p[x_1 + f_2(x_1)] \cdot x_1 - K_1(x_1)$ $\qquad$ $G_1 = [a - b(x_1 + (a-c)/2b - x_1/2)] \cdot x_1 - cx_1$

$$= \frac{a-c}{2} x_1 - \frac{bx_1^2}{2}$$

$$(11)\quad \frac{\partial G}{\partial x_1} = \left(\frac{\partial p}{\partial x_1} + \frac{\partial p}{\partial x_2}\frac{\partial x_2}{\partial x_1}\right) x_1 + p - \frac{dK_1}{dx_1} = 0 \qquad \frac{\partial G_1}{\partial x_1} = \frac{a-c}{2} - bx_1 = 0$$

$$x_1^s = \frac{a-c}{2b}$$

Der Anpasser wählt danach seine Ausbringungsmenge gemäß der Reaktionsfunktion:

$$x_2^s = (a-c)/2b - x_1/2 = (a-c)/4b$$

Aufgrund der gewählten Funktionen produziert in diesem Beispiel der Stackelberg-Führer zufällig gerade die Monopolmenge, der Anpasser die Hälfte davon; das gilt aber natürlich nicht für alle denkbaren Preis-Absatz- und Kostenfunktionen.

Es ist keinesfalls zwingend, daß sich ein Unternehmen in die Position des Anpassers fügt. Versuchen beide, die Mengenführerschaft zu übernehmen, so entsteht zunächst ein **Stackelbergsches Ungleichgewicht;** aus ihm kann sich der **Stackelbergsche Krieg** entwickeln, dessen Ausgang unbestimmt ist.

c) Das Bertrand-Modell

Die Ergebnisse der beiden oben dargestellten Oligopolmodelle beruhen auf der Annahme, daß Unternehmen über ihre Mengenentscheidungen konkurrieren. Geht man hingegen von **Preiswettbewerb** aus, so ändern sich die Aussagen grundlegend, wie Bertrand in einer Kritik an Cournots Modell zeigte.

In einem **homogenen Oligopol** konzentriert sich die gesamte Nachfrage auf den Anbieter mit den niedrigeren Preisen: Da die Kunden zwischen den Produkten völlig indifferent sind, kaufen sie dort, wo es am billigsten ist. Nehmen wir nun an, daß zwei Duopolisten zu identischen, konstanten Grenzkosten produzieren. Unternehmen 1 setze einen Preis, der über den Grenzkosten liegt. Was ist nun die beste Strategie für Unternehmen 2? Es wird seinen Preis geringfügig niedriger festlegen, so daß es die gesamte Nachfrage auf sich zieht. In diesem Fall würde jedoch auch Unternehmen 1 von seinem ursprünglichen Preis abgehen und Unternehmen 2 marginal unterbieten. Nun würde wiederum Unternehmen 2 den Preis unter den des Konkurrenten senken. Dieser Preiskampf hat ganz offensichtlich erst dann ein Ende, wenn der Preis gleich den Grenzkosten ist: Weitere Preissenkungen würden Verluste mit sich bringen.

Wie im Cournot-Fall läßt sich dieses Ergebnis einerseits als Folge eines dynamischen Anpassungsprozesses, andererseits aber auch als **Nash-Gleichgewicht** eines einmaligen Spiels interpretieren: $p_1 = p_2 = c$ ist das einzige Paar von wechselseitig besten Antworten. Für jedes Unternehmen ist der Verkauf zum Grenzkostenpreis die beste Strategie, wenn die Konkurrenz zum selben Preis anbietet. Dabei machen alle Firmen einen Gewinn von Null. Die genaue Verteilung der Produktionsmengen ist unbestimmt.

Bemerkenswert am Bertrand-Modell ist, daß es bei gleichen und konstanten Grenzkosten aller Unternehmen ein Verhalten wie bei **vollkommener Konkurrenz** vorhersagt: Der Preis entspricht wie im Polypol den Grenzkosten; demgemäß muß auch die angebotene Menge der bei vollkommener Konkurrenz produzierten Menge gleich sein. Ein Oligopol mit Preiswettbewerb würde also unter diesen Annahmen nicht zu Wohlfahrtsverlusten führen. Die Lockerung dieser Annahmen relativiert diese Aussage allerdings: Haben beide Unternehmen zwar konstante, aber voneinander verschiedene Grenzkosten, so wird das billiger produzierende Unternehmen zu einem Preis anbieten, der marginal unter den Grenzkosten des Konkurrenten liegt und damit über den eigenen. Verläuft die Kostenfunktion nicht linear, dann existiert auf einem oligopolistischen Markt mit Bertrand-Wettbewerb überhaupt kein gleichgewichtiger Preis.

Für unseren Beispielsfall ist die Berechnung der angebotenen Menge einfach: Der Preis muß den Grenzkosten, also c entsprechen. Aus der Preis-Absatz-Funktion folgt die Menge: Insgesamt wird (a − c)/b produziert.

d) Die geknickte Preis-Absatz-Kurve

Das Konzept der geknickten Preis-Absatz-Kurve geht auf Hall/Hitch und Sweezy[6] zurück. Dem Modell liegt der Gedanke zugrunde, daß Unternehmer asymmetrische Reaktionen auf Preis- oder Mengenänderungen erwarten: Während eine Preissenkung durch ein Unternehmen Preissenkungen bei den anderen nach sich zieht, ruft eine Preiserhöhung keine Reaktionen der Wettbewerber hervor. Diese ungleichen Verhaltensweisen schlagen sich in einer geknickten (vermuteten) Preis-Absatz-Funktion nieder.

Abbildung 12 stellt das Kalkül eines Oligopolisten mit geknickter Preis-Absatz-Funktion dar. Der Punkt C gibt die gewählte Preis-Mengen-Kombination wieder. Will der Produzent den Preis senken, so muß er damit rechnen, daß seine Konkurrenten den Preis ebenfalls senken und er daher nicht allzu viel zusätzliche Nachfrage anziehen kann: unterhalb von C ist die (imaginäre) Nachfragefunktion daher unelastisch. Eine Preiserhöhung hingegen führt zu starken Nachfragereaktionen, da vermehrt Kunden zur Konkurrenz abwandern, die zu unveränderten Preisen anbietet.

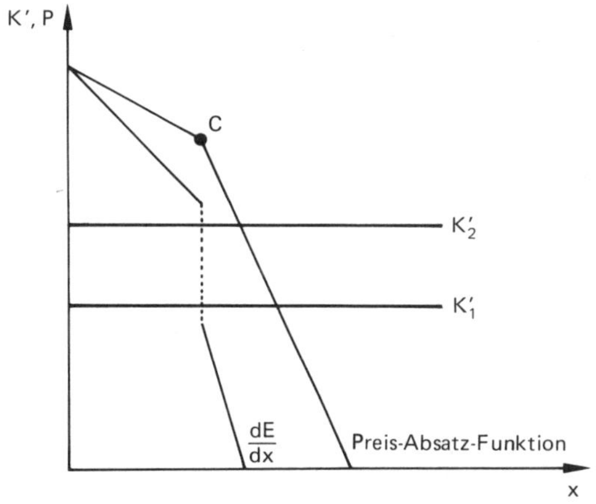

Abb. 12: Die geknickte Preis-Absatz-Funktion

Das Modell der geknickten Nachfragefunktion ist nicht dazu geeignet oder auch nur gedacht, Marktergebnisse zu prognostizieren. Der aktuell herrschende Preis, der die Lage des Knicks bestimmt, fällt gewissermaßen vom Himmel; das Modellgleichgewicht wird nicht endogen bestimmt. Tatsächlich ist unter den getroffenen Annahmen eine Vielzahl von Gleichgewichten möglich. Zielsetzung des Modells ist aber auch eine ganz andere: die Bewegung der Preise im Oligopol, vor allem auftretende

[6] Paul Malor Sweezy, geboren 1910, ist vor allem für seine Arbeiten zur marxistischen Theorie bekannt.

Starrheiten zu erklären. Diese folgen aus der Unstetigkeit der Grenzerlösfunktion. Wie man in Abbildung 12 sieht, springt der Grenzerlös an der Knickstelle wie in der weiter oben dargestellten Analyse monopolistischer Konkurrenz durch Gutenberg. Schneidet nun die Grenzkostenkurve die Grenzerlöskurve im Bereich der Sprungstelle, also im gestrichelten Bereich, so können Veränderungen der Grenzkostenfunktion ohne Folgen für Preis und Menge bleiben: Egal, ob K_1' oder K_2' die relevante Grenzkostenkurve ist, der Oligopolist wird die Preis-Mengen-Kombination C wählen. Eine Faktorpreiserhöhung muß also nicht notwendigerweise eine Wirkung auf den Output haben.

e) Die Kollusionslösung

Die bisher beschriebenen Verhaltensformen im Oligopol haben gemeinsam, daß die Unternehmen nicht miteinander kooperieren. Sie treffen ihre Entscheidungen ohne Absprache miteinander und ohne Rücksicht aufeinander. Aus der Sicht der Unternehmen ist solch ein nicht-kooperatives Verhalten aber nicht optimal: Keine der unter a) bis c) dargestellten Lösungen maximiert die gemeinsamen Gewinne. Daß das Bertrand-Gleichgewicht mit Preisen wie bei vollkommener Konkurrenz aus Unternehmenssicht ungünstig ist, bedarf keiner weiteren Erläuterung. Doch auch die Cournot- und die Stackelberglösung verschenken mögliche Gewinne. Das läßt sich graphisch in Abbildung 13 zeigen.

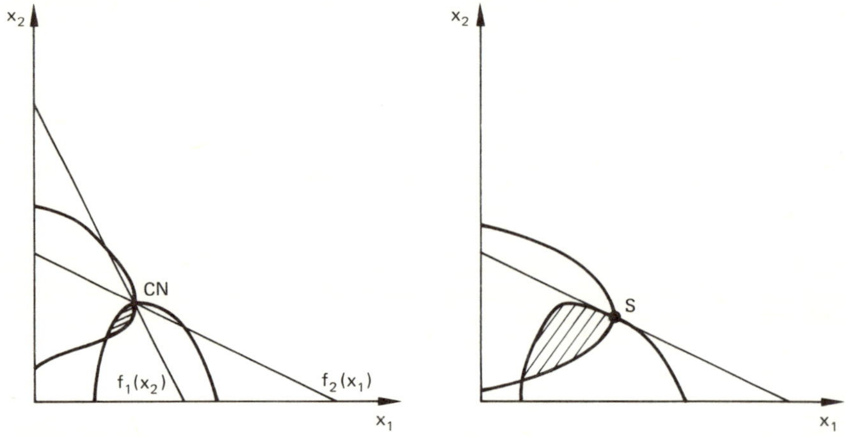

Abb. 13: a, Cournot-Nash-Gleichgewicht, b, Stackelberg-Gleichgewicht

Wie oben erläutert, sind die Reaktionsfunktionen durch die Verbindung der lokalen Maxima der Isogewinnlinien konstruiert; die Isogewinnlinien von Unternehmen 1 verlaufen auf dessen Reaktionsfunktion also gerade waagrecht, die von Unternehmen 2 auf f_2 entsprechend senkrecht. Wo sich die Reaktionsfunktionen schneiden, müssen sich daher die Isogewinnlinien der Unternehmen auch schneiden, und zwar senkrecht. Das bedeutet, daß es vom Cournot-Nash-Gleichgewicht in Abbildung 13a aus gesehen eine Vielzahl von x_1-x_2-Kombinationen gibt, die beiden Unternehmen höhere Gewinne bescheren: Sämtliche Mengenkombinationen in der schraffierten, durch die beiden Isogewinnlinien ausgeschnittenen Linse liegen auf niedrigeren und damit besseren Isogewinnlinien für beide Firmen. Ähnlich könnten sich beide auch von der Stackelberglösung S in Abbildung 13b ausgehend verbessern. Auch hier schneiden sich die Isogewinnlinien; die dadurch beschriebene Linse bietet ebenfalls Raum für Gewinnsteigerungen.

Der maximale Gesamtgewinn ergibt sich, wenn die beiden Unternehmen gemeinsam optimieren. An die Stelle des Wettbewerbs tritt somit **Kooperation (Kollusion)** der Unternehmen. Diese Kooperation kann vertraglich festgelegt sein oder einfach stillschweigend durch abgestimmtes Verhalten erfolgen („tacit collusion"). Diese letztere, heimliche Form der Kooperation ist in der Realität recht häufig. Das liegt daran, daß Kollusion gesellschaftlich unerwünscht ist: Sie reduziert den Wettbewerb, erhöht die Marktmacht der Oligopolisten und senkt damit die Gesamtwohlfahrt. Formale Kartelle wie auch Preisabsprachen und ähnliche Formen der Abstimmung sind daher in den meisten Ländern verboten.

Nun sei aber zunächst angenommen, daß die Firmen über die Möglichkeit verfügen, ihre Produktionsmengen und Preise bindend abzusprechen und die Gewinne beliebig untereinander aufzuteilen. Welche Kombination von Ausbringungsmengen werden sie wählen?

Die Entscheidungssituation des Kartells unterscheidet sich in diesem Fall nicht von der eines Monopolisten, der zwei Produktionsstätten besitzt. Maximiert wird der gemeinsame Gewinn, also der gesamte Erlös minus die gesamten Kosten:

(12) $$G = [p(x_1 + x_2)] \cdot (x_1 + x_2) - K_1(x_1) - K_2(x_2) \qquad G = [a - b(x_1 + x_2)] \cdot (x_1 + x_2) - cx_1 - cx_2$$

Ableiten und Nullsetzen ergibt die Optimalbedingung für x_1:

(13) $$\frac{\partial G}{\partial x_1} = \frac{\partial p}{\partial x_1} \cdot (x_1 + x_2) + p - \frac{dK_1}{dx_1} = 0 \qquad \frac{\partial G}{\partial x_1} = a - 2b(x_1 + x_2) - c = 0$$

$$x_1 = \frac{a-c}{2b} - x_2$$

Die Optimierung für x_2 erfolgt analog. Im Beispielsfall mit identischen, konstanten Grenzkosten ist auch die Optimalbedingung für x_2 identisch mit der für x_1; sie enthält somit keinerlei neue Informationen, anhand derer man die Mengen berechnen könnte. Das liegt daran, daß es bei dieser Kostenstruktur völlig egal ist, in welchem der beiden Betriebe produziert wird; einzige Optimalbedingung ist, daß eine bestimmte Gesamtmenge hergestellt wird, die – nicht zufällig – der Monopolmenge entspricht. Verfügen die Unternehmen hingegen über unterschiedliche Kostenstrukturen, so ist eine ganz bestimmte Kombination von x_1 und x_2 optimal: Haben etwa beide Unternehmen konstante, aber verschieden hohe Grenzkosten, so wird die gesamte (Monopol-)Menge von dem Unternehmen mit den niedrigeren Kosten hergestellt; verlaufen die Grenzkosten steigend, so müssen alle Kartellmitglieder im Optimum zu gleichen Grenzkosten produzieren, die dem gemeinsamen Grenzerlös entsprechen. Optimal ist die Kartellösung allerdings nur aus der Sicht der beteiligten Firmen; für die Gesellschaft ist sie genauso suboptimal wie das Monopol.

Da Kartelle gesellschaftlich suboptimal sind, sind sie meistens verboten. Zwar können Absprachen schwer verhindert werden, doch können Ansprüche aus gesetzeswidrigen Absprachen nicht vor Gericht eingeklagt werden. Das hat Folgen für die Stabilität von Kartellen. In Abbildung 14 ist für unser Beispiel mit konstanten, gleichen Grenzkosten die **Kartellinie** eingezeichnet, die alle möglichen Kartellösungen wiedergibt. Nehmen wir nun an, die Unternehmen hätten sich geeinigt, die Monopolmenge zu gleichen Teilen zu produzieren. Diese Aufteilung wird durch Punkt K repräsentiert.

Hat Unternehmen 1 nun einen Anreiz, die abgesprochene Menge zu produzieren? Wenn Unternehmen 2 vereinbarungsgemäß x_2^K anbietet, ist x_1^K nicht die beste Antwort darauf. Die beste Antwort ist vielmehr jene Menge, die durch die Reaktionsfunktion

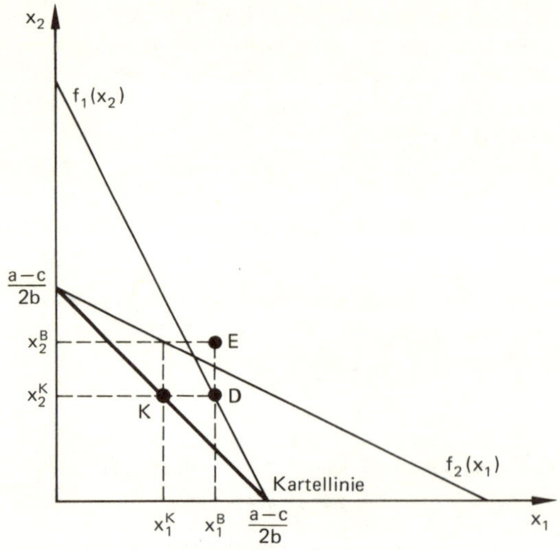

Abb. 14: Die Kollusionslösung

von Unternehmen 1 angegeben wird. Glaubt Unternehmen 1 also an die Vertragstreue des Partners, so wird es selbst den Vertrag brechen und x_1^B produzieren. Es hofft dabei, Punkt D zu erreichen. Dieselbe Argumentation läßt sich aber auch auf das andere Unternehmen anwenden: Die Kartellaufteilung liegt genausowenig auf seiner Reaktionsfunktion; es würde sich ebenfalls durch Betrug besserstellen.

Die Entscheidungssituation der Unternehmen sei noch einmal in strategischer Form dargestellt. Die Auszahlungen der Unternehmen werden anhand der im Beispiel verwendeten Gewinnfunktionen berechnet; der Einfachheit halber seien die Parameterwerte $a = 25$, $b = 1$ und $c = 1$ betrachtet. Der gesamte Strategieraum wird nun zunächst auf zwei Alternativen reduziert, d. h. es wird vorübergehend so getan, als hätten die Unternehmen nur die Möglichkeit, zwischen zwei verschiedenen Ausbringungsmengen zu entscheiden.

In den Zellen der Matrix sind die Auszahlungen beider Spieler für die jeweilige Strategiekombination angegeben. $x_i^K = 6$ ist die Strategie des Spielers i, die vereinbarte Kartellmenge zu produzieren; $x_i^B = 9$ die optimale Menge des Kartellabweichlers unter der Annahme, daß der andere Spieler sich korrekt verhält. Die Zahl vor dem Komma ist wie üblich der Gewinn von Spieler 1, die nach dem Komma der von Spieler 2.

		Spieler 2	
		x_2^K	x_2^B
Spieler 1	x_1^K	72,72	54,81
	x_1^B	81,54	54,54

Tab. 2: *Auszahlungsmatrix des Kartellspiels*

Wählt Spieler 1 nun zwischen Kooperation und Betrug, so muß er die Auszahlungen in der oberen und unteren Zeile für alle Strategien des anderen Spielers vergleichen.

Spielt Unternehmen 2 kooperativ, so macht Unternehmen 1 durch Betrug einen Gewinn von 81; hielte es sich an die Absprache, hätte es nur einen Gewinn von 72. Wenn Unternehmen 2 die Vereinbarung bricht – wir befinden uns in der rechten Spalte – ist es für Unternehmen 1 egal, welche Strategie es wählt. Betrug bringt also einmal eine höhere Auszahlung als Kooperation, im anderen Fall eine genauso hohe. Das gleiche gilt für Unternehmen 2. Man kann daher sagen, daß die Strategie x_i^B die Strategie x_i^K **schwach dominiert:** Egal, wie sich der Gegenspieler verhält, ist die Betrugsstrategie immer mindestens genauso gut wie die Kooperation.

Bemerkenswert an dieser Situation ist, daß beide Spieler höhere Auszahlungen erreichen würden, wenn sie sich an die Kartellabmachungen hielten: Die Auszahlung wäre 72 für jeden im Gegensatz zu 54 für jeden, wenn beide die Menge x_i^B produzieren. Dennoch ist der Anreiz übermächtig, von der Vereinbarung abzuweichen.

Betrügen beide Unternehmen und nehmen beide an, daß sich die Gegenseite jeweils an die Vereinbarung hält, so wird Punkt E in Abbildung 14 erreicht. Dieser Punkt ist freilich kein Gleichgewicht, wenn wir die restriktive Annahme aufheben, daß die Unternehmen nur über die Wahl zwischen zwei Mengen verfügen: Die Menge x_1^B ist nicht die beste Antwort auf die Menge x_2^B, x_2^B nicht die optimale Reaktion auf x_1^B. Die optimalen Reaktionen werden nach wie vor durch die Reaktionsfunktionen wiedergegeben, und deren Schnittpunkt ist das einzige **Gleichgewicht.** Rationale Erwartungen vorausgesetzt werden sich Unternehmen also nicht an nicht einklagbare Kartellvereinbarungen halten und auch nicht erwarten, daß ihre Konkurrenten das tun; statt dessen produzieren alle ihre Cournot-Nash-Mengen.

Diese Argumentation gilt ohne Einschränkung allerdings nur für einmalige Interaktionen von Unternehmen. Es ist realistischer, davon auszugehen, daß sich die Konkurrenten über viele Perioden gegenüberstehen. Damit eröffnet sich die Möglichkeit, abweichendes Verhalten zu **strafen** und somit Kooperation zu erzwingen. Wenn der Zeithorizont beschränkt ist, ist das allerdings problematisch: Nehmen wir an, daß zwei Unternehmen sich N Perioden lang einen Markt teilen und vereinbart haben, jeweils die Kartellmenge zu produzieren. Weicht ein Unternehmen davon ab, so wird es vom Konkurrenten in der nächsten Periode dadurch bestraft, daß dieser eine höhere Menge produziert. Ein solches **wiederholtes Spiel** löst man durch **backward induction,** d. h. man rollt es von hinten her auf.

Existiert in der letzten Periode noch ein Anreiz, sich an die Kartellvereinbarung zu halten? Sicher nicht, denn es gibt ja keine zukünftigen Interaktionen mehr; Bestrafung ist also unmöglich. Jedes Unternehmen wird also in der letzten Periode alle Abmachungen ignorieren und die kurzfristig gewinnmaximale Nash-Gleichgewichtsmenge produzieren. Wird dann wenigstens in der vorletzten Periode kooperiert? Ein Anreiz dazu bestünde nur, wenn ein Unternehmen als Belohnung für seine Kooperation ein Wohlverhalten des Konkurrenten in der letzten Periode erwarten könnte. Da jedoch in der letzten Periode mit Sicherheit Nash-Verhalten zu erwarten ist, existiert kein solcher Anreiz: Auch in der vorletzten Periode wählen die Firmen folglich die individuell rationale Nash-Strategie. Da somit das Verhalten in der vorletzten Periode unabhängig davon ist, was in der vorvorletzten Periode geschieht, läßt sich auf diese genau dasselbe Kalkül anwenden, und diese Argumentation läßt sich bis zur ersten Periode fortsetzen.

Ist der Zeithorizont jedoch unbegrenzt, so kann Kooperation durch Strafandrohungen erreicht werden. Das muß nicht bedeuten, daß Unternehmen von unendlicher Lebensdauer ausgehen; es reicht vielmehr, daß das Ende des Spiels zeitlich nicht bekannt ist und das Spiel in jeder Periode mit einer positiven Wahrscheinlichkeit weitergehen kann: Zwar existiert kein Unternehmen ewig; so lange das Jahr seiner Liquidation aber niemandem bekannt ist, verhält es sich so, als würde es ewig weiter existieren.

Eine wirksame Strafandrohung ist die sogenannte **Trigger-Strategie**[7]. Nach dieser Strategie kooperiert ein Unternehmen so lange, bis der Gegenspieler das erste Mal die Kartellvereinbarung bricht. Von diesem Zeitpunkt an kehrt es für alle folgenden Perioden zur nichtkooperativen Nash-Strategie zurück und produziert beispielsweise bei Cournot-Wettbewerb die Cournot-Nash-Menge. Diese Strafandrohung ist **glaubwürdig,** da die Nash-Strategie in jeder Periode individuell rational ist – es zeichnet die Cournot-Menge ja gerade aus, daß sie das nichtkooperative Gleichgewicht darstellt. Bei unendlichem Zeithorizont kann die Trigger-Strategie kooperatives Verhalten erzwingen, wenn die Spieler zukünftige Auszahlungen nicht zu stark abdiskontieren: Betrug lohnt sich nur noch für Spieler, die zukünftige Gewinnminderungen so gering gewichten, daß sie den einmaligen Vorteil aus dem Betrug nicht überwiegen.

Eine andere Abschreckungsstrategie besteht darin, im Sinne von Zuckerbrot und Peitsche („stick and carrot") für alle Kartellmitglieder **Bestrafungspfade** festzulegen: In den ersten Perioden nach der Übertretung der Kartellmenge erhöhen die Strafenden ihre Produktion merklich, um die Gewinne des Abweichlers zu schmälern; im Laufe der Zeit gehen sie wieder zu den Kartellmengen über – vorausgesetzt, der Bestrafte kehrt seinerseits sofort zu kooperativem Verhalten zurück. Die Bestrafungsaktion senkt allerdings auch die Gewinne der Strafenden: Sie müssen ihrerseits dadurch zur Einhaltung des Strafpfades gezwungen werden, daß Abweichler davon ebenfalls Strafen aufgebrummt bekommen.

f) Vergleich der Lösungen

Zum Abschluß der Ausführungen über das Oligopol seien die Ergebnisse noch einmal miteinander verglichen. Es läßt sich nicht allgemein sagen, welches der Oligopolmodelle auf die Realität zutrifft. Jede der beschriebenen Verhaltensweisen ist grundsätzlich denkbar, und keines der Modelle ist auf allen Märkten der Weisheit letzter Schluß. Je nachdem, welches Verhalten man den Oligopolisten unterstellt, kann das Marktergebnis aber sehr unterschiedlich sein: Es kann dem bei vollkommener Konkurrenz oder dem bei Monopol entsprechen. Aus der Sicht der Oligopolisten stellt die Kollusion die günstigste Lösung dar; aus gesamtgesellschaftlicher Sicht bringt sie die schlechtesten Ergebnisse. Je stärker die Oligopolisten ihre Marktmacht ausüben können, desto höhere Preise fordern sie und desto geringere Mengen werden umgesetzt. Wie schon zuvor beim Monopol gezeigt wurde, führt das per saldo zu Rentenverlusten: Die zusätzlichen Gewinne machen die Einbußen an Konsumentenrente nicht wett.

Abbildung 15a zeigt noch einmal im x_1, x_2-Diagramm das Cournot-Nash-Gleichgewicht (CN), die Stackelberg-Lösung (S), die Kollusionslösung (K) und die Bertrand-Lösung (B). Für die beiden letzteren wurde angenommen, daß die Produktionsmenge gleichmäßig verteilt ist. Es liegen die Preis-Absatz- und Kostenfunktionen aus unserem Beispielsfall zugrunde.

Setzt man die schon oben verwendeten konkreten Werte ein ($a = 25$, $b = 1$, $c = 1$), so erhält man folgende Ergebnisse:

---

[7] Nach dem englischen Wort für Auslöser

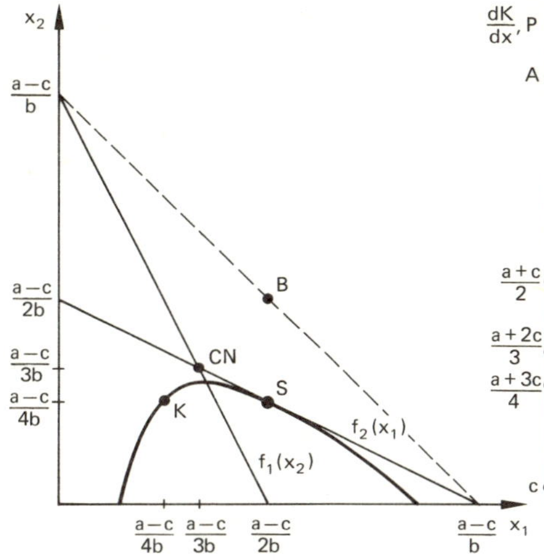

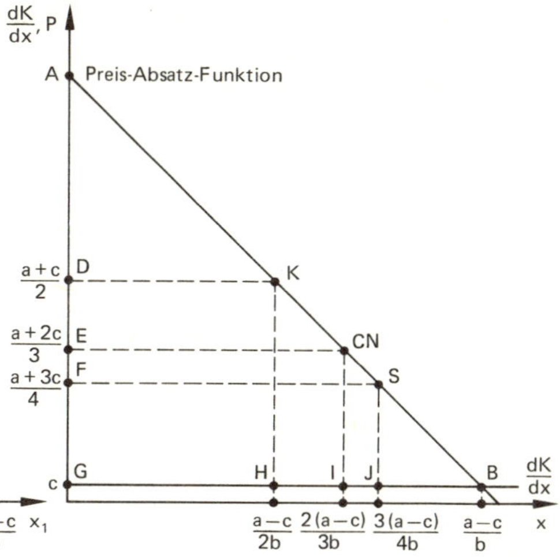

Abb. 15a: Oligopolgleichgewichte im x_1, x_2-Diagramm

15b: Oligopolgleichgewichte im Partialmarktdiagramm

Im Bertrand-Gleichgewicht werden 24 Einheiten des Gutes produziert und zu einem Preis von 1 verkauft; die Unternehmen machen dabei einen Gewinn von Null. Die gestrichelte Gerade stellt für beide Unternehmen die Null-Gewinn-Isogewinnlinie dar. Im Cournot-Nash-Gleichgewicht produziert jedes der beiden Unternehmen 8 Einheiten; der Preis für die insgesamt 16 Einheiten beträgt 9, und jedes Unternehmen fährt einen Gewinn von 64 ein. Bei der Stackelberglösung – das gilt für alle Fälle mit konstanten, gleichen Grenzkosten – produziert der Stackelbergführer die Monopolmenge; hier beträgt sie 12 Einheiten. Der Anpasser stellt halb so viel her und macht bei einem Preis von 7 auch nur halb so viel Gewinn (72 bzw. 36). Den gleichen Gewinn wie ein Stackelbergführer erhalten beide Unternehmer in einem Kartell mit gleichmäßiger Aufteilung; es wird insgesamt nur die Monopolmenge von 12 produziert und zu einem Preis von 13 verkauft.

Abbildung 15b stellt den Partialmarkt für das Gut x dar. Abgetragen sind die gemeinsame Preis-Absatz-Funktion und die gemeinsame Grenzkostenfunktion, die konstant in der Höhe c verläuft. Hier zeigt sich die Kehrseite der Medaille: Die gesamte Rentensumme ist nur im Fall des Bertrand-Wettbewerbs maximal, bei allen anderen Verhaltensweisen im Oligopol geht die Gewinnsteigerung der Unternehmen nicht nur zu Lasten der Konsumenten, sondern sie führt eben auch insgesamt zu Rentenverlusten. Bei vollkommenem Wettbewerb oder Bertrand-Wettbewerb (Punkt B) fällt auf diesem Markt insgesamt eine Rente in Höhe des Dreiecks ABG an. Der Übergang zur Stackelberglösung S führt zu Rentenverlusten in Höhe von SBJ, wobei allerdings die Produzenten insgesamt Gewinne von FSJG machen. Das Cournot-Nash-Gleichgewicht CN führt gegenüber der Stackelbergvariante zu zusätzlichen Wohlfahrtseinbußen von CNSJI, dafür steigen die Gewinne weiter. Die höchsten Gewinne (DKHG) bei geringster Gesamtwohlfahrt (AKHG) liefert schließlich die Kollusionslösung K, die mit der Monopollösung identisch ist.

4. Das Monopson

Das Gegenstück zum Angebotsmonopol ist das Nachfragemonopol, das als **Monopson** bezeichnet wird. Ein Monopsonist ist der einzige Nachfrager auf einem Markt; im folgenden wird unterstellt, daß ihm auf der anderen Marktseite Mengenanpasser gegenüberstehen. Theoretisch könnte auch ein Konsument ein Nachfragemonopol haben, zumeist sind es aber Unternehmen, die bei der Faktornachfrage Marktmacht ausüben. Es soll hier angenommen werden, daß der Unternehmer Monopsonist auf dem Markt für einen Faktor ist. Auf den anderen Faktormärkten und dem Markt für sein Produkt ist er hingegen Mengenanpasser.

Ähnlich wie der Angebotsmonopolist kann der Monopsonist eine Preis-Mengen-Kombination wählen, gegeben die Angebotsfunktion für den Faktor 1, die typischerweise ansteigend verläuft:

(1) $v_1 = h(q_1)$ mit $dv_1/dq_1 > 0$ Aggreg. **Angebotsfunktion** $v_1 = (q_1 - a)/b$ mit $1/b > 0$

Die Unternehmung ist an den entstehenden Kosten in Abhängigkeit von der eingesetzten Faktormenge interessiert; also bilden wir die inverse Funktion, die man **Preis-Bezugs-Kurve** nennt.

(2) $q_1 = g(v_1)$ mit $dq_1/dv_1 > 0.$ **Preis-Bezugs-Kurve** $q_1 = a + b \cdot v_1$

Die Preis-Bezugs-Kurve gibt an, wie sich der Faktorpreis q_1 in Abhängigkeit von der angebotenen Menge verändert. Sollen die Anbieter des Faktors 1 die Angebotsmenge erhöhen, muß der Monopsonist einen höheren Preis bezahlen; die erste Ableitung der Preis-Bezugs-Kurve ist daher positiv für alle Mengen v_1.

Die **Ausgabenfunktion** für den Faktor 1 ergibt sich aus der Multiplikation der Preis-Bezugs-Kurve mit der gekauften Menge v_1.

(3) $A = q_1 \cdot v_1 = g(v_1) \cdot v_1$ **Ausgabenfunktion** $A = q_1 \cdot v_1 = a \cdot v_1 + b \cdot v_1^2$

Die **Grenzausgaben,** also die Ausgaben, die durch den Kauf einer zusätzlichen Einheit des Faktors 1 entstehen, erhalten wir als erste Ableitung der Ausgabenfunktion nach der Menge v_1.

(4) $\dfrac{dA}{dv_1} = q_1 + \dfrac{dq_1}{dv_1} \cdot v_1$ **Grenzausgabenfunktion** $\dfrac{dA}{dv_1} = a + 2b \cdot v_1$

Die Ausgaben nehmen wegen $dq_1/dv_1 > 0$ mit steigender Menge v_1 überproportional zu. Die Grenzausgaben sind, anders als bei vollkommener Konkurrenz, höher als der Faktorpreis. Mit jeder zusätzlich gekauften Einheit des Faktors 1 erhöht sich der Preis für die **gesamte** Menge, da der Monopsonist einen einheitlichen Preis für alle Anbieter setzt.

Nehmen wir die Amoroso-Robinson-Relation zu Hilfe, dann lassen sich die Grenzausgaben für Faktor 1 auch in Abhängigkeit vom Faktorpreis q_1 und der Angebotselastizität dieses Faktors ausdrücken:

(5) $\dfrac{dA}{dv_1} = q_1 \cdot \left(1 + \dfrac{1}{\varepsilon_{v_1,q_1}}\right)$ $\dfrac{dA}{dv_1} = q_1 \cdot \left(1 + b \cdot \dfrac{v_1}{q_1}\right) = q_1 \cdot \left(1 + \dfrac{1}{\varepsilon_{v_1,q_1}}\right).$

Die Grenzausgaben liegen um so stärker über dem Faktorpreis, je unelastischer das Angebot auf Änderungen des Faktorpreises reagiert. ε_{v_1,q_1} ist die Angebotselastizität des Faktors 1 in bezug auf seinen Preis q_1; sie hat einen positiven Wert.

Wie wir wissen, ist der optimale Produktionsplan durch jene Ausbringungsmenge x^* gekennzeichnet, die den höchsten Gewinn erbringt, und durch jene Faktoreinsatzmengen (v_1^*, ..., v_m^*), die zu dieser Produktmenge x^* die geringsten Kosten verursachen. Für den Monopsonisten auf dem Faktormarkt 1 ist mit der kostenminimalen Menge v_1^* der optimale Faktorpreis q_1^* bestimmt und umgekehrt.

Es sei angenommen, daß der Monopsonist mit Hilfe zweier Inputs produziert. Seine Gewinnfunktion läßt sich damit folgendermaßen schreiben:

(6) $$G = pf(v_1, v_2) - q_1(v_1)v_1 - q_2 v_2 \qquad G = pA v_1^{\alpha} v_2^{\beta} - (a + bv_1)v_1 - q_2 v_2$$

Ableiten nach den Faktoren und Nullsetzen der ersten Ableitungen ergibt die Bedingungen erster Ordnung:

(7) $$p\frac{\partial x}{\partial v_1} = q_1 + \frac{\partial q_1}{\partial v_1} v_1 \qquad pA\alpha v_1^{\alpha-1} v_2^{\beta} = a + 2bv_1$$

$$= q_1\left(1 + \frac{1}{\varepsilon_{v1,q1}}\right) \qquad = q_1(1 + bv_1/q_1)$$

(8) $$p\frac{\partial x}{\partial v_2} = q_2 \qquad pA\beta v_1^{\alpha} v_2^{\beta-1} = q_2$$

Für Faktor 2, der in vollkommener Konkurrenz nachgefragt wird, gilt wie üblich die Bedingung: Faktorpreis gleich Wertgrenzprodukt. Die Bedingung auf dem monopsonistischen Markt hingegen lautet: **Grenzausgaben gleich Wertgrenzprodukt.**

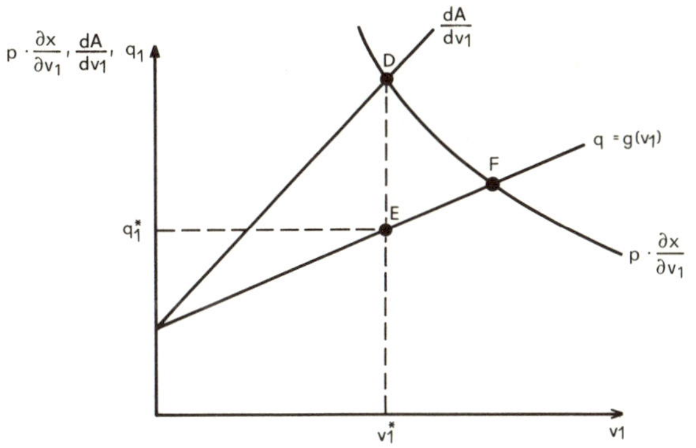

***Abb. 16:** Der gewinnmaximale Produktionsplan des Monopsonisten*

Abbildung 16 zeigt die gewinnmaximale Faktornachfrage eines Monopsonisten. Die optimale Menge v_1^* wird bestimmt durch den Schnittpunkt von Grenzausgaben- und Wertgrenzproduktsfunktion, also durch den Punkt D. Der bei dieser Menge zu zahlende Preis findet sich auf der Preis-Bezugs-Kurve senkrecht unter dem Punkt D. Punkt E gibt also die für den Monopsonisten gewinnmaximale Faktorpreis-Faktormengenkombination wieder.

Aus Abbildung 16 wird auch unmittelbar ersichtlich, daß Monopsonverhalten zu Effizienzverlusten führt. Bei der Menge v_1^* übersteigt das Wertgrenzprodukt des Faktors v_1^* den Preis, den der Monopsonist dafür entrichten muß und der seinen Opportunitätskosten in anderen Verwendungen entspricht. Es wäre also volkswirtschaftlich gesehen besser, noch mehr von diesem Faktor in dieser Produktion einzusetzen.

Könnte der Monopsonist nun Preissplitting betreiben und weitere Einheiten des Faktors dazukaufen, ohne daß auch die bislang erworbenen Einheiten im Preis stiegen, würde er das tun und damit seinen Gewinn steigern. Da jedoch die Erhöhung der nachgefragten Menge den Preis aller gehandelten Einheiten beeinflußt, wird es beim Punkt E bleiben. Die Fläche DFE zeigt den Wohlfahrtsverlust, der der Volkswirtschaft dadurch entsteht.

B. Die Theorie der öffentlichen Güter

1. Öffentliche und private Güter

Güter erhöhen den Nutzen der Individuen, die sie konsumieren können. Haushalte nehmen deshalb für den Konsum von Gütern allerlei Unbill in Kauf – v. a. verzichten sie auf den Genuß von Freizeit und Vermögen und verkaufen entsprechende Faktorleistungen an Unternehmen. Unternehmen produzieren mit diesen Faktoren die Güter, die sie den Haushalten verkaufen können. Wenn auf der Angebots- oder Nachfrageseite ausreichend viele Haushalte und Unternehmen in diesen Kreislauf einbezogen sind, dann sorgt der Marktmechanismus für ein pareto-optimales Ergebnis für die Teilnehmer am Güterkreislauf. Aber was sind eigentlich die **Eigenschaften** der Güter, die der Markt hier so effizient handhabt?

Zum einen sind die bislang behandelten Güter annahmegemäß **rival** im Konsum. D.h. der Konsum eines solchen Gutes durch ein Individuum schließt aus, daß andere dasselbe Gut ebenfalls konsumieren können. Rivale Güter lassen sich teilen, aber stets ist auch der Konsum der aufgeteilten Güter noch rival. Besonders einsichtig ist das z.B. bei einem Apfel, den immer nur einer essen kann. Allerdings trifft das nicht auf jedes Gut zu. So kann eine ausgestrahlte Rundfunk- oder Fernsehsendung von beliebig vielen Haushalten zur gleichen Zeit konsumiert werden, ohne daß der Konsum des einen den des anderen beeinträchtigt. Eine zweite Eigenschaft, die den Konsum der bisher behandelten Güter prägt, ist die **Ausschließbarkeit.** Ausschließbarkeit im Konsum ist, anders als Rivalität, bei vielen Gütern nicht „naturgegeben". Ein uncodiertes Fernsehbild können verschiedene Fernseher gleichzeitig empfangen, und von jedem frei zugänglichen Gerät können sich mehrere Konsumenten gleichzeitig unterhalten lassen. Codiert aber der Fernsehsender sein Bild, oder kann der Fernsehbesitzer seine Zimmertür schließen, so ist unabhängig von der potentiellen Nicht-Rivalität von Sendung und Sehen Ausschließbarkeit hergestellt. Grundsätzlich kommt der Möglichkeit, interessierte Haushalte oder Unternehmen vom Konsum eines Gutes auszuschließen, erhebliche Bedeutung zu. Ohne diese Eigenschaft würde es Unternehmen sehr schwer fallen, positive Preise für ihre Güter am Markt durchzusetzen, und sie würden in der Folge wohl ganz auf die Bereitstellung von Gütern verzichten.

Güter, deren Konsumeigenschaften Rivalität und Ausschließbarkeit beinhalten, bezeichnet man auch als **private Güter.** Nun sind aber, wie gesehen, nicht alle Güter in einer Ökonomie „privat" im eben definierten Sinne. Güter, die nicht-rival und nicht-ausschließbar im Konsum sind, bezeichnet man als **öffentliche Güter.** Aus den oben verwandten Beispielen wird deutlich, daß öffentliche Güter für ganz unterschiedliche Benutzerkreise existieren können. Innerhalb eines Haushalts z. B. sind bestimmte Güter öffentlich, obschon die gleichen Güter zwischen verschiedenen Haushalten die Natur privater Güter haben. Neben dem schon erwähnten gemeinsam benutzten Fernseher kann man hier auch an die Bereitstellung bestimmter Dienstleistungen denken.

Eine saubere Wohnung z. B. ist innerhalb einer Wohngemeinschaft ein öffentliches Gut. Solche Güter sind nur für ihren engeren Nutzerkreis nicht-rival und nicht-ausschließbar. Von erheblich größerer Bedeutung sind öffentliche Güter, die von sehr vielen Konsumenten genutzt werden – wie etwa Rechtssicherheit, Landesverteidigung und Umweltqualität. Ein funktionierendes Rechtssystem ist im Idealfall nicht-rival und schließt zwangsweise sämtliche Bewohner eines Landes als Konsumenten ein. Gleiches gilt für das Gut Sicherheit gegenüber äußeren Angriffen, das ein funktionierendes Bündnissystem herstellen kann, oder die gute Luft, die eine intakte Umwelt ihren Benutzern zur Verfügung stellt.

Wenn im weiteren von öffentlichen Gütern die Rede ist, so sind damit öffentliche Güter innerhalb ihres jeweiligen Nutzerkreises gemeint.

Definition öffentliche Güter

Öffentliche Güter sind Güter, deren Konsum durch

1) Nicht-Rivalität und
2) Nicht-Ausschließbarkeit gekennzeichnet ist.

In der Realität dürften öffentliche wie auch private Güter in ihrer reinen Form selten sein. In der Regel werden **Mischformen** vorherrschen, die Elemente beider Güterarten verbinden. Dennoch ist die getrennte Analyse der Mikroökonomie öffentlicher und privater Güter ein sinnvolles Unterfangen. Die Trennung erlaubt es, die spezifischen Wirkungen der unterschiedlichen Konsumeigenschaften herauszuarbeiten.

Öffentliche Güter werden keineswegs nur vom Staat **bereitgestellt.** Die Wirtschaftssubjekte haben ein eigenes Interesse daran, öffentliche Güter zur Befriedigung ihrer individuellen Zielvorstellungen zur Verfügung zu stellen. Allerdings haben die besonderen Konsumeigenschaften dieser Güter Konsequenzen für das Verhalten der Individuen. Die gilt es, sowohl bei der **positiven** Analyse als auch bei der **normativen Analyse** des Problems zu berücksichtigen. Zunächst zu den Besonderheiten der Pareto-Optima bei öffentlichen Gütern.

2. Effiziente Bereitstellung öffentlicher Güter

Güter können diskret oder stetig sein. Ein **diskretes** öffentliches Gut ist nur in einer exogen bestimmten Größeneinheit zu haben – der bewußte Fernseher z. B. läßt sich nicht in Einheiten kleiner als 1 herstellen. Hingegen kann man Konsum oder Bereitstellung eines **stetigen** öffentlichen Gutes, wie etwa verschiedene Grade der Sauberkeit einer Wohnung oder der öffentlichen Sicherheit, beliebig im Niveau variieren.

a) Effizienzbedingung bei diskreten Gütern

Was die **Produktionsseite** betrifft, so verändert die Tatsache, daß das öffentliche Gut andere Konsumeigenschaften aufweist als private Güter, technisch nichts. Die Produzenten nutzen Faktorleistungen, um hieraus das öffentliche Gut zu erstellen. Es soll angenommen werden, daß die Produktion **gesamtwirtschaftlich effizient** erfolgt. Die Annahme ist nicht trivial, ist aber sehr hilfreich, wenn es darum geht, die Wirkungen der Konsumeigenschaften der öffentlichen Güter herauszuarbeiten.

Auf der **Konsumseite** dagegen weichen öffentliche Güter definitionsgemäß von privaten Gütern ab. Jedes einzelne Gut, sei es stetig oder diskret, wird nicht-rival von allen Konsumenten einer Ökonomie gleichzeitig konsumiert. Wie soll man hier die Zahlungsbereitschaft aller Haushalte festlegen?

Anders als im Fall privater Güter gilt es, die Zahlungsbereitschaften der Haushalte für jede einzelne Einheit des öffentlichen Gutes **aufzusummieren.** Wenn jeder einzelne Haushalt das öffentliche Gut konsumiert, dann muß die Wohlfahrtsanalyse auch die Zahlungsbereitschaft aller Haushalte berücksichtigen. Die Ableitung eines Pareto-Optimums muß also im Fall öffentlicher Güter einen gänzlich anderen Weg gehen als im Fall privater Güter.

Wie sieht nun die Ableitung des Wohlfahrtsoptimums für ein **diskretes öffentliches Gut** aus? Um die Arbeit im weiteren etwas zu vereinfachen sei unterstellt, daß das hier zu betrachtende Gut nur in einer einzigen Größe $\bar{G}$ erhältlich ist. Das Gut kann von den Haushalten entweder im ganzen oder gar nicht konsumiert werden, und es kann nur im ganzen produziert werden. Damit erübrigt sich das Denken in marginalen Variationen. Es muß also darum gehen, die Zahlungsbereitschaft aller Haushalte für das Gut $\bar{G}$ insgesamt mit den Kosten der Herstellung zu vergleichen.

Die effiziente Produktion des diskreten öffentlichen Gutes $\bar{G}$ koste annahmegemäß gerade $\bar{K}$ Einheiten der Recheneinheit x. Die Recheneinheit bzw. das Zahlungsmittel x sei ein privates Gut. Es gilt dann:

(1) $K(\bar{G}) = \bar{K}$.

Die Zahlungsbereitschaft eines Haushalts i für $\bar{G}$ beträgt gemessen in Einheiten des Zahlungsmittels x gerade $\bar{Z}_i$. Wenn es sich bei $\bar{G}$ um ein echtes „Gut“ handelt, kann man unterstellen, daß $\bar{Z}_i$ nicht-negativ ist. Also gilt:

(2) $\bar{Z}_i(\bar{G}) = \bar{Z}_i \geq 0$ für alle $i = 1, 2, \ldots,$ H Haushalte.

Der Maßstab für das individuelle Wohlfahrtsniveau der Haushalte ist ihre Zahlungsbereitschaft (vgl. Kapitel V Ba). Weil alle Haushalte das Gut gleichermaßen konsumieren, stellt die Bereitstellung von $\bar{G}$ dann eine Pareto-Verbesserung dar, wenn die aufsummierten Zahlungsbereitschaften größer sind als die Kosten. Weil es im hier betrachteten Fall nur eine Größe des öffentlichen Gutes gibt, ist die Bedingung für eine Pareto-Verbesserung zugleich auch die Bedingung des **Pareto-Optimums.** Ein Wohlfahrtsoptimum liegt vor, wenn die **aggregierten Zahlungsbereitschaften** der Haushalte für $\bar{G}$ größer sind als die Kosten, d. h. wenn gilt:

(3) $$\sum_{i=1}^{H} Z_i(\bar{G}) = H\bar{Z}_i > K(\bar{G}).$$

Wenn die aggregierten Zahlungsbereitschaften hingegen unter den Kosten liegen ($H\bar{Z}_1 < K(\bar{G})$), ist es pareto-optimal, das Gut nicht zu produzieren. Ist die Summe der Zahlungsbereitschaften gleich den Kosten, so sind Bereitstellung und Nicht-Bereitstellung nach dem paretianischen Kriterium gleich einzuschätzen.

Auf Bedingung (3) und auch auf die Art und Weise der Aggregation der Zahlungsbereitschaften werden die Ausführungen weiter unten nochmals zurückkommen. Hier gilt es zu bemerken, daß Bedingung (3) nicht ganz vollständig ist. Es ist auch zu beachten, daß die Verteilung der **Kosten** $K(\bar{G})$ auf die Haushalte in einer Art und Weise geschieht, die jeden einzelnen der H Betroffenen mit $\bar{G}$ nicht schlechter stellt als ohne das Gut. Um die Darstellung an dieser Stelle nicht unnötig zu komplizieren, soll angenommen werden, daß das der Fall ist.[1]

---

[1] Alternativ könnte man auch mit dem Kaldor-Hicks-Kriterium arbeiten (vgl. Kapitel V B 2) und verlangen, daß die Gewinner aus der Kostenverteilung die Verlierer mindestens kompensieren können sollen.

b) Effizienzbedingung bei stetigen Gütern

Bei einem stetigen öffentlichen Gut G muß die pareto-optimale Menge G^{opt} bestimmt werden. Man betrachte dazu Abbildung 17. Die beiden unteren Diagramme (b) und (c) stellen die Nachfragekurven der beiden Haushalte 2 und 1 für das Gut G dar. Die individuellen Nachfragen sind eine Funktion des Preises von G, also von p_G (gerechnet in Einheiten von x). Die **Inverse** einer Nachfragefunktion gibt für jedes Güterni-

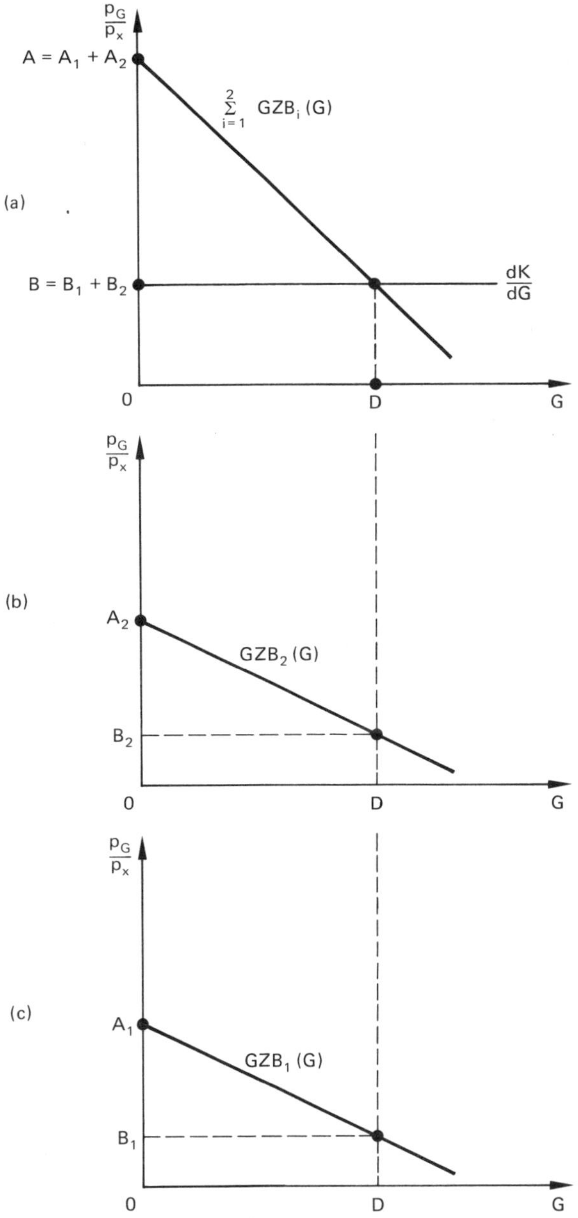

Abb. 17. *Die Samuelson-Bedingung*

veau die Grenzrate der Substitution $-\left.\frac{dx}{dG}\right|_{\bar{u}_i}$ zwischen den zwei Gütern wieder (vgl. Kapitel V C a)). Die Grenzrate läßt sich auch als die Grenzzahlungsbereitschaft (GZB_i) der Haushalte für G in Einheiten von x interpretieren. Wie aber gelangt man von den individuellen Grenzzahlungsbereitschaften der beiden Haushalte zur aggregierten Grenzzahlungsbereitschaft für das öffentliche Gut?

Analog dem diskreten Fall kann man argumentieren, daß jede (marginale) Einheit des öffentlichen Gutes von beiden Individuen zugleich konsumiert wird. Daraus folgt, daß man die individuellen Nachfrage- bzw. Grenzzahlungsbereitschaftskurven **vertikal aggregieren** muß. Dieses Vorgehen unterscheidet sich deutlich von dem bei privaten Gütern. Die Gesamtnachfrage für private Güter ergab sich aus der **horizontalen** Aggregation der individuellen Nachfragen der Haushalte. Auf der vertikal aggregierten Nachfragekurve für das öffentliche Gut G in Teil (a) der Abbildung 17 gilt hingegen, daß diese Funktion jeweils die **Summe der Grenzzahlungsbereitschaften** der Haushalte für jedes Niveau von G nennt.

Teil (a) enthält zudem die **Grenzkostenfunktion** $\frac{dK}{dG}$ für die Produktion des öffentlichen Gutes G. Die Ableitung der Kostenfunktion K(G) gibt die Kosten einer marginalen Erhöhung des bereitgestellten Niveaus von G in Einheiten von x wieder. Der Einfachheit halber sei unterstellt, daß die Grenzkosten konstant sind. Damit liegen alle Voraussetzungen für die Ableitung des pareto-optimalen Bereitstellungsniveaus von G vor.

Die Nicht-Bereitstellung von $G (G = 0)$ kann offensichtlich nicht optimal sein. Die aggregierte Grenzzahlungsbereitschaft für G, d.h. $A = A_1 + A_2$, ist hier größer als die Grenzkosten. Die Bereitstellung einer positiven Menge von G stellt eine Pareto-Verbesserung dar. Für jedes Niveau von G zwischen den Punkten 0 und D gilt, daß die aggregierten Grenzzahlungsbereitschaften der Haushalte für das gemeinsam konsumierte Gut G größer sind als die Grenzkosten seiner Herstellung. Unterstellt man, daß die Verteilung der anfallenden Kosten die Individuen nicht schlechter stellt, dann ist eine Produktionssteigerung von G bis zum Punkt D in der Tat eine Verbesserung im Sinne des Pareto-Kriteriums. In D schließlich hat die aggregierte Grenzzahlungsbereitschaft mit $B = B_1 + B_2$ gerade die gleiche Höhe wie die Grenzkosten $\frac{dK}{dG}$. Bei einer Ausweitung der Bereitstellung von G über D hinaus würden die zusätzlichen Kosten den zusätzlichen Nutzen der Haushalte übersteigen.

Der Schnittpunkt von Grenzkostenfunktion und aggregierter Grenzzahlungsbereitschaft der Haushalte charakterisiert offensichtlich die **pareto-optimale Bereitstellungsmenge.** Damit muß für das pareto-optimale Niveau G^{opt} gelten:

$$(4) \quad \sum_{i=1}^{H} GZB_i(G^{opt}) = \frac{dK}{dG}(G^{opt}).$$

D.h., daß die Summe der Grenzzahlungsbereitschaften der $(H = 2)$ Haushalte für das öffentliche Gut G im Optimum gerade gleich den Grenzkosten des Gutes sein soll. Nach ihrem Erfinder nennt man diese Bedingung auch die **Samuelson-Bedingung.**[2]

[2] Paul Anthony Samuelson (geboren 1915). Entsprechend kann man auch die Optimalitäts-Bedingung im diskreten Fall als Samuelson-Bedingung bezeichnen.

2. Private Bereitstellung öffentlicher Güter

An die Ableitung der wohlfahrtstheoretischen Normen für die pareto-optimale Bereitstellung von öffentlichen Gütern schließt sich die Frage an, ob die Wirtschaftssubjekte auf sich allein gestellt die optimalen Mengen produzieren. In anderen Worten: Gilt das erste Theorem der Wohlfahrtstheorie im übertragenen Sinne auch im Fall nicht-privater Güter?

Eine erste intuitive Betrachtung scheint ein „Nein" nahezulegen. Werden z.B. **Unternehmen** öffentliche Güter auf gleiche Weise anbieten wie private Güter? Nun, kein gewinnmaximierendes Unternehmen wird ein Gut herstellen wollen, von dessen Konsum unmittelbar nach seiner Fertigstellung niemand ausgeschlossen werden kann. Genau diese Eigenschaft aber haben reine öffentliche Güter.

Und die Haushaltsseite? **Haushalte** wählen ihre Güternachfrage so, daß die individuelle Wohlfahrt innerhalb der Budgetrestriktion maximiert wird. Grundsätzlich gilt das für private wie öffentliche Güter. Die Besonderheit öffentlicher Güter will es aber, daß der einzelne Haushalt mit seiner Konsumentscheidung gleichzeitig auch eine Bereitstellungsentscheidung für alle übrigen Haushalte trifft. Ein reines öffentliches Gut geht gleichzeitig positiv in die Nutzenfunktionen aller Beteiligten ein. D.h. die Bereitstellung von öffentlichen Gütern verursacht noch positive Effekte bei anderen Haushalten. Während die Ableitung der Optimalitätsbedingung diese Eigenart der öffentlichen Güter erfaßt, berücksichtigt bzw. „internalisiert" kein Haushalt den anderswo anfallenden Nutzen seiner Leistung. Es liegt ein **positiver externer Effekt** vor. Ein Haushalt, der die Bereitstellung einzig nach seinem eigenen Nutzenkalkül festlegt, wird deshalb ein ineffizient niedriges Niveau an G bereitstellen. Diese Wirkung positiver externer Effekte auf die private Bereitstellung findet sich sowohl im Fall diskreter als auch im Fall stetiger öffentlicher Güter (zum Fall negativer externer Effekte vgl. den folgenden Abschnitt C des Kapitels VI).

Ein zweiter Mechanismus, der die Bereitstellung durch Haushalte beeinflussen könnte, ist die **strategische Interaktion** zwischen den Haushalten. Wenn die Produktion eines öffentlichen Gutes die kooperative Zusammenarbeit der Individuen verlangt, stellt sich u.a. die Frage, wie verläßlich Abmachungen über die Art und Weise der Zusammenarbeit eingehalten werden. Es kann für einen Teil oder alle der Beteiligten individuell optimal sein, eine einmal getroffene Abmachung z.B. über die Finanzierung der Produktionskosten zu brechen und die Finanzierung den jeweils anderen zu überlassen. Ist das der Fall, dann läßt sich das Projekt am Ende vielleicht gar nicht verwirklichen. Wie Abschnitt a) zeigen wird, erhält das Problem der strategischen Interaktion bei diskreten Gütern ein besonderes Gewicht. Hier sind Situationen denkbar, in denen das Interaktions- oder **Kooperationsproblem** die private Bereitstellung vollständig verhindert. Im Fall stetiger Güter wiegt das Problem unter Umständen (vgl. Abschnitt b) weiter unten) weniger schwer.

Das Kooperationsproblem ließe sich leicht überwinden, wenn die Beteiligten die Möglichkeit hätten, **bindende Verträge** über ihre Zusammenarbeit abzuschließen. Würde der Staat die Einhaltung solcher Verträge überwachen, so könnten Konventionalstrafen und ähnliches mehr, ganz wie bei Kontrakten über private Güter, die Anreize zum Vertragsbruch wirksam reduzieren. Doch zum einen besteht die Möglichkeit, bindende Verträge abzuschließen nicht immer. **Souveräne Staaten** z.B. können zur Sicherstellung ihrer Absprachen meist nicht auf eine dritte Partei zurückgreifen. Auch sind bindende Verträge innerhalb einer Familie zwar rechtlich möglich, aber i.d.R. nicht die **gebräuchliche Form** zur Regelung von Kooperationsproblemen. Vor allem aber stellt, zum dritten, der Verweis auf die Möglichkeit staatlich sanktionierter Rechtssätze im Kern nur eine **Verlagerung** des grundlegenden Problems dar. Wie schon erwähnt, ist gerade Rechtssicherheit selbst ein typisches öffentliches Gut. Die Bereitstellung der Möglichkeit bindender Verträge ist damit keine theoretisch befriedigende Antwort auf die Frage, inwieweit Individuen selbst in der Lage sind, kraft eigener Bemühungen öffentliche Güter bereitzustellen. Sie kann allerdings in manchen Fällen eine Lösung der dabei entstehenden Probleme darstellen. Im weiteren soll deshalb die Ökonomie der privaten Bereitstellung öffentlicher Güter ohne Rechtssicherheit untersucht werden. Alle Absprachen der Individuen und ihre Einhaltung sind **freiwillig.**

a) Diskrete Güter

Der Einfachheit halber sei unterstellt, daß die betrachtete Ökonomie nur aus den Haushalten 1 und 2 besteht. Die Haushalte entscheiden, ob ein diskretes öffentliches Gut $\bar{G}$ mit den Kosten $K(\bar{G}) = \bar{K}$ bereitgestellt werden soll.

Die Produktion des Gutes kann, so sei unterstellt, stets nur durch einen der beiden Haushalte alleine erfolgen. Der Produzent trägt folglich auch zunächst die Kosten. Den Haushalten ist es aber freigestellt, **freiwillige Absprachen** über die nachträgliche Verteilung von $\bar{K}$ zu treffen. Die Möglichkeit bindender Verträge über die Bereitstellung des öffentlichen Gutes besteht annahmegemäß nicht. Die Zahlungsbereitschaften der Haushalte für $\bar{G}$ betragen:

(5) $0 < \bar{Z}_1 < \bar{K}$ bzw. $0 < \bar{Z}_2 < \bar{K}$,

d.h. kein Haushalt ist bereit, die Kosten für $\bar{G}$ alleine aufzubringen. Es sei unterstellt, daß die Summe der Zahlungsbereitschaften größer ist als die Kostensumme.

(6) $\bar{Z}_1 + \bar{Z}_2 > \bar{K}$.

Gemeinsam wären die Haushalte also willens, das Gut bereitzustellen. Aus (6) folgt wegen Bedingung (3) oben unmittelbar, daß die Bereitstellung von $\bar{G}$ **pareto-optimal** wäre.

Erst die **Annahmen** (5) und (6) machen die Bereitstellung von $\bar{G}$ zum **Problem.** Würde z.B. anstatt (5) gelten, daß die Zahlungsbereitschaft eines der Haushalte alleine größer wäre als die Kosten ($\bar{Z}_i > \bar{K}$ für einen der $i = 1,2$), dann würde dieser Haushalt das Gut alleine und pareto-optimal bereitstellen. Gilt $\bar{Z}_i > \bar{K}$ für beide Haushalte, dann erweitert sich das Problem zwar auf die Frage, wer von den beiden $\bar{G}$ bereitstellt und die Kosten $\bar{K}$ zu tragen hat – aber auch in diesem Fall wird das Gut in der Regel bereitgestellt. Gilt anstatt (6), daß die Summe der Zahlungsbereitschaften der Haushalte kleiner ist als die Kosten ($\bar{Z}_1 + \bar{Z}_2 < \bar{K}$), dann ist die Bereitstellung von $\bar{G}$ weder pareto-optimal noch privat möglich. Die Ausführungen im weiteren konzentrieren sich also auf einen plausiblen Mittelfall, in dem auf der einen Seite kein Haushalt alleine willens ist, $\bar{G}$ bereitzustellen, aber andererseits beide Haushalte gemeinsam durchaus in der Lage dazu wären.

Man darf wohl unterstellen, daß sich die Individuen der Tatsache bewußt sind, daß sie das gewünschte Gut $\bar{G}$ in **Kooperation** bereitstellen könnten. Sie könnten eine Absprache treffen, die die anfallenden Kosten $\bar{K}$ so aufteilt, daß keiner der beiden schlechter gestellt wäre, als wenn $\bar{G}$ gar nicht erst bereitgestellt werden würde. Wenn $\alpha\bar{K}$, mit $\alpha < 1$, der Anteil ist, den die **Absprache** Haushalt 1 an den Kosten zuweisen würde, und $(1\text{-}\alpha)\bar{K}$ der Anteil des Haushalts 2, dann ist die Netto-Rente, die die beiden Haushalte im Kooperationsfall aus dem Konsum von $\bar{G}$ erhielten, gleich Ausdruck (7).

(7) $\bar{Z}_1 - \alpha\bar{K} > 0$ und $\bar{Z}_2 - (1-\alpha)\bar{K} > 0$.

Aber ist Kooperation ein wahrscheinliches Ergebnis der Interaktion der beiden Haushalte?

Angenommen, Haushalt 1 geht die Verpflichtung ein, das Gut $\bar{G}$ gemäß der oben beschriebenen Absprache bereitzustellen, und handelt entsprechend. Dann trägt er die Kosten $\bar{K}$ zunächst alleine. Er hat sich dazu nur deshalb bereit erklärt, weil Haushalt 2 später $(1-\alpha)\bar{K}$ der Gesamtkosten übernehmen will. Genau das aber ist in diesem Moment höchst unwahrscheinlich geworden. Für Haushalt 2 ist die Einhaltung der Absprache **irrational,** sobald Haushalt 1 das öffentliche Gut bereitgestellt hat. Warum sollte er auch jetzt, nachdem das Gut schon einmal bereitgestellt ist und er es ohne weiteres konsumieren kann, noch die Kosten der Bereitstellung von $\bar{G}$ übernehmen? Es ist vielmehr rational für Haushalt 2, Haushalt 1 die Kosten $\bar{K}$ alleine tragen zu lassen und selbst als **„Free Rider"** oder „Trittbrett-Fahrer" am Konsum von $\bar{G}$ teilzuhaben. Die Auszahlungen betragen in diesem Fall

(8) $\bar{Z}_1 - \bar{K} < 0$ für Haushalt 1 und $\bar{Z}_2 > \bar{Z}_2 - (1-\alpha)\bar{K} > 0$ für Haushalt 2.

Im umgekehrten Fall, wenn Haushalt 2 das Gut bereitstellt und Haushalt 1 versäumt, die versprochene Kostenbeteiligung zu leisten, gilt entsprechend:

(9) $\bar{Z}_1 > \bar{Z}_1 - \alpha\bar{K} > 0$ und $\bar{Z}_2 - \bar{K} < 0$.

Ganz offensichtlich sind die Haushalte in einem **Kooperationsproblem** gefangen. Einerseits ist es für beide Seiten vernünftig, in die Absprache einzuwilligen, die die Bereitstellungskosten von $\bar{G}$ gemäß der abgesprochenen Sätze α und $(1-\alpha)$ aufteilt. Wenn aber der eine Haushalt $\bar{G}$ bereitgestellt hat, dann ist es für den anderen Haushalt in jedem Fall lohnender, die Absprache zu brechen. Zieht der Betrogene diese Möglichkeit ex ante, d.h. vor der Produktion von $\bar{G}$ in Betracht, dann wird er seinerseits von der Absprache Abstand nehmen und die Produktion gar nicht erst aufnehmen. Immerhin vermeidet er damit eine Kostenbelastung, die seine Auszahlung aus dem Konsum von $\bar{G}$ negativ werden läßt.

Für beide Parteien ist die Nicht-Bereitstellung des öffentlichen Gutes, also der Bruch der Absprache durch Nicht-Beteiligung an den Kosten, eine **dominante Strategie.** Die Haushalte werden nicht kooperieren, sondern die Absprache brechen.

Eine sehr schöne Möglichkeit, die spezifischen Probleme strategischer Interaktion bei diskreten öffentlichen Gütern darzustellen, ist die folgende Anordnung der Auszahlungen in einer **Auszahlungsmatrix** (Tabelle 3). Diese Art der Darstellung ist schon aus dem Abschnitt A dieses Kapitels bekannt. Dargestellt sind die Strategie-Alternativen der Haushalte bzw. Spieler 1 (Zeilen) und 2 (Spalten) bezüglich der oben definierten Absprache und die aus den jeweiligen Strategie-Kombinationen resultierenden Auszahlungspaare. Der erste Ausdruck bezieht sich in allen Quadranten auf Haushalt 1. Unter **„Kooperation"** soll die Einhaltung der oben eingeführten Absprache über die Teilung der Produktionskosten verstanden werden. Für die notierten Auszahlungen spielt es in diesem Fall keine Rolle, wer das Gut tatsächlich herstellt. Wenn dagegen nur ein Haushalt „Kooperation" wählt und der andere **„Abweichen"** von der Absprache, dann ist dieser Haushalt auch der Produzent des Gutes. In diesem Fall hat der kooperierende Haushalt die Kosten des Abweichens von der Kooperationslösung, d.h. der Nicht-Einhaltung der Absprache durch den anderen Haushalt, zu tragen. Für „Abweichen“ wird gelegentlich in Anlehnung an den entsprechenden englischen Begriff auch „Defektion“ geschrieben.

		Spieler 2: Kooperation	Spieler 2: Abweichen
Spieler 1	Kooperation	$\bar{Z}_1 - \alpha\bar{K}$, $\bar{Z}_2 - (1-\alpha)\bar{K}$	$\bar{Z}_1 - \bar{K}$, $\bar{Z}_2$
	Abweichen	$\bar{Z}_1$, $\bar{Z}_2 - \bar{K}$	0, 0

Tab. 3: *Das Kooperationsproblem bei diskreten öffentlichen Gütern*

Das Kalkül des Haushalts 1 wurde oben bereits diskutiert. Er muß sich für eine der zwei alternativen Strategien entscheiden, ohne Gewißheit über die Handlungen des anderen Haushalts zu haben. Unterstellt er Haushalt 2 eine kooperative Strategie (erste Spalte), dann wählt er selbst „Abweichen“, weil ihm das die höhere Auszahlung sicherstellt. Auch wenn Haushalt 1 die Erwartung hat, sein Gegenspieler werde die nicht-kooperative Strategie (zweite Spalte) spielen, ist Abweichen für ihn die individuell optimale Wahl, denn es gilt: $\bar{Z}_1 - \bar{K} < 0$. Man kann also festhalten, daß Haushalt 1 in jedem Fall und ganz unabhängig von seinen Erwartungen über das Verhalten des anderen die Strategie Abweichen wählen wird. Für Haushalt 1 ist Abweichen eine **dominante Strategie.**

Ganz analog stellt sich das Kalkül des Haushalts 2 dar. Auch für ihn ist Abweichen die individuell optimale oder dominante Strategie.

Wenn es aber für beide Haushalte eine dominante Strategie ist, nicht zu kooperieren, dann besteht kein Zweifel mehr über das **Gleichgewicht** in diesem Spiel. Die Haushalte werden sich in jedem Fall im Quadranten rechts unten wiederfinden. Damit wird im Endergebnis $\bar{G}$ **nicht bereitgestellt,** denn die Abmachung über Produktion und Kostenteilung wird im Gleichgewicht nicht eingehalten, und alleine ist keiner der Beteiligten willens, $\bar{G}$ bereitzustellen.

Das Ergebnis ist **nicht pareto-optimal** (vgl. Ausdruck (6) oben). Im Gleichgewicht erhalten beide Haushalte eine Auszahlung von gerade 0. Wäre es ihnen gelungen, ihr Kooperationsproblem zu überwinden und damit $\bar{G}$ bereitzustellen, hätten sie sich im Quadranten links oben mit einer positiven Auszahlung für beide einrichten können. Die ungesteuerte Interaktion der beiden Individuen kann die pareto-optimale Bereitstellung des diskreten öffentlichen Gutes nicht gewährleisten.

Das ist ein starkes und in gewisser Weise ernüchterndes Ergebnis. Anders als im Fall privater Güter sind die Wirtschaftssubjekte nicht in der Lage, eine pareto-optimale Güterversorgung bzw. Produktionsstruktur herzustellen. Sich selbst überlassen, sind die Individuen hier überfordert, wenn es gilt, die eigene **individuelle Rationalität** mit den Anforderungen **kollektiver Rationalität** in Einklang zu bringen. Ihr Eigenkalkül legt den Beteiligten die Nicht-Einhaltung der Absprachen nahe, obschon daraus im Endeffekt ein für alle unvernünftiges Ergebnis resultiert.

Was aber sind die **Politikimplikationen** dieses Ergebnisses? Es liegt nahe, Eingriffe von staatlicher Seite zu fordern. Solange das Bereitstellungsproblem wenige Individuen betrifft, mag es ausreichen, den Beteiligten die Möglichkeit zu geben, rechtlich **bindende Verträge** über die Bereitstellung von $\bar{G}$ abzuschließen. Der Staat könnte sich dazu verpflichten, die Einhaltung der kollektiv rationalen Absprachen zu überwachen. Die Grenzen dieser Lösung sind weiter oben schon angesprochen worden. Eine alternative Vorstellung ist die, daß die Individuen, wenn sie mit immer denselben Beteiligten immer wieder dieselben Abmachungen schließen, nur um sie sofort wieder zu brechen, neue Strategien entwickeln, das Problem zu lösen. Bei unendlich **wiederholten Kooperationsspielen** könnte z. B. eine Partei die andere nach dem Motto **tit for tat** („do ut des") zur Kooperation erziehen. Ist allerdings die Zahl der Beteiligten sehr groß (wie im Beispiel der Landesverteidigung) oder wechseln die Mitspieler häufig, dann bleibt als Lösung nur die Bereitstellung dieser öffentlichen Güter durch den **Staat.**

b) Stetige Güter

Wie zu sehen war, können im Fall **diskreter Güter** die anfallenden Kosten derart hoch sein, daß sich die Bereitstellung des Gutes für keinen der Haushalte alleine lohnt. Im Gegenteil, es war individuell optimal, als Free-Rider auf die Bereitstellung durch andere zu warten. Die nicht-stetige Natur des betrachteten öffentlichen Gutes in Kombination mit den Konsequenzen der strategischen Interaktion der Individuen (Kooperationsproblem) verhinderte im betrachteten Spezialfall jedwede private Bereitstellung von $\bar{G}$.

Worin unterscheidet sich dann aber die Lösung bei **stetigen öffentlichen Gütern** von der oben abgeleiteten? Kurz gesagt bewirkt die Eigenschaft der Stetigkeit, daß Gleichgewichte, in denen die Individuen überhaupt eine positive Menge öffentlicher Güter bereitstellen, plausibler werden. Das liegt daran, daß für diese Frage im stetigen Fall die Art und Weise der **strategischen Interaktion** von geringerer Bedeutung ist. Solange es nur darum geht, ob im Zusammenspiel der Individuen eine positive Menge des öffentlichen Gutes produziert wird, bedarf es hier keiner expliziten Abmachung über die Verteilung der Lasten der Bereitstellung. Ein stetiges öffentliches Gut G kann jeder Haushalt genau bis zu der Höhe selbst bereitstellen, die seinen eigenen Vorstellungen über Nutzen und Kosten entspricht. Um die Handlungen seiner Mitspieler muß er sich nur insofern kümmern, als er sich Erwartungen über deren Beiträge zu G bildet.

Die Eigenschaft der Stetigkeit ändert allerdings nichts an der Existenz **positiver externer Effekte** der Bereitstellung. Die produzierte Menge ist im stetigen Fall zwar größer als 0, bleibt aber wegen der externen Effekte doch suboptimal gering. Diese Ineffizienz wächst mit der **Anzahl der Teilnehmer** am Bereitstellungsspiel, da mit steigender Teilnehmerzahl auch ein immer größerer Teil der Vorteile der eigenen Produktionsleistung anderen zugute kommt. Stellt man sich nun die Frage, in welcher Form die Individuen das Problem der suboptimal kleinen Bereitstellungsprobleme überwinden könnten, so sieht man sich wiederum mit dem schon bekannten **Kooperationsproblem** konfrontiert. Die Produktion der zum sozialen Optimum noch fehlenden Einheiten würde Kosten verursachen, die keiner der Beteiligten freiwillig auf sich nähme. Eine entsprechende Absprache über die Aufteilung der Kosten wäre vonnöten, aber, wie Abschnitt a) zeigt, nicht zwangsläufig auch stabil.

Um das Problem der privaten Bereitstellung im stetigen Fall formal analysieren zu können, bedarf es noch einiger Vorüberlegungen.

Insbesondere ist es notwendig festzulegen, in welcher Art und Weise die Haushalte das öffentliche Gut produzieren, d. h. es gilt, eine **Produktionsfunktion** für G zu bestimmen. Die einzelnen Haushalte i leisten einen individuellen Beitrag g_i zur Gesamtmenge G des öffentlichen Gutes. Dieser Beitrag stammt aus dem exogen gegebenen Einkommen M_i. Einkommen wie Beitrag zu G werden dabei in Einheiten des privaten Gutes x ausgedrückt. Den Teil ihres Einkommens, den die Haushalte nicht zur Bereitstellung des öffentlichen Gutes verwenden, konsumieren sie (x_i). D.h. es gilt für jeden der i = 1, ..., H Haushalte die Budgetbeschränkung:

$$(10) \quad M_i = g_i + x_i .$$

Es sei unterstellt, daß sich die Gesamtmenge des in der Ökonomie zur Verfügung stehenden öffentlichen Gutes G dann einfach aus der Summe der individuellen Beiträge ergibt. Also ist

$$(11) \quad G = \sum_{i=1}^{H} g_i .$$

Aus den Ausdrücken (10) und (11) folgt, daß die Grenzkosten der Bereitstellung von G gemessen in Einheiten des privaten Gutes gerade gleich 1 sind: Nach (10) muß der Haushalt i gerade auf eine Einheit x verzichten, um einen Beitrag g_i von einer Einheit leisten zu können. Ausdruck (11) zufolge resultiert aus jedem Beitrag g_i eine Menge G in derselben Höhe. Also bedarf es gerade einer marginalen Einheit von x um eine marginale Einheit von G zusätzlich herzustellen. Es gilt hier: $\frac{dK}{dG} = 1$.

Eine zweite Vorüberlegung betrifft die **strategische Interaktion** der beteiligten Individuen. Die Entscheidung der Haushalte ist auch im Fall stetiger Güter von den Erwartungen über das Verhalten der anderen Beteiligten abhängig. Im folgenden sei angenommen, daß das Zusammenspiel der Haushalte in diesem Fall die Form eines **Cournot-Nash-Spiels** hat. Jeder Haushalt i trifft demnach seine Entscheidung über g_i unter der Annahme, daß die Bereitstellungsmenge aller anderen Individuen, also $\sum_{j \neq i=1}^{H} g_j$, hiervon unbeeinflußt bleibt. D.h. es gilt die **Cournot-Nash-Annahme,** daß

$$(12) \quad \frac{\partial G}{\partial g_i} = 1.$$

Aus (11) und (12) läßt sich folgern, daß in diesem Fall jeder Haushalt gerade so viele Einheiten des Gutes G zusätzlich zu der erwarteten Bereitstellungsleistung der jeweils anderen Haushalte bereitstellen wird, daß die insgesamt produzierte Menge, also $G = \sum_{j \neq i=1}^{H} g_j^e + g_i$, aus seiner Perspektive individuell optimal ist. Das gilt unabhängig davon, ob er die Mengen der anderen unter- oder überschätzt. Allerdings kann eine Situation, in der die verschiedenen Haushalte falsche Erwartungen über die Bereitstellungsmengen der jeweils anderen haben, kein **Nash-Gleichgewicht** sein. Unterschätzt ein Haushalt die Menge $\sum_{j \neq i=1}^{H} g_j$, so würde er aus eigener Sicht mehr herstellen als nötig wäre, um auf das von ihm gewünschte Gesamtniveau zu gelangen. Überschätzt er den Beitrag der anderen, so wäre sein eigener Beitrag im Nachhinein zu klein geraten. Im Gleichgewicht müssen sich die **Erwartungen** der Spieler gegenseitig bestätigen.

Der nächste Schritt zur Analyse des Bereitstellungsproblems ist die Untersuchung des Haushaltskalküls und die Beschreibung des Nash-Gleichgewichts. Um die folgenden Überlegungen nicht zu kompliziert werden zu lassen, empfiehlt es sich, einen **Spezialfall** zu untersuchen. Im folgenden sei daher unterstellt, daß die Zahl der Haushalte wiederum H = 2 ist. Zudem sei angenommen, daß diese Haushalte **identisch** sind, d.h. das sie die gleiche **Präferenzordnung** und das gleiche **Einkommen** aufweisen. Diese Symmetrieannahme stellt sicher, daß die Individuen dann, wenn sie einen Beitrag zum öffentlichen Gut leisten, identische Vorstellungen über die optimale Höhe von G haben. Andernfalls könnte ein Haushalt, der die von seinen Mitspielern bereitgestellte Menge für zu groß hält, negative Beiträge zu G leisten wollen. Negative Beiträge, also Zahlungen der Mitspieler an diesen Spieler, sind aber nicht sehr plausibel. Wollte man diese Möglichkeit ohne eine Symmetrieannahme ausschließen, so müßte man deutlich kompliziertere Optimierungsverfahren (z. B. das nach Kuhn-Tukker) für das Haushaltskalkül heranziehen.

Wie gestaltet sich nun das **Kalkül** eines Haushalts, der über die Bereitstellung eines stetigen öffentlichen Gutes zu befinden hat? Die **Nutzenfunktion** des Haushalts i lautet in allgemeiner Form

(13) $u_i = u_i(x_i, G) \quad \text{mit} \quad i = 1, 2.$

D. h. die Haushalte ziehen einen positiven Nutzen aus der Höhe des Konsums des privaten Gutes (x_i) und der Menge des öffentlichen Gutes (G) in der Ökonomie. Die Nutzenfunktionen sollen den üblichen Annahmen genügen und nur soweit spezifiziert werden, daß x_i und G für die Haushalte **superiore** Güter sind.

Das **Haushaltskalkül** soll zunächst **intuitiv,** dann formal beschrieben werden. Es sei angenommen, der Haushalt i verwendet im Ausgangspunkt seine gesamte Erstausstattung M_i auf den Konsum des privaten Gutes und erwartet eine bestimmte Bereitstellungsmenge $\bar{g}^e_{j \neq i}$ von der Seite des Haushaltes $j \neq i$. Einen eigenen, positiven Beitrag zur Gesamtmenge G, d. h. $g_i > 0$, wird er genau dann wählen, wenn im Ausgangspunkt der Grenznutzen aus G größer ist als der Grenznutzen des Konsums von x. Unter den getroffenen Annahmen über die Präferenzordnung des Haushalts ist das der Fall. Seinen individuell optimalen Beitrag g_i^* findet er, indem er g_i erhöht, bis der Grenznutzen in beiden Verwendungen seiner Erstausstattung gerade gleich ist. Im Haushaltsoptimum mit $g_i^* > 0$ gilt demnach $\frac{\partial u_i}{\partial x_i} = \frac{\partial u_i}{\partial G}$ bzw.:

(14) $$-\left.\frac{dx_i}{dG}\right|_{\bar{u}_i} = \frac{\partial u_i/\partial G}{\partial u_i/\partial x_i} = 1.$$

Ausdruck (14) besagt, daß für einen solchen Haushalt im individuellen Optimum das Grenznutzenverhältnis von G und x respektive die **Grenzzahlungsbereitschaft** für G in Einheiten des privaten Gutes x gerade gleich den **Grenzkosten** der Bereitstellung von G in Einheiten des privaten Gutes sein muß. Daß „1“ für die Grenzkosten steht, ist oben schon erläutert worden: gemäß der Produktionsfunktion (11) muß der Haushalt für die Bereitstellung einer weiteren Einheit des öffentlichen Gutes gerade eine Einheit des privaten Gutes aufgeben.

Die **formale** Ableitung von Ausdruck (14) kann sich wegen der Symmetrieannahme für Präferenzen und Einkommen des Lagrange-Ansatzes bedienen. Betrachtet sei stellvertretend Haushalt 1. Haushalt 1 maximiert seine Nutzenfunktion unter der Nebenbedingung der Budgetrestriktion und gegeben seiner Erwartung über die Bereitstellungsmenge des Haushalts 2:

(15) $L = u_1(x_1, G) + \lambda(M_1 - g_1 - x_1).$

Man beachte, daß dabei gilt: $G = g_1 + \bar{g}_2^e$ und $\frac{\partial G}{\partial g_1} = 1$. Die Ableitung nach den Variablen x_1 und g_1 und die übliche Umstellung ergibt für Haushalt 1 respektive analog für Haushalt 2:

$$(16) \quad \frac{\partial u_1/\partial G}{\partial u_1/\partial x_1} = 1 \quad \text{bzw.} \quad \frac{\partial u_2/\partial G}{\partial u_2/\partial x_2} = 1\,.$$

Aus der Ableitung nach dem Lagrange-Multiplikator λ folgt wieder die Budgetrestriktion (10). Dieses Ergebnis ist nichts anderes als die individuelle Optimalitätsbedingung (14), die oben intuitiv abgeleitet wurde.

Wie sieht nun das gesuchte **Nash-Gleichgewicht** aus, das sich aus dem eben beschriebenen Kalkül der Haushalte ableiten läßt? Das Nash-Gleichgewicht wird durch die Kombination von g_1^* und g_2^* beschrieben, die für beide Haushalte das eben formal besprochene individuelle Optimierungsproblem löst und die Erwartungen über die Bereitstellungsmenge des jeweils anderen Haushalts bestätigt. Abbildung 18 macht das deutlich:

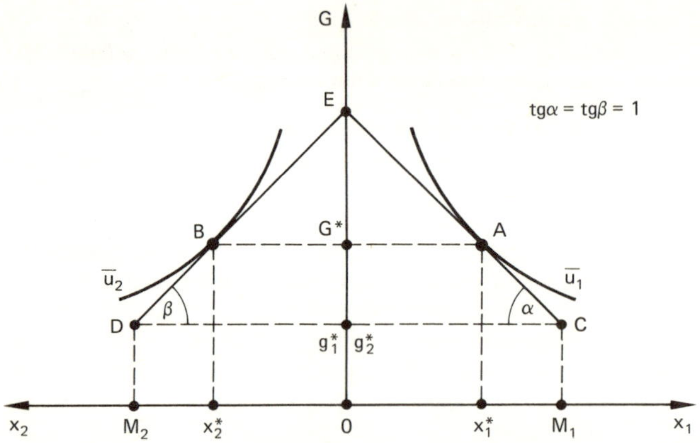

***Abb. 18:** Das Nash-Gleichgewicht bei stetigen öffentlichen Gütern*

Abbildung 18 bildet auf der Abszisse, ausgehend vom gemeinsamen Nullpunkt, den jeweiligen privaten Güterkonsum der Haushalte ab. Auf der den Güterdiagrammen gemeinsamen Ordinate wird die Menge des von beiden Haushalten konsumierten öffentlichen Gutes G abgetragen. Die Haushalte befinden sich in den Punkten A respektive B in ihrem individuellen Optimum. A und B bezeichnen jeweils den Tangentialpunkt der höchsten erreichbaren Indifferenzkurve mit der Budgetrestriktion der Haushalte. In diesen Punkten ist die Grenzrate der Substitution der Haushalte gerade gleich der Steigung der Budgetgerade und so gleich 1. Diese Budgetgerade hat die etwas ungewöhnliche Form.

$$(17) \quad G = g_{j \neq i}^* + M_i - x_i = g_{j \neq i}^* + g_i\,, \quad \text{für die } i, j \neq i = 1,2 \text{ Haushalte,}$$

denn die Menge des öffentlichen Gutes, die der Haushalt i bei gegebener Erstausstattung M_i und gewählten eigenen Konsumniveau x_i zur Verfügung hat, hängt auch von der Beitragsmenge des anderen Haushalts ab. Wählt Haushalt 2 seinen Gleichgewichtsbeitrag g_2^*, dann läuft die Budgetgerade des Haushalts 1 von Punkt C, in dem Haushalt 1 seine gesamte Erstausstattung konsumiert, bis Punkt E, in dem er seine gesamte Erstausstattung in das öffentliche Gut umsetzt. Analog ist die Budgetgerade des Haushalts 2 die Gerade DE, wenn Haushalt 1 seinen Gleichgewichtsbeitrag g_1^* zum öffentlichen Gut leistet.

Die individuellen Optima A mit (x_1^*, g_1^*) und B mit (x_2^*, g_2^*) beschreiben das **Nash-Gleichgewicht** der Ökonomie. Für die Kombination g_1^* und g_2^* befinden sich beide Haushalte auf ihrer jeweiligen Budgetgerade im individuellen Optimum. Die Erwartungen $\bar{g}^e_{j \neq i}$, die sich die Haushalte i für ihr eigenes Kalkül über die Bereitstellungsmenge des anderen Haushalts gebildet haben, bestätigen sich gegenseitig: Haushalt 1 stellt mit der Menge $M_1 - x_1^*$ gerade die Menge g_1^* bereit, die Haushalt 2 in seiner Budgetgerade DE unterstellt hat. Für Haushalt 2 gilt vice versa, daß er mit der Menge g_2^* soviel von G bereitstellt, wie Haushalt 1 für die Berechnung seiner Budgetgerade CE unterstellt hat. Unter den getroffenen Annahmen existiert ein eindeutiges Nash-Gleichgewicht, in dem die Haushalte privat und ohne staatliches Zutun eine positive Menge des öffentlichen Gutes bereitstellen. Es gilt hier:

$$(18) \quad G^* = g_1^* + g_2^* > 0.$$

Was aber sind die Wohlfahrtseigenschaften dieses Ergebnisses? Formal läßt sich die soziale **Suboptimalität** der privaten Bereitstellung wie folgt zeigen: Wegen der Identität der Haushalte gilt, daß die Summe der Grenzzahlungsbereitschaften in diesem Fall einfach gleich dem H-fachen der Grenzzahlungsbereitschaft eines der Haushalte (Haushalt i) ist. Im **sozialen Optimum** soll, nach der **Samuelson-Regel,** diese Summe gleich den Grenzkosten, d.h. gleich 1, sein:

$$(19a) \quad \sum_{i=1}^{H} GZB_i = H\left(-\left.\frac{dx_i}{dG}\right|_{\bar{u}_i}\right) = 1 \quad \text{bzw.}$$

$$(19b) \quad -\left.\frac{dx_i}{dG}\right|_{\bar{u}_i} = \frac{1}{H}.$$

Die individuelle Optimalitätsbedingung (14) fordert von den Haushalten hingegen, daß die **eigene Grenzzahlungsbereitschaft** gleich den Grenzkosten, sprich gleich $1 > \frac{1}{H}$, ist. Der Ausdruck (19b) zeigt, daß die Grenzzahlungsbereitschaften der Haushalte im Gleichgewicht damit im Verhältnis zum sozialen Optimum **zu hoch** sind. (19b) macht auch klar, daß die private Bereitstellung des öffentlichen Gutes desto weiter von der sozial optimalen entfernt ist, je größer die Zahl der beteiligten Haushalte H ist. Abbildung 19 verdeutlicht, daß die Haushalte damit im Gleichgewicht eine sozial suboptimal **kleine** Menge des Gutes G bereitstellen.

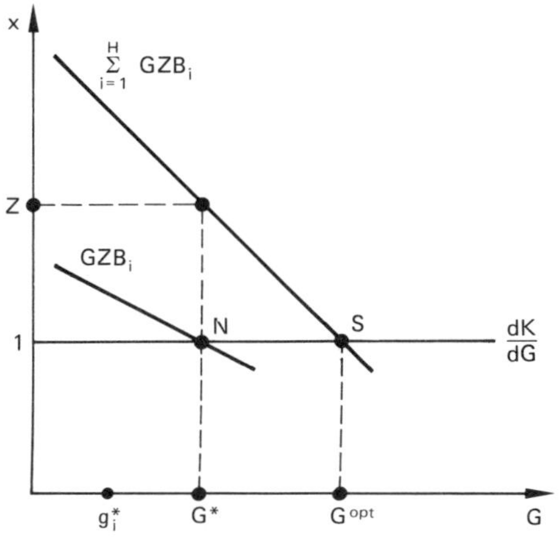

Abb. 19: *Die Ineffizienz der privaten Bereitstellung eines öffentlichen Gutes*

In Abbildung 21 steht GZB_i ($i = 1,2$) wegen der Symmetrieannahme für die Grenzzahlungsbereitschaft beider Haushalte. Die Haushalte wählen im Gleichgewicht (N) beide die Menge G^* des öffentlichen Gutes, von der sie jeweils g_i^* selbst bereitstellen. Der Punkt N entspricht den Punkten A und B in Abbildung 19. Wie man gut erkennen kann, ist hier die Summe der Grenzzahlungsbereitschaften (Z) größer als die Grenzkosten. In Punkt S, für die Menge G^{opt}, ist die Summe der Zahlungsbereitschaften gerade gleich den Grenzkosten, d.h. hier liegt das **Pareto-Optimum.** Daraus folgt, wie erwähnt, daß die im Gleichgewicht bereitgestellte Menge des öffentlichen Gutes kleiner ist als die pareto-optimale. D.h. es gilt:

(20) $0 < G^* < G^{opt}$.

Es bleibt demnach festzuhalten, daß die Haushalte zwar eine gewisse Menge des öffentlichen Gutes privat bereitstellen, daß sie aber insgesamt zu wenig produzieren. Die Wohlfahrt der Beteiligten ließe sich noch steigern, wenn man die Versorgung mit dem öffentlichen Gut verbessern könnte. Analog dem Fall diskreter Güter könnte man hier an eine kooperative **Absprache** über die Produktion der zum Optimum fehlenden $G^{opt} - G^*$ Einheiten denken. Doch würde sich hier dasselbe Kooperationsproblem wie im diskreten Fall auftun. Wieder bietet sich als Lösung **staatliche Intervention** an. Der Staat hätte wiederum die Möglichkeit, die Absprachen bindend zu machen, d.h. Nichteinhaltung zu sanktionieren. Dies würde den beteiligten Individuen die Lösung ihres Kooperationsproblems ermöglichen.

Eine zweite Möglichkeit scheint zu sein, daß der Staat einfach die zum Optimum fehlenden $G^{opt} - G^*$ Einheiten des öffentlichen Gutes selbst bereitstellt. Tatsächlich kann er das nicht. **Staatliche Bereitstellung** kann nicht einfach die private Bereitstellung ergänzen. Für das Argument sei unterstellt, der Staat könnte die notwendigen Ressourcen für seine Bereitstellungsleistung in Form einer harmlosen Pro-Kopf-Abgabe erheben. Mittels dieser Ressourcen tritt er quasi als „dritter Spieler" mit der Menge $G^{Staat} = G^{opt} - G^*$ in das Bereitstellungsspiel ein. Wenn die Haushalte die richtigen Erwartungen über G^{Staat} haben, so werden sie ihre eigene Bereitstellungsleistung um genau diesen Betrag reduzieren eben weil ihr individuelles Optimum nur G^* und nicht $G^* + G^{Staat}$ ist. Damit aber ist die insgesamt bereitgestellte Menge gerade die alte. Es gäbe ein vollständiges **„Crowding Out"** privater Bereitstellung durch die Bereitstellung des Staates. Soweit der Staat die Haushalte mit der pareto-optimalen Menge G^{opt} versorgen wollte, müßte er die gesamte Menge G^{opt} selbst bereitstellen.

C. Externe Effekte und Umweltpolitik

1. Der Begriff des externen Effekts

Externe Effekte liegen vor, wenn die Nutzen- oder Produktionsfunktion eines Wirtschaftssubjekts Variablen enthält, deren Werte von anderen bestimmt werden, die die Auswirkungen auf die Wohlfahrt des betroffenen Wirtschaftssubjektes nicht berücksichtigen. Verursacher negativer externer Effekte kommen nicht für die von ihnen verursachten Schäden auf, Verursacher positiver externer Effekte werden dafür nicht kompensiert. Das Problem externer Effekte entsteht somit aufgrund unzureichend zugewiesener Eigentumsrechte.

Die zentrale Eigenschaft externer Effekte ist, daß sie nicht über Märkte gehandelt werden. Singt Placido Domingo in der Philharmonie vor zahlendem Publikum, so übt er im allgemeinen keinen externen Effekt aus: Eine Konzertkarte ist ein ganz normales privates Wirtschaftsgut. Anders sieht die Sache aus, wenn Domingo in seinem Hotelzimmer übt: Je nach Geschmack wird sein Zimmernachbar den Gesang als positiven oder negativen externen Effekt empfinden.

Es gibt zahlreiche Beispiele für externe Effekte. Sie können von Konsumenten auf Konsumenten ausgeübt werden – beispielsweise durch das Rauchen –, von Unternehmen auf Konsumenten oder auch von Unternehmen aufeinander. Besondere Bedeutung erhält das Konzept externer Effekte durch die Umweltproblematik. Wer nur seinen eigenen Mikrokosmos verschmutzt, ohne andere dadurch zu beeinträchtigen, übt keinen externen Effekt aus. Meistens müssen jedoch auch andere unter Umweltverschmutzung leiden. Nitrate aus der Düngung gelangen ins Trinkwasser und gefährden die Gesundheit der Konsumenten; Schwefeldioxid aus Kraftwerken verbreitet sich über die Luft und zerstört die Wälder; Schwermetalle aus dem Straßenverkehr lagern sich in Böden an und reduzieren Menge und Qualität des angebauten Gemüses. All dies sind **negative externe Effekte.** Einen **positiven externen Effekt** übt beispielsweise ein Hausbesitzer aus, der zur Freude seiner Nachbarn seine Fassade schön renoviert. Ein bekanntes Beispiel sind die Bienen des Imkers, die die Pflanzen in der nahegelegenen Gärtnerei bestäuben. Wenn damit meistens die Phantasie der Lehrbuchschreiber erschöpft ist, so hat das seinen Grund: Wie sich in der folgenden Analyse zeigen wird, gibt es große Anreize, negative externe Effekte auszuüben und geringe Anreize, positive externe Effekte zu produzieren (vgl. auch den vorhergehenden Abschnitt). Entsprechend sind letztere in der Realität rar.

Die bisher beschriebene Art realer externer Effekte, die auch als **technologische externe Effekte** bekannt sind, führt ohne korrigierende Eingriffe oder **Internalisierung** zu Wohlfahrtsverlusten. Unter Internalisierung versteht man den vollständigen Einbezug des externen Effekts in das Kalkül des Verursachers, beispielsweise dadurch, daß er für alle Schäden voll haften muß. Neben den technologischen externen Effekten existieren auch noch sogenannte **pekuniäre** externe Effekte. Sie sind keine Externalitäten im eigentlichen Sinne, da sie direkt über Märkte ausgeübt werden. Pekuniäre externe Effekte entstehen durch Preisänderungen aufgrund wirtschaftlicher Aktivitäten. Wenn beispielsweise ein Unternehmen ein neues Verfahren entwickelt, mit dem es zu niedrigeren Grenzkosten produzieren kann, so wird es seine Produktion steigern. Dadurch sinkt der Preis, und die Gewinne der Konkurrenzunternehmen, die dasselbe Gut produzieren, fallen: Sie sind Opfer des pekuniären externen Effekts. Pekuniäre externe Effekte mögen zu Lasten einzelner Wirtschaftssubjekte gehen; sie gehen jedoch nicht zu Lasten der Gesamtwohlfahrt, sondern sind zwangsläufige Folgen eines funktionierenden Marktsystems. Mit ihnen wird sich dieser Abschnitt daher nicht weiter beschäftigen.

2. Externe Effekte und Pareto-Optimalität

Externe Effekte beeinträchtigen die Wohlfahrt, weil sie im falschen Umfang bereitgestellt werden. Zur Erläuterung dieser Aussage sei der einfachste Fall einer **Outputexternalität** betrachtet. Outputexternalität bedeutet, daß der externe Effekt direkt von der produzierten Menge eines bestimmten Gutes abhängt. Das liegt beispielsweise daran, daß zur Herstellung ein ganz bestimmtes Verfahren eingesetzt wird, das Schadstoffe in einem festen Ausmaß freisetzt. Der Emittent sei ein Kohlekraftwerk, dessen Schwefelausstoß direkt von der produzierten Leistung abhängt; geschädigt wird eine Baumschule, deren Erträge durch den erzeugten sauren Regen geschmälert werden.

Beide Unternehmen produzieren mit Hilfe zweier Produktionsfaktoren, deren gesamter Bestand mit $\mathring{v}_1$ und $\mathring{v}_2$ gegeben ist.

Die Produktionsfunktion des Verursachers enthält als Argument nur die verwendeten Produktionsfaktoren, die des Empfängers hingegen auch den externen Effekt. x sei das Gut, das den externen Effekt ausübt. Die Produktionsfunktion des Kraftwerks lautet dann:

$$(1) \qquad x = x(v_{1x}, v_{2x})$$

Da der Ertrag der Baumschule direkt von der Kraftwerksleistung abhängt, schreibt sich ihre Produktionsfunktion folgendermaßen:

$$(2) \qquad y = y(v_{1y}, v_{2y}, x) \qquad \partial y/\partial x < 0$$

$\partial y/\partial x < 0$ bedeutet, daß x einen negativen externen Effekt auf y ausübt; im Fall eines positiven externen Effekts gälte hingegen $\partial y/\partial x > 0$.

Welche Mengen von x und y sollten nun im Optimum produziert werden? Ein sozialer Planer würde den Gesamtwert der Produktion in beiden Unternehmen maximieren; Nebenbedingung ist die Verwendung der gesamten Faktorbestände in beiden Produktionen:

$$(3) \qquad L = p_x x(v_{1x}, v_{2x}) + p_y y(v_{1y}, v_{2y}, x(v_{1x}, v_{2x})) + \lambda(\mathring{v}_1 - v_{1x} - v_{1y}) + \mu(\mathring{v}_2 - v_{2x} - v_{2y})$$

Ableitung nach v_{1x}, v_{1y}, v_{2x}, v_{2y} und Umformung ergibt folgende Optimalbedingungen:

$$(4) \qquad p_x \frac{\partial x}{\partial v_{1x}} + p_y \frac{\partial y}{\partial x} \frac{\partial x}{\partial v_{1x}} = p_y \frac{\partial y}{\partial v_{1y}}$$

$$(5) \qquad p_x \frac{\partial x}{\partial v_{2x}} + p_y \frac{\partial y}{\partial x} \frac{\partial x}{\partial v_{2x}} = p_y \frac{\partial y}{\partial v_{2y}}$$

Die volkswirtschaftlichen Wertgrenzprodukte eines jeden Faktors müssen demnach in allen Verwendungen gleich sein. Übt ein Faktor in einer Produktion – hier bei x – einen externen Effekt aus, so muß auch dieser externe Effekt bewertet und dem Wertgrenzprodukt zugerechnet werden. Die linken Seiten der beiden obigen Gleichungen beschreiben also das Wertgrenzprodukt der beiden Faktoren, wenn sie in der Herstellung von x eingesetzt werden; der zweite Term auf der linken Seite entspricht dem externen Effekt. Weil $\partial y/\partial x < 0$, muß das direkte Wertgrenzprodukt der Faktoren in der Produktion von x um den Wert des externen Effekts größer sein als das Wertgrenzprodukt derselben Faktoren in der Herstellung von y.

Durch Umstellen von Gleichung (4) läßt sich der Bezug zur Grenzrate der Transformation herstellen (analog für den anderen Faktor):

$$(4\,a) \qquad \frac{p_x}{p_y} = \frac{\partial y/\partial v_{1y}}{\partial x/d v_{1x}} - \frac{\partial y}{\partial x}$$

Die rechte Seite von Gleichung (4a) stellt die tatsächliche Grenzrate der Transformation dar. Dieser Ausdruck für das Maß, in dem Gut y in Gut x transformiert werden kann, hat zwei Komponenten. Die erste Komponente – der erste Ausdruck auf der rechten Seite der Gleichung – entspricht der direkten Grenzrate der Transformation, wie man sie aus der Produktionstheorie kennt. Zu dieser direkten Transformationsrate kommt nun jedoch die externe dazu: Die Mehrproduktion von x wirkt sich wegen des externen Effekts zusätzlich negativ auf y aus. Die Grenzrate der Transformation ist also um $-\delta y/\delta x$ größer, als sie es ohne externe Effekte wäre.

Werden die Optimalbedingungen (4) (bzw. (4a)) und (5) im Marktgleichgewicht erfüllt, wenn jedes Unternehmen für sich einzeln optimiert? Jedes Unternehmen berücksichtigt in seinem Kalkül natürlich nur den eigenen Gewinn. Der externe Effekt taucht in der Gewinnfunktion des Verursachers (Unternehmen 2) nicht auf:

$$(5) \quad G_2 = p_x x(v_{1x}, v_{2x}) - q_1 v_1 - q_2 v_2$$

Gewinnmaximierung führt daher zu der üblichen Bedingung nach der Inputregel, wonach das direkte Wertgrenzprodukt dem Faktorpreis entspricht:

$$(6) \quad p_x \frac{\partial x}{\partial v_{ix}} = q_i$$

Auch Unternehmen 1, das unter dem externen Effekt leidet, maximiert entsprechend der Inputregel seinen Gewinn. Dabei kann es nur die Mengen der Faktoren kontrollieren, die es selbst verwendet; v_{1x} und v_{2x} beeinflussen zwar seine Produktion, werden aber ausschließlich von Unternehmen 1 bestimmt.

$$(7) \quad G_1 = p_y y(v_{1y}, v_{2y}, x(v_{1x}, v_{2x})) - q_1 v_1 - q_2 v_2$$

Die Optimalbedingung des Einzelunternehmens lautet auch hier

$$(8) \quad p_y \frac{\partial y}{\partial v_{iy}} = q_i$$

Die voneinander unabhängige Optimierung in den beiden Unternehmen führt daher dazu, daß das **direkte** Wertgrenzprodukt eines Faktors in beiden Produktionen gleich ist – der Faktorpreis q_i ist schließlich in allen Verwendungen identisch. Damit werden aber die oben abgeleiteten Optimalbedingungen 4 und 5 verletzt. Das liegt daran, daß eine zu große Menge des Gutes x produziert wird, das den negativen externen Effekt verursacht. Denn im volkswirtschaftlichen Optimum müßte das direkte Wertgrenzprodukt eines jeden Faktors in der Produktion von x wie oben gezeigt höher sein als in der Produktion von y. Bei abnehmenden Grenz- und Skalenerträgen ist das nur dadurch möglich, daß die Faktoreinsatzmengen in der Produktion von x reduziert werden; es müssen also Inputs aus der Herstellung von x zu y hin umgeschichtet werden.

Outputexternalitäten führen somit zu einer **falschen Produktionsstruktur:** Von Gütern, die negative externe Effekte verursachen, wird zu viel produziert; von Gütern mit positiven externen Effekten hingegen zu wenig, wie man sich durch analoge Argumentation klarmachen kann. Es wird allerdings auf der Transformationskurve produziert: Durch Umformung der Gleichungen 4 und 5 läßt sich zeigen, daß im gesellschaftlichen Optimum die Grenzraten der technischen Substitution zwischen den beiden Faktoren in allen Verwendungen gleich sein müssen. Die Erfüllung dieser Bedingung wird im Gleichgewicht durch die Faktorpreise garantiert. Es wird daher ein Punkt wie A in Abbildung 20 erreicht: Die Wirtschaft befindet sich zwar auf der Transformationskurve, es wird jedoch nicht die nutzenmaximale Güterkombination B produziert, sondern zu viel von x und entsprechend zu wenig von y. Das Preisverhältnis ($-\text{tg}\,\alpha$) orientiert sich nicht an der tatsächlichen Grenzrate der Transformation, die eben den externen Effekt beinhaltet.

In Abbildung 20 sieht man den **Wohlfahrtsverlust** nur indirekt: In Punkt A ist nur das Nutzenniveau U_1 verwirklicht, wohingegen die bestmögliche Indifferenzkurve mit Nutzenniveau U_2 durch Produktion im Punkt B erreicht würde. Abbildung 21 zeigt die Größe dieses Wohlfahrtsverlusts im **Partialmarktdiagramm.** Sie stellt den Markt für das Gut x dar, das den externen Effekt verursacht. Die Kurve dK_p/dx gibt die privaten Grenzkosten wieder, also die Kosten, die dem Produzenten von Gut x für

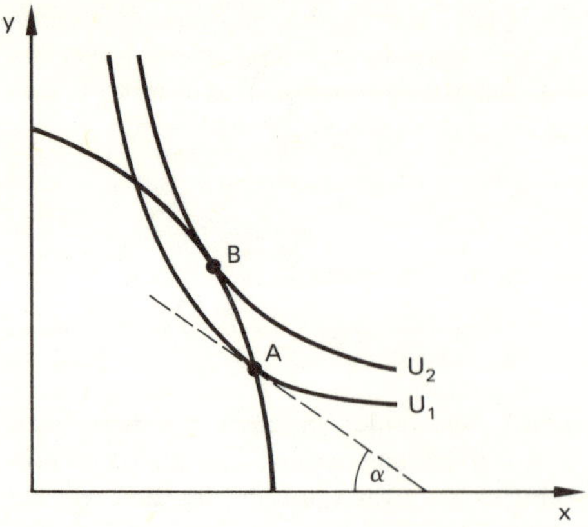

Abb. 20: Produktionsstruktur bei negativem externen Effekt

die von ihm verbrauchten Faktoren entstehen. dK_s/dx stellt hingegen die sozialen Grenzkosten dar, d.h. sämtliche durch die Produktion von x entstehenden Kosten. Die privaten Kosten sind ein Teil davon; die Differenz zwischen den privaten Kosten und den sozialen Kosten entspricht dem externen Effekt.

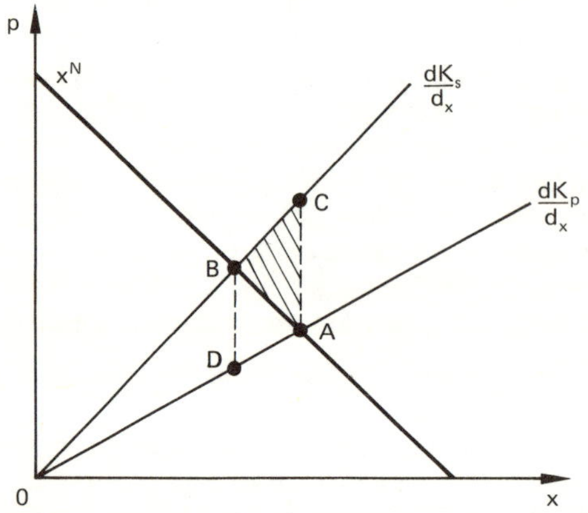

Abb. 21: Partialmarkt für ein Gut, das einen negativen externen Effekt verursacht

Für das Kalkül eines Unternehmens sind nur die Kosten relevant, die es selbst zu tragen hat. Das bedeutet, daß es sich an den privaten Grenzkosten orientiert, deren steigender Ast ja bekanntlich seine Angebotskurve darstellt. In Abbildung 21 ist dK_p/dx die aggregierte Angebotskurve für x, x^N die gesamte Nachfrage. Als gleichgewichtige Preis-Mengen-Kombination ergibt sich der Punkt A. Gesellschaftlich ist dieser Punkt nicht optimal: Die sozialen Kosten der letzten Einheit des Gutes übersteigen ihren sozialen Nutzen, der ja durch die Grenzzahlungsbereitschaft der Haushalte repräsentiert wird, um die Strecke AC. Gesamtgesellschaftlich wäre es von Vorteil, diese Einheit nicht mehr zu produzieren. Auch die vorletzte Einheit verbraucht insgesamt mehr Ressourcen, als sie Nutzen stiftet: Sie sollte ebenfalls nicht produziert werden. Dieses Argument gilt von A ausgehend bis zum Punkt B: Hier ist die Grenzzahlungsbereitschaft für die letzte produzierte Einheit genauso groß wie die dafür entstehenden Grenzkosten, weiter links ist sie größer. Die Preis-Mengen-Kombination

B stellt das gesellschaftliche Optimum dar, Punkt A hingegen das Marktgleichgewicht. Güter, die negative externe Effekte verursachen, werden also in zu großen Mengen hergestellt und zu billig verkauft.

Die schraffierte Fläche ABC entspricht dem **Wohlfahrtsverlust durch den externen Effekt.** Der gesamte externe Effekt ist größer: Er beträgt im Marktgleichgewicht A0C, also die Fläche zwischen den sozialen und privaten Grenzkosten. Der externe Effekt an sich stellt aber noch keinen Wohlfahrtsverlust dar: Er bedeutet zunächst einfach eine Umverteilung von Kosten hin zu den Geschädigten. Ein Allokationsproblem wird erst dadurch daraus, daß die Verursacher des externen Effekts mit den falschen Kosten kalkulieren und deshalb statt der optimalen Menge x_s die Menge x_p produzieren. Würde hingegen x_s hergestellt, so wäre aus allokativer Sicht das Optimum erreicht – nichtsdestotrotz würde die Branche x aber immer noch externe Kosten in Höhe der Fläche D0B verursachen.

3. Die Bedeutung von Verhandlungslösungen

Die Existenz externer Effekte allein macht staatliche Eingriffe noch nicht unbedingt nötig. Unter bestimmten Bedingungen kann der private Sektor durch **Verhandlungen** zum effizienten Ergebnis gelangen. Dies ist die Erkenntnis, die Coase[1] 1960 in seinem berühmt gewordenen Artikel „The Problem of Social Cost" veröffentlichte.

Coases ursprüngliches Beispiel bezog sich auf Rinder, die Getreidefelder zertrampelten; seine Argumentation läßt sich aber auch einfach auf die Umweltproblematik übertragen. Die zwei Akteure seien wieder das Kraftwerk und die Baumschule. Statt der Produkte Strom und Holz wird hier direkt die Reduktion des Schadstoffs, im Beispielsfall Schwefeldioxid, betrachtet. Der Emittent des Schwefeldioxids verfügt über mehrere Möglichkeiten, seinen Ausstoß zu senken: Er kann die Produktion von x reduzieren oder auch Filteranlagen installieren. Er würde von allen möglichen Methoden natürlich zunächst die billigste wählen und erst nach und nach zu den teureren Verfahren der Schadstoffvermeidung übergehen. Die dadurch entstehenden **Schadstoffvermeidungskosten** steigen daher mit zunehmender Reduktionsmenge r überproportional an; die **Grenzvermeidungskosten** verlaufen also ansteigend: $dK/dr > 0, d^2K/dr^2 > 0$. Die maximale Menge an Schwefeldioxid, die das Kraftwerk ohne Rücksicht auf die Baumschule ausstoßen würde, sei e°. Sie wird auch als Laissez-faire-Menge bezeichnet.

In Abbildung 22 ist von links nach rechts die **Vermeidungsmenge r** abgetragen. Links ist die Vermeidung 0, die Emissionsmenge hat somit ihr maximales Niveau e°. Von rechts nach links sind hingegen die **Emissionen** abgetragen; ganz rechts sind sie auf Null reduziert. Hier beträgt die Vermeidungsmenge e°. Die Summe aus Emissionen und Vermeidung ergibt immer e°, die Breite des Diagramms. Die Grenzvermeidungskostenkurve steigt von links nach rechts mit zunehmender Schadstoffvermeidung.

Die mit $-dS/dr$ bezeichnete Linie gibt die Grenzschäden der Baumschule aus der Umweltverschmutzung wieder; sie sind bei Emissionsniveaus nahe Null als niedrig angenommen. Die Baumschule macht maximalen Gewinn, wenn der Schadstoffausstoß Null ist. Jede Zunahme der Schwefeldioxidemissionen führt zu Schäden S, die den Gewinn mindern; $dS/de > 0$. Da die Emissionen im Umfang der Vermeidungs-

[1] Ronald Coase, geboren 1910

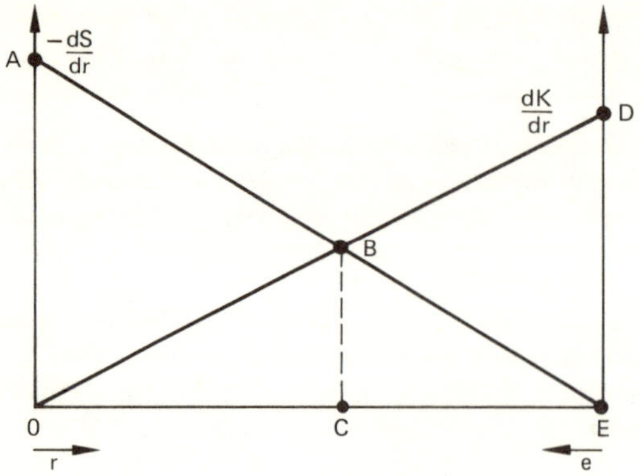

Abb. 22: Verhandlungslösung

maßnahmen des Kohlekraftwerks sinken (de/dr = −1), nehmen die Schäden bei steigenden Vermeidungsmaßnahmen ab; dS/dr < 0. Die marginalen Gewinnminderungen (oder **Grenzschäden aus Umweltverschmutzung**) sinken im Beispielsfall mit zunehmender Schadstoffreduktion, sie steigen also vom Punkt E aus gesehen an.

Zunächst sei kurz überlegt, wo sich das soziale Optimum befindet. Im Optimum sind die gesamten Kosten, d.h. die Summe aus den Vermeidungskosten des Kraftwerks und den Schadenskosten der Baumschule, minimal. Links von B übersteigt der Grenzschaden der Baumschule aus der Emission einer Einheit Schwefeldioxid die Grenzkosten, die das Kraftwerk aufwenden müßte, um diese Einheit zu vermeiden; die Gesamtkosten sinken hier, wenn man den Schadstoffeintrag reduziert. Bei niedrigen Emissionsniveaus – rechts von Punkt B – übersteigen hingegen die Grenzkosten der Schadensvermeidung den Grenzschaden, den die Baumschule durch die letzte Schadstoffeinheit erleidet. Die Gesamtkosten sinken also, wenn man die Emissionen erhöht. Im Punkt B sind Kostensenkungen weder durch Emissionsminderung noch durch Emissionserhöhungen erreichbar – er stellt das Optimum dar.

Nun sei dem Kraftwerk zugestanden, so viel zu emittieren, wie es nur möchte: Es besitzt also das Recht auf die Emission. Damit kann es als **Anbieter von Schadstoffreduktionen** auftreten, die Baumschule hat die Rolle eines **Nachfragers.** Des weiteren sei es den beiden Parteien möglich, bindende Verträge zu schließen, die vor Gericht eingeklagt werden können. Wird das Kraftwerk nun e° emittieren? Die Baumschule hat eine Grenzzahlungsbereitschaft in Höhe von A für die Reduktion einer Einheit Schadstoff – das Kraftwerk könnte in diesem Punkt fast zum Nulltarif reduzieren. Beide Seiten können sich also verbessern, wenn das geschädigte Unternehmen den Verursacher dafür bezahlt, weniger zu emittieren. Auch bei den nächsten Schadstoffeinheiten besteht Verhandlungsspielraum – bis eben zum Punkt B, wo dem Kraftwerk die Emission genauso viel wert ist wie der Baumschule die Verhinderung der Emission. Es wird also zu einem Vertrag kommen, in dem sich das Kraftwerk gegen Zahlung einer Kompensation bereit erklärt, nur noch die Menge CE auszustoßen.

Die Höhe der Kompensation ist unbestimmt. Bekannt ist, daß in der Baumschule durch die Schadensvermeidung Kosten in Höhe von ABC0 eingespart werden. Mehr wird sie nicht zu zahlen bereit sein. Dem Kraftwerk entstehen durch die freiwillige Schadstoffvermeidung Kosten in Höhe der Fläche unter der Grenzvermeidungskostenkurve, also von 0BC. Die Kompensationszahlung muß mindestens genauso hoch sein, um diesen Vertrag lohnend zu machen. Das genaue Ergebnis hängt vom Verhandlungsgeschick der Beteiligten ab, es wird aber auf jeden Fall zwischen diesen beiden Größen liegen.

Was passiert, wenn die Eigentumsrechte von Anfang an anders verteilt sind? Betrachten wir den anderen Extremfall, in dem die Baumschule das Recht auf saubere Luft hat und dem Kraftwerk sämtliche Emissionen verbieten kann. Sie kann somit als **Anbieterin von Verschmutzungsrechten** auftreten, das Kraftwerk ist in diesem Fall der **Nachfrager.** Der Ausgangspunkt wäre in der Graphik Punkt E ganz rechts. In diesem Fall hat das Kraftwerk einen Anreiz, der Baumschule das Recht auf Emissionen abzukaufen. Seine Grenzzahlungsbereitschaft für die erste Einheit ist mit D sehr hoch, während die Baumschule eigentlich nur sehr wenig fordern müßte, um sich bei Zulassung einer Emissionseinheit nicht zu verschlechtern. Auch hier besteht ein Anreiz, weiter zu verhandeln, so lange die Emissionsmenge CE noch nicht erreicht ist. Der Preis für das Recht auf Emissionen in Höhe von CE wird zwischen dem dadurch in der Baumschule entstandenen Schaden von BEC und den dadurch eingesparten Vermeidungskosten des Kraftwerks von BDEC liegen.

Unabhängig von der Ausgangsverteilung werden sich die Unternehmen immer auf Schadstoffvermeidung in Höhe von C (bzw. Emissionen in Höhe von CE) einigen. Dies ist der Kern des **Coase-Theorems,** das sich in zwei Aussagen spalten läßt:

1.) Egal, welche Ausgangsverteilung vorliegt, werden sich zwei Parteien immer auf dieselbe Allokation einigen, sofern Eigentumsrechte klar definiert und Verträge durchsetzbar sind und die Transaktionskosten nicht zu hoch liegen **(Invarianzthese).**

2.) Die Allokation, auf die sich die Parteien einigen, ist optimal **(Optimalitätsthese).**

Gilt das Coase-Theorem, so erfordert die Existenz von Externalitäten keine staatlichen Eingriffe. Der Staat muß lediglich das öffentliche Gut eines funktionierenden Rechtssystems bereitstellen; Verursacher von externen Effekten und Geschädigte werden sich dann auf eine effiziente Allokation einigen. Ob ursprünglich der Emittent das Emissionsrecht besitzt oder der Geschädigte das Recht, die Emission zu verhindern, spielt für die **Allokation** keine Rolle. Es hat allerdings **Verteilungsimplikationen.**

Im Anschluß an Coases Veröffentlichung entspann sich eine lebhafte Diskussion, inwieweit die Ergebnisse gültig und relevant sind. So wurde beispielsweise gezeigt, daß die Invarianzthese nicht mehr gilt, sobald Haushalte beteiligt sind. Teilt man ihnen das Recht auf Emissionsverhinderung zu, so haben sie ein höheres Vermögen bzw. Einkommen, als wenn sie den Unternehmen dieses Recht abkaufen müssen. Wenn aber die Einkommenselastizität der Nachfrage nach Umweltqualität nicht gerade 0 ist, bedeutet das, daß je nach anfänglicher Zuteilung der Rechte sich eine andere Nachfrage der Haushalte und damit auch eine andere Allokation ergeben wird. Die sich ergebende Allokation ist allerdings auf jeden Fall effizient.

Ein viel gewichtigerer Einwand ist im Zusammenhang mit der Umweltproblematik der der **Transaktionskosten.** Typischerweise sind von Umweltverschmutzung sowohl auf Emittenten- als auch auf Geschädigtenseite viele betroffen. Verhandlungen dürften daher nicht so einfach zu arrangieren sein – sie finden ja in der Realität auch kaum statt. Wenn sich die Schäden auf viele Opfer verteilen, so ist der Anreiz für den einzelnen sehr gering, Zeit und Geld aufzuwenden, um mit den Unternehmen über Schadstoffreduktionen zu verhandeln. Im Endeffekt müßte er ein **öffentliches Gut** bereitstellen – und wie in Abschnitt B gezeigt wurde, geschieht das gerade bei hoher Teilnehmerzahl nur in sehr geringem Umfang.

An dieser Stelle sei noch einmal der Charakter des Gutes „Umweltqualität" näher betrachtet. Auf Emittentenseite ist Umwelt ein **privates Gut:** Wenn beispielsweise ein Unternehmen das Recht zu verschmutzen erwirbt, so kommt dieses Recht ihm alleine zugute: Kein anderer profitiert davon, daß die Firma x die Genehmigung bekommt, 100 Tonnen Schwefeldioxid im Jahr zu emittieren. Auf der Opferseite sieht die Sache hingegen meistens anders aus: Wenn Haushalt y ein Unternehmen besticht, 100 Tonnen Schwefeldioxid jährlich weniger zu emittieren, so kommt das allen Haushalten zugute, die von diesen Emissionen betroffen sind (also beispielsweise in Windrichtung wohnen). Gerade bei Luftschadstoffen sind das sehr viele Nutznießer, die nicht ausgeschlossen werden können. Dieses Problem öffentlicher Güter tritt auch dann auf, wenn die Geschädigten Unternehmen sind, also beispielsweise mehrere Baumschulen vom sauren Regen betroffen sind.

4. Instrumente der Umweltpolitik

Da in den meisten Fällen Verhandlungslösungen unpraktikabel sind, müssen andere Wege der Korrektur externer Effekte gefunden werden. Eine Möglichkeit ist es, die Rahmenbedingungen so zu ändern, daß die oben aufgezeigten Probleme öffentlicher Güter nicht mehr auftreten. Dies geschieht durch die **Haftung.**

a) Haftung

Es gibt zwei Grundformen der Haftung: **Gefährdungshaftung** und **Verschuldenshaftung.** Beide kommen als Instrumente der Internalisierung von externen Effekten in Frage.

Bei der **Gefährdungshaftung** wird den Verschmutzungsopfern das Eigentumsrecht auf saubere Luft in der Form zugewiesen, daß sie für jeden Schaden von den Verursachern voll kompensiert werden müssen. Jeder Haushalt kann somit seinen eigenen Schaden vor Gericht geltend machen und wird in voller Höhe dafür entschädigt. In Abbildung 24 hätte diese Entschädigung die Größe der Fläche unter der Grenzschadenskurve, ausgehend von E bis zu dem Punkt, in dem tatsächlich emittiert wird.

Wie sieht nun das Kalkül des Emittenten aus? Er muß auf zwei Arten von Kosten Rücksicht nehmen. Einerseits muß er für jede vermiedene Schadstoffeinheit die anfallenden Grenzvermeidungskosten aufwenden, andererseits muß er für jede nicht vermiedene Einheit Entschädigung in Höhe der dadurch verursachten Grenzschäden leisten. Die Schadenskosten sind nun also Bestandteil seines Kalküls. Das bedeutet, daß der Schaden **voll internalisiert** ist. Da der Schädiger den Schaden jetzt selbst zu tragen hat, wird er das Vermeidungsniveau wählen, das die Gesamtkosten minimiert: Er wählt also das effiziente Vermeidungsniveau C.

Bei der **Verschuldenshaftung** ist dem Emittenten hingegen das (nach Ansicht der Behörde oder der Gerichte) effiziente Vermeidungsniveau von vorneherein vorgegeben bzw. aus der Rechtsprechung bekannt. Hält er es ein, so haftet er nicht für die Schäden, die er verursacht. Übersteigen seine Emissionen aber das erlaubte Niveau, so haftet er in vollem Umfang für **alle Schäden,** die er durch seine Emissionen verursacht. Der Anreiz ist somit sehr groß, sich an das effiziente Vermeidungsniveau zu halten. Es wird sich also wieder Punkt C einstellen, im Gegensatz zur Gefährdungshaftung müssen aber die Unternehmen keine Kompensationen an die Geschädigten zahlen.

Haftungslösungen – vor allem die Gefährdungshaftung – sind in der Theorie sehr attraktiv, da sie alleine durch Setzung eines rechtlichen Rahmens zur effizienten Lösung führen können. Leider ist die praktische Durchführbarkeit nicht immer gegeben. So ist die **Kausalität** häufig schwer nachzuweisen, vor allem, wenn es sich um Luftschadstoffe handelt. Hier gibt es viele Emittenten, die ihre Schadstoffe zum Teil sogar jenseits der Grenzen ausstoßen. Ein einzelner Geschädigter kann nur schwer herausfinden, welches Unternehmen konkret für seinen Gesundheitszustand oder die Korrosion seines Autos verantwortlich ist; meistens sind es eben auch viele Verantwortliche. Selbst wenn diese bekannt wären, brächte es zudem erhebliche **Transaktionskosten** mit sich, jeden einzelnen vor Gericht zu zitieren und dort seinen Entschädigungsanspruch durchzusetzen. Für das einzelne Opfer würde sich schon der Zeitaufwand vermutlich gar nicht lohnen angesichts der geringen Beträge, die es jeweils in einem Verfahren erstreiten könnte. Viele geringe Einzelschäden können aber dennoch einen gewaltigen Gesamtschaden bedeuten, für den dann keine Entschädigung gezahlt werden müßte – wird aber nicht für den vollen Schaden Entschädigung gezahlt, so ist der Vermeidungsanreiz verwässert. Dazu kommt, daß es im allgemeinen unmöglich ist, Produzenten für bestimmte Arten von Schäden haftbar zu machen. Wo kein Eigentümer ist, ist auch kein Klageberechtigter. Freilebende Tierarten oder Biotope sind daher oft durch das Haftungsrecht nicht geschützt.

b) Steuerlösung

In vielen Fällen sind daher stärkere Eingriffe des Staates vonnöten: Wo Definition und Durchsetzung von Eigentumsrechten nicht hinreichend sind, muß er selbst die Seite der Geschädigten vertreten. Ihm stellen sich somit zwei Aufgaben. Er muß das richtige Niveau der Umweltverschmutzung festlegen, und er muß die dafür notwendigen Schadstoffreduktionen effizient auf die verschmutzenden Unternehmen verteilen. Um den Unterschied zwischen den im folgenden diskutierten Politikinstrumenten aufzuzeigen, sei nun angenommen, daß dem Geschädigten **zwei Emittenten** gegenüberstehen: Ein modernes Kraftwerk (Unternehmen 2), das bereits auf dem neuesten Stand der Technik ist und daher nur zu hohen Kosten weitere Schadstoffe reduzieren kann und ein altes Kraftwerk (Unternehmen 3), das schon durch einfache und billige Filter seine Emissionen reduzieren kann.

Zur formalen Bestimmung der Optimalbedingung seien wie zuvor schon in der verbalen Darstellung die gesamten Kosten minimiert. Die Schadstoffreduktionen der beiden Emittenten und die nach Reduktion noch verbliebenen Emissionen e müssen zusammengerechnet das ursprüngliche Emissionsniveau e° ergeben – das ist die Nebenbedingung. Er wird also folgende Lagrangefunktion minimiert:

$$L = S(e) + K_2(r_2) + K_3(r_3) + \lambda(e^\circ - r_2 - r_3 - e) \tag{9}$$

Die Ableitung nach e, r_2 und r_3 ergibt folgende Optimalbedingung:

$$\frac{dS}{de} = \frac{dK_2}{dr_2} = \frac{dK_3}{dr_3} \tag{10}$$

Der **Grenzschaden** aus der Emission muß also den **Grenzkosten der Emissionsvermeidung in jedem Unternehmen** entsprechen; im Optimum sind deshalb die Grenzvermeidungskosten aller Unternehmen gleich. Was kann die Wirtschaftspolitik nun tun? Ein optimales Instrument der Umweltpolitik ist die sogenannte **Pigou-Steuer**[2] auf Emissionen.

---

[2] nach dem britischen Ökonomen Arthur Cecil Pigou (1877–1959) benannt

Eine Pigou-Steuer ist eine Steuer (Abgabe) auf Externalitäten; der Steuersatz pro Schadstoffeinheit entspricht der Höhe des durch diese Einheit verursachten Grenzschadens. Nimmt man es ganz genau, so müßte man jede Schadstoffeinheit unterschiedlich belasten, wenn die Grenzschäden nicht konstant sind. Das Optimum wird aber auch erreicht, wenn man alle Schadstoffeinheiten mit dem Grenzschaden belastet, den die letzte emittierte Einheit im Optimum verursacht.

Abbildung 23 unterscheidet sich dadurch von Abbildung 22, daß hier zwei Emittenten dem Geschädigten gegenüberstehen. Die Breite des Diagramms entspricht nun den **gesamten** Emissionen im Laissez-faire-Zustand. Der Einfachheit halber sei angenommen, daß jedes Unternehmen im Laissez-faire-Zustand für die Hälfte der Emissionen verantwortlich ist, also e°/2 ausstößt. Die Kurve dK/dr gibt die **aggregierten Grenzvermeidungskosten** der Emittenten wieder. Sie entsteht durch die **horizontale Aggregation der individuellen Grenzvermeidungskostenkurven.** Diese Form der Aggregation entspricht der Aggregation individueller Angebotskurven für private Güter: Dort wurden zu jedem Preis die Mengen aller einzelnen Anbieter aufaddiert; hier werden für jede Höhe der Grenzkosten die Mengen an Emissionen addiert, die jedes einzelne Unternehmen zu diesen Grenzkosten vermeiden könnte. Zu Grenzkosten in Höhe von t würde Unternehmen 2 also Emissionen im Umfang von r_2 reduzieren, Unternehmen 3 im Umfang r_3. Addiert man die beiden Reduktionen, so erhält man das effiziente Gesamtvermeidungsniveau r^*.

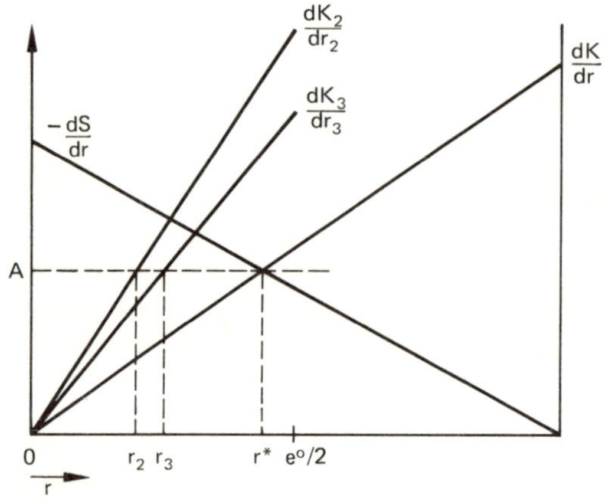

Abb. 23: Steuerlösung

Sind dem Staat nun sämtliche relevanten Funktionen bekannt, so kann er einen Steuersatz in Höhe von t festlegen, der von den Unternehmen auf alle nicht vermiedenen Emissionen entrichtet werden muß. Den Unternehmen ist freigestellt, wie viele Einheiten sie tatsächlich reduzieren. Das Kalkül von Unternehmen 2 ist in Abbildung 24 dargestellt. Es hat bei jeder Schadstoffeinheit die Wahl, ob es sie vermeiden soll oder lieber für diese Einheit die Steuer bezahlen. Da nahe dem Nullpunkt – also bei hohem Emissionsniveau – die Grenzvermeidungskosten noch weit unter dem Steuersatz liegen, wird das Unternehmen lieber die Vermeidungskosten als die Steuerzahlung auf sich nehmen. Das gilt bis zur Menge r_2^*: Hier sind die Grenzvermeidungskosten einer Einheit genauso hoch wie die Steuerzahlung, die man dadurch umgehen könnte. Größere Mengen zu vermeiden, lohnt sich nicht: Rechts von r_2^* ist es für Unternehmen 2 billiger, Steuern zu zahlen. Es wird also die Menge r_2^* vermeiden und entsprechend ($e°/2 - r_2^*$) emittieren; die gesamte Steuerzahlung entspricht der schraffierten Fläche unter der Steuergeraden von r_2^* bis e°/2. Insgesamt hat das Unternehmen Kosten in Höhe der gesamten schraffierten Fläche, denn zu der Steuerzahlung kommen ja noch die (senkrecht schraffierten) Vermeidungskosten dazu.

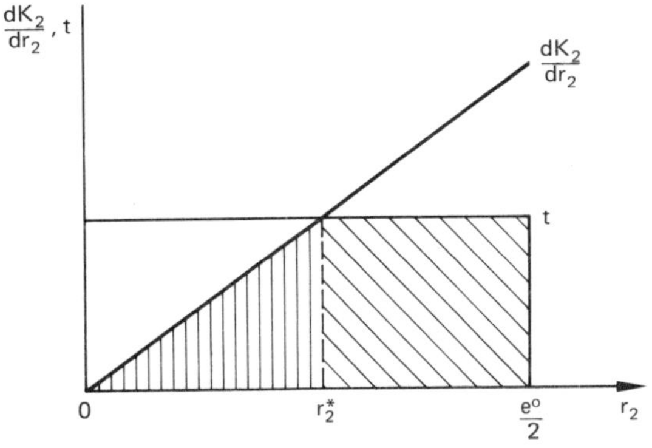

***Abb. 24:** Unternehmenskalkül bei Steuerlösung*

Das Kalkül von Unternehmen 3 verläuft entsprechend. Beide werden so optimieren, daß bei der gewählten Vermeidungsmenge die Grenzkosten der Vermeidung gleich dem Steuersatz sind. Ist der Steuersatz für beide gleich, so führt das individuelle Kalkül dazu, daß auch die Grenzvermeidungskosten der Unternehmen gleich sind. Die Setzung eines – beliebigen – Steuersatzes, der für alle Unternehmen gleich ist, führt also dazu, daß die rechte Seite der Optimalbedingung (10) erfüllt ist. Entspricht dieser Steuersatz dem Grenzschaden im Optimum, so gilt auch die linke Seite der Optimalbedingung; der externe Effekt wäre dann vollkommen internalisiert, und es würde die effiziente Menge an Schadstoffen ausgestoßen.

Nun stellt sich das Problem, daß der Staat in den seltensten Fällen allwissend ist. Wäre er das, so wäre es völlig unerheblich, welches umweltpolitische Instrument er wählt. Tatsächlich ist er aber weder über die Grenzschadensfunktionen noch über die Grenzvermeidungskostenfunktionen der Unternehmen im Bilde. Das hat zur Folge, daß weder die optimale Umweltqualität noch der optimale Steuersatz bekannt ist. Als Ausweg bleibt der **Standard-Preis-Ansatz:** Im politischen Prozeß wird ein Schadstoffniveau festgelegt, das nicht überschritten werden soll. Grundlage dafür könnten beispielsweise naturwissenschaftliche Erkenntnisse über Grenzwerte für Gesundheitsschäden sein. Durch Festlegung eines Steuersatzes wird verursacht, dieses Ziel zu erreichen – gelingt das nicht auf Anhieb, so ist ein trial-and-error-Prozeß notwendig, während dessen der Steuersatz angepaßt wird. Die letztendlich erreichte Umweltqualität wird nur zufällig dem Optimum entsprechen. Welche Umweltqualität aber auch immer erreicht wird – sie wird **effizient** erreicht, da die Grenzkosten aller Unternehmen gleich sind. Im nächsten Abschnitt wird gezeigt, welche Wohlfahrtsverluste entstehen, wenn diese Bedingung verletzt ist.

c) Auflagen

Häufig gibt der Staat den Unternehmen einfach Emissionsziele vor oder verpflichtet sie auf die Verwendung angemessener Vermeidungstechnologien. Diese sogenannte **Auflagen- oder Verordnungslösung** umfaßt Gebote, Verbote und Auflagen an Emittenten. Sie ist in den meisten Ländern das dominierende Instrument der Umweltpolitik. Die Auflagen knüpfen meistens an Emissionen bzw. Immissionen (Höchstwerte) oder an Produktionsprozessen an (Vorschrift bestimmter Technologien wie „Stand der Technik"). Eine perfekt informierte Behörde könnte jedem Unternehmen sein optimales Reduktionsziel vorschreiben. In der Realität mangelt es aber oft an dieser Information. Das hat zur Folge, daß Vermeidungsziele nicht den Kostenstrukturen der Unternehmen angepaßt werden können. Statt dessen müssen beispielsweise alle Unternehmen ihre Emissionen unter eine bestimmte Höchstgrenze senken.

Abbildung 25 zeigt, welche Effizienzverluste durch eine solche Regelung entstehen, wenn die Regierung nicht über die notwendigen Informationen verfügt. Die Länge der Abszisse entspricht der Menge an Schadstoffen, die reduziert werden soll (r^*). Die Grenzvermeidungskostenfunktion des einen Unternehmens beginnt links im Nullpunkt; die des anderen Unternehmen beginnt rechts und wird auch von rechts nach links gelesen. Nun sei den Unternehmen die Auflage erteilt, jeweils $r^*/2$ zu reduzieren, da der Behörde die Unterschiede in den Kostenfunktionen nicht bekannt sind. Unternehmen 2 müßte Schadstoffe in Höhe der Strecke 0E vermeiden, Unternehmen 3 in Höhe EF; da E in der Mitte liegt, sind beide Strecken identisch. Welche Kosten entstehen durch diese Allokation? Bis zum Punkte E muß die Grenzvermeidungskostenfunktion von Unternehmen 2 betrachtet werden: Die Fläche darunter, also das Dreieck 0BE, gibt die Kosten wieder, die in diesem Unternehmen entstehen. Das andere Unternehmen muß Kosten in Höhe der Fläche unter seiner Grenzvermeidungskostenkurve vom Punkt E bis F aufwenden; also in Höhe der Fläche CFE.

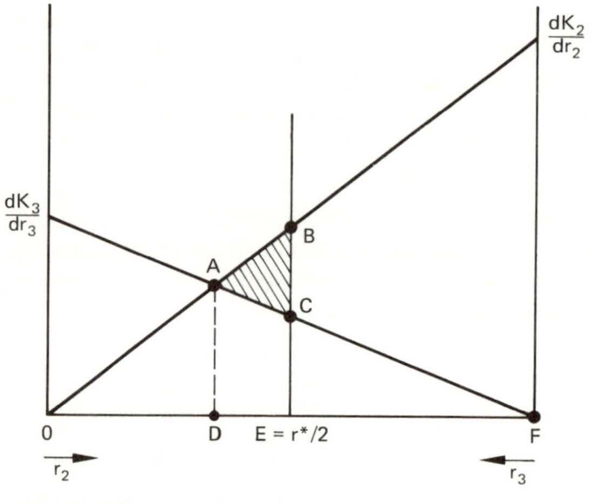

Abb. 25: *Effizienzverluste der Auflagenlösung*

Dieselbe Menge könnte aber zu geringeren Kosten vermieden werden. Wenn Unternehmen 2 eine Einheit weniger vermiede, würde es BE an Kosten einsparen; die Mehrkosten, die Unternehmen 3 aufwenden müßte, um entsprechend eine Einheit mehr zu vermeiden, betragen nur CE. Kosten in Höhe des Abstands zwischen den beiden Grenzvermeidungskostenfunktionen könnten also vermieden werden, wenn Unternehmen 3 eine Reduktionseinheit von Unternehmen 2 übernehmen würde. Auch die nächste Einheit könnte von 3 günstiger reduziert werden als von 2, und dieses Kalkül läßt sich fortsetzen, bis Punkt A erreicht ist: Hier sind die Grenzvermeidungskosten der Unternehmen gleich; die gesamten Vermeidungskosten sind mit 0AF minimal. Bei gleichmäßiger Reduktion betrugen sie hingegen 0ABCF: Das schraffierte

Dreieck ABC entspricht somit dem Wohlfahrtsverlust, den die willkürliche Verteilung der Reduktionslast auf die beiden Unternehmen mit sich brachte.

Diese Ineffizienz ist bei der Steuerlösung ausgeschlossen, da diese automatisch zu gleichen Grenzvermeidungskosten führt. Ein Vorteil der Verordnungslösung gegenüber der Steuerlösung ist allerdings, daß auch eine uninformierte Behörde sofort das von ihr gewünschte Emissionsniveau durchsetzen kann: Bei der Steuerlösung werden die Grenzvermeidungskosten durch den Steuersatz festgelegt, die Vermeidungsmenge ergibt sich aus dem Kalkül der Emittenten. Möchte man sichergehen, daß eine ganz bestimmte Menge an Schadstoffen reduziert wird, so ist die Steuer nicht das geeignete Instrument – die Verordnungslösung aber auch nicht, da es mit den Zertifikaten ein Instrument gibt, das ihr überlegen ist.

d) Verschmutzungszertifikate

Verschmutzungszertifikate sind auch als **Lizenzen** oder **handelbare Verschmutzungsrechte** bekannt. Sie funktionieren folgendermaßen: Die Behörde legt die in einem abgegrenzten Gebiet erwünschte Schadstoffmenge fest. In diesem Gebiet müssen genügend Emittenten da sein, daß sich ein Markt entwickeln kann; gleichzeitig muß die Behörde darauf achten, daß sich die Emissionen nirgends zu stark konzentrieren, also keine sogenannten **hot spots** entstehen. Ist das nicht möglich, dann sind Lizenzen nicht das geeignete Instrument. Für die festgelegte Emissionsmenge werden den Unternehmen in diesem Gebiet Lizenzen erteilt, wobei verschiedene Verteilungsmechanismen denkbar sind: beispielsweise durch Versteigerung oder durch (kostenlose) Vergabe der Rechte in Anlehnung an die bisherigen Emissionen. Jedes Unternehmen darf nun in dem Umfang verschmutzen, wie es Rechte besitzt. Es kann aber auch, und das unterscheidet die Zertifikats- von der Verordnungslösung, Lizenzen verkaufen oder zukaufen.

Dazu sei Abbildung 26 betrachtet. In ihr sind die Verschmutzungsrechte abgetragen. Die Breite der Graphik entspricht der Menge der insgesamt erlaubten Emissionen. Die Konstruktion dieser Graphik funktioniert folgendermaßen: Ausgangspunkt ist für jedes Unternehmen nun der Punkt, in dem es über keinerlei Emissionsrechte verfügt. Für Unternehmen 3 ist das also Punkt A ganz links: Hier hat die Grenzvermeidungskostenkurve ihr Maximum, da das Unternehmen seine ganze Emissions-

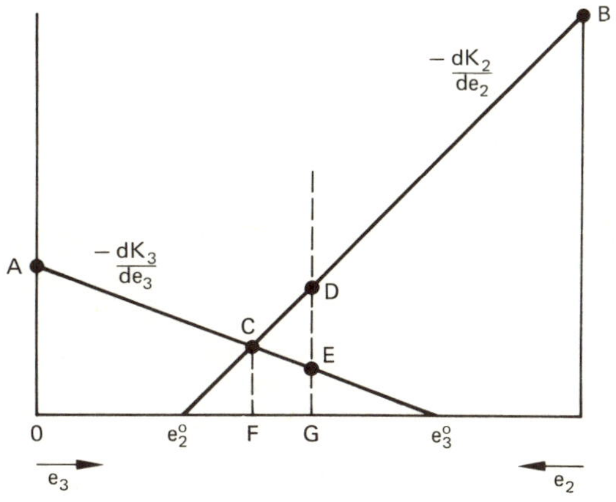

***Abb. 26:** Zertifikatslösung*

menge vermeiden muß. Der Ausgangspunkt für Unternehmen 2 ist Punkt B ganz rechts: Dort hat Unternehmen 3 alle Emissionsrechte, Unternehmen 2 dagegen kein einziges und entsprechend hohe Grenzvermeidungskosten. Vom Ausgangspunkt ausgehend ist für jedes Unternehmen die Kurve $-dK_i/de_i$ abgetragen. Sie ist nichts anderes als die Grenzvermeidungskostenkurve, hier am besten interpretiert als die Kurve der marginalen Vermeidungskosteneinsparungen für jedes zusätzliche Emissionsrecht. Ab der Laissez-Faire-Menge sind diese marginalen Einsparungen jeweils gleich Null.

Die Ausgangsverteilung der Lizenzen sei nun gerade so, daß jedes Unternehmen die Hälfte der festgelegten Menge e^* emittieren darf (Punkt G). Da beide auch im Ausgangszustand gleich viel emittierten, entspricht das den gleichmäßigen Reduktionen, die zuvor bei der Verordnungslösung untersucht wurden. Nun ist aber der Handel mit Verschmutzungsrechten erlaubt. Unternehmen 2 könnte Unternehmen 3 bis zu DG für die Erlaubnis zahlen, eine Einheit mehr zu verschmutzen – Unternehmen 3 müßte aber nur einen Betrag in Höhe von EG fordern, um sich nicht zu verschlechtern. Bis zum Punkte C übersteigt die Zahlungsbereitschaft von Unternehmen 2 für ein weiteres Verschmutzungsrecht den Preis, zu dem Unternehmen 3 es abgeben könnte – es wird also zum Handel kommen; Unternehmen 2 kauft (G-F) Lizenzen.

Im Zertifikatsfall ist es somit alleinige Aufgabe des Gesetzgebers, die erwünschte Verschmutzungsmenge festzulegen und dafür Rechte zuzuteilen; ansonsten muß er nur die Rahmenbedingungen für Handel mit diesen Rechten schaffen. Die Unternehmen werden dann mit diesen Zertifikaten handeln, und zwar so lange, bis die Grenzvermeidungskosten aller Emittenten gleich sind; nur dann gibt es keinen Anreiz mehr, Lizenzen zu kaufen oder zu verkaufen. Egal, wie die Lizenzen in der Ausgangssituation zugeteilt werden, es wird sich immer dasselbe Ergebnis einstellen. In Abbildung 26 würde durch Handel immer Punkt C erreicht, auch wenn ursprünglich Unternehmen 2 oder Unternehmen 3 im Besitz aller Zertifikate wäre. Hier gilt also, wie dem aufmerksamen Leser vielleicht schon aufgefallen ist, das **Coase-Theorem:** Wenn der Staat die Menge der Verschmutzungsrechte festlegt, so stellt sich durch Handel automatisch die effiziente Allokation ein; diese Allokation ist unabhängig von der ursprünglichen Zuteilung der Rechte.

e) Vergleich der Instrumente

An dieser Stelle sollen Haftung, Lizenzlösung und Abgabenlösung miteinander verglichen werden. Die Auflagenlösung soll nicht mehr näher betrachtet werden: sie hat, wenn man sie als Mengenfestlegung auffaßt, im wesentlichen die Eigenschaften der Lizenzlösung – mit dem Unterschied, daß sie im allgemeinen eben nicht kosteneffizient ist. Auflagen sind daher nur dann in Betracht zu ziehen, wenn die anderen Lösungen nicht in Frage kommen. Das wäre beispielsweise der Fall, wenn so wenige Emittenten existieren, daß ein Lizenzmarkt nicht zustandekommen kann.

Haftung, Abgaben und Lizenzen unterscheiden sich in mehrfacher Hinsicht, und es kann von vorneherein kein klares Urteil gefällt werden, welches das beste Instrument ist.

Bei **unvollkommener Information** über die Verläufe der relevanten Kurven wird mit einer Steuer die Höhe der Grenzvermeidungskosten festgelegt, die die Unternehmen aufbringen müssen; die Vermeidungsmenge ist ungewiß. Bei Lizenzen ist die Menge sicher, ungewiß sind dagegen die Grenzvermeidungskosten. Haftung fixiert weder Menge noch Grenzkosten. Die unterschiedlichen Wirkungen der Instrumente werden in Abbildung 27 betrachtet.

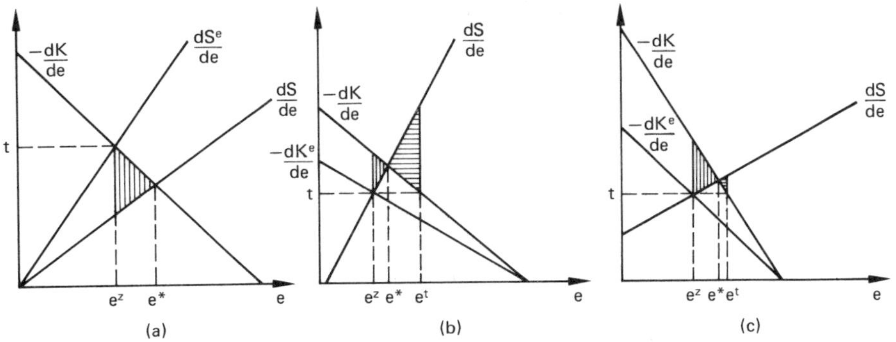

***Abb. 27:** Unsicherheit über die Kurvenverläufe*

In Abbildung 27 (a) besteht **Unsicherheit über den Verlauf der Grenzschadenskurve.** Die Behörde nimmt ihn mit dS^e/de an und legt daher im Zertifikatsfall die Emissionsmenge e^z, im Steuerfall den Steuersatz t fest. Die wahre Grenzschadenskurve sei dagegen dS/de. Was passiert nun bei verschiedenen Regelungen? In diesem Fall ist es völlig unerheblich, ob die Behörde eine Menge, ein Sorgfaltsniveau für die Verschuldenshaftung oder einen Steuersatz festgelegt hat: In all diesen Fällen wird die Menge e^z zu Grenzvermeidungskosten in Höhe von t vermieden. Optimal wäre die Menge e^*, bei der sich die tatsächliche Grenzschadenskurve und die Grenzvermeidungskosten schneiden. Durch die zu geringe Emissionsmenge entsteht ein Wohlfahrtsverlust in Höhe des schraffierten Dreiecks: Bis zur optimalen Menge übersteigen nämlich die Grenzvermeidungskosten die dadurch vermiedenen Grenzschäden.

Das Urteil über die Gefährdungshaftung hängt vom Informationsstand des Schädigers ab: Hat er die gleichen Informationen wie die Behörde (was der Regelfall sein dürfte), so wird er ebenfalls die Kurve dS^e/de für die richtige halten und die Menge e^z vermeiden. Kennt er hingegen die wahre Grenzschadenskurve, so wählt er das effiziente Vermeidungsniveau.

Anders sieht die Sache aus, wenn **Unklarheit über die Grenzvermeidungskosten** besteht, denn hier kann man davon ausgehen, daß der Emittent seine eigene Grenzvermeidungskostenfunktion kennt. In Abbildung 27 (b) stellt die Kurve $-dK^e/de$ die von der Behörde erwarteten Grenzvermeidungskosten dar, $-dK/de$ die tatsächlichen. In diesem Beispiel liegen sie über den erwarteten. dS/de ist die allen bekannte Grenzschadensfunktion. Die Behörde hält die Menge e^z bzw. den Steuersatz t für optimal und erläßt entsprechende Vorschriften. Im Falle der Verschuldenshaftung wie auch bei der Zertifikatslösung werden die Unternehmen daher die zu geringe Menge e^z emittieren. Es entsteht ein Wohlfahrtsverlust in Höhe des senkrecht schraffierten Dreiecks, da die Grenzvermeidungskosten wieder die Grenzschäden übersteigen. Bei der Steuerlösung hingegen orientieren sich die Unternehmen am Steuersatz, der aufgrund des Irrtums der Behörde zu **niedrig** angesetzt wurde. Sie emittieren so viel, daß ihre tatsächlichen Grenzvermeidungskosten dem Steuersatz entsprechen, also die Menge e^t. Damit sind die Emissionen zu hoch. Es entsteht ein Wohlfahrtsverlust in Höhe des waagrecht schraffierten Dreiecks, da die Grenzschäden ab der Menge e^* auch die tatsächlichen Grenzvermeidungskosten übersteigen. Bei der Gefährdungshaftung wägen die Unternehmen die Grenzschäden, für die sie ja zahlen müssen, gegen ihre (ihnen bekannten) Grenzvermeidungskosten ab und realisieren daher das optimale Emissionsniveau.

Abbildung 27 (c) stellt im Prinzip die gleiche Konstellation wie Abbildung 27 (b) dar. Der einzige Unterschied ist, daß zuvor die Grenzschadenskurve sehr steil und die Grenzvermeidungskostenkurve flach war; jetzt ist es umgekehrt. Auch hier verursacht nur die Gefährdungshaftung keinerlei Wohlfahrtsverluste. Die Rangfolge zwischen den anderen Instrumenten ist aber umgedreht: Nun führt die Mengenregelung zu größeren Effizienzverlusten als die Steuer. Allgemein läßt sich festhalten, daß die Mengenfestlegung genau dann zu größeren Wohlfahrtsverlusten führt, wenn die Grenzschadenskurve nahe dem Optimum absolut flacher ist als die Grenzvermeidungskostenkurve. Ist sie steiler, dann sind die Wohlfahrtsverluste bei der Steuerlösung größer.

Ein weiteres wichtiges Kriterium ist, was passiert, wenn sich die **Rahmenbedingungen** ändern, die Behörde aber nicht darauf reagiert. Im Steuerfall bleibt dann im Lauf der Zeit der Steuersatz gleich, im Lizenzfall oder bei Verschuldenshaftung die erlaubte (bzw. haftungsfreie) Emissionsmenge.

Bei **Inflation** steigt der nominale Wert der Grenzschäden und der Grenzvermeidungskosten, obwohl sich ihr realer Wert nicht verändert. Idealerweise sollte die Emissionsmenge daher gleich bleiben. Bei der Zertifikatslösung oder Haftung ist sie konstant. Bei der Steuerlösung steigt hingegen das Emissionsniveau, wenn der nominale Steuersatz nicht angepaßt wird, da der reale Wert der Steuerzahlung immer geringer wird.

Wenn **technischer Fortschritt** die Grenzvermeidungskosten senkt, so sollten die Emissionen abnehmen. Im Falle einer Steuer oder der Gefährdungshaftung tun sie das auch, bei Zertifikaten oder Verschuldenshaftung ist hingegen das Emissionsniveau fest und kann sich nicht anpassen. Der Lizenzpreis würde allerdings fallen, da die Alternative zum Lizenzkauf – die Schadstoffvermeidung – billiger geworden ist.

Wirtschaftswachstum führt ohne umweltpolitische Regelungen zu einer Zunahme der Emissionen. Hier sei als Beispiel die Neuansiedlung eines Industrieunternehmens betrachtet. Nun läßt sich leider schwer sagen, welches Ausmaß von Emissionen optimal wäre. Wären die Grenzschäden konstant, so wäre es effizient, wenn die bisherigen Emittenten bei ihren optimalen Vermeidungsmengen blieben und das neu hinzugekommene Unternehmen auch so viel vermiede, daß seine Grenzvermeidungskosten diesen Grenzschäden entsprechen. Genau das bewirkt die Steuerlösung. Wenn die Grenzschäden jedoch mit zunehmender Verschmutzung steigen, dann sollte jedes Unternehmen weniger als die zuvor optimale Menge emittieren – in der Summe ist die optimale Emission dennoch größer als zuvor. Bei Zertifikaten wäre die Gesamtmenge fix und daher zu niedrig. Verschuldenshaftung führt dazu, daß die genehmigten Emissionen des neuen Unternehmens zu denen der Altemittenten dazukommen – sie wirkt also in diesem Fall ähnlich wie die Steuer. Gefährdungshaftung führt idealerweise dazu, daß sämtliche Emittenten die Veränderungen in den Grenzschäden antizipieren und daher ihre Vermeidungsanstrengungen auf das effiziente Niveau erhöhen.

Ein letztes Kriterium sind die gesamten in den Unternehmen entstehenden **Kosten.** Sie sind bei der Steuerlösung hoch, bei der Gefährdungshaftung meistens noch höher: Für jede nicht vermiedene Einheit muß der Steuersatz bzw. der verursachte Grenzschaden bezahlt werden. Bei der Verschuldungshaftung entstehen nur die Vermeidungskosten. Bei der Lizenzlösung hängen die Kosten vom Vergabemodus ab: Wenn jede Lizenz zum Marktpreis erworben werden muß, sind sie im Prinzip ebenso hoch wie bei der Steuerlösung. Ist die Erstvergabe kostenlos, dann sind die Kosten entsprechend geringer; im Durchschnitt fallen dann eben nur die Vermeidungskosten an. Die Höhe der Kosten ist für das **langfristige Branchengleichgewicht** relevant. Je stärker verschmutzende Branchen belastet werden, desto früher ist für diese Branchen der Punkt erreicht, an dem kein Gewinn gemacht wird und daher kein Unternehmen mehr eintritt. Im langfristigen Gleichgewicht sind deshalb umweltbelastende Branchen um so kleiner, je höher die Kosten sind, die sie durch die Umweltpolitik tragen müssen. Effizient ist die volle Belastung der Branche mit den von ihr verursachten externen Kosten wie bei der Gefährdungshaftung. Politisch erwünscht ist meistens das Gegenteil, also eine möglichst geringe Belastung der Unternehmen.

Zusammenfassend läßt sich feststellen, daß unter theoretischen Gesichtspunkten die Gefährdungshaftung am besten abschneidet, da sie externe Effekte voll internalisiert und bei unvollkommener Information am wenigsten Effizienzverluste verursacht. Die anderen drei hier verglichenen Instrumente haben jeweils ihre Stärken und Schwächen, die gegeneinander abzuwägen sind. Wenn trotzdem die Gefährdungshaftung nicht als das non plus ultra betrachtet werden kann, so liegt das daran, daß sie häufig nicht praktikabel ist. Gründe dafür sind die oben schon beschriebenen Probleme mit dem Kausalitätsnachweis und die oft hohen Transaktionskosten. So gesehen muß tatsächlich für jedes Umweltproblem neu das passende Instrument gewählt werden. Dieses kann je nach Schadstoff, Zahl der Beteiligten und makroökonomischen Rahmenbedingungen völlig unterschiedlich sein.

Mathematischer Anhang

A. Mengen und Relationen

Für die Zwecke dieses Buches genügt die „naive" Erklärung des Mengenbegriffs von G. Cantor (1845–1918).

Erklärung

Eine **Menge** ist eine Zusammenfassung von wohlbestimmten und wohlunterschiedenen Objekten des Denkens oder der Anschauung zu einem Ganzen.

Wir haben es hier nur mit solchen Mengen zu tun, die eine Zusammenfassung von Objekten des Denkens (nicht der Anschauung) sind, insbesondere mit Mengen von Zahlen und Mengen von Vektoren.

Was eine **Relation** (genauer: eine zweistellige Relation auf einer Menge) ist, läßt sich auf zwei Arten definieren: intensional und extensional.

Intensionale Definition:

Eine Relation auf der Menge M ist eine Aussageform, in der zwei Variable vorkommen, deren Variationsbereich die Menge M ist.

Extensionale Definition:

Eine Relation auf der Menge M ist eine Menge geordneter Paare von Elementen der Menge M.

Wir machen den Zusammenhang zwischen diesen beiden Definitionen an einem Beispiel klar. Es sei M die Menge der natürlichen Zahlen von 1 bis 5: $M = \{1, 2, 3, 4, 5\}$. Die Relation „größer als" mit Bezug auf diese Menge können wir auf zwei Arten definieren:

- intensional durch die Aussageform
  „Die Zahl x ist größer als die Zahl y"
- extensional durch die Menge
  $R = \{(2,1), (3,1), (4,1), (5,1), (3,2), (4,2), (5,2), (4,3), (5,3), (5,4)\}$

Offenbar laufen beide Definitionen auf dasselbe hinaus. Wenn wir sagen „5 steht zu 3 in der Relation R" (abgekürzt: 5R3), so meinen wir damit entweder

- daß die Aussage „Die Zahl 5 ist größer als die Zahl 3" eine *wahre* Aussage ist oder
- daß das geordnete Paar (5,3) Element der Menge R ist.

Eine Relation R auf der Menge M kann gewisse Eigenschaften haben oder nicht haben. Uns interessieren zwei solcher Eigenschaften: Vollständigkeit und Transitivität.

Definition

Eine Relation R auf einer Menge M heißt **vollständig,** wenn für je zwei Elemente x und y von M entweder xRy oder yRx (oder beides) gilt.

Beispiele. Es sei M die Menge aller natürlichen Zahlen $\{1, 2, 3, \ldots\}$

(i) Die Relation „x ist größer als oder gleich y" ist vollständig.

(ii) Die Relation „x ist größer als y" ist nicht vollständig.

Beweis: Man setze $x = 3$ und $y = 3$. Es gilt weder „3 ist größer als 3" noch „3 ist größer als 3".

Dieses Beispiel macht deutlich, daß eine vollständige Relation insbesondere die Eigenschaft haben muß, daß jedes Element von M zu sich selbst in der Relation R steht. Aber:

(iii) Die Relation „x ist durch y teilbar" ist nicht vollständig, obwohl jede Zahl durch sich selbst teilbar ist.

Beweis: Man setze $x = 2$ und $y = 3$. Es gilt weder „2 ist durch 3 teilbar" noch „3 ist durch 2 teilbar".

Definition

Eine Relation R auf einer Menge M heißt **transitiv,** wenn für je drei Elemente x, y, z von M gilt:

wenn xRy und yRz, dann auch xRz.

Beispiele. Es sei wieder M die Menge der natürlichen Zahlen. Die oben angegebenen Beispiele (i) bis (iii) sind Beispiele für transitive Relationen.

(iv) Die Relation „x ist ungleich y" ist nicht transitiv.

Beweis: Man setze $x = 2$, $y = 3$, $z = 2$. Es gilt zwar „2 ist ungleich 3" und „3 ist ungleich 2", aber es gilt nicht „2 ist ungleich 2".

B. Reelle Zahlen und Vektoren

Eine besonders wichtige Menge ist die Menge aller reellen Zahlen, welche man sich durch die unendlich fein unterteilte und in beiden Richtungen unendlich lange Zahlengerade veranschaulichen kann. Die Regeln für das Rechnen mit reellen Zahlen (Addition, Subtraktion, Multiplikation, Division, Potenzbildung) setzen wir als bekannt voraus. Es wird übrigens in diesem Buch weniger mit konkreten Zahlen gerechnet als mit abstrakten Zahlen, d.h. mit Buchstaben, die stellvertretend für Zahlen stehen.

In manchen Zusammenhängen ist es nützlich, mit mehreren Zahlen simultan rechnen zu können. Diesem Zweck dienen die Vektoren. Ein Vektor ist eine endliche Gruppe von reellen Zahlen, die durch Kommata voneinander abgetrennt und durch runde Klammern zusammengefaßt sind. Die Anzahl der Zahlen in einem Vektor heißt **Dimension** des Vektors, die einzelnen Zahlen in einem Vektor heißen **Komponenten.** Auch hier werden wir weniger mit konkreten Vektoren arbeiten als mit abstrakten Vektoren, die sich aus abstrakten Zahlen zusammensetzen.

Ähnlich, wie man sich die Menge aller reellen Zahlen durch die Zahlengerade veranschaulichen kann, kann man sich die Menge aller zweidimensionalen Vektoren mittels eines zweidimensionalen Koordinatensystems veranschaulichen. Jeder Vektor entspricht dem Punkt in der Ebene, dessen Koordinaten durch die Komponenten des Vektors angegeben werden. Dreidimensionale Vektoren lassen sich mit einem dreidimensionalen Koordinatensystem veranschaulichen, bei höherdimensionalen Vektoren versagt unser Anschauungsvermögen.

Wir benötigen hier nur die einfachsten Rechenoperationen für Vektoren, nämlich Addition (bzw. Subtraktion) und skalare Multiplikation. Beide Operationen sind nur für Vektoren gleicher Dimension erklärt.

Definition

Es seien $x^1 = (x_1^1, x_2^1, \ldots, x_n^1)$ und $x^2 = (x_1^2, x_2^2, \ldots, x_n^2)$ n-dimensionale Vektoren. Dann ist $x^1 + x^2 = (x_1^1 + x_1^2, x_2^1 + x_2^2, \ldots, x_n^1 + x_n^2)$ und $x^1 - x^2 = (x_1^1 - x_1^2, x_2^1 - x_2^2, \ldots, x_n^1 - x_n^2)$.

Addition und Subtraktion von Vektoren sind also einfach komponentenweise definiert. Beispiel:

$$(3, 5, -2) + (4, 1, 7) = (7, 6, 5), \quad (3, 5, -2) - (4, 1, 7) = (-1, 4, -9)$$

Definition

Es seien $x^1 = (x_1^1, x_2^1, \ldots, x_n^1)$ und $x^2 = (x_1^2, x_2^2, \ldots, x_n^2)$ n-dimensionale Vektoren. Dann ist

$$x^1 \cdot x^2 = x_1^1 x_1^2 + x_2^1 x_2^2 + \cdots + x_n^1 x_n^2$$

Während also die Summe zweier Vektoren wieder ein Vektor gleicher Dimension ist, ist das (skalare) Produkt zweier Vektoren eine Zahl. Die beiden Vektoren werden zunächst komponentenweise multipliziert, und dann werden die berechneten Produkte aufaddiert.

Beispiel: $(3, 5, -2) \cdot (4, 1, 7) = 12 + 5 - 14 = 3$.

C. Reellwertige Funktionen

Eine Funktion stellt eine Beziehung her zwischen zwei Mengen, die man **Definitionsbereich** und **Wertebereich** nennt. Was eine Funktion ist, läßt sich (genau wie bei Relationen) intensional und extensional definieren. Wir beschränken uns der Einfachheit halber auf die intensionale Definition.

Definition

Eine Funktion mit Definitionsbereich A und Wertebereich B ist eine Vorschrift, welche jedem Element von A ein Element von B zuordnet.

Bezeichnen wir die Vorschrift selbst mit f und führen wir den Buchstaben x als Variable für den Definitionsbereich A, den Buchstaben y als Variable für den Wertebereich B ein („unabhängige“ bzw. „abhängige“ Variable), so können wir die Tatsache, daß f jedem x ein y zuordnet, durch die Gleichung $y = f(x)$ symbolisieren.

Funktionen, deren Wertebereich die Menge aller reellen Zahlen ist, heißen **reellwertige Funktionen.** In diesem Buch werden nur reeellwertige Funktionen verwendet. Ist der Definitionsbereich die Menge aller reellen Zahlen (oder eine Teilmenge davon), so sprechen wir von einer **Funktion in einer Variablen.** Ist der Definitionsbereich die Menge aller n-dimensionalen Vektoren (oder eine Teilmenge davon), so sprechen wir von einer **Funktion in n Variablen.** Andere Definitionsbereiche kommen in diesem Buch nicht vor.

1. Funktionen in einer Variablen

a) Begriff der Ableitung

Es sei f eine Funktion in einer Variablen. Sie ordnet jeder reellen Zahl x des Definitionsbereichs eine reelle Zahl $y = f(x)$ zu. Für jedes x läßt sich der zweidimensionale Vektor $(x, f(x))$ als Punkt in ein zweidimensionales Koordinatensystem einzeichnen. Die Gesamtheit aller dieser Punkte heißt **Graph** der Funktion. Die folgenden „Definitionen" sind zwar nicht ganz präzis, aber für unsere Zwecke ausreichend: Eine Funktion heißt **stetig,** wenn ihr Graph eine Linie bildet, die man ohne abzusetzen zeichnen kann, und sie heißt **differenzierbar,** wenn diese Linie keine Ecken hat.

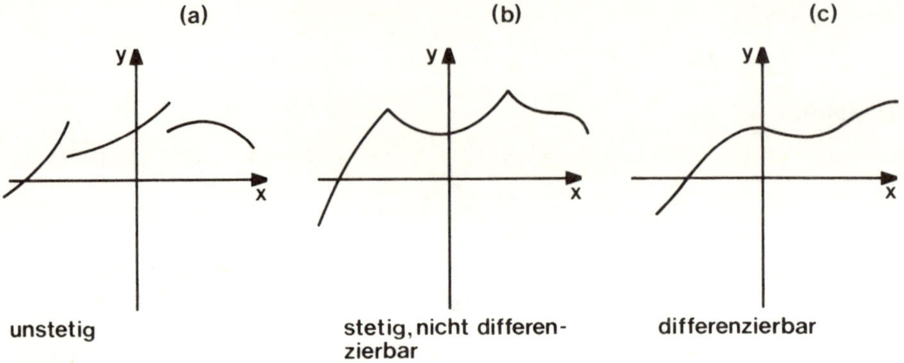

Abb. 1

Eine differenzierbare Funktion zeichnet sich dadurch aus, daß man in jedem Punkt ihres Graphen eine eindeutig bestimmte Tangente einzeichnen kann. Es sei x_0 eine bestimmte Zahl im Definitionsbereich von f. Den Tangens des Winkels α der Tangenten im Punkt $(x_0, f(x_0))$ mit der x-Achse nennt man die **Steigung** von f an der Stelle x_0.

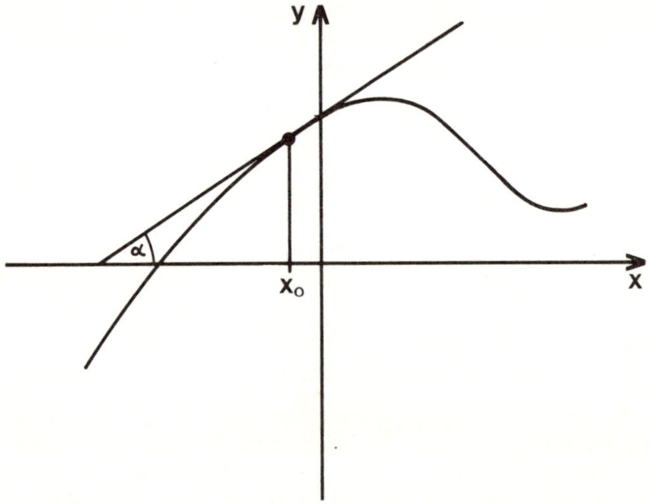

Abb. 2

Da man dies nicht nur für die Zahl x_0, sondern für jedes beliebige x im Definitionsbereich von f tun kann, erhalten wir eine neue Funktion f′, die jedem x die Steigung von f an der Stelle x zuordnet. Diese Funktion f' heißt die **Ableitung** von f. Den Übergang von f zu f' nennt man **Differentiation.**

b) Differentiationsregeln

Eine Funktion läßt sich rechnerisch differenzieren, sofern sie in Form einer konkreten Berechnungsvorschrift angegeben ist. Man benötigt dazu nur einige wenige Differentiationsregeln.

(i) Ist f konstant, so ist f' identisch gleich 0.

$$f(x) = a \quad \Rightarrow \quad f'(x) = 0$$

(ii) Ist f eine Potenzfunktion, so berechnet sich f' wie folgt:

$$f(x) = x^a \quad \Rightarrow \quad f'(x) = a \cdot x^{a-1}$$

Diese Regel gilt für ganze und gebrochene, positive und negative Zahlen a. Beispiele:

$$f(x) = x \quad \Rightarrow \quad f'(x) = 1$$

$$f(x) = \sqrt{x} = x^{\frac{1}{2}} \quad \Rightarrow \quad f'(x) = \frac{1}{2} \cdot x^{-\frac{1}{2}} = \frac{1}{2\sqrt{x}}$$

$$f(x) = \frac{1}{x} = x^{-1} \quad \Rightarrow \quad f'(x) = -1 \cdot x^{-2} = -\frac{1}{x^2}$$

(iii) Ist f die Summe aus zwei anderen Funktionen u und v, so ist f' die Summe aus u' und v'

$$f(x) = u(x) + v(x) \quad \Rightarrow \quad f'(x) = u'(x) + v'(x)$$

(iv) Ist f das Produkt aus zwei anderen Funktionen u und v, so berechnet sich f' nach der **Produktregel:**

$$f(x) = u(x) \cdot v(x) \quad \Rightarrow \quad f'(x) = u'(x) \cdot v(x) + u(x) \cdot v'(x)$$

Aus den Regeln (i) und (iv) ergibt sich insbesondere, daß ein konstanter Faktor bei der Differentiation unverändert stehen bleibt:

$$f(x) = a \cdot v(x) \quad \Rightarrow \quad f'(x) = 0 \cdot v(x) + a \cdot v'(x) = a \cdot v'(x)$$

(v) Ist f der Quotient aus zwei anderen Funktionen u und v, so berechnet sich f' nach der **Quotientenregel:**

$$f(x) = \frac{u(x)}{v(x)} \quad \Rightarrow \quad f'(x) = \frac{u'(x) \cdot v(x) - u(x) \cdot v'(x)}{(v(x))^2}$$

Insbesondere: ist $f(x) = \frac{1}{v(x)}$, so ist $f'(x) = -\frac{v'(x)}{(v(x))^2}$

(vi) Besteht die Funktion f aus der Vorschrift, zwei andere Funktionen u und v nacheinander anzuwenden, so berechnet sich f' nach der **Kettenregel:**

$$f(x) = u(v(x)) \quad \Rightarrow \quad f'(x) = u'(v(x)) \cdot v'(x)$$

Man muß in diesem Fall also die Ableitung der äußeren Funktion mit der Ableitung der inneren Funktion multiplizieren.

Beispiel: $f(x) = (4 + x^3)^2 \quad \Rightarrow \quad f'(x) = 2 \cdot (4 + x^3) \cdot 3 \cdot x^2$

c) Differentiale

In gewissen Zusammenhängen interessiert man sich dafür, um wieviel sich y ändert, wenn x sich um einen kleinen Betrag ändert. Dies kann man näherungsweise berechnen, indem man nicht die Funktion selbst, sondern die Tangente heranzieht. Die Gleichung der Tangente an f im Punkt $(x_0, f(x_0))$ nimmt eine besonders einfache Gestalt an, wenn wir ein neues Koordinatensystem mit neuen Variablen „dx" und „dy" einführen, dessen Ursprung mit dem Punkt $(x_0, f(x_0))$ zusammenfällt. Sie lautet:

$$dy = f'(x_0) \cdot dx$$

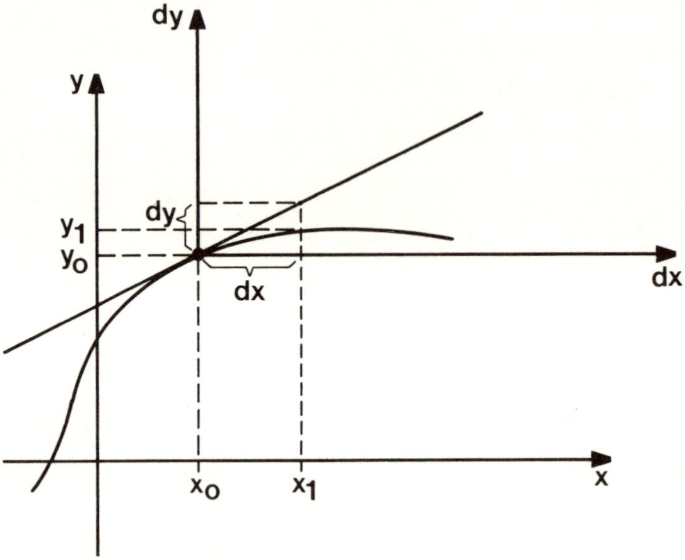

Abb. 3

Die neuen Variablen dx und dy nennt man **Differentiale.** Es gilt folgende näherungsweise Gleichheit:

$$y_1 - y_0 = f(x_1) - f(x_0) \approx f'(x_0) \cdot dx = dy$$

Das Differential dy gibt also näherungsweise an, um wieviel sich y verändert, wenn x sich um dx verändert, und die Näherung ist um so genauer, je kleiner dx ist. Wenn wir sagen „dy gibt die Änderung von y bei einer infinitesimalen Änderung dx von x an", so handelt es sich dabei um eine metaphorische Umschreibung dieses Sachverhalts.

d) Elastizitäten

Die Ableitung einer Funktion ist ein Maß dafür, wie „sensibel" die abhängige Variable y auf eine Änderung der unabhängigen Variablen x reagiert. In der Volkswirtschaftslehre wird daneben auch oft das Elastizitätsmaß verwendet, welches die Änderungen von x bzw. y auf die absoluten Werte von x bzw. y bezieht. Wir geben drei äquivalente Formulierungen für die Elastizität η der Funktion f an der Stelle x an:

(i) $\eta = f'(x) \cdot \dfrac{x}{f(x)}$

(ii) $\eta = \dfrac{dy}{y} \Big/ \dfrac{dx}{x}$

(iii) $\eta = \frac{dy}{dx} \cdot \frac{x}{y}$

Gleichung (i) ist die präziseste, man zieht sie am besten dann heran, wenn es um die konkrete Berechnung einer Elastizität geht. Gleichung (ii) macht sehr deutlich, was das Elastizitätsmaß bedeutet: es gibt das Verhältnis der relativen Änderung von y zur relativen Änderung von x an. Etwas salopp formuliert: Die Elastizität η gibt an, um wieviel % sich y ändert, wenn x sich um 1 % ändert.

Gleichung (iii) benutzen wir, um eine sehr einfache Methode zur graphischen Ermittlung der Elastizität herzuleiten.

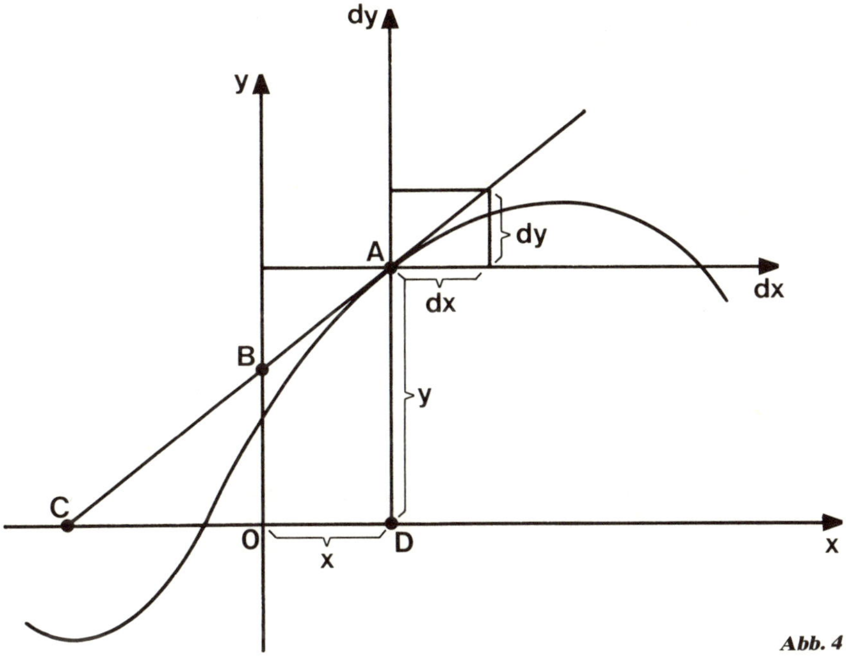

Abb. 4

Nach bekannten Sätzen der Geometrie ist $\frac{dy}{dx} = \frac{AD}{CD}$ und $\frac{0D}{CD} = \frac{AB}{AC}$. Damit ergibt sich:

$$\eta = \frac{dy}{dx} \cdot \frac{x}{y} = \frac{AD}{CD} \cdot \frac{0D}{AD} = \frac{0D}{CD} = \frac{AB}{AC}$$

Regel: Die Elastizität einer Funktion im Punkt A ist gleich dem Verhältnis

$$\frac{\text{Entfernung von A zum Schnittpunkt der Tangente mit der y-Achse}}{\text{Entfernung von A zum Schnittpunkt der Tangente mit der x-Achse}}$$

Sieht man vom Vorzeichen ab, so gilt diese Regel auch im Fall einer negativ geneigten Tangente (Abbildung 5).

Vorsicht ist bei der Anwendung dieser Regel auf Nachfrage- und Angebotsfunktionen geboten, weil in der Regel die unabhängige Variable (der Preis) auf der vertikalen Achse, die abhängige Variable (die nachgefragte Menge) auf der horizontalen Achse eingetragen wird.

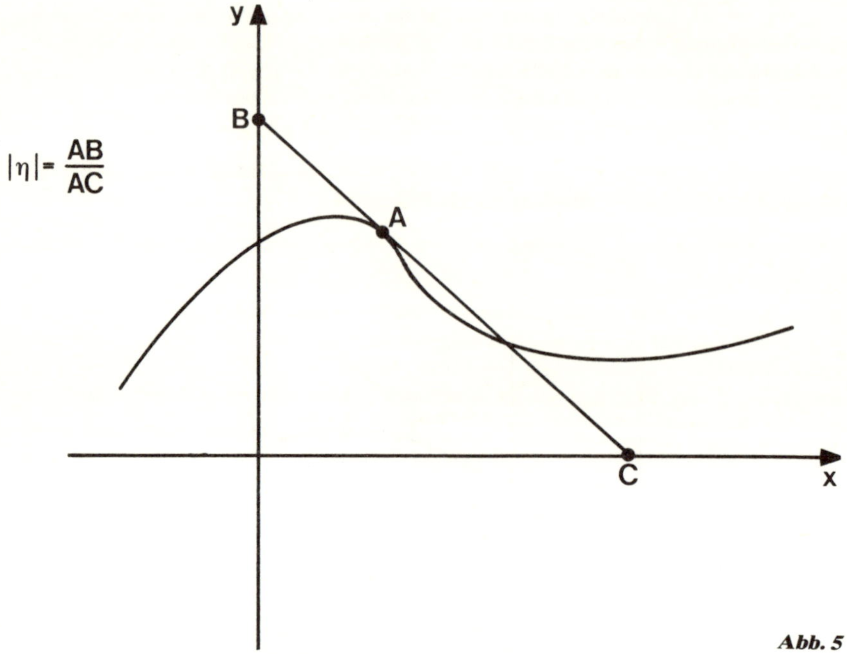

Abb. 5

2. Funktionen in mehreren Variablen

a) Partielle Ableitung

Es sei f eine Funktion in n Variablen. Sie ordnet jedem Vektor $(x_1, x_2, \ldots, x_n)$ aus dem Definitionsbereich eine reelle Zahl $y = f(x_1, x_2, \ldots, x_n)$ zu. Im Fall $n = 2$ ist eine geometrische Veranschaulichung möglich: für jeden Vektor (x_1, x_2) läßt sich der dreidimensionale Vektor $(x_1, x_2, f(x_1, x_2))$ als Punkt in einem dreidimensionalen Koordinatensystem einzeichnen. Die Gesamtheit aller dieser Punkte heißt der **Graph** der Funktion. Die Funktion heißt **stetig,** wenn ihr Graph eine (im allgemeinen gekrümmte) Fläche ohne „Risse" ist, und sie heißt **differenzierbar,** wenn diese Fläche keine Ecken und Kanten aufweist. Diese Definitionen lassen sich mathematisch präzisieren und auf mehr als zwei Variable ausdehnen, was wir aber hier nicht tun wollen.

Wählt man eine der Variablen x_i aus und betrachtet alle anderen Variablen als Konstante, so erhält man eine Funktion in der einen Variablen x_i. Diese Funktion kann man wie in Abschnitt 1. beschrieben differenzieren. Man erhält so die **partielle Ableitung von f nach x_i.** Die genaue Gestalt dieser Funktion hängt natürlich davon ab, bei *welchen* Werten man die übrigen Variablen konstant gehalten hat, und insofern ist die partielle Ableitung nicht nur eine Funktion von x_i, sondern von allen Variablen $x_1, \ldots, x_n$. Für die partielle Ableitung von f nach x_i hat sich die symbolische Schreibweise

$$\frac{\partial f}{\partial x_i}(x_1, \ldots, x_n) \quad \text{oder kurz} \quad \frac{\partial f}{\partial x_i} \quad \text{eingebürgert.}$$

Beispiel:

$$f(x_1, x_2) = 3x_1^2 - 4x_1 \cdot x_2 + \frac{x_1}{x_2} + 5x_2^2$$

$$\frac{\partial f}{\partial x_1} = 6x_1 - 4x_2 + \frac{1}{x_2}$$

$$\frac{\partial f}{\partial x_2} = -4x_1 - \frac{x_1}{x_2^2} + 10x_2$$

b) Totales Differential

Die partielle Ableitung $\frac{\partial f}{\partial x_i}$ gibt an, um wieviel sich y ändert, wenn x_i sich um den infinitesimalen Betrag dx_i ändert und alle anderen Variablen konstant bleiben. Oft interessiert man sich aber dafür, um wieviel sich y ändert, wenn alle unabhängigen Variablen sich zugleich um gewisse infinitesimale Beträge ändern. Die Änderung einer jeden Variablen leistet einen gewissen „Beitrag" zur Änderung von y. Man kann nun jeden dieser Beiträge wie in Abschnitt 1c) berechnen. Addiert man diese Beiträge alle zusammen, so erhält man die insgesamt resultierende Änderung von y oder das **totale Differential.**

$$dy = \frac{\partial f}{\partial x_1} \cdot dx_1 + \frac{\partial f}{\partial x_2} \cdot dx_2 + \cdots + \frac{\partial f}{\partial x_n} \cdot dx_n$$

Im Fall n = 2 ist dies die Gleichung der Tangentialebene an den Graphen der Funktion, dargestellt in einem neuen Koordinatensystem, dessen Ursprung der Tangentialpunkt ist und dessen Achsen durch die neuen Variablen dx_1, dx_2, dy bezeichnet sind. Im Fall von mehr als zwei unabhängigen Variablen handelt es sich um die Gleichung der Tangential-„Hyperebene", die man sich aber leider nicht mehr vorstellen kann.

c) Homogenität

In der Volkswirtschaftslehre wird als Definitionsbereich für Funktionen in n Variablen zumeist die Menge aller n-dimensionalen Vektoren mit *nichtnegativen* Komponenten verwendet, weil in vielen Zusammenhängen nur nichtnegative Zahlen ökonomisch interpretierbar sind. Für Funktionen mit diesem Definitionsbereich spielt die Eigenschaft der „Homogenität" eine Rolle.

Definition

Eine Funktion f in n Variablen heißt **homogen vom Grad h** ($h > 0$), wenn für alle Vektoren $(x_1, \ldots, x_n)$ des Definitionsbereichs und für jede Zahl $a \geq 0$ gilt:

$$f(ax_1, ax_2, \ldots, ax_n) = a^h \cdot f(x_1, x_2, \ldots, x_n)$$

In Worten: ändern sich gleichzeitig alle unabhängigen Variablen um den Faktor a, so ändert sich der Funktionswert um den Faktor a^h. Ist $h > 1$, so ändert sich der Funktionswert überproportional, ist $h < 1$, so ändert er sich unterproportional. Besonders wichtig ist der Fall $h = 1$: Funktionen, die homogen vom Grad 1 sind, nennt man **linear-homogen.** Für sie gilt: werden gleichzeitig alle unabhängigen Variablen verdoppelt, verdreifacht etc., so wird auch der Funktionswert verdoppelt, verdreifacht etc. Für solche Funktionen gilt folgender Satz, der in der Produktionstheorie eine Rolle spielt:

Eulersches Theorem

Ist f eine linear-homogene Funktion, so gilt für alle Vektoren $(x_1, \ldots, x_n)$ des Definitionsbereichs

$$y = f(x_1, \ldots, x_n) = \frac{\partial f}{\partial x_1} \cdot x_1 + \frac{\partial f}{\partial x_2} \cdot x_2 + \cdots + \frac{\partial f}{\partial x_n} \cdot x_n$$

Für eine linear-homogene Funktion läßt sich also der Funktionswert berechnen, indem man jede der unabhängigen Variablen mit der dazugehörigen partiellen Ableitung multipliziert und alle diese Produkte aufaddiert. Was bei beliebigen differenzierbaren Funktionen für infinitesimale Änderungen der Variablen gilt (totales Differential), ist bei linear-homogenen Funktionen sogar für die Variablenwerte selbst richtig.

D. Extremalstellen reellwertiger Funktionen

1. Invarianz gegenüber streng monotonen Funktionen

Man kann mit reellen Zahlen nicht nur die bekannten Rechenoperationen ausführen, sondern man kann sie auch der Größe nach vergleichen. Ist daher eine reellwertige Funktion f gegeben (mit beliebigem Definitionsbereich A), so kann man die verschiedenen Funktionswerte der Größe nach vergleichen, und man kann fragen, ob die Funktion an irgendeiner Stelle des Definitionsbereichs einen größten Wert annimmt.

Definition

Ein Element x^0 des Definitionsbereichs A von f heißt **Maximalstelle** von f, wenn für alle x aus A gilt $f(x^0) \geq f(x)$.

Es sei g eine zweite reellwertige Funktion mit demselben Definitionsbereich A, die zu f in der folgenden Beziehung steht: Wenn für irgendwelche Elemente x^1 und x^2 von A $f(x^1) = f(x^2)$ gilt, dann gilt auch $g(x^1) = g(x^2)$; und wenn für irgendwelche Elemente x^1 und x^2 von A $f(x^1) > f(x^2)$ gilt, dann gilt auch $g(x^1) > g(x^2)$.

Ein Blick auf die obige Definition einer Maximalstelle zeigt, daß unter diesen Umständen f und g die *gleichen* Maximalstellen haben müssen.

Definition

Eine Funktion h, deren Definitionsbereich und Wertebereich die Menge aller reellen Zahlen ist, heißt **streng monotone Transformation,** wenn aus $x^1 > x^2$ stets $h(x^1) > h(x^2)$ folgt.

Wenn es eine streng monotone Transformation h gibt, so daß für jedes x aus A gilt: $g(x) = h(f(x))$, so sagen wir, f werde durch eine streng monotone Transformation in g überführt. Wenn das der Fall ist, so ist die obengenannte Beziehung zwischen den Funktionen f und g in der Tat gegeben: ist nämlich $f(x^1) = f(x^2)$, so folgt daraus $g(x^1) = h(f(x^1)) = h(f(x^2)) = g(x^2)$; und ist $f(x^1) > f(x^2)$, so folgt daraus $g(x^1) = h(f(x^1)) > h(f(x^2)) = g(x^2)$. Damit erhalten wir folgenden einfachen Satz:

Satz

Sind f und g reellwertige Funktionen mit gleichem Definitionsbereich, so daß f durch eine streng monotone Transformation in g überführt wird, so haben f und g die gleichen Maximalstellen.

Ersetzt man in der Definition des Begriffs Maximalstelle die Bedingung $f(x^0) \geq f(x)$ durch die Bedingung $f(x^0) \leq f(x)$, so erhält man die Definition einer **Minimalstelle.** Ein Element x_0 des Definitionsbereichs A von f heißt **Extremalstelle,** wenn es entweder Maximalstelle oder Minimalstelle ist. Der obige Satz gilt natürlich auch für Minimalstellen. Überhaupt läßt sich alles, was wir über Maximalstellen sagen, sinngemäß auf Minimalstellen übertragen. Wir beschränken uns daher im folgenden auf die Betrachtung von Maximalstellen.

2. Extremalstellen von Funktionen in einer Variablen

Es sei f eine differenzierbare Funktion in einer Variablen. Nehmen wir an, wir wissen bereits, daß f eine Maximalstelle x_0 hat, wir kennen nur ihren genauen Zahlenwert nicht. Wir suchen daher nach Eigenschaften von x_0, welche uns bei der Fahndung nach dem genauen Wert von x_0 behilflich sein können.

Der Definitionsbereich A von f ist eine Menge reeller Zahlen. Wenn A nicht die Menge *aller* reellen Zahlen ist, so könnte es sein, daß x_0 auf dem Rand von A liegt. Ist dies der Fall, so sprechen wir von einem **Rand-Maximum** (Abbildung 6 a).

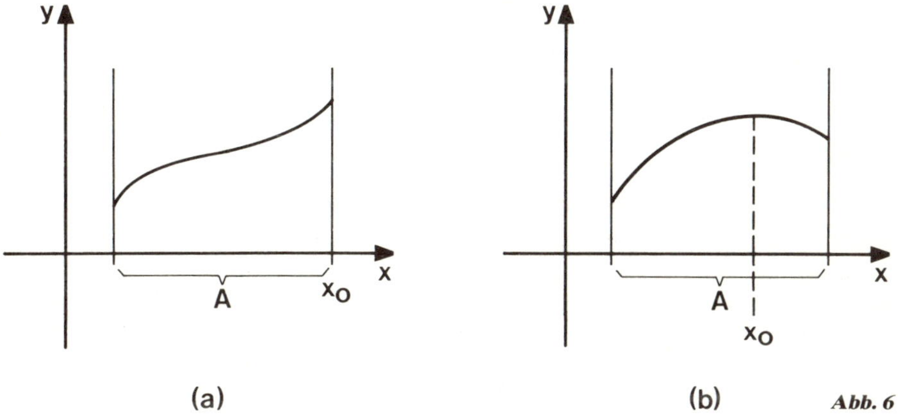

Abb. 6

Liegt x_0 aber im Innern von A (das ist insbesondere dann der Fall, wenn A die Menge aller reellen Zahlen ist), so muß offenbar die Tangente im Punkt $(x_0, f(x_0))$ parallel zur x-Achse verlaufen, d.h. die Ableitung von f muß an der Stelle x_0 den Wert 0 haben: $f'(x_0) = 0$. In diesem Fall sprechen wir von einem **inneren Maximum** (Abbildung 6 b).

Zur Bestimmung von x_0 geht man also wie folgt vor: Hat der Definitionsbereich Randpunkte, so prüft man sie zunächst auf ihre Maximalstellen-Eigenschaft. Scheiden die Randpunkte als Maximalstellen aus, so löst man die Gleichung $f'(x_0) = 0$ nach x_0 auf. Sehr oft ist dadurch x_0 schon eindeutig bestimmt, fast immer aber gibt es nicht mehr als endlich viele Lösungen dieser Gleichung.

Vor einem anderen Problem stehen wir, wenn wir einen Zahlenwert x_0 kennen, von dem wir vermuten, daß er eine Maximalstelle von f ist, und wenn wir beweisen wollen, daß dies tatsächlich der Fall ist. Zur Lösung dieses Problems benötigt man Bedingungen zweiter oder höherer Ordnung, die sich auf die zweite oder auf höhere Ableitungen von f beziehen. Wir wollen dieses Problem hier aber nicht weiter verfolgen.

3. Extremalstellen von Funktionen in mehreren Variablen

a) ohne Beschränkungen

Es sei f eine Funktion in n Variablen. Nehmen wir an, wir wissen bereits, daß f eine Maximalstelle $x^0 = (x_1^0, \ldots, x_n^0)$ hat, und es geht uns um die Berechnung der Zahlenwerte der Komponenten von x^0. Nehmen wir weiter an, wir wissen bereits, daß x^0 kein Randpunkt des Definitionsbereichs A von f ist.

Der maximale Wert, den f an der Stelle x^0 annimmt, sei y_0. Verändern wir nun den Wert der ersten Variablen x_1 und lassen wir die übrigen Komponenten bei ihren Werten x_i^0 konstant, so können dabei gewiß keine größeren Funktionswerte als y_0 auftreten. Wie wir aus Abschnitt 2. bereits wissen, muß daher die partielle Ableitung von f nach x_1 gleich 0 sein. Die gleiche Überlegung ist auch für jede der anderen Variablen richtig, es müssen also alle partiellen Ableitungen gleich 0 sein. Damit erhalten wir das folgende System von n Gleichungen:

$$\frac{\partial f}{\partial x_1} = 0, \quad \frac{\partial f}{\partial x_2} = 0, \quad \ldots, \quad \frac{\partial f}{\partial x_n} = 0,$$

das wir in vielen Fällen bereits eindeutig nach den Unbekannten $x_1^0, \ldots, x_n^0$ auflösen können.

Wollen wir andererseits beweisen, daß ein gewisser Vektor x^0 tatsächlich eine Maximalstelle von f ist, so benötigen wir Bedingungen zweiter oder höherer Ordnung, die in diesem Fall ziemlich kompliziert sind. Wir wollen dieses Problem hier nicht weiter verfolgen.

b) mit Beschränkungen in Form von Gleichungen

Die Zugspitze ist zwar nicht der höchste Berg der Welt, aber doch der höchste Berg Deutschlands. Ein Element x_0 im Definitionsbereich A einer Funktion f kann, auch wenn es nicht Maximalstelle von f ist, eine „beschränkte Maximalstelle" sein, wenn man sich nämlich beim Größenvergleich auf die Funktionswerte zu einer Teilmenge B des Definitionsbereichs A beschränkt. Mit der Auffindung solcher beschränkter Maximalstellen werden wir uns jetzt beschäftigen.

Ist A eine Menge von n-dimensionalen Vektoren, so kann man eine Teilmenge B von A durch Angabe von Gleichungen definieren, in denen die variablen Komponen-

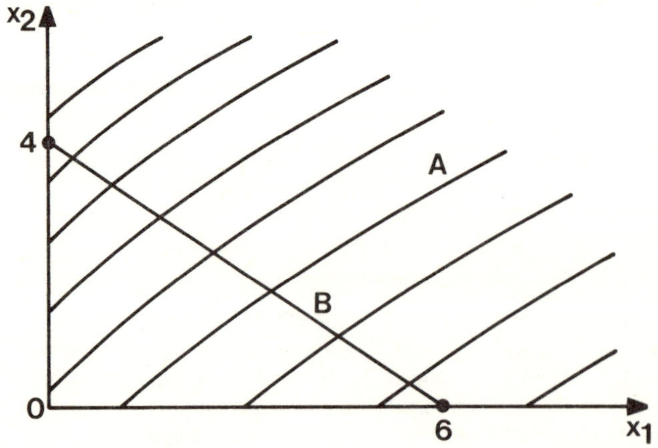

Abb. 7

ten vorkommen. Es sei z.B. A die Menge aller 2-dimensionalen Vektoren mit nichtnegativen Komponenten, und G sei die Gleichung $2 \cdot x_1 - 3 \cdot x_2 = 12$. Dann wird durch die Gleichung G die Menge derjenigen Vektoren (x_1, x_2) definiert, welche dieser Gleichung genügen. Es handelt sich in diesem Fall um die Menge aller Punkte auf der Geraden, die in Abbildung 7 eingezeichnet ist.

Es sei eine Funktion f in n Variablen gegeben sowie einige Gleichungen $G_1, G_2, \ldots, G_k$ $(k < n)$, in denen die Variablen $x_1, \ldots, x_n$ vorkommen. Ein Vektor $x^0 = (x_1^0, \ldots, x_n^0)$ heißt Maximalstelle von f unter den Beschränkungen $G_1, \ldots, G_k$, wenn

(i) der Vektor x^0 die Beschränkungsgleichungen erfüllt und

(ii) $f(x^0)$ maximal unter den Funktionswerten derjenigen Vektoren x ist, welche alle Beschränkungsgleichungen erfüllen.

Wiederum nehmen wir an, wir wissen bereits von der Existenz einer solchen beschränkten Maximalstelle x^0, und wir wissen auch, daß es sich dabei nicht um einen Randpunkt des Definitionsbereichs von f handelt. Im folgenden beschreiben wir ein Verfahren zur Berechnung der Komponenten von x^0, das den Namen **„Methode der Lagrange-Multiplikatoren“** trägt.

Erster Schritt: Man bringe alle Beschränkungsgleichungen in eine solche Form, daß auf einer Seite des Gleichheitszeichens die 0 steht.

$$G_1: g_1(x_1, \ldots, x_n) = 0, \ldots, \quad G_k: g_k(x_1, \ldots, x_n) = 0$$

Zweiter Schritt: Man bilde die **Lagrange-Funktion.** Dazu führt man k neue Variablen $\lambda_1, \ldots, \lambda_k$ ein (die Lagrange-Multiplikatoren), multipliziert jeden der Beschränkungs-Terme g_i mit der entsprechenden Variablen λ_i und addiert alle diese Produkte zur Funktion f hinzu.

$$L(x_1, \ldots, x_n) = f(x_1, \ldots, x_n) + \lambda_1 \cdot g_1(x_1, \ldots, x_n) + \cdots + \lambda_k \cdot g_k(x_1, \ldots, x_n)$$

Dritter Schritt: Man bilde alle partiellen Ableitungen der Lagrange-Funktion und setze sie alle gleich 0.

$$\frac{\partial L}{\partial x_1} = 0, \ \frac{\partial L}{\partial x_2} = 0, \ \ldots, \ \frac{\partial L}{\partial x_n} = 0$$

Zusammen mit den k Beschränkungsgleichungen hat man damit ein System von n + k Gleichungen, das man in vielen Fällen eindeutig nach den n + k Unbekannten $x_1, \ldots, x_n, \lambda_1, \ldots, \lambda_k$ auflösen kann.

Wir können hier nicht beweisen, warum die Methode funktioniert, dennoch ist vielleicht eine kurze Erläuterung für das Verständnis der Methode nützlich. Am einfachsten stellt man sich vor, daß f eine Zielfunktion ist, z.B. eine Nutzenfunktion oder eine Gewinnfunktion, und daß die Beschränkungsgleichungen der formale Ausdruck für technologische oder finanzielle Beschränkungen sind, deren Überschreitung unmöglich und deren Unterschreitung ökonomisch irrational wäre. Das Auffinden der beschränkten Maximalstelle ist dann das Problem eines Subjekts, das im Rahmen seiner Beschränkungen die Zielfunktion maximiert.

Für solche Vektoren, die die Beschränkungsgleichungen erfüllen, ist die Lagrange-Funktion mit der Zielfunktion identisch, für andere im allgemeinen nicht. Man kann die Lagrange-Funktion als eine „modifizierte“ Zielfunktion interpretieren, in der für das Überschreiten bzw. Unterschreiten der Beschränkungen gewisse Bestrafungen bzw. Belohnungen eingeführt sind. Aus dem beschränkten Maximum-Problem, in dem die Verletzung der Beschränkungen sozusagen gesetzlich verboten ist, wird ein unbeschränktes Maximum-Problem, in dem das Über- und Unterschreiten der Beschränkungen durch Abzüge und Zuschläge zur Zielfunktion abgegolten wird. Die Lagrange-Methode liefert uns nicht nur die gesuchten Werte der Komponenten der beschränkten Maximalstelle, sondern sie liefert uns auch die Zahlenwerte für die Lagrange-Multiplikatoren, welche angeben, wie groß diese Belohnungen bzw. Bestrafungen ausfallen müssen, damit das Subjekt, wenn es die Lagrange-Funktion maximiert, die Beschränkungen freiwillig einhält.

Literaturverzeichnis

Der erste Teil des Literaturverzeichnisses enthält eine kleine Auswahl an Lehrbüchern der mikroökonomischen Theorie.

Der zweite Teil des Literaturverzeichnisses enthält Literaturhinweise zu den einzelnen Kapiteln dieses Buches. Darstellungen zu den in diesen Kapiteln behandelten Fragen finden sich in allen in Teil 1 genannten Lehrbüchern; wir beschränken uns deshalb darauf, jeweils einige wenige ergänzende und weiterführende Texte zu nennen, die einen geeigneten Ausgangspunkt für ein vertieftes Studium der einzelnen Problemkreise der mikroökonomischen Theorie bilden können.

Als direkte Ergänzung zum vorliegenden Lehrbuch empfehlen wir das Studien- und Arbeitsbuch **von Böventer, Illing, Koll:** Mikroökonomie. Studien- und Arbeitsbuch. 4. Aufl., München 1994

1. Lehrbücher zur mikroökonomischen Theorie.

Boulding, K. E.: Economic Analysis. vol. I: Microeconomics. 4. ed., Evanston–London–Tokyo 1966

Ferguson, C. E.: Microeconomic Theory, 4. ed., Homewood, III. 1975

Helmstädter, E.: Wirtschaftstheorie I, 4. Aufl., München 1991

Herberg, H.: Preistheorie, 2. Aufl., Stuttgart 1989

Henderson, J. M./Quandt, R. E.: Microeconomic Theory: A Mathematical Approach, 3. ed., New York 1980. In deutscher Übersetzung: Mikroökonomische Theorie, 5. Aufl., München 1983

Kuenne, R. E.: Microeconomic Theory of the Market Mechanism: A General Equilibrium Approach, New York–London 1968

Lancaster, K.: Introduction to Modern Microeconomics, 2. ed., Chicago 1974. In deutscher Übersetzung: Moderne Mikroökonomie, Frankfurt u. a. 1981.

Layard, P. R. G./Walters, A. D.: Microeconomic Theory, New York 1978

Ott, A. E.: Grundzüge der Preistheorie, 3. Aufl., Göttingen 1984

Schneider, H.: Mikroökonomie, 4. Aufl., München 1986

Schumann, J.: Grundzüge der mikroökonomischen Theorie, 6. Aufl., Berlin–Heidelberg–New York 1992

Stobbe, A.: Volkswirtschaftslehre II, Mikroökonomik, 2. Aufl., Berlin–Heidelberg–New York 1991

Varian, H.: Grundzüge der Mikroökonomik, 2. Aufl., München 1991

Walsh, V. C.: Introduction to Contemporary Microeconomics, New York 1970

2. Weiterführende und ergänzende Literatur zu den einzelnen Kapiteln dieses Buches.

Zu Kapitel I:

Boulding, K. E.: Economics as a Science, New York 1970. In deutscher Übersetzung: Ökonomie als Wissenschaft. Mit einer Einführung von H. Möller, München 1976

Jochimsen, R./Knobel, H. (Hrsg.): Gegenstand und Methoden der Nationalökonomie, Köln 1971

Kromphardt, J., Clever, P., Klippert, H.: Methoden der Wirtschafts- und Sozialwissenschaften, Wiesbaden 1979

Liefmann-Keil, E.: Einführung in die politische Ökonomie. Private Planung, öffentliche Lenkung, Freiburg (Breisgau) 1964

Lindbeck, A.: The Political Economy of the New Left. An Outsider's View, 2. ed., New York 1977. In deutscher Übersetzung: Politische Ökonomie der Neuen Linken. Betrachtungen eines Außenseiters, Göttingen 1973

Lipsey, R. G., Steiner, P. O., Purvis, D.: Economics, 8. ed., London 1987

Preiser, E.: Nationalökonomie heute. Eine Einführung in die Volkswirtschaftslehre, 11. Aufl., München 1973

Samuelson, P. A.: Economics, 11. ed., New York 1980. In deutscher Übersetzung: Volkswirtschaftslehre. Eine Einführung, 7. Aufl., Köln 1981

Schneider, D.: Allgemeine Betriebswirtschaftslehre, 3. Aufl., München 1987

Shackle, G.L.S.: Economics for Pleasure, 2. ed., Cambridge, Mass., 1968
Stiglitz, J.: Economics, New York–London 1993

Zu Kapitel II:

Becker, K.O.: Die wirtschaftlichen Entscheidungen des Haushalts, Berlin 1967
Bushaw, D.W., Clower, R.W.: Introduction to Mathematical Economics, Homewood, Ill. 1957
Cochrane, W.W./Bell, C.S.: The Economics of Consumption. Economics of Decision Making in the Household, New York–Toronto–London 1956
Deaton, A., Muellbauer, J.: Economics and Consumer Behavior, Cambridge 1980
Green, H.A.J.: Consumer Theory, 2. ed., Harmondsworth 1976
Streissler, E./Streissler, M. (Hrsg.): Konsum und Nachfrage, Köln–Berlin 1966
Streissler, M.: Theorie des Haushalts, Stuttgart 1974

Zu Kapitel III:

Archibald, G.C. (ed.): The Theory of the Firm, Harmondsworth 1971
Baumol, W.J.: Economic Theory and Operations Analysis, 4. ed., Englewood Cliffs, N.J., 1977
Cohen, K.J./Cyert, R.M.: Theory of the Firm. Resource Allocation in a Market Economy, 2. ed., Englewood Cliffs, N.J., 1975
Ferguson, C.E.: The Neoclassical Theory of Production and Distribution, Cambridge, Mass., 1969
Hesse, H., Linde, R.: Gesamtwirtschaftliche Produktionstheorie, Teil I, Teil II, Würzburg–Wien 1976
Intriligator, M.D.: Mathematical Optimization and Economic Theory, Englewood Cliffs (N.J.) 1971
Krelle, W.: Produktionstheorie, 2. Aufl., Tübingen 1969
Williamson, O.E.: The Economic Institutions of Capitalism: Firms, Markets, Relational Contracting, New York, London 1985
Wittmann, W.: Produktionstheorie, Berlin–Heidelberg–New York 1968

Zu Kapitel IV:

Hildenbrand, W., Kirman, A.: Introduction to Equilibrium Analysis, Amsterdam 1976
Koopmans, T.C.: Three Essays on the State of Economic Science. I. Allocation of Resources and the Price System, New York 1957
Kuenne, R.E.: The Theory of General Economic Equilibrium, Princeton, N.J., 1963
Quirk, J./Saposnik, R.: Introduction to General Equilibrium Theory and Welfare Economics, New York 1968
Rothschild, K.W.: Einführung in die Ungleichgewichtstheorie , Heidelberg 1981

Zu Kapitel V:

Graaf, J. de V.: Theoretical Welfare Economics, Cambridge, Mass., 1957, reprinted 1975
Külp, B.: Wohlfahrtsökonomik, Bd. 1, 2. Aufl., Tübingen 1984, Bd. 2, Tübingen 1976
Sohmen, E.: Allokationstheorie und Wirtschaftspolitik, Tübingen 1976
Varian, H.: Mikroökonomie, 3. Aufl., München 1994

Zu Kapitel VI:

Baumol, W.J., Oates, W.E.: The Theory of Environmental Policy, 2. Aufl., Cambridge, Ma. 1990
Buchholz, W.: „Gleichgewichtige Allokation öffentlicher Güter", in: Finanzarchiv NF. 48/1990, S. 97–126
Holler, M.J., Illing, G.: Einführung in die Spieltheorie, 2. Aufl., Berlin–Heidelberg–New York 1993
Rees, R.: „Tacit Collusion", in: Oxford Review of Economic Policy 9/1993, S. 27–40
Sohmen, E.: Allokationstheorie und Wirtschaftspolitik, Tübingen 1976
Tirole, J.: The Theory of Industrial Organization, Cambridge, Ma. 1988
Weimann, J.: Umweltökonomie: Eine theorieorientierte Einführung, 2. Aufl., Berlin–Heidelberg–New York 1991

Stichwortverzeichnis